博雅

物权法

Property Law

常鹏翱 著

北京大学出版社
PEKING UNIVERSITY PRESS

图书在版编目(CIP)数据

物权法 / 常鹏翱著. -- 北京：北京大学出版社，2025.7. -- (21世纪法学规划教材). -- ISBN 978-7-301-36291-4

Ⅰ. D923.24

中国国家版本馆 CIP 数据核字第 2025YH8154 号

书　　　名	物权法
	WUQUANFA
著作责任者	常鹏翱　著
责 任 编 辑	周　菲
标 准 书 号	ISBN 978-7-301-36291-4
出 版 发 行	北京大学出版社
地　　　址	北京市海淀区成府路 205 号　100871
网　　　址	http://www.pup.cn
新 浪 微 博	@北京大学出版社　@北大出版社法律图书
电 子 邮 箱	编辑部 law@pup.cn　总编室 zpup@pup.cn
电　　　话	邮购部 010-62752015　发行部 010-62750672　编辑部 010-62752027
印 刷 者	天津中印联印务有限公司
经 销 者	新华书店
	787 毫米×1092 毫米　16 开本　29.25 印张　766 千字
	2025 年 7 月第 1 版　2025 年 7 月第 1 次印刷
定　　　价	88.00 元

未经许可，不得以任何方式复制或抄袭本书之部分或全部内容。
版权所有，侵权必究
举报电话：010-62752024　电子邮箱：fd@pup.cn
图书如有印装质量问题，请与出版部联系，电话：010-62756370

序

物权是最基本的财产权，事关国计民生。相应地，物权法与民事生活、商事交易、国家治理息息相关。读懂、读通、读透物权法，对于熟练掌握财产归属、交易、保护等基础民法规范，对于深刻理解我国政治经济基本制度，具有重要意义。

写教材，是鞭策和督促自己读懂、读通、读透物权法的重要途径，也是鼓励和引导他人读懂、读通、读透物权法的重要媒介。在北京大学法学院领导和同事的大力支持下，我以物权法为题，成功申报了2023年度北京大学教材建设博雅特聘教授岗位和重点规划教材项目。

基于自己的教学经验，也基于学习参阅同仁教材的心得体会，我为本教材设立了四个目标：授业、说理、好看、能用。在写作时，我谨记这些目标，力求教材内容布局能将它们显性化。

授业就是传授学科基础知识。与注重精深研讨的专论不同，教材具有普惠性和体系性，乳莺初啼的法科学子借此能掌握基本概念和基础知识以练好基本功。基于此，本教材尽力以准确用语界定基本概念，用成熟理论解释基础知识，以准确阐述具有高度共识性的概念、理论、制度为首要任务。就物权法发展来看，物权与债权的二分是物权法在民法内成为独立法律部门的前提，它深刻影响着物权法的主干制度，本教材紧扣这一基础展开教义论述，沿着从一般到具体的线索，合理架构完整的知识体系，妥当配置系统的知识板块。如果把物权法比喻成大厦，那前五章的总论就是根基底座，其中头两章"物权概述"和"物权法概述"是地基，分别阐述基本原则、物权变动和物权保护的后三章则是四梁八柱，它们协力承载了层层递进的总论五章；第六章至第八章是典型的三大类物权：所有权、用益物权和担保物权，第九章是介于物权和债权中间状态的物上之债，第十章则为不是权利但与前述权利紧密关联的占有。

说理就是讲明制度运作机理，就是说清楚"为什么"。我相信不少同仁、同学都有这样的体会：自己对不少制度构造很明白，但面对"为什么"的追问，说出的理由未必让人信服，甚至有时自己也未必信服。制度和知识有其生成环境和发展逻辑，说理就是要理清这一点，这个工作不好做，在讲明白教义的同时，还要适时地求索于历史基因（如罗马法）、借鉴于法律比较（如德国法系）、问道于他科知识（如经济分析），更要深挖于本土实践（如我国公有制基础上的社会主义市场经济运作实际）。之所以如此，是因为物权和物权法不只是纸面制度，更是深嵌于社会诸要素的实践机制，需综合理解和把握。在这种认识指引下，本教材虽然注重物权法教义分析，但不限于此，还重视财产法秩序的一致性，即有些物权法制度与其他法律部门有交织，应有效引入其他学科的必要知识；也重视法教义学和社科法学的有机配合，即财产、所有权是社会的基础，经济学、人类学等其他学科对此有充分探讨，有些知识和方法甚至比法学能提供更有效的解释方案，应在必要之处加以适度引入。

好看就是走读者友好型道路。物权法内容庞杂，学理艰深，初学者本就不易掌握，一旦教材再用语晦涩，思绪跳跃，读起来就更云里雾里，读者必将望而却步。为防于此，本教材尽力贴近读者，力争成为读者友好型读本。在表述上，语言力求平实，逻辑力求清晰，希冀以平实语言讲清法理，使读者能清晰理解在说什么，更能透彻知道为何这么说。在论证上，以例释法，以案说理，希冀用简明实例来形象化注解复杂制度，用现实案例说明法理的着力点，便于读者高效直观地理解和把握。在布局上，内容全面，重点突出，知识分层，希冀在系统阐述基础理论和基本制度之余，通过"提示"部分强调应予重视的知识，通过"进阶"部分简要阐述可提升的知识，便于不同层级的读者根据自己实际情况学习利用，能循序渐进地提高。在导向上，突出问题意识，希冀所有基础知识点的展开均以解决对应的问题为引导，并通过"争点"部分相对深入地分析重要理论、实践问题，引导读者开放性思考。在资料上，引入国际范围物权法经典及最新研究成果以及法院实务新动向，并详细注明，以供读者进一步查阅利用。在架构上，以"总—分"为框架结构，整本书、每一章、每一节均先讲一般性的总论知识，再讲特殊性、具体性的分论知识。

能用就是促成规范、理论与实践的无缝衔接。读懂、读通、读透物权法，不是为了教义炫技，而是为了实践运用。相应地，写物权法教材，不只是用中文讲明所继受的域外知识及其本土化情况，还要讲明我国实践生成及其法理。只有这样，才能用所学知识来解决真实世界的物权法问题。为了达到这个目的，本教材至少关注了我国立法实践（充分检索和运用立法文件）、司法实践（充分检索和运用司法文件和案例）、行政实践（深度观察和了解规划、登记等行政活动）和交易实践（深度观察和了解房地产交易、供应链金融等交易活动），将它们融入理论知识体系之中，以丰富物权法的必要知识，希冀借此可为读者提供解开实践问题症结的理论钥匙。其实，物权法是高度实践性的，只有把其理论话语放在真实世界的实践中检验，进行适当调适后，再放回理论体系中重新解释，才是可用的知识。

在授业恩师孙宪忠教授的指导下，我自2000年起重点研读物权法，不断向师长和同仁求教学习，有一些心得体会。本教材把这些心得体会呈现出来，希望能实现前述目标，更希望得到师友们和读者们的批评指教，使其在理论上站得住、在体系上说得通、在实践中用得上。

本教材初稿完成后，张厚东、张弘毅、曹舒然、石昊天、袁博文、范雨洋等青年才俊对部分内容提出了有益建议，特此感谢。

2025年2月20日

凡 例

1. 法律文件名称中的"中华人民共和国"省略（如《中华人民共和国民法典》简称《民法典》）。

2. 对《民法典》各编仅取编名（如《民法典》物权编简称物权编）。

3. 《中共中央、国务院关于建立国土空间规划体系并监督实施的若干意见》，简称《国土空间规划意见》。

4. 《最高人民法院关于适用〈中华人民共和国民法典〉时间效力的若干规定》，简称《民法典时间效力规定》。

5. 《最高人民法院关于适用〈中华人民共和国民法典〉总则编若干问题的解释》，简称《总则编解释》。

6. 《最高人民法院关于审理民事案件适用诉讼时效制度若干问题的规定》，简称《诉讼时效规定》。

7. 《最高人民法院关于适用〈中华人民共和国民法典〉物权编的解释（一）》，简称《物权编解释一》。

8. 《最高人民法院关于审理建筑物区分所有权纠纷案件适用法律若干问题的解释》，简称《建筑物区分所有权解释》。

9. 《最高人民法院关于审理涉及农村土地承包纠纷案件适用法律问题的解释》，简称《农村土地承包解释》。

10. 《最高人民法院关于适用〈中华人民共和国民法典〉有关担保制度的解释》，简称《担保制度解释》。

11. 《最高人民法院关于适用〈中华人民共和国担保法〉若干问题的解释》（已失效），简称《担保法解释》。

12. 《最高人民法院关于适用〈中华人民共和国民法典〉合同编通则若干问题的解释》，简称《合同编通则解释》。

13. 《最高人民法院关于审理买卖合同纠纷案件适用法律问题的解释》，简称《买卖合同解释》。

14. 《最高人民法院关于审理涉及国有土地使用权合同纠纷案件适用法律问题的解释》，简称《国有土地使用权合同解释》。

15. 《最高人民法院关于审理矿业权纠纷案件适用法律若干问题的解释》，简称《矿业权解释》。

16. 《最高人民法院关于审理商品房买卖合同纠纷案件适用法律若干问题的解释》，简称《商品房买卖合同解释》。

17. 《最高人民法院关于商品房消费者权利保护问题的批复》，简称《商品房消费者权利保护批复》。

18.《最高人民法院关于审理民间借贷案件适用法律若干问题的规定》,简称《民间借贷解释》。

19.《最高人民法院关于审理城镇房屋租赁合同纠纷案件具体应用法律若干问题的解释》,简称《城镇房屋租赁合同解释》。

20.《最高人民法院关于审理融资租赁合同纠纷案件适用法律问题的解释》,简称《融资租赁解释》。

21.《最高人民法院关于审理建设工程施工合同纠纷案件适用法律问题的解释(一)》,简称《建设工程施工合同解释一》。

22.《最高人民法院关于适用〈中华人民共和国民法典〉婚姻家庭编的解释(一)》,简称《婚姻家庭编解释一》。

23.《最高人民法院关于适用〈中华人民共和国民法典〉婚姻家庭编的解释(二)》,简称《婚姻家庭编解释二》。

24.《最高人民法院关于适用〈中华人民共和国民法典〉继承编的解释(一)》,简称《继承编解释一》。

25.《最高人民法院关于审理生态环境侵权责任纠纷案件适用法律若干问题的解释》,简称《生态环境侵权责任解释》。

26.《最高人民法院关于适用〈中华人民共和国公司法〉若干问题的规定(三)》,简称《公司法解释三》。

27.《最高人民法院关于适用〈中华人民共和国企业破产法〉若干问题的规定(二)》,简称《企业破产法解释二》。

28.《最高人民法院关于审理存单纠纷案件的若干规定》,简称《存单规定》。

29.《最高人民法院关于审理票据纠纷案件若干问题的规定》,简称《票据规定》。

30.《最高人民法院民事案件案由规定》,简称《民事案由规定》。

31.《第八次全国法院民事商事审判工作会议(民事部分)纪要》,简称《八民纪要》。

32.《全国法院民商事审判工作会议纪要》,简称《九民纪要》。

33.《最高人民法院关于适用〈中华人民共和国民事诉讼法〉的解释》,简称《民事诉讼法解释》。

34.《最高人民法院关于人民法院立案、审判与执行工作协调运行的意见》,简称《立案审判执行意见》。

35.《最高人民法院关于人民法院民事执行中查封、扣押、冻结财产的规定》,简称《查扣冻规定》。

36.《最高人民法院关于人民法院民事执行中拍卖、变卖财产的规定》,简称《拍卖变卖规定》。

37.《最高人民法院关于人民法院网络司法拍卖若干问题的规定》,简称《网络司法拍卖规定》。

38.《最高人民法院关于人民法院办理执行异议和复议案件若干问题的规定》,简称《执行异议复议规定》。

39.《最高人民法院关于刑事裁判涉财产部分执行的若干规定》,简称《刑事裁判涉财产部分执行规定》。

40.《最高人民法院、国土资源部、建设部关于依法规范人民法院执行和国土资源房地产管理部门协助执行若干问题的通知》,简称《执行与协助执行通知》。

41.《最高人民法院关于适用〈中华人民共和国行政诉讼法〉的解释》,简称《行政诉讼法解释》。

42.《最高人民法院关于审理行政协议案件若干问题的规定》,简称《行政协议规定》。

43.《最高人民法院关于审理房屋登记案件若干问题的规定》,简称《房屋登记案件规定》。

44.《国务院办公厅关于完善建设用地使用权转让、出租、抵押二级市场的指导意见》,简称《二级市场意见》。

45. 最高人民法院指导性案例,简称指导案例。

46. 人民法院案例库参考案例,简称参考案例。

47.《法国民法典》,简称 CC。

48.《德国民法典》,简称 BGB。

49.《瑞士民法典》,简称 ZGB。

50.《瑞士债法》,简称 OR。

51.《奥地利民法典》,简称 ABGB。

52.《日本民法典》,简称《日民》。

53.《美国统一商法典》,简称 UCC。

54.《欧洲示范民法典草案》,简称 DCFR。

简 目

1 第一章 物权概述
  1 第一节 物权的概念
  16 第二节 物权的种类和体系
  21 第三节 物权的主体
  23 第四节 物权的客体
  40 第五节 物权的内容

42 第二章 物权法概述
  42 第一节 物权法的基本界定
  46 第二节 物权法的调整对象
  49 第三节 物权法的渊源
  55 第四节 物权法与民法其他部分的关系
  61 第五节 物权法与其他法律部门的关系

64 第三章 物权法基本原则
  64 第一节 物权法基本原则概述
  66 第二节 公示原则
  79 第三节 法定原则
  84 第四节 特定原则
  86 第五节 区分原则
  103 第六节 优先原则

108 第四章 物权变动
  108 第一节 物权变动概述
  117 第二节 不动产登记
  135 第三节 依法律行为的不动产物权变动
  145 第四节 动产占有
  152 第五节 依法律行为的动产物权变动
  168 第六节 非依法律行为的物权变动

190　第五章　物权保护

- 190 ｜ 第一节　物权保护概述
- 195 ｜ 第二节　物权请求权

210　第六章　所有权

- 210 ｜ 第一节　所有权概述
- 223 ｜ 第二节　公有制所有权
- 229 ｜ 第三节　共有
- 246 ｜ 第四节　建筑物区分所有权

260　第七章　用益物权

- 260 ｜ 第一节　用益物权概述
- 267 ｜ 第二节　土地承包经营权
- 279 ｜ 第三节　国有建设用地使用权
- 288 ｜ 第四节　宅基地使用权
- 292 ｜ 第五节　居住权
- 298 ｜ 第六节　地役权

305　第八章　担保物权

- 305 ｜ 第一节　担保物权概述
- 312 ｜ 第二节　典型担保物权总论
- 342 ｜ 第三节　抵押权
- 377 ｜ 第四节　质权
- 398 ｜ 第五节　留置权
- 410 ｜ 第六节　非典型担保物权

424　第九章　物上之债

- 424 ｜ 第一节　物上之债概述
- 427 ｜ 第二节　物上之债的种类
- 432 ｜ 第三节　物上之债的价值

435　第十章　占有

- 435 ｜ 第一节　占有概述
- 440 ｜ 第二节　占有的种类
- 445 ｜ 第三节　占有的保护

详 目

1　第一章　物权概述

1　第一节　物权的概念
一、物权的定义 /1　　　　　　二、物权的基本内涵 /2
三、物权与债权的区分 /7　　　四、物上之债及其与物权的区分 /13

16　第二节　物权的种类和体系
一、物权的种类：所有权、用益物权和担保物权 /16
二、物权的层级 /18　　　　　三、物权的体系 /19
四、物权的基本归类 /20

21　第三节　物权的主体
一、物权主体的形态：民法总论的视角 /21
二、"物权主体为物"的形象说法：物权属性的视角 /22
三、平等保护原则：所有制的视角 /22

23　第四节　物权的客体
一、物权客体的法律意义 /23　　二、物的基础法律意义 /25
三、不动产与动产 /30　　　　　四、合成物整体与重要成分 /35
五、主物与从物 /36　　　　　　六、原物与孳息 /39

40　第五节　物权的内容
一、物权内容的界定 /40　　　　二、物权内容的具体化 /41

42　第二章　物权法概述

42　第一节　物权法的基本界定
一、物权法的内涵 /42　　　　　二、物权法的功能 /42
三、物权法的特性 /43　　　　　四、物权法的体系结构 /45
五、物权法与财产法的关系 /46

46　第二节　物权法的调整对象
一、物权 /46　　　　　　　　　二、与物权紧密相关的债 /47
三、占有 /49

第三节　物权法的渊源 …… 49

一、规范性法律文件 /49　　二、规范性法律文件认可的渊源 /52

三、习惯法 /53

第四节　物权法与民法其他部分的关系 …… 55

一、物权法与民法总则的关系 /55

二、物权法与合同法的关系 /56

三、物权法与婚姻家庭法的关系 /57

四、物权法与继承法的关系 /57

五、物权法与侵权责任法的关系 /58

第五节　物权法与其他法律部门的关系 …… 61

一、物权法与宪法的关系 /61　　二、物权法与行政法的关系 /62

三、物权法与民事诉讼法的关系 /62

四、物权法与破产法的关系 /63

第三章　物权法基本原则 …… 64

第一节　物权法基本原则概述 …… 64

一、政治经济原则 /64　　二、结构原则 /64

第二节　公示原则 …… 66

一、公示原则的功能 /66　　二、公示原则的适用范围 /67

三、公示形式 /67　　四、公示的法律效力 /68

五、习惯法的公示形式及其法律效力 /78

六、信息技术对公示原则的影响 /78

第三节　法定原则 …… 79

一、法定原则的功能 /79

二、法定原则的适用对象：物权的种类和内容 /79

三、法定原则中的"法律" /80　　四、法定原则的法律后果 /82

五、习惯法的物权种类和内容 /83

六、信息技术对法定原则的影响 /83

第四节　特定原则 …… 84

一、特定原则的功能 /84　　二、特定的标准 /84

三、特定物的内涵 /86　　四、信息技术对特定原则的影响 /86

第五节　区分原则 …… 86

　　　　　　一、区分原则的发展 /86　　　　二、区分原则的功能 /88
　　　　　　三、区分原则的适用范围 /88　　四、区分原则的理论基础 /89
　　　　　　五、区分原则的延伸制度 /96

103　　第六节　优先原则
　　　　　　一、优先原则的功能 /103　　　二、优先原则的适用对象 /103
　　　　　　三、优先原则的内涵 /107

108　第四章　物权变动

108　　第一节　物权变动概述
　　　　　　一、物权变动的形态 /108
　　　　　　二、物权变动的二分法：依法律行为和非依法律行为 /110
　　　　　　三、物权变动的规范架构 /112　　四、物权变动的"语境论" /116

117　　第二节　不动产登记
　　　　　　一、不动产登记的内涵 /117　　二、统一登记 /118
　　　　　　三、不动产登记机构 /119　　　四、不动产登记簿 /119
　　　　　　五、登记能力 /120　　　　　　六、不动产登记类型概述 /121
　　　　　　七、不动产登记程序 /123　　　八、更正登记 /125
　　　　　　九、异议登记 /128　　　　　　十、预告登记 /129

135　　第三节　依法律行为的不动产物权变动
　　　　　　一、不动产物权有权处分 /135　二、不动产物权善意取得 /137

145　　第四节　动产占有
　　　　　　一、直接占有 /145　　　　　　二、间接占有 /150
　　　　　　三、共同占有 /151　　　　　　四、自主占有和他主占有 /152

152　　第五节　依法律行为的动产物权变动
　　　　　　一、动产物权有权处分 /152　　二、动产物权善意取得 /160

168　　第六节　非依法律行为的物权变动
　　　　　　一、依公权力行为的物权变动 /168
　　　　　　二、依自然事实的物权变动 /173
　　　　　　三、依事实行为的物权变动 /179

190　第五章　物权保护

190　　第一节　物权保护概述

　　　　一、民法保护、行政法保护和刑法保护 /190
　　　　二、公力保护和自力保护 /191　　　三、物权法保护和债法保护 /191
　　　　四、确认请求权 /192
195　第二节　物权请求权
　　　　一、物权请求权概述 /195　　　　二、返还原物请求权 /198
　　　　三、排除妨害请求权 /207　　　　四、消除危险请求权 /208

210　第六章　所有权

210　第一节　所有权概述
　　　　一、所有权的概念 /210　　　　二、所有权的功能 /212
　　　　三、所有权的内容 /213　　　　四、所有权的限制 /214
223　第二节　公有制所有权
　　　　一、国家所有权 /224　　　　二、集体所有权 /226
229　第三节　共有
　　　　一、共有概述 /229　　　　二、按份共有 /231
　　　　三、共同共有 /241　　　　四、准共有 /246
246　第四节　建筑物区分所有权
　　　　一、建筑物区分所有权概述 /246
　　　　二、专有权 /248　　　　三、共有权 /251

260　第七章　用益物权

260　第一节　用益物权概述
　　　　一、用益物权的概念 /260　　　　二、用益物权的功能 /261
　　　　三、用益物权的分类 /262
267　第二节　土地承包经营权
　　　　一、土地承包经营权 /267　　　　二、土地经营权 /273
　　　　三、"四荒"经营权 /276　　　　四、国有农用地的承包经营权利 /277
279　第三节　国有建设用地使用权
　　　　一、国有建设用地使用权的概念 /279
　　　　二、国有建设用地使用权的设立 /279
　　　　三、国有建设用地使用权的内容 /283
　　　　四、国有建设用地使用权的期限 /288
288　第四节　宅基地使用权

一、宅基地使用权的概念 /288　　二、宅基地使用权的主体 /289
三、宅基地使用权的客体 /289　　四、宅基地使用权的设立 /290
五、宅基地使用权的内容 /290

292　第五节　居住权

一、居住权的概念 /292　　二、居住权的功能 /293
三、居住权的主体 /293　　四、居住权的客体 /294
五、居住权的设立 /295　　六、居住权的内容 /297

298　第六节　地役权

一、地役权的概念 /298　　二、地役权的功能 /298
三、地役权的特性 /299　　四、地役权的设立 /301
五、地役权的内容 /302　　六、地役权的消灭 /303
七、地役权与相邻关系的关系 /303
八、特别地役权 /304

305　第八章　担保物权

305　第一节　担保物权概述

一、担保的含义 /305　　二、担保物权的概念 /306
三、担保物权的功能 /307　　四、担保物权的分类 /307

312　第二节　典型担保物权总论

一、典型担保物权的特性 /312　　二、典型担保物权的分类 /322
三、典型担保物权的主体 /325　　四、典型担保物权的客体 /327
五、典型担保物权的担保范围 /328
六、意定担保物权的设立 /329　　七、典型担保物权的内容 /335
八、典型担保物权的保护 /335　　九、典型担保物权的实现 /337
十、典型担保物权的消灭 /340　　十一、共同担保 /341

342　第三节　抵押权

一、抵押权概述 /342　　二、不动产抵押权 /344
三、动产抵押权 /363　　四、最高额抵押权 /369

377　第四节　质权

一、质权概述 /377　　二、动产质权 /377
三、权利质权 /387

398　第五节　留置权

一、留置权概述 /398　　二、留置权的成立要件 /402
三、留置权的效力 /408　　四、留置权的消灭 /409

410　第六节　非典型担保物权
　　一、非典型担保物权概述 /410　　二、所有权保留 /411
　　三、融资租赁 /416　　四、让与担保 /419

424　第九章　物上之债
　424　第一节　物上之债概述
　　一、物上之债的概念 /424　　二、物上之债的特性 /426
　427　第二节　物上之债的种类
　　一、法定物上之债 /428　　二、意定物上之债 /429
　432　第三节　物上之债的价值

435　第十章　占有
　435　第一节　占有概述
　　一、占有的概念 /435　　二、占有的功能 /439
　　三、占有的规范布局 /440
　440　第二节　占有的种类
　　一、直接占有与间接占有 /440　　二、自己占有与占有辅助 /441
　　三、单独占有与共同占有 /441　　四、自主占有与他主占有 /442
　　五、有权占有与无权占有 /443
　445　第三节　占有的保护
　　一、基于占有的请求权 /445　　二、基于非物权本权的请求权 /450
　　三、债权请求权 /451　　四、自力保护 /452

第一章

物权概述

顾名思义,物权法是以物权为主要调整对象的法律,物权是学习物权法的起点性基础概念和基本知识,故本书开篇从物权的概念、种类、主体、客体和内容讲起,下面依次分节论述。

第一节　物权的概念

一、物权的定义

《民法典》第114条第2款规定:"物权是权利人依法对特定的物享有直接支配和排他的权利,包括所有权、用益物权和担保物权。"这是典型的定义性法条,其汲取了我国学理对物权内涵的认识,从特定主体对特定客体享有特定权利的角度明确了物权的概念。[①]

　　例:某市政府通过拍卖方式出让国有建设用地,A公司依法拍得,其与该市政府自然资源管理部门订立出让合同,按照约定缴纳了土地出让金,办理了登记,取得了国有建设用地使用权。这种权利属于用益物权,A公司可依法用地建房。在合法建造后,A公司取得房屋所有权,可自用、出租、出售或抵押。为了融资需要,A公司把房屋抵押给B银行,以担保B银行的债权。在抵押权设立后,A公司是债务人也是抵押人,B银行是抵押权人。B银行的抵押权属于担保物权,在A公司不能按约定还款时,B银行依法可通过拍卖、变卖等方式对房屋进行变价,并就此价款优先受偿。

　　A公司的国有建设用地使用权、房屋所有权和B银行的抵押权形态迥异,但它们共性明显:(1)都实现了物的财产价值,权利人均能直接获取物的经济效用和利益,如A公司对土地和房屋的占有、使用和收益,B银行对房屋变价的优先受偿。(2)对他人有普遍的影响力和对抗性,如A公司能禁止无关之人进入房屋,B银行相较于A公司的其他无担保的一般债权人能优先受偿。基于这些共性,A公司的国有建设用地使用权、房屋所有权和B银行的抵押权都归为物权。

《民法典》第114条第2款的物权定义与德国、瑞士、奥地利等德国法系民法学里的物权

[①] 参见孙宪忠:《我国物权立法贯彻科学性原则的问题研究——兼顾一段立法历史的回忆》,载《政法论坛》2024年第1期。

概念基本一致，后者通常认为物权是权利人直接支配物并排斥他人的权利。① 在比较法上，鲜有民法典为物权下定义的先例，物权因而是学理概念。《民法典》第114条第2款开创了先河，使物权成为法律概念，具有明确的规范属性和普遍的约束力。

提示：比较法的重要作用

从知识传承和法律比较的角度看，我国物权法的基本制度、基础知识与德国法系物权法有着密切关系，可比性很强，后者具有重要的参考价值；此外，法国法系的物权变动、英美法系的担保等对我国也有重要借鉴作用。故而，在学习物权法时，除了应特别注重我国的法律规范、法学理论和法治实践，还应适度重视比较法，关注域外法律经验，注重比较和借鉴。

最经典最常用的比较法方法是功能主义（functional method），它在使用时大致有五个步骤：(1) 提出问题；(2) 观察后呈现各法域制度及其解决前述问题的方案；(3) 对比这些方案的异同之处；(4) 解释这些异同之处；(5) 进行评价，根据需要选出最优方案。② 以物权的定义为例，针对我国和德国法系进行功能主义比较法探讨，有以下步骤：(1) 提出"如何定义物权"的问题。(2) 列出我国和德国法系的方案。(3) 方案的相同之处是都把物权界定为权利人对物直接支配并排他的权利，不同之处是我国由《民法典》定义物权，德国法系则由学理定义物权。(4) 之所以有前述不同，可能是因为我国立法者有定义重要概念的偏好，德国法系没有这种偏好，也可能是其他原因（如我国学理和实践对何为物权有争论，法律规定有助于达成共识，而德国法系没有这样的争论）。(5) 我国方案使物权成为法律概念，确定性很强，但学理创新物权概念的说理成本较高，德国法系与我国刚好相反。若取向确定性，则我国方案为优；若取向概念创新弹性，则德国法系方案为优。

必须强调的是，物权法是由法律、学理、司法、行政、交易等因素交织互动而成的复杂系统，在运用功能主义比较法时，不能仅停留在规范或学理层面，还要尽可能关注其他因素，予以全面把握和系统观察。

二、物权的基本内涵

依据我国法律规定，并参考德国法系知识，可把物权的基本内涵概括为：民法调整的、主要以有体物为客体、与债权相对立的财产权。

（一）物权是民事权利

1. 物权是权利

物权是归属于民事主体的权利，而非行政机关等国家机关的权力，主要由民法来调整，行政法等其他法律只是在相关之处进行必要的规制。比如，A公司的国有建设用地使用权主要由物权编第十二章"建设用地使用权"来调整，该章规定了国有建设用地使用权的定义、

---

① Vgl. Brehm/Berger, Sachenrecht, 3. Aufl., 2014, S. 7 ff（德国学理）；Rey, Die Grundlagen des Sachenrechts und das Eigentum, 3. Aufl., 2007, S. 52（瑞士学理）；Iro, Bürgerlichen Recht Band IV: Sachenrecht, 4. Aufl., 2010, S. 2（奥地利学理）。

② See Wolfgang Faber, "Functional Method of Comparative Law and Argumentation Analysis in the Field of Transfers of Movables: Can They Contribute to Each Other?" 1 *European Property Law Journal* 25 (2013).

内容、处分等事项。但 A 公司用地建房行为要受行政法的规制。《城乡规划法》第 40 条第 1 款规定,在城市规划区内建造建筑物,应向主管部门申请办理建设工程规划许可证。《建筑法》第 7 条第 1 款规定,建筑工程开工前,通常应向主管部门申请领取施工许可证。据此,在房屋建造前,A 公司需取得建设工程规划许可证和施工许可证,否则要承担相应的行政法律后果。①

物权是权利人支配物的权利,这表明在法定范围内,权利人能凭自己意愿对物进行支配,获取相应利益。比如,在符合行政法规制的条件下,房屋的设计、结构、施工等建房事宜完全由国有建设用地使用权人 A 公司自行决定,他人无权干涉;A 公司在取得房屋所有权后,可自行决定出租、出售或抵押,他人也无权干涉。在此意义上,学理把物权称为人对物的权力(power)。② 当然,在此所谓的"权力"是一种形容,旨在形象说明物权人对物的支配力,强调物权人有根据自己喜好支配物的能力,其意义完全不同于国家机关的权力。

进阶:作为物权功能定位的"支配"和"归属"

前文有关"物权是归属于民事主体的权利"以及"物权是权利人支配物的权利"的表述是有心之举,意在表明把物权功能定位为"归属"或"支配"均无大碍。

这样说的知识背景在于,德国法系学理对物权的功能定位经历了从"支配"到"归属"的演变。过往学理把物权的核心功能界定为支配(Herrschaft),包括事实支配和法律支配。事实支配是指对物的事实控制,如房屋所有权人 A 公司自行使用房屋。法律支配包括对物的间接占有以及对物的处分,如 A 公司把房屋租给 C 后,自己间接占有房屋,在他人干涉 C 的使用时,A 公司有权排除妨害;又如,抵押权的构成不包括抵押权人对物的占有,抵押权人 B 银行对 A 公司的房屋既未事实控制,也未间接占有,但能通过依法变价的方式进行处分,进而消灭 A 公司的房屋所有权。③ 通过支配的功能定位,物权得以与债权区别,后者是对特定人的请求权,没有支配可言。但这一功能定位不全面,如德国物权包括优先购买权,它以取得标的物所有权为目的,缺失前述的支配要素。为了弥补该缺憾,学理转而以归属(Zuordnung)来概括物权的功能,表明物的财产利益直接归于物权人,从而把没有支配要素的优先购买权等物权也能纳入进来。④

显然,在德国法系物权法,"支配"和"归属"不容混用,但这一点在我国似乎无需多虑:(1)与德国法系不同,我国没有优先购买权等不含支配要素的物权,用"支配"来概括我国物权的功能,业已够用,无需升级迭代为"归属"。(2)从教义上分析,《民法典》

---

① 《城乡规划法》第 64 条规定:"未取得建设工程规划许可证或者未按照建设工程规划许可证的规定进行建设的,由县级以上地方人民政府城乡规划主管部门责令停止建设;尚可采取改正措施消除对规划实施的影响的,限期改正,处建设工程造价百分之五以上百分之十以下的罚款;无法采取改正措施消除影响的,限期拆除,不能拆除的,没收实物或者违法收入,可以并处建设工程造价百分之十以下的罚款。"《建筑法》第 64 条规定:"违反本法规定,未取得施工许可证或者开工报告未经批准擅自施工的,责令改正,对不符合开工条件的责令停止施工,可以处以罚款。"

② See Eleanor Cashin Ritaine, "Obligatory and Proprietary Rights: Where to Draw the Dividing Line—If At All?" Wolfgang Faber & Brigitta Lurger (eds), *Rules for the Transfer of Movables*, Sellier. European Law Publishers, 2008, p. 180. 这种称谓及观念源自罗马法,罗马法学家认为所有权(dominium)是人对物的"权力"。See Yaëll Emerich, *Conceptualising Property Law: Integrating Common Law and Civil Law Traditions*, Edward Elgar Publishing, 2018, p. 17.

③ 参见金可可:《论债权与物权的区分》,中国社会科学院研究生院 2004 年博士学位论文,第 25—28 页。

④ 参见苏永钦:《大民法典的理念与蓝图》,载《中外法学》2021 年第 1 期。

第114条第2款的"直接支配和排他"表明了"归属"之意,即"直接支配"从积极方面表明特定物的财产利益直接归属于物权人,"排他"从消极方面表明特定物的财产利益不归属于他人,物权人因而能排斥他人的不当干涉。[1]（3）"支配"和"归属"的汉语内涵都很模糊,它们混用起来不会引人误解。比如,为了说明抵押权的优先受偿功用,既能从"支配"角度说抵押权人支配了抵押财产的经济价值,也能从"归属"角度说抵押财产的变价利益直接归属于抵押权人。有鉴于此,本书认为在《民法典》的语境中,把物权的功能界定为"支配"或"归属"均无不可。

2. 物权是具有正当性的利益

作为法律明定的民事权利,物权是具有正当性的利益,权利人对物的支配必须有法律根据,依靠偷窃、抢劫等违法行为是无法取得物权的。正是在法律的形塑下,物的利益和价值归于物权人,物权人得以控制和支配物。

与此不同,占有是对物实施控制的事实状态,虽然是利益,但并非权利[2],其是否具有正当性和合法性,在所不问。之所以如此,是为了维持稳定平和的社会秩序,即便占有的基础不正当,占有人对物的控制没有法律根据,也要受法律保护。比如,A公司的员工B把公司的电脑偷回家,对于潜入B家偷电脑的C,B有权制止。

3. 物权表征了权利人的行为自由

从历史发展来看,欧洲的封建制以及法国大革命对物权的内涵影响深远。在法国大革命之前,欧洲实行封建制,封臣从领主处获取土地权利的同时,必须对领主履行提供士兵等义务,此即积极的义务负担。法国大革命废止了封建制,为了巩固胜利成果,欧洲大陆国家普遍通过民法典使物权与积极义务负担脱钩,结果就是除非权利人同意,否则不得强制其必须为一定行为。[3] 这样一来,物权表征了权利人的行为自由,就实现物的效用而言,权利人在法律范围内有是否为相应行为的自由,不对他人负担必须为相应行为的义务。比如,房屋所有权人是否或如何实现房屋的经济效用,完全依其意愿而定。即便房屋一直闲置不用,房屋所有权既不因此消灭,他人也无权请求所有权人必须使用房屋。

必须强调的是,物权人根据法律或法律行为会负担积极的行为义务,但这并非物权内容。比如,根据《城市房地产管理法》第26条,A公司在取得国有建设用地使用权后,无故超过出让合同约定的动工开发期限2年后仍未动工的,政府有权无偿收回该权利。照此来看,A公司有动工开发的义务,但一定要注意,这是其因出让合同而负担的义务,国有建设用地使用权自身并不包含义务,不能把出让合同和国有建设用地使用权混为一谈。

（二）物权是财产权

1. 物权是蕴含经济利益的财产权

《民法典》第2条规定:"民法调整平等主体的自然人、法人和非法人组织之间的人身关系和财产关系。"第3条规定:"民事主体的人身权利、财产权利以及其他合法权益受法律保

---

[1] 参见袁野:《物权支配性之教义重述》,载《法制与社会发展》2021年第4期。
[2] 占有是权利还是事实,在历史上存在极大争论;比较法上也有不同认知,德国法系普遍认为占有是事实,而CC、《日民》等有占有权的规定。我国把占有定性为事实。
[3] See Sjef van Erp & Bram Akkermans (eds), *Cases, Materials and Text on Property Law*, Hart Publishing, 2012, p. 363.

护,任何组织或者个人不得侵犯。"由此可知,以权利内容为标准,民事权利有人身权和财产权的基本分类,物权蕴含着经济利益,取得物权意味着权利人的财产增量,故物权是财产权而非人身权。

为了维护主体尊严和人伦秩序,权利人不得随意处分人身权。《民法典》第992条规定:"人格权不得放弃、转让或者继承。"与此不同,在法律未限制时,权利人均能处分财产权,这是财产权的一般特性。[①] 物权自不例外,只要法律不加限制,权利人就有权通过转让、抵押等方式处分物权。

为了安身立命和发展进步,社会中的每个人都要控制一定的物,独享其效用和利益,否则就不可能体面且有尊严地活着,正因此,所有权是基本人权,对人的生存发展和人格尊严至关重要。尽管如此,在民法中,作为物权的所有权仍是财产权,不能将其与人身权相混淆。[②]

2. 物权在我国是财产权的一类

从来源上看,作为法律术语的物权不是我国的本土词,而是从大陆法系移译过来的,对应着德语"Sachenrecht"和法语"droits réels"。在《物权法》起草之前,"物权"一词对社会公众来说极其陌生,人们更熟悉、更常用的词语是所有权和财产权,《民法通则》就以"财产所有权和与财产所有权有关的财产权"来替代"物权"。随着《物权法》的制定和施行,"物权"这一法律术语飞入寻常百姓家,逐渐为人们所熟识。《民法通则》的前述用语很容易让人把财产权作为物权的同义词,但从内涵上看,财产权包括物权、债权等权利,物权只是财产权的一类,财产权因此是物权的上位概念。

提示:英美法系的财产权

与我国不同,英国、美国等英美法系国家不用"物权",而是用财产权(property rights/proprietary rights)。以英国为例,土地上的财产权包括自由保有地产权(freehold estate)、租赁保有地产权(leasehold estate)、地役权(easement)、抵押权(mortgage)等。[③] 比较法研究通常认为,英美法系的财产权与物权的功能相当,两者通常可以对等置换。[④]

3. 物权是与权利人信用直接挂钩的责任财产

责任财产是供债权清偿的财产,能给债权人提供最基础的保障,具有增加信用、激励交易的作用,在实践中,很多中小企业很难从金融机构获得贷款,原因就是其没什么责任财产,金融机构不敢贷款。当物权人对他人负债成为债务人时,物权就是其责任财产。在物权人

---

① Vgl. von Tuhr/Peter, Allgemeiner Teil des Schweizerischen Obligationenrechts, Bd. I, 1. Hälfte, 1974, S. 214.

② 在我国和德国法系,财产权与人身权在民事权利中的区分是普遍共识。法国民法的概括财产(总体财产)概念则会带来一定的认识困扰。概括财产是指属于一个人的具体金钱价值的全部权利和义务组成的整体,是一个人现在和将来拥有的,包括资产和负债、债权和债务在内,并构成一个不可分割的法律上的整体,是人格的外部流露。概括财产是人据以作为法律主体的资格,体现着人格的存在,任何人都必然有一份概括财产。概括财产把财产与人格紧密一体化,结果就是无财产即无人格。但这在法国争论颇大,教科书也区分所有权等概括财产权与人格权等非概括财产权。参见〔法〕弗朗索瓦·泰雷、菲利普·森勒尔:《法国财产法》(上册),罗结珍译,中国法制出版社2008年版,第29—50页;〔法〕雅克·盖斯旦等:《法国民法总论》,陈鹏等译,法律出版社2004年版,第159—172页。

③ See Victoria Sayles, *Land Law*, 5th Edition, Oxford University Press, 2016, pp. 1-10.

④ See Sjef van Erp & Bram Akkermans (eds), *Cases, Materials and Text on Property Law*, Hart Publishing, 2012, pp. 51-52.

不履行或不适当履行债务时,其债权人能依法请求法院通过查封、扣押等措施来查控物权。在物权人通过无偿转让、以明显不合理的低价转让等不当处分物权的行为危及债权人的债权时,债权人能行使合同编第五章"合同的保全"中的撤销权来保全债权。

说物权是责任财产,不是说物权只能是责任财产,而是说物权是重要的责任财产。在责任财产之外,自然人的财产还包括不能用于清偿债务的自由财产,主要是生活必需品。《查扣冻规定》第3条规定,对被执行人及其所扶养家属生活所必需的衣服、家具、炊具、餐具及其他家庭生活必需的物品等财产,法院不得查封、扣押、冻结;第4条规定,对被执行人及其所扶养家属生活所必需的居住房屋,法院可以查封,但不得拍卖、变卖或者抵债。显然,物权也可以是自由财产。

(三)物权主要是以有体物为客体的财产权

《民法典》第115条规定:"物包括不动产和动产。法律规定权利作为物权客体的,依照其规定。"把该条内容与《民法典》第114条第2款对物权的定义结合起来,就知道物权主要以土地、汽车等有体物为客体,只有在法律有规定时,权利才能成为物权客体,如《民法典》第440条规定权利质权的客体包括票据等权利。

《民法典》第123条第2款规定:"知识产权是权利人依法就下列客体享有的专有的权利:(一)作品;(二)发明、实用新型、外观设计;(三)商标;(四)地理标志;(五)商业秘密;(六)集成电路布图设计;(七)植物新品种;(八)法律规定的其他客体。"显然,与主要以有体物为客体的物权不同,知识产权的客体是作品、发明、商标、商业秘密等智力成果,它们不像土地、汽车那样存在于三维空间,基于此,学理常将知识产权称为无体财产权。

有体物和智力成果的差异不仅是形态上的,更是属性上的,主要表现为:在有体物被权利人排他性地支配后,其他人无法再予利用,被围墙圈起的土地、锁着的汽车均为适例;而智力成果很难被排他性地支配,在微信群中常见的法学著作扫描电子版很能说明这一点。这样的差异导致物权和知识产权有着根本不同,以至于前者一直在民法之中,是民法学的最重要组成部分之一,后者则游离于民法之外,成为事实上独立于民法学的知识产权法学的研究对象。

(四)物权是与债权相对立的财产权

通过《民法典》第114条第2款可知:(1)物是物权的存续根本,没有物,物权就是无本之木。(2)权利人直接支配物,无需假借他人之力即可实现物的效用,无须通过特定义务人的给付就能获取物的利益。(3)物的利益归属于权利人,并能影响和对抗他人。《民法典》第118条第2款把债权定义为"因合同、侵权行为、无因管理、不当得利以及法律的其他规定,权利人请求特定义务人为或者不为一定行为的权利"。对比可知,物权的前述要点均是债权不具备的,两者在民事财产权中是截然对立的两极。至于它们区分的细节内容,见下一部分"物权与债权的区分"。

关联:债权、债务和债之关系

与物权相对的债权是债务的关联词,债权与债务是同一债之关系的两面,彼此对应,分别指向不同的特定主体。可以说,在物权与债权相提并论时,债务从未缺席,只是隐身于债权的背面而已,故严格说来,物权与债权的区分应是物权与债之关系的区分。债之关系在此指向单一的债权债务,属于狭义的债之关系,债权是其代言词。比如,A、

B签订房屋买卖合同,买受人B对出卖人A有请求转让房屋所有权的债权,A对B有转让房屋所有权的债务,该债权与债务就像同一硬币的两面,构成狭义的债之关系。债之关系还包括多数的债权债务,这些不同的债权债务之间存在整体性与关联性,属于广义的债之关系,合同为其典型。比如,A、B的房屋买卖合同形成广义的债之关系,除了A对B负担转让房屋所有权的债务,B还对A负担支付价款的债务(也即A对B有请求支付价款的债权)。这两个债务构成给付和对待给付的关系,其中任一债务不履行或不适当履行,都将导致买卖合同目的无法实现。

三、物权与债权的区分

物权与债权是民事财产权的基本类型,两者截然对立,这种格局通称为"物债二分"。"物债二分"最早可追溯至罗马法,其时虽无物权和债权的概念,但有对物的誓金诉讼(sacramentum in rem)和对人的誓金诉讼(sacramenti in personam)的区分,中世纪的注释法学家通过重读罗马法,从中发展出物权和债权的概念,影响至今。[①]

依据我国法律规定,并参考前述历史传统,能看出"物债二分"主要包括三个维度,即对物权与对人权的区分、支配权与请求权的区分、绝对权与相对权的区分。

(一)对物权与对人权的区分

1. 对物权

物权依托于物而存续,物对物权来说不可或缺,物权因而是"根植于物中的权利"(jus in re/right in rem),是对物权(dingliche Rechte/right to things)。在这一定位下,物就像泥土,物权像根植于泥土的植物,植物离不开泥土,物权必须依附于物。物尚未实存,就不会有物权,如房屋还没盖,不可能有房屋所有权。物的灭失,导致物权消灭,如房屋被拆除,房屋所有权不复存在。此外,用益物权或担保物权通常随所有权的转让而转让,所有权人的更替不影响它们的存续,呈现出"认物而不认人"的特点,学理常将此称为物权的追及力。

> 例:A把房屋抵押给B,双方未约定限制房屋转让。《民法典》第406条第1款规定:"抵押期间,抵押人可以转让抵押财产。当事人另有约定的,按照其约定。抵押财产转让的,抵押权不受影响。"据此,A可把房屋转让给C,B的抵押权不受影响。A到期不能清偿债务,B依法可对该房屋进行变价并优先受偿。由此可见,B的抵押权虽然通过与A的协商而设立,但它不依赖于A这个特定主体,而是依附于作为抵押财产的房屋,无论谁是房屋所有权人,都不影响抵押权存续,此即"认物而不认人"。

当然,物权客体除了物还有财产权,在客体为财产权时(如权利质权),物权仍具有对物权的特质。

2. 对人权

债权与债务构成债之关系,存于特定人之间。债权是债权人这个特定主体对债务人这

[①] See Eleanor Cashin Ritaine, "Obligatory and Proprietary Rights: Where to Draw the Dividing Line—If At All?" Wolfgang Faber & Brigitta Lurger (eds), *Rules for the Transfer of Movables*, Sellier. European Law Publishers, 2008, p. 176. 对"物债二分"历史发展的细致阐述,参见金可可:《论债权与物权的区分》,中国社会科学院研究生院2004年博士学位论文,第43—131页;雷秋玉:《物债二分下的中间权利状态研究》,中国政法大学出版社2023年版,第8—27页。

个特定主体享有的权利,仅针对该债务人,不直接负载于债务人的财物,因而是对人权(persönliche Rechte/right in personam)。换言之,债权指向债务人的给付行为,债务人的财物虽然事关债权实现,但与债权存续无关,具有"认人而不认物"的特点。

例:《民法典》第372条规定:"地役权人有权按照合同约定,利用他人的不动产,以提高自己的不动产的效益。前款所称他人的不动产为供役地,自己的不动产为需役地。"A为了自己农田浇水,需用B的土地铺设水渠,双方约定设立铺设水渠地役权,A是地役权人,其农田为需役地,B是供役地权利人,其土地是供役地。双方约定A每年向B支付使用费5000元,这是A这个特定人的债务,是B这个特定人的债权。C从A处受让需役地,同时受让地役权,但不同时承担前述债务。同样地,D从B处受让供役地,同时承受地役权,但不同时受让前述债权。这表明B对A的请求支付使用费5000元的债权具有"认人而不认物"的特点,并非需役地、供役地所承载的权利,需役地的受让人C不能径直承担该债务,供役地的受让人D也不能径直受让该债权。

3. 区分的意义

对比而言,物权是"认物而不认人"的对物权,债权是"认人而不认物"的对人权,这一区分的意义主要在于:

第一,物对权利的作用不同。作为对物权,物权以物为基础,没有物这样的客体,就没有物权;而且,物必须特定,否则物权会因不明确而丧失意义,《民法典》第114条第2款特意强调物权客体是"特定的物"。债权是以人为基础的对人权,当事人需特定,至于债务人有无财物,或者标的物是否存在或特定,对债权的存续没有决定作用。比如,A从B处借钱,C为此提供连带责任保证,即便C身无分文,也不影响B、C的保证之债。又如,A从4S店预定某款新型车,车要半年后才生产出来,这并不影响双方的买卖之债。

第二,权利转让的要求不同。在法律未特别规定的通常情况,用益物权或担保物权的转让无需所有权人的同意,也无需通知所有权人。比如,抵押权从属于其担保的债权,《民法典》第407条规定,抵押权随其担保的债权一并转让,就抵押权转让的事实,抵押权人无需通知抵押人。与此不同,债权转让事关债务人应向谁履行的问题,《民法典》第546条第1款规定,债权人转让债权应通知债务人,否则对债务人不发生效力。债务转让也即免责的债务承担,事关债权人应向谁主张债权的切身利益,《民法典》第551条第1款规定,债务人转让债务,应经债权人同意。

(二) 支配权与请求权的区分

1. 支配权

支配权是指权利人无需他人协力而直接支配特定客体的权利。不考虑物权受他人不当干涉的情形,单就物权的正常行使和实现而言,物权是支配权,取得物权就表明物的利益归属于权利人,权利人依法凭自己意愿能实现物的效用,如国有建设用地使用权人A公司能用地建房、抵押权人B银行对抵押房屋的变价能优先受偿。

2. 请求权

请求权是指请求特定人为或不为一定行为的权利,其实现需他人协力。债权实现要通过债权人的给付请求权,请求权因而是债权的主要内容,再加上债权人对标的物没有支配权,故债权往往与债权请求权同义使用,《民法典》第118条第2款对此有明文表述。由于债权通过债务人的给付才能实现,其会因债务人不履行而"竹篮打水一场空",这种内在风险导致债权的利益能否实现并不确定。

3. 区分的意义

争点:物权是人与物的关系还是人与人的关系?

物权是支配权,是权利人直接支配物的权利,是人对物的"权力",以此为观察点,物权体现了人与物的关系,其中只有权利人这一方主体,再无其他主体。与此认识不同,从法律关系是人与人的关系的角度来看,物权只能体现人与人的关系,如物权人有权排斥他人的不当干涉,物权就是物权人与干涉人的关系。

本争点的实质意义主要在于理论层面,既事关法律关系理论与"物债二分"的体系融洽,也事关支配权与请求权的构造区分,还事关物权请求权与物权的关系,并事关物权内容的指涉范围。本书赞同前一观点,主要理由为:(1)正如本节之"四、物上之债及其与物权的区分中"的"进阶:物权概念的有限性"部分指出的,英美法系的"权利束"理论和斯堪的那维亚法系的"功能进路"把财产权理解为人与人的关系,在此背景下,物权和债权没有明晰区分。在"物债二分"的学理框架下,认为物权是人与物的关系,债权是人与人的关系,能保持体系逻辑一惯性。(2)与作为请求权的债权体现的人与人的关系构造相比,作为支配权的物权构造除了权利人及其支配的物,没有其他人的位置,与他人不直接相关,这体现的正是人与物的关系构造。(3)虽然物权人对于不当干涉之人有返还原物、排除妨害等物权请求权,但它不能与物权同义替换,不能把它反映的人与人的关系直接套在物权之上。(4)物权的内容是物权人直接支配物所能取得的正当利益,包括对物的占有、使用、收益等,它们体现的都是人与物的关系;若把物权视同人与人的关系,往往会把物权人因法律或法律行为而对特定人负担的积极义务(如国有建设用地使用权人按照出让合同约定动工开发的义务)纳入物权内容,造成物权和债的实质混同,这不利于法律关系的明晰。

本争点的源头是法律关系的内涵,即其是否仅限于人与人的关系。只要不采用本质主义的观念,认为法律关系在本质上仅限于人与人之间的关系,而是基于制度功能进行整体观察,把物权反映的人与物的关系、知识产权反映的人与智力成果的关系也纳入法律关系[1],就能解决本争点。

在前述基础上,应特别强调者有二:(1)把物权理解为人与物的关系,不是重物轻人,不是脱离人际社会背离来割裂地单独观察物权,而是强调着眼于支配权特质来建立、理解和适用物权规范[2],把它与债权规范区隔开来。比如,国有建设用地使用权给了权利人用地建房的权限,至于动工开发的义务,则是出让合同的内容,不能与国有建设用地使用权混为一谈。(2)说物权反映了人与物的关系,并非是说物权法仅调整人与

---

[1] Vgl. Brox/Walker, Allgemeiner Teil des BGB, 43. Aufl., 2019, S. 277.
[2] 针对罗马法所有权是人与人之间的关系,是人对物的"权力"的观念,人类学家大卫·格雷伯特意指出"财产权显然不是用人与物品之间的关系就能够清楚说明的事情,而是人们如何安排其与物品之间的关联与制度",并在此基础上进行了深刻阐述。参见〔美〕大卫·格雷伯:《债的历史:从文明的初始到全球负债时代》,罗育兴、林晓钦译,商周出版社2013年版,第229—240页;〔美〕大卫·格雷伯、〔英〕大卫·温格罗:《人类新史:一次改写人类命运的尝试》,张帆、张雨欣译,九州出版社2024年版,第438—440页。

物的关系,正如本书第二章第二节指出的,在物权之外,物权法还调整与物权紧密相关的债,它们是人与人的关系。

在不考虑物权受他人不当干涉的情况下,比较来看,物权是人与物的关系,其中只有支配,没有请求;债权是人与人的关系,其中不存在支配,只有请求。[1] 受此影响,作为支配权的物权所表征的利益具有现实性,而作为请求权的债权所表征的利益具有或然性,如保证人在订立保证合同时家财万贯,将来承担保证责任时完全可能身无分文。基于这种差异,套用时态来形容,可以说物权是"现在时"的利益,债权是"将来时"的利益。

支配权与请求权的区分,表明物权与债权的构造和功能有巨大差异,相应地会影响一些重要制度的适用,主要表现为:

第一,法律行为的约束力。法律行为成立生效后,对当事人具有约束力。《民法典》第136条第2款规定,行为人非依法律规定或未经对方同意,不得擅自变更或解除法律行为。这当然适用于买卖合同等产生债权的法律行为,如 A、B 就机器买卖达成买卖合同后,出卖人 A 反悔不愿出卖的,要承担违约责任;但未必适用于导致物权变动的法律行为,如 A、B 在订立买卖合同后,为慎重起见,又签订不同于买卖合同的机器所有权转让协议,专门表明 A 自愿转让、B 自愿受让机器所有权之意,但在交付前,B 仅凭该协议无法取得所有权,而其债权已有买卖合同的保障,故该协议没有约束力,A 能单方反悔予以解除[2],最终向 B 承担不履行买卖合同的违约责任即可。

第二,限制行为能力人独立实施的纯获利益行为。作为支配权的物权不包含也不对应给付义务,受赠人取得物权通常属于纯获利益的行为,根据《民法典》第22条、第145条,可由限制行为能力人独立实施;但通过买卖合同等有偿合同取得的债权就不同,不仅债权所表征的利益不确定,债权人还有对待给付义务,不是纯获法律上的利益,限制行为能力人不能独立订立该合同。

第三,诉讼时效。作为支配权的物权表征了权利人的行为自由,权利人不因物权而负有必须实现物的效用的积极义务,他人也没有相应的请求权,物权因此不受诉讼时效制度的调整。[3] 与此不同,为了实现债权,债权人有权请求债务人给付,同时为了防止债权人"躺在权利上睡觉",根据《民法典》第196条,除非法律另有规定,否则债权受制于诉讼时效。

(三)绝对权与相对权的区分

1. 绝对权

绝对权是指效力范围依法及于权利人以外的不特定之人的权利。物权是典型的绝对权,权利人通过对物的支配,垄断了物的利益归属,物的利益只能排他地归属于权利人,由此可以说,物权是能影响和对抗与物有关的不特定之人的权利。这样一来,他人均要尊重物权,权利人能排斥他人的不当干涉,这突显了物权强烈的对世性(erga omnes),物权因此也被称为对世权。

---

[1] 参见〔德〕弗里德里希·卡尔·冯·萨维尼:《当代罗马法体系》(第一卷),朱虎译,中国人民大学出版社2023年版,第258—259页。
[2] Vgl. Baur/Stürner, Sachenrecht, 18. Aufl., 2009, S. 54.
[3] 根据《民法典》第196条第2项的规定,未登记的动产权利人的返还请求权适用诉讼时效。不过,该权利是物权受到他人不当干涉时配置的请求权,不能归为支配权。

所谓对世性,是说物权能对抗世人(against the world),其中的"世人"是与物有关的不特定之人的比喻性说辞,也常被称为第三人(Dritter/third party)。在不同情形,对世性有不同含义,被物权对抗的世人也有不同的所指,主要表现为:其一,在债务人破产的情形,对世性是指物权不受破产程序的影响,世人是破产债务人的一般债权人。比如,对于破产债务人占有的他人之物,所有权人可主张取回;对于以破产财产为客体的担保物权,担保物权人可就其变价得到优先受偿。其二,在一物数卖等权利竞争的情形,对世性是指对抗权利竞争者,世人是权利竞争者。比如,一个动产数卖,就受让动产所有权,数个买受人之间有竞争关系,先取得所有权者能排斥其他买受人。其三,在不当干涉物权的情形,对世性是指约束干涉者,世人是每个可能的干涉者。比如,对擅自拿走某物的人,所有权人有权请求返还。[①]

2. 相对权

相对权是指效力仅及于特定人的权利。债权是典型的相对权,除非法律另有规定,否则它仅约束特定的债务人,不影响其之外的第三人,其存续与否、有何内容,与第三人无关。《民法典》第465条第2款就规定:"依法成立的合同,仅对当事人具有法律约束力,但是法律另有规定的除外。"

3. 区分的意义

对比说来,物权是义务人不特定、效力范围外向的绝对权,债权则是义务人特定、效力范围内敛的相对权。这种区分表明物权和债权的义务人范围不同,具有以下意义:

第一,决定了公示原则的适用范围。作为绝对权的物权能对抗世人,为了防止世人遭受不测风险,物权需通过公示形式而为世人周知,此即公示原则。《民法典》第208条规定:"不动产物权的设立、变更、转让和消灭,应当依照法律规定登记。动产物权的设立和转让,应当依照法律规定交付。"作为相对权的债权仅约束特定的当事人,可处于仅为当事人所知的隐秘状态,当事人具有决定其表现形式的自由。《民法典》第469条第1款规定:"当事人订立合同,可以采用书面形式、口头形式或者其他形式。"换言之,除非法律另有规定,否则,公示原则仅适用于物权。

第二,物权优先于债权。作为绝对权的物权通常能排斥作为相对权的债权,学理常把此称为物权排斥债权的原则或物权的优先性。比如,担保物权人优先于一般债权人而受偿。又如,某物既是债权标的物,又为物权客体,无论债权成立时间是否早于物权,在法律没有例外规定时,物权均优先于债权,具体而言:其一,在所有权和债权共同指向某物,而所有权人和债权人不是同一人,且所有权人不受该债权约束的情形,相对性的债权只能约束特定当事人,要承受所有权的排斥,故所有权优先于债权。比如,A把房屋卖给B,在B取得房屋所有权后,A又把房屋卖给C,双方签订了买卖合同,C对A有请求交付房屋并转让所有权的债权,B的所有权和C的债权指向同一房屋,前者优先于后者,C只能请求A承担损害赔偿等违约责任。其二,在某物既是债权标的物,又是用益物权或担保物权客体的情形,物权优先于债权,债权人不能请求除去物权。比如,在A和B订立房屋买卖合同后、转让房屋所有权前,A为C设立房屋抵押权,该抵押权优先于B对A的债权,B无权请求除去抵押权。当然,在法律另有规定时,债权会优先于物权。比如,《民法典》第405条规定:"抵押权设立前,

---

① See Jan Felix Hoffmann, "The Proprium of Property Law", 10 (2-3) *European Property Law Journal* 247-248 (2021).

抵押财产已经出租并转移占有的,原租赁关系不受该抵押权的影响。"据此,在 A 把房屋租给 B,B 占有房屋后,A 为 C 设立房屋抵押权,C 在实现抵押权时,无权请求除去 A、B 的租赁关系。

第三,影响过错侵权规范的适用。《民法典》第 1165 条第 1 款规定:"行为人因过错侵害他人民事权益造成损害的,应当承担侵权责任。"这是过错侵权的一般规范,其中的民事权益应限定为物权等绝对权,因为绝对权能为世人周知,从而为他人划定了行为界限,产生不得干涉绝对权利益范围的一般注意义务,若他人不当超越界限,侵入绝对权的利益范围,会构成过错侵权。受制于相对权的特性,合同债权不应直接归为《民法典》第 1165 条第 1 款的民事权益,否则侵权法就会强化合同的效力范围,使他人受到合同约束,而主要提供救济的侵权法并无这样的功能。

例:A 有一件元青花瓷器,B 在赏玩时不慎摔碎,该行为符合《民法典》第 1165 条第 1 款的要件,A 有权请求 B 赔偿损失。瓷器此前已被 A 卖给 C,双方订立了买卖合同,尚未交付。因瓷器毁损,事实上履行不能,根据《民法典》第 580 条第 1 款,C 不能请求 A 继续履行。同时,A、C 之间的买卖合同对 B 没有约束力,不能合理预期 B 应知晓 C 对 A 有交付瓷器的债权请求权,B 不慎摔碎瓷器更非有意导致 C 对 A 的该债权请求权落空,在此情况下,若由 B 根据《民法典》第 1165 条第 1 款对 C 承担侵权责任,会过分压缩 B 的自由行为空间,给其带来无妄之灾。

综上所述,在"物债二分"中,物权是对物权、支配权和绝对权,这三个特质有着紧密关联。对物权强调物权根植于物,物是物权不可或缺的元素,它为支配权提供了基础,同时也在其媒介作用下,物权有了普遍的对世性[①],成为绝对权。

进阶:"陌生人社会"与"物债二分"

"物债二分"提炼了相关的法律规范,而法律适用于人际社会,在孤岛上荒野求生的鲁滨逊身处一人世界,这里没有社会,故无需法律,无需"物债二分"。社会必须是二人以上组成的,二人是社会最小的组成单位,会形成"二人社会"。鲁滨逊和在另一孤岛生活的贝尔承认各自孤岛的东西各自所有,并定期交换物资,他们组成二人社会。这样的社会构造非常简单,只要双方愿意通过合同而非武力作为交往方式,各自的财物信息就高度透明,因为不是我的就是你的,相对性的合同在此足以确定物之归属,无须再另设绝对性、对世性的物权。故而,在二人社会这样的简单社会,"物债二分"是没有意义的。

我们所在的真实世界有二人社会的样态(如夫妻、父子、熟人),但包围他们的是众多的陌生人,形成的是"陌生人社会"。[②] 与二人社会相比,陌生人社会规模大,人的角色复杂(有破坏者、冲突者、调停者等),财物信息不透明,这些都导致人际交往成本高,财物流通成本高,要想有效降低成本,便于社会往来,法律成为必要,"物债二分"亦为必要。仍以孤岛为例来说明,除了鲁滨逊和贝尔,世上还有很多生活在各自孤岛的人,为

---

① See Henry E. Smith, "Property as the Law of Things", 125 *Harvard Law Review* 1691 (2012).
② 这里的"二人社会"和"陌生人社会"源自德国社会学家齐美尔(Georg Simmel)的"二人社会/群体(dyad)"和"三人社会/群体(triad)"。See Georg Simmel, *The Sociology of Georg Simmel*, trans. and ed. by K. H. Wolff. Glencoe, Free Press, 1950, pp. 145-169.

了方便交往，他们共约(也即立法规定)各自孤岛上的财物归各自所有,也即通过所放位置这一外观(公示原则)对所有人宣告财物的归属(绝对性的物权)。鲁滨逊把一把石斧借给贝尔,另一孤岛的艾德来与贝尔交换物资,因为这把石斧在贝尔的孤岛,它根据前述规则属于贝尔,艾德能放心大胆地换走它;至于鲁滨逊与贝尔的借用合同,仅能约束其二人(债的相对性),对艾德没有约束力。若非如此,艾德就要挨岛挨户去询问探知石斧的权属,带来的不便可想而知。

"物债二分"体现了物权法和以合同法为代表的债法的区分,在民法体系中占据重要地位。任何部门法概念和理论均要回归真实世界,能与其匹配,否则就没有现实生命力。在陌生人社会的真实世界中,第三人数目不定,不知何时会出现,对世、排他的物权因此有了必要。[1] 就此来看,"物债二分"符合社会实际需求,具有实践正当性。

进阶："物债二分"对行政诉讼的影响

《行政诉讼法》第25条第1款规定:"行政行为的相对人以及其他与行政行为有利害关系的公民、法人或者其他组织,有权提起诉讼。"基于物权的特质,包括行政机关在内的世人皆知物权,一旦行政行为剥夺或限制物权人对物的支配,物权人要么是相对人(如房屋被征收的所有权人),要么是利害关系人(如规划主管部门许可A加盖房屋,影响邻居B的采光,自身利益受规划许可行为影响的B是利害关系人),能以原告身份提起行政诉讼。基于债权的特质,债权的实现需债务人的协力,与包括行政机关在内的第三人无关,行政机关不受债的约束,行政行为通常不会损及债权,故债权人原则上不能成为行政诉讼的原告。《行政诉讼法解释》第13条规定:"债权人以行政机关对债务人所作的行政行为损害债权实现为由提起行政诉讼的,人民法院应当告知其就民事争议提起民事诉讼,但行政机关作出行政行为时依法应予保护或者应当考虑的除外。"

参考案例"吴川市某甲公司诉吴川市自然资源局房屋所有权登记案"例示了债权人不能成为行政诉讼原告的典型情形。陈某娣于2004年登记为房屋所有权人,某甲公司于2019年取得以房屋所在土地为标的物的债权,该公司认为上述登记影响其债权实现,请求法院撤销该登记行为。法院生效裁判认为,行政机关在办理房屋所有权登记时,对后来才发生的债权保护问题不是其应当考虑的范畴,某甲公司与取得债权之前已作出的被诉登记行为不具有行政法上的利害关系,其因而不具备原告主体资格。该个案的结论妥当,但说理可值商榷。债权是相对权,在法律无例外规定时,仅约束相对人,对包括行政机关在内的第三人没有约束力,不是影响行政行为正当性的制约因素,故而,无论债权形成在行政行为之前或之后,债权人都与行政行为无法律上的利害关系。据此,即便A于2004年取得以房屋所在土地为标的物的债权,房屋于2019年登记为B所有,登记机构也无需考虑A的债权,只要登记程序合法,B的所有权优先于A的债权,A并非适格的行政诉讼原告。

四、物上之债及其与物权的区分

根据不同的产生事由,"物债二分"中的债分为合同之债、无因管理之债、不当得利之债、

---

[1] 参见张永健:《法经济分析:方法论20讲》,北京大学出版社2023年版,第451页。

侵权之债等，它们分别是合同法、侵权法等债法的调整对象，称为普通之债。此外还有物上之债（Realobligation/real obligation），它既有普通之债的部分特性，能适用对应的债法规范，还有物权的部分特性，要适用对应的物权法规范。

普通之债有"认人而不认物"的特点，与此不同，物上之债与物权一样有"认物而不认人"的特点，它不只是针对某特定人的义务，还是特定物承载的负担，无论谁是该物的物权人，都要负担该债务。国有建设用地使用权人因出让合同负担的债务就非常典型。《城市房地产管理法》第42条规定："房地产转让时，土地使用权出让合同载明的权利、义务随之转移。"据此，出让合同不仅约束当事人双方，还约束从国有建设用地使用权人处受让该权利之人，出让合同之债因此不同于普通之债，有"认物而不认人"的特点。

例：根据出让合同的约定，国有建设用地使用权人A公司除了建商品房，还应为所在地建菜市场。A公司把国有建设用地使用权转让给B公司，B公司在取得该权利的同时，要承担出让合同约定的建菜市场的义务。B公司再把该权利转让给C公司，C公司也要承担前述义务。像国有建设用地使用权一样，出让合同约定的国有建设用地使用权人建菜市场的债务依附于该宗地，该债务就是物上之债。

两相对比，物上之债与物权一样根植于特定的物，对受让物权的第三人有约束力，而普通之债仅约束特定的当事人双方，二者明显不同。

物上之债的前述特点表明它有向物权靠拢的一面，但又与物权存在显著差异：（1）物上之债中的债权属于请求权而非支配权，为了实现债权，债务人必须为给付行为，如上例的债务人——无论是A公司、B公司还是C公司——均应建菜市场。（2）物上之债虽然能约束标的物的受让人，但不能约束其他人，不像物权那样具有广泛的对世性，如在上例，建菜市场这一物上之债只能对抗特定第三人B公司或C公司。正因为有这些差异，尽管物上之债与物权一样同受物权法的调整，并遵循物权法的基本原则，但不能把两者等同对待。也正因此，本书才在阐述全部的物权制度和知识后，于第九章论述物上之债，以表明物上之债是与物权有关但又不同的制度和知识。

通过上述内容，可以看出民事财产权的实存形态呈光谱状，除了分处两极的物权和债权，还有位于它们中间的物上之债。

进阶：物权概念的有限性

通过前述，我们知道物权是权利人对物进行支配并能对抗不特定之人的财产权，这个概念描述了物权的整体概况，概括了物权的典型特点，为我们进一步学习物权法奠定了基础。不过，我们不能把物权的概念作为衡量某种权利是否为物权的唯一模板，更不能把它当成放之四海而皆准的不变真理，因其不能涵括各类物权的具体特性，在一些法系也不被认可，其内涵还会随实践发展而有所调整，这些局限体现了物权概念的有限性。[1]

---

[1] 物权概念固然是规范性的、学理性的，但它同时也是社会性的、实践性的，表现了特定社会的财产观，而不同社会形态对应的财产权完全可能不一样（参见〔美〕大卫·格雷伯、〔英〕大卫·温格罗：《人类新史：一次改写人类命运的尝试》，张帆、张雨欣译，九州出版社2024年版，第128—141页），物权概念的有限性因此不足为奇。

第一，物权的概念不能涵括各类物权的具体特性。

首先，物权的概念特别强调物的基础地位，但权利基于法律的规定也能成为物权客体，该概念的指涉范围因而不够全面，未包含权利质权等以权利为客体的物权。而且，虽然我国的权利质权有支配权和绝对权的特性，但在比较法上，物权客体为权利的，权利的属性对物权有深刻影响，如德国有学理认为，债权质权是相对权，而发明专利权上的用益权是绝对权。①

其次，我国的物权都是支配权，但比较法经验并非如此，除了德国的优先购买权，瑞士的土地负担(Grundlasten)也没有支配权属性，其构造以给付为中心，即权利人不能使用他人土地，而是有权从该土地变价金中获得受偿，该土地的任一所有权人——无论是土地负担设立时的所有权人抑或之后的受让人——对权利人负有给付义务，故土地负担既是变价权，又是物上之债。②

最后，我国的物权不一定有对世性。比如，《民法典》第374条规定："地役权自地役权合同生效时设立。当事人要求登记的，可以向登记机构申请地役权登记；未经登记，不得对抗善意第三人。"据此，在地役权未登记，而他人不知也不应当知道地役权合同时，地役权只对当事人双方有约束力。

概括而言，物权的概念只是为我们进入物权法知识宝库提供了大方向指引，在其引导下沿着大路往前进，不会找到宝藏，但有些宝藏分布在分岔小路，需依靠相应的具体制度才能发现，故而，物权的概念必须与具体物权的知识结合起来，在特定情形下用具体的物权知识对物权的概念进行适度调适，才能学好物权法。

第二，物权的概念在比较法上没有普适性。

物权的概念通行于我国以及大陆法系，但英美法系并不认可。虽然英美法系的财产权与物权的功能相当，但其采用权利束(bundle of rights)理论，把财产权界定为由相互间没有实质关联的若干权利组成的权利束，从而与物权的概念完全不同。比如，某宗农地的所有权人有占有权，不让他人进入土地；有使用权，能决定是种蔬菜还是小麦；有管理权，能决定谁能在土地上通行；有收益权，能把土地出租给他人以获取租金；有转让权，能出卖或赠与土地；等等。对财产权这一概念来说，财产本身可有可无，重要的是当事人之间的法律关系，如农地所有权人分别与侵入人、通行人、承租人、受让人等不同主体有不同的关系，这样的分解使得财产权不像物权的概念那样有对物权、支配权和绝对权的整体特性，从而消弭了财产权与合同债权的清晰区分界限。③

斯堪的那维亚法系的瑞典等国也不认可物权的概念，并认为概念并不重要，重要的是直面所遇到的利益冲突问题，在该问题的具体情景中分析人与人之间就某物所发生

---

① 参见〔德〕卡尔·拉伦茨：《德国民法通论》(上册)，王晓晔等译，法律出版社2003年版，第297—298页；〔德〕赫尔穆特·科勒：《德国民法总论(第44版)》，刘洋译，北京大学出版社2022年版，第411页。
② Vgl. Rey, Die Grundlagen des Sachenrechts und das Eigentum, 3. Aufl., 2007, S. 65.
③ See Shane Nicholas Glackin, "Back to Bundles: Deflating Property Rights, Again", 20 *Legal Theory* 3-10 (2014). 19世纪之前，英美法普遍把财产(property)当成物(thing)；19世纪开始把财产看成权利束，19世纪末它被美国法院当成限制立法机关以减损财产价值方式规制财产的权力的工具，进而促进更有力的财产宪法保障而得以盛行开来。比如，在把财产当成物的观念下，政府允许修建的铁路部分阻挡水流，导致磨坊遭受损失。由于政府未占有磨坊，不被认为是征收，政府无需补偿磨坊损失；在权利束观念下，政府应补偿磨坊损失。参见〔美〕斯图尔特·班纳：《财产故事》，陈贤凯、许可译，中国政法大学出版社2017年版，第70—110页。

的关系,这样的认知被称为功能进路(functional approach)。比如,在出卖人破产的情形,只要能解决占有标的物的买受人与出卖人的一般债权人之间的冲突即可,无需考虑该规则与其他情形的规则是否协调;在一物两卖时,同样只需解决买受人之间的冲突即可;在无权处分时,也仅考虑解决原权利人和第三人之间的冲突即可。①

这些比较法经验表明,面对人支配物、物的效用归属于人这一普遍的社会现象,从不同的视角审视,用不同的方法分析,至少能得出物权的概念、权利束以及功能进路这三种不同的结论。它们之间会形成知识竞争,这也要求我们不能固步自封,而应采用开放的态度,在了解物权的概念及与其匹配的物权法知识后,再了解其他"竞争者",并进行比较分析,以加深对物权的概念以及物权法知识的理解。②

第三,物权的概念随实践发展而调整。

物权的概念固然是理论抽象的结果,但绝非法学家端坐在书斋中进行逻辑演绎的"拍脑袋"产物,而是历经长期法律实践不断调适的理论结晶。在发展过程中,保持物权概念的核心内涵基本稳定,是确保物权法稳定性的必然要求,它因此与实践不能完全贴合,实践往往会超越概念而有新发展。近几十年欧洲大陆物权法的发展情况表明,为了解决实践问题,法院另觅了信托等不能完全与物权概念相融的实用性解决方案。③ 无独有偶,英美法系的实践也表明,权利束理论对于财产法的影响没有想象的那么大,对它应重新评价。④ 这些比较法信息提示我们,在学习物权法时,除了应把物权的概念与其他物权法知识进行体系化的整合,还要特别注意实践情况,能透过实践来反思和发展物权的概念。一言以蔽之,物权服务于人的需要,其内涵不能仅拘泥于某一理论,也不可能在历史发展中一成不变。⑤

第二节 物权的种类和体系

一、物权的种类:所有权、用益物权和担保物权

(一)基本内涵

《民法典》第116条规定了法定原则:"物权的种类和内容,由法律规定"。据此,法律限

---

① See Claes Martinson, "How Swedish Lawyers Think about 'Ownership' and 'Transfer of Ownership'—Are We Just Peculiar or Actually Ahead?", Wolfgang Faber & Brigitta Lurger (eds), *Rules for the Transfer of Movables*, Sellier. European Law Publishers, 2008, pp. 69-95. 另参见〔德〕克里斯蒂安·冯·巴尔、〔英〕埃里克·克莱夫主编:《欧洲私法的原则、定义与示范规则:欧洲示范民法典草案(全译本)》(第 8 卷),朱文龙等译,法律出版社 2014 年版,第 42—44 页、第 179 页。

② 比如,有研究通过对比分析指出,虽然功能进路整体上很难与大陆法系物权法融合,但其在具体问题上的利益衡量和价值判断确有值得参考之处。See Wolfgang Faber, "Scepticism about the Functional Approach from a Unitary Perspective", Wolfgang Faber & Brigitta Lurger (eds), *Rules for the Transfer of Movables*, Sellier. European Law Publishers, 2008, pp. 97-122.

③ Vgl. Baur/Stürner, Sachenrecht, 18. Aufl., 2009, S. 24 ff. See also Jan Felix Hoffmann, "The Proprium of Property Law", 10 (2-3) *European Property Law Journal* 246-247 (2021).

④ See Henry E. Smith, "The Persistence of System in Property Law", 163 *University of Pennsylvania Law Review* 2055-2083 (2015).

⑤ See Stephanie M. Stern & Daphna Lewinsohn-Zamir, *The Psychology of Property Law*, New York University Press, 2020, p. 5.

定和列举了物权的种类,当事人不能在此之外自由创设物权,这与合同自由原则形成了鲜明对比。

《民法典》第114条第2款列明的所有权、用益物权和担保物权是物权的基本分类,它们覆盖了我国的全部物权种类,物权编第二、三、四分编对它们依次编排,各自形成了规范群,构成了物权法的主干内容。

《民法典》第240条规定:"所有权人对自己的不动产或者动产,依法享有占有、使用、收益和处分的权利。"第323条规定:"用益物权人对他人所有的不动产或者动产,依法享有占有、使用和收益的权利。"第386条规定:"担保物权人在债务人不履行到期债务或者发生当事人约定的实现担保物权的情形,依法享有就担保财产优先受偿的权利,但是法律另有规定的除外。"这些法条分别是所在分编的头条规定,实际上对所有权、用益物权和担保物权下了定义。

对比可知,所有权人的权利最全面,能依法对物进行占有、使用、收益和处分,表明权利人取得物的完全价值,对物进行最充分的支配,所有权因而是对物的完全支配权,故称为完全物权;用益物权人和担保物权人的权利都有限制,前者可依法对物进行占有、使用、收益,意在实现物的使用价值[①],后者可依法对物进行变价并就变价款优先受偿,意在实现物的经济价值[②],它们都是对物的部分支配权,故合称为限制物权。同时,由于用益物权和担保物权通常以他人财物为客体,故称为他物权,所有权则对应地称为自物权。

(二)特别说明

对于前述的基本内涵,需要特别说明如下:

第一,所有权在特定情形会被"限制物权化"。在通常情况下,所有权是完全物权,但在以所有权作为担保的情形,所有权人在意的仅是物的经济价值,而不谋求占用、使用和收益,所有权的功能和内涵在此受到限制,与限制物权没有实质差别。

> 例:A从B处借款,提供房屋让与担保,即A把房屋转让给B,A到期不能还款的,B就房屋的变价款优先受偿;A到期还款的,B再把房屋转让给A。让与担保是担保物权的一种。虽然B是房屋所有权人,但其无意于房屋的占用、使用和收益,在A到期不能清偿时,B不能保有房屋所有权,只能通过变价获得优先受偿。B的这种所有权与通常的所有权差别很大,仅有其名而无其实,被形象地称为"虚化所有权"。

第二,《民法典》第114条第2款把限制物权二分为用益物权和担保物权,基于法定原则,此外没有其他种类的限制物权。这意味着,我国不像德国那样,可把优先购买权等概括成取得权,以之作为第三种限制物权。[③] 确实,尽管《民法典》第305条规定了按份共有人对共有份额的优先购买权,但该权利不能登记,只有债的效力,与BGB物权编第五章规定的优

[①] 物的使用价值是物自身物质属性所蕴含的固有效用,如土地能用以建造、房屋要用以栖居。要想实现物的使用价值,离不开对物的占有和使用,也即必须控制物的实体,与此对应的权利称为实体权。参见〔日〕我妻荣:《债权在近代法中的优越地位》,王书江、张雷译,中国大百科全书出版社1999年版,第50页。

[②] 物的经济价值在学理中也称为交换价值、货币价值、资本价值、担保价值,也即通过市场流通而产生的金钱增益。实现物的经济价值无需控制物的实体,只要有决定是否把物投入市场流通进行变价的权利即可,与此对应的权利称为价值权。参见〔日〕我妻荣:《债权在近代法中的优越地位》,王书江、张雷译,中国大百科全书出版社1999年版,第50—51页。

[③] Vgl. Wieling/Finkenauer, Sachenrecht, 6. Aufl., 2020, S. 8.

先购买权相去甚远。

第三,在特定情形,限制物权的主体可为所有权人。限制物权通常是他物权,但并不排除所有权人在自己物上为自己设立限制物权,从而会出现以所有权人为主体的限制物权。

> 例:A 在退休后想轻松自在欢度晚年,决定把仅有的一套住房出卖后,用卖房款云游四方,但同时又想继续住在该房屋。经协商,A 与 B 达成这样的方案:A 以半价把房屋出卖给 B,B 允许 A 住到去世;A 在房屋上为自己设立居住权后,B 向 A 支付房款,A 把房屋所有权转移登记给 B。这是"以房养老"的理想方案,能确保 A 实现预期目的,不会出现 A 先把房屋所有权转让给 B 后,B 不配合为 A 设立居住权的风险隐患。不过,这种方案在我国无法实施,因为《民法典》第 366 条把居住权的客体限定为"他人的住宅",A 无法在自己房屋上为自己办理居住权登记;但它在德国行得通,因其不排斥所有权人对自己房屋的居住权。[1]

法定原则不允许当事人自行创设物权,而是由法律垄断了物权的供给,一旦供给不足,就会产生上例这样的交易障碍。在法定原则的前提下,为了满足实际需要,法律要么应充分供给物权的种类,要么在规定某类物权时应设置较少的要求,如不把限制物权的客体限定为他人之物,以便为当事人提供足够的选择机会,从而能更灵活地应对实际需要。

第四,在比较法上,德国法系的限制物权包含了变价权,即在特定条件下将标的物通过拍卖等手段予以变价的物权,既包括担保物权,也包括其他权利,如瑞士的土地负担。[2] 我国的担保物权与变价权同义,除了担保物权,没有其他变价权。

这些特别说明意味着,在学习物权法时,应先熟练把握基础知识和一般规定,但不能止步于此,还需牢固掌握具体知识和特别规定,并把基础与具体、一般与特别充分结合起来,只有这样,才能系统通透地理解和运用物权法。

二、物权的层级

物权编把所有权、用益物权和担保物权分为上位、中位和下位三个层级。

(一)上位层级

物权编在第二、三、四分编分别规定了所有权、用益物权和担保物权,并在第 240 条、第 323 条和第 386 条分别对它们加以定义,表明它们均为法律规定的概括性物权名称,各自包含了具体的物权种类,故属于上位层级的物权。与我国不同,德国法系物权法直接规定地役权、抵押权等具体物权,不规定作为它们上位概称的用益物权和担保物权,这种概称只出现在学理中。

(二)中位层级

所有权、用益物权和担保物权分别包括不同类型的物权,它们各自的构造存在不小差异,不能混同对待,属于中位层级的物权。

根据主体的所有制属性,所有权有国家所有权和集体所有权、私人所有权之分,物权编第五章对此有专门规定。根据主体数量,所有权有独有和共有之分;独有指只有一个权利人

---

[1] Vgl. Baur/Stürner, Sachenrecht, 18. Aufl., 2009, S. 390.
[2] Vgl. Rey, Die Grundlagen des Sachenrechts und das Eigentum, 3. Aufl., 2007, S. 64.

的所有权;共有是两个以上的权利人共同享有的所有权,它又可分为按份共有和共同共有,前者是权利人按照份额享有的所有权,后者是有共同关系的权利人享有的所有权,物权编第八章专门规定了共有;建筑物区分所有权既有独有也有共有,物权编第六章对此有专门规定。这些专章均属于中位层级所有权的规定。

在用益物权部分,物权编第11—15章分别规定了土地承包经营权、国有建设用地使用权、宅基地使用权、居住权和地役权,它们是中位层级的用益物权。这些物权的具体功能和构造差异很大,土地承包经营权是为农村承包经营户从事农业生产而以农用地为客体的权利,国有建设用地使用权是为了开发利用土地进行建造而以国有建设用地为客体的权利,宅基地使用权是为农户建造住宅而以宅基地为客体的权利,居住权是为了居住而以住宅为客体的权利,地役权是为了提高需役地的效益而利用供役地的权利。

在担保物权部分,物权编第17—19章分别规定了抵押权、质权和留置权,这些中位层级的担保物权差别很大,抵押权不以抵押权人占有客体为要件,质权的客体不包括不动产,留置权无需当事人约定即可发生。

(三) 下位层级

某些中位层级的物权有下位层级的物权种类。比如,物权编第十七章把抵押权分为一般抵押权和最高额抵押权,前者担保的债权特定(如300万元的借款),后者担保的债权不特定但有最高限额(如2025年10月1日至2026年10月1日的借款,最高限额为300万元)。又如,物权编第十八章把质权分为动产质权和权利质权,前者以动产为客体,后者以法律、行政法规规定的权利为客体。这些下位层级的物权制度构造存有差异,需区别对待。

三、物权的体系

法定原则用法律来限定物权种类和内容,意在把对物权进行定性和定型的权力交给法律,以搭建由数量有限的物权构成的封闭体系,当事人只能在此范围内选择所需的物权。

从上文可知,物权编构建了三大类三层级的物权体系。所谓三大类,就是物权分为所有权、用益物权和担保物权。所谓三层级,就是这些物权包括上位、中位和下位三个层级。

物权编之外的其他法律规定的物权同样能归为三大类三层级,主要包括三种情形:(1)其他法律对物权的称谓与物权编相同的,如《农村土地承包法》的土地承包经营权,可直接对应。(2)其他法律对物权的称谓与物权编不同的,应根据权利属性分别对应。比如,《民法典》第388条第1款第2句规定:"担保合同包括抵押合同、质押合同和其他具有担保功能的合同。"据此,位于合同编的第642条的所有权保留、第745条的融资租赁中出租人对租赁物的所有权、第766条的有追索权的保理等也是担保物权。又如,《土地管理法》和《城市房地产管理法》均规定了土地使用权,但形态不同,前者的客体包括农用地和建设用地,后者的客体仅为国有建设用地。物权编未采用土地使用权的称谓,而是根据客体差异,分别规定了土地承包经营权、国有建设用地使用权和宅基地使用权,这实质上分解或替换了其他法律的土地使用权。(3)其他法律的物权称谓和实质均与物权编不同的,应根据这些权利的主要内容,结合物权编有关用益物权或担保物权的定义等一般规定来综合判断。比如,《土地管理法》第10条第1句规定:"国有土地和农民集体所有的土地,可以依法确定给单位或者个人使用。"据此,国有农场等单位依法对国有农用地有占有、使用和收益的权利,它们未采用承包经营的方式,不是土地承包经营权,但内容完全符合《民法典》第323条等用益物权的一般规定,在用益物权中处于中位种类,通称为国有农用地使用权。

从整体上看,我国三大类三层级的物权体系既充分利用了人类制度文明的有益成果,如居住权、地役权、抵押权、质权等属于大陆法系民法的普遍经验,在我国也有丰富实践,又有适应我国社会经济生活现实需要的本土制度,典型者如土地承包经营权。

四、物权的基本归类

采用不同的标准,可对所有权、用益物权和担保物权进行不同的归类。本章主要阐述物权的最基础知识,仅重点提及以下两种基本归类,至于有助于理解具体物权的归类,则放在各自相应之处论述。

(一)不动产物权、动产物权和权利物权

这是以客体形态为标准的分类,不动产物权和动产物权以有体物为客体,权利物权以法律规定的财产权为客体。

所有权的客体包括不动产和动产,其相应地可归为不动产物权或动产物权。物权编规定的各类用益物权的客体均为不动产,故用益物权为不动产物权。在物权编规定的担保物权中,抵押权的客体包括不动产、动产和权利,其可归为相应的物权形态;质权的客体包括动产和权利,相应地归为动产物权和权利物权;留置权的客体是动产,故为动产物权。

这种归类的主要意义在于:(1)法律地位不同。物权的主要形态是不动产物权和动产物权,权利物权可适用或参照适用相似的其他物权规定。比如,《民法典》第446条规定,权利质权除了适用自身规定外,还适用动产质权的规定。[①](2)公示形式不同。不动产物权的公示形式是不动产登记,动产物权主要以占有为公示形式,权利物权的主要公示形式是登记。

(二)意定物权和法定物权

该分类的标准是产生事由,意定物权的产生事由是法律行为,法定物权则是基于法律规定的事由而产生的物权。

在法定原则的限制下,意定物权是当事人在前述三个层级的物权种类中,通过意思自治的方式加以选择、进行创设的产物,只要法律不禁止,所有权、用益物权和担保物权均可成为意定物权。意定物权在实践中相当常见。

法律直接规定了物权的产生事由,只要该事由与意思自治无关,该物权就是法定物权,《民法典》第249条的国家土地所有权、第447条的留置权就是典型。

这种归类的主要意义在于:(1)法律适用不同。意定物权以法律行为为产生事由,在判断其是否产生时,要普遍适用法律行为制度来评判法律行为是否成立生效;法定物权(如国家土地所有权)未必与法律行为制度相关,因而不必然适用法律行为制度,而要适用对应的专门法律规范。(2)法律效力不同。法定物权是法律为了特定目的而强制产生的物权,在特定情形会有效力优先导向,法律效力因此会强于意定物权。比如,《民法典》第456条规定:"同一动产上已经设立抵押权或者质权,该动产又被留置的,留置权人优先受偿。"

---

① 在比较法上,BGB第1273条第2款规定,动产质权规范可参照适用于权利质权;瑞士的动产质权则包含了权利质权(Vgl. Tuor/Schnyder/Schmid/Rumo-Jungo, Das Schweizerische Zivilgesetzbuch, 13. Aufl., 2009, S. 1153)。

第三节 物权的主体

一、物权主体的形态：民法总论的视角

在人类文明发展进程中，到了15、16世纪，西方法律才明确了自然人的法律人格，人自此被确立为有独立人格和平等地位的主体，人之外的物质对象既无理性也没有自由意志，不能与人共享相同的伦理准则和法律地位，属于客体[1]，权利主体与客体的区分由此成型，成为民法总论的必有内容。

从民法总论区分权利主体与客体的视角来看，物权主体和客体不能混淆，前者永远是自身就是目的、有理性、有尊严的人，只能成为手段、无理性、无尊严的物属于客体，不能成为主体，因此不可能有以物为主体的物权。这样一来，在身患不治之症的A订立遗嘱，将房屋遗赠给自己的宠物犬时，由于动物不能成为物权主体，该遗嘱不能生效，否则就会出现无主体的物权。

《民法典》第2条规定："民法调整平等主体的自然人、法人和非法人组织之间的人身关系和财产关系。"据此，物权的主体形态包括自然人、法人和非法人组织，前者是生物学意义上的人，中者是具有权利能力和行为能力并能依法独立享有权利和承担义务的组织，后者是不具有法人资格但能依法以自己名义从事民事活动的组织。至于这些主体的具体形态等制度构造，详见总则编的相应规定，在此不赘。

《民法典》第4条规定民事主体的法律地位平等，第113条规定民事主体的物权等财产权受法律平等保护。同时，《民法典》第269条规定，法人——无论是营利法人、非营利法人还是特别法人——对其所有物的权利，需遵循法律、行政法规以及章程的规定。[2]

进阶：人工智能（AI）的法律地位

随着信息技术、数字技术的发展，人工智能的应用愈来愈广泛，技术也愈来愈进步，它在便利社会发展的同时，也带来替代人类、役使人类乃至消灭人类的深忧，正因此，我国国家新一代人工智能治理专业委员会于2021年9月25日发布《新一代人工智能伦理规范》，把增进人类福祉等作为基本伦理规范；2021年11月24日联合国教科文组织通过《人工智能伦理问题建议书》，把尊重、保护和促进人权与基本自由以及人的尊严等作为人工智能发展的价值观。

在此背景下，不同国家对人工智能的法律地位持有不同态度。激进的典型是沙特阿拉伯，它在2017年10月授予智能机器人Sophia公民身份，但这是个案，包括我国在内的世界绝大多数国家目前未认可人工智能的主体地位，我国法院一再强调人工智能

---

[1] Vgl. Hattenhauer, Grundbegriffe des Bürgerlichen Rechts, 1982, S. 43 ff.
[2] 比如，公司是营利法人，《公司法》第15条规定，公司为他人设立担保物权，应依照公司章程的规定，由董事会或股东会决议。又如，宗教活动场所依法可成为捐助法人，《宗教事务条例》第54条规定："宗教活动场所用于宗教活动的房屋、构筑物及其附属的宗教教职人员生活用房不得转让、抵押或者作为实物投资。"再如，居民委员会是特别法人，《城市居民委员会组织法》第2—4条、第16—17条规定，居民委员会从事公益事业服务，不能进行营利活动，《担保制度解释》第5条第2款据此规定居民委员会提供担保的，担保合同无效，无法设立担保物权。

对其生成物没有著作权①,2017年2月欧洲议会通过的《欧洲机器人民事法律规则》也只规定智能机器人在一定条件下可被认定为电子人,具有电子人格。

为了确保民事活动的稳定性,民事主体的形态要由法律规定,在法律未授予人工智能的主体地位时,其不能成为物权主体。若将来人工智能与自然人等其他主体普遍地共生并存,法律承认人工智能的主体地位,那其就能成为物权主体。②

二、"物权主体为物"的形象说法:物权属性的视角

从民法总论视角来看,物权主体只能是人,那顺理成章的结论就是:物权是主体为人、客体为物的权利,不可能存在主体为物、客体为物的物权。不过,从物权属性来看,除了主体为人、客体为物的物权,确实还有主体为物、客体为物的物权(subjektiv-dingliche Rechte)。

先看主体为人、客体为物的物权。以土地承包经营权为例,它以农业生产为目的,以农村承包经营户为主体,以农用地为客体,农业生产的具体情况由权利人在法律允许的范围内自由决定,如用耕地种粮或种菜取决于农村承包经营户。这类物权的主体是特定人,客体为特定物,简称属人权(Personalrechte)。

同为用益物权的地役权就不同,其目的不在于满足与需役地无关的地役权人的个人利益,而是与需役地的客观需要密切相关,是实现或提高需役地的效用所必需的手段。比如,因为A的农田浇水的客观需要,A以B的土地为客体享有铺设水渠地役权,该权利根植于供役地和需役地之中,只要供役地和需役地的供需关系确定,且地役权未消灭,则需役地的任一所有权人,无论是地役权设定时的所有权人A还是此后的需役地受让人C,都是地役权人,土地于此不仅是客体,还物化了地役权主体,使该主体随客体而定,地役权因此属于主体为物、客体为物的物权,简称属物权(Realrechte)。③

由上可知,"主体为物"是一种形象说法,以表明属物权与属人权的不同属性,我们不能望文生义,认为物权主体存在以物为主体的例外。

三、平等保护原则:所有制的视角

所有制是指社会主义经济制度下生产资料的占有形式,有全民所有制、集体所有制和私人所有制之分,与此对应,物权有国有物权、集体物权和私人物权之分,主体分别是国家、集体和私人。其中,国家和集体未被民法总论的前述主体形态所涵括,私人的形态则包括自然人(我国公民、外国人、无国籍人)、个人独资企业、个人合伙等非公有制企业。④

全民所有制和集体所有制是公有制,私人所有制是私有制。在新中国成立后的相当长一段时间里,大众观念和社会心理是公有制优于私有制、全民所有制优于集体所有制,从而导致国有物权、集体物权和私人物权之间有地位高低之分。《民法通则》第73—75条表现出

---

① 参见北京互联网法院发布数据算法十大典型案件之四:"北京某律师事务所诉北京某科技公司著作权权属、侵权纠纷案——人工智能生成物案:计算机软件智能生成内容不构成作品"、《人民法院报》发布2020年度人民法院十大案件之五"腾讯诉盈讯科技侵害著作权纠纷案——首例人工智能生成文章作品纠纷案"。
② See Alexander Appelmans & Benjamin Verheye, "Digital Owners in Property Law", Bram Akkermans (eds), *A Research Agenda for Property Law*, Edward Elgar Publishing, 2024, pp. 228-243.
③ Vgl. Rey, Die Grundlagen des Sachenrechts und das Eigentum, 3. Aufl., 2007, S. 65 f.
④ 参见黄薇主编:《中华人民共和国民法典释义》(上册),法律出版社2020年版,第491页。

这一点,其规定国家财产"神圣不可侵犯",集体财产和个人财产仅是"受法律保护"。实践表明,这种根据所有制形态对财产进行差异化对待和保护的立场会产生不少问题。比如,为了保护国有物权等国有财产,国有企业在市场中往往待遇优先,这在很大程度上阻碍了市场主体的平等竞争,不利于激发市场活力。又如,国有土地和集体土地"同地不同权",特别是在用于工业、商业等经营性集体建设用地改革之前,国有建设用地可通过出让等有偿使用方式流通,而集体建设用地不能以前述方式流通。

在《物权法》制定的过程中,经过思考和论争,理论界和实践界达成基本共识,就是打破所有制迷信,不再以所有制形态为物权划分出三六九等的地位,要平等保护。《物权法》第4条确立了平等保护原则,即"国家、集体、私人的物权和其他权利人的物权受法律保护"。《中共中央 国务院关于完善产权保护制度依法保护产权的意见》也从中央政策层面将平等保护作为产权保护的核心原则之一。在此基础上,《民法典》第207条再次重申,并特别突出了"平等保护",即"国家、集体、私人的物权和其他权利人的物权受法律平等保护"。

物权种类不少,各自功能和构造不同。既然如此,平等保护原则不是说用相同规范来调整和保护不同物权,而是强调,只要物权功能相同,法律地位就应相同,不能因主体的所有制形态不同而有不同的内容,或有不同的行使限制,或有不同的保护力度,以此打破所有制形态对物权的束缚,去除强加于物权之上的意识形态因素,消除不合理的歧视[①],既使不同所有制形态的物权主体法律地位平等,又使这些主体的相同物权具有相同法律地位。

当前,我国已经进入转型发展的关键时期,需要充分调动各种生产要素,进一步深化改革,进一步优化资源配置,为社会平等和共同富裕打好基础。因此,在新形势下,必须关注实践需求,持续强调和落实平等保护原则,以促进财富更加充分地涌流,促进社会进步和经济发展。

第四节 物权的客体

一、物权客体的法律意义

(一) 物权客体的定义

物权的客体是指承载物权的标的物,是物权人直接支配的对象。权利主体的人格平等,相互间不存在支配和控制,物权的客体因此不能是人,不存在以人为客体的物权。需要注意的是,"企业"一词的含义随语境不同而有异,可以指国有企业、合伙企业、个人独资企业等主体,也可以指属于企业主体的财产。在比较法上,日本有《企业担保法》,其中的"企业"是指企业财产,而非企业主体,不能望文生义地认为这种担保以企业主体为客体。

> **提示:客体、标的与标的物**
>
> 物权是支配权,其客体也称为标的或标的物,这三个词可通用,如就A的房屋而言,可说房屋是A的所有权客体、标的或标的物。与此不同,债权是请求权,其客体是给付,即债务人的作为或不作为,也称为标的,给付所指向的物,称为标的物,如A、B签订买

---

① 参见孙宪忠:《民法典法理与实践逻辑》,中国社会科学出版社2022年版,第337—340页。

卖合同,约定前者把房屋卖给后者,B 的债权客体或标的是 A 应把房屋所有权转让并交付给 B,房屋是该债权的标的物。

(二) 物权客体的形态

《民法典》第 115 条规定:"物包括不动产和动产。法律规定权利作为物权客体的,依照其规定。"据此,物权客体分为物和权利。以此为准,物权的客体不是物就是权利,既不是物又不是权利者,不是物权客体。

在物权客体中,物专指有体物,包括土地、房屋等不动产以及机器、电脑等动产,其形态难以枚举;与物相对的权利是财产权,可称为无体物[①],它只有依据法律规定才能成为物权客体。我国所有权、用益物权的客体只能是物,担保物权的客体可以是物和权利,如质权客体可以是动产,也可以是法律规定的票据等财产权。[②]

提示:动物、植物的法律地位

在比较法上,为了保护动物,BGB 第 90a 条、ZGB 第 641a 条、ABGB 第 285a 条把动物排除出物的范畴,将之作为独立的物权客体,以突出权利人对动物的关爱以及对其生物性的照料。对此,有德国学者评价道,特别法已特殊保护动物,再把动物排除出物的范畴,并无实际意义,只是概念美容术。[③]

我国法律未规定"动物不是物",动物在我国仍属于物。不过,相较于机器、电脑等无生命的物,动物有生命力,与生物多样性和生态平衡直接相关,故法律对动物予以特别保护,除了《野生动物保护法》《全国人民代表大会常务委员会关于全面禁止非法野生动物交易、革除滥食野生动物陋习、切实保障人民群众生命健康安全的决定》等对野生动物的必要保护外,《民法典》第 1251 条还规定,饲养动物应当遵守法律法规,尊重社会公德,这种义务包括饲养人不虐待动物、为动物定期注射预防疾病疫苗、及时医治动物伤病等爱护动物的内容。

此外,《阿塞拜疆共和国民法典》第 135 条第 3 款规定"植物不是物",《瑞士宪法》第 120 条赋予植物尊严权,学理也有植物主体化的主张。[④] 我国法律没有这样的规定,植物与动物一样均属于物,《野生植物保护条例》等给予特别保护。

(三) 物权客体的功能

物权客体是物权法不可或缺的基础知识,具有非常重要的功能,即其是物权的构成要素,会影响物权的种类及公示形式。

物权是对物权,没有客体就没有物权,客体因此是物权的构成要素,在理解物权时,必须考虑其客体。从法律规定来看,每种物权的具体功能和构造都不同,客体相应地也有差异。我国三大类三层级的物权体系对此有明确体现,比如,在上位层级,所有权、用益物权的客体

---

① 罗马法有"res"(物)和"jus"(权利)的区分,同时又把物分为有体物和无体物,继承权、用益权、债权等财产权均在"res"(物)的范畴,是无体物(res incorporales)。See Sabrina Praduroux, "Objects of Property Rights: Old and New", Michele Graziadei & Lionel Smith (eds), *Comparative Property Law: Global Perspective*, Edward Elgar Publishing, 2017, pp. 57-58.

② 物和财产权在我国被归入财产的范畴,《民法典》第 386 条把担保物权的客体表述为"担保财产"。

③ Vgl. Medicus/Petersen, Allgemeiner Teil des BGB, 11. Aufl., 2016, S. 503.

④ 参见徐国栋:《植物不是物,是什么?——植物主体化思潮与相应立法研究》,载《湖湘法律评论》2024 年第 3 期。

仅限于物,担保物权的客体则包括物和权利;又如,在中位层级,抵押权的客体可以是不动产,质权的客体不能是不动产;再如,在下位层级,质权因不同客体而分为动产质权和权利质权。

反过来也可以说,由于客体是物权的构成要素,与不同客体的特性相应,在特定功能的引导下,物权种类随之不同。比如,在用益物权中,为了农村承包经营户的农业生产,农用地对应着土地承包经营权;为了农民居住,宅基地对应着宅基地使用权。不仅如此,不同客体形态也影响物权公示形式,比如,权利无体、抽象,不能像物那样被占有,故权利物权的公示形式主要是登记;与不动产相比,动产数量太多,采用登记的成本太高,故动产物权的公示形式主要是占有。

（四）物权客体的特性

物权客体主要有以下特性:

第一,法定性。根据法定原则,物权种类由法律规定。同时,物权公示形式也有法定性,某种物权是以登记还是以占有为公示形式,取决于法律规定。物权客体是物权的构成要素,对物权种类及公示形式产生着重要影响,同样具有法定性,某种物权客体是物还是权利、是不动产还是动产,要由法律规定。

第二,特定性。特定性是指权客体需独立、明确,沧海之一粟不具有这种特定性,无从成为物权客体。物权客体特定性也即特定原则,具体内涵详见第三章第四节。

第三,发展性。物权客体虽然具有法定性和特定性,但并非僵化不变,而是因应社会需要逐步发展,在与物权种类和公示形式匹配的限度内,能包容新类型的物或权利。以权利质权的客体为例,与《担保法》第75条相比,《物权法》第223条增加了可以转让的基金份额、应收账款;与《物权法》第223条相比,《民法典》第440条将应收账款明确为现有的以及将有的应收账款。

第四,物的主导性。与权利相比,物在物权客体中占据主导地位,所有权、用益物权和担保物权的客体都能是物,权利只能成为部分担保物权的客体,故而,物是最重要的物权客体。

二、物的基础法律意义

（一）物的内涵

作为物权客体的物是法律概念,而每一法律概念都有规范功能,应由此出发,而非根据日常经验来理解其内涵。[①] 在物权客体的前述特性之外,物有专门内涵,它是人体之外的、可被控制的有体物。

1. 人体之外

该内涵有以下要点:

第一,物在人体之外,人体不能是物。

在通常情况下,人体是由各种细胞、组织和器官有机联结而成的具有正常生物生命的活体,是人的外在表现,表明了主体人格,负载着尊严、自由、独立、负责等伦理价值。物是人体之外的东西,不具备人体的伦理价值。

---

① 参见〔德〕亚图·考夫曼:《法律哲学》,刘幸义等译,五南图书出版有限公司2000年版,第96—98页。

提示:脑机接口设备等辅助人体发挥正常功能之物的法律地位

连接关节的医用钢材、心脏起搏器、芯片等脑机接口设备等是辅助病患残障人士人体发挥正常功能之物,它们一旦植入身体,成为机能正常运行的身体部分时,就属于人体。这一定位的主要意义在于:(1) 植入身体之物不再是物,物权不复存在,不能适用物权规范。比如,A 是某公立医院外科医生,同时还在某私立医院兼职。A 从公立医院偷窃连接膝关节的医用钢材,通过手术植入私立医院的病人 B。公立医院不能请求 A、私立医院或 B 返还原物,因为医用钢材成为 B 的身体部分,不再是物。(2)《民法典》第 1007 条规定:"禁止以任何形式买卖人体细胞、人体组织、人体器官、遗体。违反前款规定的买卖行为无效。"据此,权利人不能买卖植入身体之物。比如,上例的 B 与 C 约定,B 将其体内的医用钢材出卖给 C。该买卖合同一旦履行,将损害 B 的关节,危及其健康权,是无效合同。(3)《民法典》第 1183 条第 1 款规定:"侵害自然人人身权益造成严重精神损害的,被侵权人有权请求精神损害赔偿。"据此,侵害植入身体之物构成侵权行为的,引发精神损害赔偿。比如,上例的 B 被醉酒的 D 开车碾压,失去双腿,体内的医用钢材也随之报废。B 能请求精神损害赔偿,在计算赔偿数额时,应考虑医用钢材的价值。

机械臂、呼吸机、助步器等也是辅助人体发挥正常功能之物,但它们无需植入身体,而是外挂于身体,能自由摘取或替换,因此不属于身体部分,仍应属于物,能适用物权规范,不能适用与人格权相关的买卖合同无效、精神损害赔偿等规范。比如,脑科学领域的脑机接口、脑机交互技术发展迅猛,计算机能辅助残障人士掌控躯体,实现基本生活能力。若上例的 B 被 D 开车碾压后,不仅失去双腿,手臂也失去活动能力。在体内植入脑机接口设备后,B 能用大脑操控机械臂喝水、吃饭,该外挂的机械臂归 B 所有。B 用了一段时间后,通过以旧换新的方式把旧机械臂折价,从脑机接口提供者处购买新的机械臂,该买卖合同有效。若 E 偷走 B 的机械臂,B 有权请求返还。若 E 偷到手慌忙逃跑时损坏了机械臂,属于过错侵害 B 的所有权,就该损害,E 应承担赔偿责任。

第二,遗体以及脱离人体的细胞、组织和器官不再承载主体地位和价值,属于具有人身意义之物。

人体失去生命力后成为尸体、遗骸、骨灰等形态的遗体,既无生物生命又无法律人格,不再承载主体地位和价值,难与活体并驾齐驱,应属于物。不过,遗体的伦理意义十分突出,为了防止社会伦理秩序失范,遗体的初始权利人限于死者的配偶、成年子女、父母等近亲属,在未捐献遗体的情形,权利人只能在安葬、祭祀的公序良俗范围内妥为对待遗体[①];在捐献遗体的情形,权利人应严格依法进行。《民法典》第 1006 条第 3 款规定:"自然人生前未表示不同意捐献的,该自然人死亡后,其配偶、成年子女、父母可以共同决定捐献,决定捐献应当采用书面形式。"在遗体合法捐献后,接受遗体捐献的医疗、科研单位成为遗体的继受权利人,其应严格遵照捐献人的意愿,在医疗、科研目的范围内合理利用遗体。

参考案例"贾某甲诉贾某丙返还原物纠纷案":贾某甲系贾某乙之子,贾某丁系贾某乙之父,贾某丙系贾某乙之弟。2006 年贾某乙死亡后,贾某丁将贾某乙的骨灰寄存于

[①] 参见程啸:《人格权研究》,中国人民大学出版社 2022 年版,第 180—181 页;谢在全:《民法物权论》(下册)(修订 8 版),新学林出版股份有限公司 2023 年版,第 22—23 页。

北京某殡仪馆。2007年贾某丁去世。2011年贾某乙的骨灰转至河北省某县陵园安放。骨灰盒系贾某丁购买,骨灰安放证现由贾某丙持有。贾某甲起诉要求贾某丙返还贾某乙的骨灰安放证、骨灰盒。法院生效裁判认为,骨灰作为人去世后经过火化转化而成的物质形态,能够被实际支配或控制,系死者本人生前人格价值在死后的继续存在,亦系死者亲属对死者寄托哀思的一种具有特殊意义的物,对于死者亲属往往具有巨大的精神价值,其安葬情况也会对死者亲属的精神利益产生影响。依据查明的事实,贾某乙去世时,贾某甲尚年幼,贾某乙之骨灰由其父贾某丁安葬并无不妥,但现贾某丁已过世,而贾某甲已成年,其作为贾某乙唯一在世的具备民事行为能力的第一顺位继承人,在血缘上必然相较贾某丙等人更为亲近,与因贾某乙骨灰安葬方式所产生的精神利益亦更为紧密,因此,贾某甲对于贾某乙之骨灰安葬方式应享有优先决定权,骨灰安放证由贾某甲持有更为适宜,贾某丙应向贾某甲返还。

同样地,脱离人体的包括精子、卵子、受精卵、胚胎等生命潜质在内的细胞、组织和器官也未完全承载主体价值,应归于物的范畴,但对它们的产生、保管、使用必须进行伦理判断,如尊重人伦道德、不得商品化等。在这些细胞、组织或器官植入他人身体后,不再是物,原权利人不能再主张所有权。

人民法院报发布二十一个庆祝改革开放40周年典型案例之十五:"无锡人体冷冻胚胎权属纠纷案":沈某与刘某都是独生子女,在结婚后到医院通过人工辅助生殖方式培育了符合移植标准的4枚受精胚胎。在植入母体前一天,两人因交通事故死亡。双方父母就4枚冷冻胚胎的归属产生争议。法院生效裁判认为,确定这些胚胎的相关权利归属,应考虑以下因素:一是伦理。这些胚胎不仅含有沈某夫妇的DNA等遗传物质,还含有双方家族的遗传信息,双方父母与这些胚胎有生命伦理上的密切关联性。二是情感。双方父母"失独"之痛,非常人所能体味。这些胚胎是双方家族血脉的唯一载体,承载着精神慰藉、情感抚慰等人格利益。三是特殊利益保护。胚胎具有孕育成生命的潜质,比非生命体具有更高的道德地位,应受到特殊尊重与保护。综上,4枚冷冻胚胎应由双方的父母共同监管和处置。

遗体以及脱离人体的细胞、组织和器官虽然属于物,但正如上述二例所示,它们与土地、房屋、机器、电脑等通常以经济价值衡量的普通之物不同,是富有情感价值的物,近亲属对死者遗体有不容忽视的情感利益,身体原主或其近亲属对脱离人体的细胞、组织和器官也有法律不应漠视的特别情感,是人身权和所有权的双重客体[①],属于具有人身意义之物。

普通之物与具有人身意义之物的主要差别表现为:其一,普通之物的所有权一旦移转,受让人取得物的全部价值,而具有人身意义之物不因所有权移转而使原主对物的情感价值灭失,受让人要尊重这种价值。比如,接受捐献的医疗机构应对遗体进行符合伦理原则的医学处理,以照料死者近亲属的情感价值。又如,A因病不幸去世,父母依法将A的遗体捐献给医院用于教学。医院电线老化,发生火灾,A的遗体被烧毁。根据《民法典》第994条,A的父母有权请求医院承担赔偿责任。其二,根据《民法典》第1184条,普通之物因被他人过

---

① Vgl. Wellenhofer, Sachenrecht, 36. Aufl., 2021, S. 8.

错侵害的,加害人应依据其市场价值等价赔偿,而根据《民法典》第 1183 条第 2 款,因故意或者重大过失侵害自然人具有人身意义的特定物造成严重精神损害的,被侵权人有权请求精神损害赔偿。比如,在江苏省高级人民法院、中国法学会案例法学研究会江苏研究基地发布第三批弘扬中华优秀传统文化典型案例之九"小李等与王某保管合同纠纷案"中,小李兄弟姐妹四人在王某经营管理的公墓购买墓地存放母亲的骨灰盒,每年支付管理费。2014 年王某发现小李母亲的骨灰盒被盗,但隐瞒该事实直至 2020 年公墓搬迁。法院认为,王某隐瞒事实导致小李兄妹四人在较长时间内对着空墓祭拜,严重伤害了四人感情,判决王某支付精神损害赔偿 2 万元。

2. 可被控制

虽在人体之外,但不能被人控制的东西,即便将其作为物权客体,也不能直接支配,没有实际意义,故而,能成为物权客体的物应可被控制。只有这样,才能实现对物的支配和确立物的归属。

物可否控制,不取决于其自身特性,而是取决于科技发展。人类征服和改造自然的能力愈强,可控制之物的形态就越多,如微生物、能量等都是随着现代科技的发展而成为可控制之物的,这体现了物的发展性。

不过,各国各地区的科技发展水平不同,为了防止科技水平先进者利用其优势地位而不当占据太空等人类共同财富,国际条约限制了相关的主权索求和所有权主张。比如,《关于各国探索和利用包括月球和其他天体在内外层空间活动的原则条约》第 2 条规定:"各国不得通过主权要求,使用或占领等方法,以及其他任何措施,把外层空间(包括月球和其他天体)据为己有。"又如,《南极条约》第 4 条第 2 款第 1 句规定:"在本条约有效期间所发生的一切行动或活动,不得构成主张、支持或否定对南极的领土主权的要求的基础,也不得创立在南极的任何主权权利。"据此,即便有关民事主体通过建立空间站、科考站等方式控制了外层空间、南极的相关区域,也不能取得它们的所有权。

3. 有体物

对有体物的内涵有两种界定方式:其一,正面阐述。有体物是指占据一定空间的三维物质实体。有体物必须有三维特性,是具有固态、气态或液态结构的物质存在,只有三维特性和物质实体结合,才能确定有体物的内涵。① 其二,反面排除。从历史上看,把物限定为有体物,是德国民法首开的先河,其起草者把无体物界定为仅存于想象之中的东西。② 有体物与无体物相对,凡不是无体物的东西就是有体物。把这两种方式结合起来,可以得出的结论是:除了智力成果和权利,在人体之外的、可被控制的其他东西,包括土地、房屋、机器、电脑、光、电、磁等三维物质实体均为有体物。

争点:数字财产(digital assets)是否属于有体物?

《数据安全法》第 3 条第 1 款规定,数据是指任何以电子或者其他方式对信息的记录。随着信息革命的纵深发展,以数字化、电子化形态存在的数据与土地一样同为生产要素,财产属性明显,《中共中央、国务院关于构建更加完善的要素市场化配置体制机制

---

① Vgl. Kälin, Der Sachbegriff im schweizerischen ZGB, 2002, S. 43.
② Vgl. Mugdan, Die gesammten Materian zum Bürgerlichen Gesetzbuch für das Deutsche Reich, Bd. 3, 1899, S. 18.

的意见》《中共中央、国务院关于构建数据基础制度更好发挥数据要素作用的意见》等中央政策文件对此有明确规定。以数字化、电子化形态存在的数据等财产即数字财产（也称数据资产）。在比较法，美国统一法律委员会的示范法《受托人访问数字财产法》（Fiduciary Access to Digital Assets Act）赋予受托人对数字财产有如同有体物和金融账户一样的管理权。

从日常维度上讲，土地、房屋、机器、电脑等有体物看得见、摸得着，以此为标准，数字财产看上去与有体物八竿子打不着，难以归为有体物。[1]

与前述认识不同，着眼于有体物的规范功能，则能把数字财产归于有体物。具体说来，有体物概念有三个主要功能：（1）区分功能，即通过强调其三维物质实体属性，能使物权与债权、知识产权等其他财产权区别开来。（2）归属功能，即为了实现物权的支配作用，只要有经济效用的客体边界清晰、可被支配，即便以能量、自然力的形态呈现，也属于有体物。（3）发展功能，即随着社会发展，只要科学技术、交易形态、伦理观念允许，诸如受精卵、微生物也能成为有体物。[2] 基于这些功能，有体物可涵盖数字财产：（1）按照美国《受托人访问数字财产法》的标准，数字财产是个人享有权利或利益的电子纪录，而电子是指具有电、磁、数字、无线电、光、电磁或类似性能的技术，其具有物质实体属性，符合有体物的内涵[3]，具备区分功能。（2）数字财产的市场流通性非常突出，但受制于供应商主导的许可使用交易模式，消费者往往仅取得使用数字财产的合同债权，并不能取得数字财产所有权，这明显有违消费者熟悉的交易模式，构成名为买卖实为许可使用的交易陷阱，对消费者相当不利，也不利于数字财产交易市场的发展。[4] 让数字财产归为有体物，成为所有权客体，并能通过买卖实现所有权转让，有助于其在流通中实现最大效用[5]，具有明显的归属功能。（3）数字财产是信息革命产生的新型财产形态，将之作为有体物，成为所有权客体，表现了突出的发展功能。[6]

不过，前述所讲是纯粹的理论推导，把数字财产当成有体物，进而承载所有权的实际意义有多大，还需放在数字财产的实践业态中观察，才能得出中肯的结论。[7]

（二）物的归类

从不同标准出发，物有不同的归类。比如，以可否移动或是否受国土空间规划管制为标准，物可分为土地等不动产与电脑等动产。又如，以是否由数物合成为标准，物可分为牛羊等单一物与房屋、电脑等由数物结合为一体的合成物，组成合成物的各个物是成分。再如，

---

[1] Vgl. MüKoBGB/Stresemann, 9. Aufl., 2021, BGB § 90 Rn. 25; Wellenhofer, Sachenrecht, 36. Aufl., 2021, S. 7.

[2] Vgl. Kälin, Der Sachbegriff im schweizerischen ZGB, 2002, S. 44 ff.

[3] 参见申卫星：《论数据用益权》，载《中国社会科学》2020年第11期。

[4] 参见〔美〕亚伦·普赞诺斯基、杰森·舒尔茨：《所有权的终结：数字时代的财产保护》，赵精武译，北京大学出版社2022年版，第52—148页。

[5] See Stefan Bucher, "E-Books, Music and Film Files-Things as Defined by Section 90 BGB?" Caroline S. Pupp & Rafael Ibrra Garza & Bram Akkermans (eds.), *Property Law Perspectives VI*, Eleven International Publishing, 2019, pp. 198-200.

[6] See Sjef van Erp, "Ownership of Data: The Numerus Clausus of Legal Objects", 6 *Brigham-Kanner Property Rights Conference Journal* 235-257 (2017).

[7] See Alexander Appelmans & Benjamin Verheye, "Digital Goods in Property Law", Bram Akkermans (eds), *A Research Agenda for Property Law*, Edward Elgar Publishing, 2024, pp. 204-224.

以在交易中可否以种类、品质、数量为单位加以确定为标准,物可分为货币等可替代物与家传宝物等不可替代物。还如,以按照物的用途使用是否影响其存续为标准,物可分为柴米油盐酱醋茶等消费物和电脑等非消费物。

物的分类在物权法中并不都有意义。物权是对物权、支配权、绝对权,事关物的归属,只有对此有价值的归类,才有必要在物权法中阐述,它们包括不动产与动产、合成物整体与重要成分、主物与从物、原物与孳息。本节以下部分将对它们依次分别阐述。

至于物是否可替代,对债有影响,如损害可替代物,可以相同质量、数量的同种物作为赔偿,损害不可替代物,则应等额金钱赔偿。物是否为消费物同样在债法中有意义,其决定了借贷债权是消费借贷还是使用借贷。① 但这两种分类对物权的意义不大,故本节不予专门阐述。

此外,以法律是否允许自由流通为标准,物可分为机器、电脑等流通物与枪支弹药等非流通物;以是否会因分割而变更性质或减损价值为标准,物可分为米面粮油等可分物与机器、电脑等不可分物。这两种分类除了与债有关,如物能否流通会影响买卖合同的效力、是否可分决定债是可分之债抑或是不可分之债,还与物权有关,比如,《民法典》第 426 条规定只有流通物才能作为质押动产,第 450 条规定以可分物为留置财产的价值应相当于债务金额。由于这两种分类与物权转让、共有物分割、担保物权设立等物权具体知识有关,故在相应之处再予阐述。

最后,以有无独立存续标志、能否与其他物归为同类的物为标准,物可分为种类物与特定物,这种分类很容易与物的特定性混淆,第三章第四节将予阐述。

关联:公物

德国和我国台湾地区的行政法有公物概念,它是指提供公用,直接用以达成特定公目的,适用行政法的特别规则,受行政机关公权力支配的物,如公路、广场、海洋、行政机关办公楼等。公物是行政法制度,具有专门内涵,不能以作为物权客体的物来衡量,如其没有特定性的要求,包括所有书籍在内的公立图书馆是一个公物,而在物权法,每本书都是一个特定的物。②

三、不动产与动产

《民法典》第 115 条第 1 句把物分为不动产与动产,它们是物的最基本分类。

（一）不动产与动产的区分标准

正如它们的名称所言,不动产是不可移动的物,动产是不动产以外可移动的物,可否移动因而是二者的通常区分标准。③ 房屋不像机器设备那样能自由移动,前者是不动产的典型,后者是动产的典型。不过,该标准与实践情况有所出入。比如,技术发展使房屋整体移动成为现实,如出于保护等实际需要,经有关部门批准后,某栋合法建造的房屋被完好无损地从甲地整体移动到乙地,按照前述标准,该房屋应为动产,《城镇国有土地使用权出让和转

---

① Vgl. Neuner, Allgemeiner Teil des Bürgerlichen Rechts, 12. Aufl., 2020, S. 307 f.
② 参见〔德〕汉斯·J. 沃尔夫、奥托·巴霍夫、罗尔夫·施托贝尔:《行政法》(第二卷),高家伟译,商务印书馆 2002 年版,第 454—525 页;陈敏:《行政法总论》(七版),新学林出版股份有限公司 2011 年版,第 1018—1048 页。
③ 参见王利明:《民法总则新论》,法律出版社 2023 年版,第 169 页。

让暂行条例》第 24 条第 2 款以及《国家土地管理局关于对国务院第 55 号令中"动产"含义的请示的答复》就是这样确定的。又如,大型机床需固定在地上才能正常使用,不可移动的特征非常明显,按前述标准,它应属于不动产才对。这些出入表明前述标准并不完全妥当。

从我国实际情况来看,以是否受国土空间规划的管制为标准来区分不动产和动产,受管制者为不动产,反之是动产,更为合理。《中共中央、国务院关于建立国土空间规划体系并监督实施的若干意见》指出,国土空间规划是"对一定区域国土空间开发保护在空间和时间上作出的安排",是"国家空间发展的指南、可持续发展的空间蓝图,是各类开发保护建设活动的基本依据"。① 据此,无论城市发展还是乡村振兴,无论房地产开发等建设活动还是生态环境保护等非建设活动,都离不开国土空间规划的指引和约束,而这些活动均与不动产息息相关。由此可知,房屋等定着物及其所在的土地、海域无不受制于国土空间规划,它们因此是不动产。国土空间规划通过主管部门的规划许可予以实施,未经规划许可,房屋是不能随便建造或随意移动的,故而,从甲地整体移动到乙地的房屋尽管可移动,仍属于不动产。国土空间规划对不动产之外的机器设备等物是不能适用的,因此,尽管大型机床固定在地上不能移动,也属于动产。

(二) 不动产与动产的区分意义

在物权法,不动产与动产的区分主要有以下意义:(1) 物权种类不同。《民法典》规定的土地承包经营权、国有建设用地使用权、宅基地使用权等用益物权受制于国土空间规划,不是动产物权,质权、留置权等担保物权则不是不动产物权。(2) 公示形式不同。不动产登记是不动产物权的公示形式,动产所有权、质权和留置权的公示形式是占有。

与不动产物权、动产物权相比,权利物权在物权法中不占主导地位,故而,不动产与动产的区分构成物权法的隐含主线。物权编调整物权变动的第二章对此表现得最为明显,第一节"不动产登记"和第二节"动产交付"的名称就表露无遗。与我国一样,德国法系物权法实质分为不动产物权法和动产物权法。②

关联:不动产与动产区分的程序法意义

不动产与动产在程序法上也有区分意义:① 诉讼管辖机制不同。根据《民事诉讼法》第 34 条第 1 项、《行政诉讼法》第 20 条,因不动产纠纷提起的民事诉讼以及因不动产提起的行政诉讼,由不动产所在地的法院属地管辖③,这种管辖机制与动产无关。

---

① 我国正在进行"多规合一"的制度转型,既往的土地利用总体规划、城乡规划等分散的空间规划被统一为国土空间规划。土地利用总体规划是指在一定区域内,根据国家生活经济可持续发展的要求和当地自然、经济、社会条件,对土地的开发、利用、治理、保护在空间上、时间上所作的总体安排和布局,是国家实行土地用途管制的基础,其核心控制指标是建设用地总量和耕地保有量(参见魏莉华等:《新〈土地管理法〉学习读本》,中国大地出版社 2019 年版,第 43—49 页)。城乡规划是指以促进城乡经济社会全面协调可持续发展为根本任务,促进土地科学使用为基础,促进人居环境根本改善为目的,涵盖城乡居民点的空间布局规划(参见全国人大常委会法制工作委员会经济法室等编:《中华人民共和国城乡规划法解说》,知识产权出版社 2016 年版,第 19—20 页)。

② Vgl. Baur/Stürner, Sachenrecht, 18. Aufl., 2009, S. 10; Tuor/Schnyder/Schmid/Rumo-Jungo, Das Schweizerische Zivilgesetzbuch, 13. Aufl., 2009, S. 815 f.

③ 《民事诉讼法解释》第 28 条规定:《民事诉讼法》第 34 条第 1 项规定的不动产纠纷是因不动产的权利确认、分割、相邻关系等引起的物权纠纷;农村土地承包经营合同纠纷、房屋租赁合同纠纷、建设工程施工合同纠纷、政策性房屋买卖合同纠纷,按照不动产纠纷确定管辖;已登记的不动产以登记簿记载的所在地为所在地,未登记的不动产以实际所在地为所在地。《行政诉讼法解释》第 9 条规定:《行政诉讼法》第 20 条规定的因不动产提起的行政诉讼是指因行政行为导致不动产物权变动而提起的诉讼;登记的不动产以登记簿记载的所在地为所在地,未登记的不动产以实际所在地为所在地。

② 行政诉讼起诉期限不同。《行政诉讼法》第 46 条第 2 款规定:"因不动产提起诉讼的案件自行政行为作出之日起超过二十年,其他案件自行政行为作出之日起超过五年提起诉讼的,人民法院不予受理。"

(三)不动产的主要形态

《不动产登记暂行条例》第 2 条第 2 款把不动产界定为"土地、海域以及房屋、林木等定着物"。据此,不动产有以下主要形态:

第一,土地。从地理上讲,土地是海洋之外的陆地。在物权法上,土地以宗地为单位进行登记。国家标准《不动产单元设定与代码编制规则》第 3.5 条把宗地界定为土地权属界线封闭的地块或空间。从纵向范围来看,土地包括地表及其上下空间,《民法典》第 345 条就规定:"建设用地使用权可以在土地的地表、地上或者地下分别设立。"

我国实行土地用途管制制度,《土地管理法》第 4 条以土地利用总体规划确定的土地用途为标准,把土地分为三大类:农用地、建设用地和未利用地。农用地是指直接用于农业生产的土地,包括耕地、林地、草地、农田水利用地、养殖水面等;建设用地是指建造建筑物、构筑物的土地,包括城乡住宅和公共设施用地、工矿用地、交通水利设施用地、旅游用地、军事设施用地等;未利用地是指农用地和建设用地以外的土地。由于土地用途管制,这三大类土地分别承载的用益物权不同,如农用地不能承载国有建设用地使用权,建设用地不能成为土地承包经营权客体。不仅如此,擅自将农用地用于建设,要依法承担相应的行政责任或刑事责任①,与此相关的法律行为会被认定无效。②

第二,海域。《海域使用管理法》第 2 条第 1 款把海域界定为我国内水、领海的水面、水体、海床和底土。海域以宗海为单位进行登记。《不动产单元设定与代码编制规则》第 3.4 条把宗海界定为权属界线封闭的同类型用海单元。

土地与海域的法律地位差别很大,主要体现在:(1)适用法律不同。土地受《民法典》《城乡规划法》《土地管理法》《城市房地产管理法》等法律调整,海域开发、利用、管理的法律依据主要是《海域使用管理法》。(2)所有权归属不同。我国的土地和海域均采用公有制,但土地既可为国家所有,也可为农民集体所有,海洋则是单一的国家所有。(3)用益物权不同。土地用益物权包括土地承包经营权、国有建设用地使用权、宅基地使用权等,海域用益物权是海域使用权。(4)不动产登记不同。《不动产登记暂行条例实施细则》第 6 条规定,宗地和宗海分别是不动产登记簿的编成单位,据此,土地承包经营权等土地用益物权和海域使用权分别遵循不同的登记规范。

第三,无居民海岛。《海岛保护法》第 2 条第 2 款规定把海岛界定为四面环海水并在高潮时高于水面的自然形成的陆地区域。据此,海岛是海洋中的陆地。《海岛保护法》第 57 条

---

① 《土地管理法》第 77 条第 1 款规定:"未经批准或者采取欺骗手段骗取批准,非法占用土地的,由县级以上人民政府自然资源主管部门责令退还非法占用的土地,对违反土地利用总体规划擅自将农用地改为建设用地的,限期拆除在非法占用的土地上新建的建筑物和其他设施,恢复土地原状,对符合土地利用总体规划的,没收在非法占用的土地上新建的建筑物和其他设施,可以并处罚款;对非法占用土地单位的直接负责的主管人员和其他直接责任人员,依法给予处分;构成犯罪的,依法追究刑事责任。"

② 在参考案例"徐某某诉邬某某租赁合同纠纷案",徐某某与邬某某签订《场地租赁合同》,约定前者承租后者的 8 亩空场地,用于堆放工程所用相关设备等。裁判要旨指出,《土地管理法》第 2 条第 3 款的"任何单位和个人不得侵占、买卖或者以其他形式非法转让土地"的规定属于《民法典》第 153 条第 1 项的强制性规定。当事人明知租赁土地是耕地,在签订合同时擅自改变土地用途,另作他用的,《场地租赁合同》应被确认无效。

第 2 项规定,无居民海岛是不属于居民户籍管理的住址登记地的海岛,也就是没有村庄、街道、住址门牌号、邮政编码和常住户口登记的海岛,它不等于无人岛,不排除人在岛上必要的生产、生活活动。[1]

由于无居民海岛与其周边海域共同构成生态系统,同时还涉及国家海洋权益,故无居民海岛与土地的法律地位差别很大,主要表现为:(1)适用法律不同。利用无居民海岛进行建设,主要适用《海岛保护法》,不适用《城乡规划法》《土地管理法》《城市房地产管理法》等调整土地的法律。(2)所有权归属不同。我国的土地或为国家所有或为农民集体所有,无居民海岛一律归国家所有,《民法典》第 248 条规定:"无居民海岛属于国家所有,国务院代表国家行使无居民海岛所有权。"(3)用益物权不同。利用无居民海岛的权利通称无居民海岛使用权,与土地承包经营权等土地用益物权有显著差异。(4)不动产登记不同。无居民海岛登记在以宗海为单位编成的不动产登记簿上,其应参照适用海域使用权登记有关规定,从而不同于土地用益物权登记。

提示:有居民海岛的法律地位
与无居民海岛相对的是有居民海岛。《海岛保护法》第 23 条规定,有居民海岛的开发建设适用有关城乡规划、土地管理等法律、法规的规定,据此,有居民海岛的法律地位等同于土地。

第四,房屋。房屋是定着物。可移动、易拆卸的活动房、集装箱屋、棚舍、拖车房屋等虽然具有房屋的功能,但未固定于土地,属于可自由移动的动产[2],不受国土空间规划调整,并非房屋。

房屋与建筑物在法律上可同义替换,房屋就是建筑物。比如,《建筑法》调整房屋建筑活动,而房屋建筑是指具有顶盖、梁柱和墙壁,供人们生产、生活等使用的建筑物,包括民用住宅、厂房、仓库、办公楼等各类房屋。[3] 这种界定与《民法典》对建筑物的使用意义是一样的,如《民法典》第 271 条在表述建筑物区分所有权的专有部分时,就列举了"建筑物内的住宅、经营性用房"。

从物理形态上看,房屋有以下要素:(1)是人工建造之物,天然洞穴等非人工建造者不是房屋;(2)形成特定的空间场所,虽固定于土地,但没有形成特定空间场所的石碑、雕像等不是房屋;(3)具有与生产、生活等特定目的相匹配的可遮蔽风雨的外观,虽有特定空间场所,但不能遮蔽风雨的桥梁、道路等不是房屋。把这些要素用不动产登记术语表达出来,就是《不动产登记暂行条例实施细则》第 5 条第 4 款、《不动产单元设定与代码编制规则》第 3.8 条对房屋的界定:独立成幢、权属界线封闭的空间,以及区分套、层、间等可以独立使用、功能完整、权属界线封闭的空间。

房屋之外的石碑、雕像、桥梁、道路等不动产没有直接的生活或生产功能,属于构筑物,与房屋可适用共同规则,比如,《民法典》第 356 条规定:"建设用地使用权转让、互换、出资或者赠与的,附着于该土地上的建筑物、构筑物及其附属设施一并处分。"

---

[1] 参见本书编写组编:《中华人民共和国海岛保护法释义》,法律出版社 2010 年版,第 89 页。
[2] Vgl. Neuner, Allgemeiner Teil des Bürgerlichen Rechts, 12. Aufl., 2020, S. 312 f.
[3] 参见卞耀武主编:《中华人民共和国建筑法释义》,法律出版社 1998 年版,第 34 页。

第五,林木。林木主要定着并根植于土地,不能与土地分离,这一定性从《森林法》的表述看得很清楚,该法将林木与"采伐"联系在一起,而将采伐后的林木称为"木材",后者在性质上是动产,与作为定着物的林木有根本差异。

在生物学意义上,无论是人工栽培还是野生,林木都是植物。但在法律意义上,林木和野生植物有所区分,《森林法实施条例》第2条第1款规定"森林资源,包括森林、林木、林地以及依托森林、林木、林地生存的野生动物、植物和微生物",林木因此属于野生植物之外的植物,它们在《民法典》之外的适用规范不同,前者主要为《森林法》,后者主要为《野生植物保护条例》。

(四)动产的主要形态

动产的物理形态难以枚举,从不同法律调整机制出发,可把它们分为两类:

第一,普通动产,即船舶、航空器、机动车等特殊动产之外的动产,如手机、衣服等。在所有权和质权中,普通动产以占有为公示形式,《民法典》第224条、第429条规定,普通动产所有权转让和质权设立以交付为要件;在抵押权,普通动产以抵押登记为公示形式,适用《动产和权利担保统一登记办法》。

提示:货币的法律地位

货币有纸币或硬币形态的现金货币,也有在银行账户记账的存款货币。与手机、衣服等普通动产一样,现金货币是可自由移动的物理实体,完全能归入普通动产的范畴。与现金货币相比,存款货币没有物理实体,具有抽象性,但这并不影响其普通动产的定位,主要原因在于:(1)二者都是信用工具,具有相同功能[1],这是它们法律地位相同的基础。(2)虽然存入银行的现金货币归银行所有,存款人不能主张所有权,但在通常的社会观念中,银行账户存款货币归属于存款人,存款人对其支配等同于支配等额现金货币,否则没人敢在银行存款。(3)存款人在交易时支付存款货币需完成己方数额扣减、对方数额增加的记账,这无异于现金货币的交付。

把货币归为普通动产,不是说其本质如此,而是说根据其通常用法,完全可用普通动产规范及其法理来调整和解释它们。比如,常见观点认为货币"占有即所有",即占有货币之人就是所有权人,原所有权人只能根据合同等债权请求权对占有人提出请求,返还请求权等物权请求权在此无适用空间,从而表明其不同于普通动产。但这种观点并不完全契合实践,在实践中,占有货币之人未必是所有权人,如在强制执行程序中,参考案例"盘州某某公司与贵州某甲公司等执行监督案"的生效裁判认为,已经扣划到执行法院账户的银行存款等执行款,但未完成向申请执行人转账、汇款、现金交付的,仍属于被执行人的财产;又如在刑事追赃案件中,参考案例"高某等诈骗案""范某某诈骗案"的生效裁判认为要判断案外人是否取得其银行账户的存款货币所有权。其实,在适用普通动产规范基础上,根据货币特性进行制度微调,如所有权人根据返还请求权请求返还

---

[1] 从历史发展来看,类似于银行账户记账的交易(如欠邻居账、酒馆赊账)先在小型社会出现,营造出信用系统,后因社会规模扩大,也为了便利交易,出现了货币。参见〔美〕大卫·格雷伯:《债的历史:从文明的初始到全球负债时代》,罗育兴、林晓钦译,商周出版社2013年版,第36—58页。

的货币不必是原物,可以是等额的其他货币,或以其对货币权利人的金钱债权抵销[1],既能保持规范体系的稳定性,又能满足实践需求,更为稳妥。

第二,特殊动产,主要包括船舶、航空器和机动车。与普通动产相比,特殊动产所有权转让和质权设立同样以交付为要件,但就所有权而言,特殊动产还能办理登记,根据《民法典》第 225 条,特殊动产所有权转让未经登记,不得对抗善意第三人。此外,根据《国务院关于实施动产和权利担保统一登记的决定》第 2 条,特殊动产抵押权不纳入动产和权利担保统一登记范围,分别适用《船舶登记条例》《民用航空器权利登记条例》《机动车登记规定》等。

四、合成物整体与重要成分

合成物是指由数物丧失各自个性而组成的独立物,如混凝土等建材组成的房屋、各种配件组成的电脑。单一物与合成物对应,是指自成一体的物,如一头牛、一棵树。组成合成物的数物是成分,分为重要成分和一般成分。重要成分是指不毁损或不从根本上改变属性、降低效用,就不能分离的成分,如黏合在房屋墙壁上的瓷砖。一般成分是重要成分之外的其他成分,如房屋通风口的换气扇。

(一)重要成分的界定标准

重要成分有以下渐次递进的界定标准:

第一,物的品性。合成物是物,其重要成分也只能是物。

第二,紧密结合。重要成分之间在物理形态上大多紧密结合,处于不损坏就不能分离的不可分状态,房屋墙壁及与其黏合的瓷砖、书桌及刷在其上的油漆就是适例。这样的结合属于物理结合。相反,虽然物理状态紧密结合,但分离不会造成损害的,是一般成分。

> 例:在通常观念中,发动机应是燃油汽车的重要成分,电池应是电动汽车的重要成分,没有发动机或电池的汽车不能发挥实际效用。但作为法律术语的重要成分有其特定功能和内涵,与通常观念并不吻合,批量生产的发动机或电池并非汽车的重要成分而是一般成分,因其可轻易无损坏地拆卸,并能安装到其他同型汽车上。法律术语超越常识的特性在此显现无遗。

不过,虽然成分的分离不会造成损坏,但会改变属性或降低效用的,也为重要成分。这一判断不要求重要成分之间有物理上的紧密关联,只要它们的经济价值有功能结合关系即可。这样的结合是不同于物理结合的经济结合。

> 例:A 公司生产发动机,B 公司是燃油汽车生产企业。A 公司专为 B 公司的某辆订制赛车特制了发动机,虽然它可轻易无损坏地拆卸,但无法用于其他汽车,因此丧失经济上的可使用性,属于赛车的重要成分。[2] A 公司生产发动机的机器是根据车间厂房的构造而特制的,或厂房是专为放置该机器而建造的,二者一旦分离就会丧失使用目的,机器就是厂房的重要成分。[3]

---

[1] 参见马强:《货币返还请求权规则的重构》,载《法学研究》2024 年第 2 期。
[2] Vgl. Medicus/Petersen, Allgemeiner Teil des BGB, 11. Aufl., 2016, S. 506.
[3] Vgl. Tuor/Schnyder/Schmid/Rumo-Jungo, Das Schweizerische Zivilgesetzbuch, 13. Aufl., 2009, S. 907.

第三，持续结合。虽然紧密结合，但不持续的，也不是重要成分，如在展览期间对展馆墙壁的临时装饰不是房屋的重要成分。在持续结合确定后，重要成分临时分离，如特制的发动机被拆卸维修的，仍不失其重要成分的定位。[①]

第四，观念结合。即便满足上述标准，但法律或习惯予以否定，从而导致人们在观念上不认为是重要成分的，也要排除在外。比如，房屋与土地的物理形态和经济功能持续紧密结合，德国法系普遍认为房屋是土地的重要成分，但我国法律并不如此，而是把土地和房屋当作可分别负载不同物权的不动产。不过，为了有效维系房屋效用，防止因土地使用权人和房屋所有权人不同一而产生的扯皮掣肘，我国法律采用"房随地走，地随房走"规则，《民法典》第 356 条规定："建设用地使用权转让、互换、出资或者赠与的，附着于该土地上的建筑物、构筑物及其附属设施一并处分。"第 357 条规定："建筑物、构筑物及其附属设施转让、互换、出资或者赠与的，该建筑物、构筑物及其附属设施占用范围内的建设用地使用权一并处分。"

（二）合成物整体与重要成分的关系

重要成分与合成物整体具有功能一体性，为了确保合成物经济效用的最大化，其只能承载一个所有权，重要成分不能与合成物分离为不同的所有权客体。与此不同，一般成分能与合成物分离为不同的所有权客体。

例：上例的 A 公司向 B 公司供应 100 台批量生产的发动机和 1 台定制赛车发动机，约定先供货后付款，并约定所有权保留，即在 B 公司付清价款前，发动机归 A 公司所有。B 公司把发动机安装到汽车上，未按约定付款。批量生产的发动机是汽车的一般成分，B 公司未取得发动机所有权，发动机根据约定归 A 公司所有；定制赛车的发动机是汽车重要成分，归 B 公司所有，B 公司向 A 公司承担损害赔偿等违约责任。

虽然重要成分不能与合成物分离为不同所有权的客体，但重要成分能分离成为占有的标的物，如租赁三居室中的一间居住；也能单独成为债的标的物，如房屋所有人把还未拆除的房屋钢筋卖给他人；其知识产权也不受影响，如特制发动机的专利权不因其为汽车的重要成分而消灭。

关联：添附

数物合成为一物，形成合成物整体与重要成分关系的，称为添附，《民法典》第 322 条规定的附合、混合和加工是其具体体现。作为确定物权归属的基础规范，添附不只适用于所有权，对限制物权同样有用，《担保制度解释》第 41 条规定，在特定条件下，抵押权效力及于抵押财产的添附物。添附既能适用于非交易领域（如 A 偷用 B 的墙纸装修自己房屋），也能适用于交易领域（如承揽人 C 基于合同装修 D 的房屋）。有关添附，详见第四章第六节中"依自然事实的物权变动"和"依事实行为的物权变动"相关论述。

五、主物与从物

在有效用辅助关系的数物之间，起主导效用的是主物，持续辅助于主物的为从物，如宾馆房屋是床等标配家具的主物，而画框为画的从物、工厂仓库是生产车间的从物。

---

① Vgl. Rey, Die Grundlagen des Sachenrechts und das Eigentum, 3. Aufl., 2007, S. 124.

(一) 主物与从物的界定标准

主物与从物有以下渐次递进的界定标准：

第一，为有体物。主物与从物都在物的范畴，因此均为有体物，权利被排除在外。

第二，为独立物。主物与从物各为独立物，它们之间不是合成物整体与重要成分的关系。在合成物，重要成分与整体浑然一体，显然不是从物。

第三，从物持续辅助主物的经济效用。在客观上，主物有其常规经济效用，从物则持续辅助于主物的经营、使用或保管，无论谁是所有权人，都不能改变这一点。基于此，在宾馆经营中，房屋是主物，床等标配家具是从物。反之，仅用以辅助主物所有权人个人喜好的物（如住宅中的明代家具），以及仅有暂时辅助功能的物（如宾馆为应对少见的极寒天气而临时借用的除冰机），均不是从物。

提示：合成物的一般成分不是从物

有学理认为，在通常情况下，根据当事人的意思，合成物的一般成分是从物。[①] 本书认为，合成物的一般成分虽然能单独成为物权客体，但它是合成物实现常规功能的必要部分，很难在它与合成物的其他成分之间分出辅助和被辅助的关系，故一般成分不是从物。以燃油汽车为例，批量生产的发动机是汽车的一般成分，它与底盘等其他成分各有功能，只有相互协作，才能实现汽车常规行驶的功效，故而，发动机与底盘等其他成分之间不存在效用辅助关系，因而没有主物与从物之分。只要没有特别约定，发动机与汽车其他成分要不可分离地共享整体法律命运，不遵循从物随主物规范。

第四，存在空间关联。主物与从物通常在空间上关联密切，如床等家具放在宾馆房屋中。但从物毕竟不是主物的成分，两者不一定非要保持紧密的空间距离，放置于餐厅外的桌椅，同样是餐厅房屋的从物。只要主物与从物的空间关联能起到公示作用，使人了解有两者的存在即可。至于主物与从物临时的空间隔离，如汽车送修保养，车主把停车警告牌、千斤顶留在自家车库，不影响主从关系。

第五，符合通常观念。即便满足上述标准，但法律或习惯予以否定，从而导致人们通常在观念上不认为是主物与从物的，则要排除在外，我国的土地与房屋的关系就是适例。

(二) 从物随主物规范

尽管从物是独立物，可独自成为物权客体，但其与主物的经济功用联系密切，为了最大程度实现物的效用，从物的法律命运原则上取决于主物（如随主物一并买卖、抵押、租赁），它们形成法律命运共同体，这就是从物随主物规范。《民法典》第 320 条规定："主物转让的，从物随主物转让，但是当事人另有约定的除外。"该条规定具有例示作用，不是说从物随主物规范仅适用于转让，其适用范围非常广泛，除了买卖合同，还适用于租赁等产生债权债务关系的其他合同；除了所有权转让，还适用于设立限制物权等其他处分行为；除了法律行为，还适用于征收、法院查封等公权力行为。

为了论述简便，下文以买卖（包括买卖合同和所有权转让）为例展开，其要点包括：

第一，为了实现物的效用最大化，当事人通常会主物连带从物一并买卖，基于这种交易常态，无需特别约定，把从物随主物规范作为一般规范，能节约交易成本。不过，常态和一般

---

① Vgl. Medicus/Petersen, Allgemeiner Teil des BGB, 11. Aufl., 2016, S. 509.

往往有例外,一旦有例外约定,或从交易习惯推知从物不随主物买卖,就应排除从物随主物规范的适用。

从物随主物规范显然是任意规范,与此不同,合成物的整体与重要成分、"房随地走,地随房走"均为强制规范,相反约定不能产生预期的法律效果。比如,A 公司为 B 公司的某辆订制赛车特制发动机,约定安装在赛车上的发动机并非重要成分,仍归 A 公司所有,该约定不会改变发动机是赛车重要成分的法律定位。又如,国有建设用地使用权人依法建房后,把房屋卖给他人,约定仅转让房屋所有权,不转让国有建设用地使用权,该约定不影响国有建设用地使用权的转让。

第二,在没有例外时,当事人就主物达成买卖合同,同时意味着也达成从物买卖合同,出卖人负有同时转让主物和从物的债务。比如,A 公司与 B 公司均从事宾馆经营,双方签订买卖合同,约定 A 公司把宾馆房屋卖给 B 公司继续用于宾馆经营,未约定床等标配家具的买卖。根据《民法典》第 320 条,A 公司也有义务把家具转让给 B 公司。若约定 A 公司仅把宾馆房屋卖给 B 公司,A 公司就没有转让家具的义务。

第三,从物是主物之外的独立物,主物的所有权不能覆盖从物,故而,主物所有权转让的,不能当然导致从物所有权的转让;从物所有权转让尚需遵循物权变动规范,完成不动产登记或动产交付。

在比较法上,BGB 第 926 条第 1 款规定,主物与从物归同一人所有的,作为从物的动产随作为主物的不动产一并转让,当事人能证明从物转让不符合其意思的除外。据此,在通常情形,从物无需交付即可完成所有权转让,这符合当事人的意愿,但在从物尚处于转让人占有时,会导致真实所有权与公示形式不符,显然不利于交易安全。ZGB 第 805 条第 2 款、第 946 条第 2 款能消除德国法的这一缺憾,它们规定不动产的从物能与不动产一并记入不动产登记簿,这就把从物随主物规范建立在公示基础上,可增加交易的确定性。

我国没有德国和瑞士的前述规定,为了安全起见,不动产的从物所有权转让应以交付为要件。比如,A 公司按照约定办理转移登记,把宾馆房屋所有权转让给 B 公司,但尚未交付房屋,B 公司因而未取得作为从物的家具所有权。若 A 公司虽然交付房屋,但事先搬走家具,则 B 公司同样也未取得从物的所有权。

第四,主物和从物可不归同一人所有。从物随主物规范为主物出卖人设立了出卖从物的义务,即便从物不归属于主物所有权人,也不影响该义务的承担及履行,如主物所有权人可在取得从物所有权人的同意后,把从物所有权转让给受让人。[①]

关联:从随主原则

从随主原则由罗马法确立,适用于数个具有主从关系的有体物、权利或法律行为。[②] 从物随主物规范体现了从随主原则,它不同于该原则的其他规则,主要表现为:(1) 适用对象不同。在从物随主物规范,主物与从物分别独立存在,没有主物,也会有从物。

[①] 不过,受特定制度目的限制,从物随主物规范在有些情形要求主物和从物归同一人所有。比如,《查扣冻规定》第 20 条规定,法院查封和扣押的效力及于查封、扣押物的从物。由于查封、扣押的是被执行人的责任财产,故在此的主物和从物均应归被执行人所有。

[②] 参见徐国栋:《论民法典第 320 条确立的从随主规则的历史演进及我国适用》,载《甘肃政法大学学报》2020 年第 5 期。

其他规则适用于具有主从关系的权利(如主债权是主权利,旨在担保主债权实现的担保物权是从权利)或法律行为(如主债权债务合同是主合同,担保合同是从合同),从权利或从行为的价值就是辅助主权利或主行为,后者不存在或无效的,前者没有存续根基。比如,《民法典》第388条第1款规定,主债权债务合同无效的,担保合同无效。(2)规范属性不同。从物随主物规范是任意规范,其他规则中有强制规范,如根据《民法典》第388条第1款、《担保制度解释》第2条第1款,担保合同因主合同无效而无效只有法定例外,没有约定例外。

六、原物与孳息

(一)原物与天然孳息

孳息首先指天然孳息,即物基于自然特性产出的物,如家畜产的牛奶、鸡蛋、猪仔,以及根据物的用途使用物所获取的物,如挖掘的砂石、煤炭。[①] 产生天然孳息的物是原物。

尚未与原物分离的天然孳息与原物浑然天成,此时的天然孳息是原物的重要成分,应遵循合成物整体与重要成分的规则。

天然孳息与原物分离后,成为独立的动产,适用与其相关的动产物权等规范。比如,作为定着物的林木是不动产,叶、花、果与林木分离后,成为动产,以占有而非不动产登记作为公示形式;这些天然孳息成为种植材料或繁殖材料的,不归《森林法》而要由《种子法》所调整。

《民法典》第321条第1款规定:"天然孳息,由所有权人取得;既有所有权人又有用益物权人的,由用益物权人取得。当事人另有约定的,按照其约定。"这是与原物分离的天然孳息权属的一般规定,在理解和适用时应注意:(1)未另行约定的,由用益物权人取得天然孳息,以保护为此付出劳力和费用者;没有用益物权的,由原物所有权人取得天然孳息。(2)另行约定的,天然孳息的权属以约定为根据。比如,所有权人将果树出租,约定承租人取得租赁期间的果实,这表明出租人授权承租人收取果实,承租人因此能收取果实并取得所有权。又如,所有权人将果树交给他人看护,约定在所有权人不能支付看护费时,应将果实收成的1/3转给看护人以冲抵看护费,这表明由所有权人先取得果实所有权,再在不能支付看护费的特定条件下转让部分果实给看护人,看护人因此不能直接取得1/3果实收成的所有权,而是对所有权人有相应的债权请求权。

(二)原物与法定孳息

除了天然孳息,还有法定孳息,即基于法律关系而从物或权利中获得的利益,如出租房屋的租金、银行存款的利息。

虽然法定孳息与天然孳息并列,但前者不在物的范畴,因为与其相对的原物除了物还有权利,其自身是租赁、存款等法律关系的产物,故而,法定孳息主要遵循债法规范。只不过为了简便起见,物权法在天然孳息之外一并规定法定孳息的取得。《民法典》第321条第2款规定:"法定孳息,当事人有约定的,按照约定取得;没有约定或者约定不明确的,按照交易习惯取得。"

---

① Vgl. Stadler, *Allgemeiner Teil des Bürgerlichen Rechts*, 19. Aufl., 2017, S. 86.

第五节　物权的内容

一、物权内容的界定

物权的内容又称物权权能,是指物权人直接支配客体所能取得的正当利益及可为的行为权限。物权给物权人带来积极利益,从这个角度可把物权内容称为积极权能;与此同时,物权给他人指明了消极不作为的义务边界,他人负有不得不当干涉的消极义务,相应地物权人有权禁止和排除他人不当干涉,此为消极权能。

（一）积极权能

基于物权是支配权的特质,其积极权能可称为支配利益。从规范表达来看,法律在界定物权种类时,一般会指明支配利益的形态,如《民法典》第240条规定所有权人对物的占有、使用、收益和处分,第331条规定土地承包经营权人对农用地的占有、使用和收益,第394条规定一般抵押权人对抵押财产的优先受偿。由此可知,物权内容决定了物权种类,不同的物权种类必定有不同内容,当事人擅自改变物权内容,无异于创设新物权,故而,《民法典》第116条规定物权的种类和内容均由法律规定。

为了防止物权人的支配利益损及公共利益或他人合法权益,法律会规定其合理限度,这些法律限制是物权内容的有机部分和内在构成,它们往往在物权种类的法律界定中体现出来,如根据《民法典》第331条的规定,土地承包经营权的内容不能背离农业生产的功能限度;此外也会被法律专门规定,如《民法典》第350条规定,国有建设用地使用权人应当合理使用土地,不得改变土地用途。这些限制使物权人负有不作为的消极义务,它们是法律根据物权特性对支配利益进行的正当框定和必然制约,两者实属同一硬币的两面。

除了前述的消极义务,物权人还会负担为某种行为的积极义务,但它们要么是普通之债,如地役权人按约定向供役地人支付使用费的义务,要么是物上之债,如国有建设用地使用权人按照出让合同约定建菜市场的义务,这些都不是物权的内容。究其原因,不仅在于物权是民事权利,表征着权利人的行为自由,不包括积极的义务负担,还在于物权是支配权,无需假借他人之力就能实现,仅反映人与物的关系,不反映人与人的关系,而上述积极的义务负担对应着作为相对人的供役地人或自然资源管理部门的请求权,体现的是物权人与相对人的债之关系,与物权格格不入。

综上所述,积极权能是物权人在法律规定的合理限度内对物的支配利益,既有占有、使用、收益等积极利益,也有与积极利益相伴的不得超越法律限制的消极义务,但不包括物权人的积极义务负担。

（二）消极权能

物权的积极权能为他人划定了不得为的义务边界,他人不得擅自越界不当干涉物权,否则物权人可予禁止或排除,此即消极权能。消极权能依托于积极权能,是对积极权能的维护和补充,如所有权人有权占有、使用房屋,为了落实这些积极权能,所有权人有权禁止他人进入房屋,并能请求擅自闯入者离开。反过来讲,没有积极权能,消极权能将无从谈起,如法律并未把物的外观形象作为所有权的积极权能,他人在户外对造型别致的房屋外观或样式新颖的"哈雷"摩托车进行观赏、素描或拍照,不构成对所有权的不当干涉,所有权人无权禁止。

二、物权内容的具体化

物权的内容决定了物权的种类,比如,农村承包经营户对承包的农用地的占有、使用和收益的支配利益,决定了此类物权只能是土地承包经营权,故某种物权包含哪些内容,要由法律规定。

法律规定的物权内容都是抽象的,它们在现实中必须具体化为特定的利益形态,这样的具体化任务只能由个案中的当事人来实现。至于实现的行为,可以是与国家管制无关的法律行为,比如,地役权人使用供役地的方式是铺设水渠、修建道路抑或其他,需根据实际情况约定;也可以是体现国家管制的行政行为,比如,通过出让方式设立国有建设用地使用权,权利人应按照建设工程规划许可等行政行为的要求进行建造,房屋的用途、面积、高度等均要符合要求。

第二章

物权法概述

对物权法的概括了解,需把握其内涵、功能、特性、体系结构、调整对象、渊源、与其他法律的关系等基本内容,本章将对它们逐一阐述。

第一节 物权法的基本界定

一、物权法的内涵

作为民法的重要组成部分,物权法是指以物权为主要调整对象的规范体系,其基本内涵如下:(1)物权法是按照特定功能,将诸多与物权有关的规范按照专门逻辑进行排列组合和系统整合的体系,不是指涉及物权的单一具体规定;(2)物权法以物权为主要调整对象,以人身权、债权等其他权利为主要调整对象的法律不是物权法;(3)物权法是有关物权的民法领域,遵循民法的基本规律,与物权有关、但遵循其他法律调整机制的规范(如《刑法》第二编第五章规定的抢劫罪、盗窃罪、抢夺罪等侵犯财产罪,《治安管理处罚法》第 49 条针对盗窃、抢夺公私财物行为规定的行政处罚规范),不是物权法。

在我国,物权法包括物权编及其他调整物权的规范,但物权法教学和研究主要依托于物权编,在此意义上,可以说物权编是物权法的中心,甚至是物权法的代名词。故而,本书主要依据物权编来展开,同时在必要之处涉及其他物权规范。

二、物权法的功能

《民法典》第 205 条是物权编的开篇规定,它指出物权法以调整"因物的归属和利用产生的民事关系"为主要功能。

物的归属是指物权权属。为了明确物权权属,物权法既应明确规定物权种类及内容,以便让人知晓哪些权利是物权,还应提供物权权属的确定标准及认定机制,如哪些情形应借助登记,哪些情形应依靠占有。通过明确物权权属,物权法既确保物权蕴含的财产利益归属于权利人,使其有正当理由享有支配利益,又确保该利益具有对世性,能排斥他人干涉,还能"定分止争",防止出现"一兔走街,百人逐之"的纷扰争端,从而维护稳定的社会秩序和财富布局,增强人们创造合法财富的信心和进取心。

物的利用是指实现物的效用、获取物的利益。在不涉及他人时,物的利用是权利人实现物权内容,取得支配利益的表现,如国有建设用地使用权人 A 公司用地建房;在涉及他人时,物的利用或者以物权变动的形态表现出来,表明权利人处分了物权(如 A 公司把国有建设用地使用权转让给 B 公司),或者以债的形态表现出来(如 A 公司把国有建设用地使用权出租给 C 公司)。物权变动表现了物权生成、变化或消灭的样态和过程,其结果为新物权的设立、既有物权的改变或消灭,相应地也表现了物权价值的实现、增生或消灭。债主要由债法来调整,但物权法也有涉及。通过促使物尽其用,物权法为市场经济发展提供了助力。

提示:"公地悲剧"和"反公地悲剧"的物权法启示

美国学者 Garrett Hardin 提出著名的"公地悲剧",其意是说能自由无偿地在公地上放牧,那每个牧人都会追求个人利益最大化,会尽可能增加牲畜数量,结果导致牧地退化,造成不适宜放牧的悲剧。[①]"公地悲剧"对物权法的重要启示是,若不能明确物权归属,对物的支配利益边界就会模糊,一旦缺少政府的有效管制或使用人难以达成协议,就会出现无序使用和过度使用,不利于可持续地实现物的正常效用。换言之,在明确物的归属后,权利人在实现支配利益或处分物权时,方能既不畏手畏脚,又不涸泽而渔,可根据物的实际情况,采取合理措施促使其经济效用最大化,实现物尽其用。故而,明确物的归属,有助于促进物的利用。

发挥物的效用,对明确物的归属也有助推作用。比如,物权法在规定物权种类和内容时,会把合理实现物的效用作为重要考虑因素,《民法典》第 372 条就规定地役权有提高需役地效益的目的,它因此有属物权的特性。又如,物权法在确定物权权属时,物的效用是重要衡量标准,合成物整体与重要成分、主物与从物、"房随地走,地随房走"均与此密切相关。这样的规定能有效地防止"反公地悲剧"。"反公地悲剧"由美国学者 Michael A. Heller 系统阐述,其意是说虽然一物产权明确,但归属于众多权利人,若每一权利人的使用均要取得他人同意,就会导致资源不能充分使用,结果与"公地悲剧"的过度使用刚好相反。[②]"反公地悲剧"对物权法的重要启示是,在明确物权归属时,需考虑物权的行使和实现的便利度,尽量防止或减少权利人被他人掣肘的机会,以充分实现物的效用。比如,若重要成分能与合成物整体分离而归不同权利人所有,结果会大幅提高权利行使成本,不能有效实现物的效用,会产生"反公地悲剧",而通过强制规定重要成分与合成物整体的权属不可分离,能防止这种"反公地悲剧"。[③]

三、物权法的特性

从整体上看,物权法具有以下特性:

第一,在组成规范方面,以强制规范为主,以任意规范为辅。

物权具有对世性,涉及不特定人利益,为了避免他人遭受被物权排斥的不测风险,涉及物权归属的规范主要是强制规范,不容被约定改变或排除。第一章业已指出,根据法定原

[①] See Garrett Hardin, "The Tragedy of the Commons", 13 *Science* 1243-1248 (1968).
[②] See Michael A. Heller, "The Tragedy of the Anticommons: Property in the Transition from Marx to Markets", 111 *Harvard Law Review* 621-688 (1998); Michael A. Heller, "The Tragedy of the Anticommons: A Concise Introduction and Lexicon", 76 (1) *The Modern Law Review* 6-25 (2013).
[③] 参见谢鸿飞:《〈民法典〉物权配置的三重视角:公地悲剧、反公地悲剧与法定义务》,载《比较法研究》2020 年第 4 期。

则,物权种类和内容由法律规定;此外,物权客体和公示形式虽然不是法定原则的适用对象,但也由法律强制规定。不仅如此,第三章第二节以及第四章将讲到,物权变动的具体要求及其法律效力,如哪些情形必须公示,哪些情形无需公示,公示有何法律效果,也由法律强制规定。

不过,物权法属于民法,其底盘仍为私法自治,强制规范无法一统天下,在部分领域要辅以任意规范来柔性调整,比如,从物随主物规则以及天然孳息的权属规则就是任意规范。

第二,在规范布局方面,既有静态范畴,也有动态范畴。

为了明确物的归属和促进物的利用,物权法既有规定物权种类和内容的规范群,此即静态范畴,还有调整物权变动的规范群,此即动态范畴[①],它们构成物权法的主要内容。比如,房屋所有权人A与B订立房屋买卖合同,在房屋所有权转让前,A把房屋抵押给C。对此既要适用与所有权、抵押权的种类和内容相关的规范,它们属于静态范畴,还要适用物权变动的一般规范、所有权转让和抵押权设立的具体规范,它们属于动态范畴。

第三,在调整利益方面,个体利益、群体利益和公共利益并重。

在微观意义上,你我这样的个体是社会构造的基本元素,也是最基本的权利主体,个体和谐共处的首要条件是明确各自的利益范围,以确保你不犯我、我不犯你。物权法的最重要使命就是通过明确物权权属、行使、保护等规则,来妥当安排和保护个体利益,因而有色彩相当鲜明的个人主义。但物权法对个体利益的保护不是绝对的,而是强调个体之间的利益协调,以避免物权排他性产生的负外部性,比如,所有权是完全物权,但不能绝对排斥他人,权利人在必要时应容忍他人的正当干涉,要为他人合法利益而牺牲自我利益。比如,A虽然是房屋所有权人,能排斥他人的不当干涉,但邻人铺设电线必须利用其房屋时,根据《民法典》第292条,A要提供必要便利,容忍邻人的正当干涉;同时,A对房屋的利用不能任性,根据《民法典》第294条,不能违反国家规定产生超标的噪声、烟雾等污染,以免影响邻人生活和生产。

与此同时,个体之人是社群动物,个体处于社会群体当中,是群体的有机构成,如住宅小区的业主个体是全体业主的一分子。为了和谐有序,既使个体利益不能妨害群体利益,也使群体利益不能侵害个体利益,物权法在此方面也有所发力,确保个体能秉持齐心协力才能成事的团体精神,奉行团体主义的表决规则,以合理安排群体利益,协调其与个体利益的关系。比如,《民法典》第278条规定,就改建、重建建筑物等事宜,住宅小区业主应按照特定规则来表决。

无论个体还是诸如住宅小区的业主群体均处于社会当中,而社会有超越部分个体利益或群体利益的公共利益,为了促成利益和谐均衡,物权法需明确公共利益的实现和保护途径。比如,《民法典》第243条规定,为了公共利益的需要,可依法征收财产,但应予补偿。又如,《民法典》第326条规定,用益物权人行使权利,应当遵守法律有关保护和合理开发利用资源、保护生态环境的规定。

显然,物权法是个体利益、群体利益与公共利益并重,就这种利益格局而言,物权法以个人主义为根基,旨在保护个人自由和个人发展,同时受到他人正当利益、群体利益以及公共

---

① 参见孙宪忠:《我国物权立法贯彻科学性原则的问题研究——兼顾一段立法历史的回忆》,载《政法论坛》2024年第1期。

利益的约束,体现了有限制的个人主义。①

第四,在素材来源方面,有比较法的共同经验,还有本土的特有事项。

与其他法律一样,物权法反映了社会的制度文明,是人类集体智慧的产物,不是某一个人或某几个人的智力成果,不是某一个或某几个国家、地区的特有专利,故而,即便实际情况不同,不同国家或地区的物权法也都会有一些共同经验和相同法理。相比于德国法系等域外物权法,我国物权法是后发的,物权编中的不少规范——从物权定义到法定原则等基本规范,从所有权到抵押权等具体物权规范——都表现了比较法的共同经验。

此外,无论在哪个国家或地区,物权都是最基本的财产权,都是在所在地的政治、经济、社会、文化等各种因素的约束下产生和发展的,物权法因此必须贴近本土实际,必须反映本土的特有事项,物权法因此往往被称为固有法。② 我国物权法同样如此,土地承包经营权、宅基地使用权等诸多重要制度均源自我国实践,离开本土实际情况,单凭比较法知识是难以正确理解它们的。这同时意味着,习惯在物权法中有着重要作用,因为本土物权在被法律规定之前,均存于习惯当中,认可和保护它们,有利于物权法的稳定发展。

第五,在与债法的关系方面,分离与关联并重。

"物债二分"严格区隔了物权与债权,以此为格式化模板,纷繁多样的财产利益形态能被快速定位。可以说,"物债二分"提供了简便有效的概念工具,物权法与债法因此呈分庭抗礼之势。

不过,"物债二分"只是两类权利的静态对比,二者实际上斩不断理还乱。在现实中,大多数所有权转让或抵押权设定都是合同之债的履行结果。在规范中,物权与债有着多种关联,对此详见第二节的"与物权紧密相关的债"部分;相应地,物权法与债法在适用上也有多种关联,对此详见第四节的"物权法与合同法的关系"部分。这意味着,尽管物权法在形式上自成一体,但围绕具体问题来理解和适用物权法时,还需相应地考虑债法规范。由此可说,物权法实质上并不完全自足,需与债法一起整体把握。

四、物权法的体系结构

具体的物权规范按照一定逻辑进行排列组合和系统整合,构成物权法的体系结构。以物权编为样本,物权法的体系结构有以下特点:

第一,采用"总则—分则"的基本结构。物权编共五个分编,分别是通则、所有权、用益物权、担保物权和占有,通则规定了基本原则、物权变动和物权保护的一般规范,它们普遍适用于各种具体物权,其余分编规定了个性化的具体内容,属于分则。在这种结构中,通则的一般规范统领分则的特别规范,特别规范反过来又支持一般规范,形成了逻辑统一体。

第二,分则采用"物权占先为主,占有殿后为辅"的架构。物权法主要调整物权,故分则的主要内容是各类具体物权。占有虽然是事实而非物权,但表现了人对物的实际控制状态,与物权有相似之处,故而,物权法分则在各类具体物权之后调整占有。

第三,分则的物权规范以所有权、用益物权和担保物权为主轴和顺序进行制度安排。在

---

① Vgl. Rey, Die Grundlagen des Sachenrechts und das Eigentum, 3. Aufl., 2007, S. 8.
② 参见梁慧星、陈华彬:《物权法》(第七版),法律出版社 2020 年版,第 26 页;王利明:《物权法》(第二版),中国人民大学出版社 2021 年版,第 40 页。

各类具体物权中,所有权最重要,为限制物权奠定了基础,因而位于物权法分则的首位。所有权之后是限制物权,不少用益物权都能成为担保财产,故用益物权在担保物权之前。

与物权法的前述体系结构相应,本书采用"总论—分论"的基本结构,前五章属于总论,后五章为分论;分论采用先权利再占有的顺序,具体物权按照所有权、用益物权和担保物权的逻辑展开;至于第九章"物上之债",阐述了前面三类物权规范无法涵盖的物上之债,故列在它们之后,同时因物上之债是权利,故列在占有之前。

五、物权法与财产法的关系

在德国法系民法典,物权独立成编,在教学和研究中自成独立部门,这深刻地影响了我国、日本、韩国等东亚物权法。在德国法系以及东亚的民法学中,虽然物权与债权、知识产权均为财产权,但它们各有独自领域,未整合为一体化的财产法及财产法学,故而,不能说物权法是财产法的一个分支,更不能把物权法与财产法完全等同对待。

法国法系用财产法而非物权法的表达,以法国为例,其民法典第2编是"财产及所有权的各种变更",教科书用"les biens"(财产)之名来阐述,故为财产法。① 英美法系也用"Property Law"(财产法)的术语,内容主要包括土地法、动产法、信托法等,与物权法不能完全相提并论。

虽然德国法系的物权法、法国法系的财产法与英美法系的财产法在制度构成、发展脉络和精神气质上的差异很大,但它们都调整与物紧密相关的权利或法律关系,在这种制度功能的引导下,将它们进行对等分析,通称为"Property Law",属于比较法共识。② 因此,仅从比较法的角度,不妨把物权法与财产法的术语表达混同对待。

我国物权法在整体上接近于德国物权法,基本上可被德国学者无障碍地理解③,同时也有一些制度(如登记对抗、浮动抵押)受法国财产法和英美财产法的影响。基于此,本书重申,借助比较法的知识资源对学习物权法来说十分必要。

第二节　物权法的调整对象

物权法主要调整物权,此外也调整与物权紧密相关的债以及作为事实的占有。

一、物权

物权法调整的物权是三大类三层级,即有所有权、用益物权和担保物权三个大类,各自的具体物权分为上位、中位和下位三个层级,它们的具体内涵和个性构造分别在第六章至第八章阐述。

---

① CC 的财产法规定不完全等同于我国的物权法,用物权法来表述其财产法,不能准确体现其立法特色。参见〔法〕弗朗索瓦·泰雷、菲利普·森勒尔:《法国财产法》(上册),罗结珍译,中国法制出版社 2008 年版,"译者的话"。

② See Sjef van Erp & Bram Akkermans (eds), *Cases, Materials and Text on Property Law*, Hart Publishing, 2012, pp. 31-36. 另参见〔德〕马蒂亚斯·莱曼、莱茵哈德·齐默尔曼编:《牛津比较法手册》,高鸿钧等译,北京大学出版社 2019 年版,第 1032—1057 页。

③ 参见〔德〕罗尔夫·施蒂尔纳:《德国视角下的中国新物权法》,王洪亮译,载张双根等主编:《中德私法研究》(2009 年总第 5 卷),北京大学出版社 2009 年版,第 107—120 页;〔德〕霍尔夫·施蒂尔纳:《试评〈中国民法典〉:以欧洲与德国法律史为背景》,徐杭译,载《南大法学》2022 年第 3 期。

二、与物权紧密相关的债

从关联形态来看,与物权紧密相关的债包括三类,一是与物权有引导和发展关系的债,二是与物权有伴生和协力关系的债,三是与物权有融合和并存关系的债。

(一) 与物权有引导和发展关系的债

买卖合同等产生意定之债,其中的债权为意定债权,它们为意定物权提供了土壤,没有这份土壤,物权不会生根长成。由此可以说债权是物权的引导,物权是实现债权的发展结果,两者是引导与发展的关系,可简化表达为"意定债权→意定物权"。

在此构造中,意定债权和意定物权——或者说买卖合同等产生意定债权的法律行为与所有权转让等物权变动——之间的关系有两个重要问题,一是有前者是否必有后者,另一是没有后者是否会影响前者,需要物权法加以明确。对于前一问题,物权法通过公示原则来解决,即买卖合同等法律行为的效果限于产生债权,不能直接导致物权变动,在依法公示后,物权才能变动;换言之,有意定债权未必有意定物权。对此,《民法典》第 208 条规定:"不动产物权的设立、变更、转让和消灭,应当依照法律规定登记。动产物权的设立和转让,应当依照法律规定交付。"至于后一问题,物权法通过区分原则解决,即物权未变动,不影响买卖合同等法律行为的效力;换言之,没有意定物权,不影响已有的意定债权。对此,《民法典》第 215 条规定:"当事人之间订立有关设立、变更、转让和消灭不动产物权的合同,除法律另有规定或者当事人另有约定外,自合同成立时生效;未办理物权登记的,不影响合同效力。"对于这两个原则,分别详见第三章第二节、第五节。

> 例:买受人 B 对出卖人 A 有请求转让房屋所有权的债权,买卖合同产生了意定债权,无此基础,B 就没有受让房屋所有权的机会。但仅凭房屋买卖合同,房屋所有权不会转让给 B,A 必须履行,办理转移登记,才能使 B 如愿成为房屋所有权人。若 A 一房数卖,先通过转移登记把房屋所有权转让给 C,B 就不能实现合同目的,不能取得房屋所有权,但这不影响房屋买卖合同效力,B 能请求 A 承担损害赔偿等违约责任。

沿循权利发生的顺序,能看出是意定债权在引导着物权变动,物权变动是该引导的发展结果。没有买卖合同等意定之债的创意,就不会有通往物权的起点,BGB 因此把债编置于物权编之前。[①]《民法典》虽然把物权编放在合同编之前,但这改变不了意定债权与意定物权之间的引导和发展关系。

(二) 与物权有伴生和协力关系的债

合同属于广义的债之关系,在此背景下,引导物权的债权仅代表狭义的债之关系,此外还有其他债权,这些债权与物权会有伴生与协力的关系。

1. 债与物权的伴生关系

仅以狭义的债之关系为引导而推向意定物权,它们的关系止步于"意定债权→意定物权",比如,若抵押合同的内容仅涉及主债权、抵押财产和担保范围,所生的债权就是主债权人对抵押人设立抵押权的请求权,它因抵押权设立而消灭。若在该债权之外,抵押合同等法

[①] 参见〔德〕罗尔夫·克尼佩尔:《法律与历史——论〈德国民法典〉的形成与变迁》,朱岩译,法律出版社 2003 年版,第 242 页。

律行为还产生其他债权,则意定物权将与其他债权伴生。

例:A 以同一房屋为客体先后为 B、C 设立抵押权,根据《民法典》第 414 条第 1 款第 1 项,B 的抵押权登记时间在先,在抵押权实现时,B 先于 C 优先受偿。A、B 的抵押合同还约定:在 C 的抵押权设立后,A 为 B 另行提供担保,B 应使其抵押权顺位劣后于 C 的抵押权,确保 C 先受偿。据此,B 的抵押权在设立后,就与 A 请求 B 在特定条件下变更抵押权顺位的债权携手并立。

显然,在意定之债包含多个债权的情形,引导物权的债权因物权变动而消灭,其他债权则与物权并存,为简便起见,将引导物权的债权称为意定债权 I,其他债权称为意定债权 II,它们的关系构造为"意定之债→(意定债权 I→意定物权)+(意定债权 II)",它在上例中表现为"A 与 B 的抵押合同→(B 对 A 设立抵押权的请求权→B 的抵押权)+(A 请求 B 在特定条件下变更抵押权顺位的请求权)"。

意定债权 I 旨在引导意定物权,没有该债权就没有意定物权。意定债权 II 则与意定物权伴生,只要意定债权 I 与意定债权 II 不相互制约,缺少其一不会影响另一的意义。比如,上例 B 的抵押权未设立,不影响 A、B 变更抵押权顺位约定的约束力;同样地,若该变更顺位约定无效,只要不影响设立抵押权约定的效力,仍不妨碍 B 在抵押登记后取得房屋抵押权。

意思自治使意定之债蕴含了无限的创意,当其内容溢出意定债权 I 的范围,就有物权和意定债权 II 现实伴生的可能,故而,相比于与物权有引导与发展关系的债,与物权伴生的债在现实中更为常见,在物权法中也很常见,如《民法典》第 409 条第 1 款就对抵押权人与抵押人约定变更抵押权顺位进行了调整。

2. 债对物权的协力作用

通过伴生,意定债权 II 对物权功能的发挥主要起到以下三种协力作用:

第一,通过意思自治为当事人增加更多的选择。比如,上例 A、B 不约定变更抵押权顺位,不会影响抵押权的设立,但有了该约定,则多了一种交易方案。

第二,为落实物权效用提供必要协助。比如,《民法典》第 300 条规定:"共有人按照约定管理共有的不动产或者动产;没有约定或者约定不明确的,各共有人都有管理的权利和义务。"据此,数人约定共同出资购买房屋,并约定按份共有后的管理措施,该约定通过凝聚共识的方式协调了各方行为,是最大化共有物经济效用的最佳手段。只有在无法达成这种约定时,法律才退而求其次,为各共有人提供管理的均等机会,但这样会落入"反公地悲剧",由此带来的利益摩擦仍无消解途径,一旦共有人就共有物管理不能达成共识,要么共有人出让份额走人,要么分割共有物散伙,共有无法持续。

第三,平衡因物权而引起的利益波动。比如,在有偿设立地役权的情形,供役地人有权请求地役权人支付使用费,以平衡双方利益。《民法典》第 384 条第 2 项规定,在约定的付款期限届满后,地役权人在合理期限内经两次催告未支付费用的,供役地人有权解除地役权合同。据此,一旦供役地人的前述债权不能如约实现,其有权依法解除地役权合同,从而消灭地役权。

需要注意的是,尽管意定债权 II 与物权有伴生与协力的关系,但其仍为普通之债,无法与绝对性的物权同命运。也就是说,意定债权 II 的效力不同于意定物权,也不会随意定物权的转让而转让,比如,供役地人的使用费债权仅能约束其与地役权人,不能对抗第三人,需役地或供役地转让的,受让人还需就使用费再予协商。

(三) 与物权有融合和并存关系的债

这种债是指物上之债,简述见第一章第一节的"物上之债及其与物权的区分"部分,详述见第九章。

进阶:正确理解"债权在近代法中的优越地位"

在民法规范体系中,物权与债权对涉及物权变动的交易同等重要,很难说哪个地位更优越。不过,换另一个角度,从市场流通的视角来看,债权比物权似乎更优越,如经销商购买商品,目的不仅是取得其所有权,更重要的是把商品再投入市场流通以获取利润,经销商因而持续不断地保有债权人的地位,就此而言,债权不再是引致物权变动的手段,其本身就是法律生活的目的。[①] 在这种认识的基础上,日本著名学者我妻荣提出"债权在近代法中的优越地位"的论断,指出随着资本主义经济组织的发展,所有权与债权相结合,日益增加债权色彩,所有权就成为手段而被债权否定了。[②] 这种认识对于我们加深理解物权与债权的关系,特别是理解商事交易对物权(如以流通中的商品为标的物的浮动抵押、动态质押等担保物权)的影响,特别有助益。但在通常的民事生活中,对大多数人来说,通过买卖取得并保有房屋等所有权,业已实现目的,在这样的领域,很难说债权具有优越地位。

三、占有

占有是与物权有密切关系的事实,物权法一并调整,详见第十章。

第三节　物权法的渊源

物权法的渊源是指法院处理物权纠纷的法律依据。基于我国立法、司法、行政、交易等实践情况,以《立法法》等法律规定的规范性法律文件为基点,可把物权法的渊源分为三类,即规范性法律文件、规范性法律文件认可的渊源和习惯法。

一、规范性法律文件

规范性法律文件是有关国家机关为了体现、贯彻和落实国家意志,依据《立法法》等法律制定的具有普遍约束力的法律文件。规范性法律文件的主要依据是《立法法》,具体形态包括法律、法律解释、行政法规、地方性法规、自治条例和单行条例、规章。此外,《立法法》第119条、《人民法院组织法》第18条第1款、《人民检察院组织法》第23条第1款规定的司法解释也属于规范性法律文件。以地位和功能为标准,这类渊源分为立法型、变通型和解释型三类。

(一) 立法型渊源

本类渊源由最高立法机关制定,除了《民法典》《土地管理法》《农村土地承包法》《城市房

[①] 参见〔德〕拉德布鲁赫:《法学导论》,米健、朱林译,中国大百科全书出版社1997年版,第64—65页。
[②] 参见〔日〕我妻荣:《债权在近代法中的优越地位》,王书江、张雷译,中国大百科全书出版社1999年版,第5—17页。

地产管理法》等法律,还包括全国人民代表大会常务委员会制定的法律解释。

本类渊源的重点是法律,核心是物权编,它系统规定了静态范畴和动态范畴,为物权制度提供了基础图谱。此外,《土地管理法》《农村土地承包法》《城市房地产管理法》等法律也从不同角度切入来调整物权,相关规范也是物权规范。物权编的名称直接表明其为物权法,可称为形式物权法,未冠以物权法之名的其他法律规定的物权规范,构成实质物权法,它们的地位平等。由于它们的时间有先后、内容有出入、角度有差异,为了准确适用,应立足于立法的实际情况,理顺它们的关系。

1. 替代关系

《立法法》第103条规定,法律新的规定与旧的规定不一致的,适用新的规定。据此,在新法和旧法之间,能确证新法被修改或旧法被废止的,新法替代旧法。作为调整物权的基本法律,物权编充分吸收了之前的法律经验,又有所调整和发展。在主旨相同的事项上,物权编与之前的其他法律有不同规定的,足以表明最高立法机关有意修改或废止其他法律规定,对此只能适用物权编。

以国有建设用地使用权期限届满的制度安排为例。《城市房地产管理法》第22条规定:"土地使用权出让合同约定的使用年限届满,土地使用者需要继续使用土地的,应当至迟于届满前一年申请续期,除根据社会公共利益需要收回该幅土地的,应当予以批准。经批准准予续期的,应当重新签订土地使用权出让合同,依照规定支付土地使用权出让金。土地使用权出让合同约定的使用年限届满,土地使用者未申请续期或者虽申请续期但依照前款规定未获批准的,土地使用权由国家无偿收回。"据此,在住宅建设用地使用权等国有建设用地使用权到期后,只有权利人的续期申请获得批准后才能有偿续期,否则权利会被无偿收回。《民法典》第359条第1款规定明显不同,其明确规定住宅建设用地使用权到期后自动续期,无需权利人申请。这表明,在住宅建设用地使用权的续期事项上,《民法典》第359条第1款重新进行了制度安排,这更有利于住宅所有权人,更能维护住宅所有权的稳定性。尽管《城市房地产管理法》第22条未被明文废止,形式上仍是有效规定,但就住宅建设用地使用权续期而言,实际已被《民法典》第359条第1款替代。

当然,就相同的调整事项,若物权编与之后的其他法律均有规定且不一致,后者明确修改前者的,物权编的规定就被其他法律所替代。

2. 细化关系

除了被替代的规定,其他法律与物权编的规定均并行存在。不过,针对相同主旨的事项,并非与此相关的规定均应付诸适用,两相对比,若某一法律的规定更具体、更详尽,说明其更清晰地反映了立法意图和思路,适用起来更有针对性,就应适用更具体的规定,此即细化关系。

《总则编解释》第1条第2款第1句规定:"就同一民事关系,其他民事法律的规定属于对民法典相应规定的细化的,应当适用该民事法律的规定。"比如,《民法典》第347条第3款规定,严格限制以划拨方式设立国有建设用地使用权,与此相比,《城市房地产管理法》第24条更具体,它明确列举了可以划拨方式设立国有建设用地使用权的情形,包括国家机关用地和军事用地、城市基础设施用地和公益事业用地等,适用起来更有的放矢。

在细化关系中,被细化的规定存而不用,看上去好像与被替代的规定一样没有实际价值。其实不然,因为被替代的规定实质上已不存续,根本无法适用,而被细化的规定仍有效存在,有适用价值,只不过排序在后,一旦更具体的规定因内涵不足而无法适用时,更抽象、更有内涵弹性的规定就能补位适用。比如,随着用地形势发展,《城市房地产管理法》第24条允许的某些划拨方式会过于宽泛,不宜再予适用,此时就能转而适用《民法典》第347条第3款。

3. 补充关系

补充关系是指对于某一法律的规定漏缺,由另一法律进行补充。在这种关系下,可径直适用补充的法律规定。《总则编解释》第1条第2款第2句规定:"民法典规定适用其他法律的,适用该法律的规定。"

补充关系的明显标志是用以援引其他法律规定的引致条款,物权编的这种条款主要有以下表现形式:其一,明确指向其他法律。比如,《民法典》第361条规定:"集体所有的土地作为建设用地的,应当依照土地管理的法律规定办理。"据此,集体建设用地使用权整体上由《土地管理法》等法律规定。其二,规定某种权利受法律保护。比如,《民法典》第328条规定:"依法取得的海域使用权受法律保护。"海域使用权据此被确定为物权,其具体内容由《海域使用管理法》规定。其三,以"依法"或"依照法律规定"的形式出现。比如,《民法典》第334条规定,土地承包经营权人依照法律规定,有权将土地承包经营权互换、转让。至于互换、转让的限制条件,由《农村土地承包法》规定。其四,以"法律另有规定"的但书形式出现。比如,《民法典》第353条规定:"建设用地使用权人有权将建设用地使用权转让、互换、出资、赠与或者抵押,但是法律另有规定的除外。"其中的"法律另有规定",就是指《城市房地产管理法》第38—40条等规定。这些引致条款除了能简化文本表述,避免内容重复,还能灵活应对现实情况,保持形式物权法的稳定性。

(二) 变通型渊源

根据《立法法》第84条、第85条第2款、第109条,经济特区法规、浦东新区法规、海南自由贸易港法规、自治条例和单行条例可以根据本地的社会、经济或民族特点,依法变通法律的规定。这些变通规定仅在本地优先适用,其中与物权有关的规定属于变通型渊源。

(三) 解释型渊源

法律的制定和修改有严格程序,为了保持其稳定性和可预期性,最高立法机关主要针对调整领域的通常情况加以规定,法律因而不以具体细致见长,物权编等法律规定对此有一定程度的反映。为了满足实践需要,法律往往通过行政法规等其他规范性法律文件而得以解释和细化,以便更有针对性地实施运用。比如,《民法典》第347条第1款规定,设立国有建设用地使用权,可以采取出让或划拨等方式,其中的"等方式"被《土地管理法实施条例》第17条细化为租赁、作价出资或入股。显然,为了明晰法律的规定,也为了便于法院适用和操作,像《土地管理法实施条例》第17条这样的能解释和细化法律的其他规范性法律文件的规定也是物权规范。又如,《城镇国有土地使用权出让和转让暂行条例》第12条明确了以出让方式设立的国有建设用地使用权的最高年限,这填充了《城市房地产管理法》第14条有关"土地使用权出让最高年限由国务院规定"的内容。

就我国的立法实际情况来看,其他规范性法律文件以法律为根基,遵循法律的目的,通过更细致的调整和更具体的表述来解释和细化法律规定的内容,从而相互联结成为有机体系。在这种体系中,就同一规范目的和同一调整事项而言,法律和其他规范性法律文件之间具有普遍和特别、一般和具体的紧密一体关系。在此情况下,要想全面准确地理解法律,离不开对相关的其他规范性法律文件的解读,其他规范性法律文件因此与法律同为法律渊源。当诸如《土地管理法实施条例》第17条、《城镇国有土地使用权出让和转让暂行条例》第12条等其他规范性法律文件的规定针对的是法律有关物权的规定时,它们就是解释型渊源。

解释型渊源包括行政法规、司法解释、地方性法规、没有变通规定的自治条例和单行条例、规章,《土地管理法实施条例》有关国有建设用地使用权的规定、《物权编解释一》的规定、《不动产登记暂行条例实施细则》有关不动产物权登记的规定等均为适例。

《民法典》等法律由最高立法机关制定,属于上位物权法,为了配合它们的实施,便于实践运用,解释型渊源根据法律的意旨,细化了相关规定,属于下位物权法。下位物权法的位阶低,内容不得与上位物权法抵触,只能是上位物权法的具体化。这样一来,它们实质上存在荣损与共的有机关联和一体关系,符合下位物权法也就符合上位物权法,违背下位物权法也就违背上位物权法。

二、规范性法律文件认可的渊源

这类渊源不是规范性法律文件,但规范性法律文件——主要是法律——为它们预留了适用空间,为它们成为物权法的渊源提供了通道,主要包括国家有关规定和合同两大类。

(一)国家有关规定

对于在立法时不完全成型的物权,法律无法完全界定,会通过引致条款明确把部分调整任务托付给国家有关规定。在此方面,《民法典》第363条相当典型,它规定:"宅基地使用权的取得、行使和转让,适用土地管理的法律和国家有关规定。"之所以有这样的引致条款,是因为我国的土地管理制度正在改革,宅基地使用权能否或如何转让、抵押,均是未定的问题,通过援引国家有关规定,可以适应未来发展的需要,为进一步深化改革留有空间。该条的"国家有关规定"主要指中共中央和国务院的有关文件[①],它们既不是法律,也不是行政法规或部门规章,无法归入规范性法律文件的范畴。

(二)合同

首先要明确的是,合同不仅约束当事人,在当事人之间有相当于法律的效力,还是法院判断当事人有无相应权利的依据,能优于法律的任意规范而适用,是民法的渊源。[②]

合同之所以成为物权法的渊源,主要源自法律任意规范的指引。比如,从物随主物规则以及天然孳息的权属规则属于任意规范,只有在没有约定时,才适用法定的权属方案,合同在此就是物权法的渊源。

此外,还有一类能作为物权法渊源的合同与任意规范无关,而是存在于法律无法穷尽规定物权内容之处。其道理在于,虽然根据法定原则,法律规定了物权种类,限定了物权内容,但法律无法包办一切,特别是对于只有当事人才能把握的具体内容,只能由合同填充。比如,物权编第十五章"地役权"虽然规定了地役权的主要内容,但怎么利用供役地来使需役地的效用最大化,只有地役权人最清楚,法律无法越俎代庖,这种留白只能由地役权合同填补。《民法典》第373条第2款规定,地役权合同包括利用目的和方法;第376条规定,地役权人应当按照合同约定的利用目的和方法利用供役地。据此,利用目的和方法取决于约定,没有

---

① 参见黄薇主编:《中华人民共和国民法典释义》(上册),法律出版社2020年版,第700页。
② 参见苏永钦:《私法自治中的经济理性》,中国人民大学出版社2004年版,第14页。

这些约定,地役权根本无法发挥功能。显然,受制于地役权自身的特性,无论立法者手段再高明、思虑再缜密,法律也不能穷尽规定其内容,必须给合同提供存续空间。

三、习惯法

《民法典》第 10 条规定:"处理民事纠纷,应当依照法律;法律没有规定的,可以适用习惯,但是不得违背公序良俗。"在此所谓的习惯是指习惯法,它包含两个要素,一是业已形成的民间习惯或商业惯例,二是社会公众对此有"法的确信",即普遍认为应予遵从。[①] 据此,物权领域的习惯法是补充性的物权法渊源,可称为物权习惯法。

（一）基本内涵

《民法典》第 116 条规定了法定原则,要求物权的种类和内容由法律规定,但法律往往滞后于社会发展,为了满足现实需求,习惯法可供给新型物权。此外,物权需要公示,习惯法也会提供相应的公示形式,比如,动产质权的公示形式是占有,但《机动车登记规定》第 34 条提供了在公安机关交通管理部门车辆管理所质押备案的公示形式,当此实践成为习惯法时,机动车质押备案就是习惯法公示形式。涉及物权种类、内容、公示形式的习惯法整合起来,构成了物权习惯法的主干。

（二）表现形态

1. 不成文的物权习惯法

通常说来,习惯法是在生活或交易实践中自发形成的,融社会交往的常识、常态、常规和常法于一体,代表了自生的社会秩序,与国家干预引导无关,因而表现为民间习惯或商业惯例。在生活或交易实践中,一旦某种利益形态达到种类和内容稳固、公示形式明确、世人普遍认可为物权的程度,就有不成文的物权习惯法的适用空间。

与其他渊源相比,不成文的物权习惯法化大道于无形,为稳妥起见,在确定和适用时应把握以下条件:

第一,习惯反映了特定地域或行业的人们大量反复践行的行为方式或认知态度,只有同一性质的行为或状态经过长时间浸润而保持稳定后,才能成为习惯,个别人的个别约定不是习惯。不仅如此,习惯在其适用的地域或行业内,为人们信奉具有法律效力,客观上会产生类似于法律的约束力,违背它会遭到舆论谴责、行业排斥等非正式的社会制裁。在判断习惯是否存在时,应经过社会调查,除了实地勘验、社会访谈,还可借助村规民约、乡村志记等材料,必要时也可求助历史素材及此领域内的专家学者。此外,习惯还不能违背善良风俗,不会产生显失公允的后果。

第二,习惯中的权利必须符合物权的特质,是对特定物直接支配和排他的权利,这要求该权利不仅有特定客体,有确定内容,还要有对世性。要落实这一点,该权利就应为特定地域或行业的人们所共知,并可从外部查知的公示形式,如牲畜烙印、树木刻印等,仅存于个别人之间或仅为个别人知悉的权利,以及无法从外部辨识的权利,均不是习惯中的物权。

2. 司法裁判形成的物权习惯法

作为解决纠纷的依据,自生自发的不成文习惯法"非经解释不得适用",而解释习惯法与

[①] 参见李敏:《民法法源论》,法律出版社 2020 年版,第 162 页;黄薇主编:《中华人民共和国民法典释义》(上册),法律出版社 2020 年版,第 29 页。

确认其存在是合二为一的。[①] 法官在确认不成文的物权习惯法时，无需创制和加工，只要满足上述条件，它就通过个案裁判成为实在的物权法渊源。根据《最高人民法院关于案例指导工作的规定》第 7 条、《最高人民法院关于推进案例指导工作高质量发展的若干意见》第 8 条、《关于统一法律适用加强类案检索的指导意见（试行）》第 9 条等规定，这种个案裁判对法院的其他裁判起到参照或参考作用。

此外，还有法官参与形成的习惯法。法官积极参与习惯法的形成，而不只是消极确认，往往带有规制既有民间习惯或商业惯例的意图，使其往法官理解的法律秩序方向靠拢，其中必定包含既有做法所缺失的新元素，人们接到这个元素传递的信息后，能及时调整行为模式，以便得到更全面的认可和保护。在此方面，最典型的物权习惯法应是源自德国法系的让与担保，其雏形来自交易实践，升级改造则经由法院裁判的一次次打磨。[②] 我国的让与担保在被《担保制度解释》第 68—69 条成文化之前，也经历了法院裁判裁剪交易模式的过程。[③]

其实，现代社会自发自生的习惯法为数甚少，更有现实意义的习惯法毋宁是在法院审判活动中取得共识并成为惯习的裁判[④]，照此来看，司法裁判形成的物权习惯法其来有自。

3. 成文的物权习惯法

回顾新中国特别是改革开放以来的发展历程，可知执政党和政府一直保有有机介入并推动社会发展的积极态势，其中的有力手段是力推注重制度供给、破解制度束缚、推动制度创新的供给侧结构性改革。[⑤] 其表现是多样的，既有在民间惯行做法被确证行之有效时，用代表国家意志的成文规范加以肯定和固化的情形，典型者如中央政策三令五申的农村土地承包经营制度；又有在民间力量无力介入的民生等公共服务领域，国家根据实际情况边干边摸索形成常规性操作的情形，典型者如《中共中央、国务院关于进一步推进农垦改革发展的意见》《国务院关于全民所有自然资源资产有偿使用制度改革的指导意见》等规定的国有农用地使用权及其登记；还有在前景可期但民间尚未普遍行动时，用成文规范加以阐明和引导，借以更新观念、培育市场、催生实践、形成惯例的情形，典型者如《国家发展改革委办公厅关于开展碳排放权交易试点工作的通知》等引导的碳交易。显然，国家和民间不是充满紧张张力的二元分离，而是边界模糊的交融合力，二者相互作用，形成稳定有序的实践。在这种布局中，成文规范既表征了应被遵守的国家意志，也反映了隐于社会的民间习惯和藏于市场的商业惯例。

在此所谓的成文规范，均在规范性法律文件及其认可的渊源之外，既包括像上文提及的执政党或政府的政策文件，还包括地方政府或行业部门推动的操作规范等，如义乌商位使用权抵押的相关规范[⑥]，它们数量众多，实实在在起着回应需求、引领实践、催发习惯、形成市场

[①] 参见〔德〕卡尔·拉伦茨：《法学方法论（全本·第六版）》，黄家镇译，商务印书馆 2020 年版，第 448—449 页。
[②] Vgl. Baur/Stürner, Sachenrecht, 18. Aufl., 2009, S. 784 ff. 另参见谢在全：《判例法之进程》，载《月旦法学杂志》第 310 期，2021 年 3 月。
[③] 参见程啸、高圣平、谢鸿飞：《最高人民法院新担保司法解释理解与适用》，法律出版社 2021 年版，第 431—432 页。
[④] 参见〔德〕齐佩利乌斯：《法学方法论》，金振豹译，法律出版社 2009 年版，第 116—120 页；吴从周：《民事实务之当前论争课题》，元照出版有限公司 2018 年版，第 238—240 页。
[⑤] 参见黄奇帆：《结构性改革》，中信出版社 2020 年版，第 10—13 页。
[⑥] 这方面的实例很多，参见刘萍主编：《中国动产担保创新经典案例》，中信出版社 2010 年版，第 235—266 页、第 323—331 页、第 385—392 页。

的作用,纸面规范与实践惯行融为一体。而且,这些成文规范源于国家意志,遵行者对它们有"法的确信"。基于此,将它们归为习惯法,以补充规范性法律文件及其认可的渊源供给机制的不足,并无不妥。当这些习惯法涉及物权时,就构成成文的物权习惯法。

提示:裁判依据和裁判说理依据

在上述渊源中,立法型渊源是主力军,但其无法独立完成全方位的调整任务,必须有其他渊源的配合,物权法的渊源因此具有多样性。这些渊源之间有紧密的功能关联,构成有机的规范体系。不过,它们在法院裁判适用中的地位和功能不同,《最高人民法院关于裁判文书引用法律、法规等规范性法律文件的规定》第4条、第6条把它们分为两类:① 裁判依据,即支持裁判结论的法律依据,仅限于法律、行政法规和司法解释;② 裁判说理依据,即支持裁判文书说理的法律依据,其范围广于裁判依据,还包括部门规章等其他渊源。

第四节 物权法与民法其他部分的关系

民法是具有内在构成逻辑的规范体系,物权法是其中一部分,它与其他部分的区分明显,同时也关联密切,在理解和适用时应注意把握它们的关系。

一、物权法与民法总则的关系

《民法典》采用"总则—分则"的结构编排布局,总则编通过提取民法规范的最大共性,规定了基本原则、主体、权利、法律行为等一般规范,对物权法等分则起到统领作用。① 总的说来,总则与分则以总括与分殊相结合、一般和特殊相搭配、抽象和具体相配合的方式,促成民法的高度系统化,充分表现了内容丰富、规范简约的体系之美。

受制于这种体系性,物权法与民法总则的关系主要表现为前者优先适用、后者殿后适用。《总则编解释》第1条第1款规定:"民法典第二编至第七编对民事关系有规定的,人民法院直接适用该规定;民法典第二编至第七编没有规定的,适用民法典第一编的规定,但是根据其性质不能适用的除外。"

具体而言,物权法是有关物权的专门规范,对于与物权有关的事项,应优先适用物权法,若非如此而径直适用民法总则,无异于舍近求远,不合事之常理。比如,国有建设用地使用权人A公司用地建房,在房屋建成后,判断其是否取得房屋所有权,有《民法典》第129条、第231条可用,前者在总则编,内容为:"民事权利可以依据民事法律行为、事实行为、法律规定的事件或者法律规定的其他方式取得。"后者在物权编,内容为:"因合法建造、拆除房屋等事实行为设立或者消灭物权的,自事实行为成就时发生效力。"对比可知,第231条比第129条更具体、更有针对性,应优先适用。

物权法不可能也没必要对有关物权的事项无一遗漏地全予规定,物权主体、处分物权的行为效力、物权请求权的诉讼时效等相关事项均要适用民法总则的相应规定。

---

① 参见孙宪忠:《民法典法理与实践逻辑》,中国社会科学出版社2022年版,第86—115页。

例：A的一台机器被B借用，约定3个月后归还。但A忘了此事，直到4年后才想起来，要求B归还机器。根据位于物权编的第235条，A有权请求B返还机器。B能否以诉讼时效期间届满为由提出抗辩，物权编没有规定，要适用民法总则的诉讼时效制度。根据位于总则编的第188条、第196条第2项，A的该项请求权受制于诉讼时效制度，其行使已超过3年的诉讼时效期间，B能以此为由提出抗辩。

二、物权法与合同法的关系

物权法与合同法同为民法分则，两者主要有分工协作、一般与特别以及共同适用的关系。

（一）分工协作关系

物权法和合同法各有调整对象、任务分工和规范内容，但为了实现调整目的，形成合适的裁判依据，两者会共同协作、相互配合，此即分工协作关系。这种关系有两类形态：

第一，由不同规定合力组成完全法条。作为裁判依据的规范是由构成要件和法律后果组成的完全法条。因为民法体系化的缘故，完全法条往往由不同规定组合而成，常见的模式是"基本规定（包含基础的构成要件和法律效果的规定）＋附属规定（对基本规定的构成要件或法律效果进行定义或补充的规定）"。[①] 比如，在买卖合同、抵押合同等与物权有引导和发展关系的意定之债，当事人不适当履行合同，物权未变动的，应根据位于合同编的第577条承担违约责任，该条是基本规定，但物权是否变动要靠物权法的附属规定加以认定，这些规定组合成完全法条。

例：A、B订立房屋买卖合同，约定A应在约定日期前把房屋所有权转让给B。在此日期前，A把房屋交付给B，但未办理转移登记。根据位于物权编的第214条，房屋所有权转让应办理转移登记。A显然未按约定转让房屋所有权，应根据《民法典》第577条承担违约责任。

第二，通过一法的引致条款引出另一法的裁判依据。为了节约立法空间，避免不必要的重复，法律采用援引技术，通过引致条款的指引来适用能成为裁判依据的规定。引致条款无法独自成为裁判依据，法院在裁判时，可单独适用被援引的裁判依据，也可附加引致条款。比如，对于物业服务企业的义务，位于物权编的《民法典》第285条是引致条款，其明确援引了合同编的物业服务合同规定。

（二）一般与特别的关系

物权法与合同法都涉及合同之债，有些规定虽然适用于同一情形，但调整尺度有宽窄之分，射程范围有远近之别，这种差异通过适用对象、构成要件或法律效果表现出来，为了实现特定目的，尺度窄、射程近的规定是应优先适用的特别规定，它能排斥尺度宽、射程远的一般规定[②]，此即一般与特别的关系。这种关系的特点是面对两法中目的相同的规定，只能适用特别规定，当事人和法官没有选择机会。比如，位于合同编的第563条规定了合同法定解除

[①] 参见〔德〕齐佩利乌斯：《法学方法论》，金振豹译，法律出版社2009年版，第43—49页。

[②] 参见〔奥〕恩斯特·A.克莱默：《法律方法论》，周万里译，法律出版社2019年版，第77—80页。

权的产生事由,其中第1款第3项规定,债务人迟延履行主要债务,经催告后在合理期限内仍未履行的,债权人可以解除合同;位于物权编的第384条第2项则规定,在地役权合同约定的付款期限届满后在合理期限内经两次催告未支付使用费的,供役地人有权解除地役权合同;两相对比,后者的调整尺度窄、射程近,是应优先适用的特别规定。

(三) 共同适用关系

出于立法考量,物权法本应规定之处存在空缺,但可适用功能完全相同的合同法规定,反之亦然,此即共同适用关系。担保是最典型的例证。担保有物的担保和人的担保之分,前者指担保物权,后者的典型为保证。在第三人而非债务人的财产上设立的担保物权与保证的共性之处很多,《担保制度解释》第20条指出,位于合同编第十三章"保证合同"的第695条第1款等规定能适用于前述的担保物权,就此而言,这些规定普适于担保,是担保的共同法。

> 例:为了担保A对B银行的借款,C为B银行设立房屋抵押权。后B银行与A约定提高该笔借款的利率,C对此不知情。《民法典》第695条第1款规定,债权人和债务人未经保证人书面同意,协商变更主债权债务合同内容,加重债务的,保证人对加重的部分不承担保证责任。据此,B银行与A约定的借款利率提高部分不在抵押权的担保范围。

在一法有空缺之处,参照适用另一法目的高度类似的规定,也属于共同适用关系。比如,位于合同编的第642条第2款规定,在所有权保留中,出卖人可以与买受人协商取回标的物;协商不成的,可以参照适用担保物权的实现程序。又如,位于合同编的第690条第2款规定,最高额保证参照适用物权编最高额抵押权的有关规定。

三、物权法与婚姻家庭法的关系

婚姻家庭法的调整内容包括婚姻家庭中的财产关系,物权是其中的重头戏。不过,物权法以市场为预设背景,在个体主义基础上更强调效用,更有形式理性和统一性,以保障交易的可预期性,而婚姻家庭法以家庭为预设背景,在团体主义基础上更强调人伦秩序,对法律外的伦理道德规范更具包容性,以促进家庭成员和睦团结。[①] 这样一来,与物权法相比,婚姻家庭法的物权规范是应优先适用的特别规定,它们之间是一般与特别的关系。比如,根据《民法典》第1062条第1款、《婚姻家庭编解释一》第27条,夫妻A、B用婚后工资购房,所有权登记在A的名下的,房屋仍是夫妻共同财产,不归A个人独有。在此情形,登记不能标志房屋所有权的归属,这就不同于位于物权编的第214条等规定,后者以登记决定物权归属。

四、物权法与继承法的关系

继承涉及遗产的代际传承,与物权联系紧密。物权法与继承法主要有以下两种关系:(1) 分工协作。比如,位于物权编的第230条规定:"因继承取得物权的,自继承开始时发生效力。"这是基本规定,继承何时开始、继承人如何确定等附属规定由继承编规定,它们需协作成为完全法条。(2) 一般与特别。比如,位于物权编的第300条规定了共有物的管理,即

---

① 参见冉克平:《夫妻团体法:法理与规范》,北京大学出版社2022年版,第4—10页;朱虎:《财产法与家庭法的区分——评〈民法典婚姻家庭编解释(二)(征求意见稿)〉》,载《妇女研究论丛》2024年第3期。

在没有约定或约定不明时,各共有人都有管理的权利和义务;而位于继承编的第1145条、第1147条规定,在有遗嘱执行人时,有权管理遗产的是遗嘱执行人而非作为遗产共有人的继承人,后者属于优先适用的特别规定。

五、物权法与侵权责任法的关系

物权法与侵权责任法主要有分工协作、一般与特别、竞合选择以及共同适用的关系。

(一)分工协作关系

1. 组成完全法条

在此方面,过错侵权相当典型,位于侵权责任编的第1165条第1款是基本规定,其构成要件"行为人因过错侵害他人民事权益造成损害"的内涵不够明确,附属规定的协作不可或缺。基本规定的"民事权益"是物权或占有的,物权法的相应规范应予配合。比如,过错侵害动产所有权的,所有权的归属需借助位于物权编的第224—228条等来确定;又如,过错侵害占有的,需依据物权编第五分编"占有"来界定占有。

可以说,在适用侵权责任法涉及物权或占有的基本规定时,无论是侵害物权或占有,还是物权人或占有人的侵权行为,均需要物权法的协作,才能形成裁判依据。与此相应的找法工作,就是根据侵权责任法基本规定的文义及目的,按图索骥地寻找物权法的附属规定来对号入座。这种局面是物权编在侵权责任编之前编排的必然结果,因为对于在前的物权编已详尽规定的内容,在后的侵权责任编没必要重复。

反过来,物权法的规定往往无需侵权责任法作为辅助规定,因为物权法旨在调整物的归属与利用,物权保护及占有保护并非重点,除了基于体系考虑,而有必要在物权法规定相关的请求权之外,其他保护主要交由侵权责任法规定,故而,无需借助在后的侵权责任编的协作,物权编的规定就能组成完全法条。

2. 引致条款

在物权法中,通过"依法""依照法律规定"之类的标志性用语与侵权关联的规定,属于指向侵权责任法的引致条款。比如,位于物权编的第237条规定:"造成不动产或者动产毁损的,权利人可以依法请求修理、重作、更换或者恢复原状。"该规定看似完全法条,其实不然,因为不是说只要物被他人毁损,权利人就必定有前述请求权,而这些请求权又非物权请求权,它们要依据侵权责任法的相关规定进行确定。

侵权责任法也有引致条款。比如,位于侵权责任编的第1178条把减免责事由限定为法律规定的情形,据此,物权编第七章"相邻关系"的相关规定可成为减免责事由的根据。

> 例:根据《民法典》第290—292条,邻人A应为B用水、通行、建筑等提供必要便利,有容忍B适度利用A的不动产的义务,即便B的适度利用给A带来不便,A也不能行使排除妨害请求权。同样地,B的适度利用给A造成损害的行为是合法侵害,是A为了B的高位阶利益的牺牲,A就此损害不能主张侵权责任,只能主张合理补偿[①],由此能把容忍义务作为减免责事由。

[①] 参见〔德〕埃尔温·多伊奇、汉斯-于尔根·阿伦斯:《德国侵权法——侵权行为、损害赔偿及痛苦抚慰金(第5版)》,叶名怡、温大军译,中国人民大学出版社2016年版,第200—201页。

（二）一般与特别的关系

由于侵权责任法不涉及物的归属和利用,故在此领域没有"一般—特别"关系。这种关系存在于物权保护当中,比如,位于物权编的第 316 条规定,拾得人因故意或重大过失致使遗失物毁损、灭失的,应当承担民事责任,它仅用以保护遗失物,构成要件中的过错仅限于故意或重大过失,与《民法典》第 1165 条第 1 款相比,第 316 条的调整尺度窄、射程近,是应优先适用的特别法。

（三）竞合选择关系

在调整同一情形时,物权法与侵权责任法之间除了一般与特别的关系,还会竞合,受害人可选择适用相应规范,此即竞合选择关系。该关系的特质是由当事人自行选定请求权及其对应的规范依据,法官不能越俎代庖。在确定竞合选择关系时,应注意以下渐次递进的要点：

第一,物权法和侵权责任法各有完全法条可分别独立适用。竞合首先要求有不同的完全法条,否则就没有根基。若物权法和侵权责任法的不同规定只有协力才能构成完全法条,则属于前述的分工协作关系。

第二,这些完全法条调整同一情形。虽有不同的完全法条,但它们调整不同情形,就不能构成竞合,而有可能构成请求权聚合。从生活事实的角度观察,客观上发生的的确是一件事情或一个行为,如 B 侵占 A 的电脑,但在法律调整下,它会产生可并行适用的不同法律后果,即根据《民法典》第 235 条,A 有权请求 B 返还电脑,根据《民法典》第 1165 条第 1 款,A 有权请求 B 赔偿因取回电脑所支出的费用,这种不同的请求权基础综合起来提供完全保护的情形,形成请求权聚合。

第三,调整同一情形的完全法条之间不存在一般与特别的关系。若存在一般与特别的关系,要优先适用特别规定,这不容许当事人自行改变,法官也没有自由裁量空间,故在确定竞合时,应先排除一般与特别的关系。

第四,不存在一般与特别关系的完全法条之间未形成请求权规范竞合。在理论上,请求权竞合有别于请求权规范竞合,前者的多个规范目的有相同之处,又不完全重叠,所指的请求权因而为数个请求权,后者的多个规范目的完全一致,所指的请求权实质为同一个。[1] 就适用实益来看,请求权竞合显然高于请求权规范竞合,后者不像前者那样因当事人的不同选择会有后果差异。请求权规范竞合的适例为质权人因擅自使用、处分质押财产承担损害赔偿责任的情形,只要质权人未经出质人同意,就表明质权人有过错,从形式上看,出质人根据《民法典》第 431 条、第 1165 条第 1 款分别对质权人享有损害赔偿请求权,但它们均源自过错侵权[2],属于请求权规范竞合。比如,A 将一台机器质押给 B,B 在占有期间,未经 A 同意,擅自使用机器造成故障以致报废。根据《民法典》第 431 条或第 1165 条第 1 款,就该损失,A 有权请求 B 赔偿。

前述四个层次依序展开,揭示了竞合选择关系的基本内涵,担保物权的物上代位和侵害抵押权是这种关系的典型。

---

[1] 参见〔德〕卡尔·拉伦茨：《德国民法通论》(上册),王晓晔等译,法律出版社 2003 年版,第 350—356 页；〔德〕迪特尔·施瓦布：《民法导论》,郑冲译,法律出版社 2006 年版,第 164—165 页。

[2] 参见孙宪忠、朱广新主编：《民法典评注：物权编》(第 4 册),中国法制出版社 2020 年版,第 324 页。

例：A公司将一台机器抵押给B银行。后A公司把机器送至C公司维修，C公司不慎用错材料，导致机器报废。根据位于物权编的第390条，就C公司给A公司的赔偿款，B银行有权优先受偿，这就是物上代位。在支付赔偿款前，B银行通知C公司向自己而非向A公司支付，但C公司仍向A公司支付，A公司收到后花费殆尽。根据《担保制度解释》第42条第2款，B银行有权请求C公司再向自己支付赔偿款。此外，根据《民法典》第1165条第1款，C公司致使机器报废的行为同时侵害了A公司的所有权和B银行的抵押权，A公司和B银行对C公司的赔偿请求权构成连带债权，C公司向A公司支付赔偿款后，B银行无权再请求C公司赔偿。显然，B银行是选择物上代位制度还是选择过错侵权制度来保护自己，法律后果并不一样。有关物上代位和侵害抵押权，详见第八章第二节之一的"物上代位性"、第三节之二的"侵害抵押权"部分。

（四）共同适用关系

为了调整因侵害民事权益而产生的法律关系，侵权责任法既为行为人划定了行为空间和活动规矩，又明确了损害及其救济措施，这些内容同时事关物权的保护等方面。出于立法考量，物权法本应规定之处存在空缺的，可参照适用侵权责任法的目的高度类似的规定，此即共同适用关系。

比如，对于侵权行为造成的财产损失，应根据位于侵权责任编的第1184条，按照损失发生时的市场价格或其他合理方式计算。物权人因邻人正当行使权利的行为受到财产损失的，行为人应予补偿，这属于牺牲补偿的范畴，不能适用第1184条。不过，无论是侵权行为还是正当行为导致物权价值减损，均表明存在财产损失，故对于物权损失的计算，应参照适用第1184条，综合考虑时间、价值、衡平、地域等因素，在侵害行为与损害结果同时发生时，以行为发生时的发生地市场价格为基准；在侵害行为与损害结果先后发生时，以结果发生时的发生地市场价格为基准；前述基准显失公平的，用其他合理方式救济。[1]

提示：从物权法与民法其他部分的关系看物权法的特性

通过梳理物权法与民法其他部分的规范适用关系，可以看出物权法的以下特性：

第一，谦抑性。物权法不是调整物权事项的唯一规范来源，民法其他部分在必要之处也参与调整。其他部分的参与既可是辅助性的，以附属规定的方式与物权法的基础规定组成完全法条，也可是被引致式的，通过物权法的引致条款成为物权法的"飞地"，还可是优先级的，以特别规定的形态排斥物权法一般规定的适用。

第二，可选择性。通过竞合选择关系可以看出，针对同一行为或事实，物权法和侵权责任法均可适用，何去何从任由当事人选择。如果把法律适用看成法律供需市场，那么，物权法和侵权责任法分别提供了不同的法律产品，当事人可根据实际需要选择，以尽可能满足权利保护的不同需求。

第三，拓展性。由物权法的引致条款规范以及共同适用关系可知，在物权法不及之处，不必假手民法总则的抽象规范，用其他分则相关规定也可，这些规定因此也属于物权规范。

---

[1] 参见邹海林、朱广新主编：《民法典评注·侵权责任编》（第1册），中国法制出版社2020年版，第228—237页。

第五节　物权法与其他法律部门的关系

所有权等物权是最根本的财产权,除了民法的调整,宪法、行政法、民事诉讼法、破产法也很重视物权,各有相应的调整机制,有必要明晰物权法与它们之间的关系。

一、物权法与宪法的关系

在法律体系中,宪法是根本大法,包括民法在内的所有法律均需符合宪法。《立法法》第5条中规定,"立法应当符合宪法的规定、原则和精神";第98条规定:"宪法具有最高的法律效力,一切法律、行政法规、地方性法规、自治条例和单行条例、规章都不得同宪法相抵触。"《民法典》第1条中也规定"根据宪法,制定本法"。

宪法调整国家与公民的关系,既规定公民的基本权利,又规定国家有不得随意侵害基本权利的尊重义务、采用积极措施保护基本权利的保护义务和采用积极措施更好实现基本权利的促进义务。在宪法的约束下,民法至少有三个任务:(1)将基本权利具体化,如规定债权等财产权;(2)规定旨在保护基本权利免受他人侵害的制度,如侵权行为制度等;(3)规定旨在促进基本权利可更好实现的制度,如合同制度、家庭制度等。[①]

物权是最重要的财产权,对人的生存发展和人格尊严至关重要,是公民的基本权利,是宪法必有的调整对象。宪法通过确认、保护和促进物权的规范,为物权法提供了方向指引。比如,《宪法》第13条在强调私人物权不受侵犯、国家依法保护私人物权的基础上,规定国家为了公共利益的需要,可以依法征收私人物权并给予补偿。[②] 为了落实该规范,物权编规定了物权种类、变动、保护、征收等规范,以实现国家尊重、保护和促进物权的义务。由此可知,宪法是外在于物权法的必要维度,在学习和理解物权法时,应与宪法的物权规范有机联系起来,这也是合宪性解释方法[③]的题中之义。

从学理上讲,物权对一个国家或地区的社会、道德、政治和法治起着根基性的作用,其种类和内容取决于并反映了社会的基本规范和价值,在此意义上可以说物权法先在地具有宪法属性。[④] 尽管如此,决不能把物权法与宪法的物权规范等同视之,因为前者调整平等主体围绕物权产生的关系,可适用于司法,后者调整国家与公民围绕物权产生的关系,不能在司法中适用。正因此,在比较法上,物权法与宪法的物权规范会不尽一致,各有意义,比如,德国、瑞士和奥地利的"Eigentum"在物权法中意指所有权,在宪法中却是指各类财产权。[⑤]

---

① 参见〔日〕内田贵、大村敦志编:《民法的争点》,张挺、章程、王浩等译,中国人民大学出版社2023年版,第13—14页。
② 征收是国家对私人财产的限制,向来是宪法财产权比较研究的重头戏。See André Van der Walt and Rachael Walsh, "Comparative Constitutional Property Law", Michele Graziadei & Lionel Smith (eds), *Comparative Property Law: Global Perspective*, Edward Elgar Publishing, 2017, pp. 193-195.
③ 关于合宪性解释方法,参见〔德〕卡尔·拉伦茨:《法学方法论(全本·第六版)》,黄家镇译,商务印书馆2020年版,第427—431页;王利明:《法学方法论教程》,中国人民大学出版社2022年版,第216—232页。
④ See Oseph William Singer, "Property as the Law of Democracy", 63 *Duke Law Journal* 1299-1308 (2014).
⑤ See A. J. Van der Walt, *Constitutional Property Law*, Juta Law Cape Town, 2011, pp. 104-119.

二、物权法与行政法的关系

在公法与私法区分的框架内,调整行政机关与相对人关系的行政法属于公法,不同于属于私法的民法,行政法涉及物权的规范因而也有别于物权法。比如,有比较法研究指出,大陆法系普遍认为国家所有权或政府所有权(public ownership)不同于私人所有权,前者的管理、保护和变动由行政法调整,争议由行政法院处理,后者则由物权法调整,争议由普通法院处理。① 在我国,物权编虽然也规定了国家所有权,但整体上很原则,更具体、更有操作性的是《企业国有资产法》《行政事业性国有资产管理条例》等行政法律规范。

在明确物权法与行政法区分的同时,要特别注重两者的联结。就我国实际情况来看,政府与市场密切关联,呈现出有为政府引领有效市场的态势,这在房地产等不动产物权领域表现得非常突出,以至于形成"管制先于私权,民事结合行政"的格局,也即在厘定不动产物权时,往往需先明确国土空间规划、土地供应、规划许可、销售管制等行政机制,否则会出现误解。② 即便在政府力量较弱的西方国家,行政介入物权的现象也不乏见,比如,在德国,对于经行政许可而建造危险设施之人,邻人不能主张排除妨害请求权和消除危险请求权。③ 这意味着,物权法虽然自成体系,但不孤立封闭,在学习物权法时,在必要之处应与行政法充分结合。

行政诉讼法是程序法,其内容不同于作为实体法的行政法,但两者关系密切,有些行政法教科书就把行政诉讼作为行政救济制度加以阐述④,物权法因而顺带地与行政诉讼法也有关联,从第一章第一节有关"'物债二分'对行政诉讼的影响"的论述就可见一斑,后文有关不动产登记、相邻关系等部分对此也有体现。

三、物权法与民事诉讼法的关系

物权法是民事实体法,包括强制执行制度在内的民事诉讼法是民事程序法,两者分属不同的法律范畴,遵循不同的运行机制。比如,《民法典》第216条第1款规定:"不动产登记簿是物权归属与内容的根据。"据此,不动产物权的权属以登记为标准。与此不同,民事强制执行特别注重高效,对于可查控的被执行人的不动产物权,《查扣冻规定》第2条采用了更宽泛的权属标准,其第2款规定:"未登记的建筑物和土地使用权,依据土地使用权的审批文件和其他相关证据确定权属";第3款规定,对于登记在第三人名下的不动产,第三人书面确认该财产属于被执行人的,法院可以查封、扣押、冻结。

在区别的基础上,民事诉讼法对物权法有很重要的影响,主要表现为:(1)当事人围绕物权发生的纠纷大多要通过民事诉讼解决,民事诉讼法因此属于助力落实物权法的重要途径。比如,通过法院实现担保物权的,要适用《民事诉讼法》第207—208条规定的实现担保物权案件的特别程序。(2)因为制度运行的需要,民事诉讼法会进入物权法内部,成为制度

---

① See Giorgio Resta, "Systems of Public Ownership", Michele Graziadei & Lionel Smith (eds), *Comparative Property Law: Global Perspective*, Edward Elgar Publishing, 2017, pp. 217-219.
② 参见常鹏翱:《实践中的中国房地产法》,北京大学出版社2023年版,第1—490页。
③ Vgl. Baur/Stürner, Sachenrecht, 18. Aufl., 2009, S. 335.
④ 参见李惠宗:《行政法要义》(七版),元照出版有限公司2016年版,第647—677页;〔日〕南博方:《行政法(第六版)》(中文修订版),杨建顺译,商务印书馆2020年版,第173—207页。

的重要构成环节。比如,《民法典》第 229 条规定,因法院的法律文书导致物权变动的,自法律文书生效时发生效力。《物权编解释一》第 7 条把该条的法律文书限定为:法院在分割共有物等案件中作出并依法生效的改变原有物权关系的判决书、裁决书、调解书,以及法院在执行程序中作出的拍卖成交裁定书、变卖成交裁定书、以物抵债裁定书。显然,与这些法律文书相关的民事诉讼法制度是这类物权变动的构成要素。由上可知,在必要的关联之处,民事诉讼法的相关制度是学习物权法不可或缺的知识。

物权法对民事诉讼法也有重要作用,在学习民事诉讼法的相关制度时,应注重与物权法的知识关联。比如,《民法典》第 216 条第 1 款实际上推定不动产登记簿记载的物权是真实的,谁主张登记错误,谁承担证明责任,这种由实体法配置的举证责任直接影响到民事诉讼。又如,分割共有物涉及全体共有人利益,在共有人就分割不能达成一致而成案时,同意分割的共有人是原告,其他共有人为被告,与此对应的只能是固有的必要共同诉讼。[①]

四、物权法与破产法的关系

债务人破产要适用破产法。《企业破产法》第 2 条第 1 款规定:"企业法人不能清偿到期债务,并且资产不足以清偿全部债务或者明显缺乏清偿能力的,依照本法规定清理债务。"物权法是民事实体法,破产法是特别程序法,破产法应尊重和维持物权法等民事实体法的规定,以尊重物权为原则。[②] 据此,在通常情况下,破产不影响物权的特性,不影响物权法的适用。比如,根据《企业破产法》第 38 条、《企业破产法解释二》第 3 条第 2 款,所有权人能取回破产债务人占有的物(此即破产取回权),担保物权人能依法优先受偿(此即破产别除权)。

不过,在特定情形,破产法会对物权法产生重要影响,主要表现为:(1)出于公平清偿等考虑,物权制度会因债务人破产而受到限制,不能产生如常的效果。比如,《民法典》第 403 条规定,动产抵押权自抵押合同生效时设立,未经登记不得对抗善意第三人;《担保制度解释》第 54 条第 4 项规定,动产抵押合同订立后未办理抵押登记,抵押人破产,抵押权人主张对抵押财产优先受偿的,法院不予支持。(2)破产成为物权制度的重要构成要素。比如,《企业破产法解释二》第 4 条第 2 款规定,法院宣告债务人破产清算,是分割共有物的法定事由。在这些特定情形,要想透彻学好物权法,离不开对破产法有关制度的精准把握。

---

① 参见谢在全:《民法物权论》(修订 8 版下册),新学林出版股份有限公司 2023 年版,第 428 页。
② 参见许德风:《破产法论——解释与功能比较的视角》,北京大学出版社 2015 年版,第 14 页;范志勇:《破产法尊重私法实体权利原则的证成与适用——以破产法对担保物权的调适为例》,载《中国法律评论》2023 年第 5 期,第 67—83 页。

第三章

物权法基本原则

物权法基本原则分为政治经济原则和结构原则,后者包括公示原则、法定原则、特定原则、区分原则和优先原则,它们是本章的阐述对象。

第一节 物权法基本原则概述

一、政治经济原则

物权法事关最基本的财产秩序,必然要反映所在法域的根本政治经济制度,此即政治经济原则。在德国,该原则为"信奉私有制"。[1] 我国物权法由公有制为主体、多种所有制经济共同发展等社会主义基本经济制度所决定,而实行社会主义市场经济与我国基本经济制度密切相关,故社会主义基本经济制度和社会主义市场经济是物权法的政治经济原则[2],《民法典》第206条对此明确规定:"国家坚持和完善公有制为主体、多种所有制经济共同发展,按劳分配为主体、多种分配方式并存,社会主义市场经济体制等社会主义基本经济制度。国家巩固和发展公有制经济,鼓励、支持和引导非公有制经济的发展。国家实行社会主义市场经济,保障一切市场主体的平等法律地位和发展权利。"政治经济原则为物权法确定了基本方向,对其制度建构起着重要的指引作用,但这种原则高度抽象,难以成为裁判依据。

二、结构原则

结构原则是指支撑物权法结构,引领具体制度展开的基本规范。结构原则从不同维度体现了物权特质,是物权法主要制度得以建构、解释和适用的基础[3],与"物债二分"一样属于物权法最稳固的教义命题[4],此外还能促成物权制度的体系化,是物权法区别于合同法等其他民法部分而独立存在的基础。凡没有这种作用的规范,即便在物权法中占有基础地位,也不属于结构原则。比如,《民法典》第207条规定的平等保护原则位于物权编第一章"一般规定",但它既体现不出物权特质,也不能促成物权制度的体系化,并非物权法的结构原则。

从我国物权制度整体来看,物权法的结构原则包括公示原则、法定原则、特定原则、区分

---

[1] Vgl. Baur/Stürner, Sachenrecht, 18. Aufl., 2009, S. 35.
[2] 参见黄薇主编:《中华人民共和国民法典释义》(上册),法律出版社2020年版,第410—411页。
[3] Vgl. Wellenhofer, Sachenrecht, 36. Aufl., 2021, S. 28.
[4] 参见卜元石:《德国法学与当代中国》,北京大学出版社2021年版,第111页。

原则和优先原则,在下文分节依次阐述前,在此先简要说明各自定义及相互关系。

(一) 定义

《民法典》第 208 条规定:"不动产物权的设立、变更、转让和消灭,应当依照法律规定登记。动产物权的设立和转让,应当依照法律规定交付。"这是公示原则的法律表达,据此,公示原则是指物权通过公示形式展示,产生法律效力的基本规范。

《民法典》第 116 条规定:"物权的种类和内容,由法律规定。"这是法定原则的法律表达,据此,法定原则是指物权的种类和内容由法律规定的基本规范。

《民法典》第 114 条第 2 款规定:"物权是权利人依法对特定的物享有直接支配和排他的权利,包括所有权、用益物权和担保物权。"从该定义可知作为物权客体的物应特定,据此,特定原则是指物权的客体需明确、特定的基本规范。

《民法典》第 215 条规定:"当事人之间订立有关设立、变更、转让和消灭不动产物权的合同,除法律另有规定或者当事人另有约定外,自合同成立时生效;未办理物权登记的,不影响合同效力。"这是区分原则的法律依据,据此,区分原则是指物权变动的原因行为和物权变动是不同的法律事实,在法律效果上应予区分的基本规范。

《民法典》第 414 条规定,同一财产向两个以上债权人设立担保物权并登记的,拍卖、变卖财产所得价款按照登记时间先后确定清偿顺序。第 415 条规定:"同一财产既设立抵押权又设立质权的,拍卖、变卖该财产所得的价款按照登记、交付的时间先后确定清偿顺序。"它们是优先原则的重要法律依据,据此,优先原则是指同一客体承载多个限制物权的,按照公示时间先后排列权利、实现先后顺位的基本规范。

(二) 关系

上述的结构原则看上去"五足鼎立",但内在关联相当紧密,主要表现为公示原则在其中占据主导地位;法定原则和特定原则分别从物权的种类、内容、客体方面辅助公示原则;在公示原则的基础上,区分原则厘清了物权变动与其原因行为的关系,优先原则明晰了同一客体上数个限制物权的关系,分别在不同领域进行了延伸调整。

1. 公示原则的主导地位

作为绝对权的物权能排斥他人,为人们划定不可为的行为界限。由于物权是抽象的,要想让他人的行为不越界,必先要让其知道物权的存在,以明确自己的行为边界,否则会让人不知所措。这实际是要求物权应众所周知,要达到这种效果,物权就应通过特定形式来公开展示,此即公示原则的意蕴和缘由。

公示原则意味着,为了表明绝对权特质,物权需有公然可见的公示形式,以便众所周知。与此不同,债权是相对权,只约束当事人,与他人无关,无需他人知悉,当然无需公示,故合同法等债法不适用公示原则。

公示原则在物权法结构原则中占主导地位,它不仅引领了诸多具体规范,也是联结其他结构原则的主轴。

2. 法定原则、特定原则对公示原则的辅助

在各类物权中,不动产物权价值最高,地位最重要。相应地,不动产登记是最主要的公示形式,它能清晰展示物权种类和内容,只要查阅就一目了然,从而既把物权排斥世人的固有风险降到最低,他人又无需支出额外的探知、检索和甄别成本。不过,受制于自身的构制,公示能力不足是不动产登记的弱项。在历史上,不动产登记在中世纪欧洲业已流行,但在彼

时的技术条件下,只能凭人工在羊皮介质或纸介质的登记簿上记载与不动产有关的信息,受此限制,记载的信息越多,耗费的人力和材质就越多,错误疏漏也越多;而且,民众的文化程度普遍不高,能看懂吃透复杂的登记信息并非易事。① 这样的客观限制导致不动产登记成本高、效能低,无法展示与承载可由当事人任意创设的形态无穷的物权。与不动产登记相比,动产占有全面准确展示物权的能力更要见拙。

法定原则通过限定物权的样态,弥补了公示形式的前述缺憾。法定原则要求物权的种类和内容由法律规定,而法律具有公开性和稳定性,能使民众便宜地知晓物权有哪些,相应地也能把握自己怎样行为才不会损及他人物权。通过法定原则的协力,公示原则能落到实处。这一点在不动产登记中最为明显,因为物权种类和内容已被法律逐一列明,只要在登记簿上记载权利主体、物权名称等必要事项,就足以应对实际需要,登记成本因此减少,效率随之提升。

同时,物权是对物权,必定存于物等客体之上,公示形式也相应地依托于客体,特定原则在此方面着力,通过厘定客体范围为公示形式提供了明确依托。以土地为例,若其四至范围、空间界限不特定,不动产登记簿就无法建立。

概括而言,公示原则、法定原则、特定原则均以体现物权的绝对权特质为宗旨,均致力于物权归属明晰,形成了以公示原则为主导,以法定原则、特定原则为辅助的三位一体格局。② 这三个原则是判断某一具体权利是否为物权的基本标准,只有通过它们的检验,该权利才是物权。

3. 区分原则和优先原则以公示原则为基础

物权在设立后会有主体或内容上的变化,也会消灭,这样的动态过程就是物权变动。物权变动是物权法的重点,处于公示原则的作用之中。基于意思自治,买卖合同等法律行为构成物权变动的原因行为,物权变动是原因行为的履行结果。区分原则表明,原因行为与物权变动是不同的法律事实,不能混为一谈,前者受总则编的法律行为制度以及合同编的合同效力制度的调整,与公示原则无关,后者则受制于公示原则。显然,在公示原则的基础上,区分原则进一步明确了物权变动与其原因行为之间的关系。

为了物尽其用,同一客体可设立数个抵押权等限制物权,也即围绕同一客体会有数次物权变动。只要每次的物权变动都有公示形式,它们之间的关系就由优先原则调整。公示原则无疑是优先原则的基础,同一客体承载的数个限制物权之间的关系因此得以理顺。

第二节 公 示 原 则

一、公示原则的功能

权利都是抽象的,要想为人所知,需有可辨识的有形外观,债权和物权概莫能外。意定债权的外观多为合同书,物权不能采用合同书这样的仅为当事人所知的隐秘外观,而是把可从外部识别的不动产登记等公示形式作为外观,之所以如此,是因物权是绝对权,对世人有

---

① Vgl. Buchholz, Abstraktionsprizip und Immobiliarrecht, 1978, S. 52 ff.

② Vgl. Meier-Hayoz, Berner Kommentar, Kommentar zum schweizerischen Privatrecht, Bd. IV, 1. Abteilung, 1. Teilband, Art. 641-654 ZGB, 5. Aufl., 1981, S. 52; Rey, Die Grundlagen des Sachenrechts und das Eigentum, 3. Aufl., Bern 2007, S. 77.

排斥力,他人为了防范被排斥的不测风险,必须事先探知某一客体上是否存在物权、存在何种物权,其成本之高、难度之大,可想而知。为了降低他人探知物权的信息成本,把物权排斥世人的风险控制在合理限度内,物权就要以公示形式作为外观。与合同书等隐秘外观相比,公示形式虽然增加了办理登记的时间和费用等交易成本,但这是当事人参与对世性的物权变动所应承受的合理代价。[①] 故而,公示原则的规范功能主要是表征物权的绝对权特质,减轻世人了解物权和防范风险的成本。

二、公示原则的适用范围

公示原则旨在彰显物权的绝对权特质,适用于物权的全生命周期,无论是物权变动,还是变动后的物权存续状态,均处于公示原则的作用范围。

例:A 为 B 设立房屋抵押权,这是典型的物权变动。根据《民法典》第 402 条,在抵押登记后,B 取得抵押权,公示原则的决定作用可见一斑。B 的抵押权是物权变动的结果,其存续仍离不开抵押登记,不能说抵押权在设立后就可脱离抵押登记,不再需要抵押登记的公示;恰恰相反,正是凭借抵押登记,才能表明抵押权的存续状态。

三、公示形式

(一) 公示形式的法定性

公示形式是展示物权的公开机制,通过公示形式,他人能在全面掌握物权信息的情况下作出行为决策,进而承担相应的法律效果。从理论上讲,公示形式源自人们在实践中的认知和创造,而实践需求因人因地因时不同,公示形式因此应难以枚举。不过,若对公示形式不加限制,认为只要能展示物权,任一种公开可视的载体都能承载物权,都能成为公示形式,会大幅增加世人辨识物权的成本,结果反而不容易准确界定物权。为了防止出现这种负面作用,公示形式须由法律明定。

公示形式由法律规定的结果,不仅是数目有限,即只有被法律规定者才能成为公示形式,而且种类确定,哪种物权采用哪种公示形式是确定不变的。这样一来,一种物权只有对应的一种公示形式,在辨识和判断时,只要检视该公示形式即可,省时省力。若非如此,一种物权有多种公示形式,他人要想确知其究竟以何种公示形式来展示,就要一一审视这些形式,费时费力;再若该物权在不同公示形式中均有展示,由于公示形式不同,它们展示物权的切入点和公开度不一定相同,被公开的物权未必信息一致,甄别这些信息就更为麻烦,更会提高他人的辨识成本。

(二) 公示形式的种类

物权法列举了公示形式的种类,并把它们与物权的种类一一对应起来,每一种物权只有一种公示形式,主要情形如下:(1)《民法典》第 214 条把不动产登记作为不动产物权的公示形式;(2)《民法典》第 224 条、第 429 条把动产占有作为动产所有权和动产质权的公示形式,也即动产所有权转让和动产质权的设立均需交付(也即占有移转),受让人在占有动产后成

---

① See Luz M. Martinez Velencoso, "Transfer of Immovables and Systems of Publicity in the Western World: An Economic Approach", 6 *Journal of Civil Law Studies* 141-176 (2013).

为所有权人，债权人在占有动产后成为质权人；(3)《民法典》第 403 条把抵押登记作为动产抵押权的公示形式；(4)《民法典》第 441 条第 1 句前半句把权利凭证占有作为有权利凭证的权利质权的公示形式，也即该权利质权设立需交付，债权人在占有权利凭证后成为质权人；(5)《民法典》第 441 条第 1 句后半句、第 443—445 条把质押登记作为权利质权的公示形式。在这些公示形式中，不动产登记和动产占有具有一般性，在三大类三层级的物权中均可适用，其他形式仅适用于对应的物权。

提示：存款货币权属的公示

存款货币为动产，权属应通过占有来公示，即控制在银行等金融机构的存款账户上。通常说来，账户在谁名下，谁就占有存款货币，存款货币就归谁，《执行异议复议规定》第 25 条第 1 款第 3 项就采用该判断标准。《人民币银行结算账户管理办法》第 3 条把单位银行结算账户按用途分为基本存款账户、一般存款账户、专用存款账户、临时存款账户；第 11 条规定，基本存款账户是存款人因办理日常转账结算和现金收付需要开立的银行结算账户。参考案例"尹某某诉胡某某、河南省某建设工程有限公司等案外人执行异议之诉案"的生效裁判认为，基本存款账户不具有将货币资金特定化的功能，挂靠人尹某某借用被挂靠人河南省某建设工程有限公司基本存款账户收取的工程款 411689.46 元没有被特定化，与该账户内其他资金混同，尹某某主张该款归其所有，无事实和法律依据。

（三）公示形式与物权变动的关联具有法定性

从理论上讲，作为绝对权的物权均需公示，但不分物权种类，不分物权变动的形态，一律要求公示并不切合实际，会提高交易成本，故而，《民法典》第 208 条规定，不动产物权变动应当依照法律规定登记，动产物权变动应当依照法律规定交付。也就是说，公示形式与物权变动之间的关联不是必然的，不是说只要有物权变动，就必须有相应的公示形式，而是说它们之间的关联要依法而定，具有法定性。

整体看来，公示形式与物权变动的关联有两类：(1) 强制公示。《民法典》第 214 条规定："不动产物权的设立、变更、转让和消灭，依照法律规定应当登记的，自记载于不动产登记簿时发生效力。"第 429 条规定："质权自出质人交付质押财产时设立。"据此，为了达到物权变动的目的，当事人必须办理不动产登记或交付标的物。(2) 任意公示。《民法典》第 374 条规定："地役权自地役权合同生效时设立。当事人要求登记的，可以向登记机构申请地役权登记；未经登记，不得对抗善意第三人。"第 403 条规定："以动产抵押的，抵押权自抵押合同生效时设立；未经登记，不得对抗善意第三人。"据此，在地役权或动产抵押权设立时，是否办理登记完全由当事人自行决定，不登记不影响物权的设立，只是不能对抗善意第三人。

四、公示的法律效力

在不同情形中，公示形式会有不同的法律效力，主要包括设权力、对抗力、宣示力、推定力和公信力。这些效力事关重大，其内涵意义、适用情形等制度构造由法律规定，当事人或法官不能自由创设，以下依次论述。

（一）设权力

1. 设权力的内涵

设权力是指公示对物权变动有决定作用,只有依法公示,物权才能变动;不公示,物权不能变动。在此所说的设权,不是设立权利的简称,而是决定物权变动的含义,故而,不光物权的设立是设权,物权变更、转让和消灭也是设权。

> 例：A 为 B 设立房屋抵押权是设权力的典型,只有办理抵押登记,B 才能取得抵押权；B 想放弃抵押权,也只有办理注销登记,抵押权才能消灭。

设权力意味着强制公示,公示是物权变动的必备条件,公示形式因而表征着物权,是物权权属和内容的判断标准,可称为公示标准。

关联：德国法系的公示原则

> 在比较法上,德国法系的依法律行为物权变动采用公示设权力,公示形式是物权变动的要件,这是公示原则的核心内容。根据公示形式的不同,公示原则分为登记原则和交付原则,前者表明不动产物权变动以登记为要件,后者表明动产物权变动以交付为要件。与德国法系一样,我国台湾地区公示原则的核心内容也是设权力。

2. 设权力的情形

物权变动有其原因事实,或为买卖合同等法律行为,或为征收、继承等其他事实。以买卖合同、抵押合同等法律行为为原因事实(也即原因行为)的物权变动称为依法律行为的物权变动,设权力在此适用；不过,并非依法律行为的物权变动均适用设权力,适用情形需由法律规定。根据《民法典》第 214 条、第 225 条、第 349 条、第 368 条、第 402 条、第 429 条、第 441 条、第 443—445 条,以法律行为作为基础事实的不动产所有权转让、动产所有权转让、国有建设用地使用权设立、居住权设立、不动产抵押权设立、动产质权设立、权利质权设立时,公示具有设权力。

3. 设权力的功能

在工商业发达的现代社会,社会分工愈发细致,没有人能完全与市场隔绝,生活或生产必需的材料不可能实现全部自我供给,因而有通过交易进行物权变动的客观需要。而且,劳动力、资本等市场要素的流动规模愈来愈大、频率愈来愈高,导致人际关系的陌生和相互间的信息隔离成为市场和社会的内在构制,为了确保物权变动的顺畅,人们有便捷且准确地判断供给物权者有无相应物权的客观需要。与设权力对应的公示标准能满足这些需要,便于世人辨识物权。与此同时,设权力能增加交易确定性,有助于交易安全。当然,当事人相应地要支出申请不动产登记、移转动产占有等成本,在一定程度上会降低交易效率,而这种效率缺失正是确保交易安全的制度代价。

4. 设权力对物权对世性的影响

在设权力的作用下,物权以确定的公示形式作为载体,成为世人周知的绝对权,对世性非常强烈,主要表现为：其一,能对抗破产债务人的一般债权人,如根据《企业破产法解释二》第 3 条第 2 款,担保物权能优先受偿,担保物权实现后的剩余部分可用以清偿其他破产债权。其二,能对抗权利竞争者,如《买卖合同解释》第 6 条第 1 项规定,出卖人就同一普通动产订立多重买卖合同,买卖合同均有效,买受人均要求实际履行合同,先行受领交付的买受人请求确认所有权已经转移的,法院应予支持。其三,能对抗侵扰人,如他人对物权造成侵扰,权利人有权根据《民法典》第235—236条行使物权请求权来回复或保全物权本有的支配状态,或有权根据《民法典》第1165条第1款等规定来请求损害赔偿。

(二) 对抗力

1. 对抗力的内涵

对抗力是指公示对物权变动没有决定作用,公示的,物权变动能对抗第三人,不公示则物权变动不能对抗善意第三人。

> 例:A为了给自己农田浇水,用B的土地铺设水渠,双方约定设立地役权。根据《民法典》第374条,地役权在地役权合同生效时设立,未经登记不得对抗善意第三人。在A的地役权未登记,水渠也尚未开挖时,B把供役地转让给C,C不知也不应知道地役权的,属于善意第三人,A的地役权对C没有约束力,结果就是C受让的土地不承载地役权。

对抗力意味着任意公示,公示不是物权变动的必备条件,只要有作为物权变动原因行为的地役权合同等法律行为,就有相应的物权,是该法律行为而非公示形式是物权权属和内容的判断标准,可称为意思标准。

关联:法国法系的合意原则

> 对抗力表明物权因原因行为成立而即时变动,这与设权力完全不同,体现了物权变动的合意原则(Konsensprinzp/consensual principle)。在比较法上,法国法系采用合意原则,比如,根据CC第711条、第938条、第1138条、第1583条,只要买卖等合同成立,没有交付也不影响受让人取得动产所有权,承受物的风险和取得物的孳息。
>
> 在CC之前,动产所有权转让以交付为要件,但在CC制定时,实践中流行的是当事人在合同中表明占有业已转移,以此替代交付,CC因而规定了合意原则。不过,CC比实践更简单、更合理,因其无需有替代交付的约定。[①] 按照CC核心起草人之一Portalis的解释,合意原则符合人们应有的道德关系,并因无需有交付的公示之劳而更有利于交易。[②]
>
> 不过,合意原则是一种简约称谓,它概括了CC上述规范的内容,但不能包括以下例外:(1)涉及对抗第三人的例外,如在一物两卖,不知也不应知在先买卖的后受让人是善意之人,其因交付而取得所有权,先受让人的权利不能对抗后受让人。(2)涉及标的物属性的例外,如在种类物买卖,所有权在物特定时转让;在将来物买卖,物不存在,所有权无法转让。(3)涉及合意属性的例外,如在赠与,交付导致所有权转让。(4)涉及当事人属性的例外,如在商事买卖,所有权在交付时转让。[③] 如果用完全法条来描述,

---

[①] 参见〔法〕弗朗索瓦·泰雷、菲利普·森勒尔:《法国财产法》(上册),罗结珍译,中国法制出版社2008年版,第482—484页。

[②] See Sjef van Erp & Bram Akkermans (eds), *Cases, Materials and Text on Property Law*, Hart Publishing, 2012, pp. 787-789.

[③] See Vincent Sagaert, "Consensual versus Delivery Systems in European Private Law—Consensus about Tradition?", Wolfgang Faber & Brigitta Lurger (eds), *Rules for the Transfer of Movables*, Sellier. European Law Publishers, 2008, pp. 17-25.

那就是"动产所有权在买卖等合同成立时转让,但法律另有规定除外"。显然,忽略了但书,不可能全面了解法国的物权变动模式。

在合意原则之下,公示形式仅有对抗力。比如,法国的土地登记只有与第三人相关的公示功能,其记载不能作为物权证明,未办理登记的,不动产物权变动对当事人双方有效,但不能对抗善意第三人。比如,A把房屋出卖给B,未办理登记,B在买卖合同签订时即取得所有权;A又把同一房屋出卖给C,办理登记,C不知也不应知道A、B之间的交易,是善意之人,B的所有权不能对抗C。[①] 在此意义上,对抗力被喻为消极公示,以与设权力的积极公示对称。[②]

日本也采用合意原则和对抗力,《日民》第176条规定,特定物的物权变动于合同生效时发生效力[③];第177条规定,不动产物权变动,未经登记,不得对抗第三人;第178条规定,动产物权转让,未经交付,不得对抗第三人。[④]

2. 对抗力的情形

根据《民法典》第334条、第341条、第374条、第403条,在土地承包经营权互换和转让、土地经营权设立、地役权设立、动产抵押权设立时,公示具有对抗力。

3. 对抗力的功能

就对抗力而言,是否公示取决于当事人的意愿,这表明法律把取向安全还是追求效率的选择权交给当事人,由其根据具体情况斟酌决定,一旦当事人选择不公示,就能节省交易成本。

4. 对抗力对物权对世性的影响

在未公示时,地役权合同、动产抵押合同等法律行为是物权的表征,物权的对世性有所欠缺,虽能对抗侵扰人,但不能对抗破产债务人的一般债权人和善意的权利竞争者。比如,《担保制度解释》第54条第1项和第4项分别规定,动产抵押合同订立后未办理抵押登记,抵押人转让抵押财产,受让人占有该财产后,除非受让人知道或应当知道抵押合同,否则抵押权人向受让人请求行使抵押权的,法院不予支持;抵押人破产,抵押权人主张对抵押财产优先受偿的,法院不予支持。在具备地役权登记、动产抵押登记等公示形式时,物权的对世性得以补全,能对抗破产债务人的一般债权人和权利竞争者。这表明,就对抗力而言,因公示与否,物权的绝对权特质有不同意义,物权的对世性有不同范围。就此说来,对抗力虽然不同于设权力,但并未背离"物债二分",仍要在"物债二分"的框架内加以理解。

(三)宣示力

1. 宣示力的内涵

宣示力是指物权变动无需公示,公示的,物权能处分;不公示,则物权不能处分。在此所说的宣示,是指把物权变动的事实对外展示,以让世人公知。与宣示力对应的不动产登记称

[①] See Sjef van Erp & Bram Akkermans (eds), *Cases, Materials and Text on Property Law*, Hart Publishing, 2012, p.892, pp.900-901.

[②] See Jan Felix Hoffmann, "The Proprium of Property Law", 10 (2-3) *European Property Law Journal* 254 (2021).

[③] 参见王融擎编译:《日本民法条文与判例》(上册),中国法制出版社2018年版,第150—151页。

[④] 参见〔日〕近江幸治:《民法讲义 II 物权法》,王茵译,北京大学出版社2006年版,第49—121页;〔日〕鎌田薫:《民法笔记:物权法 I(第3版)》,于宪会译,法律出版社2022年版,第1—39页。

为宣示登记。

> 例：国有建设用地使用权人A公司用地建房，根据《民法典》第231条，房屋合法建成的，无需登记，A公司就取得房屋所有权。若A公司之后办理房屋所有权首次登记，它是表征已存在的房屋所有权的宣示登记。若房屋所有权一直未登记，客观上也就没有办理转移登记、抵押登记的基础，A公司不能把房屋所有权转让给他人，也无法为他人设立房屋抵押权。

宣示力也意味着任意公示，它表明物权变动随房屋合法建造等原因事实的具备而完成，公示形式不是物权变动的必需条件，这样一来，房屋合法建造这样的客观事实成为物权权属和内容的判断标准，可称为事实标准。

2. 宣示力的情形

根据《民法典》第229—231条等规定，在法律规定的原因事实发生时，公示形式具有宣示力，这些事实主要是法律行为之外的征收等公权力行为、继承等自然事实、合法建造房屋等事实行为。

3. 宣示力的功能

在宣示力的情形，若没有宣示登记等公示形式，仍允许物权通过权利人的处分而流通，会破坏公示原则的基本功能，使物权归属不易准确认定，难为世人合理信赖。为了防止出现这样的负面效用，《民法典》第232条规定，处分前述情形的不动产物权，依法需要办理登记的，未经登记不发生物权效力。

> 例：上例的A公司在房屋合法建成后，未办理所有权首次登记。若允许A公司通过订立合同或移转占有的方式把房屋转让或抵押给B，就意味着不动产所有权、抵押权的公示形式不再有法定性，从而破坏公示原则的根基，B因此不能取得房屋所有权或抵押权，也即转让或抵押不发生物权效力。不过，A公司与B的房屋买卖合同或抵押合同的效力不受影响，因为它们产生债权债务关系，本就没有物权效力。

4. 宣示力对物权对世性的影响

在未公示时，房屋合法建造等事实是物权的表征，物权的对世性有所欠缺，虽能对抗破产债务人的一般债权人和侵扰人，但不能对抗权利竞争者。

> 例：A公司与B公司签订买卖合同，约定前者把合法建造但未办理所有权首次登记的房屋卖给后者，在此事实基础上分设以下三种情形：(1) A公司向B公司交付房屋，但在B公司破产前，A公司一直未办理首次登记。根据《企业破产法解释二》第2条第1项，房屋不是B公司的财产，不能供其债权人清偿，A公司有权取回，此即对抗破产债务人的一般债权人。(2) 在B公司破产后，A公司向B公司的破产管理人退还了购房款，但B公司或其破产管理人仍占有房屋的，根据《物权编解释一》第8条，A公司有权请求返还，此即对抗侵扰人。(3) 在买卖合同订立后，房屋交付前，A公司办理了房屋所有权首次登记，并将房屋卖给C公司并办理了转移登记。在此一房两卖情形，B公司和C公司处于竞争关系，前者不能取得房屋所有权，此即不能对抗权利竞争者。

当然，具备公示形式的，物权的对世性得以补全。比如，上例的B公司在破产前，通过转移登记从 A 公司受让了房屋所有权,在 B 公司破产后,房屋就是供一般债权人清偿的破产财产。

5. 宣示力与设权力、对抗力的关系

宣示力与设权力、对抗力的关系主要表现为:

第一,共性在于均要有公示形式与原因事实一致的前提。在设权力情形,只有与原因行为一致的公示形式才能成为公示标准,否则不能决定物权变动,如 A、B 约定转让房屋所有权并申请转移登记,但登记机构错办成抵押登记,其结果是所有权既不能转让,抵押权也不能设立。在对抗力情形,与地役权合同等原因行为不一致的公示形式不应对抗第三人,如 A、B 把甲地约定为供役地并申请地役权登记,但登记机构错把供役地登记为乙地,该登记不应产生对抗力。在宣示力情形,公示形式与房屋合法建造等原因事实不一致的,权利人不能通过转让、抵押等方式处分物权,如合法建造房屋的 A 公司申请房屋所有权首次登记,但登记机构错把所有权人登记为 B 公司,A 公司无法转让或抵押房屋。

第二,差异在于:其一,内涵不同。设权力表明"不公示,物权不能变动",对抗力表明"不公示,物权能变动,但不能对抗善意第三人",宣示力表明"不公示,物权能变动,但由此产生的物权不能处分"。其二,适用情形不同。在设权力和对抗力情形,物权变动的原因事实均是法律行为,而与宣示力对应的原因事实是法律行为之外的其他事实。其三,公示形式与物权变动的关联不同。设权力表现了强制公示,对抗力和宣示力表现了任意公示。其四,物权的判断标准不同。设权力、对抗力、宣示力分别对应着公示标准、意思标准、事实标准。其五,功能导向不同。设权力有助于交易安全,但交易效率有缺失;在对抗力情形,当事人不公示,能节省交易成本,但不利于交易安全;宣示力则能维护公示原则的基本功能。其六,物权的对世性不同。在设权力情形,物权有完整的对世性,能对抗破产债务人的一般债权人、权利竞争者以及侵扰人,具备"物债二分"中典型的绝对权特质;在对抗力情形,未公示的物权对世性有所欠缺,不能对抗破产债务人的一般债权人和善意的权利竞争者;在宣示力情形,未公示的物权对世性有所欠缺,不能对抗权利竞争者。

第三,关联在于:在没有宣示登记等公示形式时,宣示力的功能主要在设权力的情形(如房屋所有权转让、抵押权设立)发挥作用,在对抗力的情形不起作用,如 A 公司在房屋合法建成后未办理房屋所有权首次登记,仍不妨与 B 订立地役权合同,由 B 取得利用该房屋架设线路的地役权,只不过该地役权不能对抗善意第三人。故而,《民法典》第 232 条规定的处分不动产物权依法需办理登记的情形限于设权力的情形,不包括对抗力的情形。

(四)推定力

1. 推定力的内涵

推定力是指法律推定公示形式表征的物权存续状态真实,其制度内涵主要如下:

第一,形态有积极推定和消极推定之分,前者是指以公示形式推定物权存在,如不动产登记簿记载 A 公司是住宅国有建设用地使用权人,据此推定该物权是国有建设用地使用权而非集体建设用地使用权,权利人是 A 公司而非他人,土地用途是建造住宅而非商业、工业或其他;后者是指以公示形式推定物权不存在,如 B 银行的房屋抵押权被注销登记,由此推定该抵押权不存在。

不动产登记按照法定程序运作,有政府信誉保障,登记簿的记载与真实物权的一致性概率很高,故其推定力较强。根据《不动产登记暂行条例》第 9 条,登记簿要有纸质介质,其对应的证据形式是《民事诉讼法》第66条第1款的书证;由于登记机构是行政机关,登记簿因而属于公文书证。《民事诉讼法解释》第114条也规定:"国家机关或者其他依法具有社会管理职能的组织,在其职权范围内制作的文书所记载的事项推定为真实,但有相反证据足以推翻的除外。必要时,人民法院可以要求制作文书的机关或者组织对文书的真实性予以说明。"与此同时,登记簿呈现的信息较广,不仅能呈现物权设立、变更和转让的信息,这些记载产生积极推定力,表明存在的物权为真实物权,还有表明物权消灭的注销登记,它能产生消极推定力。基于此,《民法典》第216条第1款规定:"不动产登记簿是物权归属和内容的根据。"

相比而言,动产占有是对物实际控制的事实,其对应的证据形式是《民事诉讼法》第66条第1款的当事人陈述、物证等。与此同时,动产占有与真实物权之间的匹配度不如登记那么高,能展示的物权信息也不如登记那么多,无法展示物权消灭的信息,仅有积极推定力,如推定动产占有人为所有权人。参考案例"沈某诉彭某某、徐某某、徐某甲执行异议之诉案"的生效裁判指出,玉器雕件在沈某占有和控制之下,除买受人王某某及其司机、陪同者的言辞证据声称玉器雕件属于被执行人徐某某所有外,无其他证据指向玉器雕件与徐某某存在何种关系,且徐某某本人亦不承认玉器雕件为其所有,故应推定沈某就玉器雕件享有权利的事实存在。

第二,对象限于物权存在或不存在的状态,其他事项不在推定范围。这表明,不动产登记的积极推定力不推定物权的取得方式属实,消极推定力不推定注销登记的物权未设立或消灭[1],同时还不推定权利人的行为能力、破产等个体状态属实,不推定登记的完成没有法律瑕疵(如申请人的代理人有行为能力、有代理权)。[2] 据此,在购买房屋时,为了确保交易安全,购房人除了查询登记簿核实出卖人是否为房屋所有权人,还应对出卖人的行为能力、处分权等事项进行必要的审慎调查。

提示:不动产登记簿记载的不动产信息有推定力

不动产的面积、用途等属于物权客体信息,与物权归属和内容密切相关,登记簿有关它们的记载应具有推定力。以房屋面积为例,它决定了房屋所有权的边界,《建筑物区分所有权解释》第8条还把它作为业主根据《民法典》第278条进行表决的依据,故登记簿有关房屋面积的记载有推定力。同时,登记簿记载的不动产信息是公文书证的记载事项,《民事诉讼法解释》第114条将其推定为真实。据此,参考案例"冯某某诉某管理局民事主体间房屋拆迁补偿合同案"的生效裁判指出:"经依法委托具备测绘资质的北京市房地产勘察测绘所测绘,就涉案房屋实际面积出具了鉴定意见,双方当事人对测绘的人员资质、程序等问题不持异议。上述证据足以推翻涉案房屋产权证中对于房屋面积的记载。"

第三,效果为举证责任转移。推定力表明,公示形式不必然对应着真实的物权状态,公示形式表征的权利人(不动产登记簿记载的物权人或动产占有人)未必是真实物权人,但其无需积极证明物权的真实性,而是进行举证责任移转,谁认为公示形式不真实,谁就要提出

---

[1] 参见〔德〕莱奥·罗森贝克:《证明责任论(第五版)》,庄敬华译,中国法制出版社2018年版,第273页。
[2] Vgl. Müller/Gruber, Sachenrecht, 2016, S. 538.

更强力的相反证据加以证明。一旦相反证据成立,被推定存在的物权不复存在,被推定的物权人并非物权人,被推定不存在的物权仍然存在。显然,推定力规范是移转举证责任的证明责任规范[①],是实体法中的程序规范。[②]

例:C 公司通过不法手段,将 A 公司合法建造的房屋所有权首次登记在 C 公司名下,A 公司可通过记载国有建设用地使用权的不动产权证、合法建造房屋的事实材料等相关证据,证明 C 公司登记错误,推翻登记的积极推定力,由此表明 A 公司是真实的房屋所有权人。

在 A 公司的房屋为 B 银行设立抵押权后,A 公司通过不法手段,使 B 银行的抵押权被注销登记,B 银行可通过自己并未放弃抵押权、也未申请注销登记等证据,证明登记错误,从而使抵押权持续存在。

第四,导向有利于公示形式表征的物权人。基于推定力,由对公示形式表征的物权真实性持相反主张的人先举证,这有利于公示形式表征的物权人。《物权编解释一》第 2 条规定:"当事人有证据证明不动产登记簿的记载与真实权利状态不符、其为该不动产物权的真实权利人,请求确认其享有物权的,应予支持。"公示形式虽然能被反证推翻,但其对物权真实性的证明力非常强,在未被推翻前,其证明力往往强于其他证据。比如,《民法典》第 217 条规定,不动产权属证书的记载与登记簿不一致的,除有证据证明登记簿确有错误外,以登记簿为准。又如,《担保制度解释》第 47 条规定,登记簿有关抵押财产、被担保的债权范围等记载与抵押合同约定不一致的,法院应当根据登记簿的记载来确定相应事项。这样一来,想通过其他证据来推翻公示形式对物权的表征,并非易事,公示形式表征的物权人因此占得先机。

即便公示形式与真实物权不符,在公示形式被反证推翻前,公示形式表征的物权人也占据有利的法律地位,既可依法行使和保护物权,也可处分物权,在符合善意取得要件的前提下,真实物权人会丧失其法律地位。

例:C 公司在通过不法手段将 A 公司的房屋所有权登记在自己名下后,占有房屋,其可自己使用,也可出租,在他人妨害或干涉其对房屋的占有时,还能行使物权请求权来保护。在 A 公司采取诉讼保全、异议登记等法律手段保护自己的利益之前,C 公司把房屋以市场价转让给善意的 D,办理了转移登记,根据《民法典》第 311 条,D 善意取得房屋所有权,A 公司不再是房屋所有权人。

2. 推定力的功能

在通常情况下,公示形式表征的物权状态是真实的,正是以这种大概率事件为基础,法律才规定了推定力。这样一来,只要物权有公示形式,在推定力的加持下,潜在的交易者无需劳心费神地去辨别物权真伪,交易成本随之降低。这一点对不动产物权交易尤为重要,因为不动产的稀缺程度高,利用层次与交易关系远比动产复杂,如果把调查及证明物权真实性的义务完全由当事人承担,会因交易成本过高而严重影响交易效率,而通过登记的推定力,

---

① Vgl. Prütting, Sachenrecht, 36. Aufl., 2017, S. 83. 另参见王雷:《民法证据规范论:案件事实的形成与民法学方法论的完善》,中国人民大学出版社 2022 年版,第 105 页。

② Vgl. Wieling/Finkenauer, Sachenrecht, 6. Aufl., 2020, S. 380.

真实物权状态一目了然,为交易提供了极大便利。

在例外情况,公示形式会与真实物权不一致,允许真实物权人举证推翻公示形式,能实事求是地修正错误,确保物权变动与正确的公示形式匹配,促使物权名实合一。

3. 推定力与设权力、对抗力、宣示力的关系

设权力、对抗力、宣示力与推定力的关系主要表现为:其一,制度上有差异。通过前述可以看出,这四种效力的内涵、功能差异很大,不能混同。比如,B银行的房屋抵押权被注销登记,由此推定抵押权不存在,B银行不是抵押权人,这与设权力有差异,后者表明在房屋抵押合同成立后、抵押登记前,B银行尚未取得抵押权。其二,理论上可并存。在前三种效力适用的情形中,公示形式除了具有各自对应的法律效力,同时还有推定力,与其相应的物权被法律推定为真实物权。其三,实质上会排斥。前三种效力的前提是公示形式与原因事实一致,公示形式表征的物权确属真实,不能被反证推翻;若非如此,一旦被推翻,就没有相应的效力。比如,A公司采用不法手段导致B银行抵押权被注销登记,该登记错误,不能产生设权力,抵押权不因此而消灭;在更正登记后,B银行抵押权的记载得以恢复。

(五)公信力

1. 公信力的内涵

公信力是指公示形式虽未表征真实物权,但善意第三人依法能取得相应的物权。公信力表明,公示形式表征的物权值得世人普遍信赖,即使公示形式与真实物权不一致,法律也认可基于这种信赖的物权变动,结果是参与物权变动的善意第三人依法取得公示形式表征的物权。公信力也即善意取得,它们是同一硬币的同一面,只是术语表达不同而已。[①]《民法典》第311条第1款规定:"无处分权人将不动产或者动产转让给受让人的,所有权人有权追回;除法律另有规定外,符合下列情形的,受让人取得该不动产或者动产的所有权:(一)受让人受让该不动产或者动产时是善意;(二)以合理的价格转让;(三)转让的不动产或者动产依照法律规定应当登记的已经登记,不需要登记的已经交付给受让人。"

例:C公司通过不法手段将A公司的房屋所有权登记在自己名下,从C公司处受让房屋所有权的D是不知情的善意之人,其以市场价受让,办理了转移登记,符合《民法典》第311条第1款的要件,能取得房屋所有权。此即不动产登记公信力的体现。当然,失去房屋所有权的真实权利人A公司并不因此成为法律的"弃儿",其能请求C公司赔偿损失,也能请求不动产登记机构赔偿。

E在出国期间把一台机器交给F保管,F通过网上交易以市场价把该机器卖给G,G不知F并非真正所有权人,完成了交付。F对机器的占有产生公信力,G能取得所有权,E的所有权因此一去不复返。

我国学理常把公信力称为公信原则,并与公示原则并列,但它实为公示形式产生的法律效力,是公示原则的重要内容,与其他效力并列,主要有以下制度内涵:

第一,基础是通常表征真实物权的公示形式。公示形式通常表征真实物权,世人可普遍予以信赖,这是公信力的牢固基础。若非如此,在公示形式通常不能表征真实物权的情况

[①] Vgl. Olzen, Zur Geschichte des gutgläubigen Erwerbs, Juristische Ausbildung 1990 (10), S. 505; Prütting, Sachenrecht, 36. Aufl., 2017, S. 80 ff.

下,为了交易安全,当事人势必要在公示形式之外寻找物权真实存在的确切证据,公示形式就没有公信力可言。

第二,适用于公示形式未表征真实物权,且有物权变动的情形。这有两层内涵:其一,公示形式通常表征真实物权,但没有达到100%的程度,一旦发生未表征真实物权的小概率事件,公信力就能发挥作用。若公示形式与物权变动的原因事实完全一致,的确表征了真实物权,则在不同情形分别产生设权力、对抗力和宣示力,与公信力无关。其二,虽然公示形式未表征真实物权,但公示形式表征的物权处于静态,未发生变动,公信力也无适用余地。只有在公示形式表征的物权发生变动,会产生究竟是保护没有公示形式的真实物权人,还是保护因信赖公示形式而参与物权变动的第三人的利益冲突时,才能适用公信力。

> 例:若上例的C公司仅自行使用房屋、F仅自行保管机器,就与公信力无关。只有通过转让等方式处分所有权,导致A公司与D、E与G产生了利益冲突,才有必要适用公信力规范。

第三,目的在于保护善意第三人。面对真实物权人和参与物权变动的第三人的利益冲突,在满足《民法典》第311条等规定的条件时,公信力保护后者。在这些条件中,最核心的是第三人善意,即不知道或不应当知道公示形式与真实物权不一致。正是在善意的底线基础上,在其他条件的辅助下,公信力确保了真实物权人和第三人的平衡保护。

2. 公信力的功能

在公示形式与真实物权不一致时,公信力有条件地赋予公示形式以相对优势的地位,从而保护信赖该形式的善意第三人,其能终局确定地取得相应物权,这能最大限度确保物权变动的确定性,激励善意之人放心大胆参与物权变动,有助于推进交易的顺利开展。与此同时,公信力也能警醒真实物权人,强化其风险意识,督促其更谨慎地确保物权有相应的公示形式,尽力使公示形式在最大程度上能表征真实物权。

3. 公信力与设权力、对抗力、宣示力、推定力的关系

设权力、对抗力、宣示力与公信力的差异明显,前三种效力以公示形式表征真实物权为前提,公信力则反之,适用于公示形式与真实物权不一致的情形。

> 例:登记为房屋所有权人的A把房屋转让给B,在此事实基础上分设两种情形:(1) A的登记正确。A、B的转移登记无误,基于登记设权力,B取得房屋所有权。(2) A的登记错误。基于登记公信力,B在符合《民法典》第311条第1款的要件后取得房屋所有权。
>
> C把机器抵押给D,抵押权未登记,之后C把机器转让给E,在此事实基础上分设两种情形:(1) C是机器所有权人。基于动产抵押登记对抗力,E不知也不应知道D已取得抵押权,D的抵押权不能对抗E,E取得的机器上不再承载D的抵押权。(2) C不是机器所有权人。D、E均为恶意,知道C对机器的占有与真实权利不一致,不受公信力的保护,D不能取得抵押权,E不能取得所有权。
>
> F在房屋合法建成后办理所有权首次登记,之后通过转移登记把房屋转让给G,在此事实基础上分设两种情形:(1) F的登记正确。基于登记宣示力,F能把房屋转让给G;F、G的转移登记无误,基于登记的设权力,G取得房屋所有权。(2) F的登记错误。

基于登记公信力，G 在符合《民法典》第 311 条第 1 款的要件时取得房屋所有权。

推定力与公信力的关系密切，法律推定公示形式表征的物权状态真实，世人可信赖公示形式，进而在公示形式确属错误时，引发公信力，推定力因此是公信力的出发点。[1] 两者的不同也很明显，推定力用以分配证明责任，属于与举证负担有关的程序规范；公信力保护参与物权变动的善意第三人，是确定物权归属的实体规范，体现了信赖保护思想。

提示：公示效力的一般性和特殊性
前述效力是从公示形式整体上讲的，在知识归类上具有一般性，因而放在公示原则中概述，但它们的立足点有差异，设权力、推定力和公信力主要基于不动产登记和动产占有，对抗力主要基于动产抵押登记，宣示力主要基于不动产登记。不从整体上看，着眼于某一公示形式，受制于自身构造，其效力具有特殊性，可能仅有某一效力，并无其他效力，如动产抵押登记仅有对抗力，没有推定力和公信力。

五、习惯法的公示形式及其法律效力

前述的公示形式及其法律效力都是规范性法律文件所规定的，这样一来，公示形式具有法定性和标准化，之外的其他形式不能充任物权的外观；法律效力具有普适性，对所有人均能适用。

不过，若之外的其他形式被习惯法认可，如我国部分民族地区采取树木削皮、土地界石等明认形式[2]，鉴于习惯法也是物权法的渊源，理应承认这些公示形式的正当性，否则，不但不能给习惯法的适用人群提供稳定预期，还会破坏他们的生活秩序，增加额外的社会交往成本。与前述的公示形式表征物权一样，习惯法的公示形式同样表征着物权，理应也有设权力、对抗力、宣示力、推定力和公信力，可参照适用相关的法律规范。

在物权法的渊源中，习惯法处于补充地位，只有在规范性法律文件及其认可的渊源力所不及之处，才能考虑习惯法的运用。基于此，若同一物权既有前述的公示形式，又有习惯法的公示形式，后者的效力弱于前者。

六、信息技术对公示原则的影响

在信息技术的推动下，不仅合同订立可实现电子化，不动产登记簿和申请材料也能采用电子介质，这能轻而易举地在登记簿中再现合同约定；登记申请、审核、记载均可线上实现，甚至人工智能的审核、记载在实践中业已展开；区块链技术使整个登记流程有迹可循、全然可视；移动互联网则使登记信息查阅不受时空限制。在现实操作中，不动产登记除了公示物权，还服务于债权保障而有交易平台的功能(见第四章第二节的"登记能力"部分)，进而也为政府的市场调控提供了管控平台。这样的革新同样见诸动产和权利担保登记以及其他登记。相比于从前，登记公示效能的提高何止千万里。而且，随着信息技术的发展，登记的运行成本会愈发低下，效能会愈发高企。

---

[1] Vgl. Müller/Gruber, Sachenrecht, 2016, S. 14.
[2] 参见渠涛：《民法理论与制度比较研究》，中国政法大学出版社 2004 年版，第 109 页。

在此背景下,登记完全能把交易全貌展示给世人,它们公示的不仅是物权,还包括合同约定的债,借助登记的公示,物权和合同之债均能为他人轻易知悉,这样一来,公示原则的内涵会扩张,它不仅是物权公示的基本规范,还能成为公示合同之债的基本规范。

第三节　法定原则

一、法定原则的功能

物权是绝对权,需对世公开,以便世人周知,否则会使他人因信息不完全而陷入被排斥的不测风险。公示原则固然能防范该风险,但仅其还不够用,法定原则也不可或缺。

在不动产登记,审核并记载物权的实际操作需花费大量人力物力,若允许当事人自由创设物权,审核和记载的成本会大幅提高,而这些成本最终要由当事人承担,结果很不经济。为避免这一问题,最简约的方式就是由法律规定物权种类和内容,使物权标准化,在登记时只需记载物权的名称、主体和客体,至于内容框架,由法律提供即可。在动产占有方面,其公示效能很弱,无法展示多层次、多形态的物权信息,要确保物权信息的确定性,要先由法律确定占有可表征的物权种类及其内容,再让占有的移转成为这些物权变动的要件,最终使占有与具体物权协调一致。比如,《民法典》规定了动产质权的内容,并把占有作为公示形式,占有质押财产就表明有相应的质权;与此不同,动产抵押权不以占有为公示形式,占有抵押财产无法表征抵押权。

显然,法律为世人皆知,法律规定的物权种类和内容因此具有公开性,而表征物权的公示形式也是公开的,借助这双重公开性,他人被物权排斥的不测风险得以避免。

而且,法律规定的物权种类有限、内容确定,当事人不能随意改造物权,这使得物权远不如意定债权那样复杂,从而能有效降低他人了解物权的信息成本。[①] 比如,所有权是完全物权,一物只能承载一个所有权,通常说来,只要当事人围绕所有权的约定不能产生限制物权,就不能当然地排斥世人,他人无需花费成本加以探知。又如,就公示对抗力而言,虽然未公示的物权变动能对抗恶意第三人,但这样的物权相当有限,潜在交易者通过法律的警示,可调查有无物权变动的原因事实,进而决定是否交易;若这样的物权数目和形态随着当事人的创意而不确定,潜在交易者探知物权的成本将高出不少。

总的说来,与公示原则一样,法定原则的规范功能也主要是表征物权的绝对权特质,减轻世人了解物权和防范风险的成本,只不过两者的作用机制不同,法定原则对公示原则具有辅助作用。

二、法定原则的适用对象:物权的种类和内容

物权法主要是强制规范,物权的种类、客体、内容、公示形式、效力等诸多事项均由法律规定,不允许当事人自由创设。受此影响,法定原则的适用对象往往被扩大为物权法规定的与物权有关的所有事项,这种理解与法定原则的称谓的确切合,但实则不妥,主要原因在于:(1) 法定原则是"Numerus Clauses"的译称,它最初是指医学院限制学生数量的制度,后被

---

① See Henry E. Smith, "Property as the Law of Things", 125 *Harvard Law Review* 1706 (2012).

德国法学家在物权法中借用,专指物权的种类和内容由法律规定。[①] (2)《民法典》第116条的文义很清晰,法定原则的适用对象是物权种类和内容,而物权种类和内容有特定含义,不能涵盖其他事项。(3)法定原则是物权法的结构原则之一,物权客体、公示形式、效力等事项分别与特定原则、公示原则等其他结构原则有关,应归为其他结构原则的范畴。(4)法定原则有特定功能,把其他事项纳入该原则,与其功能不符。

大连羽田钢管有限公司与大连保税区弘丰钢铁工贸有限公司、株式会社羽田钢管制造所、大连高新技术产业园区龙王塘街道办事处物权确认纠纷再审案:对于日本企业羽田制造所受让我国国有土地使用权是否违法的问题,二审法院认为,《土地管理法》等法律对此未规定,根据法定原则,对物权的取得没有法律规定的就是法律所禁止的,羽田制造所受让我国土地使用权没有法律依据。最高人民法院则认为,除另有特殊规定外,土地管理法律法规对境外法人在我国购买、取得国有土地使用权没有禁止性或者限制性规定。因此,羽田制造所受让国有土地使用权并未违反我国现有法律法规的规定,是合法有效的。况且法定原则是指物权的种类和内容法定,二审判决将该原则理解为物权的取得法定亦属错误,应予纠正。[②]

基于法定原则,规范性法律文件等物权法渊源的提供者垄断了对物权种类和物权内容的供给,它们就像提供物权的店铺老板,法律就是物权的商品清单,消费物权的当事人只能在该清单中选择自己中意的商品,无法把自造自制的产品推销到这份清单当中。要达到前述的垄断目的,物权清单必须完整清晰,物权种类和内容应清晰明确才行。

三、法定原则中的"法律"

在比较法上,法定原则有三种规范模式:(1)严格模式。该模式建立在权力分离基础上,以奥地利、荷兰为代表,仅允许法律规定物权的种类和内容,仅允许立法者来认可新型物权,法院无权承认新型物权。这种模式通过法律严格限定了物权的种类和内容,此外别无其他物权,实践中的新型权利即便有物权的特质,在被法律认可前,也难以产生物权的效力。(2)宽松模式。该模式以法国法系为代表,除了法律规定的物权,法院也能认可新型物权。这种模式预设了物权的大致标准,至于法律未规定为物权的权利能否成为物权,由法院来把关,只要该权利符合物权的标准,就能成为物权,从而不会阻碍新型物权的创设。英美法系的财产权也是这种模式。(3)开放模式。该模式由西班牙和南非采用。它们虽不承认法定原则,但当事人不能随意创设物权,在法律和法院认可的物权之外,新型物权的创设必须满足特定条件。不动产登记在其中发挥着重要的关卡作用,因为登记机构为了避免承担错误登记的法律责任,往往会把为其不知的权利拒之门外,不当成物权来登记,当事人由此只能求助于法院,只有在法院认可为物权后,登记机构才能登记。[③]

[①] See Bram Akkermans,"The Numerus Clauses of Property Law", Michele Graziadei & Lionel Smith (eds), *Comparative Property Law: Global Perspective*, Edward Elgar Publishing, 2017, p. 101.

[②] 参见最高人民法院(2011)民提字第29号民事判决书,载《最高人民法院公报》2012年第6期。

[③] See Bram Akkermans,"The Numerus Clauses of Property Law", Michele Graziadei & Lionel Smith (eds), *Comparative Property Law: Global Perspective*, Edward Elgar Publishing, 2017, pp. 101-106. 该文作者把德国也作为严格模式的代表,这与德国学者认识不同,后者认为法官法能认可新物权,典型者如所有权保留中的期待权(Vgl. Wellenhofer, Sachenrecht, 36. Aufl., 2021, S. 29)。

若把《民法典》第 116 条中的"法律"限定为最高立法机关制定的法律,那我国的法定原则就属于严格模式。不过,从我国实际情况来看,该条的"法律"实为第二章第三节提及的各类物权法渊源,包含了司法解释以及司法裁判形成的习惯法,故我国的法定原则应为宽松模式。在此前提下,关键是要理解相关法律规范的适用。

(一)物权种类规范的适用

在物权体系中,物权有不同种类,同一种类物权还有不同层级,各自有相应的定义规定,如《民法典》第 331 条、第 344 条分别界定了土地承包经营权、国有建设用地使用权,它们属于物权种类规范,对相应物权起到基本指引作用。与法定原则相比,物权种类规范是应优先适用的具体规定,故在判断当事人设立的权利是否为物权、是哪类物权时,物权种类规范能提供直接依据,《民法典》第 116 条的法定原则不应再被援引。在此基础上,还要注意以下两点:

第一,低层级的物权种类规范优先适用。下位层级物权种类规范在物权种类规范中最为具体,应先予适用。某一下位层级物权种类规范不足适用,而同层级的其他物权种类规范相对更一般的,要么直接适用,如根据《民法典》第 424 条、第 446 条,最高额抵押权适用一般抵押权的规定、权利质权适用动产质权的规定;要么参照适用,如根据《民法典》第 439 条第 2 款,最高额质权参照适用最高额抵押权的规定。没有下位层级物权种类规范或没有以上同层级规范的,适用中位层级物权种类规范。由此所得的适用结果,或者是把当事人设立的权利确定为下位层级物权,或者是在没有下位层级物权种类的情况下,确定为中位层级物权。

> 例:在国有建设用地使用权人 A 公司开发动工前,B 公司未经同意就占有使用了该土地,对此,法院既可认定 B 公司的行为侵害了 A 公司的国有建设用地使用权,也可认定侵害了 A 公司的用益物权。从形式上看,这两种认定均符合法定原则,也均符合《民法典》第 1165 条第 1 款。不过,在中位、下位层级物权中,不同物权种类的差别不小,第二种认定抛开了国有建设用地使用权的具体规定而把该具体权利归于上位层级的用益物权,无法展现法官如何认定该权利、如何适用法律的说理过程,不能让外界进行有效评价和监督,并不可取。

第二,上位层级物权种类规范存而不用。只要下位、中位层级的物权种类规范相当确定和完整,上位层级物权种类规范就存而不用,这表明其价值主要是引领物权体系规范的布局,而不在适用。但如第一章第二节之"物权的体系"部分所述,在判断其他法律规定的权利是何种物权时,应由物权编上位层级物权种类规范作为指南,其在此有积极适用的空间。

(二)物权内容规范的适用

与物权种类规范一样,物权内容也有其对应规范,在判断当事人设立的权利与物权内容是否相符时,在处理物权人是否逾越权限的纠纷时,物权内容规范能提供直接依据。

不过,物权内容规范只是对物权内容的初始配置,当事人想在实践中获取实在的物权内容,通常要根据实际情况约定,这表明法定原则并不完全禁止意思自治,而是要求当事人的约定不能逾越法定界限。从物权内容规范来看,它们大都只是框定了物权内容的概貌,具体信息要由当事人细化,如国有建设用地使用权人只要不改变土地用途,在规划许可的范围内,如何利用土地完全由其自己决定。更有甚者,地役权人怎样使用供役地,《民法典》第 372 条除了要求提高需役地的效益,根本不框定其目的和大致范围,完全交由当事人自治。而且,有些物权内容规范还是任意规范,约定优于这些规定,如根据《民法典》第430条,质权人对质物孳息的收取权可被约定排除。整体而言,物权内容规范为意思自治预留了不小空间,这与物权种类的严格法定情形有所区别,在相当程度上缓和了法定原则。

四、法定原则的法律后果

(一) 与物权种类规范和内容规范不符的权利不是物权

根据法定原则,当事人设立物权时,只能从法律列明的物权中挑选,所创设的权利若符合物权种类规范和内容规范的,是物权,反之则不是物权。也就是说,对《民法典》第116条进行反面解释,法律未规定为物权的权利,不是物权;当事人创设的权利与法律规定的物权种类、内容不符的,不是物权。这意味着,只有在当事人创设的权利确定不是物权时,《民法典》第116条才有必要作为法律根据。

例:A公司与B公司签订承包经营协议,约定后者承包经营前者的业务,对前者的厂房、机器等财物有占有、使用、收益的权利。该权利与法律规定的物权均不相符,并非物权。

在判断当事人创设的权利是否为物权时,根据《民法典》第142条,要在法律行为文义表达的基础上,结合整体语境、行为目的、交易习惯、诚信原则等因素进行综合判断,以最大限度地反映当事人的本意,使意思自治尽可能得到维护和落实。若约定用语与当事人真意有出入,应以后者为准。

指导案例53号"福建海峡银行股份有限公司福州五一支行诉长乐亚新污水处理有限公司、福州市政工程有限公司金融借款合同纠纷案":《特许经营权质押担保协议》约定福州市政公司污水处理项目特许经营权为长乐亚新公司向福州市商业银行五一支行①的借款提供质押担保。对此,法院生效裁判指出:"污水处理项目特许经营权是对污水处理厂进行运营和维护,并获得相应收益的权利。污水处理厂的运营和维护,属于经营者的义务,而其收益权,则属于经营者的权利。由于对污水处理厂的运营和维护,并不属于可转让的财产权利,故讼争的污水处理项目特许经营权质押,实质上系污水处理项目收益权的质押。"

(二) 不影响创设权利的法律行为的效力

法定原则强调物权的种类和内容应由法律规定,只与某项权利是否为物权有关,并不涉及其他。在当事人创设的权利确定不是物权的情况下,根据《民法典》第116条,只能说明该权利不是物权。至于创设权利的法律行为效力,与法定原则无关。

例:前例A公司与B公司之间的承包经营协议虽不能产生用益物权,但只要符合法律行为以及合同的效力要件,就能对双方产生债的约束力。至于该协议产生的债有何内容、如何实现、怎么保护,更与法定原则无关。

---

① 该银行于2009年变更名称为福建海峡银行股份有限公司福州五一支行。

五、习惯法的物权种类和内容

社会需求千差万别,市场情况千变万化,以普遍性和规范性见长的法律无法全面预测社会需求和市场情况,不能全面涵括现实中的物权种类及其框架内容,在其不足之处,习惯法介入进来提供相应物权,就在所难免。我国有不成文习惯法的物权,如内蒙古牧区普遍存在的"苏鲁克",即畜群所有权人把畜群交给他人经营,经营者有占有、使用、收益的权利,经营者在期间届满后返还畜群[①];也有成文习惯法的物权,如公房租赁权是我国计划经济时代的产物,其不同于市场上的房屋租赁,属于效力比居住权更强的用益物权,因为有关政策文件规定,承租人死亡后,与其共同生活的近亲属有权继续居住、使用该房屋,而且,承租人在缴纳远低于市场价格的购房款后,可将租赁权转化为所有权。[②]

六、信息技术对法定原则的影响

第二节"信息技术对公示原则的影响"部分指出信息技术的发展促使登记发生巨大革新,登记能便捷地记载各式各样的约定,法定原则的辅助作用因而失去根本。着眼登记的强大公示效能,学理有观点指出,应放弃法定原则,改采自治之路,允许当事人自由创设物权。[③]

不过,信息技术快速发展导致信息爆炸,在信息过剩的局面中,简约易得就是美德。在历史上,法定原则的重要使命是去除封建制对不动产所有权的人为约束,使分割所有权等产生于封建时代的处分限制所形成的约束无处可藏,从而能形成绝对而抽象的所有权观念,这不仅便于不动产流通,还符合自由经济交易的需求。[④] 若登记信息过于庞杂,只要与物相关的债均能记载并能产生物权效力,封建时代的处分限制所产生的约束将换个形式卷土重来,这会增加识别成本,不利于权利流通。为了防止这种负面效用,在信息革命时代,法定原则仍有存在的必要。

但要看到,为了满足实践需要,可登记的权利会愈来愈多元,登记信息日渐丰沛化是肉眼可见的事实,如何保持这种事实与可掌握信息简约化的需求之间的平衡与协调,是应予思考的重要命题。对此,维持所有权、用益物权和担保物权的上位层级物权种类不变,但不限定中位、下位层级的物权种类,允许当事人自行创设具体物权,是一条可能的思路。比如,当事人约定以房屋提供担保,不动产登记机构根据申请将其记载于登记簿的"担保物权"部分,至于具体形态是抵押、让与担保还是其他,查阅约定内容即一目了然,从而解决了权利识别和交易问题。无论如何,随着信息技术的快速发展,法定原则有因应变革的可能性和必要性。

---

① 参见高其才主编:《当代中国民事习惯法》,法律出版社 2011 年版,第 234—260 页。
② 参见刘贵祥:《〈民法典〉实施的若干理论与实践问题》,载《法律适用》2020 年第 15 期。参考案例"李某某诉潍坊市奎文区政府房屋征收决定案"的裁判要旨指出:"直管公房租赁权是国家为了保障公民居住权而提供的一项具有重大财产利益的权利。不同于平等民事主体之间通过签订房屋租赁合同而取得房屋的承租权,直管公房承租人通过向行政机关申请而获得直管公房租赁权。基于该项权利,直管公房承租人得以长期缴纳低租金居住该房屋,对该房屋享有长期的占有和使用权,其经济地位近似于房屋所有权人。"
③ 参见苏永钦:《寻找新民法》,北京大学出版社 2012 年版,第 117—194 页;熊丙万:《法定物权的自由展开:经济分析与法律教义》,载《中国法学》2023 年第 6 期。
④ 参见〔德〕沃尔夫冈·维甘德:《物权类型法定原则》,迟颖译,载张双根等主编:《中德私法研究》(2006 年第 2 卷),北京大学出版社 2007 年版,第 92—104 页。

第四节 特定原则

一、特定原则的功能

物的存在自身有初步的界权功能,如路过别家房屋时,无需知道是谁的,自己都不能擅自闯入,就此而言,物的物理边界(如房屋所在的空间区域)界分了物权人和他人的权利界限。[1] 反过来讲,若一物不能与他物的物理边界清晰划分,物就不特定,就难以准确界权,现实中相邻土地边界不清晰造成的矛盾冲突就是典型。在此基础上,作为绝对权的物权需通过公开方式将客体归属于人的利益状态向世人表达出来,以使权利人对客体的支配能获得世人尊重,能排斥他人的不当干涉。要达到该目的,物权客体须特定,以实现物权的清晰性,满足物权公示的要求。[2] 故而,特定原则有助于清晰界权。

不仅如此,物权具有对世性,世人均潜在地受到物权的排斥,如果客体不特定,物权人行使权利的自由领域就会失去边界限制,没有定律可循,他人难以知悉自己尊重物权的义务界限在何处,难免会因信息不对称而遭受被物权排斥的不测风险,而这个风险在客体特定的情形下不会发生。由此可以说,特定原则是平衡物权人和他人利益的基本支点。

二、特定的标准

在不同情形,特定或采用属性标准,或采用观念标准。

(一)属性标准

该标准是指物权客体在物理形体或属性上单一明确,能与其他客体清晰区分。据此,只要一头牛这样的单一物或一座房屋这样的合成物现实存在,就是特定之物,能承载单一的物权。比如,A 公司合法建造的房屋在地理位置、物理形态上能与其他房屋明确区分开来,因而是特定的。当 A 公司声称其为房屋所有权人时,这句话的日常理解和民法意义是一致的,均是说 A 公司对房屋有所有权。

多个特定之物在保持各自独立性的基础上聚合而成的集合物,包括牛群等事实集合物和企业财产等法律集合物,不是特定之物,不能成为单一物权的客体。比如,A 公司的全部财产是企业财产,当 A 公司声称其为这些财产的所有权人时,这句话的日常理解和民法意义不完全一致,因为企业财产由土地、房屋、机器、债权、知识产权等诸多元素组成,具有不同质性,土地承载的是国有建设用地使用权,债权、知识产权不同于房屋、机器所有权。在民法意义上,只能说 A 公司是某宗地的使用权人、某栋(套)房屋的所有权人、某台机器的所有权人,或是债权人、知识产权人,而不能说其是企业财产所有权人。

由于企业财产等集合物不能成为单一物权的客体,因此,虽然其能成为意定之债(如企业承包经营协议)的标的物,但在涉及权利转让时,不能一揽子实施,而是要分解进行,分别适用相应的不同规范,如不动产物权要登记、动产所有权要交付,等等。

---

[1] See Henry E. Smith, "Property as the Law of Things", 125 *Harvard Law Review* 1691 (2012).
[2] Vgl. Schmid/Hürlimann-Kaup, Sachenrecht, 4. Aufl., 2012, S. 17. 另参见李永军:《论我国〈民法典〉物权编规范体系中的客体特定原则》,载《政治与法律》2021 年第 4 期。

(二) 观念标准

该标准是指虽然客体在属性上并不特定,但在经济和社会观念中具有一体性,能成为单一物权的客体。《担保制度解释》第 53 条规定:"当事人在动产和权利担保合同中对担保财产进行概括描述,该描述能够合理识别担保财产的,人民法院应当认定担保成立。"据此,仓库中的一批粮食、煤炭等存货完全能成为同一抵押权或质权的客体。

在比较法上,德国法系以属性标准为主,只有在担保物权等特定领域,才适用观念标准。与此不同,法国法系以观念标准为主,如企业财产就属于一个独立客体[①];《俄罗斯联邦民法典》第 132 条则把企业财产定性为不动产,可负载物权,适用登记规则。[②]

上述两种标准均能使物权通过公示形式加以展示,让世人知悉物权的存在,就此而言,特定的标准具有客观性。若非如此,虽然权利人主观上认为客体特定,但事实上无法与公示形式匹配的,就不符合特定标准,如 A 把涂料刷在 B 的房屋墙壁上,A 认为涂料归自己所有,但该所有权无法通过占有或登记来表征,涂料因此并不特定。[③]

提示:特定之物限于现在物,但不限于固定物

特定原则主要是与公示原则配套,辅助公示原则得以落实,在此意义上,只要能呈现出公示形式,客体即为特定,如不动产登记簿中记载的一宗土地是典型的特定之物。特定的土地现实存在,是现在物,且固定性很强,轻易不会改变,把土地当成特定之物的典型代表,很容易让人觉得特定之物不仅是现在物,还是固定不变的固定物。这种印象对了一半,特定之物是现在物,但不限于固定物。

罗马法有现在物与未来物的区分,前者是指现在已经存在并已成为所有权客体的物,后者是指现时不存在,将来才能存在的物(如订购来年生产的葡萄、预订明天捕获的鱼)。[④] 物权是对物权,物与物权恰如皮和毛的关系,物之不存,权将焉附,故而,特定之物需为现在物。虽然《民法典》第 396 条规定浮动抵押权的客体可为现有的以及将有的生产设备、原材料、半成品、产品,据此,A 公司把现有的库存产品以及未来一年生产的产品抵押给 B 银行,并办理抵押登记,但一旦约定的未来产品因 A 公司处于经济困境未能产出,则这部分抵押权形同虚设,失去意义;在约定的产品产出时,其自动成为抵押权客体,由此可大幅节约成本,提高效率。也就是说,尽管浮动抵押权客体看似可为未来物,但其实只有现在物才能承载抵押权。

特定之物通常固定不变,但为了满足交易需求,担保物权客体不妨流动变化。比如,在浮动抵押权设立后,上例的 A 公司可把产品卖出,再用价款购买原材料生产新产品,卖出的产品通常不再是抵押权客体,新产品是抵押权客体。又如,债务人为了担保借款,以保证金专门账户为债权人设置质权,由质权人控制账户,期间账户内资金有支出也有进入,指导案例 54 号"中国农业发展银行安徽省分行诉张大标、安徽长江融资担

---

① 参见唐晓晴:《民法基础理论与澳门民法的研究》,中山大学出版社 2008 年版,第 174—183 页。
② 参见〔俄〕E. A. 苏哈诺夫:《俄罗斯民法》(第 1 册),黄道秀译,中国政法大学出版社 2011 年版,第 282—283 页。
③ 参考案例"翟某某诉某晶公司、某旺公司案外人执行异议之诉案"的生效裁判和裁判要旨有关"作为所有权客体的物,必须能够依当事人意思特定化"的表述不准确,容易引发歧义。
④ 二者的区分意义在于未来物给付的风险一般由债务人承担,特定的现在物给付风险原则上由债权人承担,不特定的现在物给付风险原则上由债务人承担。参见周枏:《罗马法原论》(上册),商务印书馆 1994 年版,第 309—310 页、第 320 页。

保集团有限公司执行异议之诉纠纷案"的裁判要点指出,这对质权没有影响。

综上所述,特定之物为现在物,但不限于固定物,担保物权客体可为流动变化之物,这一结论同样适用于作为物权客体的特定权利。

三、特定物的内涵

特定物是民法的常见用语,它在不同语境中至少有三种不同内涵,应予区别:

第一,特定原则意义上的特定物,即符合上述属性标准或观念标准,可成为物权客体的物。

第二,特定之债意义上的特定物。从前述可知,虽然企业财产等集合物不是物权客体意义上的特定物,但基于明确约定,能成为意定之债的标的物,且因其非常明确,在履行时无需像种类之债那样需要特定,故属于与特定之债对应的特定物。这种意义的特定物或者是客观上有独特标志的物(如特制的汽车),或者是根据约定标准具有独立存续标志的物(如 A、B 约定 A 购买 B 果园来年的全部苹果,这些苹果就是特定物)。这种意义的特定物与作为种类之债标的物的种类物对称,后者没有独立存续标志,可与属性相同的其他物归为同类,如书店的书、商店的衣服。显然,特定原则意义上的特定物与特定之债意义上的特定物内涵不同,不能混用。

第三,具有人身意义的特定物。《民法典》第 1183 条第 2 款规定:"因故意或者重大过失侵害自然人具有人身意义的特定物造成严重精神损害的,被侵权人有权请求精神损害赔偿。"此处的特定物意在表明能引发精神损害赔偿的具有人身意义之物的范围是有限的,主要包括遗物等与近亲属死者相关的纪念物、录像等与结婚礼仪相关的纪念物、祖坟等与家族祖先相关的纪念物。[①] 这种特定物与特定原则意义上的特定物明显不同。

四、信息技术对特定原则的影响

信息技术使各路信息即时互联互通,不留信息孤岛,进而使物理形态完全不同的数物成为同一特定之物,承载同一物权,从而大幅提升了观念标准的地位和作用。举例说明,在信息技术的作用下,不动产登记与动产担保登记完全能汇成统一的信息平台,不动产和动产能整合为一个特定物,比如,在按照特别参数建造仓库以储藏特别货物的情形中,把仓库及货物一体作为同一担保财产,在担保物权实现时避免对仓库和货物分别估价和变价,能实现物的效用最大化,为此可通过登记记载把它们整合为功能一体的特定物,成为同一担保物权的客体。

第五节 区 分 原 则

一、区分原则的发展

(一)《物权法》施行之前的规则

我国向来重视公示对物权变动的决定作用,公示设权力的作用范围广泛。不仅如此,在

[①] 参见黄薇主编:《中华人民共和国民法典释义》(下册),法律出版社 2020 年版,第 2295 页。

2007年《物权法》施行之前,对抵押等涉及物权变动的交易,公示还是抵押合同等原因行为的生效要件,《担保法》第41条就规定抵押合同在抵押登记时生效。这样一来,公示一手托两家,既影响原因行为的生效,又影响物权变动,结果是在公示基础上,原因行为的成立生效与物权变动同时发生,原因行为与物权变动处于合二为一的局面。以买卖为例来表示该规则,可简化为"买卖合同+公示=所有权转让+公示"或"$\frac{买卖合同/所有权转让}{公示}$"。

例:A在北京买房,签订买卖合同。按照《物权法》施行之前的规则,转移登记同时表明买卖合同生效和房屋所有权转让,在A通过交付占有房屋后,其买卖合同目的完全实现。

A在北京一家书店买一本定价20元人民币的书,给了售货员一张20元纸币后,发觉书有折页,就挑换了一本品相更好的同版书后离开。按照《物权法》施行之前的规则,在交付——A挑换了品相更好的书——时,买卖合同成立生效,同时A成为书的所有权人并占有该书,其买卖合同目的完全实现。

根据前述规则,在买受人实现买卖合同目的的常态情形,不动产买卖可简化为"买卖=$\frac{买卖合同/所有权转让}{不动产登记}$+交付",动产买卖可简化为"买卖=$\frac{买卖合同/所有权转让}{交付}$"。

(二)《物权法》和《民法典》的区分原则

《物权法》第15条明确了原因行为与不动产物权变动的区分,《民法典》第215条延续了该规定,体现了区分原则。基于区分原则,除非法律另有规定,否则原因行为和物权变动是两个不同的法律事实,是否公示仅影响物权变动,与原因行为的生效无关。显然,区分原则去除了公示对原因行为生效的作用力,公示仅对物权变动有意义。这意味着,仅有原因行为而无公示,在公示设权力的情形中,物权不可能变动,原因行为与物权变动因此成为两个不同的法律事实。在公示设权力的情形,以买卖为例,区分原则可简化表示为"买卖合同≠所有权转让",其中的所有权转让取决于公示,可表示为"所有权转让/公示"。

例:在上例的相同事实,按照区分原则,房屋买卖合同在成立时生效,房屋所有权在转移登记时转让,交付表明A占有房屋,A的买卖合同目的完全实现;图书买卖合同在A给售货员20元纸币时成立生效,A挑换了品相更好的书,表明该书所有权转让给A,同时A占有该书,其买卖合同目的完全实现。

根据区分原则,在买受人实现买卖合同目的的常态情形,不动产买卖可简化为"买卖=买卖合同+所有权转让/不动产登记+交付",动产买卖可简化为"买卖=买卖合同+所有权转让/交付"。

关联:法国法系的合一原则

在比较法上,法国法系采用合意原则,以买卖为例,只要买卖合同成立生效,所有权就得以转让,买卖合同与所有权转让合二为一,故也称为合一原则(Einheitsprinzip)[①],可简化为"买卖合同=所有权转让"或"买卖合同/所有权转让"。

---

① Vgl. Wellenhofer, Sachenrecht, 36. Aufl., 2021, S. 99.

例：A在巴黎买房，签订买卖合同。按照法国法，买卖合同生效，A就取得房屋所有权。出卖人把房屋交付给A后，A能使用收益（自己居住或出租他人）。

A在巴黎一家书店买一本定价20欧元的书，给了售货员一张20欧元纸币后，发觉书有折页，就挑换了一本品相更好的同版书后离开。按照法国法，A在买卖合同成立生效——给售货员20欧元纸币——时，取得书的所有权，其能带书离开，表明其占有该书，A的买卖合同目的完全实现。

根据合一原则，在买受人实现买卖合同目的常态情形，买卖全过程可简化为"买卖＝买卖合同/所有权转让＋交付"，其中的买卖合同成立生效与所有权转让同时完成，交付仅表明买受人占有标的物。

《合同法》第130条把买卖合同定义为"出卖人转移标的物的所有权于买受人，买受人支付价款的合同"，有论者认为这与法国法系的合一原则一致。[①] 不过，买卖合同只导致双方互负债务，如《合同法》第135条规定出卖人有交付标的物并转移标的物所有权的义务，第159条规定买受人有支付价款的义务。至于标的物所有权的转让，是公示设权力的作用范围，公示是不可或缺的要件。故而，《合同法》第130条及与其完全一致的《民法典》第595条并非体现合一原则。

二、区分原则的功能

区分原则的功能主要是清晰划分原因行为与物权变动，把公示原则的作用范围限定在物权变动，不使原因行为的成立生效与公示挂钩，以合理保护债权人。以不动产抵押为例，根据《担保法》第41条，未抵押登记，不仅抵押权不能设立，抵押合同也不生效，即便抵押人不配合办理抵押登记，也无须承担违约责任，这显然不利于保障债权人利益。区分原则旨在消除该缺陷，根据《民法典》第215条，抵押登记不影响抵押合同的生效，在抵押合同成立生效后，抵押人不配合办理抵押登记，根据《担保制度解释》第46条，抵押人应按约定办理抵押登记，否则应在约定的担保范围内承担责任，从而可妥当地保护债权人。

三、区分原则的适用范围

（一）以物权客体为标准的适用范围

虽然从字面上看，《民法典》第215条仅适用于不动产物权变动与其原因行为，但动产物权变动、权利物权变动与其原因行为也在区分原则的适用范围，理由主要在于：(1)《民法典》第502条第1款适用于所有的物权变动原因行为，它规定："依法成立的合同，自成立时生效，但是法律另有规定或者当事人另有约定的除外。"对比可知，《民法典》第215条前半句"当事人之间订立有关设立、变更、转让和消灭不动产物权的合同，除法律另有规定或者当事人另有约定外，自合同成立时生效"不过是第502条第1款在不动产物权变动领域的复述。(2)在不动产登记之外，还有其他公示形式，它们的作用与不动产登记一样，只要法律未规定它们是原因行为的成立或生效要件，它们就不能影响原因行为效力。故而，凡物权变动的原因事实是法律行为的，均在区分原则的适用范围。

[①] 参见〔德〕罗尔夫·施蒂尔纳：《德国视角下的中国新物权法》，王洪亮译，载张双根等主编：《中德私法研究》（2009年总第5卷），北京大学出版社2009年版，第111页；苏永钦：《寻找新民法》，北京大学出版社2012年版，第53页。

(二) 以公示效力为标准的适用范围

区分原则主要作用于设权力的情形。在对抗力的情形,原因行为成立生效与物权变动同时发生,是否公示,决定了物权变动能否对抗善意第三人,并不影响原因行为的效力,这体现了区分原则;但必须强调的是,由于公示不是物权变动的强制要件,原因行为成立生效时物权即已变动,原因行为在此与物权变动合二为一。宣示力适用于法律行为之外的其他事实导致物权变动的情形,没有区分原则适用的空间。

四、区分原则的理论基础

(一) 以物权行为为理论基础

1. 理论基础之争

我国对区分原则的解读有两种不同的理论基础,一是物权行为,另一是非物权行为。在物权行为理论基础上,原因行为是产生债权债务的债权行为,物权变动则是物权行为与公示结合的结果,区分原则的内涵实际是指债权行为与物权行为的区分[1];在非物权行为的理论基础上,物权变动与物权行为无关,区分原则是指买卖合同等原因行为的生效要件与物权变动的效果要件的区分。[2]

比较法同样也有上述之争。德国法系采用物权行为理论,债权行为与物权行为的区分是题中之义。与此不同,法国法系采用合意原则和合一原则,未区分债权行为与物权行为;DCFR 第八编"动产所有权的取得和消灭"未采用合意原则和合一原则,而是强调交付对动产所有权转让的作用,买卖合同和动产所有权转让因此得以区分,但不采用物权行为理论。[3]

2. 债权行为与物权行为的区分

要想评析上述理论基础之争,前提是先弄明白债权行为和物权行为的区分是指什么。

债权行为是指买卖合同、抵押合同等创设债权债务的法律行为,也称为负担行为(Verpflichtungsgeschäfte)。[4] 债权行为可分为双方行为和单方行为,前者即买卖合同、抵押合同这样的债权合同(Vertrag),后者的典型如设立捐助法人的捐助行为。

与债权行为、负担行为对应的概念是处分行为(Verfügungsgeschäfte),它是指减损既有财产权的法律行为。处分行为的典型形态是物权、债权等财产权转让,权利人在转让财产权后,就不再享有财产权,受让人由此取得财产权。此外,与所有权不同,限制物权有支撑其存续的母物权,如居住权以房屋所有权为母权利,限制物权的设立采用意思自治机制的,它实际就是通过法律行为剥离母物权部分内容的结果,如居住权是房屋所有权的占有、使用、收益等部分内容转让给居住权人的结果,就此而言,设立限制物权的法律行为导致母物权的内

---

[1] 孙宪忠教授的大作《论物权变动的原因与结果的区分原则》(载《法学研究》1999 年第 5 期)在我国学界最早提出区分原则,其把区分原则界定为"在发生物权变动时,物权变动的原因与物权变动的结果作为两个法律事实,它们的成立生效依据不同的法律根据的原则",并指出"这一原则来源于德国民法,即德国法中的'Trennungsprinzip',或称分离原则"。另参见孙宪忠:《民法典法理与实践逻辑》,中国社会科学出版社 2022 年版,第 265—289 页。

[2] 参见王利明:《论债权形式主义下的区分原则——以〈民法典〉第 215 条为中心》,载《清华法学》2022 年第 3 期;王轶:《区分原则:区分什么?》,载《东方法学》2022 年第 4 期。

[3] 参见〔德〕克里斯蒂安·冯·巴尔、〔英〕埃里克·克莱夫主编:《欧洲私法的原则、定义与示范规则:欧洲示范民法典草案(全译本)》(第 8 卷),朱文龙等译,法律出版社 2014 年版,第 163—168 页。

[4] "Verpflichtungsgeschäfte"字译应为"设立义务的行为",这里的义务专指债务,故而,从债务人的角度讲,债权行为就是债务行为。债务和债权是同一硬币的两面,而债权与物权相对,故我国常用债权行为来替代负担行为。

容减损，也是处分行为。

减损既有物权的处分行为是物权行为，之外的转让债权等其他处分行为是准物权行为。物权行为分为双方行为和单方行为，前者如所有权转让合意、抵押权设立合意等物权合意（dingliche Einigung/real agreement），后者的典型是动产所有权的抛弃。

从上述可知，债权行为和物权行为有不同的法律效果，是两类不同的法律行为，德国法系把该区分称为分离原则（Trennungsprinzip/separation principle），我国学理常称为物权行为独立性。

例：根据 BGB 第 311b 条、第 925 条第 1 款，在柏林买房的 A 签订公证形式的买卖合同，并向公证人明示转让合意（Auflassung）后，办理转移登记。在此，买卖合同是债权行为，转让合意是物权行为，转移登记产生设权力，A 由此受让房屋所有权。通过出卖人的交付，A 占有房屋。至此，其买卖合同目的完全实现。

A 在柏林的一家书店买一本定价 20 欧元的书，给了售货员一张 20 欧元纸币后，发觉书有折页，就更换了一本品相更好的同版书后离开。买卖合同这种债权行为在 A 给售货员 20 欧元纸币时成立生效。A 挑换了品相更好的书表明了交付，此时双方还有所有权转让合意，书的所有权因此转让给 A，同时 A 也占有该书，其买卖合同目的完全实现。按照德国法，A 买书过程中有三个法律行为、六个意思表示，分别是买卖合同（二个意思表示）、书的转让合意（二个意思表示），20 欧元纸币的转让合意（二个意思表示）。

根据债权行为与物权行为的区分，在买受人实现买卖合同目的的常态情形，不动产买卖可简化为"买卖＝买卖合同＋所有权转让（转让合意＋不动产登记）＋交付"，动产买卖可简化为"买卖＝买卖合同＋所有权转让（转让合意＋交付）"。

以债权行为与物权行为的区分为标准，来对某一涉及财产权的具体行为进行归类，会在以下四种选项中择其一：其一，既非债权行为也非物权行为，如授予代理权的行为既未创设债权，也未发生物权变动。其二，仅有债权行为而无物权行为，如借用合同、无偿委托合同等不涉及物权变动的合同，与物权变动有关的买卖合同等在未履行时，也属于这种形态。其三，仅有物权行为而无债权行为，如不真正利他合同的履行（如 A、B 订立机器买卖合同，约定出卖人 A 把机器交付给 C，由 C 取得所有权，C 对 A 没有请求权，A、C 之间仅有所有权转让行为）、动产所有权的抛弃。其四，既有债权行为又有物权行为，如前例的买房、买书行为。

3. 物权行为理论的解释力

就区分原则自身而言，无论是否以物权行为为理论基础，适用结果没有差异，均是不动产登记等公示形式不是买卖合同等原因行为的生效要件，而是物权变动的要件，都能把原因行为与物权变动区别开来，不会再产生《担保法》第 41 条那样的负面作用。不过，物权行为理论的解释力更强，以其为区分原则的理论基础，在逻辑上更为自洽。

债权行为与物权行为的区分在逻辑上受制于两个基本约束要素，一是"物债二分"，另一是财产权变动在意思自治框架下对法律行为的倚重。其推导思路是，不同的法律行为有不同的效果意思，在"物债二分"的基础上，创设债权的法律行为只能以产生债权为效果意思，物权变动的法律行为则只能以变动物权为效果意思，前者即债权行为，后者即物权行为。[1]

---

[1] 参见苏永钦：《私法自治中的经济理性》，中国人民大学出版社 2004 年版，第 123—126 页。

在认可"物债二分"以及法律行为自治功能的同时,不采用物权行为,不把物权变动看成物权行为的法律效果,会陷入逻辑悖论:其一,若把物权变动看成买卖合同等原因行为的法律效果,那原因行为的效果意思就融产生债权和变动物权于一体,不清晰地分解这样的效果意思,会违背"物债二分";清晰地分解,则变动物权的效果意思实际就是物权行为。其二,若抛开原因行为,把物权变动看成公示形式的法律效果,那物权变动就不是意思自治的结果,与法律行为自治功能不合。

比较法经验也能说明物权行为理论的解释力。比如,在法国的种类物买卖,多数学者认为物的特定取决于双方合意,这种合意是物权行为。① 又如,DCFR 第八编不采用物权行为理论,但没有物权行为这个概念,有些事情的确不好解释,第九编就在第 2:105 条有关担保物权设立要件的规定,又用到了物权行为。②

4. 物权行为的现实载体

争点:物权行为存在吗?

与买卖合同等债权行为相比,物权行为不直观,因此有脱离客观存在之嫌。③ 问题随之而来,物权行为存在吗?④

在民法发展史上,BGB 首次系统规定了"物债二分"以及物权行为。萨维尼是物权行为的首创者⑤,在他之前时代的人们不可能有这种认识,支撑 CC 的以及被其引导的知识系统因此没有物权行为。不过,按其自身逻辑运行的法国民法能适应实践需要,没有移植物权行为。在"不存在物权行为"的知识和制度背景下,法国法科生自学习民法第一刻起,头脑就开始被格式化和模板化,并在持续学习和反复训练中日益牢固起来,"物权行为不存在"因而成为法科生的通常观念,成为解析民法问题的当然思维方式。在这样的观念下,就 A 买书的行为而言,法国法科生从中绝对看不出物权行为的影子。一旦子虚乌有,没有正当性,作为其对立面的债权行为相应地也没有实存价值,法国法就不把买卖合同定性为债权行为。

不过,在债权行为与物权行为的区分之下,只要某一具体行为符合物权行为的构造,就能将其定性为物权行为,物权行为因而是存在的。具体说来,债权行为和物权行为是专业术语和法律概念,前者只能对应于创设债权的法律效果,后者只能对应于物权变动的法律效果,与这些规范要素匹配,即便上例的 A 和售货员在图书买卖全程一言不发,我们也能分辨出有创设债权的买卖合同,还有转让所有权的物权合意。故而,物权行为是描述和解释所有权转让等具体物权变动事实的法律工具,其自身就像一个模具,用以格式化各类实践情况,正是在这种作用下,从 A 买书的行为中,德国法科生能看出

---

① 不过,近来学理转而认为转让人能单方使物特定,这只是事实而非法律行为。See Vincent Sagaert,"Consensual versus Delivery Systemsy in European Private Law—Consensus about Tradition?", Wolfgang Faber & Brigitta Lurger (eds), *Rules for the Transfer of Movables*, Sellier. European Law Publishers, 2008, pp. 20-21.

② 参见〔德〕克里斯蒂安·冯·巴尔、〔英〕埃里克·克莱夫主编:《欧洲私法的原则、定义与示范规则:欧洲示范民法典草案(全译本)》(第 9 卷、第 10 卷),徐强胜等译,法律出版社 2014 年版,第 31 页。

③ Vgl. Brox/Walker, Allgemeiner Teil des BGB, 43. Aufl., 2019, S. 57.

④ 针对我国学者的这种提问,一位德国学者撰写了专文,参见〔德〕霍尔斯特·海因里希·雅科布斯:《物权合同存在吗?》,涂长风译,载《十九世纪德国民法科学与立法》,法律出版社 2003 年版,第 160—219 页。

⑤ 参见〔德〕乌尔里希·胡贝尔:《萨维尼和物权法抽象原则》,田士永译,载张双根等主编:《中德私法研究》(2009 年总第 5 卷),北京大学出版社 2009 年版,第 50—82 页。

转让书的所有权以及价金所有权的物权行为。

在债权行为与物权行为区分的基础上,并基于物权行为的模具功能,即便法律没有明文规定物权行为,也不妨碍物权行为的存在。简要对比德国法和瑞士法,就能看出这一点。为了表明物权行为,BGB 第 873 条、第 929 条等条文特意采用物权合意(Einigung)的表述,以示与债权合同(Vertrag)的区分。与此不同,ZGB 通篇对物权行为未置一词,但瑞士法律人认可债权行为与物权行为的区分,认为其民法存在物权行为。

说到底,债权行为和物权行为都是描述、规制和解释现实情况的分析工具,是它们给了买卖等客观情形以相应的法律属性。就此而言,它们就像按照不同标准设计出的模具,把买卖等既创设债权、又变动物权的交易放在其中,就有了各自形态,套在债权行为模具中的买卖合同等原因行为就是债权行为,套在物权行为模具中的所有权转让等则有了物权行为的定性称谓。

物权行为的现实载体因具体交易和公示效力不同而有异,主要表现为:

第一,就公示设权力而言,物权行为的现实载体根据客体不同有以下情形:其一,不动产登记需双方共同申请,该申请明示了双方物权变动的合意,属于物权行为。[①] 其二,除非有明示的物权变动合意(如在动产买卖合同之外,双方达成一方转让所有权、另一方受让所有权的书面合意),动产物权变动的合意由原因行为和交付等公示形式推定而来[②],也即动产物权行为通常为默示。其三,在权利物权变动(主要是权利质权设立)中,有权利凭证的,权利物权变动的合意由原因行为和交付等公示形式推定而来;无权利凭证需双方共同申请登记的(如专利权质押),该申请为物权行为;根据《动产和权利担保统一登记办法》第 7 条第 1 款,担保权人基于与担保人的约定单方办理登记的,若该约定不是担保合同,其自身为物权行为;若该约定是担保合同,则担保合同既会是债权行为(如约定了债权不能完全优先受偿时担保人的责任),又是物权行为。

第二,就公示对抗力而言,物权行为的现实载体根据公示与否有以下情形:其一,未登记的,地役权合同、动产抵押合同等生效时物权变动,这些合同是物权行为,它们同时也是债权行为(如约定当事人有协力办理登记等义务)。其二,登记的,地役权、动产抵押权等物权的对世性增强,母物权的内容随之减损,若双方共同申请登记的(如地役权设立),该申请为物权行为;动产抵押权人基于与抵押人的合意而单方办理登记的,若该约定不是抵押合同,其自身为物权行为;若该约定是抵押合同,抵押合同是物权行为,同时也会是债权行为(如约定了债权不能完全优先受偿时担保人的责任)。

(二) 物权行为理论基础上的区分原则

在物权行为的理论基础上,区分原则表明,原因行为是效力不同于物权行为的债权行

[①] 在比较法上,德国除了不动产所有权转让、地上权设立等有明示的物权行为,其他不动产物权行为均从登记同意这一程序行为推定而来(Vgl. Baur/Stürner, Sachenrecht, 18. Aufl., 2009, S. 192);瑞士的登记申请减少了权利人的财产或改变了所有权内容,属于单方物权行为(Vgl. Deillon-Schegg, Grundbuchanmeldung und Prüfungspflicht des Grundbuchverwalters im Eintragungsverfahren, 1997, S. 30 ff)。

[②] 德国立足于具体交易环境,主要是通过解释交付的事实与已实施的法律行为之间的联系来推定物权合意(参见〔德〕卡尔·拉伦茨:《德国民法通论》(下册),王晓晔等译,法律出版社 2003 年版,第 710 页注 1);瑞士则把买卖合同有关标的物的合意或交付看成物权合意的载体(Vgl. Rey, Die Grundlagen des Sachenrechts und das Eigentum, 3. Aufl., 2007, S. 441 ff)。

为,它们遵循不同的成立生效标准。

1. 原因行为是债权行为

《民法典》第215条对原因行为采用了"当事人之间订立有关设立、变更、转让和消灭不动产物权的合同"的文义表述,它因此似乎可对应于所有权转让合意、抵押权设立合意等物权合意。这种理解不妥,只有把原因行为理解为债权行为,才符合《民法典》的整体规定,主要表现为:

第一,符合《民法典》第118条第2款、第502条第1款。《民法典》第118条第2款把合同作为债权的发生事由之一,而债权是对人权,仅针对特定的债务人,只要该特定主体愿受债务约束,无需考虑其有无标的物、对标的物有无处分权等财产要素,债权就能无中生有地发生,也即被创设,这给债务人增添了义务,改变了当事人之间原有的关系,创设债权的合同因此是债权行为。在此前提下,《民法典》第502条第1款明确了创设债权的合同生效时点,与其意思完全一致的第215条前半句当然同样是对买卖合同、抵押合同等债权合同生效时点的规定。物权合意产生物权变动的结果,与债权创设无关,不能适用前述规定。

第二,符合《民法典》第215条后半句。债权合同有效成立后,对当事人具有法律约束力,任一方均不能随意撤回、变更或解除。与此不同,在公示设权力的情形,没有公示形式的配合,物权合意不能直接导致物权变动,故物权合意不像债权行为那样对当事人有约束力,在不动产登记或动产交付前,物权合意可撤回。① 《民法典》第215条后半句的规定——"未办理物权登记的,不影响合同效力"——明显合乎债权合同的特性,与物权合意相悖。

2. 原因行为与物权行为遵循不同的成立生效标准

买卖合同等原因行为与所有权转让合意等物权行为虽然均要遵循法律行为成立生效制度,但二者差异很大,成立生效标准也有极大不同,主要体现为:

第一,形式要求不同。债权的相对性使原因行为仅约束特定当事人,不能随意波及他人,这使得面向世人开放的不动产登记等公示形式在此无立足之地。相应地,除非法律另有规定,否则原因行为以形式自由为原则,正如《民法典》第215条规定的,登记不能决定原因行为的成立生效。物权行为导致物权变动,为了使得他人知悉物权权属以及物权变动状态,免受不测风险,就要通过公示形式来公开展现,以维护交易安全。在公示设权力的情形,公示形式是物权行为产生约束力的要件,没有公示形式,物权行为可以任意撤回。

第二,标的物要求不同。原因行为不受标的物形态的影响,特定原则对其不起作用,如买卖合同的标的物可以是企业财产等不特定之物。物权行为事关物权变动,而物权客体特定,故物权行为的标的物原则上是特定之物。

提示:物权客体与物权行为客体、标的物的差异

物权行为是导致物权变动的行为,其客体为权利而非物,从而与物权客体有差异。比如,转让房屋、设立居住权或抵押权的物权行为,表明所有权人以不同形式处分房屋所有权(而非房屋),设立债权质权的物权行为则表明债权人处分的是债权。用德国法学家拉伦茨的话来讲,物权客体是第一顺位客体,物权行为客体是第二顺位客体。②

---

① Vgl. Baur/Stürner, Sachenrecht, 18. Aufl., 2009, S. 53 f.
② 参见[德]卡尔·拉伦茨:《德国民法通论》(上册),王晓晔等译,法律出版社2003年版,第377—404页。

物权行为客体指向的物是其标的物,其可以是特定之物,也可以是尚未特定、但可特定的未来物。为了满足现实需要,在现在物尚未形成时,不妨预先成立物权行为。比如,A 与 B 公司约定,B 公司在 2 个月内将定制的汽车出卖并转让给 A,该合意既是债权行为(B 公司负有转让汽车所有权的义务),又是预先成立的物权行为(A 和 B 公司合意在 2 个月内转让汽车所有权)。不过,只有在标的物成为现在物时,才能承载物权,进而才有现实的物权行为,才能发生物权变动的后果,如上例的汽车制成,B 公司将其交付给 A,A 才能取得所有权。也就是说,预先成立的物权行为的标的物可为未来物,也即只要将来能成为特定的现在物,就可成立物权行为,而物权客体必须是特定的现在物,故而,物权客体与物权行为的标的物有区别,前者须特定,后者可不特定。①

第三,当事人的处分权要求不同。原因行为不考虑债务人对标的物有无处分权,根据《民法典》第 597 条第 1 款、《合同编通则解释》第 19 条第 1 款,即便债务人没有处分权,也不导致买卖合同等原因行为无效。也就是说,债务人因债权行为而承担给付义务,只要其行为能力足以确保其认清自己行为的后果,基于意思自治的根本考量,法律就应认可相应的法律效果,无需再附加处分权的限制。与此不同,物权行为决定着既有物权的处分,处分人具有处分权是不可或缺的生效条件。

例:A 对 B 的机器没有处分权,把它转让给 C,构成无权处分。在 B 既未追认,A 嗣后也未取得机器所有权的前提下,C 只能根据《民法典》第 311—312 条善意取得机器所有权,若其是明知 A 没有处分权的恶意之人,就不能取得所有权。根据《合同编通则解释》第 19 条第 2 款,B 能请求法院认定机器所有权未转让给 C,也可请求 C 返还机器。

A、C 的机器买卖合同不因 A 没有处分权而有效力瑕疵,在该合同有效的前提下,若 B 不追认且 A 也未取得机器所有权,以至于恶意的 C 不能取得所有权,根据《民法典》第 597 条第 1 款、《合同编通则解释》第 19 条第 1 款,C 有权解除买卖合同并请求 A 承担损害赔偿等违约责任。

第四,法定原则的要求不同。本章第三节的"法定原则的法律后果"部分指出,当事人创设的权利不符合物权种类规范和内容规范,不是法律规定的物权的,不影响债权行为的成立生效,但该权利不是物权,物权行为因此不能成立。

争点:违背法定原则的行为适用无效法律行为的转换制度吗?
无效法律行为的转换是罗马法以来大陆法系民法普遍具有的制度,是指某一无效的法律行为(基础行为)具备另一法律行为(替代行为)的要件,当事人知道基础行为无效即愿意为替代行为的,替代行为有效。BGB 第 140 条完整地表达了这一意思,堪称典范,它规定:"无效的法律行为具备另一法律行为的要件,若能认为当事人知道行为无效就有意使另一法律行为有效的,另一法律行为有效"。据此,无效行为转换要符合以下要件:(1) 基础行为无效;(2) 无效的基础行为包含了有效的替代行为;(3) 假设当事人知道基础行为无效,就愿意为替代行为,即推测当事人有相应的意思。② 虽然《民法典》

---

① Vgl. Prütting, Sachenrecht, 36. Aufl., 2017, S. 12 ff.
② Vgl. Medicus/Petersen, Allgemeiner Teil des BGB, 11. Aufl., 2016, S. 231 ff.

没有规定无效法律行为的转换,但我国学理和司法实践普遍认可。

有学理观点认为,违背法定原则的法律行为是无效法律行为转换制度的重要适用对象,比如,当事人约定承租人就出租屋享有具备物权效力的优先购买权,而法律并未规定这种物权,故其不能产生物权效力,但通过无效法律行为转换制度,该行为能发生债的效力。① 这种把无效的物权行为转换为有效的债权行为的观点值得商榷,主要理由为:

第一,法定原则与债权行为效力无关,只要该行为符合法律行为的成立生效要件,就是有效的,无需借助无效法律行为转换制度。就前述观点所举事例而言,法律未把优先购买权规定为物权,当事人的约定不能设立物权,但债权可自由创设,不受法定原则的限制,只要约定符合法律行为的成立生效要件,自应发生效力。

第二,法律行为的效果意思不是当事人希望达到某一效果的心理意思,而是法律秩序确定的规范层面上的意思。② 以此为准,在判断物权行为的效果意思时,不能仅凭当事人有设立某种"物权"(如有物权效力的优先购买权)的主观意思,就认为有相应的效果意思,还必须受法定原则的限制,一旦当事人创设的权利超出法律规定的物权范围,就说明没有设立物权的效果意思,也就没有相应的物权行为,也即物权行为不成立。法律行为的不成立与无效有不同的法律意义,无效法律行为转换制度的基本门槛是"无效"而非"不成立",既然如此,创设有物权效力的优先购买权的约定不能适用无效法律行为的转换制度。

这同时意味着,法定原则是物权行为能否成立的逻辑前提。从规范属性来看,法定原则是限制法律行为形成可能性的强制规范③,不属于《民法典》第153条第1款导致法律行为无效的强制规范,物权行为不因此无效。

第三,若认为效果意思并非意思表示的必要构成,效果意思的欠缺并不影响意思表示的存在④,那不妨认为违背法定原则而设立"物权"(如有物权效力的优先购买权)的行为是无效的物权行为。即便如此,仍不能适用无效法律行为的转换制度。原因主要在于:(1)物权行为的法律效果是所有权转让等物权变动,不涉及买卖合同的价金支付等债的内容,物权行为难以包含债权行为,两者之间显然不是无效法律行为转换制度中基础行为和替代行为的关系,即便物权行为无效,也不能适用该制度。(2)在债权行为与物权行为的关系中,前者是原因行为,后者是履行行为,它们的逻辑发生先后顺序很明显,与此顺序相当,现实中的买卖常态是先有买卖合同,再有所有权转让。在物权行为因违背法定原则而无效时,再从中找寻债权行为,无论在逻辑上还是在现实中,均与债权行为和物权行为的关系常态不符,由此来适用无效法律行为转换制度,人为拟制色彩过于明显,难言合理。

---

① 参见史尚宽:《物权法论》,中国政法大学出版社2000年版,第13页;谢在全:《民法物权论》(修订8版下册),新学林出版股份有限公司2023年版,第42页。
② 参见〔德〕维尔纳·弗卢梅:《法律行为论》,迟颖译,法律出版社2013年版,第60页。
③ 同上书,第404页。
④ 参见〔德〕汉斯-约阿希姆·穆谢拉克:《论"意思"与"表示"的关系——关于意思表示构成要件的探讨》,王剑一译,载张双根等主编:《中德私法研究》(2014年总第10卷),北京大学出版社2014年版,第107—114页。

五、区分原则的延伸制度

从区分原则可知,公示不影响原因行为的效力;从公示原则可知,公示会影响物权变动。在物权行为的理论基础上,并在公示设权力的情形,把这两个原则与法律行为制度结合起来,可知在原因行为和物权行为皆有效,且有相应公示形式时,物权变动确定无疑;在原因行为有效,但物权行为本身未成立生效时,即便有公示形式,物权也不能变动。不过,它们无法回答下述问题:有物权行为和相应的公示形式,但原因行为无效时,物权能否变动?比较法对该问题有两种截然不同的答案,一是以德国法为代表的无因原则(Abstraktionsprinzip/abstract principle),另一是以瑞士法为代表的有因原则(Kausalitätsprinzip/causal principle)

(一)无因原则

无因原则又称物权行为无因性,它有内部无因(或称内容无因)和外部无因之分,前者是指物权行为无需原因目的,不会因违背公序良俗而无效,后者是指物权行为的效力不依赖于原因行为的成立生效。上述问题事关原因行为成立生效对物权行为的影响,对应的是外部无因,它有以下要点[1]:

第一,原因行为无效,不影响物权行为,只要物权行为本身没有效力瑕疵事由,仍能成立生效。

> 例:A通过欺诈手段,从B处购买柏林的一套房屋,办理了转移登记。之后B依法撤销买卖合同,基于无因原则,买卖合同无效不影响A取得房屋所有权。

第二,虽然物权已经变动,但由于原因行为无效,物权变动缺乏正当依据,原物权人对取得物权的相对人享有不当得利返还请求权。

> 例:上例的B对A享有不当得利返还请求权。A一旦破产,B与A的其他一般债权人地位平等,通过不当得利返还请求权无法如愿获取房屋。

第三,取得物权的相对人再处分物权是有权处分,即便第三人恶意,也能取得物权。

> 例:若上例的A未破产,也未向B返还房屋,而是把房屋出卖给C,A、C有转让合意并通过转移登记完成所有权转让。因A是所有权人,即便C明知A、B的买卖合同因撤销而无效,也不影响其从A处受让房屋所有权。

第四,存在下列例外,使债权行为的无效影响到物权行为:(1) 瑕疵同一,即存有影响原因行为和物权行为效力的同一瑕疵因素,以至于两个行为均无效。(2) 条件关联,即以有效原因行为作为物权行为的生效条件,物权行为因原因行为无效而不生效。(3) 行为一体,即把原因行为和物权行为合为一体,原因行为无效使物权行为同时无效。

> 例:根据瑕疵同一的例外,前例的A欺诈B,不仅买卖合同有瑕疵,房屋所有权转让合意也有瑕疵,B行使撤销权的结果会导致买卖合同和转让合意均无效。

---

[1] Vgl. Stadler, Gestaltungsfreiheit und Verkehrsschutz durch Abstraktion, 1996, S. 214; Baur/Stürner, Sachenrecht, 18. Aufl., 2009, S. 55 ff.

（二）有因原则

有因原则又称物权行为有因性，也有内外之分，内部有因是指物权行为有其原因，外部有因是指原因行为无效导致物权行为无效，与上述问题对应的是外部有因，它有以下知识要点[①]：

第一，在原因行为无效时，物权行为没有法律效力，物权变动不能如当事人预期那样发生。

> 例：A通过欺诈手段，从B处购买苏黎世的一套房屋，办理了转移登记。之后B依法撤销买卖合同，基于有因原则，买卖合同无效，A不能取得房屋所有权。

第二，由于物权未变动，物权人可基于物权请求权请求相对人返还原物、更正登记。

> 例：上例的B对A享有物权请求权。A一旦破产，该房屋并非破产财产，B能取回房屋，把房屋所有权从A名下登记更正到自己名下。

第三，相对人不是物权人，其对物权的处分构成无权处分，恶意第三人不能取得物权。而且，即便第三人善意，善意也针对的是处分人有无处分权的情况，并不及于原因行为的效力瑕疵，而公示公信力以原因行为和物权行为均有效为前提，故而，在相对人和第三人的债权行为无效时，第三人的善意不能改变物权行为的无效，仍不能取得物权。

> 例：若上例的A未破产，也未向B返还房屋，而是把房屋出卖给C，并通过转移登记完成所有权转让，恶意的C不能受让房屋所有权。若C为善意，在A、C的买卖合同有效时，C能基于登记公信力取得房屋所有权。

第四，存在一定程度的缓和，主要表现为通过履行使形式有瑕疵本应无效的原因行为生效、禁止滥用权利来主张原因行为因有形式瑕疵而无效等，结果使本应无效的原因行为例外地生效，进而为物权行为提供有效的正当性基础。

> 例：A购买B位于苏黎世的一套房屋，办理转移登记。双方的买卖合同未公证，这种形式瑕疵本应导致买卖合同无效，但该合同已然履行，而履行能弥补形式瑕疵，故买卖合同有效，进而也能保持所有权转让行为的效力，促成房屋所有权转让，此即有因原则的缓和。

关联：非物权行为理论基础上的有因原则

> 根据法国法系的合意原则，买卖合同无效会导致所有权不能转让；DCFR第八编第2:202条在第2:101条的基础上特别强调，买卖合同等基础合同无效的，动产所有权不能转让。从结果上看，这些规范均把有效买卖合同作为所有权转让的前提，故学理认为这也是有因原则。但它们不采用物权行为理论，应与以物权行为理论为基础的有因原则（物权行为有因性）相区分。

[①] Vgl. Rey, Die Grundlagen des Sachenrechts und das Eigentum, 3. Aufl., 2007, S. 97 ff. 另参见常鹏翱：《另一种物权行为理论——以瑞士法为考察对象》，载《环球法律评论》2010年第2期。

《民法典》未明确规定有因原则,但相关司法解释和司法文件持这一立场:(1)《合同编通则解释》第 24 条第 1 款规定,合同不成立、无效、被撤销或确定不发生效力,当事人请求返还财产,经审查财产能够返还的,法院应当根据案件具体情况,单独或者合并适用返还占有的标的物、更正登记簿册记载等方式。(2)《物权编解释一》第 20 条规定,公示的公信力以转让合同有效为要件,一旦转让合同无效,即便符合其他要件,善意第三人也不能取得物权。(3)《担保制度解释》第 68 条第 2 款规定,债务人或第三人与债权人约定将财产形式上转移至债权人名下,债务人不履行到期债务,财产归债权人所有的,法院应当认定该约定无效;当事人已经完成财产权利变动的公示,债务人不履行到期债务,债权人请求对该财产享有所有权的,法院不予支持。(4)《九民纪要》第 124 条规定,在金钱债权执行中,案外人提出执行异议之诉依据的生效裁判认定以转移所有权为目的的合同(如买卖合同)无效,进而判令向案外人返还执行标的物的,此时案外人享有的是物权性质的返还请求权。就此而言,可把有因原则作为区分原则的延伸制度。

(三)无因原则与有因原则的对比

从整体来看,在物权行为与公示形式紧密关联的基础上,无因原则使物权变动不受原因行为效力瑕疵的影响,有助于促使交易便捷、清晰和确定。当然,这种优势的制度代价是弱化对原物权人(如前例的 B)的保护,利益天平倾斜于可能的交易瑕疵制造者(如前例的 A)以及恶意第三人,看似不符合人们的道德规范。不过,无因原则的例外情形在一定程度上把利益天平又拨向物权人,尽力促成其与第三人的利益平衡。

有因原则的优劣刚好与无因原则相反,其对物权人更有利,但缓和机制以及其他关联制度的适用会打破这一点,进而促成相关方的利益平衡。

> 例:A 购买 B 的一套房屋,办理转移登记,但买卖合同无效。A 把房屋转让给 C,C 明知 A、B 之间的买卖合同无效。根据无因原则,只要没有例外情形,买卖合同无效不影响 A 取得房屋所有权,也不影响 C 受让房屋所有权。这一结论在有因原则的缓和机制同样适用,也即 A、B 之间的买卖合同应为无效,但因缓和而生效,明知这种情况的 C 能受让房屋所有权。
>
> A 通过欺诈手段,从 B 处购买一台机器,完成交付。根据无因原则的例外情形,A、B 的转让合意也有瑕疵,B 能依法撤销买卖合同和转让合意,自己仍为所有权人,从而对 A 有物权请求权。这一结论在有因原则下同样适用。
>
> A 通过欺诈手段,从 B 处购买一批装修材料,完成交付。之后 B 依法撤销买卖合同。根据无因原则,只要没有例外情形,买卖合同无效不影响 A 取得这些材料所有权,B 对 A 有不当得利返还请求权。一旦这些材料被破产的 A 用于装修房屋,成为房屋的重要成分,B 就无法如愿获取这些材料。根据有因原则,买卖合同无效导致 A 不能取得这些材料所有权,B 对 A 享有物权请求权。一旦这些材料被破产的 A 用于装修房屋,成为房屋的重要成分,就不再归 B 所有,B 也无法如愿取回这些材料。

进阶:物权行为理论的方法论问题

物权行为理论是物权变动的核心所在,探析物权变动模式,离不开对物权行为理论的讨论。物权行为理论包含两个层面,基本层面是区分债权行为与物权行为,衍生层面是无因原则或有因原则。相应地,物权行为理论有两大争点,一是有无必要区分债权行为与物权行为,二是若有必要区分,应采无因原则还是有因原则。围绕这些争点的学术探讨采用的最常见方法除了比较法研究,还有对比论证,即针对不同情形,对比债权行为与物权行为区分或不区分的优劣,对比无因原则与有因原则的优劣。仔细观察会发现,这些方法均有问题。

首先,是比较法研究的困境。如前所述,物权行为理论争点的正反看法均有对应的法域经验,透过比较法来选择取舍因而相当常见。不过,这种方法有以下的内在限制,使用起来应慎而再慎:

第一,每个法域的物权变动模式都是由法律规范、学说理论、司法经验和交易实践交织互动而成的,必须全面系统观察,才能看个真切。这说起来容易,做起来很难。除了不同语言带来的交流和理解障碍,还有全盘把握具体细节的困难,而"魔鬼总是藏在细节当中",一旦比较法研究失去对细节的关注,就不可能全面系统观察,本应捉住的"魔鬼"会遁于无形,从而使观察对象失真。比如,仅从规范文义来看,ZGB 第 714 条第 1 款有关交付是动产所有权转让要件的规定未提及物权行为,再把它与 OR 第 184 条第 1 款有关买卖合同主义务的规定结合起来,结论就是瑞士不采用物权行为[①],而这种结论显然有误。

第二,物权变动模式涉及诸多细节,在全面系统观察后,从不同角度选择不同细节作为剖析切片,所得结论会有差异。比如,以 DCFR 第八编为观察点,它不采用物权行为理论,但以第九编为观察点,它又采用了物权行为理论。我国也是如此,物权变动的规范、司法和实践客观如斯,但不同学者从不同立场出发,看到的是差异颇大的不同模式。[②]

第三,功能主义比较法方法要求在全面系统观察的基础上,从问题出发,寻找相似功能的对应制度进行比较。这种方法确立了相似功能这种可比较的标准,使术语、构造不同的制度具有可比性,从而为比较法研究提供了可能。也正因为不同法域的不同制度有着相似功能,用功能主义方法来比较不同的物权变动模式,它们的差异会被缩小,相似性会被放大,这样一来,既然哪一种都差不多,再费尽心力进行何去何从的取舍选择,意义有多大,不免令人深思。比如,对于无需登记的动产物权变动,ZGB 起草者 Huber 刻意保持沉默,没有明确是否承认物权行为、是否认可无因原则。1929 年的瑞士联邦法院在出卖人欺诈买受人的案件中,认为欺诈导致买卖合同无效,标的物所有权不能转让给买受人,出卖人破产的,标的物属于破产财产,从而明确了物权行为有因原则。比较法学者指出,这个案件放在德国的处理结果是同样的,因为欺诈成立的物权合意有瑕疵,也应撤销。[③] 有专论指出,诸如此类的相似为数不少,再加上有因原则与第三

---

① Vgl. Senne/Wohlmann, Die Grundtatbestände des Eigentumserwerbs im internationalen Vergleich, Juristische Ausbildung 2000(10), S. 812.

② 至少有非物权行为理论(如龙俊:《论单一法律行为在物权变动中的多重效力设计》,载《中国法律评论》2024 年第 1 期)、物权行为无因性(如吴香香:《中国法上物权合同的适用范式》,载《中国法律评论》2024 年第 1 期)、物权行为有因性(如叶名怡:《中国物权变动模式的实然与应然》,载《中国法律评论》2024 年第 1 期)、物权行为可有可无论(如朱虎:《物权变动模式的实践检视:以破产和执行为中心》,载《中国法律评论》2024 年第 1 期)等。

③ 参见孙宪忠编译:《德语民法学精读译文集》,北京大学出版社 2019 年版,第 94—95 页。

人保护的调适,无因原则与恶意第三人不受保护的调适,原因原则和无因原则的实际后果非常接近。①

第四,即便对不同物权变动模式进行了系统观察和全面比较,但因为功能主义比较法强调相似中的差异,无法提出何者更优或最优的评价标准,无法找出更优或最优的解②,这会导致比较法研究对于最终结论仅有参考作用,没有决定作用。有观察者指出,DCFR第八编主笔人最终采用非物权行为理论,是抛开比较法进行的"政策决定",也即根据物权行为这一解释工具有无充分的实践优点而进行的选择。③

其次,是对比论证的难题。对不同的物权变动模式展开对比评价是常见的论理方式,但它有不易解决的以下难题:

第一,怎样发挥解释论的有限作用?

对比论证离不开法律解释,但某一规范是否采用物权行为理论,解释论的作用有限。比如,DCFR第八编第2:202条第1款规定,基础合同或其他法律行为自始无效的,所有权不能转让;ZGB第974条第2款规定,没有有效法律基础或以无约束力的法律行为为基础的登记不正确的,不动产物权不能变动。对比来看,两者高度相似,根本看不出前者不采用物权行为,后者采用物权行为。

第二,如何跳出循环论证的怪圈?

所有的论证都是说理,而道理是从论者已知的或相信的地方起步的,论者往往以自己观念为出发点和评价标准,论证不可避免地会有证者的"偏见",因而会陷入以自己之是非别人之是的循环论证。

这一点在无因原则和非物权行为理论基础上的有因原则的对比论证中有突出表现。DCFR第八编从法律的确定性、不同情形的交易保护、公示的作用、物权行为的效力瑕疵等方面逐一对比论证,结果是有因原则胜出。比如,该编认为使受让人与其普通债权人处于相同地位是适当的政策,在转让完成后,买卖合同无效,受让人破产的情形,标的物不属于破产财产,应由转让人取回。④ 有论者批评该观点,说一旦一方破产,无因原则能确保双方得到平等对待,而有因原则做不到这一点;即便要强化对转让人的保护,只需破产法规范即可,无需动摇无因原则而改采有因原则。⑤ 有论者认可该观点,说无因原则使转让人在受让人破产时陷入不利,其本身合理性值得怀疑,有因原则不存在这个问题;即便要平等对待双方,要么在破产法中解决,要么新订相应规则即可,无需采用无因原则。⑥ 显然,这样的论证是循环论证,根本的出发点都是"自己之是",以此为标准,"非别人之是"就是顺理成章的结论。

---

① See Steven Bartels, "An Abstract or a Causal System", Wolfgang Faber & Brigitta Lurger (eds), *Rules for the Transfer of Movables*, Sellier. European Law Publishers, 2008, p. 63.

② 参见〔德〕马蒂亚斯·莱曼、莱茵哈德·齐默尔曼编:《牛津比较法手册》,高鸿钧等译,北京大学出版社2019年版,第377—380页。

③ See Arthur F. Salomons, "Comparative Law and the Quest for Optimal Rules on the Transfer of Movables for Europe", 2 *European Property Law Journal* 54-72 (2013).

④ 参见〔德〕克里斯蒂安·冯·巴尔、〔英〕埃里克·克莱夫主编:《欧洲私法的原则、定义与示范规则:欧洲示范民法典草案(全译本)》(第8卷),朱文龙等译,法律出版社2014年版,第168—170页。

⑤ Vgl. Stadler, Die Vorschläge des Gemeinsamen Referenzrahmens für ein europäisches Sachenrecht—Grundprinzipien und Eigentumserwerb, Juristen Zeitung 2010 (8), S. 388.

⑥ Vgl. Harke, Kausalprinzip, Abstraktion und gutgläubiger Erwerb, GPR 6/2012, S. 296 f.

第三章 物权法基本原则

在其他利益冲突情形,也多是类似的循环论证。看多了这样的论证,一定会怀疑它们的说服力。有论者就指出,选择有因原则还是无因原则,与其说是选择某一物权变动模式,还不如说是选择某一出发点。① 的确如此,论者业已对物权变动模式持有特定观念,已经选择了出发点,从这种观念出发来对比论证,自觉不自觉地会陷入循环论证的怪圈。

第三,物权变动模式无一不事关交易,对比论证往往会在此方面着力,指出某一模式有助于保护交易安全、提高交易效率,而另一模式反之。问题在于,实践情况是怎样的,它们支持这样的论证吗?

有论者批评DCFR第八编的有因原则,说其无助于商业交易的流通性,并说与有因原则密切相关的善意取得制度会提高诉讼率②,言外之意就是不能提高交易效率,无助于交易稳定性。遗憾的是,正如DCFR第八编主笔人反问的,空口无凭,实据何在?没有确凿的实践素材或数据,仅通过教义分析得出前述评价,只能是假说,而非说理论证。③

说实话,实践素材不容易获得,深入分析起来更难。不动产物权变动的以下实践信息可供参考:(1)就交易效率而言,对合意主义的常见批评是当事人往往需额外约定,如约定以登记或付款作为所有权转让时点,因此会增加交易成本。不过,在德国,当事人也往往约定不动产所有权在付款时转让,此时受让人事实上也取得了不动产的占有和收益。④ 显然,当事人根据实际情况和交易习惯,在物权变动模式之外另行约定,不必然会增加交易成本;或者说,即便某一模式会增加交易成本,也不意味着其他模式必然会节省交易成本。(2)同样在交易效率方面,对有因原则的常见批评是说会提高不动产登记的审查成本,因为无因原则不考虑原因行为的效力,登记机构无须审查原因行为,而有因原则以原因行为有效为前提,由此自然而然的逻辑推论就是登记机构特别重视原因行为的效力。实际并非如此,在瑞士,从权限职责、办事效率等角度出发,登记机构不从实体法角度审查原因行为,特别是不审查原因行为无效事由或意思瑕疵⑤,结果与无因原则相差无几。(3)就交易稳定性而言,欧陆有公证人普遍介入不动产交易的习惯,公证人在很大程度上起到交易净化器的作用,会事先排除原因行为无效、无权处分等交易瑕疵,从而大幅降低纠纷,减少诉讼率。比如,法国经验表明,公证人的预防性司法功能,加上高效的电子登记系统,确保土地转让和抵押很少发生纠纷,诉讼比例很低。⑥ 也就是说,当我们仅关注物权变动模式中的规范或学理,仅据此进行对比论证,而

---

① See Steven Bartels, "An Abstract or a Causal System", Wolfgang Faber & Brigitta Lurger (eds), *Rules for the Transfer of Movables*, Sellier. European Law Publishers, 2008, p. 63.
② Vgl. Stadler, Die Vorschläge des Gemeinsamen Referenzrahmens für ein europäisches Sachenrecht—Grundprinzipien und Eigentumserwerb, JuristenZeitung 2010 (8), S. 387 f.
③ See Wolfgang Faber & Martin Lilja, "Employing Argumentation Analysis in the Discussion of Optimal Rules for the Transfer of Movables—Part 2: Examples and Conclusions", 1 *European Property Law Journal* 282-284 (2012).
④ 参见〔美〕彼得·L.马瑞、〔德〕拉尔夫·施图尔纳:《民法公证人和中立律师——现代社会预防性司法比较研究》,王葆莳等译,中国政法大学出版社2023年版,第56—60页。
⑤ Vgl. Deillon-Schegg, Grundbuchanmeldung und Prüfungspflicht des Grundbuchverwalters im Eintragungsverfahren, 1997, S. 315 ff; Zobl, Grundbuchrecht, 2. Aufl., 2004, S. 192. 我国同样如此。
⑥ 参见〔美〕彼得·L.马瑞、〔德〕拉尔夫·施图尔纳:《民法公证人和中立律师——现代社会预防性司法比较研究》,王葆莳等译,中国政法大学出版社2023年版,第89页。

忽略实践机制的作用时,往往会有失片面。

以上几例只是可参照的实践信息,要想把制度与实际效果之间的因果链条、逻辑关系讲清楚,需要借助田野调查、统计分析、经济分析等手段。正如DCFR第八编主笔人指出的,在买卖合同无效时,辨析善意取得与诉讼率之间的关系,应分别在实施有因原则和无因原则的法域展开实证调查,以获得实证基础;在调查时,要注意诸如善意标准等要素对诉讼率的影响,并对各自法域适用这些因素的情况进行假定。① 要做到这一点谈何容易,因为法律人显然不擅长这些搞法,而社会学、经济学的专长者又不精于复杂的物权变动制度,能有力支持对比论证的实践材料实际上很难获得。在此方面,且不说善意取得与诉讼率之间的关系,仅就善意取得应有怎样的构成,有欧洲学者就感慨道,历史分析和教义分析并不足够,而最有必要的以欧洲为背景的法律经济分析又是欠缺的。②

第四,对比论证的结果是应唯己方独尊,彻底否定他方("有我无你"),还是可以以己方为主,用他方之长补己方之短("我中有你")?

物权变动模式具有体系效应,内在制度有荣损与共的勾连,在基于特定标准对比论证后,"有我无你"的断然取舍才是符合体系逻辑的。比如,DCFR第八编通过对比论证,认为物权行为是没有实益的概念,没有它,所有权保留等诸情形照样解释得通,有它反倒有失利益平衡,故弃之不用。

不过,基于不同的出发点,对比论证的后果不一定非得是"有我无你","我中有你"亦未尝不可。比如,有德国学者认为,在认可法国法系合意原则的前提下,用物权行为解释种类物买卖,更为周延也更为顺手,这不是要把法国的物权变动模式改为物权行为理论,而只是在当用之处用了物权行为这个有用概念而已。③ 该观点的逻辑没有问题,因为非物权行为理论的大方向没变,只是在动力不足的例外情形,用了一把物权行为的燃料而已。

显然,"有我无你"和"我中有你"的论理基础和逻辑不同,但在解决相似问题的实质效果上没有差异,这样一来,究竟如何分出高下,不能不说是个难题。

上述的方法论问题说明物权行为理论还有再深入探讨的空间,对此我们应有以下观念:

第一,同情地理解。不同法域的物权变动模式个个不同,但都屹立不倒、行之有效,这说明各自的选择起点都没问题。法国的合意原则符合其时的实践需求,是立法者根据 CC 初创时期的法国实际情况,审时度势后作出的最优选择。无因原则和有因原则同样如此。④ 这提醒我们,在与其匹配的法域内,每种物权变动模式都没有问题,我们要

---

① See Wolfgang Faber & Martin Lilja, "Employing Argumentation Analysis in the Discussion of Optimal Rules for the Transfer of Movables—Part 2: Examples and Conclusions", 1 *European Property Law Journal* 296 (2012).

② See Arthur F. Salomons, "How to Draft New Rules on the Bona Fide Acquisition of Movables for Europe? Some Remarks on Method and Content", Wolfgang Faber & Brigitta Lurger (eds), *Rules for the Transfer of Movables*, Sellier. European Law Publishers, 2008, pp. 144-148.

③ See Jens Thomas Füller, "The German Property Law and its Principles—Some Lessons for a European Property Law", Wolfgang Faber & Brigitta Lurger (eds), *Rules for the Transfer of Movables*, Sellier. European Law Publishers, 2008, p. 206.

④ 有比较法学者指出,每一个社会、每一种法律体系都是历史的因徒,对一项法律制度的最好解释常常藏身于其历史之中,德国的无因原则就是例证。参见〔德〕伯恩哈德·格罗斯菲尔德:《比较法的力量与弱点》,孙世彦、姚建宗译,清华大学出版社2002年版,第72—73页。

置身事内给予同情的理解,只有这样才能明白其逻辑。

第二,法律比立法者更聪明。法律一经制定,立法者就隐居幕后,法律要通过学说理论、司法经验、交易实践等多种渠道综合发挥作用,在此过程中,虽然法律规范的文义未变,但内涵顺应时势发展以及合理解决问题的需要会已然不同。故而,要想说清辨明物权变动模式,从规范到实务的全盘观察均不可少。

第三,探索走出说理盲区的新方法新路径。DCFR 第八编主笔人虽然主要倚重于比较法研究和对比论证来设定选择起点,但其同时也指出,选择起点不完全是研究和论证出来的,政治的、道德的、伦理的、宗教的、哲学的或经济的考量,甚至就是单纯的同情认可,都会产生重要影响。[①] 这说明,不仅比较法研究和对比论证的方法各有欠缺,在理解物权变动模式的选择起点上,也会有不同考量,这样的重重制约会形成说理盲区,如何走出盲区,需要新方法新路径的指引。

第六节　优 先 原 则

一、优先原则的功能

优先原则表明,在同一客体承载的数个限制物权之间,公示时间在先者优于在后者,公示时间先后成为理顺限制物权关系的重要标准。具体而言,为了充分发挥财产效用,同一客体承载数个限制物权的现象颇为常见,其中大多数情形是这些物权不相容,实现时有冲突,如价值 1000 万元的房屋承载 3 个抵押权,分别担保债权 500 万元、600 万元、700 万元,任一抵押权的实现都会导致其余抵押权不能完全实现。在此情形,若不能合理安排限制物权之间的关系,就会引发无序竞争,不能有效发挥财产效用。为了防止出现这种负面作用,以公示时间先后为标准来排列限制物权实现机会的大小,就成为最佳策略。之所以这样说,是因为公示充分展示了在先的限制物权,在完全了解该物权后,当事人仍愿意取得在后的限制物权,表明其经过衡量,自愿承受被在先限制物权排斥的风险,而该风险相对于其能获得的财产效用是较小的,这样一来,优先原则既符合意思自治,还通过有序排列多个限制物权的实现机会而促使财产效用的最大化。

二、优先原则的适用对象

优先原则以公示时间先后为标准,排列了同一客体的数个限制物权的实现顺序,这种顺序称为顺位。

例:A 为 B 设立房屋抵押权后,又以该房屋为 C 设立抵押权,按照抵押登记先后次序,B 的抵押权的顺位先于 C 的抵押权,在 A 不能清偿债务时,房屋的变价款先供 B 优先受偿,剩余部分再供 C 优先受偿。

在此基础上,要注意优先原则的排除适用对象和扩展适用对象。

[①] See Wolfgang Faber & Martin Lilja, "Employing Argumentation Analysis in the Discussion of Optimal Rules for the Transfer of Movables—Part 2: Examples and Conclusions", 1 *European Property Law Journal* 293 (2012).

（一）排除适用对象

优先原则对以下情形不能适用：

第一，未公示的意定限制物权之间的关系。优先原则以限制物权公示时间先后作为顺位标准，未公示的意定限制物权之间的关系并非适用对象。无论产生时间先后，未公示的意定限制物权彼此相互容忍，地位平等。《民法典》第414条第1款第3项就规定，未登记的抵押权按照债权比例受偿。

第二，公示的意定限制物权与未公示的意定限制物权之间的关系。这种关系无法以公示时间先后来衡量，因而并非优先原则的适用对象。从公示对抗力、宣示力可知，未公示的意定限制物权的对世性有欠缺，公示的意定限制物权有全面的对世性，后者因此能排斥并优先于前者。《民法典》第414条第1款第2项就规定，登记的抵押权优于未登记的抵押权。

第三，法定限制物权与意定限制物权之间的关系。在特定情形，法定限制物权的效力优于意定限制物权（如留置权优先于动产抵押权、质权），它们之间的关系不是优先原则的适用对象。

第四，母物权与子物权之间的关系。以国有建设用地使用权为例，土地所有权是基础性的母物权，国有建设用地使用权是基于母物权而形成的子物权。子物权人在子物权限度内再设立限制物权，如国有建设用地使用权人抵押该使用权，同样生成母子物权关系（母物权是国有建设用地使用权，子物权是抵押权）。在母子物权关系中，母物权受到子物权的制约和限制，公示时间在后的子物权必须优先于母物权而实现，否则就会背离其目的。

当然，同一母物权有多个子物权的，子物权均为公示的限制物权，其中某一个或某几个子物权的实现导致其他子物权不能实现的，要适用优先原则。可以说，母子物权关系是引向优先原则的基础，但母物权不是适用对象，只有作为子物权的限制物权才有必要受优先原则的调整。

第五，与公示无关的债权之间的关系。优先原则有两个关键词，一是限制物权，另一是公示。与公示无关的债权（如动产买受人对出卖人的请求权）之间的关系，不适用优先原则，而应适用合同编或相关特别法的规定。比如，《买卖合同解释》第6条规定，出卖人就同一普通动产订立的多重买卖合同均有效，买受人均未受领交付的，先行支付价款的买受人有权请求出卖人交付标的物；均未受领交付，也未支付价款的，成立在先合同的买受人有权请求出卖人交付标的物。又如《民事诉讼法解释》第514条规定："当事人不同意移送破产或者被执行人住所地人民法院不受理破产案件的，执行法院就执行变价所得财产，在扣除执行费用及清偿优先受偿的债权后，对于普通债权，按照财产保全和执行中查封、扣押、冻结财产的先后顺序清偿。"

第六，物权与与公示无关的债权之间的关系。基于权利特性，物权能排斥普通债权，这种结果与优先原则无关。至于物权与具有优先地位的债权之间的关系，要根据相应规定来确定，也与优先原则无关。比如，《商品房消费者权利保护批复》第2条第1款规定，商品房消费者以居住为目的购买房屋并已支付全部价款的，其房屋交付请求权优先于抵押权。

提示：商品房消费者交房请求权优先地位的法理

《商品房消费者权利保护批复》第2条第1款使商品房消费者交房请求权成为优于抵押权等权利的"超级优先权"，这符合我国房地产交易的基本规律，与《民法典》等相关规范的内在原理一致,有丰富的法理内涵,而这些法理在物权法很多制度中都有体现,应予重视。

第一,它体现了"物之价值的根本创造者应得最优地位"的法理。

在现实交易中,业者通过投入人财物来提升他人之物经济价值的现象很常见,为了激励交易,鼓励创造社会财富,业主就其创造的价值部分,应得到最优的法律地位。比如,4S店修车提高车的性能价值,4S店是这部分增值的创造者,它作为车的留置权人,能优先于车的抵押权人或质权人而受偿。

商品房消费者交房请求权优先地位也体现了这一法理。商品房立基于国有建设用地使用权,而房地产开发企业取得该使用权的目的,是尽快开发、建成、售罄,以取得预期利润。这种逻辑表明,购房款体现的不止是商品房的价值,还有对应的国有建设用地使用权的价值,故而,从根本上讲,该使用权的价值要通过商品房销售来实现。也就是说,虽然在房地产开发过程中,开发企业、建设工程承包人、抵押担保贷款人以及其他债权人均会有投入,但这些成本归根结底要由购房人买单。从实践情况来看,只要商品房顺利销售,此前的投入皆有回本和盈利的保障。由此可以说,在商品房销售后,购房人而非其他债权人才是房地产价值的根本创造者,就与购房款对应的房地产价值部分,购房人理应获得最优地位。由于购房人先支付购房款,再有交房请求权,其最优地位就是该特定物债权应优先实现。

本法理为商品房消费者交房请求权优先地位提供了基本的、但非唯一的支持,至于购房人为何限于以居住为目的的消费者等其他规范要素,尚需后续其他法理的支持和配合。

第二,它体现了"生存利益优于商业利益"的法理。

不少民事活动涉及的主体形态众多,利益关系和格局极其复杂,为了建立和谐稳定的交易秩序,民事法律遵循"生存利益优于商业利益"的法理。这一法理的正当性在于,人的主体地位和人格尊严具有最高价值,而生存是这种最高价值的基础,生存利益因而有至高地位,当其与债权等商业利益冲突时,后者应予让路。

《商品房消费者权利保护批复》第2条第1款适用于以居住为目的商品房消费者,排除了非消费者以及投资购房者,这体现了"生存利益优于商业利益"的法理。受制于我国的传统和现实因素,购房居住是普遍的社会现象和大众心理。特别是我国的保障性住房供给远远不足,租售尚未完全同权,购买商品房居住是有经济能力的消费者的通常选择。从实践情况来看,在目前解决居住问题的渠道中,购买商品房发挥着非常重要的作用。这样的现实说明,商品房固然自带商品属性,但同时又有鲜明的民生特征。而在大中城市,商品房价格高企,大多数消费者往往要终多半生之力或聚数家之财,才能付清购房款。对于为居住目的而购房的消费者而言,商品房可以说是生命健康之外的最重要的生存利益,其理应优于主要体现商业利益的抵押权以及其他债权。

至于非消费者以及投资购房者,房屋对其纯属商品,没有民生属性,与生存利益无关,其交房请求权属于商业利益,没有理由优于抵押权以及其他债权。只有这样,才能细致平衡商品房开发交易所涉及的利益关系,把制度带来的负外部效用降至最低。

第三,它体现了"弱者应得实质保护"的法理。

《民法典》第4条把平等原则作为首要原则,足见民事主体地位平等的重要性。现实情况告诉我们,不是所有主体在民事活动中都地位相同,一旦具体交易出现一方强而另一方弱的"一头沉",为了防止强者利用其信息优势或强势地位在交易中霸凌弱者,"弱者应得实质保护"的法理就得以运用,以便落实平等原则,确保当事人实质平等。

商品房消费者在商品房买卖关系中相比于开发企业是弱者自不待言,其相比于抵押权人也是弱者,亟需实质保护。在实践中,建设工程抵押权人多是金融机构,其与开发企业的交易数额远远超过某一消费者支付的购房款,为了确保债权实现,其能采用的风险控制手段较多、抗风险能力较强,如在开发企业未按约定还款时,可采用拍卖抵押财产等措施来及时止损。而消费者天然就置身于弱者地位,不仅在购房时需先付款,在购房后就开发企业能否交房,客观上无法采用任何风险控制措施,法律也未明确提供必要的保障手段。形象地说,消费者购房在很大程度上是在碰运气,开发企业能否如期交房,只有天知道。在这种自生的"一头沉"交易中,必须适用"弱者应得实质保护"的法理,对应的合理机制就是赋予消费者交房请求权以优先地位。

不仅如此,正因为商品房消费者弱势,其付款购房的交易是一场自己不可控的"裸奔",风险极大,为了在楼盘彻底烂尾没人接盘,交房请求权陷入履行不能时,防止其陷入掏了钱却拿不到房的窘境,《商品房消费者权利保护批复》第3条还赋予购房款返还请求权以优先地位。事实上,根据《商品房买卖合同解释》第21条第2款,当商品房买卖合同因开发商迟延交付被解除后,购房人无需向银行承担还款责任,也体现了对购房人的特别保护,其与《商品房消费者权利保护批复》第3条一样均体现了"弱者应得实质保护"的法理。

第四,它体现了"信赖保护"的法理。

现代化的城市社会是由陌生人和复杂信息组成的抽象社会,人与人之间存在信息偏差是常态,由此产生了陌生感和距离感,为了便于社会交往,减少信息成本,设立普遍认可的可信媒介(如不动产登记),就非常必要。在媒介通常可信,社会公众普遍信赖时,即便该媒介因特别事由而出现信息错误,法律也要保护这种信赖,此即"信赖保护"法理。虽然表现出的制度构造不同,但该法理在民法和行政法中均能适用。以不动产登记为例,它是国家建立的权利表征制度,有国家信誉的背书,具有公信力,在个别情况出现错误时,只要交易者符合《民法典》第311条的要求,就能取得相应的物权,而登记机构也不能撤销错误登记。

自我国房地产市场起步开始,为了引导和规范其发展,政府介入的程度很深。就商品房销售而言,其虽然是开发企业的市场行为,但无论是在启动还是在进行时,均离不开政府的作用。根据《城市房地产管理法》《城市房地产开发经营管理条例》《商品房销售管理办法》等规范性法律文件的要求,开发企业需在满足取得预售许可证、办理现售备案等特定要求后才能销售;在销售时,还要通过主管部门的网签备案系统办理买卖合同签约备案。在现实中,政府部门允许开发企业销售房屋并准予网签备案,是商品房消费者作出购房决策并支付房款的重要因素,政府部门在此成为消费者普遍高度信赖的媒介。尽管政府部门的这些行为无关抵押权登记,但消费者的普遍心理是既然政府允许开发企业卖房,并认可自己与开发企业的交易,那这笔交易就是有保障的。在这种心理以及其他因素的叠加下,在购房前去查阅不动产登记簿以了解建设工程有无抵押权,去调查开发企业有无其他债权,是本就处于弱势地位的消费者难以触及的信息盲区。

可以说,就现实情况来看,消费者基于对政府的合理信赖,不知有前述权利或认为它们不影响将来自己取得房屋,是交易常态。在此情况下,"信赖保护"法理在一定程度上能支撑商品房消费者交房请求权的优先地位。

(二)扩展适用对象

物上之债虽然不是限制物权,而是物上承载的能约束受让人的债,但与限制物权有相似属性,属于优先原则的适用对象。

三、优先原则的内涵

(一)以公示时间作为顺位先后的依据

优先原则与社会常识相当契合,它是用先来后到、先来先得的排队原理,让先公示的限制物权优于后公示的限制物权,故而,顺位先后的依据是公示时间的先后。

(二)先顺位的限制物权优于后顺位的限制物权

在限制物权的顺位按照公示时间先后确定后,先顺位权利优于后顺位权利。根据限制物权的内容和功能,可分为以下两种情形:

第一,限制物权内容互斥的(如均为居住权),先顺位权利优先实现,后顺位权利是先顺位权利的候补,在先顺位权利实现之前虽然存在,但不能实现。

例:A 以其房屋为客体先为 B 设立居住权,再为 C 设立居住权,因为 B 的居住权顺位先于 C 的居住权,在 B 的居住权消灭之前,C 的居住权无法实现。

第二,先顺位权利的内容不能涵盖后顺位权利的(如用益物权与担保物权并存),后顺位权利应在不妨害先顺位权利的范围内得以实现。

例:A 以其房屋为客体先为 B 设立抵押权,再为 C 设立居住权,C 可居住该房屋,但 B 在实现抵押权时,若因居住权导致该房屋无法变价或价格大幅降低,就应除去居住权,以确保实现抵押权。

第四章

物权变动

本章论述物权变动的一般规律和通常知识，以依法律行为的物权变动与非依法律行为的物权变动的二分为基本框架，主要聚焦于不动产物权变动和动产物权变动的基本规范，至于某一具体物权变动的个案问题以及权利物权变动规范，将在关联之处展开。第三章的公示原则、区分原则等内容构成本章的基础知识，对于它们已经阐述的内容，本章不再重复。

第一节 物权变动概述

一、物权变动的形态

（一）物权变动的法律形态：设立、变更、转让和消灭

正如物权编第二章标题所称，物权变动有四种法律规定的形态，即设立、变更、转让和消灭。

1. 物权设立

物权设立是指新物权的产生，如A公司为B银行设立房屋抵押权。不过，在用语习惯上，往往不说"所有权设立"而用"所有权取得"，如A公司取得房屋所有权。

2. 物权变更

物权变更是指物权权属没有易主，但主体、客体、内容、期限等事项发生变化，如A公司改变名称、抵押房屋属性从商业变为住宅、抵押担保的债权数额调整。对于物权变更，主要说明如下：

第一，主体变更仅限于姓名或名称、身份证件号码等身份信息的变化。若权利人死亡或终止，物权应依法继承或继受，并非变更，如A公司被B公司合并，根据《民法典》第67条第1款、《不动产登记暂行条例实施细则》第27条第3项，其房屋所有权由B公司继受，应办理转移登记。若权利人更换或新增，如C公司取得房屋所有权后，与D公司共有房屋，就是改变权属的转让而非变更。

第二，客体变化的形态很多，只有不导致物权消灭的变化才为变更。若客体在物理上灭失，物权无所依附，就属于物权消灭，如房屋拆除后，所有权不复存在。若客体以替换的形式变化，如A公司用其他房屋替换抵押给B银行的房屋，也不是物权变更，而是先消灭原抵押权，再以其他房屋为客体设立抵押权。

第三，物权内容由法律规定，其变化不能致使物权不符合法律规定的功能，否则物权不

能变更。比如,农户在取得土地承包经营权后,与发包人村集体经济组织协商用承包地修建住宅,这完全违背了土地承包经营权的农业生产功能,不被法律认可。此外,物权内容变更会损害他人利益或对他人产生不利影响的,对他人而言,物权内容视为未变更,如为了担保 A 公司对 B 银行的 100 万元债务,C 公司为 B 银行设立房屋抵押权,之后未经 C 公司书面同意,A 公司和 B 银行把担保的主债务金额调高为 200 万元,根据《民法典》第 695 条第 1 款、《担保制度解释》第 20 条,这种调高对 C 公司没有意义,房屋抵押权仍担保 100 万元债务。

第四,物权期限的有效变化主要有两种情形:其一,依法自动延长,如《民法典》第 359 条第 1 款规定,住宅建设用地使用权期限届满后自动续期。其二,当事人依法改变,如法律未限定居住权的最长期限,当事人设立 20 年居住权后,可约定调整为 10 年或 40 年。

3. 物权转让

物权转让是指物权权属易主,如 A 公司把房屋所有权转移给 C 公司。由于新权利人在取得物权的同时,原权利人失去物权,故转让有相对消灭之称。

物具有流通性是社会的公共观念和经济运转的常态,物权转让是经济运转的常态。法律一旦禁止(如《土地管理法》第 2 条第 3 款禁止土地转让),物权客观上不能转让,相关的债权行为(如土地买卖合同)无效。

在法律未禁止的情况下,当事人通过约定来限制物权转让,为了尊重意思自治,法律不否定其法律效力。但这种约定是用私人安排来打破社会常规,无助于财产流通和经济运转,与通常社会观念不合,法律对其效果持审慎态度。在比较法上,BGB 第 137 条规定这种约定仅有债的约束力,不能实质影响物权转让,即受让人不受其约束,即便明知该约定,也能取得所有权。这意味着,为了促进交易,谁想取得某项通常可以转让的权利,谁就能直接信赖该权利的流通性不会被意定限制。[①] 比如,B 从 A 处受让房屋所有权,双方约定 B 不得把房屋卖给他人,但 B 之后把房屋卖给 C 并办理了转移登记。即便 C 知道 A、B 的前述约定,也不影响其取得房屋所有权,因为该约定仅约束 A、B,对 C 没有约束力。B 把房屋卖给 C 构成违约行为,应对 A 承担损害赔偿等违约责任。

我国同样如此,但也有例外,如《民法典》第 406 条第 1 款允许当事人约定限制抵押财产转让,《担保制度解释》第 43 条进一步规定,该约定有登记对抗力,即虽未登记,但知道该约定的受让人不能取得抵押财产。比如,A 公司为 B 银行设立房屋抵押权,约定 A 公司在抵押期间不得转让房屋。在此事实基础上分设两种情形:其一,该约定未登记,A 公司把房屋转让给 C 公司,不知也不应知道该约定的 C 公司为善意,不受该约定的影响,能取得所有权;反之,知道该约定的 C 公司为恶意,不能取得所有权。其二,该约定办理登记,C 公司除非替债务人清偿债务,否则不能取得所有权。

4. 物权消灭

物权消灭是指既有的物权不复存在。物权消灭的常态是物权客观上消亡殆尽,如房屋在地震中坍塌成灰,不再有任何财产利益,谁都无法成为房屋所有权人。这种状态表明物权完全失去其本有的财产利益,以至于任何人都不能再取得和享有该利益,故称为绝对消灭。

(二) 物权变动的学理形态:取得、变更和丧失

学理通常把物权变动称为物权得丧变更,物权变动因此有三种学理形态:取得、变更和

---

① Vgl. Medicus/Petersen, Allgemeiner Teil des BGB, 11. Aufl., 2016, S. 296.

丧失,它们与物权变动的法律形态均能概括物权变动的全貌,但分类逻辑和语词内涵完全不同。

1. 物权取得

物权取得有原始取得和继受取得(传来取得)之分,前者是不以既有物权为基础而取得新物权,如 A 把别人遗弃的木料雕刻成工艺品,取得这一新物的所有权;后者是以既有物权为基础而取得物权,它可以是取得单一物权的特定继受取得,如 A 把房屋转让给 B、A 公司把房屋抵押给 B 银行,也可以是取得某人全部财产的概括继受取得,如 B 继承 A 的房屋等遗产、A 公司被 C 公司合并而由 C 公司继受其不动产物权等财产。

区分原始取得和继受取得的主要意义在于:在前者,新物权的发生与既有物权无关,取得人不受制于既有物权及与其相关的权利,如 A 雕刻的木料是 B 遗弃的,B 此前以木料为客体为 C 设立了抵押权,A 在雕刻后原始取得工艺品所有权,不再承载 C 的抵押权;后者则反之,取得人原则上要受制于既有物权及与其相关的权利,如 A 公司为 B 银行设立房屋抵押权,未约定 A 公司在抵押期间不得转让房屋,之后 A 公司把房屋转让给 C 公司,B 银行的抵押权不受影响。

对比而言,物权取得既包括物权设立(如设立抵押权),又包括物权转让(如转让所有权),据此,在讲物权取得时,需根据语境来甄别具体含义,如所有权善意取得与转让有关,抵押权善意取得则与设立有关。

2. 物权变更

物权变更主要包括:其一,主体变更,如 A 把房屋转让给 B,这实际是物权转让;其二,客体变更,如 A 用 B 的墙漆粉刷自己的房屋,形成合成物,B 因适用附合规范而丧失墙漆所有权,实为物权消灭;其三,内容变更,如抵押权担保的债权数额变化、用益物权的期限变化。对比可知,学理形态中的物权变更范围更宽泛,可对应法律形态中的物权变更、转让或消灭。

3. 物权丧失

物权丧失分为相对丧失和绝对丧失,分别对应法律形态中的转让和消灭。

从整体上看,物权变动的法律形态各自内涵更明晰具体,不容易产生歧义,故而,除了善意取得等约定俗成的称谓,本书主要使用法律形态的用语。

二、物权变动的二分法:依法律行为和非依法律行为

以物权变动的原因事实是否为法律行为为标准,物权变动可分为依法律行为的物权变动和非依法律行为的物权变动,德国法系和我国物权法学理普遍采用这种二分法。物权编第二章同样如此,前两节"不动产登记"和"动产交付"调整依法律行为的物权变动,第三节"其他规定"适用于非依法律行为的物权变动。

(一) 依法律行为的物权变动的含义

在物权行为无因原则的知识框架中,依法律行为的物权变动是指基于物权行为的物权变动。[①] 其逻辑在于,原因行为是债权行为,它虽然产生了驱使当事人完成物权变动的债权请求权,但只是物权变动的引子,不能直接产生物权变动的效果,且债权行为的效力瑕疵不会影响物权行为,故而,物权能否变动的关键是看物权行为的法律效力是否完备。就此而

---

① Vgl. Neuner, Sachenrecht, 5. Aufl., 2017, S. 1 f.

言,在德国和我国台湾地区,依法律行为的物权变动中的"法律行为"只能是物权行为,而不能是买卖合同等债权行为。

在物权行为有因原则的知识框架中,原因行为对物权行为有着不可或缺的作用,原因行为不成立或无效不仅导致债权无从发生,物权行为、物权变动也会丧失存续基础,故而,在瑞士法,依法律行为的物权变动中的"法律行为"是指原因行为,而非物权行为。[1] 由此可知,在物权行为有因原则,原因行为的作用是为物权变动制订计划,物权行为则是执行计划,与此相应,债法的功能是为财产流通与分配提供原因,物权法的功能则是为新的权利地位提供依据。[2]

本书采用物权行为有因原则,物权编第二章的前两节适用于依买卖合同等法律行为的物权变动,也即以债权行为为原因事实的物权变动。

提示:物权变动与债务履行的关系

"依法律行为的物权变动"一词描述了以债权行为为原因事实的物权变动,在当事人具有完全行为能力,双方没有其他债的前提下,物权变动与债务履行完全重叠,物权变动就是履行行为,物权未变动就是债务未履行。比如,A 把机器出卖并交付给 B,在买卖合同有效的前提下,A、B 的所有权转让合意以及交付使得机器所有权转移给了 B,同时使得 A 履行了转移机器所有权的债务。即便债的履行涉及其他主体,导致债务履行与物权变动主体分离,两者仍有前述的重叠关系。比如,上例的 A、B 约定了不真正利他合同,A 应将机器所有权直接转让给 C,但 C 没有债权请求权,则物权变动在 A、C 之间,债务履行在 A、B 之间,一旦物权未变动(如 D 假冒 C 受领机器,A 对此有重大过失),债务也就未履行。

不过,若改变上述前提,物权变动与债务履行就应区别对待:(1) 受让物权一方为限制行为能力的未成年人,未经法定代理人同意或追认的,物权虽然变动,但债务未履行。比如,若上例的 B 为未成年人,其法定代理人仅同意订立买卖合同,言明履行合同仍需经其同意;未经法定代理人同意,A 将机器所有权转让给 B,B 因纯获利益取得所有权,但 B 没有受领债务履行的权限,而债务因履行消灭也不是纯获利益,出于未成年人保护的考虑,B 的法定代理人能以未经其同意为由主张 A 未履行转移机器所有权的债务。[3] (2) 双方有其他债的,根据《民法典》第 560 条第 1 款,在未约定时,债务人只有明确物权变动旨在履行何种债务,才能消灭该债务,否则不发生该债务履行的效果。比如,若上例的 A、B 均为完全行为能力,双方早先还有机器赠与合同,A 在转让机器所有权时表明了履行赠与合同之意,就不能主张买卖合同的相应债务已经履行。

与买卖合同等民事合同相对,行政法中有行政协议。《行政协议规定》第 1—2 条规定,

---

[1] Vgl. Rey, Die Grundlagen des Sachenrechts und das Eigentum, 3. Aufl., 2007, S. 341.
[2] A. a. O., S. 7.
[3] 参见〔德〕迪尔克·罗歇尔德斯:《德国债法总论(第 7 版)》,沈小军、张金海译,中国人民大学出版社 2014 年版,第 141—142 页。此时,由于清偿目的不达,A 可根据《民法典》第 985 条的不当得利规则请求 B 返还机器。至于 B 是否构成善意得利人,能否根据《民法典》第 986 条主张取得利益丧失抗辩,应以其法定代理人的主观状态为准,若 B 在法定代理人不知情的情况下受让所有权且嗣后损毁了机器,仍为善意得利人,可免予返还,并能根据买卖合同继续请求 A 履行债务。

行政协议是指行政机关为了实现行政管理或者公共服务目标,与公民、法人或者其他组织协商订立的具有行政法上权利义务内容的协议,包括征收补偿协议、矿业权等国有自然资源使用权出让协议、政府投资的保障性住房的买卖协议等,就它们发生的纠纷应属于行政诉讼的受案范围。① 前述例举的行政协议能作为物权变动的原因事实,依行政协议的物权变动应适用公示的设权力或对抗力,并参照适用物权行为有因原则。②

(二) 非依法律行为的物权变动的含义

不以债权行为作为原因事实的物权变动是非依法律行为的物权变动,物权编第二章第三节列举的原因事实包括法院和仲裁机构的法律文书、政府的征收决定、继承和合法建造房屋等事实行为。

(三) 规范差别

依法律行为的物权变动与非依法律行为的物权变动有以下规范差别,需分别展开:(1) 原因事实及其法律适用不同。依法律行为的物权变动以债权行为为原因事实,需适用法律行为规范和合同效力规范,非依法律行为的物权变动要适用与其原因事实相应的规范,如征收决定生效规范等。(2) 公示效力不同。依法律行为的物权变动适用公示设权力或对抗力,非依法律行为的物权变动适用公示宣示力。这同时表明,在依法律行为的物权变动,除非法律有明确规定,否则仅有债权行为而无公示,物权不能变动,也即原因事实的生效与物权变动不同步;在非依法律行为的物权变动,原因事实的发生或生效与物权变动同步,如征收决定生效,国家取得被征收的物权。(3) 区分原则的适用不同。区分原则与非依法律行为的物权变动无关,仅适用于依法律行为的物权变动。

三、物权变动的规范架构

受制于物权变动的二分法,物权变动在规范架构上分出相应的两大规范群,物权编第二章前两节和第三节对此有清晰的展示,各自有不同的架构逻辑,同时把不动产登记和动产占有作为共同基础。

(一) 依法律行为的物权变动规范架构

依法律行为的物权变动与意思自治密切相关,是物权变动的重点内容,其规范架构是先区分为不动产物权变动和动产物权变动,各自再区分为有权处分和无权处分。

1. 以物的形态为标准:区分不动产物权变动和动产物权变动

无论物是不动产还是动产,依法律行为的物权变动有其共性,如均以债权行为为原因事实,均适用公示原则、区分原则。不过,物权编第二章前两节在形式上很清晰地表明,受制于不动产与动产的区分,依法律行为的不动产物权变动规范重点是不动产登记,而依法律行为的动产物权变动规范以交付为重点。这突显了不动产与动产的区分对物权法的深刻影响。

---

① 不过,实践中也有民事诉讼的现象,如在参考案例"冯某某诉某管理局民事主体间房屋拆迁补偿合同案"中,某管理局与冯某某签订《北京市城市房屋拆迁置换补偿协议》,生效裁判认为:"本案纠纷系因双方当事人作为民事主体履行涉案协议产生,当事人以民事诉讼的方式进行权利救济符合法律规定,原审及再审一审将本案作为民事诉讼案件予以审理,程序上符合法律规定。"

② 《行政协议规定》第12条第2款规定:"人民法院可以适用民事法律规范确认行政协议无效。"第27条第2款规定:"人民法院审理行政协议案件,可以参照适用民事法律规范关于民事合同的相关规定。"

2. 以主体有无处分权为标准：区分有权处分和无权处分

依法律行为的物权变动实质是处分物权，而无人能处分自己没有的权利，也无人能处分超出自己权利范围的权利，处分人有无处分权分别对应着有权处分和无权处分，它们成为依法律行为的物权变动规范的实质区分。

（1）有权处分

作为处分人与被处分财产之间的联结，处分权既是财产权的权能，又是民事主体处分财产的资格。[①] 从权能角度看，能在市场流通的物权具有处分权能，物权人在法律未限制时享有处分权，如电脑所有权人有权把电脑转让给他人。从主体角度看，处分权通常归属于物权人，在以下例外情形归属于他人：其一，法律规定，如《企业破产法》第25条第1款规定，破产管理人有权处分债务人财产。这种例外情形的原因在于特定事由的发生导致物权人不宜保有处分权，为了维系物权的常态化运转，法律特别赋予他人处分权，同时限制物权人的处分权。比如，债务人破产对债权人影响深远，为了确保债权人公平受偿，法律只能限制债务人的处分权，授予破产管理人处分权。其二，处分授权，即经物权人或其他处分权人同意而取得处分权，如《民法典》第431条规定，质权人对质押财产本无处分权，但经出质人同意，质权人能处分质押财产。这种例外情形是物权人在保有处分权的基础上，使他人取得处分权，实为处分权的延伸，故而，出质人同意质权人处分质押财产，不影响出质人自己转让或抵押该财产。

只要有处分权，物权人或其他人的处分行为都是有权处分，都要遵循物权编第二章前两节的规定，都要适用公示设权力或对抗力。同时，有权处分体现了处分自由，但相比而言，物权人有充分的处分自由，其是否为处分行为（如所有权人是否转让房屋）或以何种方式处分（如所有权人是转让还是抵押房屋），由物权人在法律框架内自行决定；其他处分权人则要受制于相应的法律规定或授权范围，自由空间较小。比如，《企业破产法解释三》第15条规定，破产管理人转让不动产物权的，应当事先制作管理或变价方案并提交债权人会议表决，表决未通过的，管理人不得处分；又如，质权人只能在出质人同意的范围内处分质押财产（如出质人仅同意质权人抵押的，质权人就不能转让质押财产）。

（2）无权处分

物权没有处分权能的，物权人相应地没有处分权，其处分行为是广义的无权处分，通常无效。比如，《民法典》第369条禁止居住权转让，居住权人因此不能转让居住权，否则为无效行为。与有权处分对应的无权处分不包括广义的无权处分，而是专指在物权有处分权能的前提下，无处分权之人实施的处分行为，主要有以下形态：其一，既非物权人也非其他处分权人的处分行为，如A把电脑借给B，B擅自转让给C。其二，处分权被法律限制的物权人的处分行为，如破产企业擅自转让不动产物权。其三，处分权人超越处分权限的处分行为，如A、B共有房屋，A未经B同意把房屋转让给C；又如，出质人A同意质权人B把质押财产另行质押给他人，但B转让给C。其四，处分授权终止后的处分行为，如出质人A同意质权人B在10天内以特定价格把质押财产转让给他人，但B在20天后才转让给C。

根据区分原则以及《民法典》第597条第1款、《合同编通则解释》第19条第1款，出卖

---

① Vgl. von Tuhr, Der AllgemeineTeil des Deutschen Bürgerlichen Rechts, Bd. II, 1. Hälfte, 1957, S. 365.

人等当事人是否为标的物所有权人或其他处分权人,不影响买卖合同等原因行为的效力[①],这表明处分权与原因行为不直接挂钩,故而,无权处分主要事关处分行为的效力,事关物权变动能否如当事人所愿。

无权处分导致处分行为效力待定,在处分人无处分权的瑕疵得以补救时,处分行为有效。补救机制主要有二:其一,处分权人追认,如 B 擅自把 A 的电脑转让给 C 后,A 表示同意。处分权人的追认表明处分权人有意补位缺失的处分权,使其自始有效,追认因而有溯及力,B 转让电脑的行为自始有效,C 自始取得所有权。其二,处分人事后取得处分权,如 B 擅自把 A 的电脑转让给 C 后,继承了 A 的遗产,自继承时起,B 转让电脑的行为有效,C 自此取得电脑所有权。若没有这些补救机制,除非满足公示公信力(善意取得)要件,第三人 C 根据《民法典》第 311 条等规定善意取得,否则物权不能发生变动。显然,无权处分的重点是善意取得规范。

提示:处分自由的限制及其法律效果

处分权是处分自由的基础,没有处分权,处分自由无从谈起。但有处分权,未必能实现处分自由,因为法律为了保护特定人的利益,会限制物权人的处分自由,结果使处分行为的效果不能实现。不过,在处分自由限制情形,物权人有处分权,处分行为不是效力待定的无权处分,而是在损害法律保护的特定人利益范围内不能对抗该特定人。

比如,仲裁机构裁决 A 应清偿对 B 的欠款,A 拒不履行,B 请求法院强制执行,法院查封 A 的一台机器。为了保护申请执行人,《民事诉讼法》第 114 条第 1 款第 3 项规定,变卖查封财产的,法院根据情节轻重予以罚款或拘留,构成犯罪的,依法追究刑事责任。据此,有处分权的 A 不应转让机器。但 A 在仍未向 B 清偿的情况下,擅自把机器转让给 C,C 知道查封事实,根据《查扣冻规定》第 24 条,C 虽能取得所有权,但不得对抗 B,即法院能依法通过拍卖、变卖等方式强制处分机器,所得价款供 B 受偿。不过,在 A 向 B 清偿,法院未解除查封的情况下,A 把机器转让给 C,C 知道查封事实,C 的所有权可以对抗包括 B 在内的任何人,法院也不能再予强制处分。

概括而言,依法律行为的物权变动规范首先区分为不动产物权变动和动产物权变动,本章第三节、第五节分别对它们加以阐述;在此基础上,各自再区分为有权处分和无权处分(重点论述善意取得),这也是本章第三节、第五节的论述框架。

(二)非依法律行为的物权变动规范架构

在这类物权变动中,公示与否不起决定作用,也不涉及处分权,不能套用依法律行为的物权变动规范架构。在物权编,除了第二章第三节,非依法律行为的物权变动规范还包括其他章节的相关规定。从总体上看,本类规范最突出之处是原因事实的具体种类较多,根据不

---

① 需要注意的是,无权处分会直接影响行政协议的法律效力。参考案例"济南某建筑安装工程有限责任公司诉济南市历城区人民政府、济南市历城区华山街道姬家庄村民委员会行政协议案"的裁判要旨指出,对于无权处分的行政协议的效力,行政法律法规中并无明确规定,但不能直接适用民事法律规范认定其有效,因为民事合同中无权处分规定的目的是为保护善意第三人,但行政协议是侧重保护行政相对人的利益。行政协议的"行政性"要求行政机关必须依法行政,如在协议签订前对权利主体和合同标的进行调查核实,以确保协议符合客观实际和法律法规的规定。行政机关未严格依法履行调查核实职责,导致无权处分协议出现的,此时若认定协议有效,则实际权利人无法通过第三人撤销之诉或确认无效之诉纠正错误,对其而言显失公平,故此时应对协议效力进行否定性评价。

同属性，可将它们归为三大类，即公权力行为、自然事实和事实行为，本章第六节将以此规范架构展开论述。当然，该节所论的规范具有普适性，专门适用于某类物权的具体规范放在对应之处论述。

提示：法律事实的意义和类型

学理对法律事实(juristische Thatsache/Tatsache)有两种理解：(1) 从客观事实角度出发，把法律事实作为引致法律关系得丧变更的具体事实。比如，A、B 各自承包的鱼塘相邻，雨季涨水导致两个鱼塘成为一个鱼塘，鱼自然混合，这是自然力作用下的事件，结果是要确定鱼的归属。(2) 从法律规范角度出发，把法律事实作为引起法律效果的构成要件及其构成要素。比如，BGB 第 948 条规定了混合，即数个动产因混合而不可分离，不能确定某一物为主物（在混合物中起着主导作用的价值大、效用高的成分）的，原所有权人根据各自原物的价值比例按份共有混合物。该条的法律效果是确定混合物的所有权，其构成要件是混合物的不可分状态，至于造成该状态的原因和方式在所不问，[①]既然构成要件不包括人的行为，其属性就是自然事实(Naturtatsachen)。[②]

由于某一具体事实本身没有确切意义，在法律适用时，其内涵完全受制于法律规范的构成要件，是规范层面上的具体条文给了它意义指向，成为引发法律效果的工具，故而，我们在理解法律事实时，应立足于法律规范的构成要件以及法律效果，以此为基础针对具体事实进行定性和适用。比如，根据 BGB 第 948 条，上例的涨水致使鱼混合后，若 B 的鱼数量远多于或价值远大于 A 的鱼，B 的鱼就是主物，混合后的鱼归 B 所有；若两者相差不大，那就按照鱼的数量或价值由 A、B 按份共有。如果 B 在开挖鱼塘时，不小心挖断两个鱼塘的间隔，人为导致鱼混合的，由于 BGB 第 948 条的构成要件仅考虑混合物的不可分状态，因此 B 的行为在此没有意义[③]，故人为混合仍为自然事实，其与自然混合的法律效果完全一致。

在非依法律行为的物权变动中，原因事实不是法律行为，而是相关法律规范的构成要件及其构成要素，主要有两类：(1) 自然事实，即以特定事实作为核心构成要素，且不考虑导致该事实的具体原因的构成要件，如 BGB 第 948 条的混合。《民法典》第 129 条把自然事实称为"法律规定的事件"。(2) 事实行为，即以导致特定事实的行为作为核心构成要素，但法律效果不取决于该行为，而是由法律决定的构成要件。[④] 比如，《民法典》第 314 条、第 318 条规定，拾得遗失物并发布招领公告之日起一年内无人认领的，遗失物归国家所有。据此，占有遗失物的特定事实源自拾得行为，该行为能否导致国家取得遗失物所有权，取决于法律规定，故遗失物拾得属于事实行为。两相对比，自然事实只有"事实"这个单一的构成要素，根本无需考虑所涉主体有无意思能力、是善意还是恶意，也无需考虑某一主体的行为后果应否由另一主体承担的效果归属问题；事实行为则在"事实"要素之外，纳入了"行为"要素，由此就要甄别主体有无相应的意思能力，而且，

[①] Vgl. Baur/Stürner, Sachenrecht, 18. Aufl., 2009, S. 694 ff.
[②] Vgl. Siedler, Zurechnung von Realakten im Bürgerlichen Recht, 1999, S. 12.
[③] 当然，在适用《民法典》第 1165 条第 1 款的过错侵权责任规范时，该行为有意义，若 B 独自取得了鱼的所有权，就 A 的损害，B 会因过错侵权而承担赔偿责任。
[④] 与此不同，行政法的事实行为是指不对外发生规制性效果的行政行为，如高速公路照相测速、扑杀病猪等，它们无法因规法规的联结而自动产生法律效果。参见李惠宗：《行政法要义》（七版），元照出版有限公司 2016 年版，第 357 页。

"行为"是"事实"的原因,这会导致某一主体的行为后果由另一主体承担,如司机等占有辅助人实际控制物的结果是车主等占有主人取得占有。

至于导致物权变动的公权力行为,不仅法律规范的根基不在民法而在对应的法律部门,且种类多样、形态各异,强行将其归为自然事实或事实行为,不仅意义不大,还显得极其凌乱,为了便于体系化把握,本书将其单列。

(三)不动产登记和动产占有的基础地位

登记是不动产物权的公示形式,从知识定位来讲,把它放在公示原则的公示形式中阐述,在体系上更为匹配。不过,不动产登记的知识点多、体量大,为了防止喧宾夺主,不宜放置于公示原则部分。由于登记与所有类型的不动产物权变动都有关,属于基础制度,物权编也在第二章第一节规定了各类登记,故本章第二节阐述不动产登记,以之作为不动产物权变动的基础知识,与第三节以及第六节的关联部分共同组成不动产物权变动的整体知识。

占有是动产所有权和动产质权的公示形式,是这两类物权变动的基础制度。从知识纵深发展的逻辑来看,要理解作为动产物权变动之重点的交付,至少首先要理清占有的基本类型及其取得、丧失等基础知识。本章第四节将阐述这些知识,它与第五节以及第六节的关联部分共同组成动产物权变动的一般知识。

四、物权变动的"语境论"

事关物权归属的物权变动是物权法的重点内容,是在"物债二分"基础上,遵循公示原则等基本原则建立起来的制度体系和知识系统,符合物权法的特性和逻辑。与此同时,因为调整任务的需要,物权法之外的法律部门也关注物权归属,并按照自己特性和逻辑形成了适用于自己领域的物权变动规范。由于出发点和认知思路不同,尽管都在调整物权变动,但物权法和其他法律部门的对应规范不尽一致,在理解和适用时需注意甄别各自语境,不能一概地笼统适用,否则就会张冠李戴,此即物权变动的"语境论"。

以依法律行为的房屋所有权转让为例,物权法采用登记设权力,房屋所有权以登记为标准,房屋归属于登记的所有权人,没有例外可言。但其他法律部门对房屋所有权的判断标准除了登记,还有其他,以下举数例说明:(1)强制执行。为了提高财产查控效率,根据《查扣冻规定》第 2 条第 3 款,登记的房屋所有权人书面确认房屋属于被执行人的,法院可以查封,此时的权属判断标准是书面确认而非登记。(2)破产。《最高人民法院关于审理企业破产案件若干问题的规定》第 71 条第 6 项规定,未办理所有权转移登记但已向买方交付的房屋不是破产财产,此时的权属判断标准是占有而非登记。(3)征收。未登记但支付房款并实际居住的买受人是房屋所有权人。最高人民法院在"郝某某诉山西省太原市迎泽区人民政府征收房屋案"中认为:"郝某某与开发商签订购房合同并支付购房款,购买了案涉房屋并实际居住多年,虽未经登记机关予以产权登记,但在没有证据排除案涉房屋归郝某某实际拥有的情况下,应当认可郝某某对案涉房屋的实际所有者地位。"[①](4)刑法受贿罪。《最高人民法院、最高人民检察院关于办理受贿刑事案件适用法律若干问题的意见》第 8 条规定,国家工作人员利用职务上的便利为请托人谋取利益,收受请托人房屋,未变更权属登记的,不影

---

① 参见最高人民法院(2019)最高法行申 1125 号行政裁定书。

响受贿的认定。据此,参考案例"于某受贿案"的生效裁判指出:"即使没有办理权属登记,只要有证据证实受贿人实际上对涉案房产实现了控制,如受贿人拿到了房屋钥匙、实际居住、装修等,就足以认定受贿人实际取得了财物,即应认定为受贿既遂。"这些标准只能适用于各自情境,既不能相互套用,如把刑法受贿罪的例外适用于征收,也不能套用在物权法上,如把《查扣冻规定》第2条第3款作为登记设权力的例外。

第二节 不动产登记

一、不动产登记的内涵

不动产登记是指不动产登记机构依据法定程序将不动产物权等事项记载于不动产登记簿的法律事实。它有两层内涵:

第一,在动态视角下,不动产登记指向不动产登记机构的登记行为。《不动产登记暂行条例》第2条第1款把不动产登记界定为"不动产登记机构依法将不动产权利归属和其他法定事项记载于不动产登记簿的行为",这体现了本层内涵。本层内涵包括以下两重意义:(1)国家治理活动,即不动产登记要冠以国家名义并由国家信誉提供支持。为了实现国家对不动产的管理等治理目的,登记机构具有审查登记申请、决定是否登记等法定职权。我国登记机构是行政机关,登记行为属于行政行为。(2)法律程序过程,即不动产登记是登记机构依据法定程序进行登记作业的过程,包括对申请的受理、审核、登簿等程序。

第二,在静态视角下,不动产登记指向不动产登记簿的记载事项,其主要有以下分类:(1)以属性形态为标准,分为标示登记、物权登记和其他登记,前者记载不动产种类、面积等物理状况,中者记载不动产物权,后者记载权利人或利害关系人认为登记簿记载事项错误的异议、法院的查封等其他事项。(2)以功能形态为标准,分为首次登记、变更登记、转移登记和注销登记,它们与不动产物权的设立、变更、转让和消灭分别对应,也能适用于其他登记,如异议登记的设立、查封登记的注销。有关不动产登记类型,详见本节之六"不动产登记类型概述"部分。登记簿记载不动产物权后,根据不同情形分别产生设权力、对抗力、宣示力、推定力和公信力。

综上,不动产登记有动态和静态的两面性,前者重在规范登记机构的登记过程,后者重在表现登记簿记载的法律意义,不动产登记因而是兼顾记载行为和记载后果的法律事实。

进阶:不动产登记的"行民交错"问题

不动产登记的双重内涵表明它既涉及登记机构与登记申请人等主体的行政法律关系,又涉及登记簿记载的权利人与其他民事主体之间的民事法律关系,一旦纠纷与登记有关,往往会产生两种法律关系交织的"行民交错"现象,产生以下典型问题:

第一,如何确定行政争议与民事争议一并解决的适用范围?

《行政诉讼法》第61条规定:"在涉及行政许可、登记、征收、征用和行政机关对民事争议所作的裁决的行政诉讼中,当事人申请一并解决相关民事争议的,人民法院可以一并审理。在行政诉讼中,人民法院认为行政案件的审理需以民事诉讼的裁判为依据的,可以裁定中止行政诉讼。"①从该条规范文义来看，涉及不动产登记的行政争议和民事争议可一并解决，但根据《物权编解释一》第1条，仅事关不动产物权归属或不动产物权变动原因事实的争议属于民事纠纷，不在行政诉讼的受案范围之内②，因而不在《行政诉讼法》第61条的适用范围内。

在A把房屋卖给B并办理所有权转移登记后，A以买卖合同无效、登记行为没有依据为由，以登记机构为被告提起行政诉讼，要求撤销登记，但未提起确认合同无效的民事诉讼的情形，解决争议的焦点是买卖合同是否无效，而登记机构没有确认合同效力的权限，只要其依法审核，登记行为就有合法性，故该争议的解决与确认合同无效的民事争议无关，不应在《行政诉讼法》第61条的适用范围。

不过，受制于《行政诉讼法》第70条第1项的规定，若学理和司法实务普遍认为房屋买卖合同是否无效，决定了所有权转移登记主要证据是否不足，那对《行政诉讼法》第61条的适用范围就不应设限。

第二，当事人在民事诉讼中主张登记错误，是否应"先行后民"，即先由当事人提起行政诉讼，由法院确认登记行为的合法性，再据此进行民事诉讼？

答案为否，根据登记推定力以及公文书证推定力，登记簿的记载可被反证推翻，它不涉及对登记行为违法性的确认，也不涉及登记行为的撤销，根据《物权编解释一》第2条，主张登记错误的当事人无需另行提起行政诉讼。参考案例"冯某某诉某管理局民事主体间房屋拆迁补偿合同案"的生效裁判也指出，该案诉讼对房屋实际面积的认定旨在判断当事人履行合同义务是否符合约定，系依据民事诉讼证据规则对民事法律事实进行判断，不涉及对国家机关行政行为效力的判断。

二、统一登记

在2015年之前，我国的不动产登记是分散的，根据主管部门不同，土地、房屋等不动产由不同机构登记。2015年3月1日起施行的《不动产登记暂行条例》结束了分散登记的局面，确立了由统一登记机构按照统一制度来办理登记的统一登记制度。这部行政法规是统一登记的根本性规范文件，在此基础上，自然资源部相继制定了《不动产登记暂行条例实施细则》《不动产登记资料查询暂行办法》等部门规章，制定了《不动产登记规程》《不动产单元设定与代码编制规则》等业务规程，它们相对具体明确，成为登记机构办理业务所遵循的主要规范。

---

① 《行政诉讼法解释》第138条第3款规定："人民法院在审理行政案件中发现民事争议为解决行政争议的基础，当事人没有请求人民法院一并审理相关民事争议的，人民法院应当告知当事人依法申请一并解决民事争议。当事人就民事争议另行提起民事诉讼并已立案的，人民法院应当中止行政诉讼的审理。民事争议处理期间不计算在行政诉讼审理期限内。"

② 在参考案例"某元件公司诉某房开公司委托代建合同纠纷案"中，某元件公司的民事诉讼请求不是对土地使用权的登记行为或登记结果提出异议，而是围绕《委托定向开发补充协议》中约定的国有土地使用权归属，以及作为登记基础的《委托定向开发补充协议》效力问题，要求法院进行裁判，而非针对土地使用权的登记行为本身，故属于民事案件受理范围。

三、不动产登记机构

（一）不动产登记机构的确定

《不动产登记暂行条例》第6条规定："国务院自然资源主管部门负责指导、监督全国不动产登记工作。县级以上地方人民政府应当确定一个部门为本行政区域的不动产登记机构，负责不动产登记工作，并接受上级人民政府不动产登记主管部门的指导、监督。"据此，在中央层面，自然资源部是全国不动产登记唯一的行政主管部门，它对下级政府设立的登记机构具有指导权和监督权；在地方层面，地方政府在本行政区域内只能确定一个部门为登记机构。

（二）不动产登记的管辖

不动产登记的管辖权归属于登记机构，主要有三种管辖机制：(1)属地管辖。《民法典》第210条第1款规定："不动产登记，由不动产所在地的登记机构办理。"《不动产登记暂行条例》第7条第1款更具体地规定："不动产登记由不动产所在地的县级人民政府不动产登记机构办理；直辖市、设区的市人民政府可以确定本级不动产登记机构统一办理所属各区的不动产登记。"(2)特别管辖。《不动产登记暂行条例》第7条第3款规定："国务院确定的国有重点林区的森林、林木和林地，国务院批准项目用海、用岛，中央国家机关使用的国有土地等不动产，由国务院自然资源主管部门会同有关部门规定。"(3)跨域管辖。《不动产登记暂行条例》第7条第2款规定："跨县级行政区域的不动产登记，由所跨县级行政区域的不动产登记机构分别办理。不能分别办理的，由所跨县级行政区域的不动产登记机构协商办理；协商不成的，由共同的上一级人民政府不动产登记主管部门指定办理。"

四、不动产登记簿

（一）不动产登记簿的编制

不动产登记簿的编制有以下要求：

第一，样式统一。不动产登记簿要按照自然资源部提供的样式统一编制。《不动产登记暂行条例》第8条第2款规定："不动产登记机构应当按照国务院自然资源主管部门的规定设立统一的不动产登记簿。"

第二，物的编成。不动产登记簿以宗地或宗海为基础来编制，每一宗地或宗海对应一个登记簿，宗地或宗海及其房屋、林木等定着物均记载于该登记簿中。《不动产登记暂行条例实施细则》第6条规定，一宗地或一宗海范围内的全部不动产单元[①]编入一个不动产登记簿。

第三，记载事项符合法律规定。在物的编成基础上，不动产登记簿的记载事项要符合法律规定。《不动产登记暂行条例》第8条第3款规定："不动产登记簿应当记载以下事项：（一）不动产的坐落、界址、空间界限、面积、用途等自然状况；（二）不动产权利的主体、类型、内容、来源、期限、权利变化等权属状况；（三）涉及不动产权利限制、提示的事项；（四）其他相关事项。"

第四，以电子介质为主导。随着信息技术的发展，不动产登记簿主要采用电子介质。

[①] "不动产单元"这一概念是《民法典》以及其他法律所未规定的。根据《不动产登记暂行条例实施细则》第5条，不动产单元是指权属界线封闭且具有独立使用价值的空间，没有房屋、林木等定着物的，宗地或宗海为不动产单元，有前述定着物的，这些定着物与宗地或宗海共同组成不动产单元。

《不动产登记暂行条例》第 9 条规定："不动产登记簿应当采用电子介质,暂不具备条件的,可以采用纸质介质。不动产登记机构应当明确不动产登记簿唯一、合法的介质形式。不动产登记簿采用电子介质的,应当定期进行异地备份,并具有唯一、确定的纸质转化形式。"

符合上述要求的,不动产登记簿具有合法性,登记机构的依法记载能产生相应的法律效力,否则没有法律效力。比如,吴某某与黄某某到民勤县不动产登记事务中心办理登记,工作人员在《民勤县生态文化广场西路商铺登记表》中黄某某 12-115-A-(9—10)一栏载明:"抵吴某某 2017.1.12"。吴某某据此主张案涉房产抵押权完成登记。法院生效裁判认为,前述登记表不是不动产登记簿,不是合法有效的登记介质,工作人员在其中书写的内容不能认定为在登记簿上登记了抵押权。[1]

(二)不动产登记簿的公开

为了与公示原则匹配,不动产登记簿应予公开。如果登记簿的内容秘而不宣,他人难以知悉,就无法体现不动产物权的绝对权特质。《民法典》第 218 条、《不动产登记暂行条例实施细则》第 97—102 条、《不动产登记资料查询暂行办法》规定,登记簿的公开不采用主动公开的方式,而是由权利人、利害关系人向登记机构申请查阅、复制,符合规定的,登记机构应予允许。

前述公开措施为世人了解不动产登记簿提供了途径,而相关人员若无查阅登记簿的审慎义务,会在特定情况下作出有利于自己、不利于登记权利人的抗辩,这样就会削弱登记簿的公示作用。为了避免这一点,在比较法上,ZGB 第 970 条第 4 款特别规定,无论是否知悉登记簿,均拟制相关人员知悉,相关人员不能以不知登记簿的记载来抗辩。[2] 比如,A 出租房屋给 B,B 自称为房屋所有权人,把房屋卖给 C,完成交付。若 C 没有查阅登记簿的审慎义务,允许其以 B 占有房屋并将房屋交付给自己为由,主张取得房屋所有权,就会掏空登记对不动产物权的公示作用。故而,即便 C 确实未查阅登记簿,确实不知 A 才是房屋所有权人,也应拟制其知道 A 是登记簿记载的房屋所有权人,故 C 不能取得房屋所有权。

(三)不动产权属证书及登记证明

在不动产登记簿之外,登记机构会向权利人发放不动产权属证书,或向地役权登记、抵押权登记、异议登记、预告登记的申请人发放登记证明,以便当事人掌握有关登记情况。登记簿与权属证书、登记证明均是登记机构针对同一事项依法行为的后果载体,信息应当完全一致。不过,从法律效力上讲,登记簿是不动产权利归属和内容的根据,权属证书、登记证明是当事人享有相关权利的证明,前者效力胜于后者,《民法典》第 217 条规定,它们记载不一致的,以登记簿为准,有证据证明登记簿确有错误的除外。

五、登记能力

能在不动产登记簿记载的事项必须具备相应资格,这种资格称为登记能力。

(一)有登记能力的不动产物权

与法定原则一致,房屋所有权、国有建设用地使用权、宅基地使用权、居住权、地役权、不动产抵押权等法律规定的不动产物权有登记能力。为了最大程度满足市场主体的需要,作

---

[1] 参见最高人民法院(2020)最高法民再 57 号民事裁定书。
[2] Vgl. Zobl, Grundbuchrecht, 2. Aufl., 2004, S. 66.

为物权归属和内容根据的登记簿要全面展示有登记能力的不动产物权,其因此是承载和表征物权的权利平台。

(二)有登记能力的其他财产权

这些财产权主要包括:

第一,不动产信托。《信托法》第10条规定不动产信托应登记。《不动产登记暂行条例实施细则》第106条规定:"不动产信托依法需要登记的,由自然资源部会同有关部门另行规定。"我国目前尚无这方面的具体规定。

第二,不动产物权变动的债权请求权。买卖合同、抵押合同等约定的不动产物权变动的债权请求权是预告登记的对象,详见本节之十"预告登记"部分。

第三,约定的抵押财产转让限制。依照《民法典》第406条第1款、《担保制度解释》第43条、《自然资源部关于做好不动产抵押权登记工作的通知》第3条的规定,抵押期间,抵押人可以转让抵押财产,当事人另有约定的,按照其约定,该约定有登记能力。

不动产登记制度在明确权属的基础上,有引导交易有序发展的独特目的,认可与不动产物权密切相关的前述财产权有登记能力,便于他人了解不动产物权的状态,能节省交易成本,避免可能的纠纷解决成本。正因此,在比较法上,德国、瑞士以及我国台湾地区均规定与不动产物权密切相关的约定有登记能力。[①] 为了满足实践需要,我国大陆有登记能力的其他财产权范围应再予扩大,进而为相关交易搭建平台,以推动交易的便捷化,提高交易效率,就此而言,不动产登记还是交易平台。

(三)有登记能力的其他事项

这些事项不是财产权,主要包括:(1)根据《民法典》第220条第2款、《不动产登记暂行条例》第3条,权利人、利害关系人认为不动产登记簿记载事项错误的异议是异议登记的对象。(2)根据《不动产登记暂行条例》第3条,因诉讼保全、强制执行等原因而对不动产的查封是查封登记的对象。

六、不动产登记类型概述

不动产登记主要有以下类型:

第一,标示登记,即以不动产的种类、面积、坐落、用途等物理状况为对象的登记。标示登记指向不动产物权客体,是物权登记和其他登记的基础。

第二,首次登记。《不动产登记暂行条例实施细则》第24条第1款将其界定为"不动产权利第一次登记",包括首次取得所有权的登记和设立限制物权等其他权利的登记。

《不动产登记暂行条例实施细则》第24条第2款规定:"未办理不动产首次登记的,不得办理不动产其他类型登记,但法律、行政法规另有规定的除外。"据此,不动产登记采用连续登记原则,没有首次登记,不能有变更登记、转移登记或消灭登记,也不能有更正登记、异议登记等其他登记。

[①] 参见《德国地上权条例》第2条、第5条,《德国住宅所有权与长期居住权法》第5条、第10条、第12条;ZGB第730条、第741条、第782条、第792条;我国台湾地区"民法"第826条之1、第838条、第850条之3。

进阶：连续登记与不动产连环交易

根据连续登记原则，围绕同一不动产发生的连环交易在登记簿上的记载应有连续性，不能出现断裂或跨越，不能出现中间省略登记。比如，A把房屋卖给B，B再把房屋卖给C，只能是A把房屋所有权转移登记给B，B再转移登记给C，不能直接从A转移登记给C。相应地，B因A未办理首次登记，或A虽有首次登记但不配合办理转移登记，导致B不能按约定向C履行合同，C提起诉讼的，只能以B为被告，以A为第三人，法院也只宜判决A配合B办理转移登记，之后B再配合C办理转移登记。①

受制于连续登记原则，在未办理转移登记时，上例的次买受人C不能取得房屋所有权，但在满足特定条件时，其对房屋的民事权益可排除B的一般金钱债权人的强制执行。根据参考案例"任某诉雷某申请执行人执行异议之诉案"的生效裁判，在B从A处购买的房屋被B的一般金钱债权人D申请法院查封前，B、C订立了有效的书面房屋买卖合同，B把房屋交付给C占有，C按照约定支付全部购房款或支付部分价款且按照法院要求把剩余价款作为B的债权交付执行，因A的原因导致无法连续登记的情况下，参照适用《执行异议复议规定》第28条，C对房屋享有足以排除强制执行的民事权益，对于D要求执行房屋的诉讼请求，法院不予支持。

第三，变更登记，即在权属未易主的情况下，因姓名或名称等主体自身信息、不动产坐落等客体信息或物权内容、期限等信息发生变化而办理的登记。

第四，转移登记，即因权利转让而办理的登记。

第五，注销登记，即因权利消灭而办理的登记。通过注销登记，登记簿的记载被涂销，表明不动产物权消灭。

第六，更正登记，即因更正登记簿的错误记载而办理的登记。《民法典》第220条第1款规定："权利人、利害关系人认为不动产登记簿记载的事项错误的，可以申请更正登记。不动产登记簿记载的权利人书面同意更正或者有证据证明登记确有错误的，登记机构应当予以更正。"详见本节之八"更正登记"部分。

第七，异议登记，即以登记权利可能有误的信息为对象的登记。《民法典》第220条第2款规定："不动产登记簿记载的权利人不同意更正的，利害关系人可以申请异议登记。登记机构予以异议登记，申请人自异议登记之日起十五日内不提起诉讼的，异议登记失效。异议登记不当，造成权利人损害的，权利人可以向申请人请求损害赔偿。"详见本节之九"异议登记"部分。

第八，预告登记，即以原因行为产生的引致不动产物权变动的债权（如买受人请求出卖人转让房屋所有权的债权）为对象的登记。《民法典》第221条第1款规定："当事人签订买卖房屋的协议或者签订其他不动产物权的协议，为保障将来实现物权，按照约定可以向登记机构申请预告登记。预告登记后，未经预告登记的权利人同意，处分该不动产的，不发生物

---

① 比如，《广东省高级人民法院关于审理房屋买卖合同纠纷案件的指引》第19条规定："房屋连环买卖均未办理不动产转移登记，最终买受人以其合同相对人为被告提起诉讼，请求协助办理不动产转移登记的，人民法院可以通知参与房屋买卖的其他当事人作为第三人参加诉讼。被告以及第三人不提出抗辩或者抗辩理由不成立的，可以判决当事人依次办理不动产转移登记。第三人提出的抗辩理由成立的，人民法院可以依据民法典第五百八十条第一款第一项的规定驳回最终买受人的诉讼请求。"

权效力。"详见本节之十"预告登记"部分。

第九，查封登记。查封是法院等国家机关依法对特定财产进行查控的强制措施，查封登记是指以查封为对象的不动产登记。查封登记主要有以下效力：(1) 宣示力。法院等国家机关的查封裁定或决定的生效有其自身标准[①]，登记与否，不影响查封的法律效力，查封登记只是宣示了查封信息，便于世人知悉。(2) 对抗力。《查扣冻规定》第 7 条第 2 款第 2 句规定，已登记的查封能对抗未登记的查封。比如，甲法院先查封房屋，未办理查封登记，乙法院后查封该房屋，办理了查封登记，因为已登记的查封能对抗未登记的其他查封，乙法院因而在查封竞争中胜出。(3) 禁止力。在查封后，查封财产被依法禁止处分或禁止确权。《执行与协助执行通知》第 22 条、最高人民法院等部门《公安机关办理刑事案件适用查封、冻结措施有关规定》第 14 条规定，不动产物权被查封，权利人转让或抵押该物权的，登记机构不能办理相应登记。《立案审判执行意见》第 8 条规定，审判部门在审理确权诉讼时，应当查询所要确权的财产权属状况，已经被法院查封的，应当驳回起诉。

提示：查封禁止力规范的正当性再议

根据查封禁止力规范，因不能办理转移登记等相应登记，在登记设权力的情形，查封的不动产物权根本不能处分，没有市场流通性，这显然不同于《查扣冻规定》第 24 条，即被查封人擅自处分的，除非取得财产的第三人为善意，否则不能对抗查封申请人（见本章第一节的"处分自由的限制及其法律效果"提示部分）。照此来看，在查封禁止力的限制下，《查扣冻规定》第 24 条的适用范围限缩在查封动产物权变动以及查封不动产物权变动适用登记对抗力的情形（如设立土地经营权、地役权）。不过，查封意在保护债权人的个体利益，为该利益就杜绝查封不动产物权的处分可能性，过于严苛，其正当性应予斟酌。其实，查封登记公示了查封信息，第三人完全能了解相应风险（如不动产物权会被法院通过拍卖、变卖等方式强制处分），在此基础上其愿意取得不动产物权，表明自愿承受风险，并在此基础上有化解风险的措施（如代被查封人清偿债务），故而，《查扣冻规定》第 24 条既尊重了第三人的意思自治，又维持了查封不动产物权的市场流通性，还不会使保护查封申请人的目的落空，更有正当性。

七、不动产登记程序

根据不同的启动方式，不动产登记程序分为三类：依申请、依嘱托和依职权。

（一）依申请的不动产登记程序

依申请的不动产登记最为常见，其程序主要包括以下环节：

第一，申请。不动产登记涉及民事主体的权利归属和利益变化，为了防止登记机构滥用权力，应由所涉及的民事主体来启动登记，以指引登记机构的职权运行范围和方向。由相应民事主体发起的登记启动机制就是申请。申请在此是登记机构依法开展工作的基础，故有申请原则之称。

为了确保申请的正当性，只有与不动产登记结果有法律上利害关系的民事主体有资格

[①] 《查扣冻规定》第 1 条第 2 款规定，采取查封措施需有关单位或个人协助的，法院应制作协助执行通知书，连同裁定书副本一并送达协助执行人；查封裁定书和协助执行通知书送达时发生法律效力。

提出申请,申请因此是公法上的权利,其指向对象是登记机构,旨在引发登记机构的受理、审核、决定等程序性职权行为,故属于程序权利。正因此,登记申请权不同于登记请求权,后者是实体权利,以请求相对人协助申请登记为目的,受诉讼时效等民事实体规范的约束。

> 例:A把房屋抵押给B,B有权根据抵押合同请求A协助申请抵押登记,该权利为登记请求权,要适用诉讼时效制度。A和B向登记机构申请抵押登记的权利为登记申请权,只要不动产登记制度未予限制,该权利的行使取决于当事人的意愿,不受诉讼时效制度的制约。

根据《不动产登记暂行条例》第14条,登记事项涉及多方当事人的,由当事人共同申请;登记事项与他人无关或无须他人介入的,由与登记事项相关的一方当事人单方申请。在申请时,根据《民法典》第211条、《不动产登记暂行条例》第16条,申请人应提交权属证明等真实的申请材料。

第二,受理。《不动产登记暂行条例》第17条规定,登记机构不能直接拒收申请,而是必须按照法定程序接受,进行必要的审查,以决定是否受理。

第三,审核。在受理后,不动产登记机构进行审核。根据《民法典》第212条、《不动产登记暂行条例》第18—19条等规定,该环节有以下要点:(1)在对象上以实质审查为方向。为了落实登记的法律效力,切实保障交易安全,登记机构的审核对象包括买卖合同等原因事实,查验其主体、标的物、内容与申请书、登记簿等材料是否一致,这种审查是实质审查;若登记机构无需审查原因事实,而只是对比申请书与登记簿的记载是否一致,就是形式审查。(2)在方式上以书面审查为主,以其他机制为辅,即为了提高登记效率,登记机构主要查验申请材料,据此作出决定,但仅凭此有时难以准确判断,故登记机构依法会采用询问、调查、实地查看、公告等辅助机制。

第四,决定。不动产登记机构在审核后,应依法在如下决定中择一而行:(1)登簿,即把申请事项记载于登记簿。《不动产登记暂行条例》第21条等规定,申请事项完全符合规定的,登记机构应登簿,这标示着登记完成。(2)不予登记。《不动产登记暂行条例》第22条规定,申请有违反法律、行政法规规定的根本缺陷而不能补救的,登记机构不应登记。

(二)依嘱托的不动产登记程序

嘱托是指有关国家机关为了履行公共职责,依法对不动产登记机构提出办理登记的要求。与嘱托对应的登记称为依嘱托登记,嘱托的国家机关称为嘱托机关,包括政府、法院、检察院、监察机关、公安机关等。依嘱托登记的程序环节主要包括:(1)嘱托。嘱托机关在嘱托时,应提供相应材料,如法院查封裁定书、协助执行通知书等。(2)受理。登记机构接受嘱托机关的嘱托材料。(3)审核。嘱托是国家机关通过不动产登记实现特定治理目的的公权力行为,登记机构无权审查嘱托事项的合法性和妥当性,只能对嘱托的真实性和形式适格性进行核查,如核查法院查封裁定和协助执行通知书是否送达,其中的记载与登记簿是否一致。(4)登簿。嘱托的真实性和形式适格性符合规定的,登记机构按照嘱托内容办理登记。

根据《行政诉讼法解释》第1条第2款第7项、《房屋登记案件规定》第2条第1款,不动产登记机构根据法院、仲裁机构的法律文书或有权机关的协助执行通知书以及政府的征收决定办理的登记行为,不在行政诉讼的受案范围,登记与有关文书内容不一致或采取违法方式登记的除外。

(三) 依职权的不动产登记程序

在特定情形下,不动产登记机构可依职权主动登记。根据《不动产登记暂行条例实施细则》第 81 条,只有在登记错误,当事人不及时申请更正登记时,登记机构才能主动更正登记。

八、更正登记

(一) 更正登记的功能

登记错误涉及双方主体,一是错误登记的登记名义人,另一是未被正确登记的真实权利人。更正登记旨在彻底修正登记错误,恢复正确登记,是保护真实权利人的最有力手段。不过,在更正登记前,一旦登记名义人通过转让、抵押等方式处分了物权,为了保护取得物权的善意第三人,就不能再更正登记。

> 例:在 A 把房屋转让给 B,办理所有权转移登记后,房屋买卖合同被法院认定无效,转移登记错误,B 是登记名义人,A 是真实权利人。在此事实基础上分设两种情形:(1) 在 B 转让房屋给他人前,A 依法申请更正登记,登记机构办理后,A 恢复其所有权人地位。(2) 在 B 把房屋转让给 C,C 根据《民法典》第 311 条善意取得房屋所有权后,A 不能再通过更正登记来保护自己。

(二) 更正登记的情形

更正登记适用于不动产登记原本错误的情形,即登记簿记载的权利与登簿时的真实权利状况不符,这是更正登记与其他登记的根本区别。登记本来无误,但嗣后物权人变更姓名、死亡或物权客体灭失(如房屋坍塌),导致登记簿的记载与真实权利状况不一致的,需相应地办理变更登记、转移登记或注销登记,而非办理更正登记。

更正登记在不动产物权登记错误情形最有意义,它能防止善意取得,从而保护真实权利人。物权登记错误是指登记机构在登簿时,未记载其时的真实物权;至于在登记设权力的情形,登记尚未完成,物权尚未变动的状态,并非登记错误。[①] 从实践情况来看,物权登记错误主要有以下情形:

第一,依申请的不动产登记,登记机构应根据申请依法展开受理、审核、登簿等职权活动,若登记机构未依法进行,导致登记簿对物权的记载与申请不符的,表明登记错误。比如,A 把房屋抵押给 B,约定担保债权数额 300 万元,但不动产登记机构把债权数额记载为 30 万元,该记载错误。

第二,依申请的不动产登记,申请是登记之始,受理表明登记机构接受申请材料,审核旨在筛选申请的合法性和正当性,登簿表明登记完成,它们环环相扣。在涉及顺位时,为了保护在先的申请人,也为了规范登记机构的操作,申请和受理在先者,登簿也应在先,否则登记错误。比如,A 公司把国有建设用地使用权抵押给 B 银行,双方申请办理抵押登记,登记机构受理。次日,A 公司与 C 申请办理地役权登记,由 C 通行该土地,登记机构受理。若 C 的地役权登簿时间早于 B 银行的抵押权,则登记错误。

第三,依申请的不动产登记,登记机构将依法不应登记的情形予以登记。比如,《不动产登记暂行条例》第 22 条第 2 项规定,存在尚未解决的权属争议的,不动产登记机构应当不予

---

① Vgl. Zobl, Grundbuchrecht, 2. Aufl., 2004, S. 77 ff.

登记,并书面告知申请人。登记机构明知案涉土地存在权属争议,仍受理转移登记申请并办理登记的,依法应予撤销。[①]

第四,依嘱托的不动产登记,嘱托错误,导致登记错误。比如,不动产登记机构在根据法院的判决书、查封裁定、协助执行通知书等嘱托材料,把 A 的房屋所有权转移登记到 B 的名下后,该判决被依法撤销,法院改判房屋所有权应转移登记给 C,B 的所有权登记错误。

关联:恢复登记

在不动产登记机构根据法院嘱托办理登记后,作为嘱托材料的法院裁判被依法撤销但未改判的,表明嘱托前的登记原状无误,应予恢复,此为恢复登记,而非更正登记。在参考案例"田某柱诉济南市自然资源和规划局行政收费案"中,杜某振向法院提起诉讼,一审法院判决撤销田某俊的房屋所有权证书,二审法院维持原判。二审判决生效后,登记机构依法注销房屋所有权登记。田某俊等申请再审,法院裁定撤销一、二审判决,发回重审。之后,田某俊去世;再后,杜某振撤回起诉,法院准许。田某柱作为田某俊的继承人向登记机构提交申请,要求将房屋重新登记至田某俊名下,登记机构收取更正登记费 40 元。田某柱不服,提起诉讼。法院生效裁判认为,房屋在进入诉讼之前登记在田某俊名下,后登记机构依据生效判决撤销登记,房屋进入未登记状态;之后,法院裁定撤销生效判决并将案件发回重审,杜某振在重审过程中撤回起诉,法院准许,该案终结。至此,登记机构据以撤销登记的判决因被法院再审撤销已不具有法律效力,该撤销登记的行政行为失去依据,即使生效裁定未明确房屋权属,亦不成为阻碍房屋恢复至初始登记状态的事由。田某柱申请将房屋重新登记至原所有权人田某俊名下,该申请并未要求更改包括权利人在内的任何登记事项,重新登记后的权利证书内容与初始登记一致,因此,该登记在形式上不符合变更登记或更正登记。

第五,不动产物权变动的原因事实无效或被依法撤销的,登记错误。比如,在 A 把房屋转让给 B,办理所有权转移登记后,房屋买卖合同被法院认定无效,转移登记错误。又如,在 C 的房屋被政府征收,办理房屋所有权注销登记后,法院依法撤销征收决定,注销登记错误。

争点:未成年子女名下的"娃娃房"是否登记错误?

在实践中,父母为未成年子女买房,房屋所有权登记在子女名下,是比较常见的现象,这种房屋俗称"娃娃房",其折射出父母与未成年子女的亲子物权关系。与市场背景下的物权不同,亲子物权处于亲情之中,在"娃娃房"的归属上,市场会与亲情打架,如面对父母的债权人异议,该房产是未成年子女个人所有,是家庭共有,还是夫妻共同财产,也即其登记是否正确,学理和实务分歧巨大。这种分歧呈现出两种对立的视角,一是注重父母和未成年子女人格独立、财产分离的个人主义,在这种视角中,未成年子女物权归属用物权法调整足矣,"娃娃房"的登记无误;另一是整体主义,它强调在亲情的天然维系下,在共居的生活强化下,父母子女的个体性深植于亲子关系的整体性当中,结果是未成年子女名下的物权未必是其个人财产,"娃娃房"的登记错误。

民事财产法充满浓郁的个人主义风格,所有权绝对、合同自由就是经典例证。在现

---

① 参见最高人民法院(2019)最高法行申 12308 号行政裁定书。

代化进程中,随着国家的积极介入,家庭法也以个人主义为精神气质和风格导向,贯彻夫妻平等和未成年子女最佳利益原则。[①] 这实质影响了亲子财产规范,以德国为例,未成年子女的财产不归属于父母,父母在特定情形应制作未成年子女财产目录并提交给法院,父母不得随意使用未成年子女财产,父母处分未成年子女财产需遵循为子女最佳利益原则并经法院同意。[②] 用一句话来概括个人主义视角下的亲子物权规范,就是"亲是亲,财产分"。

不从规范应然层面、而从社会实然层面来考虑,会发现缺乏市场机制的社会是整体主义导向的。比如,狩猎采集社会是人和财产基本不流动、人际信息充分敞开的封闭社会,主色调是社群团结而非个体独立,在此没有所有权绝对和合同自由,因为迫于生计,有限的财物只能共享而无法独占,财物交换也意在通过互惠加强联合。[③] 又如,在围地耕织的农业社会,人们相互间知根知底,无需人为的登记来表征土地所有权,土地买卖、借贷等交易虽有经济考量,但至关重要的还有互助、感情和信誉。[④] 作为弥漫亲密情感的小型社群,父母和未成年子女组成的亲子家庭结构无异于前述封闭社会的缩影,亲子关系高度连带,身份彼此成就,情感互为依托,天然排斥个人主义。正因此,萨维尼在区分财产法和家庭法时,特意指出一些财产制度附着于具体的家庭关系,构成"实用家庭法",不仅在财产法中有独立地位,也不同于婚姻、父权、亲属、监护所组成的"纯粹家庭法"。[⑤]

正因为亲子的法律建构在一定程度上会引导生活实践,但又未完全重叠,面对客观存在的间隙,在解读亲子物权规范时,就有了法律建构的个人主义视角和生活现实的整体主义视角。

在个人主义视角下,父母的物权和未成年子女的物权归属不同且边界明晰。遵循《民法典》第216条第1款有关登记为不动产物权归属和内容之根据的规范,"娃娃房"当然归未成年子女个人所有。

在整体主义视角下,父母和未成年子女在具体家庭中通过制度化的生活全面强化了韧性,在情感、经济等生活各要素上相互依赖、高度交织,形成"全面的合作,整体的生活"[⑥],是离开彼此都不能好好生活的有血有肉的具体个体,而非面目模糊的原子化个体。正因此,亲子家庭堪称人际关系最紧密的生活共同体,其财产混同和弥散到了难以彻底分清你我的程度。特别是在独生子女家庭,父母财产不过是子女可预期的将来财产,实际就是与子女利益混为一体的家庭财产,而非与子女财产严格区隔的、纯粹的夫妻财产。在此基础上,特别是在"娃娃房"源自父母的情形中,既能把"娃娃房"理解为父母责任财产的转换形态,也能理解为是把本应通过继承完成的财产代际传承提前变现,这进一步增加了亲子物权归属的模糊性。在这种整体主义视角下,父母财产与未成年

[①] 参见施慧玲:《家庭·法律·福利国家》,元照出版有限公司2001年版,第3—33页。
[②] 参见〔德〕迪特尔·施瓦布:《德国家庭法》,王葆莳译,法律出版社2010年版,第349—354页。
[③] 参见〔美〕马歇尔·萨林斯:《石器时代经济学》(修订译本),张经纬等译,生活·读书·新知三联书店2019年版,第53—331页。
[④] 参见杨懋春:《一个中国村庄:山东台头》,张雄等译,江苏人民出版社2001年版,第61—148页。
[⑤] 参见〔德〕弗里德里希·卡尔·冯·萨维尼:《当代罗马法体系》(第一卷),朱虎译,中国人民大学出版社2023年版,第256—299页。
[⑥] 参见费孝通:《乡土中国 生育制度》,北京大学出版社1998年版,第136页。

子女财产浑然一体,即便父母刻意把"娃娃房"登记在子女名下,也是家庭财产的内部流通,不改它们仍是家庭财产的实质。这样一来,"娃娃房"不归未成年子女单独所有,而是归家庭共有,登记因此出现错误。比如,李某1、薛某为其不满7周岁的女儿李某2购买房屋,所有权登记在李某2名下。由于房屋由李某1、薛某实际出资,长期由该二人掌控的公司占有使用,房屋的抵押、租赁也明显超过李某2的日常生活所需,据此可认定房屋是家庭共同财产。①

(三) 更正登记的程序

在登记错误时,真实权利人有权请求登记名义人申请更正登记,该权利称为更正请求权。在依法提出申请后,根据《不动产登记暂行条例实施细则》第80条,只有在登记确有错误,且未办理涉及不动产权利处分的登记(如转移登记)、预告登记和查封登记的情况下,登记机构才能办理更正登记。

《不动产登记暂行条例实施细则》第81条规定,登记机构发现登记错误,应当通知当事人在30个工作日内办理更正登记;当事人逾期不办的,登记机构应当在公告15个工作日后,依法予以更正,但在错误登记之后已经办理了涉及不动产权利处分的登记、预告登记和查封登记的除外。这意味着,登记机构在发现登记错误后,要先将此信息通知当事人,以便让其充分知情并进行自我保护,只有在当事人消极不作为时,登记机构才能主动更正登记。

关联:撤销登记

根据《行政诉讼法》第70条,登记行为有下列情形之一的,法院判决撤销或者部分撤销,并可以判决登记机构重新登记:(1)主要证据不足;(2)适用法律、法规错误;(3)违反法定程序;(4)超越职权;(5)滥用职权;(6)明显不当。同时,根据《行政诉讼法》第74条第1款第1项、《房屋登记案件规定》第11条第3款,登记行为依法应当撤销,但撤销会给国家利益、社会公共利益造成重大损害的,或房屋所有权已为第三人善意取得②的,法院判决确认违法,但不撤销登记行为。显然,由法院判决的撤销登记不是更正登记,但在登记错误时,它们在消除错误、保护真实权利人方面具有共性。

九、异议登记

(一) 异议登记的功能

异议登记主要有以下功能:(1)警示功能。异议登记具有公开性,向世人发出登记可能有误的警告,提醒注意交易风险。(2)保全功能。异议登记通过公开警示,使第三人了解到登记可能有误的信息,使其无法善意取得,进而使真实权利人可通过更正登记或诉讼来保全权利。

例:A认为登记在B名下的房屋归自己所有,办理了异议登记。在异议登记期间,B把房屋转让给C,申请所有权转移登记。根据《不动产登记暂行条例实施细则》第84

---

① 参见最高人民法院(2020)最高法民申6800号民事裁定书。
② 《最高人民法院关于第三人善意取得的抵押权能否阻却人民法院判决撤销房屋所有权登记请示的答复》规定,第三人善意取得的房屋抵押权不能阻却法院依法判决撤销房屋所有权登记。

条,登记机构向 B、C 书面告知异议登记事项。C 相信 B 的登记无误,继续申请办理转移登记,在其提供知悉异议登记存在并自担风险的书面承诺后,登记机构予以办理。之后查实房屋确归 A 所有,根据《物权编解释一》第 15 条第 1 款第 1 项,C 不能取得房屋所有权,A 为真实所有权人法律地位得以确保。

(二)异议登记的情形

异议登记适用于登记可能有误的情形,只要申请人提供登记错误的初步证明材料,登记机构即可办理异议登记。比如,A 公司认为登记在 B 公司名下的房屋归自己所有,申请异议登记。根据《不动产登记暂行条例实施细则》第 82 条第 2 款,只要 A 公司提供自己是国有建设用地使用权人、房屋由自己出资建造等材料,登记机构就应办理异议登记。

登记是否错误,还要进一步确证,异议登记因此不表明登记确实错误,不是推翻登记推定力的证据。相应地,异议登记没有推定力,不能推定其保全的就是真实权利。

(三)异议登记的要件

异议登记需满足以下要件,才能发挥保全功能:(1) 登记错误。异议登记不以登记确有错误为前提,但要发挥其保全功能,需登记确属错误,若非如此,异议登记没有意义。[1] (2) 申请人需为真实权利人。异议登记旨在保全真实权利,与此相应,申请人需为真实权利人,否则不能发挥保全功能。[2] (3) 有效存续。异议登记是暂时性的保全措施,根据《民法典》第 220 条第 2 款、《不动产登记暂行条例实施细则》第 83 条,异议登记申请人应在异议登记之日起 15 日内,提交法院或裁机构受理通知书等提起诉讼或申请仲裁的材料,否则异议登记失效;一旦异议登记失效,异议登记申请人就同一事项以同一理由再次申请异议登记的,登记机构不予受理。[3]

例:A 认为登记在 B 名下的房屋归自己所有,办理了异议登记。在异议登记期间,B 把房屋所有权转让给 C。在此事实基础上分设三种情形:(1) B 的登记无误,异议登记没有意义,C 确定地取得房屋所有权。(2) 房屋真实所有权人为 D,但 D 未申请异议登记,不受异议登记的保护,C 的房屋所有权不受异议登记的影响。(3) A 在异议登记之日起 15 日内未向法院起诉或申请仲裁,异议登记失效,C 的房屋所有权不受异议登记的影响。

(四)异议登记与更正登记的关系

真实权利人行使更正请求权,请求登记名义人申请更正登记,后者不同意的,真实权利人需通过诉讼解决权属争议。诉讼程序耗时较长,一旦登记名义人在诉讼期间处分物权,第三人善意取得物权,就不能再更正登记。异议登记能防止发生上述情况,只要符合前述要件,真实权利人就能通过更正登记来追夺第三人取得的物权。故而,异议登记是更正登记的预备和保障,一旦真实权利人通过更正登记回复了正确登记,异议登记就告消灭。

十、预告登记

(一)预告登记的功能

在公示设权力的情形,如在房屋所有权转让时,A、B 签订买卖合同,尚未办理转移登记,

---

[1] Vgl. Müller/Gruber, Sachenrecht, 2016, S. 509.
[2] Vgl. Wieling/Finkenauer, Sachenrecht, 6. Aufl., 2020, S. 393.
[3] 《物权编解释一》第 3 条规定,异议登记失效后,当事人仍有权提起民事诉讼,请求法院确认物权归属。

一旦出卖人A一房数卖,把房屋转让给C,B受让房屋所有权的目的就会落空。为了防范这种风险,加固债权人B的地位,使其对A的转让房屋所有权的债权的实现机会不因A的另行处分行为而落空,预告登记遂应运而生。通过预告登记,B的债权效力得以强化。《民法典》第221条第1款规定,未经债权人同意,债务人处分预告登记的不动产的,不发生物权效力。故而,预告登记的制度功能主要是为债权实现提供保障,确保不动产物权变动能现实发生。

(二) 预告登记的适用对象

与其制度功能相应,预告登记适用于引致不动产物权变动的债权;相应地,债权人是预告登记权利人,债务人是预告登记义务人。比如,A把房屋卖给B,B请求A转让房屋所有权的债权被预告登记,B是权利人,A是义务人。又如,C、D签订房屋买卖合同,约定C把房屋转让给E,E直接请求C履行债务,该债权被预告登记。C死亡后,F继承遗产。E为权利人,F是义务人。

预告登记的债权是否附条件或附期限,在所不问。比如,G把房屋转让给女儿H,同时约定H应妥当照料G,否则H应将房屋归还G。根据该约定,若H不妥当照料G,G有权请求H归还房屋,G对H的这一附条件债权可被预告登记,G为权利人,H是义务人。

在我国交易实践中,预告登记主要适用于商品房预售①,涉及买卖预告登记和抵押预告登记,前者以买受人基于预售合同请求房地产开发企业等出卖人转让商品房所有权的债权为对象,后者以银行等贷款人基于抵押合同请求买受人以其将来取得的商品房为客体设立抵押权的债权为对象,前者是后者的基础,没有前者就没有后者。

> 例:A公司与C签订商品房预售合同,因为房屋尚未建成,A公司未取得房屋所有权,C无法通过转移登记受让房屋所有权。为了保全C请求A公司按约定转让房屋所有权的债权,只能办理买卖预告登记。为了支付房款,C从B银行贷款,以其将来从A公司受让的房屋为抵押财产。由于房屋尚未建成,为了保全B银行请求C设立抵押权的债权,只能办理抵押预告登记。根据连续登记原则,只有A公司与C之间的买卖预告登记办理后,才能办理抵押预告登记。在房屋建成,A公司办理房屋所有权首次登记后,C通过转移登记受让房屋所有权,B银行的抵押预告登记同时转为抵押权登记。

预告登记保全的债权会受到抗辩,一旦抗辩成立,债权无从实现,预告登记因此失去应有作用。比如,A把房屋卖给B,B请求A转让房屋所有权的债权被预告登记。按照合同约定,在B支付价款前,A有权不转让房屋所有权。A的这一抗辩不因预告登记而消灭,B未按约定支付价款的,A有权拒绝转让房屋所有权。

(三) 预告登记的法律效力

预告登记主要有以下法律效力:

第一,保全债权。《民法典》第221条、《物权编解释一》第4条、《不动产登记暂行条例实施细则》第85条第2款规定,未经权利人同意,义务人不得处分物权,登记机构不得办理相应登记,预告登记因此有禁止登记的作用,从而能保全权利人的债权。未经权利人同意,即

---

① 《商品房销售管理办法》第3条第3款把商品房预售界定为:房地产开发企业将正在建设中的商品房预先出售给买受人,并由买受人支付定金或者房价款的行为。

便登记机构对义务人的处分办理了登记,也不能发生物权变动。① 比如,A把房屋卖给B,B请求A转让房屋所有权的债权被预告登记。未经B同意,A不能以向C转让、抵押、设立居住权等方式处分房屋,登记机构不能办理相应登记,否则登记错误,没有法律效力。

提示:保全债权效力实现途径的比较法分析

在比较法上,预告登记均有保全债权的效力,但实现途径不尽相同。在德国,BGB第883条、第888条规定,在预告登记后,义务人向他人处分不动产的行为妨碍债权实现的,对权利人不生效,但对其他人有效,此即相对不生效。在上例,A无需B同意即可处分房屋(如转让给C),登记机构能办理相应登记,但对B而言,A仍是房屋所有权人,B有权请求A办理转移登记,由于C已登记为所有权人,仅凭A不足以让B取得所有权,为此,B有权请求C同意A、B的所有权转移登记。在瑞士,预告登记产生物上之债,即预告登记的债权扎根于不动产,对此后取得不动产所有权的任意之人均有约束力,谁取得不动产所有权,谁就要承受债权,权利人有权对其主张债权,此即预告登记的继受保护效力。② 据此,上例的A无需B同意即可处分房屋(如转让给C),登记机构能办理相应登记,C在取得房屋所有权的同时也承受A对B的债务,从而对B负有转让房屋所有权的义务。

我国预告登记通过限制义务人处分权的方式来保全债权,德国和瑞士的制度则未予限制,而是在义务人有权处分的基础上,通过警示风险,由第三人在信息完全的条件下自行决定是否参与处分。相比而言,德国和瑞士的制度在权利人债权保全、义务人处分自由和第三人意思自治之间达成巧妙的平衡,似更可取。③ 在德国和瑞士的制度之间,前者需考虑权利人、义务人和第三人相互间的关系,后者使义务人出局,仅需考虑权利与第三人的关系,这种法律关系构造的简化便于实践操作,应更为可取。

第二,保全顺位。在同一不动产有多个预告登记,或既有预告登记又登记限制物权的情形,预告登记的债权实现的,物权在预告登记之日变动。《担保制度解释》第52条第1款规定,办理抵押预告登记后,权利人请求就抵押财产优先受偿,经审查存在尚未办理建筑物所有权首次登记、预告登记的财产与办理建筑物所有权首次登记时的财产不一致、抵押预告登记已经失效等情形,导致不具备办理抵押登记条件的,法院不予支持;经审查已经办理建筑物所有权首次登记,且不存在预告登记失效等情形的,法院应予支持,并应当认定抵押权自预告登记之日起设立。比如,A公司以尚未建成的商品房为B银行设立抵押权,办理了抵押预告登记。在房屋合法建成并办理所有权首次登记后,A公司又为C银行设立房屋抵押权,办理了抵押登记。只要预告登记未失效,B银行的抵押权自预告登记之日起设立,优先于C银行的抵押权。

第三,排除强制执行。根据《执行异议复议规定》第30条,在买卖预告登记后,房屋被查封的,预告登记优于查封,买受人有权提出停止处分异议,法院不能处分房屋;已经办理建筑

---

① 参见孙宪忠、朱广新主编:《民法典评注:物权编》(第1册),中国法制出版社2020年版,第133页。
② Vgl. Zobl, Grundbuchrecht, 2. Aufl., 2004, S. 127.
③ 不过,从实践结果来看,三者应该差别不大。德国的实践表明,在预告登记的警示下,很少有人冒险与权利人再为处分交易,实际效果与禁止登记一样。Vgl. Baur/Stürner, Sachenrecht, 18. Aufl., 2009, S. 261.

物所有权首次登记,且不存在预告登记失效等情形的,买受人有权提出排除执行异议,法院应解除查封。

第四,破产保护。义务人破产的,权利人依法享有预告登记的不动产物权。《担保制度解释》第52条第2款规定,办理抵押预告登记后,抵押人破产,经审查抵押财产属于破产财产,权利人主张就抵押财产优先受偿的,法院应当在受理破产申请时抵押财产的价值范围内予以支持,但是在法院受理破产申请前一年内,债务人对没有财产担保的债务设立抵押预告登记的除外。比如,A公司把房屋抵押给B银行,办理了抵押预告登记。A公司于两年后破产,B银行有权就该房屋优先受偿。

(四) 预告登记的设立

预告登记的设立需满足以下条件:

第一,实体要件。预告登记的债权需有登记能力,即能导致不动产物权变动,且合法有效,否则预告登记没有法律意义。比如,A把房屋出租给B,B的承租权虽为债权,但不能导致物权变动,无法办理预告登记。又如,在C把房屋为D办理抵押预告登记后,抵押合同被法院认定无效,根据《民法典》第221条第2款、《物权编解释一》第5条,预告登记失效。

第二,程序要件。登记机构基于当事人的申请依法办理预告登记。

第三,特别要件。在义务人的物权登记错误时,权利人需为善意。比如,被错误登记为所有权人的A把房屋抵押给B,办理抵押预告登记。B在预告登记时不知道前述登记错误,预告登记有效设立。

(五) 预告登记的转让

受制度功能制约,预告登记对其保全的债权具有从属性,根据《民法典》第547条,债权转让的,预告登记随之转让,即便未办理转移登记,也不影响预告登记的转让。比如,A把房屋卖给B,B请求A转让房屋所有权的债权被预告登记。B将债权依法转让给C,无论是否办理转移登记,C都取得预告登记的债权。

提示:虚假债权转让

在通常情形,债权没有可信赖的公示形式作为权利外观,不能善意取得,故而,转让虚假债权的,即便受让人善意,也不能取得债权。预告登记不是债权的权利外观,因为登记机构没有能力辨识债权是否真实,更无职权判断买卖合同、抵押合同等原因行为效力如何,其只是基于当事人申请,按照法定程序记载,该记载不能确保债权真实存在。这样一来,一旦预告登记的债权虚假,该债权转让,即便受让人善意,也不能成为权利人[1],义务人有权请求更正登记。在上例,若A、B的买卖合同因通谋虚伪而被法院依法认定无效,善意的C从B处有偿受让债权,并通过转移登记被记载为权利人,C也不能取得债权。由此可知,预告登记的债权既不因预告登记而推定为真实,也不因预告登记而有公信力。

例外在于,根据《合同编通则解释》第49条第2款,债务人对债权真实存在的确认构成权利外观,善意受让人基于此有偿受让债权的,能取得债权。[2] 比如,上例的A向

---

[1] Vgl. Zobl, Grundbuchrecht, 2. Aufl., 2004, S. 77; Müller/Gruber, Sachenrecht, 2016, S. 583.

[2] 参见最高人民法院民事审判第二庭、研究室编著:《最高人民法院民法典合同编通则司法解释理解与适用》,人民法院出版社2023年版,第541—546页。

C 确认 B 的债权真实存在,C 从 B 处受让债权,C 对此无恶意可言的(即不知也不应当知道),即便债权确实不存在,即便未办理转移登记,C 也成为权利人。

(六) 预告登记的消灭

预告登记消灭的通常标志是注销登记,但注销登记不必然表明预告登记的债权消灭,如在权利人不放弃债权的情况下,预告登记被依法注销,预告登记消灭,该债权仍存续。

根据《民法典》第 221 条第 2 款、《物权编解释一》第 5 条、《不动产登记暂行条例实施细则》第 89 条,在以下情况,虽然预告登记未注销,但仍消灭:

第一,债权消灭。预告登记从属于其保全的债权,该债权因权利人放弃等原因消灭的,预告登记随之消灭,当事人可申请注销登记。比如,在 A 把房屋卖给 B,B 请求 A 转让房屋所有权的债权被预告登记后,B 放弃债权,预告登记随之消灭。又如,C 把房屋赠与儿子 D,约定 C 在世期间,D 不能把房屋转让给他人,否则 C 有取回请求权,该债权被预告登记。D 急需钱用,把房屋转让给 E。C 在死前没有行使取回请求权,该债权依据约定而消灭,预告登记也随之消灭,C 的女儿 F 作为继承人不能请求取回房屋。①

第二,预告登记权利人自能够进行本登记之日起 90 日内未申请登记。本登记也即与不动产物权变动对应的登记(如房屋所有权转移登记、抵押登记),预告登记为其提供了准备和保障,为了促使预告登记权利人及时行使权利,其应自能够进行本登记之日起 90 日内申请本登记,否则预告登记消灭。根据参考案例"中国农业银行某支行诉来安某房地产开发有限公司、张某某借款合同纠纷案"的裁判要旨,前述 90 日的起算点是预告登记权利人知道或应当知道能够进行本登记之日。比如,A 公司将其尚未建成的商品房抵押给 B 银行,办理了抵押预告登记。在房屋所有权首次登记后,自 B 银行知道或应当知道能够进行抵押登记之日起 90 日内,B 银行未申请办理抵押登记,抵押预告登记消灭。

进阶:预告登记与网签备案的对比

我国商品房买卖等合同实行网签备案,即在房屋主管部门的专门网络系统中签订商品房买卖等合同并予以备案。从制度构造来看,网签备案并非预告登记,差异主要为:

第一,制度发展不同。网签备案是因应我国 20 世纪 90 年代起步发展的商品房预售交易实际需要而逐渐发展成型的,域外没有类似的操作机制,具有鲜明的中国特色;预告登记源自中世纪的德国,瑞士、日本等也有相应制度,《民法典》的预告登记借鉴了这些经验,属于法律移植的产物。②

第二,制度定位不同。网签备案自始存于不动产登记之外,由房屋主管部门主导;预告登记是不动产登记的一类,由不动产登记机构主导。

第三,制度渊源不同。网签备案以《城市房地产管理法》为中心,辅以国务院及住房与城乡建设部的规范文件;预告登记以《民法典》为中心,辅以《不动产登记暂行条例》等规范性法律文件。

第四,适用对象不同。网签备案适用于房屋买卖合同、抵押合同和租赁合同,范围

---

① Vgl. Wellenhofer, Sachenrecht, 36. Aufl., 2021, S. 274.
② 参见黄薇主编:《中华人民共和国民法典释义》(上册),法律出版社 2020 年版,第 429 页。

较窄;预告登记的适用对象包括各类不动产物权变动的债权请求权。

第五,实施机制不同。网签备案具有强制性,这一点在商品房预售合同上表现得非常明显,根据《不动产登记暂行条例实施细则》第86条第1款,不网签备案,就无法办理预告登记,在商品房建成后也无法办理房屋所有权转移登记;预告登记具有任意性,由当事人自行申请。

第六,存续限制不同。网签备案没有期限限制,预告登记有自能够进行本登记之日起90日内申请登记的期限限制。

第七,法律效力不同。在房屋所有权转让中,网签备案因为与转移登记挂钩,客观上起到防止一房数卖的作用,一旦两者脱钩,网签备案就没有这种作用;预告登记以保障债权实现为目的,防止一房数卖是其固有效力。

第八,制度功能不同。网签备案是政府针对商品房交易提供的服务和管理工具,承担了市场服务和管制的功能,如在商品房预售时,网签备案是主管部门督促房地产开发企业根据《城市房地产管理法》第45条办理预售许可、监管预售资金、推行预售合同示范文本等的重要工具,预告登记则没有这样的功能。

虽然网签备案与预告登记有上述差异,但它们在房屋买卖中的作用高度相似,主要表现为:

第一,通过保全债权,预告登记能防止一房数卖。网签备案也有该功能,即不注销网签备案的,同一房屋无法再次网签备案,也无法办理预告登记或转移登记。

第二,预告登记的法律效力基础是不动产登记簿,正是借助这一公示形式,本为相对权的债权得以被世人知悉,从而有一定程度的绝对性。[1] 网签备案有与登记基本一致的公示平台,住房与城乡建设部《房屋交易与产权管理工作导则》第2.2条规定,记载网签备案信息的楼盘表包括房屋物理状态、交易与权利状况信息等,这与登记簿的信息类似;而且,与登记簿的公开一致,网签备案信息也有公开性。[2]

第三,与预告登记一样,网签备案也是转移登记的预备与保障。《不动产登记暂行条例实施细则》第38条第2款规定,不动产买卖合同依法应当备案的,申请人申请转移登记时,须提交经备案的买卖合同。此处的"依法",主要包括三种情形:(1)依据要求商品房预售合同网签备案的《城市房地产管理法》第45条第2款。(2)依据要求商品房现售[3]合同、存量房[4]买卖合同等网签备案的地方性法规、地方政府规章。[5] (3)依据网

---

[1] Vgl. Assmann, Die Vormerkung (§883 BGB), 1998, S. 7.

[2] 尽管网签备案有与预告登记类似的公示机制,但法律未明确其效力,参考案例"赣州某房地产公司与杨某某、赣州某开发公司执行复议案"的生效裁判指出,网签备案是商品房买卖的公示,不具有预告登记的公示效力。

[3] 《商品房销售管理办法》第3条第2款把商品房现售界定为:房地产开发企业将竣工验收合格的商品房出售给买受人,并由买受人支付房价款的行为。

[4] 存量房目前没有统一的标准界定,《广州市房屋交易监督管理办法》第44条第3款将其界定为两种形态,一是已办理转移登记并取得不动产权证的商品房(即二手房),二是国有建设用地上自建并取得不动产权证的房屋。在实践中,存量房买卖主要指向二手房买卖。

[5] 比如《天津市房地产交易管理条例》第6条规定:"本市实行房地产交易网络管理制度。市房地产交易行政主管部门通过全市统一的房地产交易网络管理系统,实施房地产交易网上管理,向社会提供公开、安全、高效的服务。"又如,《广州市房屋交易监督管理办法》第8条第1款规定:"交易当事人通过房屋交易信息化平台订立新建商品房买卖合同、存量房买卖合同的,未办妥房屋转移登记手续或者解除合同前,不得通过房屋交易信息化平台订立以该房屋为标的物的买卖合同。市人民政府对企业间非住宅存量房交易另有规定的,从其规定。"

签备案的习惯法,即在前述两种情形之外,房屋买卖合同网签备案不仅是事实上的习惯,世人还有法的确信,认为应遵从这种习惯。具体而言,经过政府的大力推动,房屋买卖合同网签备案在实践中蔚然成风,是买卖行为当地通常采用并为当事人在订立合同时知道或应当知道的做法,属于交易习惯,而房屋主管部门对网签备案的规定、其他职能部门对网签备案的配合[1],会使世人相信网签备案有法律效力,产生法的确信。

一言以蔽之,网签备案和预告登记均有强化房屋买受人债权的目的,均通过公开的信息平台发挥作用,均属于转移登记的预备和保障,两者的功能高度重合。正因此,从实践情况来看,在房屋买卖合同网签备案后,除非有抵押预告登记的客观需要,否则没有买卖预告登记的适用空间。既然如此,在买卖预告登记缺位时,肯定网签备案保全买受人债权的效力,不仅实用,也很必要。

第三节 依法律行为的不动产物权变动

依法律行为的不动产物权变动规范架构分为有权处分和无权处分,它们的基础知识见本章第一节及第三章第二节、第五节等部分,以下论述各自的具体知识。

一、不动产物权有权处分

在有权处分情形,依法律行为的不动产物权变动是物权人等处分权人在遵循公示原则、区分原则等规范基础上处分物权,结果导致不动产物权的设立、变更、转让或消灭。以房屋买卖为例,在买卖合同和转让合意有效的前提下,办理转移登记,才能转让所有权,买受人由此成为房屋所有权人。不动产物权有权处分可以是单方行为(如放弃房屋所有权),也可以是双方行为(如转让房屋所有权),前者相对少见,后者更为常见,是讨论的重点。在理解不动产物权有权处分时,应把握三个要点,一是原因行为需有效,二是区分登记设权力和对抗力,三是登记设权力规范没有例外。

(一)原因行为有效

基于物权行为有因原则,买卖合同等原因行为应有效,否则会连带物权行为出现效力瑕疵,进而导致物权不能变动。在判断原因行为的效力时,应适用法律行为以及合同效力规范,自不待言。

提示:一房数卖情形中的恶意串通

在一房数卖情形,会出现出卖人把房屋交付给先买受人占有,把所有权转移登记给后买受人的情形,根据《民法典》第154条、《商品房买卖合同解释》第7条,后买受人与出卖人恶意串通订立买卖合同的,先买受人可主张后买卖合同无效,进而使后买受人不能取得所有权,出卖人和后买受人应配合办理注销登记。《八民纪要》第15条把这样的后买受人称为恶意办理登记的买受人,规定其权利不能优先于先买受人。[2]

---

[1] 参见《中华人民共和国住房和城乡建设部、中华人民共和国最高人民法院、中华人民共和国公安部、中国人民银行、国家税务总局、中国银行保险监督管理委员会关于加强房屋网签备案信息共享提升公共服务水平的通知》。

[2] 参见杜万华主编:《〈第八次全国法院民事商事审判工作会议(民事部分)纪要〉理解与适用》,人民法院出版社2017年版,第292页。

在认定恶意串通时，需综合考虑后买受人是否知悉此前的买卖、是否知悉先买受人与出卖人因买卖产生的纠纷等具体因素，不能仅凭后买受人知道先买受人占有房屋就认定有恶意串通。比如，在江西省高级人民法院发布的2023年度全省法院房屋买卖合同纠纷十大典型案例之十"占某明诉万某夫妇房屋买卖合同纠纷案"中，万某夫妇与占某明签订《买卖店面房协议》后，占某明支付购房款并实际使用店面，万某夫妇将店面产证原件交给占某明。因万某夫妇不协助办理转移登记，占某明诉至法院。诉讼期间，万某夫妇以将原始产证挂失又补证的方式将店面转让给第三人并办理转移登记。生效裁判认为，万某夫妇违约行为显属恶意，情节十分恶劣；第三人明知店面为他人占有使用，且店面权属纠纷正在诉讼中，仍配合万某夫妇办理转移登记，亦属恶意。万某夫妇与第三人的店面转让行为属于恶意串通损害他人合法权益的行为，应依法认定无效。

（二）登记设权力与对抗力的区分

在有权处分情形，不动产物权变动要么采登记设权力，如转让房屋所有权、设立国有建设用地使用权、设立居住权、设立不动产抵押权均以登记为必需要件，要么采登记对抗力，如土地承包经营权的转让、地役权的设立以登记为对抗要件，不登记不得对抗善意第三人。这两类效力区分由法律规定，不容当事人或法官加以改变，否则就是规范适用错误。

提示：借名买房的不动产物权变动

借名买房常见下述情形：A、B约定，借名人A出资，出名人B出名从C处购买房屋并把所有权登记在B名下，但所有权实际归A，这样的约定通称借名协议或代持协议；B与C完成交易办理的所有权转移登记通称借名登记，B登记为房屋所有权人。在此情形，若根据登记设权力，B为房屋所有权人；若根据与登记对抗力对应的判断物权归属的意思标准，A、B有确认A为房屋所有权人的合意，A应为房屋所有权人。

若采登记对抗力，当事人的意思无法体现物权的绝对性，其只在法定情形才能成为物权归属的判断标准，否则就会从根本上动摇"物债二分"。法律并未规定借名协议能直接导致物权变动，它在上例只能在A、B之间创设债权债务关系，A能请求B按照约定把房屋所有权转移登记到自己名下。而且，借名协议的当事人A、B和借名登记的申请人B、C并不一致，借名人A不是借名登记的申请人，借名登记没有错误可言，B是房屋所有权人，A无权申请更正登记。

也就是说，在借名协议有效的前提下，要适用登记设权力，出名人因此为房屋所有权人，其对借名人负有相应债务；出名人把房屋处分给他人的，为有权处分，仍适用登记设权力。[①]

（三）登记设权力规范没有例外

登记设权力的情形由法律规定，在这些情形只能适用登记设权力，没有例外可言，否则会发生登记与不动产物权的错位，出现没有登记的"隐秘"不动产物权，这会不当增加世人被

[①] 参考案例"某帝公司诉某省高速公司、吴某案外人执行异议之诉案"的生效裁判指出，房屋登记在吴某名下，某帝公司与吴某签订的《房产合作购置及代持协议》只能在双方之间产生债权债务关系，不能直接导致物权变动，故某帝公司并非房屋所有权人。吴某为某省高速公司设立房屋抵押权，办理了抵押登记，某省高速公司对房屋依法享有担保物权。某帝公司基于《房产合作购置及代持协议》享有的债权，不能对抗某省高速公司的对房屋抵押权。

物权排斥的风险,进而导致交易成本因防御这种风险而扩大。只有没有例外,有无登记才能成为有权处分导致不动产物权变动与否的唯一标志,《民法典》第214条就规定,不动产物权变动依照法律规定应当登记的,自记载于登记簿时发生效力,这有助于明确交易预期,降低交易成本。

以一房数卖为例,买卖合同均有效的,虽然出卖人把房屋交付给先买受人,但未办理转移登记,只能说明买卖合同部分履行,但所有权尚未转让,买受人仅为债权人,出卖人仍为所有权人;出卖人把房屋所有权转让给后买受人是有权处分,只要出卖人与后买受人没有恶意串通,后买受人是否知悉在先的买卖无关紧要,其在办理转移登记后取得所有权。

提示:特定语境下房屋买受人的优待地位

在特定语境下,未办理转移登记的房屋买受人虽为债权人,但相对于其他一般金钱债权人,法律给予其优待地位,以确保其能实现合同目的。最典型的是《执行异议复议规定》第28条,即法院强制执行被执行人名下的不动产,买受人提出异议,请求排除一般金钱债权的强制执行,同时符合下列条件的,法院应予支持:(1)在法院查封之前已签订合法有效的书面买卖合同;(2)在法院查封之前已合法占有该不动产;(3)已支付全部价款,或者已按照合同约定支付部分价款且将剩余价款按要求交付法院执行;(4)非因买受人自身原因未办理不动产所有权转移登记。据此,在法律地位上,符合规定条件的房屋买受人优先于被执行人的一般金钱债权人。这种结果看似买受人实际取得了房屋所有权,进而能优先于债权,实则不然,《执行异议复议规定》第28条只是给予买受人以优待地位,使特定物债权优先于金钱债权,其自身并非物权变动规范。

前述规定主要从社会效果来考虑:除了转移登记的"临门一脚",房屋买卖合同的其他主债务业已履行,而未转移登记又不可归责于买受人,买受人是房屋正常买卖中的无辜之人,在房屋价格高企的现实中,给予其优待符合通常的社会观念。与此同时,前述规定也有相应的法律考量和经济考量:(1)从交易风险防范来看,符合前述要件的房屋买受人已通过积极履约(如通过交付占有房屋)、要求出卖人配合办理登记等方式,尽最大可能地防范合同目的落空的交易风险,若还要其再进一步防范交易风险(如办理预告登记、要求出卖人提供担保),对于普通买受人而言要求过高,不符合实际情况;对比而言,与出卖人有交易关系的一般金钱债权人往往能采用成本更低的事先避险措施(如设立担保),但其未采用这些措施,应预见并承担债权落空的风险。(2)从债权人保护来看,即便不把出卖的房屋作为出卖人的责任财产,出卖人通过获取价款,至少在理论上也使其责任财产总额持平,一般金钱债权人的债权保障不因房屋买卖而受影响,买受人在强制执行中对抗该债权人,不会损及其利益;特别是在一般金钱债权是因出卖人的侵权行为而发生的情形中,若前述房屋买受人在强制执行中不能对抗被侵权人,实质上无疑是以买受人支付的价款替出卖人承担侵权责任,对买受人不公允。

概括而言,诸如《执行异议复议规定》第28条之类的规定形似物权变动,但实则与登记设权力规范格格不入,与物权变动不能混为一谈。

二、不动产物权善意取得

不动产物权无权处分规范的重点是善意取得,它是本部分的论述对象。《民法典》第311

条、《物权编解释一》第 14—20 条调整不动产物权的善意取得,重点是不动产所有权的善意取得,限制物权的善意取得参照适用所有权的善意取得规范。此外,在不动产所有权登记无误时,能扣减所有权内容的限制物权以及预告登记等负担应参照适用所有权的善意取得规范。

(一) 不动产所有权善意取得

1. 要件

(1) 登记错误

善意取得是公示公信力的另一称谓,公示形式与真实物权不一致是其前提,登记错误因此是不动产所有权善意取得的前提。此处的登记错误是指登记簿记载的所有权错误,其形态除了本章第二节"更正登记"部分提到的登记原本错误,还包括登记嗣后错误,主要是指登记簿记载的所有权依法完成变动,但变动事项未记载于登记簿的情形,如 A 未按法院生效判决清偿对 B 的债务,法院根据 B 的申请查封 A 房屋后依法拍卖,C 竞买成功,根据《物权编解释一》第 7 条,C 在拍卖成交裁定书生效时取得房屋所有权,A 的所有权登记因此嗣后错误。

若登记正确,就应适用登记设权力或对抗力而非公信力,如 A 的房屋所有权登记正确,A 把房屋转让给 B,要适用登记设权力,B 在完成转移登记时取得所有权。这同时意味着,在登记正确的前提下,他人假冒成所有权人所为的转让构成冒名处分,它不涉及善意取得。比如,A、C 是孪生兄弟,C 自称是 A,偷持 A 的身份证和不动产权证书,把 A 的房屋出卖并转让给善意的 B,B 不能以善意取得为由主张所有权,而应适用表见代理等规范。[①]

(2) 登记名义人转让所有权

本要件是指,在真实权利人未授权的情况下,无处分权的登记名义人转让所有权,完成转移登记,受让人成为登记簿记载的所有权人,《民法典》第 311 条第 1 款第 3 项对此有明确规定。该要件意在强调登记名义人无权处分,改变了所有权的归属。若非如此,双方仅成立买卖合同等原因行为,未完成转移登记,就不能适用善意取得规范。同样地,登记名义人未转让,取得人通过其他方式取得所有权,也不能适用善意取得规范。比如,A 合法建成的房屋错误登记归 B 所有,C 在 B 死亡后继承房屋所有权并办理登记,由于 C 取得房屋所有权源自继承而非 B 的转让,不能适用善意取得规范,即便 C 善意,也不能取得房屋所有权。

在比较法上,德国要求登记名义人转让所有权应构成交易行为,即双方在法律和经济上均为独立主体;若双方法律上各为独立主体,但在经济上具有利益一致性,则转让不能导致善意取得。比如,一人公司经理 G 为公司购得一块土地,该行为因出卖人 V 的恶意欺诈而被撤销,土地所有权仍登记在公司名下。G 以公司名义把土地所有权转让给公司股东 A,由于 A 与公司在经济上利害攸关,事实上为同一主体,该转让行为并非交易行为,即便 A 发誓不知此前的来龙去脉,并完全相信登记的真实性,也不能善意取得土地所有权。[②]

(3) 受让人善意

《民法典》第 311 条第 1 款第 1 项规定了本要件,对它应把握以下要点:

---

① 参见程啸:《不动产登记法研究》(第 2 版),法律出版社 2018 年版,第 318—320 页;杨代雄:《法律行为论》,北京大学出版社 2021 年版,第 655—656 页。

② Vgl. Wellenhofer, Sachenrecht, 36. Aufl., 2021, S. 288.

第一,善意的基础。不动产登记既是设计周延、运作严谨的法律制度,又是国家机构主导的职权活动,登记簿通常能反映真实权利状况,登记错误是概率非常低的偶发事件,它不足以撼动登记通常正确的事实和观念,在此前提下,世人可充分信赖登记,并据此放心地进行交易。这种信赖实际是人们对法律制度以及国家信誉的信赖,把它的保护落到实处,就是即便登记错误,但无论谁是受让人,都会相信登记反映了真实权利。可以说,登记为受让人的善意提供了坚实基础。

第二,善意的内容。根据《物权编解释一》第14条第1款,受让人的善意是说其不知转让人无处分权。这一内容范围过于宽泛,会把冒名处分纳入善意取得规范的适用范围,把受让人对特定转让人的信赖(如前例的B误把孪生兄弟C当成A)当成善意,这既与善意取得是不动产登记的法律效力不合,也与登记是受让人善意的基础矛盾。故而,受让人的善意应是指其不知登记错误。反过来讲,受让人知道登记错误的,即为恶意。

《物权编解释一》第15条第1款规定:"具有下列情形之一的,应当认定不动产受让人知道转让人无处分权:(一)登记簿上存在有效的异议登记;(二)预告登记有效期内,未经预告登记的权利人同意;(三)登记簿上已经记载司法机关或者行政机关依法裁定、决定查封或者以其他形式限制不动产权利的有关事项;(四)受让人知道登记簿上记载的权利主体错误;(五)受让人知道他人已经依法享有不动产物权。"该条款第1、4、5项均表明受让人知道登记错误,处于恶意状态;第2、3项没有这样的作用,因为预告登记和查封登记并不表明登记错误,而且,根据它们的法律效力,未经预告登记权利人或查封机关的同意,登记名义人无法转让不动产所有权,无法适用善意取得规范。

例:A的房屋所有权登记错误,真实权利人B申请办理了异议登记。A把房屋转让给C,在登记机构按照规定书面告知C,C作出知悉异议登记并自担风险的书面承诺后,完成所有权转移登记。根据《物权编解释一》第15条第1款第1项,由于C通过异议登记业已知悉登记可能有误的信息,故并非善意受让人。

D的房屋所有权登记错误。D把房屋转让给了解该情况的好友E,根据《物权编解释一》第15条第1款第4项,知道登记错误的E不是善意受让人。

F的房屋所有权登记正确。F未按法院生效判决清偿对G的债务,法院根据G的申请查封F的房屋,该查封未办理登记,法院也未通知登记机构。后法院依法拍卖,竞拍成功的H在拍卖成交裁定书生效时取得房屋所有权。在H办理登记前,F把房屋转让给拍卖机构工作人员I,根据《物权编解释一》第15条第1款第5项,知道前述事实的I不是善意受让人。

J的房屋所有权登记正确。J把房屋卖给K,办理了买卖预告登记。在预告登记有效期内,未经K同意,登记机构不能就该房屋办理处分登记,J不可能把房屋转让给他人。

L的房屋所有权登记正确。L未按法院生效判决清偿对M的债务,法院根据M的申请查封L的房屋并办理登记。在查封期间,登记机构不能就该房屋办理处分登记,L不可能把房屋转让给他人。

第三,善意的标准。根据《物权编解释一》第14条第1款,受让人不知登记错误,且无重大过失的,应认定为善意。反面而言,受让人明知或因重大过失不知登记错误的,并非善意。

这样一来,受让人是否善意有两个标准:一是是否"明知";二是是否"因重大过失不知"。

是否"因重大过失不知"的标准过于严苛,因其实际是要求受让人不仅要查阅登记簿,还要通过其他途径对登记的真实性展开调查,一旦受让人未尽这种审慎义务,就构成恶意。但我们知道,登记通常与真实权利状态一致,处于高度可信状态,大概率表征了真实物权,受让人可予充分信赖,不仅无需查阅,只要转让的所有权与登记相符,受让人就为善意[1],也无需在登记之外调查物权真实性,否则就意味着登记通常不足以显示真实物权。故而,该标准是不合适的。

第四,善意的时点。《民法典》第311条第1款第1项、《物权编解释一》第17条第1款规定,受让人需在依法完成不动产登记之时是善意的。据此,受让人在申请登记时为善意,但在登记完成前变为恶意的,仍不能善意取得。比如,A的房屋所有权登记错误,A把房屋转让给B,在申请所有权转移登记时,B不知登记错误,但在登记机构登簿前知道了登记错误的事实,此时B即非善意,不能善意取得房屋所有权。

第五,善意的证明。根据《物权编解释一》第14条第2款,真实权利人负担受让人不是善意的证明责任。之所以如此,是因为善意以不动产登记为基础,只要受让人受让的是登记簿记载的所有权,无论其是否查阅登记簿,均推定为善意,以鼓励基于登记簿的常态交易,这就把证明受让人恶意的举证责任配置给了真实权利人。

在证明时,根据受让人的主体情况不同,真实权利人的举证责任会有差异:其一,受让人为一人的,应证明该人为恶意;其二,受让人为数人的,可证明其中任一人为恶意,由此推知其他人亦为恶意;其三,受让人委托代理人的,应证明代理人为恶意,在共同代理的情形,只要证明任一代理人为恶意即可;不过,代理人完全遵循受让人指示的,需证明受让人为恶意。[2]

第六,善意的作用。不动产登记通常是正确的,在此基础上,善意取得制度使受让人无需担忧登记错误的隐患,可以放心大胆地交易,实现预期的交易目的。为了彰显这种制度的道义合理性,受让人应为善意,以与只有善意之人才值得保护的价值取向保持一致。[3] 由于登记通常正确,受让人通常善意,故而,在法教义层面上,善意的作用主要是引出恶意,以排除善意取得的适用。[4]

(4) 买卖合同等原因行为有效

在物权行为有因原则的前提下,买卖合同等原因行为[5]需有法律效力,否则所有权不能转让,无法适用善意取得规范。《物权编解释一》第20条明确规定了本要件,即原因行为被认定无效或被撤销的,不能善意取得。《民法典》第311条第1款第2项有关"以合理的价格转让"的规定则隐含了本要件,因为约定了合理价格的原因行为一旦没有法律效力,就没有"以合理的价格转让"可言。

受让人主张原因行为无效或请求法院撤销原因行为,法院支持的,本要件就不具备,受让人不能再主张善意取得。不过,原因行为可撤销的,在受让人请求法院撤销前,本要件是

---

[1] Vgl. Müller/Gruber, Sachenrecht, 2016, S. 547 f.
[2] Vgl. Müller/Gruber, Sachenrecht, 2016, S. 546 f.
[3] Vgl. Prütting, Sachenrecht, 36. Aufl., 2017, S. 84.
[4] Vgl. Wieling/Finkenauer, Sachenrecht, 6. Aufl., 2020, S. 386.
[5] 根据《合同编通则解释》第27条第4款,原因行为包括债务履行期限届满后的以物抵债协议。

否具备并不确定,受让人是否善意取得也不确定,受让人已登记为所有权人的事实不妨碍其请求法院撤销原因行为,不能将该事实视为其放弃撤销权。

  例:A 的房屋所有权登记错误。在此事实基础上分设两种情形:(1)受 B 胁迫,A 把房屋以市价出卖并转让给 B,B 不知道登记错误。之后,A 请求撤销买卖合同,法院依法撤销后,B 不能善意取得。(2)A 隐瞒登记错误的实情,把房屋以市价出卖并转让给善意的 B。B 事后了解真相,有权以欺诈为由,依法请求法院撤销买卖合同。

(5) 转让价格合理

《民法典》第 311 条第 1 款第 2 项要求"以合理的价格转让",这就把赠与等无偿行为以及低价转让行为排除在外。至于价格合理的标准,根据《物权编解释一》第 18 条,在具体个案中需根据转让标的物的性质、数量以及付款方式等具体情况,参考转让时交易地市场价格、交易习惯等因素综合认定。

在其他要件业已具备的前提下,受让人是否按照约定向登记名义人为支付价款等对待给付,事关债权实现的抗辩和违约责任,不属于善意取得的考量因素。比如,A 的房屋所有权登记错误。A 以市价把房屋卖给 B,约定先办理所有权转移登记,再支付价款。在转移登记后,善意的 B 取得房屋所有权。B 未按约定支付价款的,应向 A 承担违约责任;A 也能按照法律规定或约定行使解除权,在解除买卖合同后,请求 B 返还房屋。

与本要件不同,在比较法上,德国不要求交易行为必须是有偿行为,无偿行为亦可导致善意取得。不过,在无偿行为的情形下,受让人从登记名义人处取得所有权,既没有支出,也不负担对待给付义务,却给真实权利人造成损害,其二者之间构成不当得利关系,受让人应将所得返还给真实权利人。[1]

2. 后果

前述要件全部具备的,受让人取得不动产所有权,真实权利人丧失所有权,同时能得到法律救济。

(1) 受让人取得所有权

善意取得是依法律行为的物权变动,属于继受取得。[2] 根据《民法典》第 311 条第 1 款,受让人由此取得登记簿记载的不动产所有权,不动产有抵押权等物上负担的,受让人一并承受。与此同时,真实权利人失去所有权。

  例:A 的房屋所有权登记错误,C 是真实权利人。在房屋抵押登记给 B 后,D 善意取得房屋所有权,其结果是 B 的抵押权不受影响,C 不再是所有权人。

受让人善意取得不动产所有权后,可对不动产进行占有、使用、收益或处分,并排斥他人的不当干涉。受让人的处分属于有权处分,适用登记设权力或对抗力,无需考虑相对人是否善意。不过,相对人为无处分权的原转让人的,构成无处分权人的回首取得,为了防止其借此不当取得所有权,需根据具体情况分别处理:其一,原转让人和受让人的买卖合同等原因行为解除的,通过返还财产,原转让人的所有权登记仍为错误;其二,原转让人恶意利用受让

---

[1] Vgl. Baur/Stürner, Sachenrecht, 18. Aufl., 2009, S. 299.
[2] Vgl. Prütting, Sachenrecht, 36. Aufl., 2017, S. 91.

人善意取得后,再通过买回等行为完成转让,违反诚信原则,原转让人不能取得所有权[①];其三,原转让人通过正常的交易行为从受让人处受让的,原转让人取得所有权。[②]

  例:A 的房屋所有权登记错误,B 善意取得房屋所有权。在此事实基础上分设四种情形:(1) B 把房屋转让给 C,C 知道 A 登记错误及 B 善意取得的事实。由于 B 是有权处分,C 可通过登记设权力取得房屋所有权。(2) A、B 合意解除买卖合同,B 把房屋转移登记给 A,A 的房屋所有权登记仍为错误。(3) B 之所以善意取得,是明知自己房屋所有权登记错误的 A 故意促成的。之后 A 从 B 处高价回购房屋,完成转移登记。A 的行为违背诚信原则,不应受法律保护,其房屋所有权登记仍为错误。(4) A 继承其父亲房屋,而房屋所有权登记原本错误,A 不知这种情况。A、B 的转让附有买回条件,约定 3 年后,A 以市场价回购房屋。这是常态的市场交易,A 没有任何可归责性,故而,在买回条件成就后,B 把房屋转让给 A,A 能取得房屋所有权。

(2) 真实权利人的法律救济

真实权利人因善意取得丧失不动产所有权的,根据《民法典》第 311 条第 2 款,其有权请求无处分权的转让人赔偿损害。在不同情形,赔偿的法律基础不同,比如,转让人与真实权利人有合同关系的,前者应承担违约损害赔偿责任;又如,无权处分构成侵权行为的,转让人应承担侵权损害赔偿责任。

与此同时,不动产登记机构对登记错误具有可归责性的,根据《民法典》第 222 条、《房屋登记案件规定》第 12—13 条,对于真实权利人的损害,登记机构应承担赔偿责任,具体可分以下情形:其一,登记错误完全归责于登记机构的,如工作人员错把 C 的房屋记载归 A 所有,以至于在 B 善意取得后,C 的利益受损,登记机构应承担赔偿责任。其二,登记错误的原因不仅在于登记机关的过失,还在于申请人的故意或过失,如申请人提供虚假申请材料,登记机构未尽合理审慎职责的,应根据登记机构过错程度及其在损害发生中所起作用承担相应的赔偿责任。其三,登记错误源于登记机构和申请人的故意,如登记机构的工作人员和 A 恶意串通,故意把 C 的房屋记载归 A 所有,以侵害 C 的权利,构成共同侵权行为的,应由登记机构和申请人承担连带赔偿责任。登记机构在赔偿后,有权根据《民法典》第 222 条第 2 款向造成登记错误的工作人员或申请人追偿。

不动产登记机构对登记错误没有可归责性的,无需承担赔偿责任。比如,A 的房屋所有权登记正确,该房屋被法院依法查封,该查封未办理登记,法院也未通知登记机构。之后房屋被法院依法拍卖给 C,C 在拍卖成交裁定书生效时取得房屋所有权,A 的房屋所有权登记嗣后错误。在 C 申请办理登记前,A 把房屋转让给 B,B 善意取得房屋所有权,C 失去真实权利。登记机构对此没有可归责性,对 C 的损失没有赔偿之责。

(二) 不动产限制物权善意取得

根据《民法典》第 311 条第 3 款,不动产限制物权善意取得参照适用所有权善意取得规范。

---

① 参见郑冠宇:《民法物权》(十四版),新学林出版股份有限公司 2024 年版,第 88 页。
② Vgl. Prütting, Sachenrecht, 36. Aufl., 2017, S. 90.

1. 要件的参照适用

限制物权有偿设立或转让,且适用登记设权力的(如国有建设用地使用权的设立或转让),与不动产所有权转让高度同质,前者可直接套用后者的善意取得规范。此外的限制物权变动要参照适用不动产所有权善意取得的要件,主要表现为:

第一,限制物权无偿变动的(如无偿设立居住权),善意取得无需适用价格合理的要件。需要特别指出的是,抵押合同是单务无偿合同,抵押人有为主债权人设立抵押权的义务,主债权人没有对待给付义务,故而,不动产抵押权的善意取得不能适用价格合理的要件。比如,A以所有权登记错误的房屋为客体为B银行设立抵押权,办理抵押登记。无论担保的债权数额是多少,也无论B银行是否按约定向A给付借款,在满足其他要件时,B银行都能善意取得抵押权。

第二,适用登记对抗力的(如地役权设立),在满足其他要件时,若只要有地役权合同等原因行为,未经登记也能善意取得,很容易发生损害母物权人的道德风险,很轻易地就使其承受地役权等负担,利益失衡明显。而且,未登记不得对抗的善意第三人包括母物权善意取得人,如A以所有权登记错误的房屋为客体为善意的B设立架设电线地役权,订立地役权合同但未登记,后A把房屋转让给C,C善意取得房屋所有权,C还不知B的地役权,B的地役权不能对抗C。母物权善意取得人取代的是原母物权人的物权地位,相应地,在母物权未善意取得时,未登记不得对抗的善意第三人包括真实母物权人,如上例的错误登记的房屋归D所有,在C未善意取得时,B的地役权不能对抗D。故而,在适用登记对抗力的情形,登记仍为善意取得要件,也即应参照适用登记名义人通过转移登记转让所有权的要件。根据《物权编解释一》第17条第3款,善意的时点以完成登记时为准。比如,E以使用权登记错误的土地为客体为F设立通行地役权,虽然《民法典》第374条规定地役权在地役权合同生效时设立,但F只有办理地役权登记且在完成登记时为善意,才符合善意取得要件。

提示:登记对抗力与善意取得的区分适用

在登记对抗力的情形,登记的物权人转让物权未予登记的,受让人不能对抗善意的权利竞争者,这意味着物权人不因前述转让就失去物权,其登记仍为正确,可向他人再行转让,此时与善意取得无关,不能适用善意取得规范。比如,登记为土地承包经营权人的A把该权利转让给B,未办理转移登记,A仍为土地承包经营权人,其土地承包经营权登记仍为正确。之后A通过转移登记把土地承包经营权转让给C,只要C为善意,不知也不应知道B已取得土地承包经营权,无需考虑A、C的转让价格是否合理,B的土地承包经营权就不能对抗C,这种结果实质上就是C在权利竞争中胜出,取得了土地承包经营权。

对前述情形有另一种解释,就是把登记对抗力看成特殊的善意取得,其要件是排除转让价格合理。这样在分析上例时,就是A把土地承包经营权转让给B后,A的登记错误,之后A通过转移登记把土地承包经营权转让给C,C不知也不应知道B已取得土地承包经营权,实质就是不知也不应知道A的登记错误,因而善意取得了土地承包经营权。就本例而言,这样的解释没有偏差,但不能合理解释其他情形。比如,若上例中善意的C未办理转移登记,就不能善意取得土地承包经营权,但按照登记对抗力,此时的C仍取得土地承包经营权。故而,整体对比而言,不能把登记对抗力解释为特殊的善意取得。

在登记对抗力的情形,若物权人登记错误,应适用善意取得规范。比如,上例 A 的土地承包经营权登记错误,其把该权利转让给 B,在具备办理转移登记、B 为善意、原因行为有效、转让价格合理的要件后,B 取得土地承包经营权。A 不再是土地承包经营权人,其再把该权利转让给 C,并在该承包地上为 D 设立通行地役权,即便 C、D 善意,由于 A、C 之间不可能办理转移登记,A、D 之间不可能办理地役权登记,故 C 不能取得土地承包经营权,D 不能取得地役权。

2. 效果的参照适用

在权利取得的积极意义上,第三人能够取得不动产限制物权及其顺位。比如,A 以所有权登记错误的房屋为客体,先后为 B、C 分别设立抵押权,均办理了抵押登记,B、C 善意取得各自的抵押权,B 的抵押权顺位优先。

在权利消灭的消极意义上,第三人不再负担错误注销的限制物权。比如,A 以所有权登记错误的房屋为客体,先为善意的 B 设立抵押权,办理抵押登记;之后,该抵押权被错误注销登记。A 又以该房屋为客体为 C 设立抵押权,办理抵押登记,C 善意取得抵押权,其抵押权顺位优于 B 的抵押权。

(三) 不动产负担善意取得

不动产负担概括了不动产承载的限制物权、预告登记、查封登记等现象,它们的共性是根植于不动产,以房屋所有权、国有建设用地使用权等不动产物权为母权利,限制了母权利的权能或处分。

在不动产所有权登记无误,但其负担登记有误时,所有权人进行转让、抵押等处分,是在处分本应有负担的所有权,而其对负担没有处分权,故而构成无权处分。在判断负担对第三人有无约束力时,需参照适用所有权善意取得规范。

例:A 为房屋真实所有权人,A 为 B 设立的房屋抵押权被错误注销登记。在此事实基础上分设两种情形:(1) A 把房屋转让给 C,C 不知前述错误注销,其取得了不负担 B 的抵押权的房屋所有权,即 B 的抵押权不再存续。(2) A 为 C 设立房屋抵押权,C 不知前述错误注销,其抵押权顺位优于 B 的抵押权。

D 为房屋真实所有权人,在 D 把房屋卖给 E,办理的买卖预告登记被错误注销后,D 把房屋转让给 F。在此事实基础上分设两种情形:(1) F 明知前述错误注销,其取得的房屋所有权要负担预告登记,根据《民法典》第 221 条,未经 E 同意,F 不能处分房屋。(2) F 不知前述错误注销,其取得的房屋所有权不负担预告登记,F 能自由处分房屋。

H 申请法院查封 G 的房屋,办理查封登记,后查封登记被错误注销,G 把房屋转让给 I。根据《查扣冻规定》第 24 条,在此事实基础上分设两种情形:(1) I 明知前述错误注销,G、I 的转让行为不能对抗 H,I 取得的房屋所有权受查封的约束,在 G 未清偿 H 的债务时,法院可依法拍卖、变卖该房屋。(2) I 不知前述错误注销,其取得的房屋所有权不受查封的约束。

不动产负担的母权利是限制物权的,如以国有建设用地使用权为客体设立抵押权、预告登记等,道理同上,不再赘述。

第四节 动产占有

与不动产相比,动产的数量和形态在理论上有无限之多,稀缺性较低,利用层次与交易关系相对简单,无法像不动产那样以登记为公示形式。作为生活与交易经验的总结,占有成为动产物权的一般公示形式。有关占有的详细论述见第十章,在此仅阐述作为动产公示形式的占有形态。与不动产登记不同,《民法典》并未明确规定直接占有、间接占有等占有形态及其具体内涵,但学理和实践均普遍认可。

一、直接占有

(一) 直接占有的概念

直接占有是指对物进行实际控制的事实,它有两个构成要素:(1) 客观的体素,即占有人直接对物加以控制的客观状态;(2) 主观的心素,即占有人有实际控制物的占有意思。比如,A拿着手机自用,客观上在实际控制手机,主观上明显有占有意思,否则就不会自用,这种事实状态因而是直接占有。缺失任一要素,均不构成直接占有。比如,在图书馆学习的B伏案小憩,同学C把自己手机放在B案头的书本上,转身去借书,B对此浑然不知,没有占有的意思,并非手机的直接占有人。

(二) 直接占有的取得

1. 要件

与直接占有的构成要素相应,直接占有的取得需满足两个要件,一是取得人实际控制物,另一是取得人有取得占有的意思。这两个要件缺一不可。通常说来,有实际控制物的事实,即可推定有取得占有的意思,但确实没有该意思的,对物的实际控制也不是占有,如上例的B没有取得占有的意思,因而不是手机的直接占有人。

2. 类型

(1) 原始取得

不是基于他人占有而对物的直接占有(如采集野生蘑菇),或不是基于原占有人意思而对物的直接占有(如捡到遗失钱包),是直接占有的原始取得,其导致物从无人实际控制变为被人实际控制,这种事实状态变化并非权利变动,故而,直接占有的原始取得不是以权利变动为法律效果的法律行为,而是事实行为。

为了与法律行为的效果意思相区别,取得占有的意思属于自然意思,它有以下特点:其一,无须明确表达,无需特意主张,无需指向特定物,只要物处于某人的实际控制范围,即可推定该人有取得占有的意思[1];其二,行为人无需具备行为能力,只要有相应的认识能力即可,未成年人也能取得直接占有[2];其三,它改变的是实际控制物的事实状态,即便意思有瑕疵,也无法像意思表示因瑕疵而被撤销那样,把实际控制物的事实状态拟制为不存在。[3]

---

[1] Vgl. Müller/Gruber, Sachenrecht, 2016, S. 49 f.
[2] Vgl. Wieling/Finkenauer, Sachenrecht, 6. Aufl., 2020, S. 59 f.
[3] Vgl. Prütting, Sachenrecht, 36. Aufl., 2017, S. 22.

(2) 继受取得

直接占有的继受取得以他人占有或原占有人意思为基础,主要有以下三种情形:

第一,转手取得,即在原占有人的促成下,取得人实际控制物,也常称为占有移转。转手取得的特性在于:其一,原占有人有为取得人放弃占有的意思;其二,取得人有从原占有人处取得占有的意思;其三,物在客观上处于取得人实际控制的范围。

> 例:A 把捡到的钱包还给失主 B,B 把钱包装进自己口袋,钱包由 B 实际控制的事实状态是由 A 促成的,此即转手取得。

争点:转手取得是事实行为还是法律行为?

与直接占有的原始取得一样,转手取得在德国被归为事实行为,我国学理则有法律行为和事实行为的定性之争。本书认为,不宜把转手取得定性为法律行为,主要理由是:(1) 转手取得的结果是原占有不再持续而新占有即时发生,这是事实状态的变化而非权利变动。若把转手取得界定为法律行为,就与法律行为以权利变动为法律效果的构造相悖。(2) 在转手取得,当事人的意思无需表示,这与意思表示的构造不符。而且,这些意思必须与原占有人丧失占有和取得人实际控制物的客观状态相结合,取得人才能取得占有。也就是说,单凭意思要素无法决定转手取得,这不同于法律行为的效果意思决定法律效果的构造。(3) 转手取得与原始取得的差异是有无原占有人的意思,此外没有实质不同,取得人均要实际控制物并有取得占有的意思,而该意思在原始取得尚属自然意思,在转手取得仅因原占有人意思的介入,就变性为法律行为的效果意思,太过异常。其实,无论在原始取得还是在转手取得中,取得占有的意思具有质的同一性,既不指向特定物,也不同于法律行为的效果意思,属于概括的自然意思,这为这两种取得的转换提供了基础,即有转手取得外形但无原占有人意思的情形虽然不构成转手取得,但可以是原始取得。[①] 比如,酒醉不省人事的 A 把手机随手交给 B,A 并无促成 B 取得占有的意思,B 对手机的实际控制不是转手取得,但 B 有取得占有的意思,构成原始取得。若把转手取得界定为法律行为,由于 A 没有认识能力,A、B 的转手取得无效,只能靠原始取得为 B 的占有寻找根据,但这样一来,B 取得占有的意思既是法律行为的效果意思,又是取得占有的自然意思,存在逻辑悖论。

第二,合意取得,即在物处于任何人均能实际控制的状态下,取得人因与原占有人达成合意而取得占有。BGB 第 854 条第 2 款规定,取得人能实际控制物的,只要原占有人与取得人达成合意,取得人即取得占有。与转手取得相比,合意取得的特性在于:其一,物处于任何人均能实际控制的开放占有状态;其二,取得人也能实际控制物;其三,原占有人和取得人就取得占有达成合意。

> 例:农民 A 把地里的玉米秸秆全部卖给 B 公司,双方约定 B 公司自行前往搬运。玉米秸秆处于开放占有状态,B 公司可根据自己意愿随时搬运,其基于合意取得了玉米秸秆的直接占有。

[①] Vgl. Baur/Stürner, Sachenrecht, 18. Aufl., 2009, S. 70 f.

经用户同意,快递小哥把外卖放在小区大门口的货架上,用户随时可取,也是合意取得。

争点:合意取得是事实行为还是法律行为?

合意取得在定性上有法律行为和事实行为之争。[①] 从与直接占有转手取得的规范体系一致性来看,事实行为的定性更为可取,主要表现为:(1)与直接占有的转手取得一样,合意取得的后果同样是占有的事实状态变化,而非权利变动,应属于事实行为。(2)在合意取得中,除了合意,还要求取得人能实际控制物,即物处于可被取得人实际控制的事实状态,否则合意无法产生占有取得的后果,既然如此,合意取得也就不失其事实行为的本性。[②] 也就是说,由于取得人完全有能力实际控制物,合意不过是取得占有的事实过程的一部分,合意取得处理的仍是事实状态的变化,与转手取得没有本质差异。[③] 概括说来,转手取得与合意取得的构造要素大致相同,前者虽然强调对物的实际控制,但意思要素不可或缺,后者虽然看重合意,但能实际控制的客观要素也未完全消失。

第三,概括继受。因法人合并、继承等法定事由,符合条件之人一并继受他人的权利、利益、义务和责任,其中对他人直接占有的继受,属于直接占有的概括继受。比如,《民法典》第67条第1款规定:"法人合并的,其权利和义务由合并后的法人享有和承担。"占有不是权利,可参照适用该规定,被合并的法人直接占有的物由合并后的法人取得。又如,《民法典》第1122条第1款把遗产界定为"自然人死亡时遗留的个人合法财产",占有未必合法(如被继承人捡到他人丢的手机),但为了确保物的控制有序,可参照适用该规定。同时,《民法典》第1147条规定,遗产管理人应当清理遗产并制作遗产清单、采取必要措施防止遗产毁损、灭失以及实施与管理遗产有关的其他必要行为,据此,在被继承人死亡时,其生前直接占有的物转由遗产管理人取得。在概括继受,符合条件的取得人或许不仅没有实际控制物,而且根本不知道自己是概括继受人,因而也没有取得直接占有的意思,但并不妨碍其取得直接占有,承受与此相关的利益或不利益。

例:A是空巢老人,邻居B出国旅游,把宠物狗交给A看管。期间A因急病去世,无人看管的狗跑出咬伤无辜路人C。A的独子D在外地生活,不知A去世,但其在A死亡时取得狗的占有。《民法典》第1245条规定:"饲养的动物造成他人损害的,动物饲养人或者管理人应当承担侵权责任;但是,能够证明损害是因被侵权人故意或者重大过失造成的,可以不承担或者减轻责任。"据此,D应对C承担赔偿责任。

(三)直接占有的丧失

直接占有的丧失是指占有人不再实际控制物,若非如此,即便占有人口口声声说放弃占有,但仍然牢牢把握着物,那么其也不会丧失直接占有。不过,正如ZGB第921条规定的,占有人暂时中断对物的实际控制的,不丧失占有,如A到B家里玩,临走把手机落在B家,

---

[①] Vgl. Siedler, Zurechnung von Realakten im Bürgerlichen Recht, 1999, S. 144 f.
[②] Vgl. Luebbert, Hilfspersonen bei Realakten, 1933, S. 20.
[③] Vgl. Wieling/Finkenauer, Sachenrecht, 6. Aufl., 2020, S. 64 f.

半路想起返回求取,就是典型的占有暂时中断而非丧失。

以占有人不再实际控制物的事实状态是否出于其意思为标准,直接占有的丧失可分为自愿丧失和非自愿丧失,前者是指占有人以放弃占有的意思而自愿失去对物的实际控制(如质权人向出质人返还质物),后者则相反(如自行车遗失或被盗)。

例:A误把一幅古画当成赝品赠给B,识货的B拿回家珍藏。A虽然出于错误认识而放弃对古画的占有,但仍为其自愿行为,故为自愿丧失。B对古画的占有因此是转手取得,而非原始取得。

C觊觎D的家传宝物,绑架D的独子E,要挟D交出宝物,否则就撕票杀害E,D无奈把宝物交给C。D放弃宝物的占有并非出自自愿,属于非自愿丧失,C是原始取得宝物的占有。

区分自愿丧失和非自愿丧失的意义主要在于:(1)影响动产物权善意取得规范的适用。在无处分权人处分直接占有的他人动产时,只要占有源自动产所有权人的自愿丧失,就要适用动产物权善意取得规范,非自愿丧失则不能适用该规范,对此详见本章第五节。比如,A把手机借给B,B对手机的占有源自A的自愿丧失,B擅自把手机以合理价格出卖并交给C,根据《民法典》第311条,善意的C可取得手机所有权。又如,D捡到E丢失的手机,擅自把手机以合理价格出卖并交给善意的F,根据《民法典》第312条,F欲取得手机所有权,还需其他额外条件,如E在知道或应当知道F之日起2年内,不向F请求返还手机。(2)决定占有型担保物权是否当然消灭。动产质权与留置权均以对标的物的占有为前提,属于占有型担保物权。权利人自愿丧失直接占有,将物返还给出质人或留置财产权人的,这些物权消灭;但在非自愿丧失时,这些物权并不当然消灭。

(四)占有辅助

1. 占有辅助的概念

占有人不借助他人之手,亲自实际控制物的,是自己占有。与自己占有相对的是占有辅助,即受制于雇佣之类的社会从属关系,物的实际控制人为他人。从外在形态来看,占有人自己实际控制物与雇员等占有辅助人实际控制物难分伯仲,但为了与占有辅助的社会从属关系匹配,雇员这样的处于服从地位之人对物的实际控制只能成为占有辅助,借此把直接占有的利益归属于雇主这样的发出指示之人。

例:A雇B为司机,两人间为社会从属关系。B开着A的车,A看上去未实际控制车,但B需听从A的指示,是为A占有车,B只是占有辅助人,A才是占有人。

提示:平等原则与社会从属关系

《民法典》第4条规定了平等原则:"民事主体在民事活动中的法律地位一律平等。"在现代社会,每个人都是平等主体,不容许奴役他人。不过,社会的正常发展需要法人和非法人组织这样的组织化主体,它们与员工客观上会形成社会从属关系,劳动关系最为典型,其核心就在于劳动者与用人单位之间具有人格从属性、经济从属性、组织从属性。人格从属性主要表现为用人单位的工作规则、劳动纪律、奖惩办法等适用于劳动者,用人单位可通过制定规则等对劳动者的劳动过程进行管理控制;劳动者需按照用人单位指令完成工作任务。经济从属性主要表现为用人单位掌握劳动者从业所必需的重要生产资料；劳动者获得的报酬构成其重要收入来源。组织从属性主要表现为劳动者被纳入用人单位的组织体系当中，成为生产经营组织的有机部分，并以用人单位名义对外活动。[①] 机关法人等非营利法人与工作人员之间是劳动关系之外的关系，也有程度不同的社会从属关系，《民法典》第1191条规定的用人单位用工责任对它们有直观体现。此外，因为生活需要，个人雇佣司机、保姆等个人之间的劳务关系也有社会从属关系，《民法典》第1192条规定的个人用工责任体现了这种关系。这些社会从属关系以平等原则为基础，符合社会常态需要，有其正当性。

占有辅助人看上去与代理人类似，自己的行为后果均归属于他人，但占有辅助适用于占有，代理适用于法律行为，它们是两类不同的效果归属规范，故而，即便现实中占有辅助人和代理人为同一人，也不能混用占有辅助与代理。

例：A授权司机B出卖二手车，B在授权范围内以A的名义把车出卖并交给C，就买卖合同及所有权转让合意而言，B是A的意定代理人，要适用意定代理规范；就车的直接占有丧失而言，B是A的占有辅助人，要适用占有辅助规范。

2. 占有辅助的要件

雇佣是最典型的社会从属关系，以此为例，在满足占有辅助的以下条件时，雇员实际控制物或放弃实际控制的行为效果归属于雇主，由雇主取得或丧失占有：其一，雇员服从雇主的指示；其二，雇员是为雇主的利益实际控制物或放弃实际控制；其三，雇员和雇主之间的社会从属关系可为世人识别。[②]

例：A雇B为司机，在此事实基础上分设三种情形：(1) A带着B到4S店买车，在4S店把车交给B时，A取得对车的直接占有。(2) A把二手车卖给C，A交待B把车交给C，在B把车交给C时，A丧失对车的直接占有。(3) B开自己的车为A服务，B是车的所有权人和直接占有人；之后，A购买该车并受让其所有权，仍由B驾驶，B是占有辅助人，A是所有权人和直接占有人。

进阶：雇主取得占有的意思

以雇佣为例，占有辅助的构成要件不包括雇主取得占有的意思，而它是直接占有取得行为的要素，雇主欲借力雇员取得占有，应具备该意思。对此，学理认为通过参照代理规范，可把雇员控制物的意思归为雇主取得占有的意思，雇员控制物的客观情况则通过占有辅助规范归为雇主对物的控制，它们分别为雇主取得占有提供了主观和客观的支撑要素。这种认识面对的最大障碍是，代理是法律行为的归属规范，取得占有的行为是事实行为，其能否参照代理规范？着眼于法律行为和事实行为的属性差别，取得占有的行为与代理规范的确不应有瓜葛，但从规范功能来看，取得占有的意思对占有取得具有决定作用，这种效用与法律行为的效果意思接近，表现出行为人自治的特点，这为其

[①] 参见人力资源和社会保障部、最高人民法院联合发布六起第三批劳动人事争议典型案例之一："如何认定网约货车司机与平台企业之间是否存在劳动关系？"。

[②] Vgl. Siedler, Zurechnung von Realakten im Bürgerlichen Recht, 1999, S. 150 ff.

参照代理规范提供了基础。① 也就是说,基于取得占有的行为与法律行为均蕴含的自治属性,使前者中的意思通过代理规范找到归属根据,并非无稽之谈。

3. 占有辅助的终止

一旦嗣后缺失占有辅助的任一要件,占有辅助随即终止,主要表现为:其一,雇员不服从雇主的指示。比如,A把二手车卖给C,A交待司机B把车交给C,但B擅自把车出卖并交给他人。在此,B是直接占有人而非占有辅助人,A则非自愿丧失对车的直接占有。其二,雇员为自己利益实际控制物或放弃实际控制。比如,A为了奖励司机B,将车赠与B,该车正由B驾驶。取得车辆所有权的B不再是占有辅助人,而是直接占有人。其三,雇员和雇主之间不再有社会从属关系。比如,司机B从A处辞职后,仍开着A的车,B是直接占有人,而非占有辅助人。

二、间接占有

(一) 间接占有的概念

间接占有是指间接占有人基于特定的法律关系,对直接占有人享有返还请求权,进而间接地对物进行控制的事实。比如,A借用B的手机,A是直接占有人;B能请求A返还手机,B对手机的控制即间接占有,B是间接占有人。与直接占有相比,间接占有人不直接控制物,间接占有是一种高度虚化的对物控制的状态,他人无法轻易探知间接占有人的法律地位,但为了满足实践需求,间接占有同样是动产物权的公示形式,间接占有人可被推定为动产所有权人。比如,A把机器所有权转让给B,但A还想继续使用该机器,双方签订租赁合同,由A租用机器。根据《民法典》第228条,B是机器所有权人,其间接占有成为公示形式。

(二) 间接占有的构成

间接占有的构成要件如下②:

第一,有占有媒介关系。借用人等直接占有人和出借人等间接占有人之间的法律关系称为占有媒介关系,其范围很宽泛,可以出自借用合同、租赁合同等法律行为,也可以是质权、无因管理、亲权、政府征用、法院扣押等法律规定的关系。至于占有媒介关系是否有效,在所不问。

在占有媒介关系中,直接占有人是占有媒介人,其无需服从间接占有人的指示,这是间接占有不同于占有辅助的关键之处。比如,A把汽车借给B,B如何驾驶、开到哪里,无需听从A的指示,这与占有辅助的社会从属关系有着明显差异。

第二,有占有媒介意思。直接占有人是占有媒介人,其在主观上不以自己为物的所有人,而为物的借用人、承租人、质权人等其他权利人,这种意思称为占有媒介意思,若没有该意思,就不构成间接占有。比如,A偷了一部手机,其自始就把自己作为手机所有权人,A因而不是手机的间接占有人。

第三,直接占有源自间接占有人的法律地位。直接占有由间接占有人的法律地位导出,如A把汽车借给B,B对汽车的占有是A行使所有权的结果。就此而言,间接占有人是上级

---

① Vgl. Siedler, Zurechnung von Realakten im Bürgerlichen Recht, 1999, S. 147 ff.
② Vgl. Baur/Stürner, Sachenrecht, 18. Aufl., 2009, S. 73 ff; Westermann/Gursky/Eickmann, Sachenrecht, 8. Aufl., 2011, S. 89 ff.

占有人,直接占有人是下级占有人。

第四,间接占有人有返还请求权。在占有媒介关系有效存续时,间接占有人基于占有媒介关系对直接占有人有返还请求权;在占有媒介关系消灭或无效时,间接占有人可以基于所有权、不当得利等对直接占有人有返还请求权,如上例的 A 有权请求 B 返还其直接占有的汽车。

进阶:间接占有意思

间接占有的构成要件中没有间接占有人的间接占有意思,而间接占有与直接占有一样是事实,离不开相应的意思。为了弥补这个缺口,学理认为,在租赁等意定的占有媒介关系,出租人等间接占有人同意承租人等占有媒介人取得直接占有,自己愿意通过返还请求权的方式对物进行控制,由此可知间接占有人有取得间接占有的意思。在亲权等法定的占有媒介关系,因其基于法律规定发生,间接占有人未必知道该关系的存在,也未必知道谁在直接占有,无法确定间接占有人有取得间接占有的意思。对此予以弥补的办法,是在肯定占有媒介意思是占有媒介人取得直接占有意思的同时,通过参照代理规范,把占有媒介意思归为间接占有人取得间接占有的意思[①],从而确保间接占有有完整的构造要素。

(三)间接占有的取得

间接占有的取得主要有三种方式:(1)因符合间接占有的构成要件而取得;(2)因法人合并、继承等法定事由而概括继受,对此可参见上文直接占有的概括继受部分;(3)因转让而取得,如 A 把汽车借给 B 后,把对 B 的返还请求权转让给 C,C 成为汽车的间接占有人。

(四)间接占有的丧失

一旦嗣后缺失间接占有的任一要件,间接占有随即丧失,主要表现为:(1)占有媒介关系或返还请求权消灭。比如,在把汽车借给 B 后,A 雇 B 为司机,A、B 的借用关系消灭,雇佣关系成立,B 是 A 的占有辅助人。(2)直接占有人公开放弃占有媒介意思。比如,A 把汽车借给 B,B 以所有权人身份把汽车出卖并交给他人,B 不再是直接占有人,也不再有占有媒介意思,A 丧失间接占有。(3)直接占有不再源自间接占有人的法律地位。比如,在把汽车借给 B 后,A 把汽车所有权转让给 C,C 同意 B 继续借用,B 承诺到期向 C 还车。B 对汽车的直接占有不再源自 A 的法律地位,A 丧失间接占有。

三、共同占有

占有人为一人的占有是单独占有,与此相对的共同占有是指占有人为数人的占有,分为简单的共同占有(einfachen/solidarischen Mitbesitz)和集合的共同占有(gesamthänderischen/qualifizierten/kollektiven Mitbesitz),前者是每一占有人均可独立控制物的事实状态,后者是所有占有人协力才能控制物的事实状态。[②] 比如,A、B 共同买了一辆公路自行车,若它有一把锁,A、B 各拿一把钥匙,A、B 对自行车是简单的共同占有;若它有两把锁,A、B 各拿一把锁的钥匙,则 A、B 对自行车是集合的共同占有。

---

① Vgl. Siedler, Zurechnung von Realakten im Bürgerlichen Recht, 1999, S. 172 ff.
② Vgl. Brehm/ Berger, Sachenrecht, 3. Aufl., 2014, S. 52 f.

共同占有既可以是共同的直接占有,也可以是共同的间接占有。比如,上例的A、B对自行车的占有是共同的直接占有;若他们把自行车借给C,A、B对自行车的占有是共同的间接占有。

共同占有也是公示形式,共同占有人可被推定为动产共有人,如就A、B共同直接占有的自行车,可推定二人为共有人。

四、自主占有和他主占有

自主占有人在主观上有把自己作为所有权人的意思,其对物的占有是自主占有。至于自主占有人客观上有无所有权,在所不问。自主占有人可以是直接占有人,也可以是间接占有人。比如,偷车贼A是车的自主直接占有人。又如,B把汽车借给C,B是汽车的自主间接占有人。

他主占有人在主观上有不把自己作为所有权人,而是作为借用人、承租人、质权人等其他权利人的意思,其对物的占有是他主占有。他主占有人可以是直接占有人,也可以是间接占有人。比如,A在街头捡到一个钱包,在交给警察前,A是他主直接占有人。又如,B把汽车租给C,经B同意后,C把汽车转租给D,C是汽车的他主间接占有人。

就动产物权变动而言,区分自主占有和他主占有的意义主要在于:(1)在间接占有,直接占有人是他主占有人,占有媒介意思是他主占有意思,否则就不是间接占有。(2)取得时效、先占的要件是自主占有,对此详见本章第六节的相关部分。

第五节 依法律行为的动产物权变动

一、动产物权有权处分

(一)概述

1. 单方行为的有权处分

动产物权有权处分可以是单方行为,动产所有权放弃就是典型,物权行为与作为公示形式的占有是其两个不可或缺的要素。比如,A把用坏的手机扔进垃圾桶,由此放弃所有权。在此没有赠与合同等原因行为,但有A放弃手机所有权的单方物权行为,也有A失去手机占有、又无他人取得手机占有的事实状态。

动产所有权的放弃是法律行为,结果导致动产成为无主物,但法律另有规定的除外。比如,《民法典》第1249条规定,遗弃的动物在遗弃期间造成他人损害的,由动物原饲养人或管理人承担侵权责任。据此,所有权人放弃宠物所有权,不当然产生所有权消灭的后果。[1]

2. 双方行为的有权处分

放弃所有权并非有权处分动产物权的典型形态,与此相比,以有效的买卖合同等双方行

---

[1] 参见〔瑞〕海因茨·雷伊:《瑞士侵权责任法(第四版)》,贺栩栩译,中国政法大学出版社2015年版,第269页;邹海林、朱广新主编:《民法典评注:侵权责任编》(第2册),中国法制出版社2020年版,第771页。应予说明的是,在动物死亡后,所有权人遗弃动物尸体致人损害的情形不在《民法典》第1249条的适用范围,对于这种放弃行为,可参照适用《民法典》第1251条,以违背法律规定、违背社会公德或影响他人生活为标准,否定其法律效力,以免产生破坏生态环境或侵害他人权益的负外部性。

为引导的动产物权变动才是典型形态,它们是双方行为的有权处分。在适用公示设权力的动产所有权转让、动产质权设立,需要物权合意和交付的结合,物权编第二章第二节"动产交付"是其基础规范,本节主要据此展开。为了使论述聚焦,下文以动产所有权转让为对象,其原理通常能用于动产质权设立,至于动产质权设立的特殊之处,见第八章第四节之二的"作为动产质权公示形式的共同共有"提示部分。在适用公示对抗力的动产抵押权设立,交付不起作用,对此详见第八章第三节之三的"登记对抗力"部分。在此需要说明以下前提性认识。

(1) 作为物权行为的转让合意

当事人双方达成的动产所有权转让合意通常为默示,如 A 从 B 处购买一台机器,双方一手交钱、一手交货,前述行为可推定 A、B 有机器所有权转让合意;也可以为明示,如为了慎重起见,A、B 除了签订买卖合同,还另行以书面形式约定机器所有权转让事宜。

转让合意的生效可以附条件,所有权保留最为典型,根据《民法典》第 641 条第 1 款,当事人可以把买受人履行支付价款或其他义务约定为条件,在该条件成就时所有权才转让给买受人。比如,A 从 B 处购买一台机器,双方签订买卖合同,约定 B 先交货,A 在收到货物后的 3 个月内支付货款,在货款付清前,机器仍归 B 所有。据此,虽然 A 占有机器,但其在货款付清前并未取得所有权。在本节下文,除非有特别说明,否则转让合意均未附条件。

此外,作为物权客体的动产是现在物,在此基础上可说当事人双方有转让合意,而未来物没有所有权可言,说双方有转让未来物的合意,逻辑不通顺,但的确存在当事人就将来特定的动产进行交易的实践,"预先转让合意"这一概念可以合理解释这种情况。比如,A 托 B 定制一台机器,双方签订买卖合同,约定 B 在 3 个月内制成机器并转让给 A。在买卖合同签订时,尚无现实存在的机器,但双方就将来的机器所有权转让有了预先合意。之后 B 按照约定向 A 交付机器,表明预先转让合意已现实化,双方有了转让合意,A 能取得机器所有权。

(2) 作为公示形式的交付

交付是动产所有权转让的公示形式,在理解时应把握以下要点:

第一,交付区分为现实交付和观念交付。动产所有权转让的典型构造是买卖合同等原因行为和转让合意均有效,并有适格的交付,即转让人完全丧失占有,而受让人在转让人的促成下取得占有,所有权在交付时转让。《民法典》第 224 条规定:"动产物权的设立和转让,自交付时发生效力,但是法律另有规定的除外。"这种交付为现实交付,它表明转让人完全丧失占有和受让人取得占有的连续性过程现实发生,能为世人知晓。现实交付体现了公示原则,是交付的典型形态,但要求动产所有权转让均以现实交付为要件,并不切合实际需求,故在现实交付力所不逮之处,出现了三类观念交付,即《民法典》第 226—228 条依次规定的简易交付、指示交付和占有改定,它们是《民法典》第 224 条但书指向的规范,下文将依序阐述。

第二,区分交付与动产所有权转让。动产所有权转让以交付为要件,在转让合意未附条件时,交付意味着所有权发生转让;在转让合意附条件时(如所有权保留),虽为交付,但所有权未转让,只有约定条件成就时,所有权才发生转让。

第三,与交付义务相区分。以买卖为例,出卖人有交付义务,其内涵除了法律规定的现实交付和观念交付,还可由买卖合同约定,而作为公示形式的交付形态由法律规定。比如,A 把遗失的手表卖给 B,通过转让对拾得人 C 的返还请求权,A 把所有权转让给 B,双方还约定 A 有敦促 C 交出手表的义务。在 B 取得手表直接占有前,虽有指示交付,但 A 未履行约定的交付义务。① 此外,正如本章第一节"物权变动与债务履行的关系"提示部分所言,出卖人对买受人还有其他交付相同标的物义务的,出卖人在交付时,必须明确是履行何种义务,即需有明示的清偿目的,而在作为公示形式的交付,无需有这样的清偿目的。

提示:概念的内涵以有效满足实践需求为根本

不动产的国家管制色彩明显,无论是国土空间规划还是不动产登记,当事人不能排除它们的作用。而且,这些管制均有明确的制度架构,不允许当事人私自改变。基于此,在不动产物权有权处分,当事人自设交易规则的空间很小。动产所有权转让没有这么多限制,当事人能根据实际情况灵活设计交易模式,法律在此的任务,是在顾及物权的绝对性,使他人知道所有权归属的基础上,为各式各样的动产所有权转让实态提供支持,以有效满足实践需求。正因此,在理解转让合意和交付时,要确立它们服务于动产所有权转让实践的基本观念,只有这样,才能明白上文提及的转让合意可为明示及默示、可为预先合意,才能明白下文展示的种类多样、形态各异的现象为何都能归为"交付"。一言以蔽之,转让合意、交付的概念内涵会因应实践需求而张弛有度,以尽力贴近实际情况,便于社会交往和交易进展。

(二) 现实交付

1. 现实交付的概念

现实交付是指转让人完全丧失占有,并在其促成下由受让人取得占有的情形,它是交付的一般形态。通常说来,现实交付需满足以下要件:其一,转让人完全丧失占有,既不直接占有,也不间接占有,还不共同占有;其二,受让人取得占有,既可以是取得直接占有,也可以是取得间接占有;其三,转让人促成受让人的占有,不仅转让人丧失占有为受让人取得占有提供了诱因,转让人还有意通过自己丧失占有而由受让人取得占有。②

例:A 从 B 处购买机器,B 把机器交给 A,A 把机器安置在自己厂房。这符合上述要件,是现实交付的典型情形。

C 从 D 处购买机器的一半份额,机器由 C、D 按份共有,并共同占有机器。这不符合上述第一个要件,不是现实交付,而是共同占有。

E 把旧机器扔到垃圾处理站外,F 捡到后安置在自己厂房。这不符合上述第三个要件,不是现实交付。

2. 现实交付的形态

(1) 第三人未介入的现实交付

这种现实交付是转让人和受让人均亲力亲为的现实交付,可见上文直接占有的转手取得、合意取得的例子,在此不赘。

(2) 第三人介入的现实交付

转让人和受让人也可在第三人介入下完成现实交付,主要有以下三类:

第一,占有辅助人介入下的现实交付。

---

① 参见吴香香:《请求权基础:方法、体系与实例》,北京大学出版社 2021 年版,第 180 页。
② Vgl. Neuner, Sachenrecht, 5. Aufl., 2017, S. 106;Vieweg/Werner, Sachenrecht, 8. Aufl., 2018, S. 19.

例：A从B处购买机器，在占有辅助人的介入下，现实交付有以下四种形态：(1) B的雇工C把机器交给A；(2) B把机器交给A的雇工D；(3) C把机器交给D；(4) 根据B的指示，实际控制机器的C终止与B的雇佣关系，同时与A建立雇佣关系，C成为A的雇员。这四种形态的共性是B完全丧失占有，A在B的促成下取得占有。

第二，占有媒介人介入下的现实交付。

例：A从B处购买机器，在占有媒介人的介入下，现实交付有以下四种形态：(1) C为B保管机器，B安排C把机器交给A；(2) D为A保管机器，根据A的安排，B把机器交给D；(3) 根据A、B的安排，C把机器交给D；(4) 根据A、B的安排，C终止与B的保管关系，同时与A建立保管关系，C为A保管机器。这四种形态的共性是B完全丧失占有，差异是A在第一种形态取得直接占有，在其他三种形态取得间接占有。

第三，指令人介入下的现实交付。在以中间商转售为代表的链条交易中，为了减少交易成本，中间商作为指令人，安排上游供货商把货物交给下游销售商，从而实现交易目的。供货商是自主占有货物的所有权人，其与中间商的买卖关系既不构成占有媒介关系，也不是占有辅助关系，故作为指令人的中间商既非占有媒介人，也非占有辅助人，具有独立的法律地位，这种交付称为指令交付或指令取得。

例：中药材销售商A从中间商B处订购1000斤三七，在此事实基础上分设两种情形：(1) B以自己名义从供货商C处采购，在B的安排下，受指令人C把1000斤三七运给A，完成现实交付。[1] (2) B以A的名义从供货商C处采购，C把1000斤三七运给A。此时C并非接受B的指令完成交付，而是履行对A的合同义务，但看上去有接受指令的外观，属于"表见受指令人"。鉴于C向A的交付是B促成的，B、C均有向A转让所有权的意图，故仍属于现实交付。[2]

当然，不同的第三人会介入同一现实交付，如转让人的占有辅助人把机器交给受让人的保管人，指令人也能让供货商把货物运给销售商的占有辅助人。

（三）简易交付

简易交付是指受让人事先占有动产的，转让合意能替代现实交付，无需现实交付即可转让所有权。受让人事先直接占有或间接占有动产的，在买卖合同等原因行为有效的前提下，只要双方达成转让合意，动产所有权即转让。《民法典》第226条规定："动产物权设立和转让前，权利人已经占有该动产的，物权自民事法律行为生效时发生效力。"

例：A借用B的手机，之后B把手机出卖A。为了实现所有权转让，要求A先把手机还给B，B再现实交付，太背离实际，徒增交易成本。合乎实际的路径就是简易交付，

---

[1] 在参考案例"厦门某卫浴科技有限公司诉汾阳市某美甲店侵害实用新型专利权纠纷案"中，某卫浴公司从APP向某美甲店发出订单，某美甲店从第三方购买相应货物，并将收货地址填写成某卫浴公司，由第三方直接将货物邮寄给某卫浴公司（"一件代发"）。法院生效裁判认为，第三方按照某美甲店的指令发货，履行的并非与某卫浴公司的合同关系，第三方的交付应该认定为某美甲店的交付，第三方的发货地应认定为某美甲店的发货地。

[2] Vgl. Wellenhofer, Sachenrecht, 36. Aufl., 2021, S. 104. 另参见〔德〕延斯·科赫、马丁·洛尼希：《德国物权法案例研习》，吴香香译，北京大学出版社2020年版，第51页。

即把A占有手机的事实状态与A、B订立买卖合同的行为结合起来,可推定双方达成转让合意。根据《民法典》第226条,在买卖合同生效时,转让合意也生效,无需现实交付,A即可取得所有权。当然,简易交付一定合乎双方意愿,若B在转让手机所有权前,要删除手机中的个人信息,需A先还手机,则无简易交付可言。

C偷了D的手机后取得D的谅解,D把手机卖给C,在买卖合同生效时,直接占有人C取得所有权。

E借用F的手机后又转借给G,之后F把手机出卖给E,在买卖合同生效时,间接占有人E取得所有权。

(四)指示交付

指示交付是指第三人占有动产的,转让人将其对第三人的返还请求权转让给受让人,以替代现实交付。《民法典》第227条规定:"动产物权设立和转让前,第三人占有该动产的,负有交付义务的人可以通过转让请求第三人返还原物的权利代替交付。"与简易交付一样,指示交付也意在灵活便宜地应对实际需求,同样也应符合当事人的意愿。

1. 占有媒介情形下的指示交付

占有动产的第三人是转让人的占有媒介人的,转让人将其对第三人的返还请求权转让给受让人,可以替代现实交付。[①] 在此情形,作为所有权人的转让人是自主间接占有人,作为他主占有人的第三人既可以是直接占有人,也可以是间接占有人。

例:A借用B的手机,之后B把手机卖给C,B将对A的手机返还请求权转让给C,以替代现实交付。在转让合意未明示的情形,可把B、C的买卖合同与B将对A的返还请求权转让给C的行为结合起来,以推定B、C达成转让合意。在返还请求权转让时,C取得所有权。至于B是否通知A,不影响返还请求权转让的效力,也不影响C取得所有权。若B未通知,A将手机还给B,C有权请求B返还手机。

D借用E的手机后又转借给F,之后E把手机卖给G。D是间接占有人,E将对D的返还请求权转让给G,以替代现实交付。在返还请求权转让时,G取得所有权。

2. 非占有媒介情形下的指示交付

占有动产的第三人与转让人之间没有占有媒介关系,如其因拾得或偷窃而占有,此时作为所有权人的转让人不是间接占有人,而第三人的占有没有正当权源,属于无权占有。《民法典》第235条规定:"无权占有不动产或者动产的,权利人可以请求返还原物。"据此,转让人对第三人有原物返还请求权。在此情形下,转让人的原物返还请求权与所有权合为一体,其把动产所有权转让给受让人的,同时包含转让该请求权之意;同样地,其把原物返还请求权转让给受让人的,同时包含转让动产所有权的合意。故而,只要双方达成转让合意,就完成了动产所有权的转让。

例:在A的手机丢失后,A把手机赠与B,双方有转让合意,B取得手机所有权,有

[①] 参考案例"重庆某汽车销售有限公司诉重庆某物流有限公司物权保护纠纷案"的裁判要旨指出,在国际铁路货物运输中,交易各方约定缔约承运人签发铁路提单,并承诺铁路提单持有人具有提货请求权,该约定合法、有效。背书转让或交付铁路提单应视为对提货请求权的转让,代替货物的交付,属于指示交付。

权请求拾得人返还。

（五）占有改定

1. 占有改定的一般规范

占有改定是指当事人双方通过约定占有媒介关系，使受让人取得动产的间接占有，以替代现实交付。占有媒介关系的形态可以是租赁、借用、保管等合同，在转让合意未明示时，占有媒介关系和买卖合同等原因行为可结合起来推定转让合意，它们都应有效。《民法典》第228条规定："动产物权转让时，当事人又约定由出让人继续占有该动产的，物权自该约定生效时发生效力。"[1]通过占有改定，转让人成为他主占有人，受让人成为自主间接占有人。

例：A把机器卖给B，但A仍需使用机器，遂与B签订租赁合同。尽管A的直接占有未变，但通过占有改定，A从自主占有人成为他主占有人，B成为取得机器所有权的间接占有人。

C到大卖场购买电脑桌，挑好货并付完款，由大卖场次日运给C。这种交易模式包含了占有改定，即C与大卖场有特定物买卖关系，在C付款后还有运输合同关系，C借此取得了电脑桌的所有权。大卖场将电脑桌运给C，由C转手取得直接占有。

2. 预先占有改定

在动产未特定的情形（如尚未生成的将来物），为了转让动产，当事人可为预先转让合意以及预先占有改定，以便在动产特定时，由受让人取得所有权。在占有改定，动产所有权在占有媒介关系和转让合意生效时转让，而在预先占有改定，动产所有权在动产特定、受让人取得间接占有时转让。

例：A从工艺师B处定制一把紫砂壶，预先支付费用，约定制好后通知A来取货。这些行为表明A、B就将来紫砂壶的转让预先达成合意，B在制好后还有保管义务，这种保管关系构成预先占有改定。在B按照约定为A制好紫砂壶时，A成为间接占有人，取得所有权。

3. 自我占有改定

在受让人委托他人采购货物的情形，受托人以自己名义先取得货物所有权，再将货物所有权转让给受让人，受托人与受让人之间构成有效的自己代理关系，不仅受托人代理受让人与自己达成转让合意，还能通过自我占有改定使受让人取得货物所有权。[2]

例：受A、B、C之托，到德国出差的D要为A、B、C购买新版《德国民法典》各一本，但书店仅有一本，D付款拿走后，决定给A，遂在外包装上用马克笔写上A的名字。D从书店取得这本书的所有权，此后代理A与自己达成转让合意和自我占有改定，A据此从D处取得所有权。

---

[1] 占有媒介关系也包括监护等法定关系，它们也能为占有改定提供支持，此时应参照适用《民法典》第228条。比如，父母把动产赠与未成年子女，父母仍为直接占有人，应认为发生占有改定，子女取得动产所有权。参见庄加园：《民法典体系下的动产所有权变动：占有取得与所有权让与》，法律出版社2020年版，第133页。

[2] 参见〔德〕克劳斯·菲韦格、安娜·勒特尔：《德国物权法案例研习（第三版）》，王立栋、任倩霄译，中国法制出版社2019年版，第60—61页。

争点：观念交付体现了合意原则还是公示原则？

在观念交付中，相关约定对动产所有权转让起着决定作用，而且，指示交付和占有改定中的受让人是间接占有人，没有实际控制动产的外在形态。客观地看，观念交付导致公示形式虚化，出现了通过约定就能转让所有权的现象。有学理观点认为它们打破了公示原则，实质表现为合意原则。①反过来再看合意原则，正如第三章第二节"法国法系的合意原则"关联部分提及的，为了交易的实际需要，在一物数卖等例外情形需现实交付才能转让动产所有权，体现了公示设权力。正因此，比较法研究指出，从制度功能和实际效用来看，就动产所有权转让而言，合意原则和公示原则在概念上的区别远甚于在效果上的差异。②

不过，合意原则与公示原则代表了不同的规范体系，前者在根子上不要求公示，现实交付属于例外；后者以物权皆需公示为根基，观念交付在现实交付力所不及之处才发挥作用，是对现实交付的补充。既然观念交付是在公示原则的基点上发展起来的，具有拓展交付内涵的作用，则其是公示原则的有机部分，不宜断言它体现了合意原则。必须强调的是，观念交付之所以成型，并非出自纯粹的学理构想，而是能满足交易实践需求，具有助推交易顺利展开、降低交易成本的合理之处。

（六）特殊动产所有权转让的特别规范

特殊动产主要包括船舶、航空器和机动车，与普通动产一样，它们以占有作为所有权的公示形式，以交付作为所有权转让的要件。比如，俞某某从颜某某处购买船舶，依约定支付购船款，于船舶交付时取得船舶所有权。③但与普通动产不同，特殊动产需登记，它对所有权也有公示作用，这使得特殊动产所有权转让规范具有特殊性。

1. 交付和转移登记的关系

在原因行为、转让合意有效的前提下，特殊动产所有权在交付时转让。与此对应，所有权转移登记发生在交付之后。以机动车为例，《机动车登记规定》第25—26条、《机动车登记工作规范》第25条规定，所有权转移登记由现所有权人申请，并应交验机动车。据此，在转移登记时，受让人业已占有机动车并取得所有权，转移登记因此属于宣示登记。④这意味着，在转移登记后，转让人直接占有机动车的，要么其与受让人之间有租赁、借用等占有媒介关系，要么其以偷盗等方式不法占用了机动车。

照此来看，《买卖合同解释》第7条第2项的规定有待斟酌，它规定在一物数卖且均未受领交付的情况下，办理所有权转移登记的买受人有权请求出卖人履行交付标的物等合同义务。由于机动车所有权转移登记表明受让人业已占有机动车，其只宜根据租赁、借用等合同请求转让人返还，或在转让人无权占有时行使返还请求权这种物权请求权。

2. 交付但未转移登记时的第三人保护

在交付与转移登记之间，后者不仅更容易查询，还有国家信誉背书，更值得信赖，故而，

---

① Vgl. Füller, Eigenständiges Sachenrecht?, 2006, S. 272 ff.
② See Vincent Sagaert, "Consensual versus Delivery Systems in European Private Law—Consensus about Tradition?" Wolfgang Faber & Brigitta Lurger (eds), *Rules for the Transfer of Movables*, Sellier. European Law Publishers, 2008, pp. 9-46.
③ 参见最高人民法院（2020）最高法民再362号民事判决书。
④ 参见刘家安：《民法物权》，中国政法大学出版社2023年版，第124页。

为了保护善意第三人,在特殊动产交付给受让人,未办理所有权转移登记时,所有权转让不能对抗善意第三人。《民法典》第 225 条规定:"船舶、航空器和机动车等的物权的设立、变更、转让和消灭,未经登记,不得对抗善意第三人。"以下主要以机动车所有权转让为例,分不同情形展开分析。

(1) 一物数卖

该情形可细分为以下三种:

第一,因交付而占有机动车的受让人取得所有权,仅签订买卖合同未办理所有权转移登记的其他买受人为转让人的一般债权人,基于"物债二分"衍生的物权优先于债权的原理,无论其他买受人是否知悉机动车转让,在法律地位上均逊色于占有机动车的受让人,不能适用《民法典》第 225 条。

例:A 把汽车卖给 B,完成交付,未办理所有权转移登记,B 是汽车所有权人。之后 A 又把该车卖给 C,签订买卖合同,未办理所有权转移登记,C 是 A 的一般债权人。B 的法律地位优于 C。根据《买卖合同解释》第 7 条第 1 项,A 应协助 B 办理所有权转移登记。

第二,在转让人把机动车交付给受让人后,又协助为其他买受人办理所有权转移登记的,若转移登记错误(如登记机构未验车就办理登记),其他买受人不是应受保护的善意第三人;若转移登记无误(如转让人借用机动车又卖给他人,通过验车办理登记),但转让人是无权处分,应通过善意取得来保护其他买受人,不能适用《民法典》第 225 条。

例:A 把汽车卖给 B,完成交付,未办理所有权转移登记。之后 A 从 B 处借用该车,把它卖给 C,完成交付并办理所有权转移登记。由于 A 是无权处分,C 能否取得所有权,要看是否符合善意取得要件。由此可知,《买卖合同解释》第 7 条第 4 项有关受领交付的买受人有权请求将标的物所有权登记在自己名下的规定也可再议。

第三,在转让人把机动车交付并转移登记给受让人后,又通过借用或盗用等方式占有机动车,并交付给其他买受人的,由于转让人是无权处分,应通过善意取得来保护其他买受人,不能适用《民法典》第 225 条。

例:A 把汽车卖给 B,完成交付并办理所有权转移登记。之后 A 从 B 处借用该车,把它卖给 C,完成交付。由于 A 是无权处分,C 能否取得所有权,要看是否符合善意取得要件。

(2) 转让后再设立担保物权

上述第二种、第三种情形的分析在转让人另行以机动车设立担保物权的情形同样适用。

例:A 把汽车卖给 B,完成交付,未办理所有权转移登记。在此事实基础上分设两种情形:第一,A 把该车抵押给 C,办理抵押登记。第二,A 从 B 处借用该车,把它质押给 D,完成交付。由于 A 是无权处分,C 能否取得抵押权或 D 能否取得质权,要看是否符合善意取得要件。

(3) 转让人负担其他债权

《物权编解释一》第 6 条规定,转让人转让特殊动产所有权,受让人已经支付合理价款并取得占有,虽未经登记,但转让人的债权人主张其为《民法典》第 225 条所称的"善意第三人"的,不予支持,法律另有规定的除外。据此,即便未办理转移登记,受领交付的受让人的法律地位也优于转让人的其他一般债权人;在法律另有规定时,即便办理转移登记,受领交付的受让人的法律地位也劣于转让人的其他特别债权人。

例:A 对 B 有欠款,A 把汽车顶账给 B,完成交付。之后,A 的金钱债权人 C 通过法院查封 A 名下的该车,由于 B 是汽车所有权人,C 是一般债权人,B 的法律地位优于 C,法院应解除查封。①

D 驾车撞伤 E,欠 E 医药费,E 通过法院查封 D 名下的汽车。在法院查封前,D 把汽车出卖给不知情的 F,完成交付。E 是 D 的一般债权人,F 是汽车所有权人,F 的法律地位优于 E,法院应解除查封。

G 在驾船航海期间遇险,H 前往救助,G 欠 H 海难救助款。之后 G 把该船卖给不知情的 I,完成交付。根据《海商法》第 22 条、第 26 条,H 享有船舶优先权,该权利不因船舶所有权转让而消灭。H 的法律地位优于 I,H 有权依法行使船舶优先权。

(4) 针对特殊动产的侵权

在转让人把机动车交付给受让人后,他人损坏机动车,应承担侵权责任的,受让人有权请求加害人赔偿损失。若加害人不知机动车所有权转让,相信转让人是受害人,向转让人赔偿损失的,受让人无权再请求加害人赔偿②,就此而言,该加害人属于《民法典》第 225 条的"善意第三人"。

二、动产物权善意取得

《民法典》第 311—313 条规定的动产物权善意取得规范构造如下:(1) 把动产分为遗失物等脱手物和其他非脱手物,以后者为标的物形成善意取得一般规范(第 311 条),以前者为标的物形成善意取得特殊规范(第 312 条)③;(2) 所有权善意取得是一般规范的典型(第 311 条第 1—2 款),限制物权善意取得应予参照适用(第 311 条第 3 款);(3) 第 313 条包含了物上负担的善意取得。按照从一般到特别的排列,下文沿着动产所有权善意取得一般规范、脱手物善意取得、动产限制物权善意取得、物上负担善意取得的顺序展开。

(一) 动产所有权善意取得一般规范

1. 要件

在比较法上,欧洲各国动产所有权善意取得要件的细节差异不小,但也有以下基本共性:其一,转让人根据所有权人的同意占有动产;其二,受让人善意信赖转让人有处分权;其

---

① 参见参考案例"大石桥市某担保中心诉天津某工贸有限公司等案外人执行异议纠纷案"。
② 参见最高人民法院民事审判第一庭编著:《最高人民法院物权法司法解释(一)理解与适用》,人民法院出版社 2016 年版,第 201 页。
③ 由于货币具有高度流通性,货币的善意取得没有必要区分是否为脱手物,统一适用动产所有权善意取得一般规范。

三,受让人通过有效行为受让所有权。① 我国的相关规定与此非常类似。

(1) 动产为非脱手物

非脱手物是基于原占有人意思而继受取得占有的动产。比如,A 把手机交给 B 保管,无论保管合同是否有效,B 都是基于 A 的意思占有手机,该手机即为非脱手物,也称为占有委托物、占有移转物。

非脱手物导致直接占有人与所有权人不一致,一旦占有人无权处分,如上例的 B 把手机出卖并交给 C,就会引发 A、C 的利益冲突。由于占有人 B 实际控制物,很容易使人相信其为所有权人,为了最大程度确保交易的确定性,在受让人 C 为善意时给予确权保护,使其取得所有权,成为普遍的法律经验,此即善意取得。这种选择的经济合理性在于:其一,与受让人相比,所有权人防范风险的成本通常更低,因其本就应通过可信之人以可靠方式来实际控制自己的物,只要做到这一点,通常不会因无权处分而有利益冲突,如 A 把手机交给诚信本分之人保管,就不会因保管人无权处分而平添是否保护 C 的烦恼。若不能善意取得,受让人在与占有人进行所有权转让时,必须对后者是否为所有权人进行刨根问底的信息探知,其成本之大可想而知。故而,为了降低交易成本,也即受让人不用负担远超过所有权人防范风险的成本,善意取得即有必要。反过来讲,善意取得能促使所有权人注意防范风险,减少无权处分的发生。其二,所有权人和占有人有交往,前者通过后者追踪标的物的概率相当大,若否定善意取得,会激励所有权人向受让人及次受让人主张返还原物或赔偿损失,受让人则会向占有人(或次受让人向受让人)主张违约责任;若肯定善意取得,所有权人与受让人、次受让人隔断法律关联,仅可向占有人主张损害赔偿;两相对比,肯定善意取得的纠纷解决成本相对会低。② 其三,若否定善意取得,所有权人的权利主张引发后续交易处于不确定状态,从而使人怯于从事这样的交易,不利于货物流通,甚至导致市场停摆,肯定善意取得则不存在这样的问题,如此就能提高交易的确定性,促进交易效率。

(2) 有占有等权利外观的转让人无处分权

善意取得针对无权处分,故转让人对动产无处分权;善意取得保护善意受让人,而善意的基础是转让人有占有等权利外观。该要件分为以下两种情形:

第一,转让人不是所有权人,没有处分权,但有所有权的外观。依据占有的推定力,动产占有人被推定为所有权人,故而,转让人通常为直接占有人(如上例的 B),但也可为间接占有人,如上例的 B 把手机借给 D 后成为间接占有人,B 又把手机出卖并指示交付给 C,C 本就一贯相信 B,通过询问 D 更确信 B 为所有权人。转让人未占有动产,如路人 E 指着摆在卖场货架上的手机说是自己的,要转让给 C,E 没有所有权外观,不可能引起 C 的合理信赖,自无善意取得可言。

要求转让人必须像上例的 B 那样占有动产,并不完全符合交易实际,如在中间商转手的链条交易、"网购"、远程买卖,动产是否为转让人实际控制,受让人往往不得而知,此时关键在于转让人有无占有的能力,有无使受让人取得占有的能力,只要有这种能力,就具有所有权外观。比如,A 雇 B 销售手机,B 以自己名义把 100 部手机卖给 C,B 通知 A 向 C 送 100

---

① 参见〔德〕克里斯蒂安·冯·巴尔、〔英〕埃里克·克莱夫主编:《欧洲私法的原则、定义与示范规则:欧洲示范民法典草案(全译本)》(第 8 卷),朱文龙等译,法律出版社 2014 年版,第 491 页。

② 参见苏永钦:《私法自治中的经济理性》,中国人民大学出版社 2004 年版,第 176 页。

部手机。B没有占有手机,但其有操控手机占有的能力,能使表见受指令人A向C交付手机,这种能力也是权利外观。① 换言之,在此起作用的不是转让人实际控制物的事实,而是转让人能使受让人取得占有的承诺,以及基于这种承诺使受让人取得占有的事实。②

第二,转让人不是所有权人,没有处分权,但有处分权外观。从交易常识可知,拍卖企业、典当行等转让人虽然不是动产所有权人,但通常有处分权,在其实际无处分权,但有从事相关业务活动等处分权外观时,也符合本要件。

例:B公司是文玩拍卖企业,A把一幅画交给B公司组织鉴定,双方未建立委托拍卖关系。之后B公司组织画作专场拍卖,拍品包括A的画,不知情的C拍得该画。世人皆知画并非B公司所有③,但B公司是文玩拍卖企业,又在正常业务活动中拍卖画作,具有处分权的外观。

D从E典当行借款1万元,交付一只手镯用以担保。在典当期限届满前,E典当行把手镯放在店里绝当物专柜,标价2万元,不知情的F购得手镯。E典当行从事典当业务,店里有绝当物专柜,价格2万元的手镯在该专柜陈列④,这些均表明E典当行有处分权外观。

提示:民法善意取得和商法善意取得的区分

在比较法上,德国区分民法善意取得和商法善意取得。BGB第932条是民法动产所有权善意取得一般规范,其严格要求转让人无所有权,即便受让人信赖转让人有处分权,也不能善意取得。《德国商法典》第366条第1款放宽要求,在转让人具有商人特征,在经营营业中转让他人之物,受让人非因重大过失不知转让人没有处分权时,受让人能善意取得。⑤

(3) 转让人转让所有权

转让人与受让人通过达成转让合意并交付的方式转让所有权,否则不构成善意取得。从法理逻辑上讲,交付在此应包括现实交付、简易交付、指示交付和占有改定,因为转让人通过任一种交付,都同时使所有权人丧失占有、受让人取得占有,为了与占有推定力保持一致,由善意受让人取得所有权顺理成章。不过,从现实逻辑出发,占有改定应排除在外,原因主要在于:其一,占有改定具有高度隐秘性,它若能引发善意取得,则很容易发生损害所有权人利益的道德风险,如转让人和受让人仅需一纸能体现转让合意的文书,就会使所有权人失去

---

① 参见〔德〕克劳斯·菲韦格、安娜·勒特尔:《德国物权法案例研习(第三版)》,王立栋、任倩霄译,中国法制出版社2019年版,第83页。
② See Jens Thomas Füller, "The German Property Law and its Principles—Some Lessons for a European Property Law", Wolfgang Faber & Brigitta Lurger (eds), *Rules for the Transfer of Movables*, Sellier. European Law Publishers, 2008, pp. 211-213.
③ 《拍卖法》第23条规定:"拍卖人不得在自己组织的拍卖活动中拍卖自己的物品或者财产权利。"
④ 《典当管理办法》第40条第1款规定,典当期限届满后,当户应当在5日内赎当或续当;逾期不赎当也不续当的,为绝当。第43条第2项规定,绝当物估价金额不足3万元的,典当行可以自行变卖或折价处理。
⑤ 参见〔德〕托比亚斯·勒特:《德国商法案例研习》,李金镂译,北京大学出版社2021年版,第243—249页。

权利,很难在所有权人和受让人之间保持恰当的利益平衡。[①] 其二,即便认为受让人通过占有改定取得了所有权,但由于占有改定未改变转让人的占有状态,转让人向不知情的所有权人返还原物[②],在常人看来就是所有权人恢复了直接占有,所有权人从来没有失权,允许占有改定引发善意取得的结果与这种认知截然相反,结果是所有权人和受让人的维权矛盾既易引起又难平息。[③]

参考案例"某某金融租赁有限公司诉江阴市某某纺织有限公司等、第三人苏州某某机械有限公司融资租赁合同纠纷案":某机械公司把设备出卖并交付给某纺织公司,约定设备所有权自后者付清货款时起转移。之后某纺织公司把设备卖给某金融租赁公司,设备仍由某纺织公司占有。法院生效裁判认为,某纺织公司未付清货款,设备所有权属于某机械公司。某纺织公司与某金融租赁公司之间是占有改定,而占有改定方式公示作用不足,否定占有改定情形下善意取得的适用,更有利于保护当事人的合法权益及维护交易安全,故某金融租赁公司无法善意取得设备所有权。

(4)受让人善意

在本要件,善意的证明、作用与不动产所有权善意取得的善意要件基本一致,但其他要点有所区别:

第一,善意的基础。在不动产所有权善意取得,善意的基础是通常正确可信的登记。在本要件,转让人的占有、使受让人取得占有的能力等所有权外观,以及转让人的身份、营业活动等处分权外观是善意的基础;与登记相比,这些权利外观既不严密规整,又没有国家信誉的背书,可信度较弱。

第二,善意的内容。与善意的前述基础相应,受让人善意的内容是不知前述权利外观错误,也即不知有权利外观的转让人实质上无所有权或无处分权。

第三,善意的标准。在不动产所有权善意取得,善意的标准应为受让人不知登记错误,至于是否有重大过失,应予不考虑。在本要件,由于权利外观的可信度较弱,受让人需根据实际交易情况秉持审慎的注意义务[④],善意的标准因而需考虑重大过失。《物权编解释一》第16条规定:"受让人受让动产时,交易的对象、场所或者时机等不符合交易习惯的,应当认定

[①] 从理论上讲,指示交付也有隐秘性,同样存在上述风险。不过,从实际情况来看,指示交付时的转让人是间接占有人,审慎的受让人在指示交付前会查证转让人与直接占有人的关系,会向直接占有人披露可能发生的指示交付,在指示交付后还会通知直接占有人,进而使直接占有人知晓指示交付,这样的公开性会大幅减少损害所有权人的道德风险。

[②] 在法律适用上,此时通过参照适用善意取得规范,所有权人仍能取得所有权,推导过程如下:(1)动产为非脱手物;(2)转让人占有动产;(3)所有权人通过转让人的交付(返还)恢复了所有权(从转让人的角度来看,则是把所有权转让给所有权人);(4)所有权人善意;(5)价格合理(转让人负有返还义务);(6)所有权人取得占有与转让人丧失占有的意思均没有瑕疵。

[③] 在比较法上,BGB第933条规定转让人和受让人之间占有改定的,须转让人向受让人交付物,且受让人此时为善意的,才能善意取得。DCFR第XIII-3:101条也否定了占有改定与善意取得的关联。

[④] See Arthur F. Salomons, "How to Draft New Rules on the Bona Fide Acquisition of Movables for Europe? Some Remarks on Method and Content", Wolfgang Faber & Brigitta Lurger (eds), *Rules for the Transfer of Movables*, Sellier. European Law Publishers, 2008, pp. 151-153.

受让人具有重大过失。"①比如,A、B是某市资深的青铜镜藏家,常相互品赏藏品。A收得一枚罕见青铜镜,在藏家圈子内引起轰动。A把该镜交给行家C鉴定,C将其卖给B,虽满足善意取得其他要件,但B未从A处探寻货源,就属于重大过失,不能善意取得。

《物权编解释一》第19条特意强调特殊动产适用动产所有权善意取得。由于特殊动产所有权登记由相关国家机关依法办理,有国家信誉的背书,《民事诉讼法解释》第114条推定其为正确,受让人若未查询核验这些登记,就从无处分权的转让人处购得,难谓善意,无法善意取得。②

第四,善意的时点。根据《民法典》第311条第1款第1项、《物权编解释一》第17条第2款,转让人现实交付的,受让人在占有动产时为善意;转让人简易交付的,受让人在买卖合同等原因行为生效时为善意;转让人指示交付的,受让人在转让返还请求权的行为生效时为善意。

例:A把手机交给B保管,在此事实基础上分设四种情形:其一,B把手机出卖并现实交付给C,C要想善意取得,应在占有时为善意。其二,B把手机借给C后,又把手机卖给C,C要想善意取得,应在买卖合同生效时为善意。其三,B把手机借给D后,又把手机出卖并指示交付给C,C要想善意取得,应在返还请求权转让约定生效时为善意。其四,B把手机卖给C并从C处借用,由于占有改定不能导致善意取得,即便C在借用合同生效时为善意,也不能取得所有权,其只有在B现实交付手机时为善意的,才能取得所有权。

(5) 买卖合同等原因行为有效

本要件与不动产所有权善意取得的对应要件一致,在此不赘。

(6) 转让价格合理

本要件与不动产所有权善意取得的对应要件一致,在此不赘。

2. 后果

满足上述要件的,受让人终局确定地取得动产所有权,原所有权人丧失所有权。③而且,根据《民法典》第313条,动产承载有抵押权等物上负担,受让人不知也不应知道该负担的,它对于受让人视同没有存在,受让人取得的是无物上负担的所有权;反之,物上负担要随动产所有权转让给受让人。

例:A把一部手机抵押给D,未登记。之后A把手机交给B保管,B把手机以市价

---

① 参考案例"中国某矿业总公司诉天津某进出口贸易公司、中某物流公司、中某国贸公司等排除妨害案"的裁判要旨指出:"在善意认定上,除了保证受让人不知存在足以影响其法律行为效力的事实而为法律行为外,还要考虑其他诸如转让人的身份、转让人与受让人之间的关系、交易环境、交易场所等来综合认定受让人是否存在重大过失,尤其是在指示交付条件下,受让人更有义务查明处分者权能的正当性和有效性,而不能以认识错误或者处分权利等理由抗辩,法院亦应综合物权行为理论,以公示公信原则为基础,在司法实践中运用一种客观的'善意'判断标准,综合评判当事人交易的诚信基础。"不过,该案例生效裁判认为,法院查封没公示的,其效力不得对抗善意第三人,故被查封动产亦可适用善意取得制度。这种认识有误,因为根据《查扣冻规定》第24条第3款,未公示的查封不得对抗善意第三人,三人能否取得查封财产,重在判断是否善意,在第三人善意的前提下,价格是否合理不在判断范围。
② 参见卜元石:《德国学者眼中的中国〈民法典〉:洞见、困惑、误读及其展望》,载《环球法律评论》2023年第6期。
③ 有关无处分权人的回首取得,见本章第三节的不动产所有权善意取得后果部分。另参见〔德〕克劳斯·菲韦格、安娜·勒特尔:《德国物权法案例研习(第三版)》,王立栋、任倩霄译,中国法制出版社2019年版,第93—99页。

出卖并现实交付给C,C在占有手机时,若对B不是手机所有权人以及手机抵押给D的事情皆为善意,C取得的手机上没有抵押权;若仅对B不是手机所有权人为善意,对手机已抵押应为知情,则C虽然取得手机所有权,但不影响D的抵押权存续。

原所有权人为了弥补损失,有权根据《民法典》第311条第2款,请求转让人予以赔偿。

(二)脱手物善意取得

脱手物是指非基于原占有人的意思而取得占有的动产,也称为占有脱离物、占有丧失物,遗失物、盗赃物是其典型。

1. 遗失物善意取得

从现实情况来看,再谨慎的人都可能丢东西,故某一动产是否为遗失物,非所有权人所能控制。相应地,遗失物被他人拾得,也非所有权人所能控制,更非其自行选择的结果,这与非脱手物有着显著不同。受制于此,遗失物善意取得与动产所有权善意取得一般规范有所差异才对,《民法典》第312条表现了这一点:"所有权人或者其他权利人有权追回遗失物。该遗失物通过转让被他人占有的,权利人有权向无处分权人请求损害赔偿,或者自知道或者应当知道受让人之日起二年内向受让人请求返还原物;但是,受让人通过拍卖或者向具有经营资格的经营者购得该遗失物的,权利人请求返还原物时应当支付受让人所付的费用。权利人向受让人支付所付费用后,有权向无处分权人追偿。"

(1)符合动产所有权善意取得要件时的法律关系

相比于《民法典》第311条,第312条更偏向保护所有权人,结果就是即便满足动产所有权善意取得要件,受让人也不能即时取得遗失物所有权。之所以如此,也有经济合理性考虑:其一,遗失物大多是常用之物,出于主观因素(如所有权人一向"马大哈")、客观原因(如山路颠簸导致山地自行车配置的工具袋不知所终),所有权人难以控制遗失,更不能预期遗失物的拾得和转让,即便受让人能即时取得遗失物所有权,遗失以及遗失物转让的频率也不会由此而减少。其二,允许受让人即时取得遗失物所有权的方案实际内含着激励遗失物市场流通的机制,道德情操未必高尚的拾得人会更倾向于转让遗失物,遗失物的流通性因此加快;相应地,为了有效防范遗失物的转让,所有权人会在遗失后竭尽全力快速找寻,或抢在转让前找到,或尽可能广而告之使人知晓遗失物进而增大受让人的善意证明难度,这些找寻措施无疑将产生高昂的成本。与此相比,《民法典》第312条不激励遗失物的市场流通,所有权人的找寻难度相对较小,成本较低。

《民法典》第312条赋予受让人在一定条件下可取得所有权的期待利益,也即所有权人自知道或应当知道受让人之日起超过2年不请求受让人返还遗失物的,遗失物才能归受让人所有。对此应注意:其一,这2年期间是所有权人彻底丧失所有权、受让人终局取得所有权的期间,具有除斥期间的属性,根据《民法典》第199条,不适用诉讼时效中止、中断和延长的规定。其二,该期间自所有权人知道或应当知道受让人之日起算,所有权人不知道或不应知道的,也没有最长期间的限制。其三,转让人为拍卖企业或典当行等具有经营资格的经营者的,所有权人在请求返还时应支付受让人遗失物的购买款,由此平复受让人因正常交易遭受的无辜损失。为了防止出现变相延长前述期间的情形,所有权人应在该期间内支付费用。

例:A的手机丢失,B捡到后通过二手手机网络平台销售,发布信息谎称是自己的手机并提供伪造的购货单,善意的C以市价2000元购得。A在3年后方知道C购买手机之事，A应自该日起2年内向C请求返还并向C支付2000元，否则即失去手机所有权。

(2) 不符合动产所有权善意取得要件时的法律关系

根据《民法典》第312条，不符合动产所有权善意取得要件的，没有保护占有人的必要，所有权人能请求占有人返还。在此基础上，根据《民法典》第196条第2项，遗失物有登记的（如机动车），所有权人的返还请求权没有诉讼时效；遗失物未登记的，所有权人的返还请求权有诉讼时效，再根据《民法典》第188条，所有权人应自知道或应当知道遗失以及占有人之日3年内请求返还，或自遗失之日起不超过20年内请求返还。

例：若上例的B未转让手机，或C为恶意，A在丢失当日察觉手机遗失，在3年后才知道B拾得手机或C购买手机之事，A应自知道B或C之日起3年内请求返还，否则B或C有权以诉讼时效期间届满为由拒绝返还。

通过对比可发现，符合动产所有权善意取得要件的受让人比不符合动产所有权善意取得要件的受让人受保护的程度更高，所有权人对前者请求返还的期间为2年，不能中止、中断和延长，所有权人对后者的返还请求权要么没有诉讼时效期间的限制，要么期间为3年，能中止、中断和延长。

(3) 受让人再转让遗失物时的法律关系

在拾得人转让遗失物的行为符合动产所有权善意取得要件的基础上，受让人把未登记的遗失物转让给次受让人的，根据前述规则，有以下情形：其一，所有权人在前述法定2年期间届满未请求受让人返还的，受让人取得所有权，次受让人也根据有效转让行为取得所有权，所有权人无权请求返还。其二，所有权人在前述法定2年期间内请求受让人返还，受让人未予返还而是转让给次受让人，该转让符合动产所有权善意取得要件的，所有权人应自知道或应当知道次受让人之日起2年内向次受让人请求返还；该转让不符合动产所有权善意取得要件的，所有权人自知道或应当知道遗失以及次受让人之日3年内请求返还，逾期次受让人可以诉讼时效期间届满提出抗辩。

例：A的手机丢失，B捡到后以市价卖给善意的C。在此事实基础上分设三种情形：其一，在知道C之日起3年后，A才请求C返还，C已取得所有权。C把手机赠与D，D取得所有权。其二，A在知道C之日2年内请求C返还并向C支付费用，C却把手机以市价卖给善意的D。A应自知道D之日起2年内请求D返还，否则手机归D所有。其三，C把手机赠与给D，这不符合动产所有权善意取得的要件，A应自知道D之日起3年内请求D返还，否则D有权以诉讼时效期间届满为由拒绝返还。

(4) 所有权人请求无处分权人赔偿的法律关系

根据《民法典》第312条，在受让人占有遗失物后，无论是否符合动产所有权善意取得要件，所有权人都能请求无处分权人赔偿，在获得全额赔偿后，所有权人的损失得以弥补，此时无异于无处分权人嗣后购得遗失物，取得了处分权，受让人因此通过有权处分取得遗失物所有权，所有权人不能再请求受让人返还。

例：上例的A在手机丢失后，通过监控录像发现B捡到，而B业已把手机卖给恶意的C。为了息事宁人，B按A的要求赔偿市价3000元。B赔偿后取得手机所有权，B、C之间的转让成为有权处分，C自此取得手机所有权。

2. 盗赃物善意取得

盗赃物也是脱手物，包括被盗、被抢的财物。比较法经验多将其与遗失物善意取得一并规定。《民法典》未规定盗赃物善意取得。[①] 最高人民法院倾向于认可盗赃物善意取得，如《刑事裁判涉财产部分执行规定》第11条规定，受让人恶意取得赃款赃物的，法院应予追缴；善意取得的，执行程序中不予追缴，所有权人主张权利的，应通过诉讼程序处理。[②] 鉴于盗赃物与遗失物均为脱手物，盗赃物善意取得应参照适用遗失物善意取得规范。

提示：赃物善意取得的规范架构

根据《刑法》第64条，赃物是犯罪分子违法所得一切财物，其范围大于盗赃物，还可以包括非脱手物，如犯罪分子通过诈骗所得的动产。在赃物原则上可善意取得的前提下[③]，其规范分为两支：一是盗赃物善意取得，应参照适用《民法典》第312条；另一是动产所有权善意取得一般规范，如罪犯将诈骗而来的手机转让给他人，应适用《民法典》第311条。在前述规范的基础上，《刑事裁判涉财产部分执行规定》第11条第1款第3项特别指明，受让人通过非法债务清偿或违法犯罪活动取得赃物的，不构成善意取得。

在实践中，赃款也可善意取得，其构成要件同上。比如，在参考案例"高某等诈骗案"中，被告人高某借用李某的身份证、银行卡等注册成立公司，使用李某银行账户作为该公司收款账户，用于收取诈骗所得赃款。之后李某将该账户挂失，将账户内余额27万余元据为己有。法院生效裁判认为，李某明知账户内钱款系高某诈骗犯罪所得，不符合善意取得要件。又如，在参考案例"范某某诈骗案"中，被告人范某某将诈骗所得的1800万元转至甲公司账户，在转账生效日届满之前，账户处于不可支付状态。法院生效裁判认为，上述资金被公安机关冻结时，甲公司尚未完成对该笔资金的完整、稳定占有，不符合善意取得要件。

（三）动产限制物权善意取得

《民法典》第311条第3款规定，动产限制物权善意取得参照适用所有权善意取得规范，符合相关要件的，第三人取得动产限制物权。

由于用益物权的客体是不动产，参照适用动产所有权善意取得规范的主要是动产抵押权和动产质权。与不动产抵押权善意取得要件一样，动产抵押权或动产质权善意取得不以

[①] 理由是所有权人主要通过司法机关依据《刑法》《刑事诉讼法》等法律追缴盗赃物后退回，在此过程中，如何保护善意受让人，维护交易安全和社会经济秩序，要通过进一步完善有关法律规定解决。参见黄薇主编：《中华人民共和国民法典释义》（上册），法律出版社2020年版，第604页。

[②] 参考案例"大田县阳某村、东某村委会诉荷兰奥某某等章公祖师肉身佛像物权保护案"的立场有所不同：归原告集体所有的章公祖师肉身坐佛于1995年12月14日晚被盗，一直未破案。被告于1996年在荷兰阿姆斯特丹买受该坐佛，但未提供坐佛来源的相应交易凭证。原告在2015年得知被告占有坐佛，并要求返还。法院生效裁判认为，坐佛是禁止出售给外国人、禁止出境的文物，被偷盗后而贩卖的文物不应适用善意取得制度。其实，即便本案适用善意取得制度，被告亦不能取得坐佛，因为不符合动产所有权善意取得要件：被告受让时未尽审慎义务，有重大过失，并非善意，买卖受让合同因违背公序良俗而无效；而且，即便符合动产所有权善意取得要件，原告也于知道被告之日起2年内请求返还，被告依法不得取得。

[③] 参见王利明：《论赃物的善意取得——以刑民交叉为视角》，载《清华法学》2024年第1期。

价格合理为要件。

《民法典》第 403 条规定,动产抵押权适用登记对抗力,只要抵押合同生效,抵押权即设立,交付在此不起作用,动产抵押权善意取得因而不适用转让人通过交付转让权利的要件。不过,在未登记的情况下,抵押权不得对抗包括真实权利人在内的善意第三人;而且,仅把抵押合同生效作为善意取得要件,制度门槛过低,对所有权侵害过大,故应把抵押登记作为动产抵押权善意取得要件。① 与此相应,参照适用《物权编解释一》第 17 条第 1 款,抵押权人善意的时点以完成抵押登记时为准。比如,A 把机器借给 B,B 把它抵押给 C,C 在抵押合同生效时为善意,还不能取得抵押权;若在完成抵押登记时,C 知道 B 不是所有权人,就不能取得抵押权。

动产质权的设立要件除了现实交付、简易交付和指示交付,还包括共同占有(详见第八章第四节之"非存货质权的设立"部分),故而,在动产质权善意取得,应扩及共同占有;相应地,共同占有的时点为质权人善意的时点。比如,A 把机器交给 B 保管,B 把它质押给 C,通过共同占有的方式(库房有两道锁,B、C 各持一道锁的钥匙)设立质权,C 在拿到钥匙时为善意,即取得质权。

以脱手物为客体设立担保物权,应参照适用《民法典》第 312 条。比如,以遗失物为客体设立抵押权的,由于债权人不占有遗失物,所有权人不能向债权人请求返还,但应在法定的 2 年期间内通知抵押权人注销抵押权;由于抵押权不像所有权那样会通过拍卖或从具有经营资格的经营者处设立,该债权人不能要求所有权人清偿抵押担保的债务。又如,以盗赃物为客体设立质权的,所有权人应在法定的 2 年期间内请求占有质物的债权人返还,该债权人不能要求所有权人清偿债务。

(四)动产负担善意取得

动产负担包括限制物权、查封登记等。抵押权等动产负担的公示形式出现错误(如动产抵押权登记被错误注销)后,所有权人以转让、设立担保物权等方式处分动产的,为有权处分,但根据《民法典》第 313 条,受让人在受让时知道或者应当知道动产负担公示形式错误的,其取得的动产上要承载本有的负担。

例:A 为 B 设立机器抵押权,办理抵押登记,之后该抵押权被错误注销,根据《民法典》第 403 条,B 的抵押权仍存在,但不能对抗善意第三人。在此事实基础上分设两种情形:(1) A 把机器转让给 C,若 C 明知上述错误注销,其受让的机器仍承载 B 的抵押权;若 C 不知也不应知上述错误注销,则其受让的机器不再承载 B 的抵押权。(2) A 为 C 设立机器抵押权或质权,若 C 明知上述错误注销,其抵押权或质权顺位在 B 的抵押权之后;若 C 不知也不应知上述错误注销,则其抵押权或质权顺位先于 B 的抵押权。

第六节 非依法律行为的物权变动

一、依公权力行为的物权变动

本类物权变动是指国家机关依法实施的公权力行为导致的物权变动。根据国家机关的

---

① 参见黄家镇:《民法典体系下动产抵押权善意取得的规范续造》,载《法学研究》2024 年第 4 期。

不同属性,公权力行为分为立法行为、司法行为和行政行为,本类物权变动也分为相应的三类。

(一) 依立法行为的物权变动

在我国,立法行为是指最高立法机关依法制定、修改、废止或解释宪法和法律的行为。立法行为会直接导致物权变动,比如,我国城市土地在1982年之前可为私人所有,为了给国家工业化大规模展开的用地需求提供便利,1982年《宪法》改变过往立场,第10条第1款规定"城市的土地属于国家所有"。① 城市土地自此不再归私人所有,原土地所有权人随即取得土地使用权。由于宪法和法律是公开的,其变动的物权能为世人公知,因而适用公示宣示力。

(二) 依司法行为的物权变动

司法行为在此是指法院等机构在纠纷解决和执行程序中依法作出生效法律文书的行为。《民法典》第229条规定,因法院、仲裁机构的法律文书导致物权变动的,自法律文书生效时发生效力。《物权编解释一》第7条规定,法院、仲裁机构在分割共有物等案件中作出并依法生效的改变原有物权关系的判决书、裁决书、调解书,以及法院在执行程序中作出的拍卖成交裁定书、变卖成交裁定书、以物抵债裁定书,应当认定为《民法典》第229条所称的法律文书。据此,依司法行为的物权变动分为三类。

1. 依审判程序的生效法律文书的物权变动

(1) 依民事审判程序的生效法律文书的物权变动

民事诉讼有给付之诉、确认之诉和形成之诉之分,能直接导致物权变动的文书限于形成之诉(如分割共有物之诉)的生效法律文书,简称为形成性文书,其形态包括判决书和调解书,其他两类诉讼文书不在其列。

涉及物权归属或内容的形成之诉旨在直接改变既有物权,而形成性文书确实改变原物权的,表明物权业已变动,公示形式仅有宣示力。比如,夫妻离婚,请求法院分割作为夫妻共同财产的房屋,法院判决房屋归女方所有,至于之后办理的房屋所有权转移登记,作用只是对世宣示女方的所有权。

给付之诉的给付性文书明确了当事人一方的给付义务,该义务在适当履行后才能产生物权变动,文书本身不能直接导致物权变动。比如,A把一套二手房卖给B,未按约定办理所有权转移登记。B诉至法院,请求A履行合同义务,协助办理登记,法院支持B的诉求,作出相应判决。该诉讼为给付之诉,法院的生效判决是给付性文书,只有在办理转移登记后,B才能成为房屋所有权人。

确认之诉的确认性文书确认了物权本来的权属或内容,与物权变动无关。比如,A把一栋危房卖给B,办理了所有权转移登记。A诉至法院,以违背公序良俗为由主张该买卖合同无效,并请求法院确认登记在B名下的房屋归A所有。法院支持A的诉求,作出的相应判决生效。该诉讼为确认之诉,法院的生效判决是确认性文书,A、B的买卖合同、房屋所有权转让自始无效,尽管房屋登记在B名下,但自始归A所有。又如,C不能清偿对D的到期债务,双方约定C以房抵债,法院对此予以确认或据此制作成调解书,根据《合同编通则解释》第27条第3款,确认书或调解书既不产生物权变动的效果,也不产生对抗善意第三人的

---

① 参见周其仁:《城乡中国》(修订版),中信出版社2017年版,第132—148页。

效果。

(2) 依刑事审判程序的生效法律文书的物权变动

《刑法》第59条第1款把没收犯罪分子个人所有财产作为刑罚的一种；第64条规定犯罪分子违法所得的一切财物应当予以追缴或责令退赔，违禁品和供犯罪所用的本人财物应当予以没收，并规定"没收的财物和罚金，一律上缴国库，不得挪用和自行处理"。《刑事诉讼法》第五编第四章规定了犯罪嫌疑人、被告人逃匿、死亡案件违法所得的没收程序（第298—301条），第300条规定对经查证属于违法所得及其他涉案财产，除依法返还被害人的以外，应当裁定予以没收。在前述法律文书生效时，被没收的财物应归国家所有。

需要注意的是，根据《民法典》第187条、《刑法》第36条第2款、《刑事裁判涉财产部分执行规定》第13条第1款，在犯罪嫌疑人或被告人同时承担民事责任和刑事责任，财产不足以支付的情形，要先承担民事责任，再承担罚金，剩余部分才属于没收财产。显然，在这种情形，刑事裁判文书没收的财物范围尚不确定，需在执行程序中加以明确。

至于行政审判程序的生效法律文书，不能导致物权变动，因为根据《行政诉讼法》第6条，行政诉讼旨在处理行政行为的合法性，与物权变动没有直接关联。

2. 依仲裁程序的生效法律文书的物权变动

根据《仲裁法》第2条、第10条的规定，仲裁委员会等仲裁机构不是司法机关，但有解决争议的职能。根据《民法典》第229条、《物权编解释一》第7条，仲裁机构依法作出的形成性文书（包括裁决书和调解书）也能直接导致物权变动。

3. 依执行程序的生效法律文书的物权变动

拍卖、变卖和以物抵债是法院强制处置财产的三种措施，它们遵循相同法理，均自裁定书生效时物权变动，各自机制分别阐述如下：

第一，为了保障公正和提高效率，《网络司法拍卖规定》第2—3条规定，法院执行涉及拍卖的，原则上采取网络司法拍卖方式，在互联网拍卖平台上向社会全程公开，接受社会监督；《拍卖变卖规定》第8—9条规定，即便不采取网络司法拍卖方式，也要先期公告。基于此，被执行人的物权将被拍卖而归为他人的信息被扩散出去，与该物权有利害关系或对它感兴趣的不特定之人能了解该信息，随着拍卖的进行，他们还能了解拍卖成交的信息，从而产生与公示形式相当的作用。不过，仅有拍卖成交的事实尚不足以导致物权变动，在此基础上，还需法院作出拍卖成交裁定书并送达当事人。根据《民事诉讼法解释》第491条、《拍卖变卖规定》第26条，自拍卖成交裁定送达买受人时起物权变动。比如，A未按法院生效判决清偿，法院根据债权人B的申请查封A的房屋后依法拍卖，C竞买成功，拍卖成交裁定书在送达C时生效，C由此取得房屋所有权。[①]

第二，根据《网络司法拍卖规定》第26条以及《最高人民法院关于认真做好网络司法拍卖与网络司法变卖衔接工作的通知》，变卖主要发生在网络司法拍卖第二次拍卖流拍之后，

[①] 参考案例"云南某房地产公司诉徐某某、罗某某案外人执行异议之诉案"的裁判要旨指出，执行程序中不动产网络司法拍卖成交，但尚未将拍卖成交裁定送达买受人的，不动产所有权尚未转移，案外人有权提起执行异议及执行异议之诉。

第四章　物权变动

需在网络平台进行,并要公告。① 与上述拍卖的道理相同,根据《物权编解释一》第 7 条,自变卖成交裁定送达买受人起物权变动。

第三,在通常情况下,以物抵债发生于拍卖现场,是拍卖不能成交时的后续措施,同样也能为相关人员所了解。与拍卖一样,自以物抵债裁定送达债权人时起,物权即发生变动。② 由于以物抵债不能使物权变价,未必符合申请执行人的心愿,还有可能损及其他债权人,根据《民事诉讼法解释》第 490 条,《拍卖变卖规定》第 16 条第 1 款、第 25 条第 1 款,只有经申请执行人同意,且不损害其他债权人合法权益和社会公共利益时,才能以物抵债。比如,A 未按法院生效判决清偿,法院根据债权人 B 的申请查封 A 的房屋后依法拍卖,拍卖时无人竞买,经 B 同意,且不损害其他债权人和社会公共利益的,法院可以裁定以物抵债,裁定书在送达 B 时生效,B 取得房屋所有权。③

(三) 依行政行为的物权变动

行政行为在此是指行政机关依法作出的征收等单方行政行为,不包括行政协议。与上述"依执行程序的生效法律文书的物权变动"的道理相同,这类行政行为之所以能直接导致物权变动,是因其依法通过公告、听证等广而告之的方式公开运行,与公示形式的作用类似。从实践情况来看,这类物权变动主要有征收、没收和闲置土地无偿收回。

1. 征收

根据《宪法》第 13 条第 3 款、《民法典》第 243 条第 3 款等规定,征收是指为了公共利益的需要,国家以补偿损失为条件,依法强制取得物权的行为。征收主要针对集体土地和国有土地上房屋,对应的具体规范分别规定在《土地管理法》及其实施条例和《国有土地上房屋征收与补偿条例》中。

根据《土地管理法》第 47 条、《土地管理法实施条例》第 26—31 条,集体土地征收程序环节主要包括:其一,县级以上地方政府完成前期工作,包括发布征收土地预公告、拟征收土地现状调查、社会稳定风险评估、拟定征地补偿安置方案、征地补偿安置方案公告、组织听证、签订征地补偿安置协议;其二,县级以上地方政府申请;其三,有批准权的政府依法审查批准;其四,县级以上地方政府依法发布征收土地公告,作出补偿安置决定,并依法组织实施。根据《国有土地上房屋征收与补偿条例》第 10—13 条,国有土地上房屋征收主要有以下程序环节:其一,完成前期工作,包括确定征收范围、依法确定征收补偿方案、社会稳定风险评估、征收补偿费用足额到位;其二,市、县级政府作出房屋征收决定;其三,市、县级政府及时公告房屋征收决定;其四,补偿。

---

① 参考案例"甘肃甲公司与甘肃乙公司、王某某借款合同纠纷执行监督案"的裁判要旨指出,在执行程序中,法院对查封财产变价处理时,应首先采取拍卖方式。而以拍卖方式处置财产的,应采取网络司法拍卖方式,这一方式可以使潜在竞买人及时、准确获得信息,从而参与到司法拍卖竞价中来,通过充分竞价,使财产变价价格充分反映其市场价值。变价所得价款越高,越有利于实现债权,同时也有利于兼顾债务人的合法权益。基于此,如果要放弃拍卖方式而选择变卖方式,对双方当事人和有关权利人利益影响较大,应经其同意。因此,当事人双方及有关权利人没有明确向执行法院提出同意变卖的意见时,执行法院不得直接予以变卖。

② 参考案例"南通某集团有限公司与日照某有限公司、日照某分公司执行复议案"的裁判要旨指出,破产程序中的破产受理裁定与执行程序中的以物抵债裁定同一天作出的,破产受理裁定作出即生效,而以物抵债裁定送达后生效,且标的物所有权自裁定送达债权人时转移,故以物抵债裁定晚于作出之日才送达的,应根据《企业破产法》第 19 条、《企业破产法解释二》第 5 条撤销以物抵债裁定。

③ 参考案例"甲银行与乙公司、丙公司、王某等执行监督案"的裁判要旨指出,执行法院仅向申请执行人发出可以申请以物抵债的通知,在申请执行人未明确表明同意时,执行法院的以物抵债裁定违法。

征收必须通过公告、听证等方式公开进行,故而,《民法典》第 229 条规定,在征收决定生效时,被征收的集体土地或国有土地上房屋即归国家所有,登记仅有宣示力。

争点:征收决定何时生效?

征收至少涉及以下四个重要时点,究竟何者是征收决定生效的时点,争议颇大:一是征收决定作出之时;二是征收决定公告之时;三是实际补偿之时;四是救济确定之时,即被征收人就征收决定提起的行政复议或行政诉讼的法律文书生效之时,或这些救济的法定期限届满,被征收人不寻求救济的事实确定之时。本书认为观点二可取。

观点一不可取的理由主要在于:(1) 行政法中虽有作出即生效的行政行为,但限于紧急情况下作出并需要立即实施等特殊情形[1],征收远未达到这样的紧急程度,不宜归为这类行政行为。(2) 征收决定受控于政府,在向社会公众公告前,政府完全有权根据实际情况撤回决定,这不利于保持法律关系的稳定性。

观点三不可取的理由主要在于:只有在征收决定生效后,才能进行实际补偿,它不能影响征收决定的生效,否则就表明在实际补偿前,作为其依据的征收决定并未生效,实际补偿的正当性因此存疑。

观点四不可取的理由主要在于:(1)《行政复议法》第 21 条、《行政诉讼法》第 56 条规定,在行政复议或行政诉讼期间,行政行为的执行原则上不受影响。据此,被征收人对征收决定不服的,在行政复议或行政诉讼期间,不能停止征收实施,这表明行政复议或行政诉讼的发起并不影响征收决定的效力。对比可知,把救济确定作为征收决定生效的时点,与前述规定不符。(2) 按照这种观点,即便在征收决定公告后,也不能实施,需静观被征收人是否在法定期限内提起行政复议或行政诉讼,或被征收人提起的行政复议或行政诉讼的结果如何,这势必导致征收决定的效力不确定,不利于推进征收的实施,不利于征收目的的预期实现。

观点二可取的理由主要在于:(1) 行政行为在告知相对人时生效,公告是通过送达而告知的方式之一[2]。在公告后,征收决定有了信息溢出效应,不仅对被征收人形成负担,还为其他社会公众所周知,为了维护政府信誉和保护社会预期,政府必须受征收决定的约束,不得任意撤回,可确保法律关系的稳定性。(2) 物权是绝对权,需凭借一定的公示机制为世人公知,征收决定公告就是这样的机制,它通过广而告之方式公开运行,使被征收的物权变动能为世人所知悉。只有基于这种理解,《民法典》第 229 条有关征收决定生效时物权变动的规定才有正当性。

2. 没收

行政处罚[3]包括没收违法所得、没收非法财物,其决定的作出要符合《行政处罚法》的要求,如行政机关应根据当事人的要求组织听证、有一定社会影响的决定要依法公开等。据此,在没收决定生效时,被没收的财物归国家所有。

---

[1] 参见罗豪才、湛中乐主编:《行政法学》(第 4 版),北京大学出版社 2016 年版,第 136 页。
[2] 参见〔日〕南博方:《行政法(第六版)》(中文修订版),杨建顺译,商务印书馆 2020 年版,第 61—62 页。
[3] 《行政处罚法》第 2 条规定:"行政处罚是指行政机关依法对违反行政管理秩序的公民、法人或者其他组织,以减损权益或者增加义务的方式予以惩戒的行为。"

3. 闲置土地无偿收回

《城市房地产管理法》第 26 条规定,因使用权人的事由,导致国有建设用地超过出让合同约定的动工开发日期满二年未动工开发的,政府可以无偿收回土地使用权。[①]《闲置土地处置办法》第 11 条、第 15 条规定,政府无偿收回闲置建设用地的使用权,需依法组织听证、公开,在收回决定生效时,国有建设用地使用权消灭。

在前述三种行政行为之外,其他行政行为虽然会涉及物权归属或内容,但若没有前述公开机制的,就不是依行政行为的物权变动。比如,划拨是设立国有建设用地使用权的行政行为,其没有公开机制,根据《民法典》第 349 条,划拨国有建设用地使用权不是在划拨决定书生效时设立,而是在登记时设立。

二、依自然事实的物权变动

本类物权变动规范的构成要件是某种客观事实,至于其起因是自然力还是人的行为在所不问,法律效果是物权变动,这种构造可简化为"客观事实→物权变动"。本类物权变动的基础事实主要包括继承、附合、混合、取得时效、物的灭失和混同,其中前四类会导致物权取得,后两类则纯粹导致物权消灭。

(一)继承

自然人终有一死,但财富不随之化为烟云,继承制度能确保这些财富有序地代际传承。《民法典》第 230 条规定:"因继承取得物权的,自继承开始时发生效力。"第 1121 条第 1 款规定:"继承从被继承人死亡时开始。"据此,在被继承人死亡(包括生理死亡和宣告死亡)的客观事实发生时,由继承人取得遗产,这样能激励被继承人生前创造财富,能增加继承人和被继承人之间的亲属黏性,能确保财富不因被继承人的死亡而失去稳定性。

《民法典》第 1122 条第 1 款规定:"遗产是自然人死亡时遗留的个人合法财产。"遗产包括物权、债权、股权等,它们在被继承人死亡时自动归属于继承人。遗产不包括被继承人的债务,但《民法典》第 1161 条第 1 款规定,继承人以所得遗产实际价值为限清偿被继承人的债务,这实际表明,继承人在取得遗产的同时要以遗产价值为限承担被继承人的债务。同时,根据《民法典》第 1124 条第 1 款、第 1161 条第 2 款,《继承编解释一》第 35 条、第 37 条,在继承开始后、遗产分割前,继承人可放弃继承,既不取得遗产也不承担被继承人的债务,放弃继承的效力追溯到继承开始时。[②]

继承分为法定继承和遗嘱继承。法定继承是指依法继承遗产。《民法典》第 1127 条第 1 款规定了法定继承人的通常范围和顺序:"遗产按照下列顺序继承:(一)第一顺序:配偶、子女、父母;(二)第二顺序:兄弟姐妹、祖父母、外祖父母。"在法定继承,遗产为物权的,物权变动无需公示,不仅因为客观不能(如死亡的被继承人无法配合办理房屋所有权转移登记),更重要的是被继承人的死亡(无论生理死亡还是宣告死亡)、继承人与被继承人之间的身份关系具有公开性,这些公开性具有与公示形式相当的作用,确保继承人在被继承人死亡时取得

[①] 参考案例"某某公司诉新乡平原管委会、原阳县政府、新乡市政府行政处罚案"的裁判要旨指出,闲置土地无偿收回决定属于行政处罚决定,作出程序应符合《行政处罚法》的规定。

[②] 在参考案例"赵某某与北京某石油科技有限公司执行复议案"中,生效判决书明确赵某某在继承其父赵某某遗产范围内向北京某石油科技有限公司偿还欠款,赵某遗产尚未处理,赵某某明确表示放弃继承权,该行为致使赵某某履行生效判决确定义务的前提不存在,对所负债务可不负清偿责任。

物权没有任何负面效用。

例：A、B是父子关系，别无其他近亲属，亲戚朋友、街坊邻居对此皆知。父亲A有一套房屋，室内家具若干，别无其他财产。A下落不明满4年，B向法院申请宣告A死亡，法院根据《民事诉讼法》第192条进行公告后，作出宣告A死亡的判决，大家由此知道A死亡。《民法典》第48条规定，法院宣告死亡的判决作出之日视为被宣告死亡之人的死亡日期。据此，在法院上述判决作出之日，A的遗产由B法定继承，A的房屋及家具归B所有。[①]

遗嘱继承是指依据遗嘱继承遗产。《民法典》第1133条第2款规定："自然人可以立遗嘱将个人财产指定由法定继承人中的一人或者数人继承。"遗嘱虽是法律行为，但它是在被继承人死亡时才有效的遗产分配方案，基于此，遗产为物权的，遗嘱继承不是依法律行为的物权变动。同时，由于遗嘱继承人在法定继承人行列，遗嘱继承同样具有法定继承的上述公开性，故遗嘱继承人也在被继承人死亡时取得物权。不过，在法定继承基础上，遗嘱继承附加了遗产分配方案的限制，《民法典》第1123条因此规定遗嘱继承优先于法定继承。

例：A有两个儿子B、C。A自书遗嘱，把自己名下的一套房屋指定由B继承。遗嘱虽然是法律行为，但遗嘱继承只是明确了哪个继承人能继承哪些遗产，并未改变继承在被继承人死亡时开始的规则，故仍为依自然事实的物权变动。A不幸因"新冠"重症死亡，登记在A名下的那套房屋由B通过遗嘱继承取得，A的其他遗产由B、C通过法定继承取得。[②]

关联：继承权

《民法典》第124条第1款规定："自然人依法享有继承权。"在被继承人在世时，继承人虽有继承遗产的可能性，但其未必能活过被继承人，被继承人也可能会通过遗嘱剥夺其继承的机会，故此时继承人没有继承权。在被继承人死亡时，确定能继承遗产、不存在《民法典》第1125条规定的丧失事由的继承人享有继承权，基于这种权利，继承人可通过后续的遗产分割取得相应遗产，也可放弃继承。继承人不放弃继承的，在遗产分割后，继承权不复存在，继承人确定取得相应遗产，此时继承人虽可放弃所取得的遗产，但不影响其以所取得遗产价值为限清偿被继承人的债务。

提示：遗赠不能直接导致物权变动

根据《民法典》第1133条第3款，遗赠是自然人立遗嘱将个人财产赠与国家、集体或者法定继承人以外的组织、个人的行为。遗赠不是继承，不能适用《民法典》第230条、第1121条第1款的规定，不能直接导致物权变动。在遗赠，遗嘱实为被继承人向受

[①] 《民法典》第1161条第1款第1句规定："继承人以所得遗产实际价值为限清偿被继承人依法应当缴纳的税款和债务。"据此，遗产是被继承人的责任财产，要用以清偿被继承人的债务，继承人取得遗产，并不改变遗产的这一特性。比如，A对C负债，B应以继承的房屋和家具的实际价值为限来清偿；B不清偿的，C可请求法院查封房屋和家具并就其变价来受偿。B对D负债不予清偿的，就前述房屋和家具，D只能在C受偿后再就剩余价款受偿。

[②] 《民法典》第1163条规定："既有法定继承又有遗嘱继承、遗赠的，由法定继承清偿被继承人依法应当缴纳的税款和债务；超过法定继承遗产实际价值部分，由遗嘱继承人和受遗赠人按比例以所得遗产清偿。"

遗赠人作出的转移遗产的要约,在被继承人死亡时有效;受遗赠人根据《民法典》第1124条第2款在知道受遗赠后60日内表示接受的[①],构成承诺,此时形成物权合意。在法定继承人等遗产管理人协助完成相应公示后,受遗赠人取得物权。比如,A是B的父亲、C的爷爷。A自书遗嘱,把自己名下的一套房屋遗赠给C。A死亡后,C在前述法定期间内表示接受遗赠的,需在B的协助下完成登记,才能成为所有权人。[②]

《民法典》第1123条规定遗赠优先于法定继承,据此,只要受遗赠人在上述法定期间内未拒绝接受遗赠,被遗赠的财物就不发生继承。这样一来,就不能认为遗赠的物权变动,是由继承人先通过法定继承取得财物,再把该财物转让给受遗赠人,而是由受遗赠人直接从遗产中取得该财物。只有如此,才能体现遗赠的优先地位,防止继承人的债权人因实现债权而致使遗赠落空。如在上例,若认为B在A死亡时继承房屋,在B协助C办理登记前,一旦B的债权人D请求法院查封并拍卖房屋,C就无法取得房屋所有权,这显然与《民法典》第1123条的规定不合。

关联:继承、受遗赠登记的办理

虽然继承和受遗赠的法律效果不同,但办理登记的程序相同。根据《不动产登记暂行条例实施细则》第14条、《不动产登记规程》第4.9.2条,遗嘱等材料未公证的,申请人应提交所有继承人或受遗赠人的身份证明、被继承人或遗赠人的死亡证明、所有继承人或受遗赠人与被继承人或遗赠人之间的亲属关系证明、被继承人或遗赠人享有不动产权利的材料、被继承人或遗赠人生前的全部遗嘱或者遗赠扶养协议等申请材料。在受理前,应由全部法定继承人或受遗赠人共同到登记机构进行材料查验,登记机构在查验后要求申请人签署继承(受遗赠)不动产登记具结书。

上述要求在实践中造成极大不便,为了方便群众,自然资源部等部门《关于进一步提升不动产登记便利度促进营商环境优化的通知》第6条进行了程序优化:(1)简化材料查验方式,即法定继承登记由全部法定继承人共同查验材料,遗嘱继承登记由全部法定继承人共同查验遗嘱的有效性及是否为最后一份遗嘱,受遗赠登记由全部法定继承人和受遗赠人共同查验材料,上述的全部法定继承人按顺序排列,有第一顺序继承人的,第二顺序继承人无需到场;(2)引入遗产管理人制度,即法院指定遗产管理人的,遗产管理人应到场协助取得不动产的权利人申请登记,通过遗产管理人对继承关系、申请材料等进行确认,精简办理流程,压缩办理时间;(3)探索告知承诺制,即对于确实难以获取的死亡证明、亲属关系证明等登记申请材料,地方可在明确适用情形、核实方式和失信惩戒规则等基础上,以告知承诺的方式代替。

(二) 附合

1. 附合的概念

作为添附的具体制度之一,附合是指权属不同的数物结合成为不可分的状态,也即成为

[①] 参考案例"周某某与王某等共有纠纷、遗嘱继承纠纷案"的裁判要旨指出:"受遗赠人接受遗赠的表示,可向与继承或者遗产存在较为密切关系的人作出,包括继承人、继承人的利害关系人、遗产管理人等。受遗赠人接受遗赠的表示形式,只要足以达到能够确认其有接受遗赠的意思表示的程度即可,可以是书面形式、口头形式。"

[②] 《民法典》第1162条规定:"执行遗赠不得妨碍清偿遗赠人依法应当缴纳的税款和债务。"据此,A有负债的,C应根据《民法典》第1163条的规定,以受遗赠房屋的实际价值为限来清偿。

合成物的重要成分。附合可为动产与不动产的附合,如 A 偷用 B 的涂料装修房屋,涂料成为房屋重要成分;也可为动产与动产的附合,如 C 的油漆因地震洒落在 D 的木桌,油漆成为木桌重要成分。不可分状态在此是决定物的归属的关键因素,其起因无关紧要,故附合是依自然事实的物权变动。

2. 物权归属

第一章第四节"合成物的整体与重要成分"部分已述,重要成分不能与合成物分离为不同物权的客体。这种规范强制性地将合成物视为所有权客体,以保全物的整体效用,不允许当事人约定排除或改变。① 比如,A 用 B 的涂料装修房屋,A、B 有关房屋归 A、涂料归 B 的约定不能产生预期后果。在此基础上,《民法典》第 322 条第 1 句根据不同情形规定了以下物权归属标准:

第一,意思自治。当事人有关合成物权属的约定应受尊重,但它仅是物权变动的原因行为,此时应遵循依法律行为的物权变动规范,如上例的 A、B 约定装修后的房屋归 B 所有,这表明双方有转让房屋的合意,在办理转移登记后,B 能取得房屋所有权。若非如此,把前述约定作为直接确定合成物权属的标准,会打破既有的公示机制和交易秩序,他人要付出极大的探查成本,对交易相当不利。

第二,法律规定。没有约定或约定不明确的,根据有关法律规定来定物权归属。比如,《城镇房屋租赁合同解释》第 10 条第 1 句规定,承租人经出租人同意装饰装修,租赁期间届满时,承租人请求出租人补偿附合装饰装修费用的,不予支持,这表明装饰装修归出租人所有。

第三,充分发挥物的效用。法律没有规定的,为了充分发挥合成物的最大效用,也为了防止"反公地悲剧",应由经济效用更大的重要成分决定合成物的归属,尽量避免形成共有。比如,与房屋主体结构的价值相比,涂料价值要低不少,故在 B 的涂料成为 A 的房屋重要成分后,涂料所有权终局确定地消灭,A 取得有涂料装修的房屋所有权;相应地,B 不能向 A 主张返还原物或恢复原状的请求权。② 附合的数物价值相当,当事人既无约定,法律也未规定的,只能由数物的所有权人按份共有,份额依据各物在附合时的价值而定。

第四,保护无过错者。物的效用不仅是基于通常观念的客观判断,如有装修的房屋通常比无装修的"毛坯房"效用大、价值高,更是具体当事人的主观判断,如 A 之所以用 B 的涂料装修,是因为它对 A 而言极具效用。充分发挥物的效用标准不能适用的,应适用本标准。比如,未经 A 同意,B 拿着涂料装修 A 的房屋,A 不同意装修,就意味着涂料对其没有效用,而 A 对装修又无过错,B 应拆除涂料层,并赔偿对 A 造成的损害。若非如此,就会形成合法的强迫交易,如厂家拿着销路不畅的涂料装修别人新房,进而要求房主支付费用,显然不妥。

3. 债的关系

适用意思自治标准确定权属的,利益得失可约定,只要内容全面且公允,法律没有介入的必要;即便约定不全面,如 A、B 只约定房屋价款,未明确支付时间或地点,根据《民法典》

---

① Vgl. Rey, Die Grundlagen des Sachenrechts und das Eigentum, 3. Aufl., 2007, S. 117 f.
② 效用更大的重要成分也决定了合成物的属性,如盗赃物与效用更大的他物附合而成的合成物不再是盗赃物,反之则为盗赃物,这对于判断是适用动产所有权善意取得一般规范还是盗赃物善意取得规范具有意义。不过,参考案例"吴某某受贿违法所得没收案"的裁判要旨指出,刑事裁判没收违法所得的,添附不能否定违法所得的性质,违法所得转化、转变的部分依然应当认定为违法所得,并根据比例原则确定没收的数额。

第 510—511 条填补即可。

其他标准不以意思表示为根基,法律必须介入调整,形成旨在平衡利益的法定债权。《民法典》第 322 条第 2 句规定:"因一方当事人的过错或者确定物的归属造成另一方当事人损害的,应当给予赔偿或者补偿。"据此,合成物所有权人因过错损害他人的,应承担赔偿责任,如偷用 B 的涂料装修房屋的 A 只有赔偿 B 才能体现公平。当事人均无过错的,如 C 的油漆因地震洒落在 D 的木桌,D 省了刷漆费用,为了公平起见,D 应合理补偿 C。

进阶:失权人的法定担保物权

尽管赔偿请求权或补偿请求权救济了前例的 B、C 这样的失权人,但这样的债权人地位终究比不上其原来的所有权人地位,而从根本上看,合成物的效用提升源自失权人之物,基于"物之价值的根本创造者应得最优地位"的法理,应以合成物因附合而增加的价值来担保前述债权。这在《建设工程施工合同解释一》第 37 条有明确体现:"装饰装修工程具备折价或者拍卖条件,装饰装修工程的承包人请求工程价款就该装饰装修工程折价或者拍卖的价款优先受偿的,人民法院应予支持。"

(三)混合

作为添附的另一具体制度,混合是指权属不同的数个动产相互混杂处于不能分离或分离成本过高的状态。混合形态多种多样,除了混杂在一起的鱼,"深水炸弹"鸡尾酒(啤酒和伏特加的混合)、混凝土(水泥、砂、石子和水的混合)均是典型。《民法典》第 322 条一并适用于附合和混合,故上述附合部分的"物权归属"和"债的关系"原理可适用于混合,在此不赘。

(四)取得时效

时效是指一定状态持续一定期间后发生一定法律效果的制度。民法总论的诉讼时效是时效的一种,是指在一定期间内不行使请求权,相对人由此获得抗辩权的制度,也称消灭时效。取得时效与消灭时效相对,是指占有他人之物持续一定期间而取得所有权等物权的制度,也称时效取得。

取得时效源自罗马法,为后世民法普遍继受,但各法域的制度构造有一定区别。从整体上看,取得时效主要是取得所有权以及地役权的事由。所有权取得时效以自主占有他人之物为基点,辅以善意占有(即占有人相信自己是所有权人)、和平占有(即以非暴力方式取得和维持占有)、公开占有(即以非秘密的方式占有)、持续占有(即非间断地占有)以及占有达到一定期间(如 BGB 第 937 条规定动产取得时效期间为 10 年)。[①] 取得时效之所以能成为物权取得事由,是因为占有状态在足够长的期间内持续存在,占有人便成为"时间的朋友",而原物权人根本就不主张或行使权利。这样日复一日的重复形成了稳定的力量,不仅足以使占有人相信自己是物权人,也足以使社会公众相信占有人为物权人,进而形成稳定的支配利益和交往预期;若不保护占有人以及社会公众的合理信赖,不赋予占有人以物权人的法律地位,就会影响平稳的支配秩序,破坏稳定的社会预期。

《民法典》虽未规定取得时效,但既有规范反映出取得时效的原理。国家土地管理局《确定土地所有权和使用权的若干规定》第 21 条规定:"农民集体连续使用其他农民集体所有的

[①] See Sjef van Erp & Bram Akkermans (eds), *Cases, Materials and Text on Property Law*, Hart Publishing, 2012, pp. 702-782.

土地已满二十年的,应视为现使用者所有;连续使用不满二十年,或者虽满二十年但在二十年期满之前所有者曾向现使用者或有关部门提出归还的,由县级以上人民政府根据具体情况确定土地所有权。"该规定虽为部门规范文件,但属于处理土地权属纠纷的重要依据,最高人民法院在适用时将其概括为"把长期经营管理事实作为主要确权依据",原则上应将争议土地确权给长期管理使用争议土地的一方当事人。①

虽然如此,但取得时效毕竟未在《民法典》登堂入室,留下遗憾。客观地讲,在资源稀缺的现实中,取得时效适用空间不大,若前述规范够用,《民法典》不规定取得时效也仅为体系漏缺,实则无妨。不过,根据《民法典》第 196 条第 2 项,未登记的动产所有权人的返还请求权受制于诉讼时效②,一旦该请求权在诉讼时效期间内未行使,占有人有权抗辩不予返还,由此产生所有权人不能占有动产,其所有权已然空洞化,而占有人不能取得所有权的尴尬,这实质影响到物的利用和流通。取得时效能成为摆脱这种困境的良方,就此而言,《民法典》未规定取得时效确属实质缺憾。

(五) 物的灭失

物的灭失是指物完全毁损的物理状态。物权是对物权,作为客体的物灭失的,物权失去根本依托,必须实事求是地以这种客观事实来认定物权消灭。

物因自然力而灭失的,如土地因洪灾不复存在、房屋在地震中坍塌成瓦砾,所有权等物权随之消灭③,当然属于依自然事实的物权变动。

物因人的行为而灭失的,如房屋被拆除,《民法典》第 231 条规定这属于依事实行为的物权变动,房屋所有权自拆除行为成就时消灭。这种定位并不妥当,因为房屋所有权之所以消灭,源自房屋毁损殆尽的客观事实,至于造成该事实的原因是拆除还是其他,不是房屋所有权消灭的决定因素,故物因人的行为而灭失仍属于依自然事实的物权变动。

(六) 混同

混同是指两个没必要并存的法律地位同归于一人,导致法律地位全部或部分消灭的法律事实,包括三类情形:(1) 权利与义务混同,如《民法典》第 576 条规定:"债权和债务同归于一人的,债权债务终止,但是损害第三人利益的除外。"(2) 义务与义务混同,如主债务与保证债务同归于一人的,保证债务因混同消灭。(3) 权利与权利混同,物权的混同是其典型。④ 物权的混同发生在母子权利情形。在母权利与子权利同归于一人,且不影响母权利人或第三人利益时,子权利消灭;反之则不消灭。

例:A 公司以国有建设用地使用权为客体为 B 公司设立抵押权。在此事实基础上分设三种情形:(1) 除了 B 公司的抵押权,国有建设用地使用权没有承载其他物上负担,B 公司在合并 A 公司后,取得国有建设用地使用权,它与抵押权混同,抵押权没有存续意义,绝对消灭。(2) A 公司之后又以该国有建设用地使用权为客体,为 C 公司设立抵押权。在 B 公司合并 A 公司取得国有建设用地使用权时,其抵押权不因混同而消

---

① 参见耿宝建等:《土地、山林、水利权属纠纷案件分析与法律适用研究——基于一巡对辖区三类案件裁判的实证分析》,载《中国应用法学》2021 年第 6 期。

② 其目的是防止出现举证困难、避免增加诉累、及时解决矛盾。参见黄薇主编:《中华人民共和国民法典释义》(上册),法律出版社 2020 年版,第 396 页。

③ 比如,《民法典》第 364 条第 1 句规定:"宅基地因自然灾害等原因灭失的,宅基地使用权消灭。"

④ 参见谢在全:《民法物权论》(修订 8 版上册),新学林出版股份有限公司 2023 年版,第 108—110 页。

灭,仍优先于C公司的抵押权,这样就不会损及新国有建设用地使用权人B公司,又对后顺位抵押权人C公司没有不利。[1] (3) B公司以有抵押担保的债权为客体,为D公司设立质权。在B公司合并A公司取得国有建设用地使用权时,其抵押权不因混同而消灭,否则就不利于D公司,使其质权客体成为无抵押担保的普通债权。

三、依事实行为的物权变动

事实行为的构成要件既有事实状态,还要求事实状态源自行为。在依事实行为的物权变动中,事实状态有两类,即物的状态和占有。物的状态变化,既包括从无到有的变化(如新建房屋),也包括从原物到新物的变化(如加工),还包括一物从他物的包藏中脱颖而出(如重见天日的埋藏物),与此对应,建造房屋、加工和埋藏物发现以物的状态变化为构成要素。先占和遗失物拾得则以取得占有为构成要素,它们指向的物不同,先占适用于无主动产,遗失物则为所有人不明的动产。由于《民法典》第319条规定埋藏物发现参照适用遗失物拾得规范,为便利起见,本部分把埋藏物发现放在遗失物拾得之后阐述。

(一) 建造房屋

物权以物为主要客体,物的状态变化会导致物权变化,人力形成之物是创造者财力和心力的结晶,根据"物之价值的根本创造者应得最优地位"的法理,应由创造者取得相应物权,建造房屋即为典型。[2]

1. 建造人取得合法建筑所有权

(1) 合法建筑的标准

房屋建造会影响特定区域的空间布局,影响他人生产生活,为了使建造有序,公法管制首当其冲,并对房屋权属产生重要影响。这些管制机制颇多,且环环相扣,主要表现为:其一,《土地管理法》第56条等规定,用地建造人应取得建设用地使用权、宅基地使用权;其二,《城乡规划法》第40条第1款等规定,建造前应持不动产权属证书等申请办理建设工程规划许可证等规划许可;其三,《建筑法》第7条等规定,建造前应持规划许可等申请领取施工许可证,小型工程除外;其四,《城乡规划法》第45条第1款等规定,竣工时主管部门对建设工程是否符合规划条件[3]予以核实,符合的,核发竣工规划核实文件;其五,《城乡规划法》第45条第1款等规定,未经核实或经核实不符合规划条件的,建造人不得组织竣工验收。

> 例:国有建设用地使用权人A公司新建房屋,需完成以下层层递进的公法管制流程:取得建设工程规划许可证→取得施工许可证→取得竣工规划核实文件→竣工验收合格。A公司建成房屋后进行改建,同样也需完成上述管制流程。

---

[1] 《担保法解释》第77条曾规定:"同一财产向两个以上债权人抵押的,顺序在先的抵押权与该财产的所有权归属一人时,该财产的所有权人可以以其抵押权对抗顺序在后的抵押权。"

[2] 另外,参考案例"杨某家诉贵州省安龙县某村民委员会、某村二组林业承包合同纠纷案"的裁判要旨指出,《森林法》第20条规定了"谁造谁有"规则,植树造林为林木所有权原始取得的方式之一。

[3] 规划条件主要包括土地用途、建筑物性质、建筑总面积、容积率、建筑限高、建筑密度、绿地率等要求,其中,土地用途决定了建设用地是用以建造住宅、工厂还是其他房屋,绿地率决定了建设用地的绿化程度,其他要求分别从用途、面积、舒适度、高度、密集度决定了所建房屋的物理状况。

在前述管制中,是否取得规划许可或是否符合规划许可内容,是判断建造行为是否合法的标准,肯定者是合法建造,对应的房屋是合法建筑。[①]

(2) 合法建筑的权属

合法建筑是建造人行使土地使用权的结果,理应归建造人所有。《民法典》第231条规定:"因合法建造、拆除房屋等事实行为设立或者消灭物权的,自事实行为成就时发生效力。"据此,建造人在合法建造成就时取得房屋所有权。应予说明的是,建造人是指A公司这样的土地使用权人,至于与其订立建设工程施工合同、承包房屋建造的B建筑公司,在法律上称为承包人,建造人相应地称为发包人。

进阶:合法建筑的权属样态

以是否通过竣工规划核实、竣工验收为标准,合法建筑分为竣工建筑、完工建筑和在建建筑。前者通过竣工规划核实并竣工验收,中者通过竣工规划核实但未竣工验收,后者业已动工建设但未竣工规划核实,它们有不同的权属样态:

第一,竣工建筑通过了竣工验收,竣工验收合格在此是建造行为成就的标志,建造人可凭竣工验收合格证明来主张所有权。在实践中,竣工验收由建造人依法组织,房屋必须既符合规划许可,又符合法律规定以及当事人约定的质量标准,方才合格。至于建造人是否向主管部门办理竣工验收备案,不影响竣工验收的事实,不是竣工验收是否合格的标志。竣工建筑符合法律对房屋所有权的要求,是合法建筑的一般形态,其所有权有登记能力,能适用《民法典》第214条等规定的登记设权力规范、第232条的登记宣示力规范,能成为建筑物区分所有权、居住权、抵押权的客体,能适用"房随地走、地随房走"规范,能适用物权编的物权保护规范。可以说,除非有特别规定,否则物权编有关建筑物的规范均能适用于竣工建筑。

第二,完工建筑处于竣工规划核实后、竣工验收前,通过竣工规划核实在此是建造行为成就的标志,建造人可凭竣工规划核实文件来主张所有权。竣工验收是建造人对房屋进行占有、使用和收益的前提,《民法典》第799条规定,建筑物在竣工验收合格后才能交付使用。同时,《不动产登记暂行条例实施细则》第35条规定,竣工验收材料是房屋所有权登记的必备材料,没有竣工验收的房屋不能办理所有权登记。由此可知,从法律逻辑上讲,完工建筑所有权是仅有其名而无其实的"空壳",建造人对完工建筑既不能占有、使用和收益,也因其没有登记能力而不能处分;相应地,完工建筑不能成为建筑物区分所有权、居住权的客体。

第三,在建建筑的已建成部分是建造行为成就的标志,建造人可依据规划许可、施工许可来主张所有权。在建建筑的法律地位与完工建筑整体相似;不同之处在于,在建建筑未经竣工规划核实,将来建成的房屋一旦不符合规划许可内容,就属于违法建筑,而完工建筑确定属于合法建筑。

概括而言,在规划许可的基础上,建造人需取得施工许可证。基于这些材料,建造

---

① 对于我国规划制度实施之前的建筑,不能适用该标准。参考案例"暨某等四人诉广州市荔湾区城市管理和综合执法局、广州市荔湾区人民政府违法建设行政处理决定及行政复议案"的裁判要旨指出:"有关城市规划区内建筑物的合法性认定,要尊重历史,同时还需结合不同时期的有关法律、法规规定进行认定。对建设年代久远、属于历史遗留的建(构)筑物,根据法不溯及既往原则,不宜适用现行的法律、法规认定为违章建筑。"

人取得在建建筑所有权;继而在竣工规划核实文件的支撑下,建造人取得完工建筑所有权;在竣工验收合格后,建造人取得竣工建筑所有权。在合法建筑的这三个阶段,在建建筑所有权不确定,会因将来的建筑物不符合规划许可内容而成为违法建筑;完工建筑所有权虽然确定,但属于"空壳"所有权;竣工建筑所有权不仅确定,权能也齐备,属于典型的不动产所有权。

根据前述,A公司想在城里建房,以取得房屋所有权,需经历以下层层递进的流程:取得国有建设用地使用权→取得建设工程规划许可证→取得施工许可证→按照规划设计施工建设(取得在建建筑所有权)→按照规划设计完成施工→取得竣工规划核实文件(取得完工建筑所有权)→竣工验收合格(取得竣工建筑所有权)→占有房屋并办理所有权首次登记。

显然,房地产开发建设具有突出的"管制先于私权、民事结合行政"特色,规划许可等公法管制起着先行作用,对房屋所有权影响深远,在理解和适用《民法典》第231条的合法建造房屋规范时,非紧密结合行政法和民法两方面的制度和知识不可。

提示:合作建房的房屋权属

在房地产开发建设的全生命周期中,规划许可是国土空间规划的实施机制,向前与土地使用权衔接,往后与施工许可证、竣工规划核实文件、竣工验收衔接,在这个管制闭环中,建造人是同一人,故而,基于规划许可等材料,把建造人认定为建筑物所有权人,其来有自。在此前提下,建造人与其他主体合作建房,约定双方分享房屋所有权,就只宜产生债的效力,不能据此认为合作方直接取得了约定的房屋所有权。比如,A公司取得国有建设用地使用权后资金不够,与B公司协商合作建房,约定A公司以其国有建设用地使用权作价1个亿,B公司出资1个亿,双方共同建房,建成的房屋各得50%。在房屋建成后,应先由A公司取得全部房屋所有权,再根据约定向B公司转让50%的房屋所有权。若允许B公司按照约定,在房屋建成后直接取得50%的房屋所有权,会破坏前述的管制闭环,在行政法则和民事规范之间造成不应有的抵牾。

需强调的是,在法律有特别规定时,合法建筑可不归建造人所有,对此参见第六章第四节之一的"公益性配套公共设施的法律地位"提示部分、之三的"共有部分的法定性"部分以及第七章第三节之三的"取得建筑物、构筑物和附属设施的所有权"部分。

2. 建造人取得违法建筑权益

(1) 违法建筑的界定

违法建筑又称违章建筑,是指建造人未取得规划许可或未按规划许可内容建造的房屋。需要注意,由于公法管制不同,违法建筑不同于违法占地建筑。《城乡规划法》第64条规定,违法建筑尚可改正的,主管部门可责令建造人限期改正。改正后的建筑物符合规划条件的,成为合法建筑,建造人能取得所有权。违法占地建筑与此不同,其建造人的占地行为违法,如未经批准或者采取欺骗手段骗取批准而非法占用土地,进而用地建房,根据《土地管理法》第77条第1款,该房屋应限期拆除或没收,建造人无论如何都不能取得所有权。

(2) 违法建筑权益的形态

违法建筑显然不同于合法建筑,其法律地位主要如下:其一,违法建筑表明建造人未在权限范围内行使建设用地使用权或宅基地使用权,由此产生的利益正当性不足,无法适用《民法典》第 231 条,结果是违法建筑不能办理所有权登记,没有登记能力,因而不能适用《民法典》第 214 条、第 232 条,也不能成为居住权客体。其二,市场交易中的房地产转让必须登记,违法建筑不能登记,实际上没有流通能力。建筑物区分所有权是业主从建造人处受让而来的,不能转让的违法建筑显然不是建筑物区分所有权的客体。与此同理,违法建筑也不能适用"房随地走,地随房走"规范。抵押权是变价权,受该特性限制,能成为抵押财产的房屋需有流通能力,违法建筑因此不能成为抵押财产。其三,《八民纪要》第 21 条规定当事人请求确认违法建筑权利归属及内容的,法院不予受理;已经受理的,裁定驳回起诉。故而,当事人因违法建筑的权属产生争议的,无法根据物权编的物权保护规范通过司法途径解决。

违法建筑不像合法建筑那样能成为不动产所有权的客体,故有非正规产权或小产权之称,但其物理状态客观存在,不容他人侵犯,并在限期改正后会成为合法建筑,因而具有财产属性和利益品质,属于民法保护的权益,建造人能取得该权益。

进阶:违法建筑的权益应为动产所有权

违法建筑的权益不是不动产所有权,但也不是占有,因为占有只表明人对物的控制,无法表征更多更复杂的支配利益,也无法为建造人对违法建筑的使用、收益行为提供正当性依据。而且,建造人对违法建筑没有不动产所有权,其占有是没有本权的无权占有,而无权占有不受过错侵权责任规范的保护[1],从而在他人侵害违法建筑时,难以为建造人提供妥当救济。[2]

违法建筑的权益应是动产所有权。具体而言,违法建筑与合法建筑虽然都不可移动,都要受国土空间规划的管制,但前者因未办理规划许可或与规划许可不符,实际上处于国土空间规划之外,进而受到合法建筑不会经历的缺失登记能力、限期拆除等公法管制,着眼于此,应把违法建筑从不动产中剔除出来,作为动产看待。说到底,不动产不仅仅是概念或观念,其真实存在需要一套法律制度运作来予以凸显、支撑和强化[3],以前述公法管制为坐标,把违法建筑排除出不动产,完全可行。这样一来,把违法建筑的权益界定为动产所有权,既使建造人据此获得的法律地位弱于合法建筑的所有权人,如只能得到公示效能较弱的占有保护、返还请求权受诉讼时效的限制等,从而与违法建筑的公法管制保持一致,又能充分说明建造人对违法建筑的支配利益,并在违法建筑受侵害时能得到合理保护。

在实践中,股东以租赁他人土地建设的厂房作为出资的现象所在多有,这样的建设往往没有经过规划许可。由于厂房没有登记能力,难以通过所有权转移登记完成出资,但在厂房业已投入使用的情形,不认可出资完成,又不合事理。为了解决这个难题,参考案例"中国某资产管理公司河北省分公司与张某、刘某某、胡某某等变更追加被执行人异议之诉案"的生效裁判采用了两层曲折的说理逻辑,一是说前述厂房建造在自己厂区内且以生产经营为目的,未见违反城市规划用地等相关法律规定的情形,应属于合法

---

[1] 参见〔德〕马克西米利安·福克斯:《侵权行为法》,齐晓琨译,法律出版社 2006 年版,第 41—43 页。
[2] 不过,参考案例"廖某彬、郭甲华与郭乙民、邱某芳财产损害赔偿纠纷案"的生效裁判认为,擅自毁损违章建筑构成民事侵权,对因该违法行为而给他人造成的经济损失,侵权人应当承担赔偿责任。
[3] 参见苏力:《制度是如何形成的》(第三版),北京大学出版社 2022 年版,第 88 页。

建造;二是从《公司法解释三》第10条可知,虽未办理转移登记但已交付公司使用的不动产为公司发挥资产效用,实质上达到了出资目的。其实,把这样的厂房作为动产,股东和公司之间可通过转让合意和交付完成所有权转让,在说理上更为直截了当。

(二) 加工

作为添附的具体制度之一,加工是指以他人动产作为材料进行加工,产生价值明显高于材料的新物。由于新物增加的价值源自加工人,且其明显高于材料价值,基于"物之价值的根本创造者应得最优地位"的法理,并为了防止"反公地悲剧",加工人原始取得新物所有权。同时,为了利益平衡,加工人应赔偿或补偿材料所有权人的损失。比如,A误把B的一段红木当成自己的,将其雕刻成精美艺术品,价值是木料的数十倍,该品件归A所有,A应赔偿B的红木损失。

加工规范旨在在加工人和材料所有权人之间合理分配利益,特别注重激励物增其值、人获其利,为了达此目的,只要加工行为产出价值明显高于材料的新物,就能把新物的所有权配置给加工人,它因而属于事实行为。

加工与附合、混合同属添附,同归《民法典》第322条调整。与作为自然事实的附合、混合相比,作为事实行为的加工在构成要件中多了行为的要素,属于优先适用的特别法,故而,即便加工人在加工过程也提供材料,形成物的不可分状态,如上例的A在雕刻红木艺术品时涂刷油漆,也应适用加工规范。当然,若A的行为不符合加工规范,如雕刻失败,品件的价值并不比红木材料高多少,那就要适用附合规范。

进阶:加工与合同的结合

加工与合同无关的,如A擅自把B的红木雕刻成艺术品,出于鼓励物之价值最大化的目的,由加工人原始取得新物所有权,在经济层面上有正当理由。不过,在加工与合同结合的情形,把从事具体加工活动之人作为加工人,会出现困境。以雇佣他人生产加工为例,若依加工规范确认权属,由雇员取得新物所有权,显然背离交易常识;若依雇佣合同确认权属,由雇主取得所有权,一方面合同未必明确约定,甚至合同效力有瑕疵,从而缺失归属依据,另一方面,雇佣合同无法公示,难为他人知悉,不能对信赖加工规范法律效果的第三人(如雇佣双方的债权人等)产生约束力。显然,在雇佣合同的背景下,如何为雇主铺设原始取得新物所有权的合理通道,成为一道考验法律智力的问题。

对此应根据交易实际和通常观念,沿循鼓励价值创造的规范功能进行引申考量。在雇佣加工,尽管是雇员的行为促成新物的产生,但雇佣加工是雇主一手撑起的价值创造活动,人员、材料、工艺、技术、机器、厂房、工资、税费、风险等各个方面无不由其决定与负担,雇员只是雇主实现加工生产目的的必需外力,其具体行为是雇主实施决策的行为外展,它与雇主提供材料工具、选取雇员、指示生产、支付费用等行为糅合在一起,成为由雇主实施的加工行为。也就是说,在雇主主导加工全程的现实中,雇主才是促使材料明显增值的加工人,依加工规范可取得所有权。雇佣合同尽管为雇员提供了进入加工流程的契机,没有它就无雇佣加工,但它只调整雇员与雇主之间就劳务提供而产生的债的关系,与新物的权属无关。故而,在雇佣合同介入下,雇佣加工成为现实,但新物所有权由加工规范确定,并不以雇佣合同为基础。这样一来,即便雇佣合同无效,也不影响加工物所有权的归属。①

显然,在鼓励价值创造这一规范功能的引导下,加工人和加工行为不再是僵化术语,其具体指向应根据经济常识和交易观念来解释和界定,基本标准是对加工过程的控制以及对成本和风险的承担,旨在获取劳务对价利益的雇员不能从根本上控制加工过程,不支付加工成本,不承担加工物的价格风险,因此不是加工人,其行为也不是加工行为。

由定作人提供材料的承揽加工(如 A 拿着布料找裁缝 B 做衣服),与雇佣加工的构造相当。尽管承揽人提供技能、设备和劳力,但其听命于定作人,所获收益通常与材料以及新物价格涨跌无关,这一地位与雇员极其接近,是主导承揽加工的定作人的服务者,而定作人在此不仅提供材料,且如同雇主一样决定加工、支付价款、承受风险,通过承揽人实现加工目的,是可取得新物所有权的加工人。这样一来,无论定作人提供的材料是否为其所有或可否由承揽人替换,均无碍定作人基于加工规范原始取得新物所有权。②

上述标准堪称判断新物效果归属的准则,它相当客观,与行为人的主观意愿无关,同时又相当抽象,需要根据不同情况加以具体化。承揽定作与承揽加工同样属于承揽,但前者由承揽人提供材料,被归为由承揽人连工带料的工作物供给合同,兼具买卖的性质。在判断承揽定作物的权属时,也应秉持上述标准,即承揽人主导加工并负担成本和风险,其合同目的旨在获取转让标的物的利益而非提供劳务的对价利益,故承揽人是原始取得新物所有权的加工人,定作人取得新物所有权的基础在于从承揽人处受让③,工作物供给合同于此是新物所有权移转的原因。

关联:效果归属规范

效果归属规范是指将某人的行为所产生的法律后果归属于他人的规范,典型者如代理和占有辅助,前者使代理人的法律行为后果归属于被代理人,后者使占有辅助人取得或丧失占有的行为后果归属于占有主人。加工也是效果归属规范,它使雇员的加工行为后果归属于雇主。这三类规范组合起来,使为企业主服务的人在企业运作范围内所做的行为表现为企业主的行为。④

(三) 先占

1. 先占的概念

先占是指因自主占有而取得无主动产所有权,如拾荒者对捡到的垃圾废品能依法取得所有权。没有所有权人的无主物恰似人人皆可利用的"公地",若不明晰权属,必定引发"公地悲剧",为了防止这一点,法律会规定无主物的确权机制,先占是其中之一。

先占源自罗马法,为后世民法普遍继受。我国未明文规定先占制度,但事实上存在不少

---

① 参见史尚宽:《物权法论》,中国政法大学出版社 2000 年版,第 149 页。
② 参见黄立主编:《民法债编各论》(上册),中国政法大学出版社 2003 年版,第 396—397 页。
③ 参见黄茂荣:《债法各论》(第一册),中国政法大学出版社 2004 年版,第 289—290 页;韩世远:《合同法学》(第二版),高等教育出版社 2022 年版,第 476 页。
④ 参见〔德〕迪特尔·施瓦布:《民法导论》,郑冲译,法律出版社 2006 年版,第 522—523 页。

先占现象,除了拾荒,"采蘑菇的小姑娘",藏民采挖冬虫夏草,野外旅行者为了生存进行必要的捕猎、采集,均为适例,而《民法典》第 231 条是依事实行为的物权变动一般规范,它完全能调整先占。

2. 先占的构成要件

先占的构成要件主要包括:

第一,无主动产。该要件是说先占标的物限于无主动产,它有以下内涵:其一,为无主物。无主物是不归任何人所有的物,包括自始无主物(如不归国家所有的野生动植物)和嗣后无主物(如垃圾等抛弃物)。其二,不适用其他无主物确权机制。无主物确权机制除了先占,还有法律直接确权和通过特别程序确权,前者如《民法典》第 1160 条规定,所有权人死亡,无人继承也无人受遗赠的物,归国家所有或集体所有制组织所有;后者是指《民事诉讼法》第 202—204 条规定的认定财产无主案件的特别程序,法院通过该程序判决认定为无主物的,应收归国家或集体所有。其他两种机制优先适用,只有在它们之外的无主物才适用先占规范。其三,为动产。无主不动产主要是放弃所有权的房屋,与"房随地走,地随房走"的规范原理一致,房屋所有权与土地使用权要一并放弃。土地使用权的取得事由(如国有建设用地使用权出让、宅基地使用权审批)由法律规定,不包括占有房屋及土地,无主不动产因而并非先占的标的物。

第二,自主占有。该要件要求行为人既有自主占有意思,又有实际控制无主动产的事实状态,缺一不可。比如,A 看到垃圾桶的饮料瓶,一心想捡到,但腿脚不便,比 B 慢了半拍,B 捡到手,A 未实际控制,不构成先占。又如,C 把一辆旧自行车扔到垃圾桶边。腿脚不便的 A 以为他人的自行车在此停放,就坐上去歇息,A 虽实际控制自行车,但没有自主占有意思,也不构成先占。

3. 先占的法律效果

满足上述要件的,无论行为人有无完全行为能力,也无论行为人是否知悉标的物为无主动产,都会产生原始取得所有权的法律效果。这种效果具有确定性和终局性,嗣后无主物的原所有权人不能再主张权利。与此不同,根据《民事诉讼法》第 204 条,法院通过认定财产无主案件的特别程序判决认定财产无主后,原所有人或继承人可在诉讼时效期间提出请求,法院审查属实后,应作出新判决,撤销原判决。

进阶:先占人之间的赛跑

无主动产经数人之力而由一人实际控制,如 A 射伤野兔,野兔带伤奔跑一段距离后倒地,被 B 捡拾,是 A 还是 B 能先占取得所有权,成为先占人的赛跑难题。① 之所以说是难题,是因为有二难判断:虽然 B 实际控制野兔,但这得益于 A 的射猎行为,把 B 确定为先占人,会给人强烈不公之感;不过,A 看上去又未实际控制野兔,不能确定为先占人。对于这个难题,不妨根据具体情形分析如下:(1) 野兔轻伤逃脱,A 未予追赶,表明其不再有自主占有意思,B 补射后野兔倒地,B 捡拾构成先占。与此同理,野兔虽然重伤,但 A 认为其轻伤逃脱再难捕获,因此未予追赶,B 捡拾也构成先占。(2) 野兔重伤

---

① 参见〔德〕罗尔夫·克努克斯特尔:《先占人之间的赛跑》,田士永译,载王洪亮等主编:《中德私法研究》(2008 年总第 4 卷),北京大学出版社 2008 年版,第 100—125 页。

逃脱，A自信野兔重伤，跑不了太远，无论其是否追赶，均有自主占有意思，只要倒地的野兔在A捡拾范围，A就自主占有野兔，通过先占取得了所有权，B的捡拾不构成先占。

（3）野兔重伤逃脱，A自信野兔重伤，未予追赶，但野狐伺机要叼走野兔，B驱赶野狐后捡拾野兔，此时是A未丧失占有，B又取得占有，双方共同自主占有野兔，应为共同先占人，共有野兔所有权。与此同理，野兔轻伤逃脱，A追赶，以至于野兔脚力大幅下降，B轻易补射后野兔倒地，双方也宜为共同先占人。说到底，前述难题的核心在于判断未捡拾野兔的A是否占有、捡拾野兔的B是否占有，而占有的内涵具有高度弹性，故应在具体情形中加以分析判断。

（四）遗失物拾得

1. 遗失物拾得的概念

遗失物是指占有人无意地丧失占有，虽现时无人占有但并非无主的动产。拾得是指发现并占有遗失物的行为。占有遗失物是一种事实状态，其起因于拾得人的行为，结果导致遗失物在一定条件下归国家所有等法律效果，这符合事实行为的构造。

丢失东西是常见的社会现象，为了使物及时回归失主，维系其正常效用，遂有遗失物拾得规范，其目的意在实现《礼记·礼运》之言"货恶其弃于地也，不必藏于己"，也即既激励人"拾金"，使物不再"弃于地"，以免效用减损，更激励"不昧"，使物不被拾得人"藏于己"，尽早促成物归失主，发挥其最佳效用。

2. 遗失物拾得的构成要件

顾名思义，遗失物拾得的构成要件主要包括：

第一，遗失物。该要件指向标的物，其内涵如下：其一，为动产（如手机、宠物狗、机动车等）。不动产有固定位置，难有遗失可言。其二，有所有权人。无主物要适用先占等其他规范。其三，丧失占有。虽难觅其踪，但未丧失占有的动产（如随手放在自己房屋但找不到的书），不是遗失物。其四，无意地丧失占有。占有人有意丧失占有的动产（如当成垃圾抛弃、交给他人占有），不是遗失物。其五，现时无人占有，包括漂于水上的漂流物[①]、沉于水底的沉没物。

关联：遗忘物

《刑法》第270条第2款规定，将他人遗忘物非法占为己有，数额较大，拒不交出的，构成侵占罪。刑法学界对于遗忘物与遗失物有无区别存在争议。[②] 参考案例"闫某某盗窃案"持无区别的立场，本案失主蔡某的手机从口袋滑落在马路地面，闫某捡拾后离开，蔡某目睹该过程。后蔡某发现手机丢失，用他人手机拨打自己手机，闫某未接，接着将手机关机。法院生效裁判认为，涉案手机属于遗失物，闫某的行为属于非法侵占他人遗失物的行为。

第二，拾得。该行为的法律构造为：其一，发现，即认识遗失物之所在；其二，占有，即实际控制遗失物。《民法典》虽未明文规定该构造，但也明显可见，即其规范围绕拾得人占有遗

[①] 漂流物属于遗失物的一种（参见黄薇主编：《中华人民共和国民法典释义》（上册），法律出版社2020年版，第610页）。《民法典》第319条规定拾得漂流物参照适用遗失物拾得规范，似不准确。

[②] 参见张明楷：《刑法学》（下册）（第六版），法律出版社2021年版，第1265—1266页。

失物来展开,如第314条规定拾得人有返还义务,若拾得人不占有,返还义务无从谈起。在前述构造中,发现虽是占有的前提,但起决定作用的是占有,因为遗失物拾得规范旨在维系物的正常效用,若遗失物虽被发现,但仍"弃于地"而未被占有,就不合规范意旨,故而,仅发现而无占有,并非拾得。这样一来,发现人和占有人不同一的,占有人才是拾得人。比如,A、B同行,视力好的A指着路边的钱包给B看,脚力健的B快步捡起,B而非A是拾得人。

进阶:超市等经营场所的遗失物拾得

大型超市食品区的货架间有一张布满灰尘的纸币,它显然是占有人无意地丧失了对它的占有,但并非无主的动产。若认为纸币在超市的支配领域,且超市有概括的占有意思,则它就是现时为超市占有的物,捡到它的顾客因此不满足遗失物拾得的要件,不是拾得人。若为了提高顾客的诚实度,激励其交还遗失物,应认为顾客是拾得人。① 这是遗失物拾得规范的经典问题:在超市等经营场所丢失之物是否为遗失物,顾客等非工作人员的捡到者是否为拾得人? 答案应为肯定,因为:(1) 这些场所对社会公众开放,没有封闭性,物在此丢失,与在马路、广场等公共场所遗失没有区别;(2) 就像本例一样,场所经营者未必事实上控制场所中的遗失物,若不顾这种客观事实,一律认定经营者占有遗失物,并要求其承担返还义务,这显然不现实,对场所经营者有失公允;(3) 认定本例顾客为拾得人,赋予其相应的法律地位,符合遗失物拾得的制度目的,否则不管不顾地"弃于地"或拾金而昧地"藏于己"的比率会大概率地提升。

3. 遗失物拾得的法律效果
(1) 所有权归属
在私有制社会,拾得人有取得遗失物所有权的机会,即失主在法定期间内未领取遗失物的,遗失物所有权由拾得人取得。《民法典》第318条未采用相同策略,而是规定在招领公告发布之日起一年内无人认领的,遗失物归国家所有,这体现了社会主义公有制的法律特色。
(2) 债的关系
为了在力争遗失物不被弃于地或藏于己的同时,保全物的价值并弥补拾得人的亏欠,遗失物拾得的规范重点是拾得人、有关部门、失主等关联主体之间法定的债权债务关系,它们主要表现为:
第一,拾得人的义务。《民法典》第314条规定,拾得人或者应将遗失物还给失主,或者应及时通知失主领取,或者应将遗失物及时送交公安等有关部门。拾得人履行这些义务的,表明主观上没有侵占的恶意,不构成侵占遗失物。此外,《民法典》第316条规定在返还或送交前,拾得人应妥善保管遗失物,因故意或重大过失致使遗失物毁损、灭失的,应当承担损害赔偿责任。
第二,有关部门的义务。《民法典》第315条规定,有关部门有接受遗失物的义务;知道失主的,有及时通知领取的义务;不知失主的,有及时发布招领公告的义务。《民法典》第316条规定,在遗失物领取前,有关部门有妥善保管遗失物的义务,否则要承担因故意或者重大过失致物损害的赔偿责任。

---

① 参见〔德〕克劳斯·菲韦格、安娜·勒特尔:《德国物权法案例研习(第三版)》,王立栋、任倩霄译,中国法制出版社2019年版,第3—9页。

第三,失主的义务。拾得人或有关部门履行上述义务会支出必要费用,为了弥补该项损失,《民法典》第317条第1款规定失主在领取遗失物时,应向拾得人或有关部门支付必要费用。在私有制社会,失主有向拾得人支付一定报酬的义务,但《民法典》未认可这种义务。不过,失主悬赏寻找遗失物的,其在领取遗失物时应按照承诺向拾得人支付报酬并履行其他悬赏承诺;当然,这是失主依据悬赏广告承担的意定债务,并非法定债务。此外,《民法典》第317条第3款规定,拾得人侵占遗失物的,无权主张前述必要费用和悬赏报酬。

进阶:道德情操与物的效用

拾金不昧向来被誉为中华民族传统美德,"我在马路边捡到一分钱,把它交到警察叔叔手里边"的童谣也伴随了几代人的成长,它们都有拾得人既不取得遗失物所有权也不从失主处取得报酬的意蕴,培养良好道德情操之意非常明显。这样的道德情操一旦普遍内化为个人行为,就具有天然正当性,《民法典》有关遗失物拾得法律效果的制度设计当然没有问题。不过,道德情操毕竟是良好追求,它与现实之间往往存在距离,一旦不是每个人都能心甘情愿做到拾金不昧,那遗失物拾得规范就不能起到必要的激励作用,因为拾得人既不能取得遗失物所有权,也不能取得报酬,在失主不出现时连必要费用损失也弥补不了,这在客观上会减弱其履行保管、返还等义务的积极性,不利于遗失物效用的保持和发挥。

(五) 埋藏物发现

1. 埋藏物发现的概念

《民法典》第319条区分了埋藏物和隐藏物,前者是埋于地下之物,后者是隐藏于他物中的物。[①] 其实,这两者都为他物所隐匿或埋没,难以从外部目睹或觉察,没有实质差异,可统称为埋藏物,他物则称为包藏物。发现是指明确埋藏物的所在,使其与包藏物分离的行为。

埋藏物是所有权人不明之物,权属本就明确者,仅通过发现就要重新确权,显然不利于权属稳定,不合常理。只有所有权人不明的埋藏物因发现而重见天日的,法律才有必要通过确定权属以回复其价值,确保物尽其用。

关联:摸金校尉的特别法

看到埋藏物发现,喜欢盗墓题材文学作品的读者马上会想到摸金校尉(盗墓贼)。盗墓多是违法发掘地下文物,要受《文物保护法》的调整。《文物保护法》第41条规定:"一切考古发掘工作,必须履行报批手续;从事考古发掘的单位,应当取得国务院文物行政部门颁发的考古发掘资质证书。地下埋藏和水下遗存的文物,任何单位或者个人都不得私自发掘。"违背该规定的,要承担相应的法律责任。就以发掘古墓中埋藏物为业的摸金校尉而言,《文物保护法》是优先适用的特别法。

2. 埋藏物发现的构成要件

顾名思义,埋藏物发现的构成要件主要包括:

第一,埋藏物。该要件指向标的物,其内涵如下:其一,为动产。不动产通常难埋藏,即便可以(如地下古城),也主要由《文物保护法》等特别法调整。其二,与包藏物为不同的两

---

① 参见黄薇主编:《中华人民共和国民法典释义》(上册),法律出版社2020年版,第610—611页。

物。埋藏物和包藏物看上去浑然一体,但实为两个不同的物,否则不是埋藏物。比如,"赌石"交易颇为常见,而玉是玉石原料的成分,并非埋藏物,切割原料不构成埋藏物发现。其三,藏于包藏物之中。只要能隐匿珠宝等埋藏物,无论是土地、墙壁还是夹层皮箱,均能成为包藏物。至于埋藏原因及时间,在所不问。其四,所有权人不明,即从存在状态、品性等因素可推知埋藏物为人所有,但难以确认所有权人。如有人把珠宝藏在夹层皮箱中,皮箱几经转售后,该珠宝的所有权人业已不明。

第二,发现。发现明确了埋藏物的所在,为其重回社会、实现效用提供了契机。埋藏物的照管不在埋藏物发现规范的指涉范围,故而,虽然发现人通常会占有埋藏物,但占有不是埋藏物发现的构成要件。这样一来,发现人和占有人不一致的,前者有权请求后者返还埋藏物。比如,在 A 发现埋藏物后,B 抢先占有,A 能请求 B 返还;不过,A 虽然发现,但未通过挖掘等方式将埋藏物与包藏物分离,之后 B 独自发现并占有的,B 能取代 A 的发现人地位。[1]

概括而言,只要埋藏物与包藏物的分离起因于发现行为,埋藏物发现的构成要件即已具备,法律据此确定相应效果,埋藏物发现因而是典型的事实行为。

进阶:雇佣关系中发现人的确定

埋藏物发现涉及雇佣关系的,发现人根据以下情形而不同:(1)发现出于预订计划的,如 A 雇 B 勘探发掘埋藏物,作为计划发起人,A 承受了发现的成本和风险,目的是取得预期收益(如将来国家给予的表彰),B 则"旱涝保收",无论发掘结果如何,都不影响其从 A 处取得报酬,因而有为 A 发掘的意愿,故 A 是发现人。(2)发现出于偶然因素的,如 A 雇 B 在开挖地窖过程中发现埋藏物,尽管 A 提供了开挖条件,但发现超出 A 的计划,A 对发现既无成本也无风险,更无收益的预期,B 也没有为 A 发现的意思,而埋藏物与包藏物分离出自 B 的行为,故 B 是发现人。(3)雇佣合同对发现有约定的,如 A、B 约定,B 在开挖地窖过程发现埋藏物,应交给 A,该约定不改变发现的偶然性,B 仍是发现人,但该约定有债的约束力,B 应将发现的埋藏物交给 A。

3. 埋藏物发现的法律效果

《民法典》第 319 条规定埋藏物发现参照适用遗失物拾得规范,但如前述,埋藏物不同于遗失物,埋藏物发现也不以占有为要件,故应参照适用的是遗失物拾得的法律效果而非构成要件。这样一来,在物权后果方面,自招领埋藏物公告发布之日起一年内无人认领的,埋藏物归国家所有;在债的后果方面,发现人有保管埋藏物、通知权利人、送交有关部门、返还埋藏物等义务,有要求权利人支付埋藏物保管费等必要费用等权利。

---

[1] Vgl. Prütting, Sachenrecht, 36. Aufl., 2017, S. 219.

第五章

物权保护

保护物权的法律部门不少,本章重点在民法保护;民法保护分为公力保护和自力保护,本章重点在公力保护;公力保护包括物权请求权和债权请求权,本章重点在物权请求权。显然,物权保护就像洋葱,需层层剥开才能见其物权请求权的内核。

第一节 物权保护概述

物权不总能自得圆满,一旦因他人不当干涉而不能如常行使、实现或有这种可能性时,法律保护随之而来,此即物权保护。民法总论往往会讲权利救济或权利保护,物权保护是其中一环,在理解时应结合民法总论相关知识。

一、民法保护、行政法保护和刑法保护

物权是受宪法保护的基础财产权,为了落实宪法保护任务,民法、行政法和刑法均有保护物权的专门制度。物权编第三章"物权的保护"、侵权责任编等体现了民法保护,《治安管理处罚法》第49条("盗窃、诈骗、哄抢、抢夺、敲诈勒索或者故意损毁公私财物的,处五日以上十日以下拘留,可以并处五百元以下罚款;情节较重的,处十日以上十五日以下拘留,可以并处一千元以下罚款")等体现了行政法保护,《刑法》第二编第五章"侵犯财产罪"中的抢劫罪、盗窃罪等体现了刑法保护。

民法、行政法和刑法有不同的规范目的和运作逻辑,它们的物权保护制度可适用于同一行为,且并行不悖。比如,A盗窃B的手机,B能根据《民法典》第235条请求A返还手机,A丢失手机不能返还,B有权根据《民法典》第1165条第1款请求A损害赔偿;同时,A的盗窃行为若不构成犯罪,应根据《治安管理处罚法》第49条处罚,若构成犯罪则应根据《刑法》第264条予以刑罚。这三种保护不可相互替代,不能以给予物权人民法保护为由,不再追究不当干涉人的行政责任或刑事责任,也不能以追究了不当干涉人的行政责任或刑事责任为由,不再给予物权人民法保护;这三种保护没有先后强弱之分,不能一概地"先行后民"或"先刑后民",也不能一概地"先民后行"或"先民后刑"。① 不过,根据《民法典》第187条,为了妥当保护物权人,在不当干涉人应向物权人赔偿损失并承担罚款或罚金责任,而其财产不足以支付时,应优先赔偿损失。

---

① 参见王利明:《"刑民并行":解决刑民交叉案件的基本原则》,载《中国刑事法杂志》2024年第2期。

二、公力保护和自力保护

根据保护力量的不同,民法保护分为公力保护和自力保护。

公力保护是指物权人基于物权请求权等请求权,通过诉讼等方式,借助国家力量获得的保护。比如,A 租用 B 的机器逾期不还,B 诉至法院,法院判令 A 返还;A 拒不履行法院生效裁判的,B 可申请法院强制执行。国家对民众提供必要且及时的保护,是其宪法任务,在物权受不当干涉时,国家理应提供公力保护。

不过,"帝力之大,如吾力之为微",无论国家力量如何强大,都不可能对民事权益提供全天候、全方位、无死角的公力保护,在力不能及之处,有必要赋予民事主体自力保护的权利,放在物权保护领域,就是物权人有权依凭自己力量获得保护,主要包括:(1)《民法典》第 181 条、《总则编解释》第 31 条规定的正当防卫,即为了使物权免受现时不法的侵害,物权人有权在必要限度内进行防卫。比如,A 盗窃 B 的手机到手后撒腿就跑,B 追赶时顺手用民法教科书掷向 A,A 一个趔趄扔下手机后逃跑。(2)《民法典》第 182 条、《总则编解释》第 32 条规定的紧急避险,即为了使物权免受他人的物引起的紧急危险,物权人有权在必要限度内毁损或破坏该物,以避免妨害或损害的现实发生。比如,C 的狗要咬 D 的狗,D 用民法教科书掷打 C 的狗,该狗痛得仓惶而逃。(3)《民法典》第 1177 条规定的自助行为,即在情况紧迫不能及时获得国家机关保护的特定情况下,物权人有权临时用自己的力量行使或保障物权。比如,E 偷 F 的手机,被 F 当场擒拿后打 110 报警。

两相对比,公力保护更为重要和常见,是民法保护物权的主要机制;自力保护则主要适用于公力保护的不及之处,在特定情况下能及时防止和排除对物权的不当干涉。

无论公力保护还是自力保护,都是物权人实现物权消极权能的手段。若物权人消极地对待本有的消极权能,面对不当干涉隐忍不发、一再容让,别人当然无从代为保护。由此可知,物权虽有消极权能,但在物权被不当干涉时,物权人未必会选择保护自己。

三、物权法保护和债法保护

根据不同的请求权,公力保护分为物权法保护和债法保护,前者表现为物权请求权,后者表现为债权请求权。

在因他人不当干涉,导致物权人的支配利益不能实现时,基于物权的绝对权特质,物权人有权加以排斥,采用措施保护支配利益,以恢复其原本支配状态,这种权利以请求权的形态表现时,就是物权请求权,包括《民法典》第 235—236 条规定的返还原物请求权、排除妨害请求权和消除危险请求权。物权请求权是物权对世性的表现,其缺乏独立性,无法与物权分离而独自存在,要与物权一体转让。比如,A 盗窃 B 的手机后,B 把手机所有权转让给 C,实质也是把返还原物请求权转让给 C,C 有权请求 A 返还手机。

物权请求权以物权存续为前提,以恢复物权人原本支配利益为目的,在物权因不当干涉而消灭,且不当干涉构成侵权行为或违约行为时,物权人要么无法行使物权请求权(如物权因客体完全毁损灭失而消灭),要么物权请求权不能给予完全保护(如客体部分毁损灭失),

此时只有给物权人配置债权请求权,使其能请求不当干涉人赔偿损失,才算全面保护。[①]《民法典》第237条规定的修理、重作、更换或恢复原状请求权[②]以及第238条规定的损害赔偿请求权就是债权请求权,这两个条文虽然位于物权编,但特意强调"权利人依法请求"(第235—236条没有这样的表述),以示它们是引致条款,用以导向合同编或侵权责任编的债权请求权规范。[③]

提示:物权编第三章"物权的保护"的规范构造

在《民法典》中,涉及物权保护的债权请求权由合同编和侵权责任编系统加以规定,在此体系框架内,从位置和名称来看,物权编第三章"物权的保护"应专注于物权请求权才对,但实则并非如此,该章采用了"拼盘"式规范构造:(1)第233条规定了物权受到侵害时的纠纷解决机制,包括和解、调解、仲裁、诉讼等。这些机制不属于实体法内容,且不只适用于物权受侵害的情形,即便要在《民法典》中规定,也应在总则编中规定。(2)第234条规定了确认请求权,正如下文所见,它不是物权请求权。(3)第235—236条规定了物权请求权。(4)第237—238条属于导向债权请求权的引致条款。(5)第239条规定了前述请求权的适用,既可单独适用也可合并适用,这是请求权适用的一般规律,宜规定在总则编。

由上可知,物权编第三章"物权的保护"涉及三类请求权,即物权请求权、债权请求权和确认请求权,而物权法教科书论及的物权保护主要指向物权请求权,故而,尽管都在讲"物权的保护",但切不可把物权编第三章与教科书的相关内容等视之。

四、确认请求权

《民法典》第234条规定了确认请求权:"因物权的归属、内容发生争议的,利害关系人可以请求确认权利。"据此,确认请求权是用以确认物权归属或内容的请求权。

(一)法律属性

确认请求权虽为前条规定,但其并非物权请求权,差异主要如下:

第一,前提不同。物权请求权以物权明确为前提,不仅物权人非常确定,其支配利益形态和范围也相当确定,否则物权请求权就是无本之木;确认请求权以物权归属或内容有争议为前提,此时谁为物权人或物权人有何支配利益可谓处于不明状态。

第二,功能不同。物权请求权意在排斥他人不当干涉,恢复物权人的原本支配状态;确认请求权则旨在明确物权归属和内容,为物权行使和保护提供基础。

第三,构造不同。正如本章第二节所见,物权请求权有构成要件,核心是在物权确定存在的基础上,物权人的支配状态受他人阻扰,而这种阻挠欠缺法律根据,形成对物权的不当

[①] 《立案审判执行意见》第9条规定,审判部门在审理涉及给付特定物、排除妨碍等案件时,应当查明标的物的状态。标的物已经灭失或者不宜排除妨碍的,应告知当事人可申请变更诉讼请求。第14条规定,执行标的物为特定物,原物已经毁损或者灭失的,经双方当事人同意,可以折价赔偿。

[②] 修理是指修复受损物,如修复进水的手机。重作是指按照物受损前的状态重新制作,如定制手机损坏严重,请厂家按照原来标准再予制造。更换是指更新和替换物无法修理的损坏部分,如摔裂的手机显示屏无法修理,只能替换为新显示屏。恢复原状是指通过适当措施使受损物回复到受损前的状态。修理、重作和更换都旨在使物恢复到受损前的状态,它们应为恢复原状的具体表现。

[③] 参见黄薇主编:《中华人民共和国民法典释义》(上册),法律出版社2020年版,第445—446页。

干涉；只有满足要件，相对人才负有相应的行为义务，且只有该义务得以履行，物权请求权才能实现。而确认请求权没有构成要件，只要物权归属或内容存有争议，其即可行使；即便请求得到法院支持，相对人也没有行为义务，即请求的实现无需相对人的协力，如就A占有的机器，A、B发生权属争议，A诉至法院请求确权，法院生效裁判确认机器归A所有，B对此不负担义务。

第四，定位不同。请求权除了作为民法概念，具有实体请求权的定位，表明请求特定人为或不为一定行为的权利之意，还是民事诉讼法概念，具有诉讼请求权的定位，表明原告的诉讼请求之意。[1] 在此区分之下，物权请求权是实体请求权，相对人向权利人负有排除干涉的义务；确认请求权是诉讼请求权，只要原告符合民事诉讼法的要求，无论是否为物权人或具有相应的物权内容，法院均应受理和审理。

第五，主体不同。物权请求权的主体是物权人，而能够请求确认物权的主体可为物权人（如前例的A），也可为其他利害关系人（如前例的B也可向法院提起请求确认机器归自己所有的诉讼）。

第六，诉讼不同。物权人行使物权请求权提起的是给付之诉，诉讼请求得到法院生效裁判支持后，物权人可申请法院强制执行。如A以B侵占机器为由诉至法院要求B返还机器，该诉求得到法院支持，B拒不履行生效判决的，A能申请法院强制执行。确认请求权对应着确认之诉，胜诉的原告据此被确认为物权人或有相应的物权内容，但由于相对人不因此负有义务，故胜诉裁判不能强制执行。如C诉至法院，主张D占有的机器归自己所有，法院支持C的诉求，但在D不返还机器时，C不能根据生效判决申请法院强制执行。

（二）适用情形

确认请求权适用于两种情形：(1) 物权归属争议，这表明物权权属不清，如A是不动产登记簿记载的房屋所有权人，但B主张登记错误，自己才是真实所有权人。(2) 物权内容争议，这表明当事人认可物权权属，但对权能范围无法达成一致，如供役地人C认可D的地役权，但不认可登记簿记载的供役地使用范围和方式，认为不符合地役权合同约定。这两种争议既可围绕现存的物权展开（如前例A的房屋所有权和D的地役权），也可围绕已绝对消灭的原有物权展开（如E名下的房屋被征收拆迁后，F主张房屋本归自己所有，确认房屋权属对于补偿利益归E或F具有决定意义）。

实际上，凡是涉及法律关系或权利（如物权、合同效力、亲子关系、收养关系）归属或样态的争议，均是确认请求权的适用范围，只不过《民法典》第234条的确认请求权仅与物权有关，不能把其他争议混用进来。比如，基于"物债二分"，无论如何都不能把确认债权的诉求当成确认物权的诉求。在参考案例"某元件公司诉某房开公司委托代建合同纠纷案"中，某元件公司和某房开公司签订合同，约定双方联合竞买土地，前者占96.17%的权益，后者占3.83%的权益。某元件公司之后向法院起诉请求确认合同有效，并确认相应合同权利份额由某元件公司享有。裁判要旨指出，当事人的争议系针对各自在合同关系中所占的权利份额对应的民事权益，当事人只能请求法院对该民事权益份额进行明确，不能请求法院确认该民事权益为按份共有。

---

[1] Vgl. Brox/Walker, Allgemeiner Teil des BGB, 43. Aufl., 2019, S. 289 f.

(三) 确认之诉

物权归属或内容的争议表明当事人对物权的真实性和准确性不能达成共识,表明公示形式不一定能表征物权归属和内容,存在错误的可能性。为了确保物权正常行使和实现,向法院提起确认之诉,由法院确认物权归属或内容,是确认请求权的最常见行使方式,在物权保护中发挥着极其重要的作用。

1. 确认之诉的胜诉要求

原告要想在确认之诉中胜诉,应满足以下要求:

第一,证明自己为物权人或享有相应的物权内容。根据《物权编解释一》第 2 条,在不动产物权确认之诉,原告必须证明不动产登记簿的记载与真实物权不符,并证明自己为真实物权人,才能胜诉。比如,登记簿记载的真实所有权人 A 把房屋出卖并交付给 B,未办理所有权转移登记,根据登记设权力,B 未取得房屋所有权,其对房屋的占有及其交付价款的证据只能证明买卖合同相应义务已经履行,无法证明其为所有权人,其提起的确认之诉不能得到法院支持;不过,B 可提起给付之诉,请求法院判决 A 按照约定办理所有权转移登记。又如,在借名登记,实际出资的 C 借用 D 的名义购房,房屋所有权登记在 D 名下,双方约定房屋归 C 所有,此时登记无误,房屋归 D 所有,C 无法通过确认之诉请求法院确认其为房屋所有权人,只能根据前述约定提起给付之诉,请求 D 转让房屋。

第二,需确权的物权未被法院查控。根据《立案审判执行意见》第 8 条,在审理确认之诉时,需确权的物权被法院查封、扣押、冻结的,法院应当裁定驳回起诉,并告知当事人可以通过执行异议之诉主张权利。[①]

2. 确认之诉的胜诉后果

确认之诉的胜诉标志是法院确认物权的法律文书生效,其后果为:

第一,明确了物权归属或内容。比如,B 以 A 为被告提起房屋所有权确认之诉,法院判决支持其诉求,确认登记在 A 名下的房屋归 B 所有。不过,确认物权的法律文书只是明确了物权本来的归属或内容,物权本身并未发生变动,故其不属于《民法典》第 229 条规定的导致物权变动的法律文书。

第二,没有可强制执行性。如同前述,确认物权的法律文书不能强制执行,当其与公示形式不一致时,原告要求相对人配合办理登记或交还动产,而相对人不配合时,原告不能持前述法律文书申请法院强制执行。[②] 在相对人不配合时,为了节约保护成本,根据《不动产登记暂行条例实施细则》第 19 条第 1 款、第 79 条,真实物权人可以持前述法律文书单方申请更正登记。比如,如上例法院判决确认登记在 A 名下的房屋归 B 所有,在 A 不配合办理更正登记时,B 持该判决不能申请强制执行,但能申请更正登记。

第三,对抗力有欠缺。确认物权的法律文书与公示形式不一致的,公示错误。在公示错误未及改正时,物权被公示的权利人无权处分,就有善意取得的可能。也就是说,与法定的公示形式不同,确认物权的法律文书没有充分的公开性,欠缺足够的对抗力,在无权处分时,

---

[①] 《最高人民法院关于执行权合理配置和科学运行的若干意见》第 26 条还规定,审判部门在执行局查封、扣押、冻结后确权的,应当撤销确权判决或者调解书。不过,被法院查控的财产权属会有误,仅因查控就撤销确权法律文书,正当性不足。

[②] 参见〔日〕加藤新太郎:《要件事实的思考与实务(第 4 版)》,刁圣衍、许茜、王融擎译,人民法院出版社 2023 年版,第 163 页。

不知该法律文书的受让人是善意之人,在具备善意取得其他要件时能终局取得物权。

3. 确认之诉的替代机制

在物权归属或内容有争议时,根据法律规定以及当事人约定,确认之诉有以下替代机制:

第一,行政处理。在法律有特别规定时,当事人应请求行政机关处理,不能向法院提起确认之诉。比如,在参考案例"郑某芳等诉郑某亮土地经营权出租合同纠纷案"中,就同一块农村集体土地,一方当事人基于承包经营权证主张土地承包经营权,另一方当事人基于建设用地使用权证主张建设用地使用权,这种"一地两证"导致权属争议。裁判要旨指出,根据《土地管理法》第 14 条、《土地权属争议调查处理办法》第 9 条,在土地存在权属争议的情况下,双方纠纷不属于法院民事诉讼的受案范围,当事人应向行政主管部门申请解决,由行政主管部门履行法定职责,明确案涉土地用途,确定土地使用权归属。

第二,仲裁。在适用《仲裁法》的情形,当事人约定有仲裁协议的,就物权归属或内容的争议,应通过仲裁机构来确认物权,前述确认之诉规范有相应的适用空间。在适用《农村土地承包经营纠纷调解仲裁法》等仲裁特别法的情形,无需约定仲裁协议,当事人可依据这些法律请求确认物权。

第三,行政诉讼。当事人认为不动产登记错误,就不动产物权归属或内容发生争议时,也可以不提起确认之诉或申请仲裁,而是根据《行政诉讼法》第 12 条等规定以登记机构为被告提起行政诉讼,无论法院判决驳回原告诉讼请求,还是判决撤销登记机构的错误登记行为并判决登记机构重新作出登记,都能实现确认物权的目的。

第四,和解。当事人为了节省成本,可通过协商来确认物权,达成和解协议。以物权归属不明为例,在争议物权确实不归第三人时,和解结果无非在争议双方之间确定物权归属。比如,A 为不动产登记簿记载的房屋所有权人,B 主张登记错误,声称自己才是房屋所有权人。在该房屋确实不归第三人所有,也没有第三人主张权利时,A、B 的和解结果有三种可能,即房屋或归 A 所有、或归 B 所有、或归 A、B 共有。和解结果是物权完全归公示物权人的,如上例的房屋归 A 所有,和解协议生效即发生物权确认效果。和解结果是物权完全或部分归非公示物权人的,如上例的房屋归 B 所有或归 A、B 共有,则和解协议在 A、B 之间仅产生债的约束力,在 A 协助 B 办理相应登记之前,和解协议尚不能表征 B 的房屋权属。[①]

第二节　物权请求权

一、物权请求权概述

(一) 物权请求权的概念

物权请求权是指在物权遭到他人不当干涉时,物权人请求排斥干涉,回复或保全其原本支配利益的权利,其基本内涵如下:

第一,物权请求权以物权被他人不当干涉为前提。在物权未被他人不当干涉时,从物权实现无需他人助力的角度讲,物权是体现人与物关系的支配权,与需他人协力才能实现、体

---

① 参见陈自强:《和解与计算错误:契约法之现代化 III》,元照出版有限公司 2014 年版,第 125—132 页。

现人与人关系的请求权根本不搭,此时不存在"物权请求权"之说。与此同时,物权是绝对权,其对世性可表现为排斥任一不当干涉者,但由于物权未被他人不当干涉,这种对世性只能隐忍不发,客观上不可能有"物权请求权"。

只有在他人不当干涉物权,物权人的支配利益遭到破坏或有破坏之虞,物权人必须采用积极措施来保护物权时,物权请求权才有必要。即为了防止出现"以乱制乱、以暴制暴"的社会失序状况,除了法律规定的自力保护情形外,物权人不能私自以强力排斥不当干涉,只能求助于化身为请求权形态的公法保护。这同时意味着,物权请求权属于防御性、消极性、偶发性的权利,仅因不当干涉物权的行为而生,从而与债权请求权有不同功能,后者是债权实现所不可或缺的,是进取性、积极性、常态性的权利。正因如此,物权法不以物权请求权为重点,而债法的重点是债权请求权。

第二,物权请求权以请求权为落脚点。物权请求权是请求权的一种,具备请求权的基本特性,即主体特定、相对人负有为或不为一定行为的义务、需相对人协力才能实现。申言之,物权虽是绝对权,能排斥不特定的不当干涉人,但干涉一经发生,不当干涉人必定是特定的,故物权请求权涉及的是特定双方主体,主要行使方式是物权人提起诉讼,请求法院裁判排斥不当干涉;在相对人不履行相应义务时,物权人可依法申请法院强制执行。这样的行使机制显然与债权请求权没有区别,后者在债务人不履行义务时,债权人有权通过法院诉讼和强制执行来实现权利。

不仅如此,请求权都有本权,并以确保或促使本权实现为导向,无法脱离本权而独立存在。物权请求权是基于物权而产生的请求权,其本权是物权,物权请求权不能与物权分离,要与物权一体转让,这样针对同一物,不会出现物权人和物权请求权人的主体分离现象。比如,A把手机转让给B,不能出现A保留物权请求权、B取得所有权的结果。债权请求权同样如此,其不能与其本权债权分离,如C把对D的债权转让给E,不可自己保留债权请求权,E仅取得没有请求权的债权。当然,请求权虽不能与本权分离转让,但可由他人代为行使,如所有权人或债权人均能授权他人代为行使请求权。

在均为请求权的共性基础上,在物权法未予规定之处,物权请求权能参照适用债权请求权规范。比如,《民法典》第589条第1款规定,债权人受领迟延的,债务人可以请求债权人赔偿增加的费用;参照该规定,B捡到A的宠物狗后,根据A的请求返还,A无正当理由拒绝受领的,就由此增加的饲养费,B有权请求A赔偿。又如,《民法典》第590条第2款规定,履行迟延后发生不可抗力的,不免除违约责任;参照该规定,C借用D的机器,未按D的请求返还,陷入履行迟延,之后C的房屋因地震坍塌导致机器被废墟掩埋的,不免除C的返还义务。

第三,物权请求权以物权为支撑点。这意味着:(1)物权请求权根植于物权,物权请求权离不开物权。即便当事人就物权请求权达成合意,但只要没有现实存在的物权,就不可能有物权请求权。受制于此,物权请求权的请求权基础仅为法律规定,不包括法律行为。与此不同,债权请求权的请求权基础除了法律规定,还有法律行为。(2)在满足物权请求权构成要件的前提下,只要是物权人,无论其是否为不当干涉发生时的物权人,都对相对人有物权请求权,如A擅自把机器放在B的房内,B有权请求A搬出机器,从B处受让房屋所有权的C对A也有这种请求权。与此不同,除非债权转让,否则他人即便取得物权,也不能取得债权请求权,如C租用D的机器逾期不还并部分损坏,D对C的损害赔偿请求权是债权请求权;D 把机器转让给 E,除非有约定,否则 D 对 C 的损害赔偿请求权不一并转让给 E。

第四,物权请求权以回复或保全物权人的支配利益为功能导向。物权请求权旨在排斥对物权的不当干涉,使物权能如常行使和实现。据此,不当干涉不能导致物权完全或部分绝对消灭,否则相应的物权请求权会失去根本,不复存在。也就是说,物权请求权不以损害为要件,相应地也没有损害赔偿的效果;若有损坏,需由损害赔偿请求权来救济。与此同时,只要不当干涉破坏或危及物权人的支配利益,无论行为人有无过错,物权请求权均可存在。比如,F 擅自把机器放在 G 的房内,后把机器转让给 H,H 并不知机器业已给 G 的房屋所有权造成妨害,在满足排除妨害请求权的要件下,G 能请求 H 搬出机器。

提示:作为侵权责任承担方式的物权请求权

《民法典》第 1167 条把物权请求权当成侵权责任承担方式,它们属于侵权责任一般法,第 235—236 条则为优先适用的特别法,只要满足物权请求权的构成要件即可适用,无需考虑有无损害,也无需考虑加害行为人有无过错。[1] 需要注意的是,《民法典》第 1167 条中的"停止侵害、排除妨碍"与排除妨害的实质意义等同。[2]

(二) 物权请求权的种类

1. 一般物权请求权和特别物权请求权

《民法典》第 235—236 条是物权请求权的一般规范,规定的返还原物请求权、排除妨害请求权、消除危险请求权是一般物权请求权。此外还有物权请求权特别规范,规定的是特别物权请求权。比如,《民法典》第 312 条规定,在符合动产所有权的善意取得要件时,所有权人自知道或应当知道受让人之日起 2 年内能请求受让人返还遗失物。又如,《民法典》第 408 条规定,抵押人的行为足以使抵押财产价值减少的,抵押权人有权请求抵押人停止其行为,这旨在防范抵押人损及抵押财产的行为,以维持抵押财产价值的稳定性。在适用时,特别物权请求权具有优先性。

2. 回复请求权和保全请求权

一般物权请求权分为回复请求权和保全请求权。在不当干涉人通过剥夺物权人占有来妨害物权人支配利益时(如 A 盗窃 B 的手机),物权人有返还原物请求权(如 B 请求 A 返还手机),也称回复请求权。在不当干涉人通过剥夺物权人占有之外的方式来妨害物权人支配利益时(如 C 的树木被强风吹到 D 的院内),物权人有排除妨害请求权(如 D 请求 C 清理树木);在物权人支配利益有被妨害的危险时(如 E 摇摇欲坠的房屋危及邻居 F 的房屋安全),物权人有消除危险请求权(如 F 请求 E 拆除或加固房屋);排除妨害请求权和消除危险请求权合称保全请求权。

回复请求权和保全请求权的区别主要在于:其一,前者仅适用于物权人占有被他人剥夺的情形,后者适用于其他不当干涉情形,如 C 的树木被强风吹到 D 的院内,C 没有占有 D 院落的意思,其树木倒在 D 院内的状态不构成占有;与此相应,如后所见,回复请求权和保全请

---

[1] 参见周友军:《〈民法典〉侵权责任编的守成与创新》,载《当代法学》2021 年第 1 期。

[2] 从学理上讲,停止侵害和排除妨碍会有差异,如前者一般针对对权利本身构成侵害的行为,后者一般针对对权利的行使构成妨碍的行为或状态;但在很多场合,两者的功能相当,均能给当事人提供救济,作更细致的区分没有太多实益。参见王成:《侵权责任法》(第四版),北京大学出版社 2022 年版,第 219—227 页。

求权的构成要件及法律后果均不同。① 其二,根据《民法典》第196条第2项,未登记的动产物权人的回复请求权适用诉讼时效,保全请求权不适用诉讼时效。其三,根据《立案审判执行意见》第11条,前者的法律文书主文应明确物的名称、数量、具体特征等特定信息以及交付时间、方式等(如上例的A应向B在何时返还什么品牌的手机),后者的法律文书主文应明确排除妨害、消除危险的标准、时间等(如上例的C应何时以何种标准清理倒在D院内的树木、E应何时以何种标准拆除或加固房屋)。其四,在法院执行中,根据《民事诉讼法》第260—261条、《民事诉讼法解释》第492—498条,前者的实现方式主要是物的交付,拒不交付的,法院可采取强制措施;根据《民事诉讼法》第263条、《民事诉讼法解释》第501—502条,被执行人拒不排除妨害或消除危险的,法院可以强制执行或委托他人完成,费用由被执行人承担。

3. 基于所有权的请求权和基于他物权的请求权

这种区分的标准在于请求权的本权。以所有权为本权者是基于所有权的请求权,包含了回复请求权和保全请求权;以他物权为本权者是基于他物权的请求权,其未必包含回复请求权,如抵押权没有占有权能,因此抵押权人无法主张回复请求权。基于所有权的请求权完整体现了物权请求权,故其在学理中可代表物权请求权。

《民法典》第235—236条统一规定了物权请求权,未区分基于所有权的请求权和基于他物权的请求权,在适用时需根据具体情况做减法,如回复请求权人应扣除抵押权人。比较法很少见这样的统一规定,主要是在所有权规范中规定基于所有权的请求权,这样就需做加法,即基于他物权的请求权要适用或参照基于所有权的请求权规范。

二、返还原物请求权

《民法典》第235条规定:"无权占有不动产或者动产的,权利人可以请求返还原物。"该条旨在保护物权,其中的"权利人"应为物权人。据此,返还原物请求权是指在物被无权占有时,物权人能请求无权占有人返还原物的权利。

(一) 构成要件

1. 请求权人为丧失占有的物权人

返还原物请求权旨在回复物权人的占有,拥有占有权能的所有权、用益物权、动产质权等物权人为请求权人。对此应特别说明如下:其一,有些地役权不以占有供役地为必要,他人无权占有供役地影响地役权的,地役权人可行使排除妨害请求权或消除危险请求权。比如,A、B约定地役权合同,供役地人B不得在供役地上建高楼;后C无权占有供役地开挖高楼地基,这已妨害A的地役权,A有权请求C停止开挖,以排除妨害。其二,他人无权占有抵押财产,会降低抵押财产经济价值,同时不当干涉了抵押人的所有权和抵押权,抵押人当然可行使返还原物请求权;在其怠于行使时,抵押权人可主张排除妨害请求权,但由于抵押权没有占有权能,抵押权人只能请求无权占有人把抵押财产返还给抵押人。其三,母物权和子物权均有占有权能的(如以房屋所有权为母物权设立居住权子物权),在物被无权占有时,作为间接占有人的母物权人和作为直接占有人的子物权人都有返还原物请求权,母物权人

---

① 正因此,回复请求权能与保全请求权能并存,如A无权占有B的房屋,并擅自改建门窗,B能行使返还原物请求权请求A返还房屋,并能行使排除妨害请求权请求A拆除改建的门窗。

有权请求无权占有人将物返还给自己或子物权人,子物权人有权请求无权占有人将物返还给自己。只要无权占有人按照母物权人或子物权人的指向返还原物,就表明目的实现。其四,物权人出现宣告失踪、丧失完全行为能力、破产等情况的,请求权人相应地是财产代管人、监护人、破产管理人等,这对保全请求权同样适用。

拥有占有权能的物权人还需完全或部分丧失占有(如 A 的闲置房屋被 B"鹊巢鸠占"、C 偷走 D 的一把钥匙进而共同占有 D 的保险柜),才能成为适格的请求权人,否则其仍然完全占有,谈不上有返还原物的需求。当然,他人不当干涉物权人占有的,物权人可行使排除妨害请求权。

2. 相对人是无权占有人

以有无法律上的原因(通称本权)为标准,占有分为有权占有和无权占有,前者为有法律上原因的占有(如政府通过征用占有运输车辆、承租人基于租赁合同占有租赁物),后者为无法律上原因的占有(如盗窃手机、租期届满不返还租赁物)。

受本权约束的物权人要尊重有权占有,对有权占有人没有返还原物请求权。比如,A 将房屋出卖并交付给 B,尚未办理所有权转移登记,B 基于买卖合同占有房屋,是有权占有,即便其未按约定支付价款,只要 A 未依法解除买卖合同,B 就是有权占有人,A 不得以返还原物请求权请求 B 返还房屋。B 把房屋出租并交付给 C,C 基于有效租赁合同对房屋的占有为有权占有,B、C 的占有构成"占有连锁"(即多个有权占有相互衔接成链条),A 也不能向 C 主张返还原物请求权。若不认可"占有连锁",在合同均有效存续的前提下,会出现 A 虽能请求 C 返还,但 B 有权请求 A 交付,C 有权请求 B 交付的循环往复。

与前例不同,若 A 把房屋出卖并将所有权转移登记给 B,尚未交付,在 A 有给付抗辩时(如 B 未按约定支付价款),A 对房屋是有权占有;即便 A 没有前述抗辩,在没有约定时,根据《民法典》第 630 条,A 对房屋可使用收益,其占有仍有正当性,仍为有权占有。在此情形,B 可主张继续履行,请求 A 交付房屋,但不能主张返还原物请求权。

无权占有人没有占有的正当权源,物权人因而有返还原物请求权。不过,无权占有人需为现时无权占有人,否则无论是对于曾无权占有但现未占有之人(如扔掉偷来手机的小偷),还是对于曾无权占有但现为有权占有之人(如买了偷来手机的小偷),物权人都没有返还原物请求权;当然,物权人就其损失能主张赔偿请求权,如请求扔掉手机的小偷赔偿损失。至于无权占有人是直接占有人还是间接占有人,在所不问。比如,上例的 B 未按约履行,在 A 依法解除合同后,B 因没有买卖合同的支持而成为无权占有人,这打破了原来的"占有连锁",B、C 的租赁合同不能对抗房屋所有权人 A,C 也成为无权占有人[①];B 是无权间接占有人,C 是无权直接占有人,A 可向 B 或 C 主张返还原物请求权。

不过,若上例的 A、B 买卖合同仍有效存续,但 B、C 的租赁合同无效,则 B 是有权间接占有人,C 是无权直接占有人,A 向 C 请求返还时,应请求返还给 B,因为 B 是有权占有人,即便 C 返还给 A,A 还要交付给 B;但 B 不能或不愿接受的,为了实现回复目的,A 能请求 C 返还给自己。

---

① 参见姜海峰:《物权法:规则与解释》,北京大学出版社 2022 年版,第 26—27 页;陈聪富:《契约成立与缔约过失》,元照出版有限公司 2023 年版,第 469—474 页。

参考案例"某投资公司诉某大酒店公司、某实业公司物权保护纠纷案":某投资公司通过拍卖拍得案涉房屋,于 2010 年 12 月 23 日取得房屋所有权证书。案涉房屋拍卖后一直由某大酒店公司和某实业公司占有使用。某大酒店公司依据落款日期为 2001 年 11 月 1 日的《房屋租赁协议》主张其就案涉房屋享有承租权,法院生效裁判和裁判要旨认为,综合考虑案涉房屋拍卖经过、当事人主张权利方式、证据提交时间等相关事实,结合社会生活一般常识,作为证据的《房屋租赁协议》不能采信。某大酒店公司、某实业公司应向某投资公司腾退案涉房屋。而且,某大酒店公司、某实业公司不交付案涉房屋,继续占用经营,已侵害了某投资公司的所有权,应当承担相应的侵权责任。

(二) 权利行使

从《民法典》第 235 条的字面意思来看,只要相对人无权占有,物权人就有权请求返还原物。不过,与其他权利一样,返还原物请求权的行使要受法律限制。比如,根据《民法典》第 196 条第 2 项,普通动产所有权人未在诉讼时效期间内行使返还原物请求权的,相对人即可以此为由抗辩。又如,根据《民法典》第 132 条,物权人不得滥用返还原物请求权。在我国农村人口稠密地区,越过界限占用他人宅基地建造房屋的情形时有发生,越界建造人对此不知情,且越界面积极小的,若允许被越界的宅基地使用权人行使返还原物请求权,请求越界建造人拆除房屋,利益明显失衡,构成权利滥用。对此,宅基地使用权人应有容忍义务,但越界建造人必须合理补偿因占有他人宅基地所产生的损失。

(三) 法律后果

在返还原物请求权依法行使后,无权占有人应返还原物,使物处于可被物权人占有的状态(如占有人迁出房屋、退出土地)。至于相对人返还义务的履行地,参照适用《民法典》第 511 条第 3 项,返还不动产的,在不动产所在地履行;返还动产的,在相对人所在地履行。

为了减少当事人解决纠纷的成本,法院在处理返还原物纠纷时,应一并处理返还费用问题。[①] 参照适用《民法典》第 511 条第 6 项,返还费用由相对人负担,物权人负担因其原因增加的费用。这样一来,在相对人无权占有构成侵权的情形,动产物权人到相对人处取回动产的费用构成损害,应由相对人赔偿。比如,A 侵占 B 的电脑,B 有权根据《民法典》第 235 条请求 A 返还电脑,并有权根据《民法典》第 1165 条第 1 款请求 A 赔偿因取回电脑所支出的费用,这种不同的请求权基础综合起来提供完全保护的情形,形成请求权聚合。[②]

返还原物请求权的构成要件表明,在原告提起诉讼时,被告得是无权占有人。为了确保诉讼高效,即便被告嗣后把物交给他人,也不影响原告的诉求,法院不能以被告丧失占有为由驳回原告的诉讼请求,否则就会陷入只要被告把物交给他人,原告就不可能胜诉的僵局。至于胜诉裁判的约束力,德国法认可其对占有继受人的约束力,继受人为善意的除外。[③]《民事诉讼法》第 260—261 条则不区分继受人是否善意,只要其是无权占有人,在不返还时,法院均可强制执行。

[①] 参见丁宇翔:《返还原物请求权研究——一种失当物权关系矫正技术的阐述》,法律出版社 2019 年版,第 192—193 页。

[②] 参见〔奥地利〕海尔姆特·库齐奥:《侵权责任法的基本问题(第一卷):德语国家的视角》,朱岩译,北京大学出版社 2017 年版,第 18—21 页。

[③] 参见〔德〕迪特尔·梅迪库斯:《请求权基础》,陈卫佐等译,法律出版社 2012 年版,第 146 页。

提示：返还原物请求权与债权性返还请求权的差异

在返还原物请求权之外，还有债权性返还请求权，两者虽同为返还请求权，但在物权请求权和债权请求权的属性差异基础上，还有以下制度差异决定了它们不可混淆：(1)返还原物请求权只能由适格的物权人行使，债权性返还请求权的权利人更为宽泛，如根据《民法典》第733条，出租人在租期届满时对承租人有请求返还租赁物的权利，该权利为债权性返还请求权，出租人可以是转租人、借用人等非物权人。(2)返还原物请求权的义务人是无权占有人，即便无权占有人把物交由他人占有，新占有人也是无权占有人；债权性返还请求权的义务人只能是债权的相对人，如出租人在行使上述债权性返还请求权时，只能针对承租人，而不能针对从承租人处取得租赁物直接占有的次承租人或借用人。(3)返还原物请求权以请求回复占有为内容，债权性返还请求权除了回复占有，还包括返还所有权等物权，如A把房屋出卖并把所有权转移登记给B，但买卖合同被认定无效，B取得的房屋所有权没有法律根据，构成不当得利，根据《民法典》第985条，A有权请求B通过办理更正登记方式返还该所有权。(4)除了未登记的动产物权人的返还原物请求权适用诉讼时效，其他物权请求权不适用诉讼时效，而债权性返还请求权均适用诉讼时效。(5)与返还原物请求权配套的制度主要包括《民法典》第459条、第461条规定的所有权人——占有人关系，与债权性返还请求权配套的制度主要为不当得利。

鉴于前述的不同，在返还原物请求权和债权性返还请求权各自的请求权基础调整同一情形时，构成请求权竞合，应由当事人选择适用。比如，A把自己房屋出租给B，B逾期不还，A可主张返还原物请求权，也可主张债权性返还请求权。①

（四）所有权人——占有人关系

无权占有破坏了物权人对物的支配利益，在物能完璧归赵，且物权人仅请求返还原物时，无权占有人返还原物即可回复支配利益。不过，以无权占有房屋为例，除了返还原物，物权人与无权占有人之间还会有紧密相关的其他问题，如无权占有人应否返还物的使用收益（如房屋使用费）或孳息（如房屋租金），无权占有人就其对物支出的费用（如房屋维修费）能否请求物权人予以返还、物权人就物的损害（如房屋被拆除）能否请求无权占有人赔偿。面对这些问题，返还原物请求权不敷使用，需有应对规范。

通常说来，不考虑物权人和无权占有人之间的合同关系，不当得利规范可适用于物的使用收益或孳息返还，不当得利或无因管理规范可适用于物的费用返还，侵权责任规范可适用于物的损害赔偿。但这些规范不能完全适用于无权占有引发的上述问题，因为无权占有分为恶意占有和善意占有，前者的占有人明知或因重大过失不知其无本权，后者的占有人则反之，在此区分之下，前述规范未必能一概适用，如A继承登记错误的房屋所有权并占有房屋，其不知登记错误，构成善意占有，A局部拆除房屋造成损害，很难讲其有过错因而应承担侵权责任。为了能更精准地也更便宜地进行法律适用，在前述规范之外，打包规定这些法定的债权请求权，以与返还原物请求权配套，就成了立法惯例。由于基于所有权的请求权在物权

---

① 参见程啸：《侵权责任法》（第三版），法律出版社2021年版，第756—757页；〔瑞士〕约格·施密特、胡伯特·斯托克里、弗雷德里克·克罗斯科普夫：《瑞士债法分论（原书第二版）》，梁神宝、胡剑译，中国政法大学出版社2024年版，第216页。

请求权中占据主导地位,与其配套的法定债权请求权规范被称为所有权人—占有人关系。

与恶意占有人相比,善意占有人对无权占有没有可归责性,特别是善意自主占有人就像所有权人一样对待物,更值得法律保护。基于该出发点,所有权人—占有人关系相应地减轻了善意占有人的义务和责任,同时赋予其更充分的债权请求权,旨在使善意之人能大胆使用所占有之物,使其获得比不当得利债务人、无因管理债务人或侵权行为人更优待的法律地位,它因而被普遍认为是不当得利、无因管理或侵权责任规范的特别法,应优先适用。在比较法上,ZGB 第 938—940 条、我国台湾地区"民法"第 952—959 条规定了所有权人—占有人关系,它们紧跟在动产物权善意取得之后,特别表明虽然善意占有人(如遗失物受让人)不能善意取得,但在物权人请求返还时,至少还能得到所有权人—占有人关系的保护,不至于赔了夫人(即不能善意取得)又折兵(即还要负担不当得利债务、无因管理债务或侵权责任)。

所有权人—占有人关系虽然与返还原物请求权配套,但它是债的关系,与返还原物请求权不可同日而语,最明显的是,返还原物请求权以现时无权占有为前提,而该前提与所有权人—占有人关系无关。比如,A 恶意占有 B 的手机,B 有权请求 A 返还,这体现了返还原物请求权;A 毁损 B 的手机,B 的返还原物请求权无法主张,但能请求 A 赔偿损失,这体现了所有权人—占有人关系。

与 ZGB 第 938—940 条、我国台湾地区"民法"第 952—959 条一样,物权编在"占有"章第 459—461 条规定了所有权人—占有人关系;与此不同,BGB 的对应规范(第 987—1003 条)紧接着基于所有权的返还原物请求权(第 985 条),突出了两者的主导和配套关系,本书采用这种体例,在阐述返还原物请求权的主要内容后,论及所有权人—占有人关系。

1. 物的使用利益、孳息的返还

物的使用利益是指因使用物所获取的利益,其会与孳息重叠,如出租房屋所得的租金,既是使用利益也是法定孳息;但也不完全等同于孳息,如通过无偿使用他人房屋而节省的开支是使用利益而非孳息。在孳息的内涵非常确定的前提下,本处的物的使用利益仅限于不能被孳息包含的使用利益。

善意占有人认为自己有本权,且这种认知得到法律认可,那么善意占有人在本权范围内当然能对物加以使用,也能收取孳息。既然如此,善意占有人不应负担返还物的使用利益(如自己占用房屋本应支付的使用费)或孳息(如出租房屋的租金)的义务。与此不同,恶意占有人自知缺乏本权,其本就应预期自己无权占有和使用物,无权收取孳息,故令其负担返还物的使用利益或孳息的义务,不会给其带来不测风险;因其自身原因(如消费、过错)导致孳息毁损灭失或未收取的,应予赔偿。在比较法上,BGB 第 993 条、ZGB 第 938 条、第 940 条第 1 款及我国台湾地区"民法"第 952 条、第 958 条对此有明文规定。

《民法典》第 459 条规定,恶意占有人因使用物致使物受到损害的,应承担赔偿责任,这体现了禁止恶意占有人占用物的目的。基于该目的,即便恶意占有人在占用过程中极尽审慎义务而未造成损害,仍应返还使用利益,否则该目的的实现会出现缺口。而且,使用利益返还与孳息返还没有根本差异,通过参照适用《民法典》第 460 条有关物权人有权请求无权占有人返还孳息的规定,也能得出恶意占有人应返还使用利益的结论。

仅从文义看,《民法典》第 460 条强调无权占有人——无论善意占有人还是恶意占有人——均应返还孳息,同时规定物权人应偿还善意占有人支出的必要费用,这看似背离了"所有权人—占有人关系"规范侧重于保护善意占有人的出发点。不过,该条规定想表达的意思是善意占有人有权保留孳息,若其保留孳息,不得请求物权人偿还必要费用[①],这样看来,与比较法一样,善意占有人无需向物权人返还物的使用利益、孳息。

2. 必要费用的偿还

根据《民法典》第 460 条第 2 分句,善意占有人因维护物而支出必要费用的,有权请求物权人偿还。比如,A 善意占有老旧房屋,对漏雨的房顶加以修补的费用为必要费用,房屋所有权人 B 在请求 A 返还房屋及使用利益时,A 有权请求 B 偿还修补费用,只有这样,才能平衡双方利益。至于善意占有人支出的有益费用(如上例的 A 装修房屋的费用),不在《民法典》第 460 条第 2 分句的调整范围,在符合不当得利要件时,可适用《民法典》第 985 条等规定。

至于恶意占有人对其支出的必要费用,不应有偿还请求权,因其在知悉没有本权的情况下,不仅不向物权人返还原物,还就此投入必要费用,以维持对物的占用,与禁止恶意占有人占用物的制度目的明显不合,不受"所有权人—占有人关系"规范的保护。当然,恶意占有人对物的维护符合无因管理或不当得利要件的,其可根据《民法典》第 979 条、第 985 条等规定请求物权人偿还必要费用。

3. 物的损害赔偿

根据《民法典》第 459 条、第 461 条,物因毁损、灭失等事由不能返还时,为了弥补物权人的损失,恶意占有人对物权人承担损害赔偿责任。

(1) 适用范围

在文义上,《民法典》第 459 条、第 461 条适用于恶意占有,在理解时应特别注意:

第一,在对这两条规定进行反面解释,并参酌 BGB 第 993 条第 1 款、ZGB 第 940 条第 3 款、我国台湾地区"民法"第 953 条等比较法经验的基础上,鉴于以下原因,善意自主占有不在适用范围:其一,善意自主占有人主观上认为物是自己自由意志的支配对象,这一点与物权人无异,即便其刻意地毁损物,也是自由行使处分权的表现,无可厚非。而且,善意自主占有人的主观认知没有法律上的可谴责性,法律不能为其施以不得侵害自己占有物的义务,无过错侵权可言。其二,除了误占等极个别情形,善意自主占有往往出现在交易当中,如不符合善意取得其他要件的善意受让人对物的占有。在这些常见情形,占有人无法预料不能取得所有权,不能知悉其为无权占有人,若要其对物的毁损、灭失等承担不可预期的赔偿之责,过分苛刻,与物权法通过信赖保护来维系交易安全的观念不合。[②]

第二,善意他主占有人不具有前述原因,在构成过错侵权时,应承担损害赔偿责任,如 A 误把 B 的机器当成租赁物,A 是善意他主占有人,其不当使用导致机器报废的,应向 B 承担损害赔偿责任。故而,《民法典》第 459 条、第 461 条的适用范围应扩及善意他主占有。

第三,BGB 第 992 条把占有人有过错地通过"禁止的私力"(verbotene Eigenmacht)或犯罪行为(如盗窃、抢劫)取得的占有,称为侵权占有。BGB 第 858 条第 1 款把"禁止的私力"界定为非基于占有人意思的不法侵夺,也即通过违背占有人意愿的巧取豪夺行为来实现对物的实际控制。侵权占有本属恶意占有,但侵权占有人取得占有的行为为法律所禁止,恶性甚

---

① 参见黄薇主编:《中华人民共和国民法典释义》(上册),法律出版社 2020 年版,第 876 页。
② Vgl. Prütting, Sachenrecht, 36. Aufl., 2017, S. 228. 另参见席志国:《论德国民法上的所有人占有人关系——兼评我国〈民法典〉第 459—461 条之规定》,载《比较法研究》2020 年第 3 期。

为明显,只有把它与其他并非侵权的恶意占有区别对待,使侵权占有人处于更劣的法律地位方为合理。这在《民法典》有明确体现,如根据第317条,身为恶意占有人的拾得人本有权向失主请求保管费等费用,也有权请求发出悬赏广告的权利人按照承诺履行义务,但一旦其侵占遗失物,就没有前述请求权。在这样的语境下,《民法典》第459条、第461条的适用范围应扣除侵权占有。这也符合侵权占有的特质,即侵权占有人以取得物的权属为目的,通过违法剥夺物权人对物的控制的方式,侵害了物权,构成了过错侵权,其应适用侵权责任编的过错侵权规范,物权编没有必要再予规定。

(2) 过错侵权责任

相比于侵权占有,法律对恶意占有的保护力度更大,恶意占有人的义务或责任更轻,相应地对物权人的保护程度较低。《民法典》在此方面的适例除了第317条,还有机动车交通事故损害赔偿责任规范,根据第1212条,除了机动车恶意占有人承担赔偿责任,对损害发生有过错的机动车所有权人也要承担相应责任,因为恶意占有机动车多与所有权人的懈怠疏忽有关,所有权人无法完全脱责;而第1215条仅限侵权占有人承担责任,与机动车所有权人无关,因为侵权占有完全违背了所有权人控制机动车的意愿,所有权人根本无法预料也无力控制失控机动车带来的风险。

按照前述规律,《民法典》第459条、第461条规定的恶意占有人损害赔偿责任应为过错侵权责任,而非无过错责任,原因在于:其一,若恶意占有人承担无过错责任,而比恶意占有危害更甚的侵权占有却为过错侵权,目的和手段明显错配,既不符合举重明轻、又不符合举轻明重的道理。其二,因拾得而占有遗失物是有无因管理属性的恶意占有,《民法典》第316条相应地规定拾得人对因故意或重大过失导致的遗失物的毁损、灭失承担赔偿责任,若因拾得人没有返还意思而失去无因管理属性,相应地是拾得人对因一般过失或轻过失造成的损害也承担赔偿责任,而无更改为无过错责任之理。[①] 其他恶意占有情形同此道理。

与侵权占有人相比,恶意占有人的过错判断更复杂,层次更多,首先判断占有人有无明知或因重大过失而不知缺失本权的过错,若占有人仅有一般过失或轻过失,不构成恶意占有;在构成恶意占有的基础上,再判断占有人导致物的损害有无过错,是否尽到防范毁损、灭失的义务。对于侵权占有人的过错,只需判断其对剥夺物权人的占有是否有过错。

为了回复物权人的利益,侵权占有人的赔偿责任较重,主要表现为:侵权占有人的过错在取得占有时已确定,因而物在侵权占有人控制期间即便因意外事件毁损、灭失或返还不能,占有人也要按照物的价值赔偿,如A价值50万元的汽车被B偷盗,该车无故被他人剐蹭,损失2万元,若该车不能返还,B应赔偿50万元而非48万元。[②] 恶意占有人的损害赔偿责任较轻,若其对物的损害没有过错,如意外事件引发的损害,无需赔偿。

进阶:占有辅助人致物毁损、灭失的效果归属

在恶意占有是通过占有辅助人取得,且占有辅助人致物毁损、灭失的情形,不能直接根据《民法典》第1191—1192条由占有人承担损害赔偿责任,因为占有辅助人虽然在事实上控制物,但是以占有人为归属主体,占有辅助人通常不能与占有人之外的他人建

---

① 参见孙宪忠、朱广新主编:《民法典评注:物权编》(第2册),中国法制出版社2020年版,第485页。

② 参见〔德〕汉斯·约瑟夫·威灵、托马斯·芬克瑙尔:《德国债法分则案例研习》,冯洁语译,中国法制出版社2019年版,第168页。

立直接的法律关联,对物权人而言,占有辅助人并非其关系人,无法判断占有辅助人对物的毁损、灭失是否构成侵权行为。① 与此同时,也不能参照适用意定代理规范,由占有人根据《民法典》第459条、第461条承担损害赔偿责任,因为与意定代理人相比,占有辅助人的自主决策空间很小,且意定代理适用于法律行为,故在占有辅助人严格按照占有人指示行动,其行动还与法律行为无关时,参照意定代理规范显得过于勉强。②

在前述情形,宜通过参照《民法典》第1191—1192条,由占有人根据《民法典》第459条、第461条对物权人承担损害赔偿责任。从属性上看,用人者和被使用者的关系与占有人和占有辅助人的关系都有明显的社会从属性,一方要服从另一方的指示;从范围上看,占有人和占有辅助人的关系更宽泛,除了用人单位和工作人员、雇主和雇员,还能涵盖近亲属、师徒等其他社会从属关系,但如若近亲属之间存在遵循一方指示行动而致人损害的情形,如兄让弟开兄所有的车送自己回家过程中发生事故,仍能认为属于用人者和被使用者的关系③,故这两类关系整体吻合。这两类关系的同质性及重叠度,为前述法律适用奠定了基础。

在此基础上,要特别注意,用人者是民事活动的组织者和主导者,他们对选择何种被使用者具有决定性的话语权,在选定后,他们既要指引被使用者的工作或劳务内容及标准,还要负担被使用者的工资等人力成本,并取得被使用者因工作或劳务所产生的收益④,而且,除非有法律规定或合同约定,否则用人者要承受组织活动的成本和收益(如取得占有利益),而被使用者的人力成本不受用人者效益状况的影响,故被使用者致人损害的后果由用人者承受其来有自。也就是说,无论从占有人和占有辅助人的关系特质来看,还是从用人者和被使用者的关系构造来看,与意定代理规范相比,用人者责任规范与占有辅助有更近的"血缘"关系,无论占有辅助人的自主决策空间大小,也无论其活动是否与法律行为相关,均更适宜参照《民法典》第1191—1192条。

如前所述,恶意占有人的前述损害赔偿责任对善意他主占有人同样适用,道理很简单,因为在构成侵权行为时,有权他主占有人尚需赔偿,举轻以明重,无权他主占有人更要承担侵权责任。

例:A把房屋出租给B,在此事实基础上分设两种情形:其一,租赁合同有效,B过错致房屋墙壁损坏的,应承担赔偿责任。其二,租赁合同无效,B对此不知情,其过错致房屋墙壁损坏的,照样应赔偿。

---

① 《民法典》第1191—1192条规定了用人者责任,据此,作为被使用者的工作人员或提供劳务一方因执行工作任务或因劳务造成他人损害的,由作为用人者的用人单位或接受劳务一方承担侵权责任。在被使用者的行为构成侵权行为的基础上,这两条规范明确了承担责任的主体为用人者而非被使用者。这同时表明,被使用者的行为是否构成侵权行为,只能根据《民法典》第1165条第1款等规范加以确定,第1191—1192条无用武之地。

② 当然,在占有辅助人的自主决定空间较大时,如自主决定是否取得占有,则例外地参照意定代理规范(参见〔德〕埃尔温·多伊奇、汉斯-于尔根·阿伦斯:《德国侵权法——侵权行为、损害赔偿及痛苦抚慰金(第5版)》,叶名怡、温大军译,中国人民大学出版社2016年版,第156页),结果是占有辅助人的恶意决定了占有人的恶意,进而由占有人根据《民法典》第459条、第461条承担损害赔偿责任。

③ 参见〔日〕圆谷峻:《判例形成的日本新侵权行为法》,赵莉译,法律出版社2008年版,第284页;于敏:《日本侵权行为法》(第三版),法律出版社2015年版,第308—309页。

④ 参见〔奥地利〕海尔姆特·库齐奥:《侵权责任法的基本问题(第一卷):德语国家的视角》,朱岩译,北京大学出版社2017年版,第222—227页。

4. 保险金、赔偿金或补偿金的给付

在物因毁损、灭失等事由不能返还，他人应给付保险金、赔偿金或补偿金时，由于是物权人遭受了损害，保险金、赔偿金或补偿金的给付义务人应向物权人给付才对。不过，动产占有人被推定为所有权人，给付义务人信赖无权占有人为所有权人而为给付的，物权人对给付义务人的前述债权消灭。比如，A捡到B的手机，C不慎把手机摔坏，C应赔偿B；但占有手机的A被推定为所有权人，C不知A不是手机所有权人，其向A赔偿损失后，B对C的赔偿请求权消灭。不动产占有没有推定力，给付义务人向不动产无权占有人的赔偿不产生债的消灭后果。

根据《民法典》第461条第1分句，给付义务人未向物权人给付，而向无权占有人（包括善意占有人、恶意占有人和侵权占有人）给付并产生上述债的消灭后果的，无权占有人构成不当得利，物权人有权请求其返还；给付虽未产生债的消灭后果，但物权人通过追认无权占有人的受领行为（如物权人明确认可，或通过请求无权占有人返还保险金、赔偿金或补偿金的方式默示追认），可对无权占有人享有不当得利返还请求权。[①]

在恶意占有人或善意他主占有人根据《民法典》第459条、第461条应承担损害赔偿责任，且前述给付义务人应给付保险金、赔偿金或补偿金的情形，物权人既能请求恶意占有人或善意他主占有人赔偿，也能请求给付义务人给付，还能在给付义务人向恶意占有人或善意他主占有人给付后向占有人请求返还不当得利。若给付义务人的给付或占有人的返还足以弥补损害，则物权人不能再向占有人请求赔偿；反之，根据《民法典》第461条第2分句，占有人就不能弥补的部分损害仍承担赔偿责任。

（五）合同失效后果的特别规范

在当事人一方基于买卖等合同占有标的物，而合同不成立、无效、被撤销或确定不发生效力（以下简称合同失效）的情形，未依法完成公示（如办理房屋所有权转移登记、交付动产）的，占有人没有本权，为无权占有人；即便依法完成公示（如办理房屋所有权转移登记、交付动产），基于物权行为有因原则，占有人仍没有本权，也为无权占有人。出卖人等另一方当事人为物权人的，对无权占有人享有返还原物请求权。在这种情形，与返还原物请求权配套的是《民法典》第157条、《总则编解释》第23条、《合同编通则解释》第24—25条、《九民纪要》第32—35条规定的合同失效后果规范，它们是"所有权人—占有人关系"的特别法，应优先适用。

合同失效后果规范以诚实信用、利益平衡和简便高效为原则，即在确定合同失效后财产返还或折价补偿范围时，根据诚实信用原则的要求，在当事人之间合理分配，不能使不诚信的当事人因合同失效而获益；同时，法院通过释明等措施，尽可能一次性解决纠纷，如原告请求确认合同无效并要求被告返还原物或者赔偿损失，被告基于合同也有给付行为的，法院应向被告释明，告知其也可以提出返还请求。以A把房屋出卖并交付给B，买卖合同无效，B为无权占有人为例，在法律无特别规定的情形，合同失效后果规范的要点包括：

第一，在符合返还原物请求权的要件时，A能请求B返还房屋。房屋相对于约定价款增值或贬值的，法院要综合考虑市场因素、B的经营或添附等行为与房屋增值或贬值之间的关联性，在双方之间合理分配或分担。比如，B向A支付价款1000万元，经B装修再加上房屋

[①] 参见杨代雄主编：《袖珍民法典评注》，中国民主法制出版社2022年版，第354页。

市场价上涨,房屋现值1200万元,多出的200万元包括装修价值100万元和市场增值100万元,由于A、B对合同无效皆有同等过错,法院除了判决B向A返还房屋,同时还应考虑A向B支付150万元的房屋增值(即装修价值100万元和平均获得的市场增值50万元)。反之,若B未装修且房屋市场价下跌,房屋现值800万元,就贬值的200万元,法院应考虑各自分担100万元,即B应向A支付100万元。

就B向A支付的1000万元价款,B有权请求A返还。A对B负担的返还价款义务、返还房屋增值款义务与B对A负担的返还原物义务、返还房屋贬值款义务构成对待给付,双方可主张同时履行抗辩权。

第二,房屋客观上不能返还(如B拆掉住宅准备重盖、C从B善意取得房屋所有权)或没必要返还(如房屋被征收后很快就要拆除)的,A不能请求返还,但能请求B折价补偿,法院应以认定合同无效之日为基准日,以房屋市场价值或以其他合理方式计算的价值为基准值,来判决折价补偿。与上述第一点思路相同,法院应在双方之间合理分配或分担房屋增值或贬值;双方的返还义务构成同时履行。

第三,A有权请求B返还房屋使用利益(如房屋使用费)或孳息(B出租房屋收取的租金);B有权请求权A支付价款占用费;这两个债权可抵销。

第四,A在上述请求之外,还请求B赔偿损失的,法院应当结合房屋返还或折价补偿的情况,综合考虑房屋增值收益和贬值损失、交易成本的支出等事实,按照双方当事人的过错程度及原因力大小,根据诚信原则和公平原则,合理确定损失赔偿额。①

三、排除妨害请求权

《民法典》第236条规定,妨害物权的,权利人可以请求排除妨害。据此,排除妨害请求权是指在物权受到无权占有之外方式的妨害时,物权人能请求除去妨害的权利。

(一) 构成要件

1. 请求权人为物权人

请求权人可为妨害前即已取得物权之人,也可为妨害发生后、消失前受让物权之人。

2. 存在妨害

无权占有也是对物权的妨害,但与其对应的是返还原物请求权,故此处的妨害应限于无权占有之外的阻碍物权人支配利益的不当干涉方式,具有以下内涵:其一,妨害既分为行为妨害和状态妨害,前者出自他人行为(如A把垃圾堆放在B的门口),后者出自他人之物(如C的房屋因地震倒塌到D的地里);又分为事实妨害和法律妨害,前者影响物的实际使用(如前述的行为妨害、状态妨害例子),后者影响物权归属或内容(如E的房屋所有权错误登记在F名下)。其二,妨害不同于损害,前者阻碍了物权的正常行使(如C的房屋倒塌到D的地里,影响D的通行),后者指向物权部分或全部消灭的状态(如C的房屋倒塌砸坏了D的庄稼,因庄稼毁损灭失,D对这些庄稼不再享有所有权),一旦发生损害,物权人只能依法行使损害赔偿请求权。故而,妨害是否给物权人造成损害,在所不问。其三,妨害持续存在,若曾

---

① 参见最高人民法院民事审判第二庭编著:《〈全国法院民商事审判工作会议纪要〉理解与适用》,人民法院出版社2019年版,第258—273页;最高人民法院民事审判第二庭、研究室编著:《最高人民法院民法典合同编通则司法解释理解与适用》,人民法院出版社2023年版,第279—280页。

存在的妨害业已消失(如 A 堆放在 B 门口的垃圾被保洁清除),排除妨害请求权即无实益。其四,妨害具有非法性,物权人对此无容忍义务;物权人因法律规定(如《民法典》第 132 条的禁止权利滥用)或合同约定(如约定有偿通过他人土地)而有容忍义务的,就没有排除妨害请求权。①

3. 相对人对妨害排除有管控能力

在行为妨害,行为人是妨害的源头,其既然有能力实施妨害行为,也应有排除妨害的能力,负有除去妨害的义务。相对人为公司的,即便股权有变化,也不影响其除去妨害的义务。比如,在参考案例"甲公司诉乙公司排除妨害纠纷案",乙公司产生的危险废物在甲公司仓库存放,之后乙公司的股东丙公司把股权转让给丁公司,在转让评估中未涉及危险废物,裁判要旨指出,根据"谁生产谁处置"原则,企业对其生产过程中产生的危险废物负有及时处置的义务,该义务不因公司股权的转让而免除。至于相对人是否以自己所有之物造成妨害,在所不问,如 A 把从 B 处借来的机器擅自放置在 C 的房内,C 对 A 有排除妨害请求权。

在状态妨害,相对人应有能力实际控制造成妨害之物。妨害之物的所有权人等物权人通常为相对人,如 A 把从 B 处借来的机器放置在承租的 C 的房内,租期届满,A 未移出机器,机器的放置状态已妨害 C 的房屋所有权,而 B 是机器所有权人,可通过移出的方式来控制机器,故 C 有权请求 B 移出机器,即便 B 放弃所有权,也不改前述结论,因其在状态妨害发生时即负有除去妨害的义务。但也不绝对,虽然是物的所有权人,但对该物没有实际控制能力的,不是相对人。比如,4S 店以所有权保留买卖形式把机动车卖给 D,在 D 分期付款期间,4S 店不能占有、使用该车;D 把车随意停在 E 的空地,E 只能对 D、而不能对 4S 店有排除妨害请求权。②

(二) 法律后果

物权人在依法行使排除妨害请求权后,相对人应自行除去妨害,恢复物权人原本的支配状态;至于由此产生的费用,由相对人承担。相对人不除去妨害的,物权人可依法自行或请求法院除去妨害,费用仍由相对人承担。比如,A 把房屋出卖并将所有权转移登记给 B,后经诉讼,法院确认买卖合同无效,判令 B 协助办理更正登记(即排除妨害);B 拒不履行生效判决,A 既可持生效判决申请更正登记,也可申请法院强制执行,B 应承担相关费用。

妨害行为给物权人造成损害且构成侵权行为的,物权人可一并请求相对人赔偿损害,如 A 故意在 B 门口堆放污染垃圾并致使 B 在此处养的花草死亡,B 请求 A 排除妨害并赔偿花草损失的,A 除了清除垃圾,还应赔偿损失。

四、消除危险请求权

《民法典》第 236 条规定,可能妨害物权的,权利人可以请求消除危险。据此,消除危险请求权是指在有妨害物权的危险时,物权人能请求消除危险的权利。消除危险请求权适用

---

① 在参考案例"云和县某叶腊石矿诉某电力公司排除妨害纠纷案"中,某电力公司的电线线路跨越某叶腊石矿区,生效裁判认为,即使某电力公司建设支桩和架设电线的行为构成对某叶腊石矿采矿权的妨害,但考虑到案涉工程在满足福建与浙江联网送电需要及提高华东电网供电可靠性方面发挥的重要作用,且该工程投资巨大并已正式投入运营,如拆除,必将对浙江省电力供应造成重大影响,电力供应不仅涉及叶蜡石矿的经济利益,更涉及社会公共利益,不宜径行判令拆除。

② 参见谢在全:《民法物权论》(修订 8 版上册),新学林出版股份有限公司 2023 年版,第 134 页、第 136 页。

于妨害尚未发生但发生可能性很大的危险情形,若任其进一步发展,大概率会妨害物权,故而,消除危险请求权起到未雨绸缪的作用,能防患于未然,也称妨害防止请求权。

一旦消除危险请求权未能发挥作用,导致妨害发生,就要行使排除妨害请求权,如 A 年久失修的老宅摇摇欲坠,会妨害 B 的土地,B 主张消除危险请求权后,A 仍不加固或拆除,结果老宅在一场暴雨过后坍塌在 B 的土地,B 有权主张排除妨害请求权,请求 A 清除废墟。这意味着除了适用情形——也即对物权的不当干涉样态——不同(一为妨害危险,另一为现实妨害),消除危险请求权与排除妨害请求权具有以下三方面的同质性,以至于它们被规定在《民法典》第 236 条这同一个条文中:(1)构成要件的同质性。消除危险请求权的构成要件为:请求权人为物权人;危险出自他人行为(如 C 深挖地基会危及邻居 D 的房屋安全)或他人之物(E 的房屋因地震有巨大裂口,危及邻居 F 的房屋安全),且具有非法性,物权人没有容忍义务;相对人对危险的消除有管控能力。(2)法律后果的同质性。物权人在依法行使消除危险请求权后,相对人应自行消除危险,否则物权人有权请求法院消除,费用由相对人承担。(3)诉讼时效的同质性。消除危险请求权与排除妨害物权请求权均不适用诉讼时效制度。

在实践中,不当干涉人的行为既通过某种方式妨害了物权,又有通过其他方式造成妨害危险的,物权人能一并主张排除妨害物权请求权与消除危险请求权。比如,在参考案例"刘某某等诉王某某海上、通海水域财产损害责任纠纷案"中,在同一海域,郑某某等的海域使用权优先于王某某的捕捞权,后者未经前者同意进入海域捕捞,构成对前者物权的妨害;郑某某等的养殖用海方式采用了底绠绳,王某某的捕捞方式为定置刺网捕捞,刺网下网、留置、收网过程中会与底绠绳缠绕,存在使底绠绳损坏、部分甚至全部丧失使用功能的可能性。生效裁判认为,郑某某等有权主张排除妨害、消除危险。

第六章

所　有　权

本章按照从一般到特殊的顺序展开，先概述所有权的概念、内容、限制等一般知识，在此基础上依序阐述公有制所有权、共有和包含特殊共有形态的建筑物区分所有权。

第一节　所有权概述

一、所有权的概念

（一）所有权的定义

所有权首先是日常用语，它揭示了特定主体与自己财物之间的利益对应关系，由此产生"我的财物""你的财物""他的财物"这样的一一对应的利益归属格局，如私企老板说"我是企业主"或"企业是我的"，意在表明其能控制企业，企业利益最终归属于该人。[1] 日常意义的所有权内涵与第二章第五节之"物权法与宪法的关系"部分提及的德国、瑞士和奥地利宪法的所有权一样，实质等同于民法的财产权。

作为民法概念的所有权是财产权的一类，是指权利人依法全面支配物的物权。所谓全面支配，是说只要法律不禁止，权利人就能依其意愿对物为所欲为，以其认为适宜的方式实现物的效用。"全面支配"一词过于概括抽象，为了使其形象化，我国常用"占有、使用、收益和处分"的列举式表述。《民法典》第 240 条规定："所有权人对自己的不动产或者动产，依法享有占有、使用、收益和处分的权利。"

进阶：广义的所有权

所有权有利益归属之意，借用这种意思，在民法学理中，有见解用"债权所有权"来表明债权归属于债权人的意思[2]，有观点用"所有权"来表明物、债权等一切财产的归属。[3] 这些论说中的"所有权"无异于民法的财产权，可称为广义的所有权，它在一定语境下有教义学意义，如债权人 A 把债权转让给 B，未通知债务人 C，A 受领 C 的清偿的行为就是不当干涉 B 的"债权所有权"，B 有权以排除妨害为由请求 A 停止受领。

---

[1] 经济学也用企业主、企业所有者的概念，其法律意义对应的是企业出资者。参见冯珏：《法人概念论》，法律出版社 2021 年版，第 157—171 页。

[2] Vgl. Larenz, Lehrbuch des Schuldrechts, Bd. I: Allegemeiner Teil, 13. Aufl., 1982, S. 522.

[3] 参见张静：《Ginossar 所有权理论评析》，载《苏永钦教授七秩华诞祝寿论文集》（第一卷），元照出版有限公司 2022 年版，第 372—390 页。

广义的所有权同时说明,包括物权、债权在内的财产权均有利益归属之意,这样一来,把物权的功能定位成"归属",并以此为"物债二分"标准,是无法与债权清晰区分的。当然,尽管物权和债权都有归属功能,但物权法和债法的调整重点不同,前者以物的归属为重点,后者的重点则为债的发生、内容、履行、终止等事关债权人与债务人关系的事项。

(二) 所有权的特性

从整体上看,所有权有以下突出特性:

第一,地位的基础性。所有权体现了个人普遍具有的"我的""你的""他的"主体区分意识和"自利"的基础人性,是个人存续和社会发展的基石,《孟子·滕文公上》的名言"民之为道也,有恒产者有恒心,无恒产者无恒心"道出了所有权对于百姓安居乐业和社会和谐稳定的重要性。在物权法中,所有权是最典型、最基础的物权,不仅"物债二分"以所有权与合同之债的区分为模本,限制物权也主要以所有权为基础权利,没有所有权,物权法就不可能与合同法等相区分而自成一派。[1] 这样的基础地位是限制物权和其他财产权所不具备的。

第二,内容的全面性。所有权体现了人对物的关系,所有权人能全面支配物,能完全获取物的效用,能主宰物的最终命运,法律无需以正面清单的形式列举所有权的内容[2],而只要明确所有权的限制,防止所有权人承受不应有的负担,防止所有权的行使损及公共利益或他人合法权益即可。与此不同,限制物权人只能有限度地支配物权,权利内容不够全面,因而需由法律以正面清单的形式明确规定其内容。

第三,构成的整体性。所有权的内容具有整体性,不能再分割。用"占有、使用、收益和处分"来描述所有权人对物的全面支配,旨在形象说明"全面支配"是什么意思,而不是说所有权就是这些利益形态的加总,其不能再分解为用益型所有权、处分型所有权等。换言之,与特定原则相应,一物只能承载一个所有权,所有权人不能在保留所有权的前提下,再为他人设立所有权。[3] 至于所有权人为他人设立的限制物权,是所有权之外的独立物权,限制物权人并非与所有权人共享所有权,一旦限制物权消灭,所有权人本来因此受限的支配利益——如房屋所有权人因他人的居住权而不能使用房屋——就得以恢复,这被学理称为弹力性。

第四,利益的综合性。物本身的价值表现为经济利益,其完全归属于所有权人,所有权因此是财产权。不仅如此,所有权体现的主体区分意识和"自利"基础人性是人与人之间的重要界限,这与个人的人身保有观念、个体独立性认识、自己行为特色等个体因素一起,构成了个人之所以成为个人的决定性要素,同时也是个人自由意志的表现。这样一来,所有权包

---

[1] 即便是反思"物债二分",进而否定物权法独立性的学理分析,也主要认为债的关系能替代限制物权以及共有关系等所有权领域人与人的关系规范,并不否定所有权的独立价值。Vgl. Säcker, Vom Deutschen Sachenrecht zu einem Europäischen Vermögensrecht, in: Festschrift für Apostolos Georgiades zum 70. Geburtstag, 2006, S. 377 ff; Füller, Eigenständiges Sachenrecht?, 2006, S. 1 ff. 另参见苏永钦:《大民法典的理念与蓝图》,载《中外法学》2021年第1期。

[2] Vgl. Wellenhofer, Sachenrecht, 36. Aufl., 2021, S. 14 f.

[3] 在欧陆历史上的封建保有制(feudal tenure),一块土地既有名义所有权(dominium directum)又有用益所有权(dominium utile),前者是指领主获取土地全部利益的权利,但其使用、收益、处分的权利授予封臣,后者是指封臣对土地的使用、收益和处分的权利。法国大革命废除了封建制,消灭了名义所有权,用益所有权得以延续发展,确立了所有权的整体性。See Sjef van Erp & Bram Akkermans (eds), Cases, Materials and Text on Property Law, Hart Publishing, 2012, pp. 225-226.

含的利益不限于物的经济利益,还渗透着所有权人对物的精神、情感等无形价值。限制物权纯粹以经济利益为导向,不包含权利人对物的情感利益。故而,在理解《民法典》第1183条第2款时,应把被侵权人限定为具有人身意义的特定物的所有权人。

第五,存续的无期性。所有权是永久的物权,不以时间作为制约因素,无论法律还是当事人都不能限定其存续期限,因而没有70年的房屋所有权之说。[①] 限制物权的存续通常有时间限制,如出让国有建设用地使用权的最长期限是70年。

第六,观念的平衡性。所有权是全面支配物的物权,所有权人说了算的个人主义色彩相当鲜明,但其向来不是不受限制的,反而因各种现实因素的作用,往往要受制于公共利益和他人合法权益,所有权因此带有团体主义色彩,这一点自罗马法以降一直如此[②],只不过在不同社会和不同阶段有不同表现而已。[③] 也就是说,一方面,在权利的逻辑真空中,所有权是对物的全面支配权,于此仅有人与物的关系;另一方面,在社会现实的背景下,必须考虑所有权人对社会的融入以及与他人的正常交往,必须把限制所有权的正当因素牵扯进来,从而形成个人主义和团体主义平衡的所有权观念。

二、所有权的功能

人类生存和发展离不开物,而物通常都要承载所有权,所有权因此在任一法域都是政治、经济和社会的根本支撑,其重要性不言而喻。作为最基础的物权,所有权由法律规范予以确认和保护,通过登记等社会公认机制在现实中存在和运行,这看上去平淡无奇,但其中蕴藏着"资本的秘密"。举例来讲,不被法律规范认可为所有权客体的物(如外层空间、南极)充其量是可供利用的资产,绝无可能用以偿还债务、担保或其他经济活动,因此无法超越其物质属性而实现有更多可能性的经济效用。与此不同,物能承载所有权,就能产生这些经济效用,成为充满经济活力的资本。

上述认识来自经济学家德·索托,他把所有权的功能总结为:(1)确定物的经济潜能。以房屋为例,它不仅是有使用价值的栖身之所,还是可通过抵押等方式实现经济潜能的资本。(2)把分散的信息制度化。现代社会的所有权由一整套法律规范来调整,由统一的登记等公示形式来表征,不再像过去那样是分散、孤立的信息(如在没有登记时期,房屋权属只为邻里所知),从而使物的经济潜能更容易评估和交流,能促进资本的产出。(3)建立责任和信用体系。所有权必须归属明确,权利人借此能突显主体地位,可与陌生人签订合同,可从公共服务机构获得服务,并为此承担责任,承担信用失败的风险(如违约责任、罚款)。(4)便于物的流通。所有权把人对物的全面支配利益进行了标准化表述,便于人们在买卖、抵押、租赁等交易中比较和评估。(5)建立人际关系网络。所有权具有稳定性,围绕它形成

---

① 实践中的常见回购型交易也不表明所有权可有约定期限。比如,A把房屋转让给B,约定仅转让3年,到期A回购。该约定不是说B取得的是3年期的房屋所有权,而是说B负有在3年到期时按照约定条件把房屋卖给A的义务,绝不能把B的所有权和B对A的债务混为一谈。

② 有研究指出,有关罗马法所有权的特点是不受限制、个人主义和敌视社会的通常见解言过其实,罗马法所有权在不同发展阶段受到不同限制。参见〔德〕马克斯·卡泽尔、罗尔夫·克努特尔:《罗马私法》,田士永译,法律出版社2018年版,第233—241页。See also Yaëll Emerich, *Conceptualising Property Law: Integrating Common Law and Civil Law Traditions*, Edward Elgar Publishing, 2018, pp. 17-18.

③ 参见〔法〕弗朗索瓦·泰雷、菲利普·森勒尔:《法国财产法》(上册),罗结珍译,中国法制出版社2008年版,第145—154页。

了复杂的关系网络,如基于房屋所有权,水电气等供给部门才会为权利人提供相应产品和服务,主管部门才会对私搭乱建者进行处罚,这些信息综合起来,成为社会正常运转的必要部分。(6)保护交易。所有权在公共部门(如不动产登记机构)和私营部门(如房屋中介机构)均有记录,它们在确认所有权的同时也保护着交易。[1]

三、所有权的内容

所有权的内容也称为权能,分为积极权能和消极权能,前者包括占有、使用、收益和处分,后者是指所有权人禁止和排斥他人的不当干涉。所有权的消极权能通过物权请求权实现,本处不再赘述,仅涉及所有权的积极权能。从理论上讲,前述四项积极权能仅列举了所有权全面支配性的典型样态,有挂一漏万的可能,但因其各自内涵的弹性很强,足以表征所有权人对物的全面支配,完全能应对实践需要。

(一) 占有

占有是指所有权人对物的控制,其形态多种多样,所有权人可自行直接占有(如把手机装在衣服口袋里),可通过辅助人占有(如把车交给司机),可间接占有(如把自行车借给朋友),可共同占有(如房东与租客共同居住在出租屋)。

占有是所有权的固有权能,所有权人能决定占有的样态,但不能决定是否占有,也即没有不占有的自由,因而不存在没有占有权能的所有权。既然所有权人控制着物,那就要为物致人损害的侵权行为承担责任。《民法典》第1253条就规定,建筑物、构筑物或者其他设施及其搁置物、悬挂物发生脱落、坠落造成他人损害,所有人不能证明自己没有过错的,应当承担侵权责任。

(二) 使用

使用是指所有权人对物的利用。在法律不禁止的范围内,所有权人对物有是否使用的自由,既可积极使用(如驾驶汽车),也可消极地占而不用(如闲置住宅);有如何使用的自由,既可自行使用(如自己阅读图书),也可交由他人使用(如把书借给他人),既可按照物的正常性能使用(如用手机打电话),也能破坏性使用(如用手机砸核桃),只不过一旦使用的结果导致物毁损或属性改变(如手机砸坏不能修复),就进入事实处分范畴。

物是所有权人的支配对象,所有权人只要不逾越法律禁区,不损及公共利益和他人合法权益,完全可凭自己意愿来使用物,通常无需考虑方式是否合理、是否符合物的常态效用。但在特定情形,所有权人应照料物的属性,注意提高物的效用,如第一章第四节之"物权客体的形态"部分提及动物保护,所有权人不仅不应虐待饲养的动物,还应定期给动物注射预防疾病的疫苗。

(三) 收益

收益是指所有权人收取物的天然孳息和法定孳息。所有权人有收益自由,能决定是否收益(如是否摘取果实)和如何收益(如房屋租金的定价是高于、低于还是等于市价)。

(四) 处分

处分有事实处分和法律处分之别,前者是指物被毁损或属性改变,学理通常认为后者有广义和狭义之分,狭义的法律处分是指所有权人有权实施转让所有权等物权行为,广义的法

---

[1] 参见〔秘鲁〕赫尔南多·德·索托:《资本的秘密》,于海生译,华夏出版社2017年版,第37—49页。

律处分则在狭义的法律处分之外,还指所有权人能订立买卖合同等物权变动的原因行为。不过,既然无处分权的非所有权人成立的原因行为不因其非所有权人而有效力瑕疵,作为所有权内容的法律处分应仅限于狭义的法律处分。

处分权能也即处分权,主要有以下功能:(1) 分配功能,即基于处分权,所有权人有资格为物权行为,此为有权处分;(2) 防御功能,即无处分权的非所有权人所为的物权行为是无权处分,除非善意取得,否则所有权人有权追回标的物;(3) 授权功能,即所有权人可把处分权授予他人行使;(4) 保护功能,即在他人依法有处分权的情形,通过限制所有权人的处分权,能实现法律的规范目的。[1]

例:A 死亡,继承人 B、C 推选 A 的好友 D 为遗产管理人。根据《民法典》第1147条,D 管理遗产,B、C 不得处分遗产[2],这体现了处分权的保护功能。D 为了节省费用,同意 B、C 把遗产中的一台机器就近高价转让给 E,这是有权处分,体现了处分权的授权功能。若未经 D 同意,B、C 把机器转让给 E,该行为因 B、C 缺乏处分权而效力待定,只要 E 不能善意取得,D 即可追回该机器,这体现了处分权的防御功能。

四、所有权的限制

所有权的内容表征了所有权人针对特定物的自由行为空间,他人不当涉足其中,会占据并压缩所有权人的自由空间,所有权人有权通过排除妨害等方式来救济。与此同时,为了社会运作和人际交往的便利,法律会从公共利益以及其他民事主体利益的角度出发来限制所有权,在保护公共利益或他人合法权益的必要限度内,国家或他人对所有权人自由行为空间的干涉具有正当性,所有权人应予容忍。

所有权的限制主要有法定限制、意定限制和相邻关系,前两种限制具有一般性,普适于各类所有权,相邻关系则仅适用于不动产所有权。以下依序阐述这三种限制。

(一) 法定限制

法律规定的所有权限制即法定限制,它包括私法限制和公法限制。

1. 私法限制

私法限制是指《民法典》等民商事法律对所有权的限制。学理对民事主体的基本定位是理性人,其为人处世小心谨慎,在社会中的行为要审慎地考虑和照料他人利益,不得不当干涉和妨害他人的所有权,这是常态人际交往的基础。但凡常态皆有例外,若适度干涉他人所有权的行为所具有的价值高于保护所有权的价值,通过民商事法律来肯定干涉行为、限制所有权,非但无害反而有利于人际关系的正常化,此即私法限制。

《民法典》第132条是典型的私法限制,它规定:"民事主体不得滥用民事权利损害国家利益、社会公共利益或者他人合法权益。"在干涉行为的价值高于保护所有权的价值时,所有权人主张排除妨害的,会被认为是滥用权利。

---

[1] Vgl. Berger, Rechtsgeschäftliche Verfügungsbeschränkungen, 1998, S. 10 f.

[2] 之所以如此,是因为继承对死者的原有关系带来重大冲击,继承人之间、继承人与死者的债权人之间会有利益冲突,而继承份额、债权数额等利益往往需要一定程序和时日来甄别确定,为了防范可能的失序,宜由遗产管理人作为协调利益和维护秩序的主导者。为了使遗产管理人师出有名并行之有效,法律只有剥夺继承人的处分权,并将其赋予遗产管理人这一条路可走。

参考案例"吕某诉戴某排除妨害纠纷案":戴某(85岁)将房屋赠与儿子吕某,并继续在该房屋居住,吕某取得房屋所有权。吕某为生活便利欲置换房屋,承诺保障戴某居住需求。戴某认为自己已在此居住半生,邻里熟悉,就医便利,希望能在此终老。因协商未果,吕某起诉请求判令戴某不得妨害其置换房屋。法院生效裁判认为,戴某放弃登记为房屋所有权人,但不因此丧失居住权。吕某欲置换房屋以提高居住品质,但戴某已至耄耋之年,有在此颐养天年直至终老的意愿,吕某轻视戴某意愿而欲售房置换不当,判决驳回吕某的诉讼请求。

在比较法上,BGB第904条规定的攻击性紧急避险是私法限制的另一典型,即在危险并非来自他人之物,但在因避险而有必要干涉他人之物,且险情的损害远大于干涉造成的损害时,所有权人不能排斥干涉,但能请求赔偿。比如,A的房屋着火,邻居B、C抽取临近A房屋的D的池塘水来救火,D不能阻止B、C抽水,但能请求B、C赔偿损害(如补水的费用、水量减少导致鱼死亡的损失);B、C在赔偿后可以无因管理为由向A追偿。[①] 与攻击性紧急避险对应的是防御性紧急避险,后者的危险来自他人之物,如E的房屋着火,邻居F、G为了防止火势蔓延,拆除E的部分房屋。《民法典》第182条未明确区分这两类紧急避险,而且与德国法不同,该条第1款规定,攻击性紧急避险中的受干涉之人(如前例的D)可请求引起险情发生的人(如前例的A)承担损害赔偿责任[②];该条第2款规定,危险由自然原因引起的,紧急避险人(也即干涉人)不承担民事责任,可以给予适当补偿。[③]

概括来看,私法限制的制度构造包括以下方面:(1)以主体、内容均确定的所有权为基础,若非如此,就谈不上通过禁止权利滥用等规定来限制所有权。(2)以所有权人的容忍义务为主干,所有权人要容忍他人的必要干涉,不能行使返还原物、排除妨害、消除危险或恢复原状请求权。(3)以干涉行为属于合法行为为定性,所有权人的容忍义务使干涉行为具有正当性,它因而是合法行为而非侵权行为,只有超出必要限度的干涉才有构成侵权行为的可能性。(4)以损害补偿或赔偿为补救,所有权人因干涉而受到的损害是合法侵害的后果,是让位于高位阶权利的牺牲,干涉人应予补偿或赔偿[④];干涉未造成损害的,当然无需补偿或赔偿。

2. 公法限制

公法限制是指行政法等公法对所有权的限制。私法限制在个体利益的层面上限制所有权,在涉及国家利益或社会公共利益的层面,私法限制往往力有不逮,为了满足社会运作的需要,借助公法的管制力量来限制所有权就在所难免。

征收和征用是典型的公法限制,前者是为了实现公共利益,限制集体土地所有权人和房屋所有权人的处分自由,最终由国家取得所有权;后者是因抢险救灾、疫情防控等紧急需要,限制所有权的占有、使用和收益权能,由政府部门占有、使用他人之物。所有权人因征收或

---

① Vgl. Baur/Stürner, Sachenrecht, 18. Aufl., 2009, S. 314 ff.
② 比如,某楼房303室房屋发生火灾,因消防救援导致203室房屋过水,并致财产受到损害,203室房屋遭受的损失应由引起险情发生的303室所有权人和承租人承担赔偿责任。参见辽宁省丹东市中级人民法院(2022)辽06民终303号民事判决书。
③ 参见程啸:《侵权责任法》(第三版),法律出版社2021年版,第335—336页。
④ 参见〔德〕埃尔温·多伊奇、汉斯-于尔根·阿伦斯:《德国侵权法——侵权行为、损害赔偿及痛苦抚慰金(第5版)》,叶名怡、温大军译,中国人民大学出版社2016年版,第199—201页。

征用产生的损失,可请求补偿。征收和征用的前提、主体、权限、程序和补偿由相关的公法加以规定,征收主要适用《土地管理法》《土地管理法实施条例》《国有土地上房屋征收与补偿条例》等有关征收的规定,征用主要适用《突发事件应对法》《传染病防治法》等有关征用的规定。尽管《民法典》第243—244条规定了征收、第245条规定了征用,但它们是引致条款,不能独立适用,只有与前述的公法规定结合起来,才能成为法院裁判依据。

提示:征收的制度构造

对于征收的制度构造,应把握以下要点:

第一,在目的上,征收是国家为了公共利益的需要,对他人正当财产权的合法剥夺。《土地管理法》第45条、《国有土地上房屋征收与补偿条例》第8条对公共利益进行了类型化列举,主要包括:(1) 国防(军事)和外交;(2) 政府组织实施的能源、交通、水利、通信、邮政等基础设施建设;(3) 政府组织实施的科技、教育、文化、卫生、体育、生态环境和资源保护、防灾减灾、文物保护、社区综合服务、社会福利、市政公用、优抚安置、英烈保护等公共事业;(4) 政府组织实施的扶贫搬迁、保障性安居工程建设;(5) 政府依法组织实施的对危房集中、基础设施落后等地段进行旧城区改建或成片开发建设;(6) 法律、行政法规规定的其他公共利益。① 为商业利益等非公共利益需要的,不得征收。

第二,在主体上,征收直接发生在国家和被征收人之间。国家是征收权主体,由经法律授权的政府代表国家行使征收权。《土地管理法》第46—47条规定,代表国家行使集体土地征收批准权的主体是国务院或省级政府,行使征收实施权的主体是县级以上地方政府。《国有土地上房屋征收与补偿条例》第4条第1款规定代表国家行使国有土地上房屋征收权的主体是市、县级政府,第4条第2款规定由市、县级政府确定的房屋征收部门组织实施本行政区域的房屋征收与补偿工作。被征收人是集体土地所有权人、国有土地上房屋所有权人等财产权人。

第三,在客体上,他人的各类财产权均能成为征收的客体,并不限于所有权。不过,因为土地等不动产之外的其他财产权通常有可替代性,国家即便为了维护和实现公共利益,也完全可在市场上购买,无需借助强制性的征收手段,故征收的客体主要是不动产,《民法典》第243条第1款明确表达为"集体所有的土地和组织、个人的房屋以及其他不动产"。

第四,在程序上,征收是国家对他人财产权的合法强制取得行为,要确保其正当性,就要求征收权主体必须根据《土地管理法》第47条、《土地管理法实施条例》第26—31条以及《国有土地上房屋征收与补偿条例》第10—13条规定的程序进行。从这些规定来看,征收主动权在国家之手,是否征收取决于政府,但这样不能为民事主体提供完全保障,如在个人不动产被公用日久时,若不征收补偿,对个人相当不利,学理因而主张个人有征收请求权,国家对该不动产应予征收补偿。② 参考案例"汪某芳诉龙游县人民政

---

① 参考案例"贵某玲、贵某温诉上海市人民政府、上海市静安区人民政府行政补偿及行政复议案"的裁判要旨指出:"由于公共利益属于典型的不确定法律概念,建设项目是否符合公共利益的需要,一方面应主要由立法判断,即只有立法明确列举的建设项目才属于公共利益的需要;另一方面,也要尊重绝大多数被征收人通过正当程序而形成的意思表示,对绝大多数被征收居民同意的建设项目,应当认为符合公共利益需要。"

② 参见张文郁:《论人民是否享有土地征收请求权?》,载《苏永钦教授七秩华诞祝寿论文集》(第二卷),元照出版有限公司2022年版,第92—152页。

府行政征收案"持相同立场,其裁判要旨指出,政府破坏性拆除当事人相邻已被收购的房屋,既严重影响当事人房屋的安全性、舒适性,也造成房屋周围居住环境或商业功能丧失的,政府因自己的先行行为而产生了对当事人房屋进行征收并补偿的附随义务或者赔偿房屋价值的附随义务。

第五,在补偿上,为了保障财产权以维持基本的社会秩序,也为了弥补被征收人因公共利益受到的失权牺牲,公平合理补偿在征收中不可或缺。[①] 征收房屋的补偿有货币补偿和房屋产权置换两种方式,参考案例"曲某某诉北京市门头沟区人民政府行政赔偿案"的裁判要旨指出:"通常情况下被征收人如果希望得到与被征收房屋相对应的安置房屋,避免因房价波动对赔偿金的计算可能产生的不确定性影响,在赔偿方式上可优先考虑安置房屋的赔偿方式,除非被征收人坚持要求以赔偿金的方式进行赔偿。"[②]

征收与补偿有一体联结、唇齿相依的紧密关系,通常表达为"有征收必有补偿,无补偿则无征收"。由于补偿处于征收实施环节,是征收决定生效后的后续行为,故征收与补偿的关系首先是"先征收决定生效(物权变动),后补偿"。在此基础上,《土地管理法》第48条第4款、《国有土地上房屋征收与补偿条例》第27条第1款规定,对宅基地或房屋征收应先补偿、后搬迁。据此,无补偿,征收决定虽可依法生效,但被征收人有权不交付财产,征收与补偿的关系进而表现为"先补偿,后交付财产"。[③] 整体而言,征收与补偿的唇齿相依关系表现为"有征收决定必有合理补偿,无合理补偿就不交付财产"。

从理论上讲,随着社会发展,公法介入民事领域的范围愈来愈大,调整事项愈来愈细密,公法限制随之会愈来愈多。比如,是否使用房屋是所有权人的自由,我国法律目前尚未限制房屋闲置,而在比较法上,为了应对少子化、老龄化的社会结构变化,强化不动产的活化利用或高效管理,日本和法国均有专门调整房屋等不动产闲置的公法规定。[④] 又如,根据《道路交通安全法》第39条、《大气污染防治法》第96条,为了维护道路交通秩序或保护环境,公安机关交通管理部门或县级以上地方政府可依法限制机动车行驶,而在2008年之前,我国城市尚无机动车限号行驶制度,但自该年7月北京市实施该制度后,越来越多大中城市推行了该制度,这就限制了机动车所有权的使用权能。

不过,随着我国全面深化改革的进一步推进,对有些所有权的公法限制在减少、减弱或优化。最典型的是经营性集体建设用地的改革,在《土地管理法》2019年第三次修正前,经营性集体建设用地所有权没有处分权能,所有权人不能为他人设立使用权,此次修正恢复了部分处分权能。《土地管理法》第63条、《土地管理法实施条例》第38—43条规定,在符合规

[①] 《民法典》第243条第2款规定:"征收集体所有的土地,应当依法及时足额支付土地补偿费、安置补助费以及农村村民住宅、其他地上附着物和青苗等的补偿费用,并安排被征地农民的社会保障费用,保障被征地农民的生活,维护被征地农民的合法权益。"第3款规定:"征收组织、个人的房屋以及其他不动产,应当依法给予征收补偿,维护被征收人的合法权益;征收个人住宅的,还应当保障被征收人的居住条件。"参考案例"杨某某诉沈阳市苏家屯区人民政府行政补偿案"的裁判要旨进一步指出,征收补偿应公平公正、有科学依据、符合生活实际。

[②] 根据参考案例"仲某诉孙某侵权责任纠纷案"的裁判要旨,被征收人享有的房屋安置请求权具有优先地位,在该房屋又卖与他人时,该请求权优于买受人基于商品房买卖合同享有的普通债权请求权。另根据参考案例"郭某等诉沈某、广州市某房地产公司、张某案外人执行异议之诉案"的裁判要旨,被征收人在法院查封前已实际占有安置房屋的,其民事权益足以排除对该房屋的强制执行。

[③] 参见参考案例"某公司诉太原市政府行政处理案"。

[④] 参见谢在全:《民法物权论》(修订8版上册),新学林出版股份有限公司2023年版,第125—126页。

划条件、产业准入和生态环境保护要求等法定条件下，土地所有权人可以通过出让等方式为他人设立经营性建设用地使用权。

（二）意定限制

所有权人基于意思自治而自行限制所有权，即为意定限制。意定限制的基础可以是债权行为，如A把房屋出租给B；可以是物权行为，如A以房屋为客体为C设立抵押权的合意。在限制期间，所有权人A要容忍相对人B或C的干涉，不能请求排除妨害。

（三）相邻关系

1. 相邻关系的概念

不动产相互毗邻是现实常态，在这种客观的硬性约束下，相邻的所有权人之间必须适度容让与自谦，否则不可能形成睦邻友好的融洽氛围，随之也不能最大化不动产的效用。为了促使睦邻友好，充分实现物的效用，物权编第七章专门规定了相邻关系，它是指为了实现相邻不动产的最佳效用，权利人因彼此适度容让而产生的权利义务关系。

> 例：甲、乙两块农用地相邻，甲地被乙地完全包围，成为袋地。无论谁是甲地的权利人，均有通行乙地的需要，只有这样才能实现甲地的效用。在此，是甲地的用途及地理位置在客观上决定了权利人A有通行乙地的需要，而不是A突发奇想，想利用乙地来通行。为了防止乙地权利人B利用其优势地位坐地起价，使A面对高昂成本望而却步，不能实际使用甲地，或使A虽能通行乙地，但必须支付过高成本而难得其平，法律强制B必须容忍A的通行。

基于相邻关系，不动产权利人或者要容忍邻居在合理限度内对自己权利的干涉（如上例的B容忍A的通行），或者不能为危及邻居合理利益的行为（如自然水流上游的权利人不能截断水流），结果是在限制自己权利的同时扩展了邻居的权利。在前述限制给不动产权利人造成损害时（如上例的A为了通行修路导致B少种庄稼），邻居应予补偿，没有损害（如甲地上一棵树的零散枝叶越界伸到乙地上空）则无需补偿。

对于相邻不动产的效用实现而言，相邻关系不可或缺，相邻关系规范因而具有强制性，当事人不能约定排除其适用。不过，在相邻关系的基础上，当事人可通过约定再调整彼此间的权利义务关系，结果使本来受到限制的不动产权利摆脱或减轻限制。

> 例：上例的A、B约定彼此间不适用《民法典》的相邻关系规范，该约定无效。不过，鉴于甲地地力贫瘠，A通行乙地的效用不高，A、B约定，A不通行乙地，B每年向A支付500元。该约定实际表明A有条件地放弃通行乙地的权利，它在A、B之间有效，但不能约束他人，如A将甲地转让给C，C就无需遵守该约定。当然，若A、B以该约定为原因行为，办理了地役权登记，则乙地是需役地，甲地是供役地，不仅A不能通行乙地，受让甲地的C也不能通行。

2. 相邻关系的法源

《民法典》第289条规定："法律、法规对处理相邻关系有规定的，依照其规定；法律、法规没有规定的，可以按照当地习惯。"据此，处理相邻关系的法源包括：其一，法律。法律不限于《民法典》有关相邻关系的规定，还包括其他法律的规定，如《石油天然气管道保护法》第30条规定，在管道线路中心线两侧各5米地域范围内，禁止种植乔木等根系深达管道埋设部位可能损坏管道防腐层的深根植物等危害管道安全的行为。其二,法规。法规包括行政法规和地方性法规,如《电力设施保护条例》第 15 条规定,任何单位或个人在架空电力线路保护区内,不得实施堆放谷物等影响安全供电的物品等行为。其三,习惯。在法律、法规没有规定时,习惯能成为补充法源。比如,农村相邻房屋、院墙之间有相隔一定空间(俗称"滴水")的习惯,与该习惯不符的行为不被法院认可。①

3. 相邻关系的主体

相邻关系的目的是实现相邻不动产的效用最大化,无论谁是不动产权利人,只要其以通常方式实现不动产权利,就必须受制于相邻关系。物权编第七章位于所有权分编,相邻关系的主体当然首先是集体土地所有权人、房屋所有权人、林木所有权人等不动产所有权人。此外,为了发挥自然资源的效用,土地承包经营权人、国有建设用地使用权人、海域使用权人等自然资源用益物权人也能成为相邻关系的主体。

相邻关系的主体与因相邻关系而实际受益之人或受损之人的范围不完全一致。比如,甲地的相邻关系主体是所有权人或土地承包经营权人 A,实际受益人则包括基于债权关系的占有人(如借用人 D),其依据对 A 的债权可享有通行乙地的便利,相邻的乙地权利人 B 不能阻碍②;乙地的相邻关系主体是所有权人或土地承包经营权人 B,实际受损人包括基于债权关系的占有人(如借用人 E),A 的通行权被 E 阻碍的,A 有权请求 E 排除妨害。

4. 相邻关系的原则

《民法典》第 288 条把"有利生产、方便生活、团结互助、公平合理"明确规定为相邻关系的原则,它们看上去抽象空洞,但从不动产权利人的义务来看,它们有实在的规范意义,主要表现为:其一,"有利生产、方便生活"表明了义务范围,即在此范围内,不动产权利人要容忍邻居的必要干涉或不能为危及邻居的行为,从而使自己的不动产权利受限,邻居的不动产权利增益。其二,"团结互助"表明了义务的目的,即其正当化了邻居的必要干涉行为,使该行为成为合法行为而非侵权行为,进而在法律、道德、情感上均有助于促成有温度的睦邻友好关系。其三,"公平合理"表明了义务的后果,即不动产权利人虽然在前述范围内要容忍邻居的干涉,但自己因此有损失的,邻居应予补偿。

5. 相邻关系的种类

相邻关系涉及用水、排水、通行、施工、通风、采光、日照、弃置、排放等具体的利益形态,它们借助法律或习惯的公开性以及相邻不动产的自然公开性,就能向社会公众展示,无需记载于不动产登记簿。根据限制不动产权利的不同形态,相邻关系分为积极型和消极型两大类。

(1) 积极型相邻关系

本类相邻关系是指不动产权利人因容忍邻居在必要限度内利用自己的不动产而产生的权利义务关系。在此,邻居有积极干涉行为,负有容忍义务的不动产权利人只能隐忍不发,

---

① 参见浙江省绍兴市中级人民法院(2021)浙 06 民终 4680 号民事判决书。
② 从理论上讲,若 B 阻碍,因 D 不是物权人,没有排除妨害等物权请求权,只能依据借用合同请求 A 排除阻碍,在 A 怠于行使排除妨害请求权时,D 可行使代位权(参见苏永钦:《私法自治中的经济理性》,中国人民大学出版社 2004 年版,第 224—225 页)。不过,《民法典》第 535 条将债权人怠于行使的权利限定为"债权或者与该债权有关的从权利",而排除妨害请求权是物权请求权,D 因此无法行使代位权,为便宜计,应允许 D 这样的实际受益人参照适用相邻关系规范,直接对 B 请求排除妨害。

不能行使排除妨害请求权。[①]

本类相邻关系主要包括：其一，用水、排水相邻关系。《民法典》第 290 条第 1 款规定，不动产权利人应为邻居用水、排水提供必要的便利。其二，通行相邻关系。《民法典》第 291 条规定，不动产权利人应为邻居通行提供必要的便利。其三，施工相邻关系。《民法典》第 292 条规定："不动产权利人因建造、修缮建筑物以及铺设电线、电缆、水管、暖气和燃气管线等必须利用相邻土地、建筑物的，该土地、建筑物的权利人应当提供必要的便利。"

在本类相邻关系中，根据《民法典》第 296 条，邻居在利用时应尽审慎的注意义务，尽量采用无害或损害最小的方式。比如，在用水、排水、通行相邻关系，不动产已有的沟渠、管道或道路足以实现邻居需要的，邻居不应再重复修建或扩建。又如，在施工相邻关系，应选用对不动产损害最小的方式进行。

邻居极尽审慎的注意义务，仍不免不动产权利受到损害的，就此损害，邻居应予合理补偿。在此需注意，《民法典》第 296 条源于《物权法》第 92 条，与后者第 1 分句相同，但未保留第 2 分句"造成损害的，应当给予赔偿"，理由是对于造成的损害，可以根据侵权责任编的规定请求损害赔偿。[②] 问题在于，邻居在必要限度内的干涉行为不是侵权行为，对其尽到审慎的注意义务仍不免产生的损害，不能适用侵权损害赔偿责任。着眼于作为受害人的不动产权利人和作为加害行为人的邻居对损害的发生均无过错这一点，可适用《民法典》第 1186 条的公平责任，但该条是引致条款，需"依照法律的规定由双方分担损失"，无法独立适用。这样一来，邻居的合理补偿责任无法在侵权责任编获得法律依据，而应适用《民法典》第 6 条的公平原则。

邻居未尽审慎注意义务的，表明其行为超出容忍义务的合理限度，不动产权利人有权请求排除妨害。比如，张某、林某聪更换房门，将原来的房门从左往右打开变为从右往左打开，房门完全打开时，会碰到左某晖、林某红房屋的房门。法院生效裁判认为，从现有客观条件看，张某、林某聪的房门进门从左往右开以及左某晖、林某红的房门进门从右往左开的开门方式相对而言对彼此的影响较小，张某、林某聪应将房门改成进门从左侧往右侧开启。[③] 邻居的行为构成侵权行为的，不动产权利人能请求邻居承担侵权责任。

（2）消极型相邻关系

本类相邻关系是指不动产权利人因对自己不动产不得为损及邻居合理利益行为而产生的权利义务关系。在此，不动产权利人应在照料邻居合理利益的必要限度内消极不作为（如不得发出超标的噪声），或在行为时应采用有效措施防止危及邻居的合理利益（如加装隔音墙），从而以克制自己行为的方式限制了不动产权利。

本类相邻关系主要包括：其一，用水、排水相邻关系。《民法典》第 290 条规定，不动产权利人的用水、排水，不得妨碍邻居正常的用水、排水；利用自然流水，应在邻人之间合理分配；排放自然流水，应尊重自然流向。其二，通风、采光、日照相邻关系。《民法典》第 293 条规

[①] 参见王利明：《论相邻关系中的容忍义务》，载《社会科学研究》2020 年第 4 期。
[②] 参见黄薇主编：《中华人民共和国民法典释义》（上册），法律出版社 2020 年版，第 577 页。
[③] 参见广州法院弘扬社会主义核心价值观十大典型案例之八"左某晖、林某红与张某、林某聪相邻关系纠纷案"。

定:"建造建筑物,不得违反国家有关工程建设标准,不得妨碍相邻建筑物的通风、采光和日照。"[1]其三,弃置、排放相邻关系。《民法典》第294条规定:"不动产权利人不得违反国家规定弃置固体废物,排放大气污染物、水污染物、土壤污染物、噪声、光辐射、电磁辐射等有害物质。"[2]其四,施工相邻关系。《民法典》第295条规定:"不动产权利人挖掘土地、建造建筑物、铺设管线以及安装设备等,不得危及相邻不动产的安全。"

不动产权利人的行为危及或损及邻居合理利益的,邻居有权请求排除妨害、消除危险或损害赔偿。在参考案例"钟某某诉史某、徐某某排除妨害纠纷案"中,原告钟某某与被告史某、徐某某系邻居,房屋均为花园住宅。被告在房屋外墙上安装空调外机,安置了防护材料。原告为减少噪声影响,自行更换安装双层玻璃,在围墙上安装木质栅栏。后被告自行在空调外机上安置了隔声板等减震减噪材料。法院生效裁判认为:被告安装的空调外机使用时产生的噪声,对原告构成一定的相邻妨碍,但尚未达到需要拆除的程度。原告对轻微噪声应予容忍。被告应最大限度地做好减震减噪防护措施,一旦设备老旧,噪声增大,应及时更新和维护。被告虽已对空调设备采取了减震减噪措施,但原告更换、安装、添置的设备是在被告安装完空调后,为减少噪声损害而添加的设施,与被告空调噪声的发生存在因果关系,故被告应给予原告一定赔偿。

提示:数人排放有害物质的法律适用

在弃置、排放相邻关系,数个不动产权利人排放有害物质的,需视具体情形进行法律适用:其一,每人的排放均符合国家规定标准且均不构成侵权,但排放总和超出国家规定标准,没有共同故意的,首先参照适用《民法典》第1231条、《生态环境侵权责任解释》第25条第1款,根据污染物的种类、浓度、排放量,破坏生态的方式、范围、程度,以及行为对损害后果所起的作用等因素,来确定责任大小,再参照适用《民法典》第1172条、《生态环境侵权责任解释》第6条,各自降低排放量,并补偿相应的损害;不能确定责任大小的,不动产权利人平均承担降低排放量和损害补偿责任。其二,每人的排放均符合国家规定标准,但排放总和超出国家规定标准,有共同故意的,如相互协商后刻意如此而为,构成共同侵权,根据《民法典》第1168条、《生态环境侵权责任解释》第3条,邻居有权请求任一不动产权利人停止排放或降低排放量并赔偿损害。其三,某一人的排放超出国家标准,其余人的排放均不构成侵权且总和未超出国家标准的,超出标准之人承担侵权责任,其余人承担损害补偿责任,参照适用《生态环境侵权责任解释》第7条,邻居有权请求侵权责任人停止排放或降低排放量,并就其与其他人共同造成的损害部分赔偿承担连带责任,同时参照适用《民法典》第1172条、第1231条,由补偿责任人按

---

[1] 针对我国城市老旧小区加装电梯引起的日照纠纷,参考案例"罗某钟等诉龙岩市城市管理局等不履行法定职责案"的裁判要旨指出,《城市居住区规划设计标准》规定,住宅建筑外加装电梯的行为不宜作为考察是否会导致相邻住宅原有日照标准降低的情形。

[2] 学理把气体、灰尘、噪声、光辐射、电磁辐射等以通常手段无法精准称量的物质称为不可称量物。在比较法上,BGB第906条、我国台湾地区"民法"第793条均单独规定了不可称量物排放的相邻关系,前者称为"不可称量物的侵害",后者称为"气响侵入之禁止"。《民法典》第294条不限于不可称量物,还包括固体废物、水污染物等,需适用《环境保护法》《固体废物污染环境防治法》《大气污染防治法》《水污染防治法》《土壤污染防治法》《环境噪声污染防治法》《放射性污染防治法》等法律。参考案例"王某诉金州某养殖园区等海上污染损害责任纠纷案"的裁判要旨指出:"污染物的排放是否用于个人和家庭生活所需是正确区分相邻污染侵害案件与环境污染侵权案件的关键。相邻不动产权利人在生产经营过程中排放污染物对他人造成财产权益损害的,应适用环境污染侵权的相关规定。"

照责任大小各自降低排放量,并补偿相应的损害,不能确定责任大小的,补偿责任人应平均承担降低排放量和损害补偿责任。其四,某几人的排放均超出国家标准造成同一损害,其余人的排放均不构成侵权且总和未超出国家标准的,超出标准之人承担侵权责任,其余人承担损害补偿责任,侵权责任人根据《民法典》第1168条或第1171条承担连带责任,其与补偿责任人的关系以及补偿责任适用第三种情形的规则。其五,某一人或某几人的排放均超出国家标准,其余人的排放均不构成侵权,但其排放总和超出国家标准的,超出标准之人按照第三、四种情形的相应规则承担侵权责任,其余邻人按照第一种情形的相应规则承担补偿责任,它们之间的关系适用第三、四种情形的相应规则。

进阶:公法相邻关系

为了社会的高效协调运转,公法规范在从维护公共利益的角度对不动产权利进行规制时,会兼顾邻人的利益,如《城乡规划法》第26条、第48条规定,编制和修改控制性详细规划,均应征求包括邻人在内的公众或利害关系人的意见,原因在于控制性详细规划包含了影响邻居通风、采光和日照的建筑密度、建筑高度内容。基于公法规范,主管部门的行政行为相对人是不动产权利人,但该行政行为同时会影响邻居利益,邻居成为利害关系人,这样就形成了双重行政关系,一是主管部门与不动产权利人的关系,另一是主管部门与邻居的关系。比如,《城乡规划法》第40—44条规定,建造房屋需经主管部门规划许可,建造人或邻居认为规划许可不合法的,根据《行政诉讼法》第25条第1款、"行政诉讼法解释"第12条第1项,均能以主管部门为被告提起行政诉讼。

除了前述的规划规范,《环境保护法》等关于环境保护的规范、《建筑法》等有关建筑安全的规范,也是涉及相邻不动产权利的公法管制性规范,它们属于相邻公法,由其调整的关系为公法相邻关系。[①] 相邻公法以维护国土空间利益、城乡协调发展、生态环境保护、社会安全有序等公共利益为主旨,并不专注于以个体利益为导向的邻人保护,这与专事调整相邻不动产权利的民法相邻关系规范大异其趣。[②] 而且,公法相邻关系是行政关系,适用公法规范,民法相邻关系规范于此无用武之地;而民法相邻关系是民事关系,其法源多样,相邻公法对其有重要影响。

以通风、采光、日照相邻关系为例,建造人的行为符合相邻公法的,也就符合《民法典》第293条中的"国家有关工程建设标准",邻居应予容忍。具体而言,在相邻土地的控制性详细规划、规划条件均未依法修改的情形,建造人按照规划许可建设合法建筑,是在正当限度内行使建设用地使用权,并使合法建筑的所有权范围得以确定,这样一来,合法建筑对邻居通风、采光、日照的客观影响具有正当性,邻居不能请求排除妨害和损害补偿。比如甲、乙两块国有建设用地相邻,甲地使用权人A先建成合法建筑,日照时间为3小时,此后乙地使用权人B建成合法建筑,导致甲地建筑物日照时间缩至2小

[①] 参见金启洲:《民法相邻关系制度》,法律出版社2009年版,第202—203页。
[②] 民法相邻关系规范主要由法官适用,从经济分析的角度来看,在判断如何通过协调邻人之间的利益来提高不动产效用方面,法官很难有完整信息,因而不容易实现民法相邻关系规范的目的。而且,通过建设新市场等方式能提升不动产的效用,如在鱼市码头,新建由诸多商店组成的购物区,以取代本来散发腥味和噪声的露天市场,有利于改善环境,但能否建设、如何建设,要根据相邻公法来定,民法相邻关系规范对此无能为力。参见〔德〕汉斯-贝恩德·舍费尔、克劳斯·奥特:《民法的经济分析》,江清云、杜涛译,法律出版社2009年版,第584—594页。

时,看上去有1小时损失。但按照控制性详细规划和规划条件,甲地建筑物日照时间本就为2小时,B并未给A造成损害,A不能请求排除妨害和损害补偿。不过,一旦相邻土地的控制性详细规划依法修改,建造人按照规划许可建设合法建筑的,邻居虽应容忍,但能请求损害补偿。

若按照原有的控制性详细规划,甲地建筑物日照时间为3小时,但乙地的规划依法修改,B按照规划许可建设,致使甲地建筑物的日照时间缩至2小时,这1小时的损害表明A的合法建筑所有权受到限制,A对B虽不能请求排除妨害,但能请求补偿。

建造人的行为不符合相邻公法产生违法建筑的,应区分以下情形:其一,在被主管部门依法处理前,不应适用《民法典》第293条。因为相邻关系限制了不动产权利,需以明确的不动产权利为基础,而违法建筑因为没有规划许可或不符合规划许可的内容,其所有权范围并不明确。其二,主管部门根据《城乡规划法》第64条责令建造人限期改正或拆除违法建筑的,表明违法建筑不符合"国家有关工程建设标准",其妨碍相邻建筑物通风、采光和日照的,邻居无需容忍,有权请求排除妨害;建造行为构成侵权行为的,邻居有权请求损害赔偿。[①]

需要注意的是,不动产权利人的生产行为会对邻居造成妨害,而相邻公法要求该行为需经过行政审批。邻居接受不动产权利人的补偿,且不对行政审批提出异议,并不必然表明前述生产行为具有正当性,在补偿不足以弥补损害时,邻居仍有权请求赔偿。在参考案例"王某诉临沂某公司环境污染责任纠纷案"中,原告王某在养殖区建设的住宅与被告临沂某公司的耐火材料生产车间相邻。在被告申请环境影响行政审批时,原告作为相邻关系人签字同意,并接受被告20000元现金。后被告获得审批。法院生效裁判认为:被告生产行为产生的噪声给原告正常生活造成一定困扰。综合被告获得环境影响批复文件时原告签字同意,被告支付原告20000元现金,原告现居住的原本是养殖区而非宅基地上房屋等事实和因素,本着衡平双方利益、促进相邻关系和睦的基本原则,酌情认定被告每年给予原告一定精神损害赔偿金,直至被告停止当前生产行为或者改进生产工艺,重新获得行政机关环境影响批复文件为止。

第二节　公有制所有权

《宪法》第6条第1款第1句规定了公有制:"中华人民共和国的社会主义经济制度的基础是生产资料的社会主义公有制,即全民所有制和劳动群众集体所有制。"在此引领下,《宪法》第9条第1款规定了自然资源所有权:"矿藏、水流、森林、山岭、草原、荒地、滩涂等自然资源,都属于国家所有,即全民所有;由法律规定属于集体所有的森林和山岭、草原、荒地、滩涂除外。"第10条第1—2款规定了土地所有权:"城市的土地属于国家所有。农村和城市郊区的土地,除由法律规定属于国家所有的以外,属于集体所有;宅基地和自留地、自留山,也属于集体所有。"《宪法》调整国家与公民之间的关系,其规范不能在平等主体之间直接适用,

---

[①] 与此同时,根据《城乡规划法》第68条,建造人逾期不拆除的,建筑物所在地县级以上地方政府可以责成有关部门强制拆除。建造人逾期不拆除,地方政府也不责成有关部门强制拆除的,邻居有权提起义务之诉,敦促地方政府强制拆除。参见最高人民法院发布征收拆迁十大典型案例之十"叶汉祥诉湖南省株洲市规划局、株洲市石峰区人民政府不履行拆除违法建筑法定职责案"。

为了与前述宪法规范衔接,实现自然资源等公有财产的效用,物权编第五章"国家所有权和集体所有权、私人所有权"专门规定了包括国家所有权和集体所有权的公有制所有权规范。公有制所有权只能依法归国家或集体所有,私人可依法使用,至于私人能否通过转让、分割等方式取得,取决于法律规定,如《农村集体经济组织法》第36条第2款规定,农民集体财产不得分割到成员个人。

学理在概述所有权的概念、内容、限制等一般知识时,是以私人独有的权属状态(如个人对电脑、房屋的所有权)为模本而展开的。与私有相对的是体现公有制的国家所有权和集体所有权,它们的政治、经济和社会地位非常重要[1],但在学理中具有特殊性,本节予以专述。

一、国家所有权

(一) 国家所有权的主体

顾名思义,国家所有权的主体是国家。根据《民法典》第246条第1款,国家在此是全体人民的意思,国家所有即全民所有。"全民"不像自然人、法人或非法人组织那样具体明确,实属无法实际支配客体的抽象主体,这导致国家所有权没有确定性。[2] 为了防止"公地悲剧"的发生,法律在明确自然资源等客体归属于国家的基础上,进一步明确了具体的行使主体,进而把国家所有权具体化为各类主体实控的权利。

《民法典》第97条规定国家机关以及承担行政职能的法定机构是机关法人,它能根据法律授权等方式行使国家所有权。《民法典》第246条第2款规定,国务院代表国家行使所有权,据此,国务院因法律授权而成为国家所有权的行使主体。《宪法》第89条规定,国务院有权规定各部和各委员会的任务和职责,统一领导全国地方各级国家行政机关的工作。据此,国务院能授权某一部委行使国家所有权,并能委托地方政府代理行使国家所有权[3],从而使部委和地方政府成为国家所有权的行使主体。由于作为行使主体的机关法人同时有行政管理职责,为了确保国家所有权的正当行使,同时也确保依法行政,只有有法定权限的机关法人行使国家所有权的行为受法律保护。[4]

根据《民法典》第88条,国家举办的事业单位满足法定条件的,属于事业单位法人,其依法能成为国家所有权的行使主体。

《民法典》第257条、《企业国有资产法》第4条规定,国家出资的企业,由国务院、地方政府依照法律、行政法规规定分别代表国家履行出资人职责,享有出资人权益。据此,法律授

---

[1] 参见冉昊:《论当代中国的交叠特征与法治社会建设:从财产权角度的路径分析》,载《中国法学》2021年第4期;蔡立东:《中国式物权制度的文明刻度》,载《中国社会科学》2022年第12期。
[2] 参见孙宪忠:《民法典法理与实践逻辑》,中国社会科学出版社2022年版,第296—304页。
[3] 自然资源所有权相当典型,中共中央办公厅、国务院办公厅《关于统筹推进自然资源资产产权制度改革的指导意见》《全民所有自然资源资产所有权委托代理机制试点方案》指出,国务院授权自然资源部统一履行全民所有自然资源资产所有者职责,部分职责由自然资源部直接履行,部分职责由自然资源部委托省级、市地级政府代理履行,法律另有规定的除外。
[4] 比如,参考案例"傅某某诉仙游县某乡政府采矿权纠纷案"的裁判要旨指出,矿产资源归国家所有,矿业权的出让应由县级以上自然资源主管部门根据法定权限依法进行,乡级政府并非适格主体;乡级政府签订合同擅自将矿产资源交由他人勘查、开采的,不仅严重侵害国家的矿产资源所有权,造成矿业权税费流失,而且极易造成矿产资源的乱采滥挖,甚至导致环境污染、生态破坏,法院应认定合同无效。又如,参考案例"宜宾某某建材有限公司诉姚某刚等合同纠纷案"的生效裁判认为,本案诉争租赁地系国有滩涂,被告自然村征服组无权出租该地块,否则出租行为违反法律的禁止性规定,应属无效。

权国务院、地方政府通过出资的方式行使国家所有权。① 在此基础上,《企业国有资产法》第11条规定,根据本级政府的授权,国务院国有资产监督管理机构和地方政府按照国务院的规定设立的国有资产监督管理机构分别代表本级政府对国家出资企业履行出资人职责,国务院和地方政府也可以根据需要授权其他部门、机构代表本级政府对国家出资企业履行出资人职责。至于国家出资后设立的企业构成公司等营利法人的,根据《民法典》第269条,对其不动产和动产享有所有权。这样一来,机关法人以出资方式行使国家所有权后取得股权,营利法人则取得所有权,形成"股权—所有权"的利益构造。

概括而言,国家所有权的归属主体是"全民",行使主体主要是机关法人和国家举办的事业单位法人,国家所有权因此得以明晰化和确定化,既消除了公有制财产支配秩序中的灰色空间,又使公有制经济与市场经济体制接轨。②

(二)国家所有权的客体

基于不同标准,国家所有权的客体有不同类型。

1. 自然资源类客体和非自然资源类客体

《辞海》(第七版)从日常意义上把自然资源界定为:"人类可直接从自然界获得,并用于生产和生活的物质资源。如土地、矿藏、气候、水利、生物、森林、海洋、太阳能等。具有有限性、区域性和整体性特点。"③自然资源的法律和政策内涵窄于其日常意义,综合《宪法》第9条第1款、《民法典》第250条、《国务院关于全民所有自然资源资产有偿使用制度改革的指导意见》《自然资源部职能配置、内设机构和人员编制规定》来看,自然资源主要包括土地、水、矿产、森林、草原、海域、海岛。对于这些自然资源类客体,《民法典》第247—248条规定,矿藏、水流、海域和无居民海岛一律归国家所有;《宪法》第10条第1—2款、《民法典》第249条规定,城市的土地一律归国家所有,农村和城市郊区的土地归集体所有,法律规定归国家所有的除外;《宪法》第9条第1款、《民法典》第250条规定,森林、山岭、草原、荒地、滩涂等自然资源归国家所有,法律规定归集体所有的除外。④

自然资源之外是非自然资源类客体,包括野生动植物资源、无线电频谱资源、文物、房屋等。

本类客体的区分意义在于,自然资源与《民法典》第9条的绿色原则直接相关,与生态文明建设、自然资源产权改革紧密相关,要适用相应的法律和政策,非自然资源类客体则没有这样的关切。

---

① 《企业国有资产监督管理暂行条例》第5条规定,国务院代表国家对关系国民经济命脉和国家安全的大型国有及国有控股、国有参股企业,重要基础设施和重要自然资源等领域的国有及国有控股、国有参股企业,履行出资人职责。省、自治区、直辖市人民政府和设区的市、自治州级人民政府分别代表国家对由国务院履行出资人职责以外的国有及国有控股、国有参股企业,履行出资人职责。
② 参见孙宪忠:《问题意识作为民法研究方法的思考》,载《中国法律评论》2023年第5期。
③ 辞海编辑委员会:《辞海》(第七版·缩印本纪念版),上海辞书出版社2021年版,第3047页。
④ 在参考案例"宜宾某建材有限公司诉姚某刚等合同纠纷案"中,宜宾县水务局《关于老喜捷段河道管理范围的说明》中载明"老喜捷段河道的管理范围内有农户的责任承包地(集体土地),如村社或者农户能够提供相应的土地承包手续,应认定为集体土地,如没有相应的土地承包手续,应视为习惯性耕种,土地属性为国有河滩地,属国家所有"。法院生效裁判认为,结合该说明,再加上被告未出示其对该区域有土地所有权的证据,故该区域滩涂系国家所有的自然资源。按照该观点,在判断"通常归国家所有,例外由法律规定归集体所有"的森林、山岭、草原、荒地、滩涂等自然资源归属时,采用有无农户土地承包手续的标准,有则归集体所有,反之则归国家所有。

2. 专属于国家所有的客体和非专属于国家所有的客体

《民法典》第247—254条列举了专属于国家所有的客体,主要包括法律规定属于国家所有的自然资源、野生动植物资源、无线电频谱资源、文物、国防资产、铁路、公路、电力设施、电信设施和油气管道等基础设施;之外的客体非专属于国家所有。《民法典》第242条规定,专属于国家所有的客体不得进入市场流通,任何组织或者个人不能取得其所有权;非专属于国家所有的客体没有这样的限制。

3. 适用属性标准的客体和适用观念标准的客体

第三章第四节之"特定的标准"部分把物权客体特定的标准分为属性标准和观念标准,某块国有土地、某栋国有房屋是适用前一标准的客体,某一国家公园的自然资源则适用后一标准,其包含的各类自然资源"打包"成特定客体,可承载单一的国家所有权,自然资源部等部门《自然资源统一确权登记暂行办法》第13—14条就规定,自然资源统一确权登记以自然资源登记单元为基本单位,国家批准的国家公园应当优先作为独立登记单元划定。

(三) 国家所有权的内容

与私人所有权一样,国家所有权的积极权能包括占有、使用、收益和处分。两者内容的不同之处主要在于:(1)在法律允许的范围内,私人可按其意愿对私有物进行收益和处分,而国家机关、国家举办的事业单位对国有物的收益或处分需与其职能匹配,《行政事业性国有资产管理条例》第12条第1款规定:"行政单位国有资产应当用于本单位履行职能的需要。"第13条规定:"事业单位国有资产应当用于保障事业发展、提供公共服务。"(2)法律对国有物的限制较多,专属于国有之物(如国有土地)依法虽然可承载国有建设用地使用权等用益物权,但不得转让、抵押,私有物通常没有如此严格的限制。

(四) 国家所有权的公示

专属于国家所有的客体由法律规定,借助法律的公开性,这类所有权无需再通过登记等形式公示。《民法典》第209条第2款规定:"依法属于国家所有的自然资源,所有权可以不登记。"不过,为了推动建立归属清晰、权责明确、保护严格、流转顺畅、监管有效的自然资源资产产权制度,实现山水林田湖草沙整体保护、系统修复、综合治理,《自然资源统一确权登记暂行办法》推动了国有自然资源的登记。[①] 此外,国有房屋、桥梁等能依照《不动产登记暂行条例》及其实施细则等规范办理所有权登记。

应予注意的是,实践中存在的企业国有资产产权登记并非物权公示形式,《企业国有资产产权登记管理办法》第2条将它界定为"国有资产管理部门代表政府对占有国有资产的各类企业的资产、负债、所有者权益等产权状况进行登记,依法确认产权归属关系的行为"。

二、集体所有权

《宪法》第8条第1款第2句规定:"农村中的生产、供销、信用、消费等各种形式的合作经济,是社会主义劳动群众集体所有制经济。"第8条第2款规定:"城镇中的手工业、工业、

[①] 该办法第9条第1款规定:"自然资源登记簿应当记载以下事项:(一)自然资源的坐落、空间范围、面积、类型以及数量、质量等自然状况;(二)自然资源所有权主体、所有权代表行使主体、所有权代理行使主体、行使方式及权利内容等权属状况;(三)其他相关事项。"第10条规定:"全民所有自然资源所有权代表行使主体登记为国务院自然资源主管部门,所有权行使方式分为直接行使和代理行使。中央委托相关部门、地方政府代理行使所有权的,所有权代理行使主体登记为相关部门、地方人民政府。"

建筑业、运输业、商业、服务业等行业的各种形式的合作经济,都是社会主义劳动群众集体所有制经济。"据此,集体有农民集体和城镇集体之分,集体所有权也有对应的分类。

(一)农民集体所有权

1. 农民集体所有权的主体

新中国成立初期,土地改革和合作化运动在根除农村土地制度中的封建因素的同时,通过走群众路线来推行土地集体所有制,这为农民集体所有制打下了牢固根基。[1] 根据《民法典》第 261 条第 1 款,农民集体由本集体成员组成。农民集体包括三类,即乡镇农民集体、村农民集体和组农民集体(村内两个以上的农民集体)。[2]

农民集体所有制与国家所有制同为公有制,农民集体与国家一样能成为所有权归属主体,但同样也是抽象主体,为了使农民集体所有制具有实效,农村集体经济组织成为行使主体。《农村集体经济组织法》第 2 条把农村集体经济组织界定为:"以土地集体所有为基础,依法代表成员集体行使所有权,实行家庭承包经营为基础、统分结合双层经营体制的区域性经济组织,包括乡镇级农村集体经济组织、村级农村集体经济组织、组级农村集体经济组织。"根据《民法典》第 262 条,不同集体对应着不同的农村集体经济组织,即乡镇农民集体对应乡镇级农村集体经济组织,村农民集体对应村级农村集体经济组织,村内两个以上农民集体对应组级农村集体经济组织。同时,根据《民法典》第 262 条、《农村集体经济组织法》第 64 条,未设立农村集体经济组织的,村民委员会、村民小组[3]可依法代为行使集体所有权。

虽然农民集体是抽象主体,但相比于表征国家的"全民",农民集体更为具象,它由特定地域的具体农村社区的具体成员集合而成,多数或全体成员的意思和利益汇集为农民集体的意思和利益,成员因而在农民集体占据重要地位。集体成员与农村集体经济组织成员具有同一性,《农村集体经济组织法》第 11—12 条规定了三类成员:其一,对户籍在或曾经在农村集体经济组织并与农村集体经济组织形成稳定的权利义务关系,以农村集体经济组织成员集体所有的土地等财产为基本生活保障的居民,农村集体经济组织通过成员大会确认农村集体经济组织成员。其二,对因上述成员生育而增加的人员,农村集体经济组织应当确认为成员。其三,对因前述成员结婚、收养或因政策性移民而增加的人员,农村集体经济组织一般应当确认为成员。根据《农村集体经济组织法》第 13 条,农村集体经济组织成员有承包土地、申请取得宅基地使用权、参与分配集体收益、集体土地被征收征用时参与分配土地补偿费等权利。

显然,从历史缘起来看,只要户口在农村集体经济组织且以集体所有土地等财产为基本生活保障的居民,就是集体成员,这种资格的取得具有"天赋"属性,不受制于个人或集体的意志。在此基础上,上述成员因生育、结婚、收养所增加的人员,也属于集体成员。而且,集体成员资格与财产利益天然挂钩,只要本集体有可分配利益,成员当然就能分一杯羹,且采

---

[1] 参见邓子恢:《邓子恢文集》,人民出版社 1996 年版,第 288—315 页、第 388—413 页、第 587—599 页。

[2] 这三种不同的所有权归属脱胎于"三级所有、队为基础"的人民公社制度。1958 年 12 月 10 日,中国共产党第八届中央委员会第六次全体会议通过《关于人民公社若干问题的决议》,把人民公社的管理机构一般性地分为公社管理委员会、管理区(或生产大队)、生产队三级;管理区一般是分片管理工农商学兵、进行经济核算的单位,盈亏由公社统一负责;生产队是组织劳动的基本单位。在 20 世纪 80 年代,人民公社制度逐渐解体,但"三级所有"的集体所有制保留下来,乡镇农民集体对应着公社,村农民集体对应着生产大队,组农民集体对应着生产队。

[3] 《村民委员会组织法》第 3 条第 3 款规定:"村民委员会可以根据村民居住状况、集体土地所有权关系等分设若干村民小组。"

用"财产均分、人人有份"的平均主义。①

为了照顾成员的意思和利益,前述主体行使农民集体所有权依法受到以下限制:其一,《民法典》第261条第2款规定,土地承包方案以及将土地发包给本集体以外的组织或者个人承包、个别土地承包经营权人之间承包地的调整、土地补偿费等费用的使用和分配办法等法律规定的事项,应当依照法定程序经本集体成员决定。《农村集体经济组织法》第27条规定,成员大会需有2/3以上完全行为能力的成员参加,作出决定应经成员大会全体成员2/3以上同意;第28条规定,成员较多的,可以按照农村集体经济组织章程规定设立成员代表大会,代表人数应当多于20人,并且有适当数量的妇女代表,作出决定应经全体成员代表2/3以上同意。② 其二,《民法典》第264条规定,应当依照法律、行政法规以及章程、村规民约向本集体成员公布集体财产的状况;集体成员有权查阅、复制相关资料。其三,《民法典》第265条第2款规定,农村集体经济组织、村民委员会或其负责人作出的决定不得侵害集体成员合法权益,否则受侵害的集体成员可以请求法院予以撤销。③

2. 农民集体所有权的客体

《民法典》第260条、《农村集体经济组织法》第36条列明的农民集体所有权的客体主要包括:其一,法律规定属于集体所有的自然资源,包括土地和森林、山岭、草原、荒地、滩涂;其二,集体所有的建筑物、生产设施、农田水利设施;其三,集体所有的教育、科学、文化、卫生、体育、交通等设施和农村人居环境基础设施;其四,集体所有的其他不动产和动产。国家所有权客体的分类标准在此仍能适用。比如,法律规定属于集体所有的自然资源,既是自然资源类客体,又是专属于集体所有的客体,还是适用观念标准的客体。

---

① 参见渠敬东编著:《改革与变奏:乡镇企业的制度精神》,生活·读书·新知三联书店2024年版,第146页、第159页。在参考案例"孙某诉某居委会侵害集体经济组织成员权益纠纷案"中,孙某户口一直在某居委会,后嫁给城镇居民成为"外嫁女",但婚后未迁出户口。法院生效裁判认为,某居委会未提供证据证明孙某丧失该集体经济组织成员身份,故其在农村土地承包经营、集体经济组织收益分配、土地征收或者征用补偿费使用等方面享有与其他成员平等的权利。在参考案例"李某甲诉某村委会侵害集体经济组织成员权益纠纷案"中,李某甲与某村村民李某乙结婚后,户口迁入某村,成为该村集体经济组织成员。后两人离婚,李某甲成为"离婚女",其户口从李某乙家的户口本上迁出,但仍然单独落户在某村。法院生效裁判认为,即使李某甲离婚后因无居所并未在某村生活,也不失去集体经济组织成员资格。参考案例"杨某玉诉某村民小组等侵害集体经济组织成员权益纠纷案"的生效裁判认为,即使杨某金、邓某娣与杨某玉之间未形成养父母子女关系,但杨某玉入户杨某金家,作为家庭成员一直在某村居住生活,具有某村村民资格。

② 《村民委员会组织法》第24条规定,涉及村民利益的事项,经村民会议讨论决定方可办理;村民会议可授权村民代表会议讨论决定这些事项。第22条第1款规定,除法律另有规定外,召开村民会议,应当有本村18周岁以上村民的过半数,或者本村2/3以上的户的代表参加,村民会议所作决定应当经到会人员的过半数通过。第26条第1款规定,村民代表会议有2/3以上的组成人员参加方可召开,所作决定应当经到会人员的过半数同意。根据前述规定以及《合同编通则解释》第20条第1款,并参照参考案例"山东省泰安市岱岳区下港镇某村村民委员会诉泰安市某汽配有限公司农村土地承包经营权合同纠纷案",集体经济组织或村民委员会负责人未履行法定程序,擅自与他人签订合同,减损村集体重大利益的,不能认定系村集体组织的真实意思表示;在相对人不能提交证据证明其系善意的情况下,集体经济组织主张该合同无效的,法院应予支持。同时,根据《村民委员会组织法》第27条第2款,虽然有前述法定程序,但村民会议或者村民代表会议的决定违背宪法、法律、法规或国家政策,或侵犯村民正当权利的,也没有效力。比如,在参考案例"贾某诉河北省石家庄高新技术开发区管理委员会、宋营镇人民政府行政强制执行案"中,村民代表会议确定了被征收搬迁人,村民委员会实施强制拆除,法院生效裁判认为涉嫌违法。

③ 参考案例"蒋某某诉某社区第一居民组侵害集体经济组织成员权益纠纷案"的生效裁判指出,集体经济组织经民主议定的收益分配方案直接损害少数没有承包地或者承包地面积较少的集体成员的合法权益,不应作为收益分配依据,依法撤销该方案。参考案例"李某甲诉某村委会侵害集体经济组织成员权益纠纷案"的裁判要旨进一步指出,村民会议决议无权剥夺农村集体经济组织成员的资格,否则为无效决议。

3. 农民集体所有权的公示

农民集体土地所有权以及房屋等非自然资源类不动产依照《不动产登记暂行条例》及其实施细则等规范办理登记,其他自然资源所有权依照《自然资源统一确权登记暂行办法》等规范办理登记,它们均为公示形式。

(二) 城镇集体所有权

城镇集体的主要形态是城镇集体所有制企业,《城镇集体所有制企业条例》第 4 条将其界定为财产属于劳动群众集体所有、实行共同劳动、在分配方式上以按劳分配为主体的社会主义经济组织,并把劳动群众集体所有明确为本集体企业的劳动群众集体所有,或集体企业的联合经济组织范围内的劳动群众集体所有,或投资主体是两个或者两个以上的集体企业,其中劳动群众集体所有的财产应当占主导地位。由于城镇集体所有制企业发端于计划经济时期,其组织形态和财产归属随着时代变迁而变化,再加上其成员不像农村集体成员那样相对固定,法律难以像农村集体所有权那样不加区别地规定为"属于本集体成员集体所有"。[1]《民法典》第 263 条原则性规定:"城镇集体所有的不动产和动产,依照法律、行政法规的规定由本集体享有占有、使用、收益和处分的权利。"

第三节 共 有

私人独有的主体是一人,以此为模本的所有权一般规范主要处理权利人全面支配物的关系;公有制所有权出现归属主体和行使主体的分离,但后者仅代表或代理前者行使所有权,所有权人仍为单一主体。与此不同,共有是两个以上的主体共享同一所有权,属于所有权特别规范。

一、共有概述

(一) 共有的概念

物权编第八章专门规定共有,第 297 条第 1 句规定"不动产或者动产可以由两个以上组织、个人共有"。据此,共有是指数人共同享有一物的所有权,其基本内涵主要如下:

第一,共有人为数人。共有的权利人称为共有人。在法律允许的范围内,共有人的形态可在自然人、法人、非法人组织之间组合搭配,所有制形态也能混搭,如共有产权住房由政府与自然人共有[2],它们各自表征着国家所有制和私有制。

第二,共有是共有人共同享有的所有权。共有是所有权的形态之一,只能在所有权的范畴中讲共有,超出该范畴的不是共有。比如,在限制物权存续的情形,虽然所有权人和限制物权人是数人,均能支配物,但限制物权不是所有权,这种情形因而不是共有,只能适用对应

---

[1] 参见黄薇主编:《中华人民共和国民法典释义》(上册),法律出版社 2020 年版,第 486—487 页。
[2] 《北京市共有产权住房管理暂行办法》第 2 条第 1 款规定,共有产权住房是指政府提供政策支持,由建设单位开发建设,销售价格低于同地段、同品质商品住房价格水平,并限定使用和处分权利,实行政府与购房人按份共有产权的政策性商品住房。

的限制物权规范。① 又如,数人共同享有限制物权的状态在学理上称为准共有,《民法典》第310条规定它们参照适用共有规范。再如,夫妻共同财产、继承等涉及数人的概括财产制会涉及共有,但这种财产制不等于共有,如数个继承人共同取得作为遗产的知识产权、股权、债权,这种权属状态不是共有,不宜笼统讲遗产由数个继承人共有。

第三,共有是共有人享有的同一所有权。与独有一样,共有以特定的物为客体,一物只承载一个所有权,只不过这个所有权由共有人共享而已,因此不能认为共有是一物承载了多个所有权。正因为共有人共享同一所有权,权利行使需共有人相互合作,就应恰当理顺共有人的关系。

(二)共有的种类

《民法典》第297条第2句规定:"共有包括按份共有和共同共有。"从法定原则的角度来看,该规定穷尽列举了共有的种类,形成了共有二分法,之外没有其他共有。

按份共有和共同共有发端甚早,前者源自罗马法,后者源自日耳曼法。在比较法上,ZGB物权编第一节第三小节"共有"明确体现了这个二分法,第646—651条规定了按份共有(Miteigentum),第652—654条规定了共同共有(Gesamteigentum),它们的差别主要有二:(1)前者依照法律或法律行为成立,无需以特别的共同关系为基础,后者则以这种关系为必要;(2)前者存有份额,共有人可自由处分份额,并依照份额管理、利用和处分共有物,后者的共有人关系非常紧密,无法区分彼此,要共同享有权利和共同承担义务。BGB在形式上未明确采用该二分法,但学理普遍区分按份共有(Miteigentum nach Bruchteilen)和共同共有(Gesamthandseigentum),其实质意义与瑞士法一致。受瑞士和德国的影响,我国台湾地区"民法"也采用共有二分法(按份共有和共同共有在我国台湾地区对应称为"分别共有"和"公同共有")。②

在共有二分法的基础上,两个以上的主体共享同一其他财产权的准共有根据其构造形态不同,分别参照适用按份共有或共同共有的规范。本节将依序阐述按份共有、共同共有和准共有。

(三)共有的中心议题:预防和化解"反公地悲剧"

共有使一物被数人共同支配,若共有人之间能力互补且协调有序,便会出现"两人智慧胜一人""众人拾柴火焰高"的皆大欢喜局面,将会比一人的独有能更充分地实现物的效用。不过,独有使权利人对物的支配有最大的自由空间,如何行使权利,权利人能在法定范围内自行决定,无需仰人鼻息,而共有人对物的支配均有充分的话语权,一旦众口难调,不免要杯葛掣肘,物的效用最大化势将化为泡影,共有因而成为"反公地悲剧"的最佳例证。这样一来,如何预防和化解"反公地悲剧",就成为共有规范的中心议题,也是我们在理解相关制度构造时应秉持的基本出发点。

---

① 虽然共有与限制物权差别很大,但在一定的制度条件改变时,会出现名为共有实为限制物权的构造。比如,我国台湾地区"民法"的限制物权没有"租屋权",但第826条第1款规定,不动产共有人关于共有物管理以及禁止分割的约定在登记后,对于份额受让人或取得物权之人具有效力,这为借共有之名来实质创设"租屋权"打开了一扇门。甲想以每月10万元的对价使用乙的房屋10年,双方可把乙的房屋变成共有,由甲取得1/3的份额,并约定甲可使用该房屋的全部范围,需支付其他共有人每月10万元的对价,该契约有效期10年,期间任一共有人不得请求分割,共有人同意10年后由甲无偿转让其份额给其他共有人。参见苏永钦:《寻找新民法》,北京大学出版社2012年版,第178页、第478—479页。

② 参见唐勇:《论共有:按份共有、共同共有及其类型序列》,北京大学出版社2019年版,第10—20页、第147—156页。

二、按份共有

(一) 按份共有的概念

《民法典》第 298 条规定:"按份共有人对共有的不动产或者动产按照其份额享有所有权。"据此,按份共有是共有人按照份额享有所有权,以份额作为决定要素的共有。份额是共有人各自享有所有权的权重比例,它量化了共有人之间的关系,是按份共有的基础所在,没有份额,按份共有无从谈起。

> 例:A、B、C 共同购买价值 40 万元的货车一辆,A、B 各出资 10 万元,C 出资 20 万元,约定按照出资比例共有该车,即 A、B 的份额各为 25%,C 的份额为 50%。份额是按份共有的核心要素,它决定了共有人的利益大小,若该车卖出盈利 4 万元,三人按份额各得其利(A1 万元、B1 万元、C2 万元)。

按份共有的成立既可基于法律行为,如 A、B、C 共同出资购车,也可基于法律规定,如附合物的成分价值难分主次的,原物的所有人按照价值比例按份共有附合物。

(二) 份额

1. 份额的概念

份额决定了按份共有,它们实为一体之两面。份额也称应有部分,是在量上抽象划分所有权所形成的比例,其基本内涵如下:其一,份额是对所有权的抽象划分,而非对标的物的具体划分。上例中 A、B、C 的份额利益弥散于车辆整体,共有人按照份额来行使权利并承受相应的法律后果,份额因此是抽象的所有权比例。这意味着,份额不是把车分为车头、车身、车尾的具体实物部分比例,A、B、C 不能据此各得一部分的所有权。其二,份额是对所有权在量上的划分,而非质上的划分。在量上划分所有权的结果,是共有人对标的物均能占有、使用、收益和处分,与此不同,在质上划分所有权的结果,是法律把所有权的不同权能分散给不同主体享有,如 A、B 取得货车的使用和收益权能,C 取得处分权能。[1] 概括而言,份额是对所有权在量上的抽象划分,份额因而有所有权的特性,唯因份额自始分别归属于不同的共有人,其行使和实现要受彼此的约束和限制。

2. 份额的确定

《民法典》第 309 条规定,在确定份额时,首先遵循意思自治,当事人有约定的,以约定的比例为准;没有约定或者约定不明确的,按照出资额确定;不能确定出资额的,视为等额。在非依法律行为形成的按份共有,共有人往往没有约定,应按照出资额确定份额,需综合投入的金钱、物资、劳力等因素进行判断,只有在不能确定时,才能视为等额。比如,付某玉在老宅宅基地空地上修建窑洞,法院酌情认定该房屋价值的 30% 属于共有部分,由兄弟三人均分,其余 70% 的价值分配给付某玉。付某廷在老宅旧窑基础上翻修窑洞,法院酌情认定该房屋价值的 45% 属于共有部分,由兄弟三人均分,其余 55% 的价值分配给付某廷。[2]

---

[1] 共有人可约定权能的调配,如 A、B、C 约定,A、B 负责货车的占有、使用和收益,C 负责货车的转让、抵押等处分。该约定对共有人产生债的约束力,并非货车所有权的质的划分。

[2] 参见山西省高级人民法院(2022)晋民申 1557 号民事裁定书。

3. 份额的处分

此处的处分是指法律上的处分,不涉及事实上的处分,因为份额的利益遍及共有物,而非对应于特定部分,共有人无法进行事实上的处分。

份额与所有权具有同质性,共有人有处分自由,除非法律限制,否则共有人能通过转让等方式加以处分。至于共有人限制处分份额的约定,如前例的 A、B、C 约定,未经 A、B 同意,C 不得转让份额,仅对共有人产生债的约束力,不能对抗份额的受让人,即便受让人明知该约定,也不受其约束。

在处分方式上,《民法典》第 305 条规定了转让。只要份额可转让,就能抵押或质押。无论转让、抵押还是质押,均要遵循物权变动规范,如转让不动产份额需办理转移登记,动产份额的质押需由质权人与其他共有人共同占有标的物。

例:A、B、C 共同出资购买一幅名画,三人按出资额共有,A、B 的份额均为 25%,C 的份额为 50%。画放在银行的保险柜,A、B、C 各持一把钥匙,共同使用才能打开。C 以其份额为 D 设立质权,在 C 将其钥匙交给 D 后,表明 D 与 A、B 共同占有画,质权设立。

抛弃也是一种处分方式。从权利的角度来看,共有人当然能抛弃份额,这是其自愿放弃权利的表现,但不能危及份额上的担保物权,如上例的 C 放弃份额,D 的质权不因此消灭,瑞士法采用这种立场。[①] 不过,份额还对应着共有人管理共有物的义务,某一共有人抛弃份额,随之也没有管理义务,若其他共有人不仅不能当然取得该份额,还要额外分担管理义务,就会加重管理费等负担。故而,从义务的角度来看,共有人抛弃份额的结果是为其他共有人增设了义务,为了使其他共有人免受无妄之灾,共有人不能抛弃份额,其可通过请求分割共有物等方式退出共有关系,德国法采用这种立场。[②] 我国法律没有规定份额的抛弃,从便利共有人退出共有关系,减少共有人的协调成本,预防和化解"反公地悲剧"的角度出发,应允许共有人选择放弃份额这一退出共有关系成本最低的方式,并由其他共有人按照份额比例取得被抛弃的份额,以便借助份额的增值来弥补加重的管理负担。在比较法上,《日民》第 255 条就如此规定,可供参考。当然,共有人放弃份额,要在完成必要的公示后,如注销登记或放弃动产的占有,才能实现份额消灭的后果。至于其他共有人取得被抛弃的份额,属于非依法律行为的物权变动,应适用公示的宣示力。

至于设立用益物权以及租赁,不宜成为份额的处分方式,不仅因为份额是划分所有权的抽象比例,用益物权人或承租人就此比例来占有、使用和收益,属实难以想象[③];更重要的是,即便份额实际对应着共有人对共有物的具体用益范围,的确能实现用益目的。比如,A、B、C 按份共有一套三居室,各控制一间居室,A 将其份额出租给 D,实际就是把其控制的居室出租给 D,一旦 D 的生活习性与 B、C 格格不入,D 的介入将增加共有人之间的调适成本。抵押和质押之所以没有问题,就因为抵押权人和质权人支配的是份额的价值,并不介入共有人对共有物的用益,不会破坏共有人之间业已形成的物的实际控制格局。

[①] Vgl. Rey, Die Grundlagen des Sachenrechts und das Eigentum, 3. Aufl., 2007, S. 180.

[②] Vgl. MüKoBGB/Karsten Schmidt, 8. Aufl. 2020, BGB § 747 Rn. 16 f; MüKoBGB/Oechsler, 9. Aufl. 2023, BGB § 959 Rn. 2; MüKoBGB/Karsten Schmidt, 9. Aufl. 2023, BGB § 1008 Rn. 16; BGH NJW 1991, 2487.

[③] 参见尹田:《物权法》(第三版),北京大学出版社 2022 年版,第 335—336 页。

4. 按份共有人对份额的优先购买权

《民法典》第 305 条规定:"按份共有人可以转让其享有的共有的不动产或者动产份额。其他共有人在同等条件下享有优先购买的权利。"据此,在份额转让时,其他共有人享有优先购买权,这能减少按份共有人的数量,简化权属关系,有助于预防和化解"反公地悲剧"。[1]

(1) 优先购买权的法律属性

《民法典》及其他法律未把优先购买权定性为物权,基于法定原则,共有人的优先购买权不是物权。[2] 在此前提下,由于优先购买权要向特定人行使,故为相对权,通说认为其属于形成权。[3] 而且,共有人的优先购买权源自法律规定,是法定而非约定的优先购买权。

(2) 优先购买权的基础事实

优先购买权给其他共有人提供了以同等条件购买份额的机会,某一共有人与他人成立了份额有偿转让合同是优先购买权的基础事实,它以有偿和双务为特质,包括买卖、互易、以物抵债等形态。具体而言,该基础事实包括以下六层意思:

第一,主体为某一共有人与共有人之外的第三人,如前例的货车共有人 C 将其份额转让给 D,此时赋予其他共有人 A、B 以优先购买权,以便把第三人排除在共有关系之外,避免其他共有人与陌生人产生的磨合成本。共有人之间的转让不会引发这样的成本,故而,根据《物权编解释一》第 13 条,除非共有人有特别约定,否则前例的 C 将份额转让给 A、B 是没有优先购买权的。

第二,标的物为自己的份额,否则转让的无论是他人的份额抑或是共有物,要由无权处分以及善意取得规范来调整。不过,《民法典》第 301 条规定,共有人未特别约定的,经占份额 2/3 以上的按份共有人的同意,可处分共有物,若把共有物的处分当成是对份额总和的处分,那该处分既针对处分人的份额,也包括其他共有人的份额,为保护其他共有人的利益并为了简化共有关系,其他共有人也应有优先购买权。[4]

第三,以转让份额为目的,第三人由此能终局取得且单独继受份额。至于不能终局取得份额的抵押或质押,以及继承、法人合并等概括继受份额的行为,被排除在外。[5]

第四,是有偿行为,赠与、遗产分配、法人清算后的财产分配等无偿转让份额的行为不在其列。

第五,份额转让合同成立,而不只是达成单纯的交易意向。之所以如此,是因为优先购买权受制于同等条件,而同等条件只能以份额的转让人与第三人之间确定的交易条件为准。

---

[1] 《民法典》第 726 条第 1 款规定,房屋按份共有人的优先购买权优先于承租人的优先购买权,理由在于承租人完全能在别处购买房屋,而按份共有状态的消除,可减少共有人之间的谈判成本,有利于提升房屋的整体使用价值。参见谢鸿飞:《〈民法典〉物权配置的三重视角:公地悲剧、反公地悲剧与法定义务》,载《比较法研究》2020 年第 4 期。

[2] 在比较法上,BGB 债编(第 463—473 条)规定了债权性优先购买权,物权编(第 1094—1104 条)规定了物权性优先购买权,但后者在实务中被预告登记的债权性优先购买权替代。参见〔德〕延斯·科赫、马丁·洛尼希:《德国物权法案例研习》,吴香香译,北京大学出版社 2020 年版,第 152 页。

[3] 在比较法上,ZGB 第 682 条规定的共有人优先购买权为形成权(Vgl. Schmid/Huerlimann-Kaup, Sachenrecht, 4. Aufl., 2012, S. 228 ff.),我国台湾地区"土地法"第 34 条之 1 第 4 项规定的土地共有人优先购买权也为形成权(参见杨松龄:《实用土地法精义》,五南图书出版股份有限公司 2018 年版,第 124 页)。

[4] 参见崔建远:《物权法》(第 5 版),中国人民大学出版社 2020 年版,第 259 页。

[5] 《物权编解释一》第 9 条允许共有人约定在份额继承、遗赠时,其他共有人也有优先购买权。这种约定旨在明确其他共有人有请求以特定价格购买份额的权利,但因为继承、遗赠不是有偿转让行为,不能提供同等条件,故该约定实际与优先购买权无关。

交易意向缺乏法律约束力,没有确定性,一旦转让人或第三人提高了报价,同等条件就不复存在,其他共有人就需在新的交易条件下重新跟进,这就产生了同等条件不确定的循环怪圈。[①]

第六,转让合同以有效为原则,比如,转让合同因当事人无完全行为能力、价款约定非出于第三人的真实意思、内容违法等瑕疵而不生效、被撤销或无效的,优先购买权因缺乏基础事实而不能行使[②];以效力瑕疵不影响同等条件的实质判断为例外,比如,份额转让合同依法应经批准,但因第三人的原因导致其未获批准,合同因此不生效,但价款约定足以表明转让双方的真意,优先购买权不受影响。[③]

(3) 优先购买权的行使要件

在优先购买权的基础事实具备后,其行使需符合以下要件:

第一,主体适格。优先购买权可被共有人约定排除,也可被其他共有人放弃,对应的共有人由此没有优先购买权,主体不适格。适格主体为数人,均行使优先购买权的,如前例的货车共有人C将份额转让给D,A、B均行使优先购买权,根据《民法典》第306条第2款,由A、B协商确定各自的购买比例,协商不成的,按照转让时各自的份额比例来行使。

第二,符合同等条件。为了保护转让人的法律地位和交易利益,优先购买权需在同等条件下行使。《物权编解释一》第10条规定,同等条件以优先购买权人和第三人在转让价款、付款方式和期限等方面负有相同义务为准。当然,同等条件并非绝对等同,优先购买权人愿支付更高价款的,不妨碍行使优先购买权;反之,减少转让价款、增加了转让人的负担的,《物权编解释一》第12条第1项就禁止行使优先购买权。

若第三人的身份、地位等个人因素(如与份额转让人有近亲属或继承关系)影响了转让合同的内容(如价款低、付款周期长),在优先购买权人没有类似的个人因素时,不符合同等条件的要求。若第三人的对待给付有人身属性,如除了支付价款,还要照料转让人起居生活,该义务不能用金钱估价,也不能由优先购买权人替代履行,无法满足同等条件。

第三,在除斥期间内提出适格主张。优先购买权是形成权,需在除斥期间内行使[④],且其主张需明确包含行使优先购买权的意思。《物权编解释一》第12条第1项规定,优先购买权人在除斥期间内不行使优先购买权,或虽主张优先购买,但提出减少转让价款、增加转让人负担等实质性变更要求,或以其优先购买权受到侵害为由,仅请求撤销份额转让合同或者认定该合同无效的,对于其优先购买的诉求,法院不予支持。[⑤]

(4) 优先购买权的法律效果

[①] 这意味着,根据《民法典》第306条第1款,只有在转让合同成立后,转让人才有义务把转让条件及时通知其他共有人,由此来确定同等条件。

[②] Vgl. Simonius/Sutter, Schweizerisches Immobiliarsachenrecht, Bd. I, 1995, S. 367 ff.

[③] 参见〔瑞士〕约格·施密特、胡伯特·斯托克里、弗雷德里克·克罗斯科普夫:《瑞士债法分论(原书第二版)》,梁神宝、胡剑译,中国政法大学出版社2024年版,第116页。

[④] 《物权编解释一》第11条明确了除斥期间,即当事人有约定的,从约定;没有约定或者约定不明的,分类如下:第一,转让人向其他共有人发出的包含同等条件内容的通知中载明行使期间的,以该期间为准;第二,通知中未载明行使期间,或者载明的期间短于通知送达之日起15日的,为15日;第三,转让人未通知的,为其他共有人知道或者应当知道最终确定的同等条件之日起15日;第四,转让人未通知,且无法确定其他共有人知道或者应当知道最终确定的同等条件的,为共有份额权属转移之日起6个月。

[⑤] 参考案例"刘某与肖某执行监督案"的裁判要旨指出:"法院拍卖前已经将被执行财产的共有人列为第一顺位优先购买权人,并且分别以法院专递方式邮寄送达和发布拍卖公告形式公告,视为法院已经履行了通知义务。共有人没有通过法院公告的联系方式自行向法院或者拍辅机构工作人员询问了解如何行使优先购买权,后以法院拍卖行为损害其优先购买权为由申请撤销拍卖的,不予支持。"

优先购买权人依法行使优先购买权后,主要产生以下法律效果:

第一,成立份额有偿转让合同。在转让人转让份额时,只要优先购买权人依法行使优先购买权,以同等条件购买份额的意思表示到达转让人,就会与转让人成立买卖合同等有偿转让合同[1],无需考虑转让人有无承诺的意思。

在同等条件的约束下,优先购买权人与转让人的份额买卖合同(以下简称后合同)内容和转让人与第三人的转让合同(以下简称先合同)的主要内容一致,据此,转让人有义务向优先购买权人转让份额,优先购买权人则应与第三人一样,有按照约定金额、方式和期限支付价款等义务。

不过,后合同毕竟成立在后,在优先购买权行使时,若先合同约定的价款支付期限届满,强求优先购买权人遵守该期限,反而对其不利,此时应认定优先购买权人支付价款的期限尚未届至,并无违约问题。与此道理相当,为了避免使转让人陷入不利,若优先购买权在行使时,转让人的债务履行期届至,优先购买权人也无违约请求权。

先合同有特定交易目的或第三人个体情况对先合同起着重要作用的,为了照料这些特殊因素,应适当调整后合同内容。比如,转让人信赖第三人的信用,给予第三人分期付款或延期付款的优待,若允许优先购买权人照猫画虎,就不利于转让人,优先购买权人应一次付款或按期付款,或对延期支付的金额提供充分担保。

第二,形成双重转让。优先购买权的行使客观上导致份额双重转让,只要符合法律行为的生效要件,先后合同均有效。为了避免转让人陷入双重转让困境而承担违约责任,先合同可约定以优先购买权的行使为解除条件,该约定专为转让人的利益而设,不影响转让人有偿转让份额的真实意思,故同等条件仍可得认定。

(三)按份共有的内部关系

共有人为数人,法律必须处理共有人之间因共有持续而产生的权利义务关系,此即共有的内部关系。内部关系主要是债的关系,如共有人有关共有物管理、处分等约定产生债的约束力,但也有因对物的支配而产生的关系,比如,某一共有人对共有物的使用或管理不影响其他共有人的,其他共有人有容忍的义务。

1. 共有物的使用收益

共有人根据份额享有所有权,能在不妨碍其他共有人的情况下使用共有物,并获取与份额对应的收益,这是其法律地位的本有利益,占份额2/3以上的共有人不能通过决议加以排除。不过,共有人可放弃其利益,若全体共有人约定部分共有人不使用共有物,或取得与其份额不对等的利益甚至不取得利益,自无不可。没有该约定的,共有人之间有容忍任一共有人使用共有物并取得与份额对应利益的义务。

2. 共有物的管理

要想高效利用共有物,就必须协调共有人对物的保管等管理措施。"管理"并非内涵规整的法律概念,大致涉及共有物的保存、使用方法和简易修缮。[2] 从法律适用的角度来看,共有物的使用收益、处分、重大修缮、变更性质或用途各有不同规范,不能归为它们调整的事关共有持续的事项,均可纳入"管理"的范围,适用共有物管理规范。

---

[1] 在诉讼中无法证明该时点的,则以转让人收到法院诉讼通知的时点作为有偿转让合同的成立时点。
[2] 参见黄薇主编:《中华人民共和国民法典释义》(上册),法律出版社2020年版,第582页。

在如何管理方面,最理想的当然是共有人协商一致,这能众志成城地推动共有物的效用最大化,是有效维系共有的最佳途径。《民法典》第 300 条就要求共有人按照约定管理共有物。管理约定在共有人之间产生债的约束力,违者要承担违约责任。在此基础上,为了防止受让份额的第三人以合同相对性为由不接受管理约定的拘束,BGB 第 746 条、第 1010 条,ZGB 第 649a 条,我国台湾地区"民法"第 826 条之 1 等比较法经验在管理约定载入不动产登记或第三人恶意等条件下,使该约定能约束第三人,但《民法典》没有类似规定。

不过,共有人多嘴杂,就共有物的管理往往不能协商一致。面对这种困境,法院无法越俎代庖替共有人作出决定,《民法典》第 300 条提供的解决方案是"各共有人都有管理的权利和义务"。话是不错,但共有人本就处在你指东我向西的管理僵局,还任凭各共有人都能下场露两手,那起作用的只有恃武力之强而凌弱的丛林法则了。若到了这般境地,再勉力维持共有意义已经不大,共有人既可转让份额一走了之,也可分割共有物彻底了结。[①]

当然,无论是否达成管理约定、是否形成多数决,任一共有人均可独立维持共有物的必要性能和价值,如修理共有房屋破损的窗户、阻止他人对共有汽车的破坏,以免扩大共有物的损害,损及共有人的整体利益。

至于管理产生的费用等负担,根据《民法典》第 302 条,共有人有约定的,按照约定;没有约定或者约定不明确的,共有人按照份额负担。

3. 共有物的处分、重大修缮、变更性质或用途

《民法典》第 301 条"打包"规定了共有物的处分、重大修缮、变更性质或用途,它们适用同一规范,即应经占份额 2/3 以上的共有人同意,但共有人另有约定的除外。此处的重大修缮(如改建共有房屋的结构)、变更性质或用途(如把用于日常出行的共有汽车改为经营网约车)属于事实上的处分,该条的"处分"因而限于转让、抵押等法律上的处分。

对共有物的法律上的处分和事实上的处分均事关全体共有人的利益,为了避免部分共有人为一己之利而损害其他共有人,也为了符合"任何人不得处分大于自己权利"的古训,BGB 第 747 条、ZGB 第 648 条第 2 款、《日民》第 251 条、我国台湾地区"民法"第 819 条第 2 项等比较法经验要求共有物的处分须经全体共有人同意。但这也有缺陷,就是只要有任一共有人不同意,共有物将无法通过处分来实现其效用,同样是为一己之利而损害其他共有人。

从防止和化解"反公地悲剧"的角度来看,《民法典》第 301 条具有正当性,但也有意犹未尽之处,就是在多数决不当之时,必须救济份额占少数的共有人,如向法院诉请撤销多数决、请求多数决共有人承担连带赔偿责任等。[②]

《民法典》第 301 条允许共有人通过约定来排除多数决,其内容既可以是共有物的处分须经全体共有人同意,也可以是改变多数决的比例(如占份额 3/4 或 1/2 以上的共有人同意)或方式(如占份额 2/3 以上的共有人且占人数 2/3 以上的共有人同意),还可以是其他(如经某个共有人同意即可)。只要这些内容出于全体共有人的真意,即无不认可的道理。

(四)按份共有的外部关系

按份共有的外部关系是指共有人就共有物与他人产生的权利义务关系,包括对他人的

---

① 与此不同,BGB 第 745 条、ZGB 第 647 条、《日民》第 252 条、我国台湾地区"民法"第 820 条等比较法经验采用多数决,由占多数份额(如 1/2 以上)的共有人决议,这恐怕无助于预防和化解"反公地悲剧"。

② 参见谢哲胜主编:《共有不动产管理与处分》,元照出版有限公司 2015 年版,第 98—103 页。

物权请求权和与他人的债权债务关系。

1. 对他人的物权请求权

在共有物受到他人干扰时,共有人可以根据《民法典》第235—236条行使物权请求权。为了维护共有人的整体利益,无需考虑其他共有人的意愿,任一共有人均能独力行使排除妨害或消除危险请求权,但若允许返还请求权也如此行使,行权的共有人一旦独占共有物,仍不能有效维护全体共有人的利益。为了防止出现这一消极后果,在比较法上,BGB第1011条、我国台湾地区"民法"第821条均要求只有为了全体共有人的利益,才能行使返还请求权。①

2. 与他人的债权债务关系

(1) 按份共有人的债权

《民法典》第307条规定,共有人就共有物对他人享有的债权是连带债权,但是法律另有规定或者他人知道共有人不具有连带债权债务关系的除外。其内涵主要为:其一,共有人对他人的债权原则上属于连带债权。从理论上讲,在标的不可分时,这种债权本为共同债权,应由债务人向全体共有人给付。② 但为了简便高效,该条把该债权定位成连带债权,债务人向任一共有人的适当履行均导致债权消灭。其二,法律另有规定的除外。《民法典》第517条第1款规定,债权人为两人以上,标的可分,按照份额各自享有债权的,为按份债权。比如,共有物被他人损坏,共有人对债务人的损害赔偿金钱债权具有可分性,共有人按照份额主张债权。③ 其三,他人知道共有人不具有连带债权债务关系的除外,比如,共有人与债务人约定按照份额享有债权的,共有人只能据此向债务人主张。

《民法典》第521条第2款规定:"实际受领债权的连带债权人,应当按比例向其他连带债权人返还。"据此,在连带债权情形,受领的共有人应按照份额比例向其他共有人返还。

(2) 按份共有人的债务

《民法典》第307条规定,共有人就共有物对他人负担的债务是连带债务,但是法律另有规定或者他人知道共有人不具有连带债权债务关系的除外。其内涵主要为:其一,共有人对他人的债务原则上属于连带债务,任一共有人向债权人的适当履行均导致债权消灭。其二,法律另有规定的除外。《民法典》第517条第1款规定,债务人为两人以上,标的可分,按照份额各自负担债务的,为按份债务。比如,共有物致他人损坏,共有人对债权人的损害赔偿金钱债务具有可分性,共有人按照份额承担债务。其三,他人知道共有人不具有连带债权债务关系的除外,比如,共有人与债权人约定按照份额负担债务的,债权人只能据此向共有人主张。

《民法典》第307条规定,偿还债务超过自己应当承担份额的按份共有人,有权向其他共有人追偿。第519条第2—3款规定:"实际承担债务超过自己份额的连带债务人,有权就超

---

① 不过,在对应的民事诉讼及强制执行,无需全体共有人起诉或申请。原告可为某一共有人,其只需请求被告将共有物返还给包括原告在内的全体共有人,且无需表明其他共有人的姓名。原告胜诉后申请法院强制执行的,只需申请将共有物交还给全体共有人即可。参见谢在全:《民法物权论》(修订8版上册),新学林出版股份有限公司2023年版,第412—414页。

② 参见张定军:《连带债务研究:以德国法为主要考察对象》,中国社会科学出版社2010年版,第57—59页;〔德〕迪尔克·罗歇尔德斯:《德国债法总论(第7版)》,沈小军、张金海译,中国人民大学出版社2014年版,第418页。

③ 《民事诉讼法解释》第72条规定,共有物受到他人侵害,部分共有人起诉的,其他共有人为共同诉讼人。据此,上述的按份债权也需配以共同诉讼的结构。

出部分在其他连带债务人未履行的份额范围内向其追偿,并相应地享有债权人的权利,但是不得损害债权人的利益。其他连带债务人对债权人的抗辩,可以向该债务人主张。被追偿的连带债务人不能履行其应分担份额的,其他连带债务人应当在相应范围内按比例分担。"据此,在连带债务情形,偿还债务超出自己份额的共有人有权就超出部分向其他共有人追偿。

(五) 共有物的分割

1. 分割自由与协议分割

按份共有关系的甘苦冷暖只有共有人自知,一旦共有人心灰意冷,退场走人再正常不过。退出的方式首选转让份额,它既实现了退出者的心愿,在其他共有人为数人时,还能维持共有关系,形象地讲,"一人退场,宴席不散"。不过,一旦没人愿意接手份额,想退出的共有人又不愿意抛弃份额来自担损失,就会进退维谷。要想打破这一僵局,就要赋予共有人分割共有物的自由,即任一共有人均有权通过动议,促使全体共有人协议分割共有物,进而获得其应得的利益。

基于分割自由,任一共有人有权向其他共有人表达分割共有物的动议,符合《民法典》第472条有关要约要求的,如该动议明确了分割方式,表明其他共有人一旦同意就要受约束之意,就是要约,否则为要约邀请。基于该动议,全体共有人对分割方式协商一致后,形成分割协议。共有物分割之所以不像共有物处分那样采用多数决,主要因为不同意多数共有人分割意见的任一共有人能诉诸法院裁判分割,用多数决纯属多此一举。

共有物分割会改变共有关系,分割协议因而是物权变动的原因行为,在有效成立后对全体共有人产生债的约束力,每个共有人均应按照约定履行。《民法典》等法律未规定分割协议的登记能力,也未规定其对抗恶意第三人的效力,它仅能约束参与协商的共有人,不能约束份额受让人。在分割协议达成后履行前,某一共有人将份额转让给共有人之外的第三人的,只要受让人不同意分割协议,该协议即失去约束力。由此可知,允许分割协议登记,或赋予其对抗力,能维持来之不易的分割协议的约束力,避免浪费协商成本。

在分割协议达成后,全体共有人互负协力分割共有物的权利和义务,需按照约定的分割方式采用不动产登记、动产交付等相应的公示形式,以实现改变共有关系的法律后果。有共有人不按约定履行义务的,其他共有人可诉诸法院,要求该共有人履行义务,该诉讼为给付之诉,而非形成之诉;在胜诉后,该共有人仍不履行的,执行法院根据其他共有人的申请,依法采用嘱托登记等强制执行措施后,产生物权变动的后果。

例:按份共有人A、B、C达成房屋分割协议,约定C付给A、B各100万元后,C取得房屋所有权。在C依约履行后,A、B拒不向C转让各自份额。C诉诸法院,法院判令A、B履行义务,A、B拒不履行,法院根据C的申请强制执行,嘱托不动产登记机构将A、B的份额转移登记给C,C取得房屋所有权。

2. 分割请求权与裁判分割

分割请求权是共有人诉请法院通过裁判分割共有物的权利,其主体是任一共有人,[①]相对人是其他共有人。《物权编解释一》第7条规定法院分割共有物的生效法律文书是导致物

[①] 也有例外,比如,作为债务人的某一共有人怠于行使分割请求权,影响债权人债权实现的,债权人有权根据《民法典》第535—536条代位行使分割请求权,《民事案由规定》的案由54之(4)"债权人代位析产纠纷"就是指这种情形;又如,《企业破产法解释二》第4条第2款规定,基于破产重整或和解的需要必须分割共有物的,破产管理人有权请求分割。

权变动的形成性法律文书,据此,分割请求权名为请求权,实为通过诉讼方式行使的形成权(形成诉权)。[①] 该定性表明,只要任一共有人正当行使分割请求权,共有关系必将土崩瓦解,共有物的利益形态也必将重新分配,这一结局是其他共有人左右不了的,这一结果属于"一人砸场,宴席散去"。

分割请求权依托于份额而存续,是共有人摆脱"反公地悲剧"的重要保障,事关其根本利益,故该权利没有除斥期间的限制,共有人可在任意时点行使。不过,分割协议表明全体共有人约定的分割方式已经最优化,若不顾于此,放任共有人随意行使分割请求权,既浪费协商成本,又助长毁约之风,故而,有分割协议的,分割请求权不得行使,法院不能据此裁判分割。不过,分割协议在共有人之间产生债的关系,一旦协力分割的债权请求权诉讼时效届满,不履行债务的相关共有人以此抗辩的,若不允许行使分割请求权,共有人将无法化解"反公地悲剧"。综上所述,在没有分割协议,或虽有分割协议,但协力分割的债权请求权诉讼时效届满时,共有人可行使分割请求权,由法院裁判分割。[②]

根据《民法典》第303条,共有人未明确约定不得分割共有物的,为了从速摆脱共有关系的束缚,共有人可无理由地随时请求分割,于此情形,法院径行处理如何分割的事实关系即可,这是以诉讼形式处理实质上的非诉事件,属于形式上的形成之诉;共有人明确约定不得分割的,表明共有人自我限制分割请求权,以求共有关系稳定存续,但一旦发生部分共有物被征收或无法达成管理约定等导致共有关系难以为继的重大事由,共有人仍可请求分割,于此情形,在当事人对有无重大理由有争议时,法院需先解决该争议,然后才能作出是否支持原告诉求的裁判,这处理的是诉讼事件,属于真正的形成之诉。[③]

3. 分割方式

《民法典》第304条第1款规定了裁判分割的基本分割方式,主要包括:其一,实物分割,即共有物可以分割且不会因分割减损价值的(如10辆货车、5000吨煤),应按照共有人人数及份额进行实物分配。其二,变价分割,即共有物为一辆汽车、一套房屋等难以分割或因分割会减损价值的,应拍卖或变卖给他人,再按照共有人人数及份额分配变价款。其三,折价分割,即共有物难以分割或因分割会减损价值的,通过评估将其折价,把实物分配给某一个或某几个共有人,该共有人向其他共有人支付折价款,再按后者人数及份额分配折价款。在这些方式的基础上,会衍生其他方式,比如,在实物分割时,每一共有人均分得实物,但某一个或某几个共有人分得的实物价值超出其份额比例的,要给予其他共有人以相应补偿。

裁判分割以共有人的分割请求权为根基,只要共有人向法院提出分割共有物的诉求,无需指明分割形式,法院即应根据案情灵活采用前述分割方式,以重新安排共有人之间的关系,从而体现出形成之诉的特色。比如,李某1等三人与李某2系兄妹关系,各继承父母一套房屋的1/4份额,房屋一直由李某2管理。后李某1等三人诉至院,请求分割房屋。法院

[①] 在比较法上,分割请求权的属性有不同观点:德国通说为不受制于诉讼时效的债权请求权,但也有形成权的见解(Vgl. Schnorr, Die Gemeinschaft nach Bruchteilen(§§741-758 BGB), 2004, S. 354 ff)。瑞士为不受制于诉讼时效的物上之债(Vgl. Schmid/Huerlimann-Kaup, Sachenrecht, 4. Aufl., 2012, S. 176)。日本和我国台湾地区为形成权,参见〔日〕我妻荣:《日本物权法》,有泉亨修订、李宜芬校订,五南图书出版股份有限公司1999年版,第306页;谢在全:《民法物权论》(修订8版下册),新学林出版股份有限公司2023年版,第417页。

[②] 当然,分割请求权的行使必须符合《民法典》第132条的权利不得滥用规范,比如,共有产权房屋的分割势必影响住房保障的公益目的,共有人因而不能行使分割请求权。

[③] 参见孙宪忠、朱广新主编:《民法典评注:物权编》(第2册),中国法制出版社2020年版,第391页。

生效裁判认为,房屋为成套住宅,难以实物分割且实物分割会减损其价值;同时,房屋一直由李某2管理且李某1等三人自愿按低于房屋评估价格获得补偿。据此,房屋应归李某2所有,由李某2向其余共有人补偿房屋折价款。[1]

由于共有物分割实属非诉事件,且如何分割属于法院的裁量权限,故从理论上讲,即便原告在诉讼请求中提出具体分割方式,它也仅起到供法院参考的作用,法院认为其不当的,不能因此径直驳回原告的诉讼请求。[2] 不过,裁判分割发生在民事诉讼当中,法院裁判需遵循民事诉讼的法律规定,在原告特别强调分割方式,而该方式尚不宜实施,其他方式也不便采用时,法院也不妨依法驳回诉讼请求。比如,原告诉请对案涉大厦进行实物分割,经法院释明,原告明确表示不将诉讼请求变更为折价或变价分割。法院考虑通过裁判进行实物分割有违其他共有人意愿,亦会减损案涉大厦的整体使用价值,故不支持原告的实物分割主张。[3]

协议分割的具体方式虽然由共有人自行决定,但也不出前述分割方式的左右。

4. 分割的效果

(1) 改变按份共有关系

如前所述,分割协议完成相应的公示形式或被法院依法强制执行后,会改变按份共有关系。与此不同,在实物分割、折价分割或已经完成变价分割的法律文书生效时,共有人取得分得物的所有权,这是基于形成性法律文书的物权变动,原共有关系因此终止,以该共有关系为基础的管理约定等随之失去效力。不过,若变价分割没有完成,如仅确定方案,尚未实施,则法律文书没有这种效力,只有在共有物依法为他人取得后,共有关系才能终止。

(2) 共有人的保护

按份共有关系的改变损及共有人利益的,法律提供了以下保护措施:

第一,《民法典》第303条第2句规定:"因分割造成其他共有人损害的,应当给予赔偿。"据此,共有人明确约定共有物不得分割,而某一共有人因自身的重大事由请求裁判分割,如其必须借此清偿债务以免成为失信被执行人("老赖"),结果导致其他共有人使用共有物的合理安排落空,对此遭受损失应予赔偿。

第二,《民法典》第304条第2款规定:"共有人分割所得的不动产或者动产有瑕疵的,其他共有人应当分担损失。"这是共有人瑕疵担保责任的规定,包括权利的瑕疵担保责任和物的瑕疵担保责任,前者是指共有人担保任一共有人分得的物不被他人主张权利,后者是指共有人担保任一共有人分得的物在分割前未隐含瑕疵,否则其他共有人应按照份额比例赔偿该瑕疵损失。[4]

第三,在裁判分割,分得实物的共有人应向其他共有人支付折价款或补偿的情形,前者因法律文书生效而成为所有权人,后者失去相应的份额利益,沦为债权人,为了平衡突来的地位落差,我国台湾地区"民法"第824条之1第4项使后者就应获得的金额对前者分得的不动产享有法定抵押权,这可资借鉴。

---

[1] 参见贵州省高级人民法院发布物权纠纷十大典型案例之五"李某1等诉李某2共有纠纷案"。
[2] 参见谢在全:《民法物权论》(修订8版下册),新学林出版股份有限公司2023年版,第438页。
[3] 参见最高人民法院(2020)最高法民终1158号民事判决书。
[4] 参见黄薇主编:《中华人民共和国民法典释义》(上册),法律出版社2020年版,第589—590页。

(3) 担保物权人的保护

在协议分割，某一共有人的份额设有担保物权，担保物权人不同意分割协议的，由于份额利益遍及共有物，共有人的分得物仍应承载担保物权。就此损失，根据《民法典》第304条第2款的共有人瑕疵担保责任规范，份额不承载担保物权的其他共有人可请求担保人赔偿。担保物权人同意分割协议的，表明其认可份额的转化物作为担保财产，担保人分得实物的，该物为担保财产，未分得实物而为金钱补偿的，适用《民法典》第390条的物上代位规范，担保物权人就该金钱获得优先受偿。

例：A、B等额共有5万吨煤，A将份额质押给C。在此事实基础上分设两种情形：其一，A、B达成分割协议，约定A分得2万吨煤、B分得3万吨煤，C不同意该协议，其质权在A、B各分得的煤上继续存在；C同意该协议，则其质权仅在A分得的煤上存续。其二，A、B达成分割协议，约定B分得5万吨煤、B付给A400万元，C不同意该协议，其质权在B分得的煤上继续存在；C同意该协议，其就该400万元优先受偿。

在裁判分割，担保物权人未参与共有物分割诉讼的结果无异于不同意分割协议的结果，担保物权人参与诉讼的结果则等同于同意分割协议的结果。

(4) 申请执行的债权人保护

部分共有人成为被执行人，以至于共有物在民事强制执行中被查封、扣押或冻结的，根据《查扣冻规定》第12条第2款，分割协议经债权人认可的，法院可以认定有效；查封、扣押、冻结的效力及于协议分割后被执行人享有份额内的财产；对其他共有人享有份额内的财产的查封、扣押、冻结，法院应当裁定予以解除。

共有人未达成分割协议，未提起分割共有物诉讼，申请执行的债权人也未代位提起诉讼的，为了尽早实现债权，在不能实物分割时，执行法院可拍卖或变卖共有物整体，在扣除与其他共有人份额对应的变价款后，其余价款供债权人清偿。在此情形下，为保护其他共有人的利益，其他共有人应有优先购买权。比如，案涉房产登记于吴某、曾某名下（各占50%份额）。法院根据申请执行人何某的申请，依法查封了吴某的份额。鉴于司法拍卖实践经验，分割处置50%份额不仅会减损房产整体价值，也容易造成房产流拍难以变现，故法院决定整体拍卖案涉房产。在拍卖过程中，法院应依法保护曾某的优先购买权，并在处置变现房产后，依法保留曾某份额对应的变价款项。[①]

三、共同共有

(一) 共同共有的概念

1. 共同共有的定义

《民法典》第299条规定："共同共有人对共有的不动产或者动产共同享有所有权。"单就字面文义来看，该条规定无异于同语反复；但对比第298条对按份共有的界定，就知道第299条的玄机在于"共同"二字，即"共同"的意思是"不按照其份额"，共同共有是共有人"不按照其份额"享有所有权的状态。也就是说，在共有二分法下，按份共有之外的共有是共同共有。

不过，这种排除法不能让人明白共同共有的内涵，还应从正面阐述。份额明确了按份共

[①] 参见广东省高级人民法院(2022)粤执复342号执行裁定书。

有人对特定之物支配利益的界限,这样的楚河汉界对共同共有不重要,因为共同共有人处于夫妻关系、家庭关系等共同关系之中,形成了权利义务紧密交织的利益共同体,具有整体一致、荣辱与共、"剪不断,理还乱"的典型特质,不能以份额来划定并彰显每个共有人对特定之物的支配利益。故而,学理通常从正面把共同共有定义为以共同关系为基础的共有。

2. 共同关系的界定

理解共同共有的支撑点是共同关系。共同关系是指数人因为共同目的或特定身份而形成的紧密关系,其典型形态除了夫妻和家庭,还有遗产共同继承和合伙。共同关系有以下主要内涵:

第一,共同关系是数人的紧密结合关系,其中各人均为独立主体,由其组成的夫妻、家庭、共同继承人、合伙等利益共同体并非独立的民事主体。若数人的结合构成独立主体,其对特定之物的支配是独有而非共有。比如,《合伙企业法》第20条、第38条规定,合伙人的出资、以合伙企业名义取得的收益和依法取得的其他财产为合伙企业的财产,合伙企业对其债务,应先以其全部财产清偿。据此,作为非法人组织的合伙企业是独立于合伙人的民事主体,其财产归属于合伙企业,而非由合伙人共有。正因此,有共同关系的合伙限于不构成合伙企业的合伙。

第二,共同关系以共同目的或特定身份为必要,如组成婚姻的夫妻以共同生活为目的,形成合伙的当事人有共同事业目的,而家庭中的父母子女和共同继承人均有特定身份。若没有前述的共同目的或特定身份,当事人非要组成共同关系,实为"为赋新词强说愁",除了徒增共有形态的辨识成本和法律适用成本,别无他益。为了落实法定原则,防止当事人通过私设共同关系而导致共同共有的种类自由化,共同关系的种类应由法律规定,我国台湾地区"民法"第827条第2项就规定,依法律行为成立的共同关系,以有法律规定或习惯者为限。

第三,促成当事人具有共同关系的不是特定之物的支配利益,而是其他因素,如情投意合的男女通过婚姻登记形成婚姻、父母子女身处一户共同生活形成家庭,这些关系为婚姻家庭法等其他法律所调整,物权法并不深度介入,只是在当为之处以共同共有加以顺接因应而已。

3. 共同共有的特征

在共同关系的作用下,共同共有的特征主要如下:

第一,共同关系是共同共有的基础,共同共有是共同关系在物权法的体现。[1] 没有共同关系,共同共有是无本之木,否则,即便共有人约定为共同共有,也不宜认定为共同共有。比如,A、B、C是朋友关系,均等出资购买货车,每人各开1周拉货,每周轮换。为了确保任何两人均无法决议处分货车,三人约定为共同共有。不过,三人没有共同关系,对车辆构成典型的按份共有,该约定本意是经全体同意方可处分车辆,没有形成共同共有的作用。

第二,当事人因共同关系组成利益共同体,其财产利益具有整体性,由此形成了概括财产制,对特定之物的共同共有只是其中的一环,此外的限制物权、股权、债权等其他财产权均由当事人共同享有。在此基础上,判断某一物是否为共同共有,尚需根据不同的共同关系而定,如在被继承人死亡时,作为遗产的房屋所有权无需登记即依法为共同继承人取得,而作为合伙财产的房屋则应通过登记为共同共有来公示。

---

[1] Vgl. Rey, Die Grundlagen des Sachenrechts und das Eigentum, 3. Aufl., 2007, S. 254.

第三,共同关系并不排斥当事人之间按照份额比例来配置财产的利益归属,如夫妻共同共有的财产利益由双方等额均分属于通常的社会观念,只不过这种份额对共同共有不起决定作用,共有人不能像按份共有那样按照份额享有所有权,在此意义上,共同共有的份额是潜在的。[①] 正因此,共同共有人没有可处分份额之说,其他共有人也不可能因某一共有人转让份额而有优先购买权之说。只有在共同关系破裂(如离婚)或共同共有消灭(如分割共有物)时,潜在份额才能突显出来,成为利益归属的根据。比如,案涉房产系王某与被执行人李某共同共有,执行法院在共有人没有协议分割或提起析产诉讼的情况下,可以依职权执行房产,并就变价款进行分割,保留共有人一半的份额,执行被执行人享有的份额。[②]

第四,由于共同共有是共同关系的衍生品,其份额又是潜在的,共同共有人没有份额可自由转让,且共有物分割难度也很大,如《民法典》第303条规定原则上只能在共有的基础丧失或有重大理由需要分割时,共有人才能请求分割,与按份共有相比,共同共有稳定性更强,陷入"反公地悲剧"的风险更高,因而在共有形态不明时,除非有共同关系,否则应根据《民法典》第308条视为按份共有。不过,共同关系仅为共同共有提供基础,并不必然产生共同共有,即便有共同关系,当事人也可明确约定特定之物为按份共有,如共同生活的父母子女完全可以约定某套房屋为按份共有。

第五,共同共有由物权法和其他法律共同规定,后者规定了共同关系及其财产权,其中有关共同共有的规定是应优先适用的特别规范,前者为共同共有提供了一般规范,可在特别规范没有规定时补充适用。

(二)共同共有的内部和外部关系

与按份共有一样,共同共有也有内部关系和外部关系,《民法典》还特意整合,使共同共有和按份共有在共有物管理等方面适用相同规范,在共有物处分等方面适用不同规范。

1. 共同共有的内部关系

在共有物的使用收益和管理,共同共有与按份共有没有实质差异。至于因管理产生的费用等负担,由于共同共有没有明显份额,无法在没有约定或约定不明确时按照份额负担,只能由共有人共同负担。

关于共有物的处分、重大修缮、变更性质或用途,《民法典》第301条规定要由全体共有人同意,但共有人另有约定的除外。显然,与按份共有相比,共同共有在此方面更容易陷入"反公地悲剧"。

2. 共同共有的外部关系

在对他人的物权请求权以及与他人的债权债务关系上,共同共有与按份共有没有实质差异。但在共同共有人与他人有债权债务关系时,根据《民法典》第307条,共有人要共同享有债权、承担债务。

(三)共有物的分割

在共同共有,根据《民法典》第303—304条,共有物的分割有以下要点:(1)受共同关系的影响,共同共有人原则上没有分割自由。(2)共有人的分割请求权受制于特定条件:共有人约定不得分割共有物的,只有在有重大理由需要分割时,才有分割请求权;没有约定或约

---

① 参见史尚宽:《物权法论》,中国政法大学出版社2000年版,第175页。
② 参见广东省高级人民法院(2021)粤执复485号执行裁定书。

定不明确的,在共同关系终止或有重大理由需要分割时,才有分割请求权。(3) 与按份共有一样,裁判分割的基本分割方式包括实物分割、变价分割和折价分割。(4) 分割的效果是改变共同共有,同时也涉及共有人的保护和申请执行的债权人保护,对此可见按份共有之共有物分割的论述。

(四) 共同共有的主要种类

与共同关系的典型形态相应,共同共有主要有夫妻共同共有、家庭共同共有、遗产共同共有和合伙共同共有,以下简要介绍各自的特别规范。

1. 夫妻共同共有

《民法典》第1062条、《婚姻家庭编解释一》第24—27条规定了夫妻法定共同财产制,即在没有约定时,夫妻在婚姻关系存续期间所得的工资、奖金、劳务报酬等财产,为夫妻的共同财产,归夫妻共同所有;夫妻对共同财产有平等的处理权。据此,夫妻在婚姻关系存续期间取得的特定之物由双方共同共有,另有约定且具有相应公示形式的除外。

> 例:夫妻A、B采用法定共同财产制,双方婚后共同购买的房屋、家具等财产依法属于夫妻共同财产。不过,就房屋的归属,双方可约定共同共有、按份共有或一方独有,并办理相应的登记。若根据双方约定,房屋登记为按份共有或一方独有,基于公示的设权力,房屋权属按照登记确定。若房屋登记为共同共有,但双方约定为按份共有或一方独有,该约定对双方有约束力,在离婚时应根据约定来确定房屋归属;但该约定不能排斥其他人,即对他人而言,房屋根据登记归A、B共同共有,一旦房屋转让或抵押,需A、B共同作为义务人申请办理登记。

夫妻共同共有的特殊规范主要在于共有财产的分割:

第一,在婚姻存续期间,《民法典》第1066条、《婚姻家庭编解释一》第38条把夫妻一方行使分割请求权的"重大事由"严格限定为:其一,一方有隐藏、转移、变卖、毁损、挥霍夫妻共同财产或者伪造夫妻共同债务等严重损害夫妻共同财产利益的行为;其二,一方负有法定扶养义务的人患重大疾病需要医治,另一方不同意支付相关医疗费用。

第二,在离婚时的裁判分割,《民法典》第1087条第1款规定,法院按照照顾子女、女方和无过错方权益的原则判决。与该原则相应,《民法典》第1092条第1句规定:"夫妻一方隐藏、转移、变卖、毁损、挥霍夫妻共同财产,或者伪造夫妻共同债务企图侵占另一方财产的,在离婚分割夫妻共同财产时,对该方可以少分或者不分。"①

2. 家庭共同共有

家庭会成为生产经营的单位(如个体工商户、农村承包经营户),在其成员均参与生产经营时,家庭财产属于共同共有。即便家庭不是生产经营的单位,在法律有规定(如作为宅基

---

① 《婚姻家庭编解释二》第6条规定,夫妻一方未经另一方同意,在网络直播平台用夫妻共同财产打赏,数额明显超出其家庭一般消费水平,严重损害夫妻共同财产利益的,可以认定为《民法典》第1066条和第1092条规定的"挥霍"。另一方请求在婚姻关系存续期间分割夫妻共同财产,或者在离婚分割夫妻共同财产时请求对打赏一方少分或者不分的,法院应予支持。第7条规定,夫妻一方为重婚、与他人同居以及其他违反夫妻忠实义务等目的,将夫妻共同财产赠与他人或者以明显不合理的价格处分夫妻共同财产,另一方以该方存在转移、变卖夫妻共同财产行为,严重损害夫妻共同财产利益为由,依据《民法典》第1066条规定请求在婚姻关系存续期间分割夫妻共同财产,或者依据《民法典》第1092条规定请求在离婚分割夫妻共同财产时对该方少分或者不分的,法院应予支持。

地使用权主体的农户)或当事人有约定(如第四章第二节论及的"娃娃房")时,特定的家庭财产(如宅基地使用权、房屋)也为共同共有。

需要注意的是,家庭成员不限于父母子女,还可包括祖父母、外祖父母、孙子女、外孙子女,共同共有也不以共同生活为必要,一旦家庭成员的关系恶化,某一成员可行使分割请求权,由法院裁判分割。比如,杨某兵(已病故)是杨某照的儿子,杨某甫是杨某兵的儿子,他们与其他成员组成农户,是案涉房屋的共同共有人。杨某甫以锁大门的方式阻碍杨某照回家居住,杨某照向法院提起诉讼,请求分割房屋。法院生效裁判综合考量当事人意愿、房屋结构、间数、生活便利及杨某照原居住的情况等因素,确认案涉房屋底楼正对大门的两间房间归杨某照所有,其他成员为杨某照居住房屋提供进出通行的方便。[①]

3. 遗产共同共有

被继承人死亡,继承人为数人的,遗产由继承人共同共有。遗产共同共有的特殊规范主要是遗产分割:其一,继承人之所以有共同关系,是因其身份天然黏合而成,目的在于合理分配遗产,任一继承人可随时请求分割遗产。其二,根据《民法典》第1130条,遗产的分配以均等为原则,即同一顺序继承人继承遗产的份额一般应均等,以照顾弱者、奖勤罚懒、意思自治为例外,即对生活有特殊困难又缺乏劳动能力的继承人应予照顾,对被继承人尽了主要扶养义务或者与被继承人共同生活的继承人可以多分,对有扶养能力和有扶养条件、但不尽扶养义务的继承人应当不分或少分,继承人协商同意的可不均等。其三,根据《民法典》第1156条、《继承编解释一》第42条,遗产的分割应有利于继承人的生产和生活需要,有利于发挥遗产的使用效益,兼顾各继承人的利益。

4. 合伙共同共有

在合伙企业之外的合伙,其共同关系指向合伙合同,根据《民法典》第967条,合伙人需有共同的事业目的,并共享利益、共担风险,这是它与按份共有的根本差异之所在。比如,A、B、C均等出资购买货车,每人各开1周拉货,每周轮换,三人于此尽管被束缚到同一货车上,会一荣俱荣、一损俱损,如车坏在A手中一个月没修好,B、C也只能歇业没钱赚,但各自仍独立结算,A不仅负责修车,还要承担B、C的损失,因而构成按份共有。若非如此,A、B、C以共同运营货车为起点,合伙在货运行业大干一场,约定盈亏共担,则包括货车在内的运营财产均属于合伙共同共有。

为了实现共同的事业目的,合伙人需出资,并因而对合伙财产各有份额,这看上去又与按份共有无异。不过,合伙财产份额与按份共有份额形似实非,主要表现为:其一,《民法典》第969条第1款规定,合伙财产包括合伙人的出资以及因合伙事务依法取得的收益和其他财产,具有概括性和变动性,合伙财产份额针对的是合伙财产整体,而不是某一特定之物[②];按份共有的份额则针对特定之物。其二,合伙财产份额反映了合伙人之间的权利义务关系,表现了合伙人的法律地位,与合伙人地位不可分离[③];按份共有份额没有这样强烈的人身依

---

① 参见四川省高级人民法院发布七例2021年老年人权益保护典型案例之六"杨某照诉杨某甫、姚某碧、杨某杰共有物分割纠纷案"。

② 参见谢鸿飞、朱广新主编:《民法典评注:合同编 典型合同与准合同》(第4册),中国法制出版社2020年版,第488—489页;周江洪:《典型合同原理》,法律出版社2023年版,第626页。

③ 参见朱虎:《〈民法典〉合伙合同规范的体系基点》,载《法学》2020年第8期;徐强胜:《论合伙财产份额的转让——〈民法典〉第974条解析》,载《法学家》2023年第5期。

附性。其三,合伙财产份额转让实际导致合伙人变动,为了维系合伙人之间的关系,根据《民法典》第974条,除合伙合同另有约定外,合伙人向合伙人以外的人转让份额的,需经其他合伙人一致同意;与此不同,按份共有人可自由转让其份额。

合伙共同共有的特殊规范主要是合伙财产分割:其一,合伙财产是合伙持续的物质基础,其分割将导致合伙岌岌可危,《民法典》第969条第2款规定,合伙合同终止前,合伙人不得请求分割合伙财产。换言之,只有合伙合同终止,才能分割合伙财产。[①] 其二,《民法典》第972条、第978条规定,合伙财产在支付因终止而产生的费用以及清偿合伙债务后有剩余的,按照合伙合同的约定分配;合伙合同没有约定或者约定不明确的,由合伙人协商决定;协商不成的,由合伙人按照实缴出资比例分配;无法确定出资比例的,由合伙人平均分配。

四、准共有

《民法典》第310条规定:"两个以上组织、个人共同享有用益物权、担保物权的,参照适用本章的有关规定。"这是准共有的基本规范,它把准共有的对象限定为限制物权,但学理范围没这么窄,债权、股权、知识产权等财产权均可归入其中。

准共有是学理概念,其意义主要在于共有之外的由数人共享权利的法律适用:(1)财产权之外的权利和利益(如人格权、占有)不成立准共有,它们不能参照适用共有规范。(2)准共有有特别规范的(如《民法典》第860条规定的发明创造的合作开发者共有申请专利的权利、《著作权法》第14条规定的合作作者共有作品的著作权),应优先适用。(3)准共有没有特别规范的,根据其为按份共有还是共同共有分别参照适用相应规范。

第四节　建筑物区分所有权

在物权编,第六章"业主的建筑物区分所有权"位于共有之前,但建筑物区分所有权融合了独有和共有,且该共有属于特殊的按份共有,这意味着要准确理解建筑物区分所有权,离不开共有的知识铺垫,故本书把建筑物区分所有权置于共有之后论述。

一、建筑物区分所有权概述

(一)建筑物区分所有权的概念

《民法典》第271条规定:"业主对建筑物内的住宅、经营性用房等专有部分享有所有权,对专有部分以外的共有部分享有共有和共同管理的权利。"据此,建筑物区分所有权是指以包括数个房屋等专有部分以及墙体、楼道等共有部分的建筑物为客体,由数人分别享有专有部分所有权,并基于专有部分来共同享有共有部分的复合型权利。

在现代社会,建筑物区分所有权是老百姓最熟悉的房屋所有权类型。普通民众在城镇购得一套商品住宅予以独占支配,并因此与其他住户共有墙体、楼道、走廊、电梯等共有部分,这构成了建筑物区分所有权的典型形态。

---

① 也有例外,全体合伙人可一致同意在合伙合同终止前分割合伙财产的。参见唐勇:《论合伙财产的物权归属——对〈民法典〉第969条的评注》,载《清华法学》2024年第3期。

(二) 业主

在"业主的建筑物区分所有权"中,"业主"的法律意义在于厘定能适用建筑物区分所有权规范的主体,它包括以下形态：

(1) 在不同情况,房地产开发企业等合法建造建筑物的建设用地使用权人(通称建设单位)有不同身份,法律适用随之不同：其一,建设单位为一人,且建筑物由建设单位自用的,建筑物归其独有,不适用建筑物区分所有权规范。其二,建设单位为两人以上,且建筑物由建设单位自用的,建设单位因共有建设用地使用权而共有建筑物,应适用共有规范;但在专有部分分割后,不同的建设单位取得不同专有部分所有权的,建设单位为业主。其三,建筑物并非由建设单位自用,而专门用于销售的(如通常的商品住宅),就未出售的专有部分,建设单位是业主。

(2) 建设单位之外的依法取得专有部分的所有权人,其权属界定遵循不动产登记的设权力(如以买卖合同为原因行为,通过转移登记取得某套商品住宅所有权)或宣示力(如继承某套商品住宅所有权)。

(3)《建筑物区分所有权解释》第1条第2款规定,基于与建设单位之间的商品房买卖合同,已经合法占有专有部分,但尚未依法办理所有权转移登记的人,可以认定为业主。这种业主仅为房屋买受人,并非所有权人,但能根据建筑物区分所有权规范来利用和管理共有部分。[①]

(三) 建筑物区分所有权的客体

作为建筑物区分所有权客体的建筑物一定能区分为多个专有部分。区分的方式可以是纵向的(如3层联排别墅每户的1—3层为一个专有部分),可以是横向的(如3层楼的每一层为一个专有部分),可以是纵横结合的(如3层楼分为5个单元,每单元每层3户,每户为一个专有部分)。

专有部分之外的墙体、楼道、走廊、电梯等为共有部分(也称公共部分)。若采用物权客体特定的属性标准,共有部分是由不同的物聚合而成的不特定之物,不能承载单一所有权;但采用观念标准,它们皆在专有部分之外,均以辅助专有部分的功用实现为己任,整体可视为特定之物。

这样一来,无论是专有部分、共有部分还是由它们组成的建筑物整体,都符合特定原则,都能记载于不动产登记簿。

提示：公益性配套公共设施的法律地位

为了城市发展,政府往往希望建设单位在建设住宅小区的同时,也完成中小学、幼儿园、社区卫生服务中心等公益性配套公共设施建设。在这种情形下,主管部门会通过规划来确定公共配套设施,出让合同也会约定建设单位无偿建设这些房屋。建设单位在合法建成后,无偿移交给政府相关部门,由后者代表国家取得公益性公共配套房屋所有权。故而,公益性公共配套房屋既非专有部分,也非共有部分,不适用建筑物区分所有权规范。

---

① 参见最高人民法院民事审判第一庭编著：《最高人民法院建筑物区分所有权、物业服务司法解释理解与适用》(第2版),人民法院出版社2017年版,第32页。

(四) 建筑物区分所有权的构造

专有部分与共有部分是不同的客体[①],分别承载不同的所有权,前者称为专有权,后者称为共有权,建筑物区分所有权因而是复合型的权利构造,包含两类所有权,而非是同一建筑物承载了两个所有权。

在这两类权利中,实践中更为重要的当然是专有权,业主买房时看重的是专有权;而且,只有在专有权的基础上,业主才能取得共有权。不过,建筑物区分所有权规范的调整重点是共有权而非专有权,因为业主基本上是陌生人,只不过因取得专有权而偶合。在此情形下,如何让来自五湖四海的业主在维系和发挥共有部分正常效用上能齐心协力,不可能单靠业主自治,还必须有机融入法律强制,这正是建筑物区分所有权规范的中心任务。

二、专有权

(一) 专有部分

1. 专有部分的条件

专有部分是专有权的客体,包括房屋、车位、摊位等特定空间。《建筑物区分所有权解释》第2条第1款规定的专有部分条件为:其一,具有构造上的独立性,能够明确区分;其二,具有利用上的独立性,可以排他使用;其三,能够登记成为特定业主所有权的客体。其中,前两者为实质要件,第三个为形式要件。[②]

只要不具备前两个条件之任一,就不可能具备第三个条件。比如,一套三居室住宅中的一间房屋不能成为专有部分,虽然它在构造上通过墙体、天花板等区隔而独立于住宅的其他部分,但其功能离不开客厅、厨房、卫生间等其他部分的配套支持,没有利用上的独立性,因而不能在不动产登记簿中记载为所有权客体。

具备了前两个条件的,即便尚不具备第三个条件,也不能否认其为专有部分。比如,车位、摊位通常不像房屋那样有实体区隔,但通过划线标注等方式能使其满足构造上的独立性,也具备利用上的独立性,因而是专有部分。在符合不动产登记的要求时,登记机构还应依法办理登记。比如,王某购买某商场四层C048号商铺,面积8.51平方米。王某就该商铺向某市不动产登记中心申请办理登记,该中心作出不予受理告知。法院生效裁判认为,具有独立利用价值的特定空间可以办理不动产登记。案涉商铺以地钉形式进行了虚拟分割,界限清晰且具有独立使用价值,应予登记,判决撤销该不予受理告知。[③]

2. 专有部分的成分

在实践中,为了促销房屋,建设单位会采用对顶层业主赠阁楼、对一层业主赠小院等措施,其中涉及的露台、绿地(即栽于土地的草木绿植)会成为专有部分的成分。《建筑物区分所有权解释》第2条第2款规定,规划上专属于特定房屋,且建设单位销售时已经根据规划列入该特定房屋买卖合同中的露台等,应当认定为专有部分的组成部分。据此,露台成为房屋成分的条件为:(1) 符合规划,由此确保露台是合法建筑;(2) 物理上专属于特定房屋,由此确保房屋所有权人能排他地使用露台;(3) 买卖合同有约定,由此确保建设单位确实把露

---

① 参考案例"陆某某诉某物业公司物业服务合同纠纷案"的裁判要旨指出,两者在归属上存在非此即彼的逻辑关系。

② 参见参考案例"陆某某诉某物业公司物业服务合同纠纷案"。

③ 参见河南省高级人民法院发布六个服务保障建设全国统一大市场行政诉讼典型案例之二"王某诉某市不动产登记中心房屋登记行政登记纠纷案"。

台出卖给购房人。绿地成为房屋成分的条件为：其一，在规划上专属于特定房屋，由此确保绿地合法；其二，买卖合同有约定，由此确保建设单位确实把绿地出卖给购房人；其三，绿地在购买时已被明示（如围了起来），由此确保符合《民法典》第274条第2句有关属于个人的绿地需明示的要求。至于是否登记，在所不问。① 在露台、绿地成为房屋成分后，房屋转让要连带露台、绿地一并转让，当事人的相反约定对此没有意义。

提示：规划许可对专有部分的作用

规划许可对专有部分的界定起着重要作用。比如，《民法典》第275条第1款在界定作为专有部分的车位、车库时，表述为"规划用于停放汽车的车位、车库"，其中的"规划"就是规划许可。② 又如，在判断露台、绿地等是否属于房屋成分时，首先看规划许可有无这样的内容。

（二）专有权的内容

《民法典》第272条第1句规定："业主对其建筑物专有部分享有占有、使用、收益和处分的权利。"据此，业主能独占支配专有部分，予以独立占有、使用、收益和处分，这些权能是专有权的法定内容，不容其他业主通过决议等方式限制或剥夺，也不容物业服务企业等其他主体限制或剥夺。而且，根据《建筑物区分所有权解释》第4条，业主基于对专有部分特定使用功能的合理需要，在不违反法律、法规、管理规约，不损害他人合法权益的情况下，能无偿利用相关的共有部分，这体现了相邻关系的要求。

提示：业主在自有停车位加装充电桩的法律适用

随着新能源汽车的快速发展，业主在自有停车位加装充电桩成为迫切的现实需要，也引发了不少纠纷。根据上述内容并结合司法实践，解决此类纠纷有以下法律适用要点：（1）业主的自有停车位符合专有部分要求的，属于专有部分。（2）在符合相关要求的情况下③，业主在自有停车位加装充电桩是合理使用专有部分，其他业主、物业服务企业均不得限制。具体而言，对于业主安装充电桩的申请，物业服务企业既不得以出具安装证明涉及业主公共利益或公共安全为由，消极对待业主的安装申请④，也不得以其他业主不同意为由予以拒绝。⑤（3）业主在自有停车位加装充电桩可以合理使用共有部分。⑥

---

① 参见最高人民法院民事审判第一庭编著：《最高人民法院建筑物区分所有权、物业服务司法解释理解与适用》（第2版），人民法院出版社2017年版，第48—49页、第55—57页。
② 参见黄薇主编：《中华人民共和国民法典释义》（上册），法律出版社2020年版，第515页。
③ 在安装流程上，需先由业主申请，再由物业服务企业出具同意安装的证明，最终由供电公司等部门现场勘查后，从安全、交通等角度判断能否安装。
④ 参见参考案例"聂某诉某生活服务集团股份有限公司东莞分公司、某生活服务集团股份有限公司物业服务合同纠纷案"。
⑤ 在重庆市高级人民法院发布十起弘扬社会主义核心价值观典型案例（第三批）之七"王某与綦江区古南街道锦绣春天业主委员会、重庆浩佳物业管理有限公司物业服务合同纠纷案"中，原告王某换购一台新能源汽车，向被告一重庆浩佳物业管理有限公司申请出具同意其在自有停车位安装充电桩的证明材料，该公司汇报给被告二綦江区古南街道锦绣春天业主委员会，被告二征求1号车库84户业主意见，2/3以上的车位业主以存在安全隐患为由不同意原告安装充电桩。被告二据此作出不同意原告安装充电桩的决定，被告一也拒绝了原告的申请。法院生效裁判认为，原告在专有车位安装充电桩，并无证据证明有安全隐患或损害其他业主的情形，部分业主不同意，在程序、实体上与《民法典》相关规定不符。判决被告一为原告出具同意安装充电桩的证明材料，并在原告安装充电桩时，给予必要的协助。
⑥ 参见参考案例"赖某标诉厦门某物业管理有限公司三明某服务部物业服务合同纠纷案""陈某某诉珠海某物业公司物业服务合同纠纷案"。

(三) 专有权的限制

业主虽然独占支配专有部分，但专有部分毕竟是建筑物的一部分，与其他业主的利益密切相关，根据《民法典》第 272 条第 2 句、第 286 条第 2 款、第 287 条、《建筑物区分所有权解释》第 15 条等规定，业主改造、装修等使用专有部分的行为不得危及建筑物的安全，不得损害其他业主的合法权益，若有任意弃置垃圾、排放污染物或噪声、违反规定饲养动物、损害房屋承重结构、违反规定进行房屋装饰装修等行为的，受损害的业主或业主大会、业委委员会有权行使物权请求权或损害赔偿等债权请求权。

最高人民法院发布十五件法院抓实公正与效率践行社会主义核心价值观典型案例之八"黄某等人诉刘某恢复原状纠纷案"：原告黄某等人将某商品房工程的泥工工程量发包给被告刘某，约定刘某可在该工程商品房中挑选一套商品房抵扣工程款。刘某根据约定，实际占有、装修并入住案涉房屋。装修过程中，刘某擅自改变房屋布局，将卫生间拆除，又将厨房改为卫生间，导致案涉房屋的卫生间正对楼下商品房的厨房。后因工程价款问题，案涉房屋未能过户到刘某名下。原告向刘某提出恢复原状之诉。法院生效裁判认为，业主应承担不得危及建筑物安全，不得损害其他业主合法权益的义务，包括不得实施违法改建、扩建，改变专有部分本来用途和使用目的，以及违反当地生活习惯和善良风俗等不当损毁和不当使用的行为，遂判决刘某将厨房改造的卫生间恢复原状。

作为《民法典》第 272 条第 2 句的具体化，第 279 条规定："业主不得违反法律、法规以及管理规约，将住宅改变为经营性用房。业主将住宅改变为经营性用房的，除遵守法律、法规以及管理规约外，应当经有利害关系的业主一致同意。"《建筑物区分所有权解释》第 10 条第 1 款规定："业主将住宅改变为经营性用房，未依据民法典第二百七十九条的规定经有利害关系的业主一致同意，有利害关系的业主请求排除妨害、消除危险、恢复原状或者赔偿损失的，人民法院应予支持。"据此可知：(1) 业主把住宅改为经营性用房（如网约房）的"住改商"行为，应经有利害关系的业主[①]的一致同意；若非如此，业主仍在住宅中居住，只是间或在此从事营利活动（如进行钢琴私教）的，不能适用前述规定。(2) 业主的"住改商"行为未经有利害关系业主一致同意的，有利害关系的业主可通过诉请恢复原房屋用途或赔偿损失等来保护自己的权益。[②] 比如，被告中国联通上饶市分公司未征求利害关系业主同意，将其购买的 201 室房屋交由被告中国联通广信区分公司用作无人值守机房。身为 202 室业主的原告徐某某认为案涉机房运转产生噪声、辐射等安全隐患，严重影响其生活质量和身心健康，要求两被告排除妨害，拆除位于案涉房屋的光纤、宽带传输设备，恢复房屋的住宅用途。法院生效裁判认为，两被告的行为改变了案涉房屋的住宅用途，构成"住改商"，未经有利害关系的业主一致同意，原告有权要求两被告将案涉房屋恢复为住宅用途。[③] (3) "住改商"所涉及的合同（如网约房租赁合同），不因违背前述规定而被径直认定无效。

---

① 《建筑物区分所有权解释》第 11 条将有利害关系的业主界定为本栋建筑物内的其他业主，以及同一住宅小区内能证明其房屋价值、生活质量受到或可能受到不利影响的本栋建筑物之外的业主。
② 在管理规约或物业服务合同另有约定时，业主大会、业主委员会或物业服务企业也能作为适格原告提起诉讼。
③ 参见江西省高级人民法院发布 2022 年度贯彻实施民法典十大典型案例之二"徐某某诉中国联通上饶市分公司等建筑物区分所有权纠纷案"。

上述的专有权限制规范属于应优先适用的建筑物区分所有权的相邻关系特殊规范,此外还应适用包括相邻关系一般规范在内的所有权限制规范。

(四)专有权的保护

从前述可知,专有权被他人不当干涉的,业主有权行使物权请求权以及损害赔偿等债权请求权。此外,若因建设单位的设计等原因导致业主无法对专有部分独立占有、使用或收益的,建设单位应予赔偿。比如,牛某购买一套商品房,买卖合同约定房屋建筑面积261.79平方米,其中套内建筑面积218.86平方米,公共部位分摊建筑面积42.93平方米。合同附件与不动产权证书的案涉房屋建筑面积平面图均将电梯前室面积计入案涉房屋套内面积。牛某认为案涉房屋电梯前室面积应为公摊面积,不应计入套内面积,出卖人天津某投资公司交付房屋的面积与合同约定不符,主张该公司应赔偿其损失8万元。法院生效裁判认为,出卖人将电梯前室的面积计入案涉房屋的套内面积售予牛某,牛某依法对电梯前室可独立占有、支配和使用。出卖人将本应设置在公共区域的消防栓等公共设施设计安装在该电梯前室内,消防部门要经常进入到该电梯前室进行消防设施的检查,致使牛某对电梯前室不能独立占有、支配、使用,牛某对电梯前室享有的完整物权不能实现。因此,出卖人的行为属于违约,由此给牛某造成的损失,出卖人应赔偿5万元。[①]

关联:业主的行政救济途径

除了前述的民法保护,业主依法也能获得行政救济。在参考案例"秦某诉日照山海天旅游度假区综合行政执法局不履行法定职责案"中,在经审查批准的规划方案中,案涉楼房6楼以上为隔热层,系不设门窗未被利用的封闭空间。在楼房验收合格并交付使用后,该隔热层被开发商安装上入户门,改造为阁楼并出售。原告购买6楼住房一套,房屋存在漏水情形,但尚不明确是否是由于楼上隔热层改造使用而导致。原告以举报人身份,请求被告日照山海天旅游度假区综合行政执法局依法查处楼上违法建设并责令罚款、立即恢复原规划,追究责任。被告收到原告的违法建设查处申请书后,向原告送达了信访事项处理意见书等资料。法院生效裁判认为,被告收到原告的举报申请后,未向原告出具是否受理的书面材料,亦未作出相应的处理决定,未依法履行法定职责,存在违法。该案裁判要旨指出:"楼下住户可以就楼上违规建设以个人名义提起行政诉讼。楼下房屋与楼上区域有直接接触面积,可以推定楼上建筑区域的使用方式变更与楼下住户存在利害关系,符合行政诉讼法规定的'与行政行为有利害关系'情形。本着最大程度保护行政相对人合法权益的原则,楼下住户具备行政诉讼原告主体资格,可以以个人名义提起行政诉讼,要求相关职责部门依法履行查处职责。"

三、共有权

(一)共有部分

1. 共有部分的范围

根据《民法典》第274—275条及《建筑物区分所有权解释》第3条、第6条,作为共有权

---

① 参见天津市第三中级人民法院发布十个商品房买卖合同纠纷典型案例(2019年—2022年)之五"天津某投资有限公司与牛某商品房销售合同纠纷案"。

客体的共有部分主要包括：其一，建筑物的基础、承重结构、外墙、屋顶等基本结构部分，通道、楼梯、大堂等公共通行部分，消防、公共照明等附属设施、设备[①]，避难层、设备层或者设备间等结构部分；其二，建筑区划内的道路，但是属于城镇公共道路的除外；其三，建筑区划内的绿地，但是属于城镇公共绿地或明示属于个人的除外；其四，建筑区划内的其他公共场所、公用设施和物业服务用房[②]；其五，占用业主共有的道路或者其他场地用于停放汽车的车位[③]；其六，其他不属于业主专有部分，也不属于市政公用部分或者其他权利人所有的场所及设施等。

《民法典》第357条规定了"地随房走"规范："建筑物、构筑物及其附属设施转让、互换、出资或者赠与的，该建筑物、构筑物及其附属设施占用范围内的建设用地使用权一并处分。"据此，业主在取得专有部分时，也取得其占有范围内的建设用地使用权，结果是根据《建筑物区分所有权解释》第3条第2款，由业主共同享有建设用地使用权。就此而言，建设用地使用权也能归为共有部分。

提示：住宅小区建设用地使用权的法律属性

与建筑物区分所有权相关的建设用地使用权并不一定都是共有部分，必须根据规划加以甄别。以住宅小区为例，在建设单位把小区建成后，建设用地使用权有以下不同属性：(1)规划为城镇公共道路和城镇公共绿地的占地使用权既非专有部分，也非共有部分。(2)某一业主专有的整栋建筑物（如独栋别墅）的规划占地为独立宗地，与小区的其他房屋分别处于不同宗地的，其使用权归该业主。[④] (3)某一业主专有房屋的规划占地不是独立宗地，与小区的其他房屋共处同一宗地的，建设用地使用权由全体业主共有。

2. 共有部分的法定性

共有部分由法律规定，以住宅小区为例，在住宅小区建成后，即便房屋尚未销售，建设单位也仅取得专有部分所有权，共有部分自始归业主共有。《不动产登记暂行条例实施细则》第36条规定，建设单位在申请办理房屋所有权首次登记时，应将共有部分一并申请登记为业主共有。之所以如此，是因为全体业主是因专有权才聚在一起的松散利益联盟，决策起来困难重重，对共有部分的支配利益很容易存在缺口，发生建设单位把部分共有部分划归自己

---

① 参考案例"某服饰店诉张某、某机关事务管理局、某机关服务中心财产损害赔偿纠纷案"的生效裁判指出，漏水水管位于张某所有房屋的楼顶近天花板处，在张某自用水表的水阀之外，漏水部分水管对于张某来说"不具有利用上的独立性，也不可以排他使用"，故该部分水管应当认定为属于全楼共用水管，属于楼栋业主的共有部分。

② 在建筑区划范围内的房屋，除了专有部分和公益性公共配套设施，其余的物业服务用房等房屋属于共有部分。在判断某套或某栋房屋是否属于共有部分时，很重要的标准是看规划许可对房屋用途的标注，只要表述为物业服务用房等，就属于共有部分。

③ 在判断停车位是专有部分还是共有部分时，除了依据规划，还要看是否占用业主共有部分，若占用共有道路等共有部分，则停车位属于共有部分。参考案例"梅州市梅江区某业主委员会诉梅州市梅江区某房地产开发有限公司、杜某某建筑物区分所有权纠纷案"的生效裁判指出，规划职能仅决定用途和功能，停车场经过规划审批不能作为认定其属专有部分的依据；停车场设在全体业主共有的绿地之上，应属全体业主共有。

④ 从《建筑物区分所有权解释》第3条第2款可知，无论业主专有的整栋建筑物的规划占地是否属于独立宗地，其使用权都属于该业主，而非业主共有。在该规划占地并非独立宗地的情形，该条款颇值商榷。因为业主专有的整栋建筑物的占地必经规划，只要该地块未被规划为独立宗地，包括该地块在内的小区宗地使用权就应由业主共有。而且，只要规划不调整，无论是主管部门还是业主大会，都无法根据不同楼宇的分布来分割小区宗地，在此限定下，业主专有的整栋建筑物占地的使用权不可能归该业主专有。

私有或调拨给个别业主所有的现象,从而侵害全体业主利益。为了有效应对这种损及全体业主利益的情形,法律直接明确共有部分及其权属,是效率最高的确权机制。

争点:人防车位是专有部分、共有部分抑或其他?

《人民防空法》第22条规定:"城市新建民用建筑,按照国家有关规定修建战时可用于防空的地下室。"据此,住宅小区往往建有用于防空的地下室(通称结建人防工程),在实践中通常用作车位(通称人防车位)。该车位的法律属性是专有部分、共有部分、国防资产、公益性配套设施,抑或其他,存在巨大争议。本书认为,在规划及出让合同等明确建设单位应建设该工程,并无偿移交政府相关部门时,其等同于公益性配套设施。若非如此,不宜将其作为国防资产,因其并非国家为国防建设直接投入资源所形成的。[①] 同时,因法律未明确将其界定为共有部分,也不宜将其作为共有部分。[②] 从现行法出发,将该车位作为专有部分,由建设单位取得所有权,并能依法转让给买受人,符合《人民防空法》第5条第2款"人民防空工程平时由投资者使用管理,收益归投资者所有"的规定意图。当然,无论建设单位还是买受人均要承担平时保持其防空效能、战时用于防空的义务。

3. 共有部分的使用

在共有部分中,有的为全体业主共同使用,如道路、绿地、公共场所、公用设施;有的仅为部分业主共同使用,如某栋楼的外墙、楼顶仅为该栋楼业主使用,某单元的通道、楼梯仅为该单元业主使用;有的仅为个别业主专门使用,如业主与建设单位的商品房买卖合同约定,不是特定房屋成分的绿地由一楼业主使用,其他业主对此不持异议的,该绿地由相应的业主专用;还有的供物业服务人专用,如物业服务用房。[③] 其中,为全体或部分业主共同使用的共有部分只能由业主共同使用,不能被个别业主专用。

> 贵州省高级人民法院发布物权纠纷十大典型案例之三"张某、代某等诉汪某相邻关系纠纷案":张某、代某、汪某等各自购买了某楼栋同层房屋,张某、代某等两套房屋位于正中间,汪某的房屋位于左侧,电梯出口为公用前室,经该前室左右两边走廊可到左右两户入户门。该楼盘商品房买卖合同载明公摊面积部分包含电梯公共前室部分等。汪某将公用前室至其入户门的走廊加装玻璃入户门,并在左侧外墙安装铝合金玻璃窗户、天井边安装防盗网,用于个人安放鞋架、洗衣机、养殖花卉等。法院生效裁判认为,汪某入户门外的走廊通道属公共区域,是业主共有部分,汪某在走廊过道安装玻璃门窗与公用

---

① 《国防法》第40条第1款规定:"国家为武装力量建设、国防科研生产和其他国防建设直接投入的资金、划拨使用的土地等资源,以及由此形成的用于国防目的的武器装备和设备设施、物资器材、技术成果等属于国防资产。"不过,参考案例"曾某某诉江西某实业公司买卖合同纠纷案"的生效裁判指出,人防车位本质属性为国家战备设施,应当归国家所有;但为鼓励社会资本投资人防工程建设,减轻国家财政负担,人防工程经验收合格后,投资者可以取得用益物权性质的人防车位使用权。

② 参考案例"某实业公司诉某物业管理公司物业服务合同纠纷案"的裁判要旨指出:"在开发商与小区业主并未约定地下车库的归属或者使用,亦无法证明地下停车场的建设款项列入由业主分摊的涉案小区的建设成本时,地下车位由开发商建设、投资的,仍归开发商使用收益。因地下车位没有计入容积率即并未占用涉案小区土地的使用权,不宜认定地下车库已随案涉小区项目土地使用权的转让,一并转移给全体业主所有。"

③ 《物业管理条例》第37条规定:"物业管理用房的所有权依法属于业主。未经业主大会同意,物业服务企业不得改变物业管理用房的用途。"

走廊隔断独自使用,影响了张某、代某等的通风采光、消防安全等权益,汪某应立即拆除案涉走廊通道上的铝合金玻璃门及窗户并恢复原状。

(二) 共有权的属性

共有权是业主对共有部分的支配权,业主可管理共有部分,这同时也是业主的义务,共有权因此融权利和义务于一体。《民法典》第 273 条第 1 款规定,业主对共有部分享有权利,承担义务,不得以放弃权利为由不履行义务。

《民法典》第 278 条、第 283 条以专有部分的面积与专有部分总面积的比例来对业主的共有权益进行份额配比,据此可将共有权归为按份共有。[①] 不过,与本章第三节所述的按份共有相比,共有权有特殊性:(1) 共有权是业主取得专有权时的附带权利,要附属于专有权,份额和共有权因此不能单独处分,应与专有权一体处分。《民法典》第 273 条第 2 款规定:"业主转让建筑物内的住宅、经营性用房,其对共有部分享有的共有和共同管理的权利一并转让。"(2) 业主不能请求分割共有部分。故而,共有权属于特殊的按份共有,应优先适用建筑物区分所有权规范。

(三) 共有权的行使

1. 行使主体

(1) 业主大会

全体业主是共有部分的共有权人,共有权的行使主体是由全体业主组成的业主大会。学理通常认为业主大会为自治组织[②],通过会议的方式运作。[③]《民法典》第 278 条第 1 款将业主大会的事权明确为以下九项:第一,制定和修改业主大会议事规则[④];第二,制定和修改管理规约[⑤];第三,选举业主委员会或者更换业主委员会成员;第四,选聘和解聘物业服务企业或者其他管理人;第五,使用建筑物及其附属设施的维修资金;第六,筹集建筑物及其附属设施的维修资金;第七,改建、重建建筑物及其附属设施;第八,改变共有部分的用途或者利用共有部分从事经营活动;第九,有关共有和共同管理权利的其他重大事项[⑥]。第 2 款把会议表决规则明确为:第一,应由专有部分面积占比 2/3 以上的业主且人数占比 2/3 以上的业主参与表决;第二,决定前款第六项至第八项规定的事项,应当经参与表决专有部分面积 3/4 以上的业主且参与表决人数 3/4 以上的业主同意;决定前款其他事项,应当经参与表决专有

---

① 在比较法上,日本和我国台湾地区把共有权定性为按份共有,在业主未特别约定时,以专有部分的面积与专有部分总面积的比例确定份额,作为业主对共有部分利益归属和费用负担的分配标准。参见〔日〕近江幸治:《民法讲义 II 物权法》,王茵译,北京大学出版社 2006 年版,第 185 页;谢在全:《民法物权论》(修订 8 版上册),新学林出版股份有限公司 2023 年版,第 260—262 页。

② 参见王利明:《物权法》(第二版),中国人民大学出版社 2021 年版,第 161—162 页;崔文星:《物权法原理》(上册),中国法制出版社 2023 年版,第 382 页。

③ 《物业管理条例》第 12 条规定,业主大会会议可以采用集体讨论的形式,也可以采用书面征求意见的形式。

④ 《物业管理条例》第 18 条规定:"业主大会议事规则应当就业主大会的议事方式、表决程序、业主委员会的组成和成员任期等事项作出约定。"

⑤ 《物业管理条例》第 17 条规定:"管理规约应当对有关物业的使用、维护、管理,业主的共同利益,业主应当履行的义务,违反管理规约应当承担的责任等事项依法作出约定。管理规约应当尊重社会公德,不得违反法律、法规或者损害社会公共利益。管理规约对全体业主具有约束力。"

⑥ 《建筑物区分所有权解释》第 7 条规定,处分共有部分,以及业主大会依法决定或者管理规约依法确定应由业主共同决定的事项,应当认定为"其他重大事项"。参考案例"丁某诉某业主委员会业主撤销权纠纷案"的裁判要旨指出:"地下车库的管理使用直接关系到住宅小区生活秩序的和谐安定,属于有关共有和共同管理权利的重大事项,应当由全体业主共同决定,而非全体地下车位业主决定。"

部分面积过半数的业主且参与表决人数过半数的业主同意。[1]

(2) 业主委员会

业主大会可选举业主委员会作为执行机构，进行相应的民事活动和诉讼活动。[2]《物业管理条例》第15条规定："业主委员会执行业主大会的决定事项，履行下列职责：（一）召集业主大会会议，报告物业管理的实施情况；（二）代表业主与业主大会选聘的物业服务企业签订物业服务合同；（三）及时了解业主、物业使用人的意见和建议，监督和协助物业服务企业履行物业服务合同；（四）监督管理规约的实施；（五）业主大会赋予的其他职责。"[3]

作为业主大会的执行机构，业主委员会以行使共有权为职责，以服务全体业主为目的[4]，其在业主大会授权范围的行为结果应由业主大会承受。[5]

上海市高级人民法院发布2021年度破解"执行难"十大典型案例之九"某设备公司申请执行上海某业主委员会买卖合同纠纷案"：就某设备公司诉上海某业主委员会（以下简称某业委会）买卖合同纠纷一案，法院判决某业委会应支付某设备公司货款及违约金。判决生效后，某业委会未依法履行义务，某设备公司向法院申请强制执行。某业委会未在执行法院指定期间履行义务，向法院报告财产的内容仅为户名为"某业主大会"的银行账户，账户内的资金为维修资金。某业委会名下无其他财产可供执行。执行法院经审查认为，该案债务系购置安装小区中央空调热流量表具产生，属于因共用设施设备更新改造的小区公共事项。业主委员会是业主大会的执行机构，根据业主大会的授权对外代表业主进行民事活动，所产生的法律后果由全体业主承担，当被执行人为业主委员会时，无需追加程序即可直接执行业主大会的财产。随后，执行法院就主债务及相关利息、违约金、费用等划拨业主大会名下维修资金账户内资金，该案债权全部执行到位。

---

[1] 《建筑物区分所有权解释》第8条规定："民法典第二百七十八条第二款和第二百八十三条规定的专有部分面积可以按照不动产登记簿记载的面积计算；尚未进行物权登记的，暂按测绘机构的实测面积计算；尚未进行实测的，暂按房屋买卖合同记载的面积计算。"第9条规定："民法典第二百七十八条第二款规定的业主人数可以按照专有部分的数量计算，一个专有部分按一人计算。但建设单位尚未出售和虽已出售但尚未交付的部分，以及同一买受人拥有一个以上专有部分的，按一人计算。"

[2] 参考案例"福建省某物业管理有限公司诉福州市台江区某业主委员会物业服务合同纠纷案"的生效裁判认为，业主委员会是对外代表全体业主、维护全体业主整体利益的载体、手段、形式，在未经法定程序更换的情况下，即使业主委员会成员任期届满，但业主委员会这一载体、手段、形式仍然存在，且从全体业主共同利益维护、物业管理区域内权利义务纠纷解决这一目的看，业主委员会及成员的存续之法律效力仍应当予以认可，否则，不利于全体业主整体利益之维护，也不利于物业管理秩序稳定，势必违背全体业主的根本利益。据此，不能仅以业主委员会任期届满为由，否定其诉讼主体资格。

[3] 选聘和解聘物业服务企业是业主大会的权限，业主委员会对此只能提供辅助，如代表业主与业主大会选聘的物业服务企业签订物业服务合同。参考案例"珲春市某业主委员会诉珲春市某物业管理有限公司物业服务合同纠纷案"的裁判要旨指出："业主委员会根据授权监督物业服务企业履行物业服务合同，依据合同的履行情况向业主大会提出续聘或解聘物业服务企业的议案，当议案经过业主大会会议事规则的程序形成决议后，由业主委员会执行决议，当物业公司对解聘决议有异议，业主委员会可依据业主大会授予的诉权以司法途径解决。"

[4] 参考案例"颜某某等五人诉石狮市住房和城乡建设局行政登记案"的裁判要旨指出："业主委员会的选举产生涉及的是全体业主的共有利益，而非单个、少数业主的私人权益。从功能设置上看，法律设立业主委员会的初衷，就是让业主的利益最大限度地获得保障。"

[5] 参考案例"某小区业主委员会诉某房地产开发公司、某建筑公司房屋买卖合同纠纷案"的裁判要旨指出，业主委员会是业主大会决议的执行机构，根据业主大会的授权对外代表业主进行民事活动，对于业主共有事项和物业共同管理事项，可以自己名义提起诉讼。业主委员会诉讼请求涉及的配套设施未建设及退还前期物业费等问题，属于业主共有事项和物业共同管理事项，人民法院应予受理。业主委员会诉讼请求涉及的开发商履行商品房买卖合同约定的不动产权确权登记义务及承担逾期办证违约金等问题，属于业主专有事项，即使其具有业主大会的授权，人民法院亦不予受理。

《物业管理条例》第 16 条第 1 款规定："业主委员会应当自选举产生之日起 30 日内,向物业所在地的区、县人民政府房地产行政主管部门和街道办事处、乡镇人民政府备案。"不过,备案虽然决定了业主委员会是否可以刻制印章开展活动①,但不是业主委员会成立的必经程序,不备案不影响业主委员会的主体资格。②

(3) 业主大会或业主委员会的决定

《民法典》第 280 条第 1 款规定："业主大会或者业主委员会的决定,对业主具有法律约束力。"据此,包括管理规约在内的业主大会或业主委员会的决定一经作出,即对每一业主产生法律效力③,即便在决定作出后才因购买房屋或受让房屋所有权而成为业主之人,也要受到约束。相应地,业主大会或业主委员会的决定应予公开。④ 不仅如此,由于业主大会或业主委员会的决定事关全体业主的根本利益,涉及共有部分的效用发挥,其不仅对业主有约束力,对专有部分的使用人(如承租人、借用人等)也有约束力。⑤

业主大会或业主委员会决定的约束力以具有合法性为前提,既要符合法定程序,还要在实体上符合法律、行政法规的强制性规定,不损害少数业主的合法权益。否则,根据《民法典》第 280 条第 2 款、《建筑物区分所有权解释》第 12 条,相关业主有权在知道或应当知道业主大会或者业主委员会作出决定之日起 1 年内请求法院予以撤销。该规定旨在保护业主,故而,虽然业主大会或者业主委员会的决定不合法,但包括物业服务人在内的其他人与此没有利害关系,无权请求法院撤销。在业主大会或业主委员会决定程序违法时,参考案例"邹某甲、胡某某、邹某乙诉上海市闵行区某小区业主委员会业主撤销权纠纷案"的生效裁判认为,根据诚实信用原则及禁止反言原则,在表决时投票赞成或未明确表示异议的业主不享有业主撤销权。

2. 共有部分的管理

《民法典》第 284—287 条规定,业主可以自行管理共有部分,也可委托物业服务人管理;委托物业服务人管理的,遵循合同编第二十四章"物业服务合同"的规定,业主应当依法配合物业服务人执行政府依法实施的应急处置措施和其他管理措施,同时对物业服务人侵害自己合法权益的行为有权请求其承担民事责任。

最高人民法院发布十三件人民法院贯彻实施民法典典型案例(第一批)之四"黄某诉某物业服务有限公司健康权纠纷案":原告黄某于 2020 年 6 月 10 日由上海市来到天津市某小区探望祖母。彼时正值我国部分地区出现聚集性新冠肺炎疫情,天津市有关

---

① 参见参考案例"井研县某某小区业主委员会诉井研县人民政府研城街道办事处行政登记案"。
② 参考案例"福建省某物业管理有限公司诉福州市台江区某业主委员会物业服务合同纠纷案"的裁判要旨指出,未备案对于业主委员会的诉讼主体资格并不产生影响。
③ 参考案例"舒某某诉浙江某物业管理有限公司衢州分公司等排除妨害纠纷案"的裁判要旨指出:"获得三分之二以上的业主赞成通过的管理公约,对业主具有约束力。物业管理公司执行管理公约中关于限制业主车辆自由进入小区之规定的物业服务行为,不属于妨害物权。业主请求排除妨害的,不予支持。"
④ 《建筑物区分所有权解释》第 13 条规定:"业主请求公布、查阅下列应当向业主公开的情况和资料的,人民法院应予支持:(一)建筑物及其附属设施的维修资金的筹集、使用情况;(二)管理规约、业主大会议事规则,以及业主大会或者业主委员会的决定及会议记录;(三)物业服务合同、共有部分的使用和收益情况;(四)建筑区划内规划用于停放汽车的车位、车库的处分情况;(五)其他应当向业主公开的情况和资料。"
⑤ 《建筑物区分所有权解释》第 16 条第 2 款规定:"专有部分的承租人、借用人等物业使用人,根据法律、法规、管理规约、业主大会或者业主委员会依法作出的决定,以及其与业主的约定,享有相应权利,承担相应义务。"

部门发布紧急防控通知,要求严格落实社区出入口值班值守,加强验码、亮码、登记等疫情防控措施。2020年6月19日9时许,黄某骑单车进入小区,物业公司值守保安当即呼喊要求其停车接受亮码、登记等疫情防控检查措施。黄某加速向前骑行。值守保安即骑车追赶,伸手接触原告背部时车辆失控摔倒。黄某将物业公司诉至法院,要求赔偿医疗费、交通费等各项损失共计57501.3元。法院生效裁判认为,事发之时正值聚集性疫情扩散、防控形势严峻的关键时期,被告依照有关政策要求派员值守、验码登记、阻拦冲岗,是履职尽责的体现,其行为没有过错,不应当承担赔偿责任。黄某在物业人员大声呼喊之际却加速骑行,最终导致摔伤,应自行承担相应后果,判决驳回黄某的诉讼请求。①

3. 共有部分的维修、更新和改造

根据《民法典》第281条,建筑物及其附属设施的维修资金,属于业主共有②;经业主共同决定,维修资金可用于电梯、屋顶、外墙、无障碍设施等共有部分的维修、更新和改造③;紧急情况下需要维修建筑物及其附属设施的,业主大会或者业主委员会可以依法申请使用维修资金。④

提示:老旧小区加装电梯的法律适用

为了提升业主居住质量,特别是为残疾人、老年人出行提供方便,在政府的力推下,各地普遍在有条件的城镇老旧小区多层住宅加装电梯。《无障碍环境建设法》第22条也规定,国家支持老旧小区既有多层住宅加装电梯;县级以上政府及其有关部门应当采取措施、创造条件,并发挥社区基层组织作用,推动既有多层住宅加装电梯;房屋所有权人应当依法配合既有多层住宅加装电梯。由于加装电梯会影响相关业主利益,发生不少纠纷,司法实践解决此类纠纷有以下法律适用要点:(1)加装电梯属于共有部分的更新和改造,应适用《民法典》第278条的业主决定机制,法院认为此处的业主为本幢或本单元的业主。⑤(2)加装电梯需符合地方有关政策要求,如在公示安装方案公示后,没有其他业主提出异议,报相关部门审批或备案。⑥(3)在加装电梯表决程序合法前提下,已加装的电梯经过绝大部分住户同意,且未明显影响低楼层住户利益的,低楼层住

---

① 新冠肺炎疫情给各国人民带来巨大伤害,谨以该例纪念这段刚过去的历史。
② 指导案例65号"上海市虹口区久乐大厦小区业主大会诉上海环亚实业总公司业主共有权纠纷案"的裁判要旨指出:"缴纳专项维修资金是业主为维护建筑物的长期安全使用而应承担的一项法定义务。业主拒绝缴纳专项维修资金,并以诉讼时效提出抗辩的,人民法院不予支持。"
③ 《住宅专项维修资金管理办法》第2条第2款规定,住宅专项维修资金用于住宅共用部位、共用设施设备保修期满后的维修和更新、改造。
④ 不过,不少老旧小区缺乏维修资金,共有部分的维修、更新和改造成为难题,《国务院办公厅关于全面推进城镇老旧小区改造工作的指导意见》对此指出,建立改造资金政府与居民、社会力量合理共担机制,即合理落实居民出资责任、加大政府支持力度、持续提升金融服务力度和质效、推动社会力量参与、落实税费减免政策。
⑤ 参考案例"张某、张某玲诉合肥市包河区人民政府行政许可案"的生效裁判认为,加装电梯不一定需要征得非本幢或本单元的小区其他业主参与、同意。
⑥ 参考案例"康某等人诉刘某等人排除妨害纠纷案"的生效裁判认为,在增设电梯方案公示期间,其他楼栋的业主未提出异议,增设电梯的程序符合政策要求。参考案例"张某、张某玲诉合肥市包河区人民政府行政许可案"的裁判要旨指出:"对于加装电梯行政审批案件缺乏法律、行政法规或规章等统一、明确规定时,地方政府结合地方的具体实际情况,依法制定的规章以下规范性文件,人民法院经审查认为合法、有效且合理、适当的,应当承认其效力,并作为判断加装电梯行政审批行为是否合法的依据。"

户负有适度容忍义务。① (4) 在加装电梯方案的公示审批过程中,低层业主应当合理行使自己的异议权,在法定的批前公示时间内向相关行政部门提出主张。② (5) 加装电梯的费用可由相关业主出资,异议的业主在补交出资后,有使用和共同管理加装电梯的权利。③ (6) 加装电梯可合理使用其他共有部分。④

4. 共有部分的用益

《民法典》第282—283条规定,建设单位、物业服务人等利用共有部分产生的收入,在扣除合理成本之后,属于业主共有;就收益分配事项,有约定的按照约定,没有约定或者约定不明确的,按照业主专有部分面积所占比例确定。

(四) 共有权的保护

在物权保护一般规范的基础上,共有权保护有以下特别规范:(1)《建筑物区分所有权解释》第14条第1款规定,对建设单位、物业服务人等擅自占用、处分业主共有部分、改变其使用功能或者进行经营性活动,权利人请求排除妨害、恢复原状、确认处分行为无效⑤或者赔偿损失的,法院应予支持。⑥ (2)《建筑物区分所有权解释》第14条第2款规定,属于前款所称擅自进行经营性活动的情形,权利人请求建设单位、物业服务人等将扣除合理成本之后的收益用于补充专项维修资金或者业主共同决定的其他用途的,法院应予支持。(3)《民法典》第286条第2款、《建筑物区分所有权解释》第15条规定,业主或其他行为人违反法律、法规、国家相关强制性标准、管理规约,或者违反业主大会、业主委员会依法作出的决定,有在共有部分放置危险或放射性物品、损害建筑物外观、侵占或挖掘公共通道等共有部分等行为的,业主大会或业主委员会请求行为人停止侵害、排除妨碍、消除危险、恢复原状、赔偿损失。

广东省广州市中级人民法院发布第二批弘扬社会主义核心价值观十大典型案例之九"黄某华诉北京某科技有限公司排除妨害纠纷案":黄某华是广州某小区的业主,其居住的某栋楼房出口区域停放有多辆共享单车,影响正常通行。黄某华要求北京某科技

---

① 参见参考案例"刘某诉某经济联合社侵权责任纠纷案"。

② 参见参考案例"某公司诉钟某排除妨害纠纷案"。

③ 在参考案例"郭某与谢某等建筑物区分所有权纠纷案"中,某小区某栋9层住宅楼业主2018年商议加装电梯,44户业主中有32户业主同意,居住于3楼、年近八旬的业主郭某有异议未参与出资。电梯投入使用后,郭某提出希望在补交相应集资款后使用电梯,但32户业主认为郭某前期对加装电梯有异议,导致加装电梯工程延误一年多,反对其使用电梯。法院生效裁判认为,案涉电梯是共有部分,郭某与其他业主对电梯享有使用和共同管理的权利。郭某使用电梯不属于应由业主共同决定的事项,亦不会导致其他业主使用电梯的合法权益受到损害,故无须经多数业主同意。依据公平原则,使用电梯应以交纳集资款为前提,在郭某支付增设电梯集资款后,由该住宅业主代表向郭某提供电梯卡,供其搭乘电梯使用。

④ 参考案例"康某等人诉刘某等人排除妨害纠纷案"的裁判要旨指出:"当既有住宅有必要加装电梯且需占用公共绿地时,在占地的位置、面积合理的情况下,若加装行为不会导致他人采光、通行、安全等方面受到明显不利影响,相关业主应当秉持有利生产、方便生活的原则,给予电梯加装活动便利。"

⑤ 涉及全体业主共同利益的共有部分是法定的,不容任何组织或个人私加改变,其在不动产登记簿上的记载必须与法律规定保持一致,否则就是登记错误。在登记错误时,对共有部分的处分是无权处分。由于法律规定具有公开性,共有部分归全体业所有属于众所皆知的事实,受让人应知登记错误,不能善意取得共有部分所有权,无权处分行为因此无效。

⑥ 参考案例"简某等诉上海某物业公司排除妨害纠纷案"的裁判要旨指出,建筑物的外立面应属全体业主共有,物业公司利用共有部位张贴商业广告应遵循法定程序,在缺少必要议事程序的情况下不得视为业主同意,物业公司覆盖商业广告的行为不合法。

有限公司在其开发的共享单车手机应用程序之中,将上述区域设置为禁停区。北京某科技公司收到通知后未采取相应措施,黄某华诉至法院,要求将上述区域设置为共享单车的禁停区,一审法院未予支持,黄某华提出上诉。二审期间,北京某科技公司采取了相关措施,通知共享单车的服务方将上述区域设置为共享单车的禁停区。二审法院生效裁判认为,黄某华作为小区业主,对共有部分享有共有和共同管理的权利,其有权要求排除妨碍、恢复正常通行,而设置共享单车的禁停区域是现实可行的有效措施。北京某科技公司作为提供链接服务的网络服务提供者,在收到黄某华的通知后未及时采取必要措施防止损失的继续扩大,本应与共享单车的运营方共同承担连带责任。鉴于北京某科技公司二审已经采取措施,将上述区域设置为共享单车的禁停区,黄某华诉讼请求的目的已经实现,故维持一审判决。

第七章

用益物权

本章采用"总—分"架构,用益物权的概念、功能、分类等一般性知识构成用益物权的总论,土地承包经营权、国有建设用地使用权、宅基地使用权、居住权和地役权构成用益物权的分论,下面分节依次展开论述。

第一节 用益物权概述

一、用益物权的概念

《民法典》第323条规定:"用益物权人对他人所有的不动产或者动产,依法享有占有、使用和收益的权利。"据此,用益物权是指依法对他人之物占有、使用和收益的物权。用益物权是上位层级物权,包含了土地承包经营权、国有建设用地使用权、宅基地使用权、居住权、地役权等构造不同的中位层级物权。[①]

从整体上看,用益物权的概念有以下基本内涵:

第一,用益物权是物权。由此可知:(1)用益物权是由物权法调整的物权,不同于由合同法调整的租赁、借用等以财产使用、收益为目的的用益债权。(2)设立用益物权的合同等原因行为会产生与用益物权伴生和协力的债,其并非用益物权的内容,比如,地役权合同约定地役权人应向供役地人支付使用费,这不是地役权的内容,而是与地役权有伴生和协力关系的债。正因此,下文阐述的各类用益物权内容仅事关物权人的支配利益,而不涉及与用益物权相关的债。

第二,用益物权是以对物的占有、使用和收益为内容的限制物权。这一定位表明:(1)只要用益手段与物的属性不矛盾,无论物可否自由转让,均能成为用益物权的客体。比如,我国的土地不能转让,但它是用益物权的主要客体。(2)用益物权不同于所有权,后者属于内容全面的完全物权,占有、使用、收益和处分只是其内容的典型样态,且法律不明确指引权利人的使用、收益方向,而用益物权人对物不能加以处分,法律还明确指引权利人的使用、收益,权利人不能背离,如《民法典》第331条限定土地承包经营权人把承包地用于农业生

[①] 用益物权与用益权一字之差,谬之千里。在比较法上,用益权(ususfructus/usufruct/Nießbrauch)是用益物权的一种,它源自罗马法并为欧陆民法普遍继受,是指特定人对他人之物占有、使用、收益的权利,它不得转让、继承(See Sjef van Erp & Bram Akkermans (eds), *Cases, Materials and Text on Property Law*, Hart Publishing, 2012, pp. 253-261)。我国法律虽未规定用益权,但为了避免不必要的误解,不宜把用益物权简称为用益权。

产。(3)用益物权旨在实现物的使用价值,与旨在获取物之经济价值的担保物权截然有别。

第三,用益物权是以他人之物为客体的他物权。这意味着:(1)用益物权不同于所有权,后者是以自己之物为客体的自物权。即便在必要之处,用益物权可以自己之物为客体(如下文提及的承包人的土地经营权、自己居住权、自己地役权),但与它们对标的也是以他人之物为客体的用益物权,并不对标所有权,因而要适用或参照适用相应的用益物权规范。(2)负载于他人之物的用益物权限制了所有权,为了防止因用益物权永久存在而使所有权空洞化,使所有权人实际上无法利用物,用益物权有期限约束,与没有期限的所有权明显不同。

提示:用益物权最长期限

用益物权有最长期限,对此法律要么明确规定,如《民法典》第332条第1款规定耕地承包期为30年、《城镇国有土地使用权出让和转让暂行条例》第12条规定居住用地出让最高年限为70年,要么隐含表达,如法律虽未规定宅基地使用权期限,但该权利意在解决农户居住需求,且以农户为主体,其最长期限是农户成员个体的生命长度,即截止最后一位成员死亡之时。在最长期限届满后,权利人仍存续的,用益物权有自动续期和申请续期之分,前者如住宅建设用地使用权,《民法典》第359条第1款规定期限届满自动续期;后者如非住宅建设用地使用权,《城市房地产管理法》第22条规定期限届满由权利人申请续期。

我国的自然资源归国家或农民集体所有,其实现途径主要依靠用益物权,即由他人取得自然资源用益物权,通过法律规定自然资源用益物权的最长期限及其续期机制,可使用益物权对所有权的限制显性化,从而在明确权利人用益权限时长,进而便于确定用益物权价值的同时,还能在所有权人和用益物权人之间达成平衡,即前者在最长期限内以及自动续期机制下不能随意行使所有权来排除用益物权,后者在申请续期机制下则要遵循前者依法进行的公共利益衡量。

二、用益物权的功能

物权法的重要功能是促进物的利用,而世间可用之物很多,要想最大程度发挥它们的效用,关键是让合适的人使用它们。在所有权人不是物的合适使用人,而他人又缺失有效获取物之使用价值的机会时,物只能闲置浪费或低效利用。改革开放前农民集体统一利用土地生产经营,导致土地效用极其低下的历史教训是典型例证。用益物权能改变这种局面,它把所有权人闲置或低效之物配置给合适的使用人,使物高效活络利用起来。改革开放后农民取得土地承包经营权,大幅提升土地生产效用的历史经验是典型例证。由此可知,用益物权有促使物尽其用的基本功能。

租赁、借用等用益债权也有这种功能。不过,用益物权不能替代用益债权,反之亦然,因为二者是不同的财产权,各有运作规律、适用环境和制度构造,它们的差异可被"物债二分"概括。放在具体场合,究竟哪一个更适合,只能由当事人根据具体情况来选择确定,不好笼统地说哪个更能促使物尽其用。

例:A有偿居住B的房屋,有居住权和租赁两种可选方案。若A以终身居住为目标,就只能设立居住权,因为《民法典》第705条规定租赁期限不得超过20年,而居住权未设最长期限。若A以在自己死后,共同生活的家人仍能在合同剩余期限内居住为目标,就只能订立租赁合同,因为有《民法典》第732条的支持,而居住权仅以居住权人的利益为支撑点,《民法典》第370条第1句就规定,居住权人死亡的,居住权消灭。

促使物尽其用是各类中位层级用益物权的共同功能,但并非全部功能,受不同制度目的的指引,有些中位层级用益物权会有衍生功能,下文将在相关之处阐述。

提示:用益物权人对标的物的情感不受法律保护

用益物权的主要功能是促使物尽其用,调剂土地"所有"与"利用"的机能,同时使物的利用关系物权化,巩固当事人间的法律关系,以对抗第三人。[①] 可以说,法律未在用益物权人和标的物之间涂抹情感色彩,用益物权无非是用益物权人借助他人之物的经济效用,来实现自己用益目的的手段,用益物权人对标的物没有值得法律保护的情感价值,一旦标的物因他人侵权行为而损坏,即便标的物是具有人身意义的特定物,用益物权人也不能根据《民法典》第1183条第2款请求精神损害赔偿。

三、用益物权的分类

(一) 一般用益物权和特别用益物权

以《民法典》是否明确规定为标准,用益物权有一般和特别之分,前者由《民法典》规定,后者则由其他法律规定。这一分类的意义主要在于甄别不同的法律渊源及其适用,在理解时请结合第二章第三节的内容。

1. 一般用益物权

一般用益物权是指物权编第三分编"用益物权"(以下简称用益物权分编)详加规定的用益物权,包括第十一章规定的土地承包经营权、土地经营权和"四荒"经营权以及第十二—十五章分别规定的国有建设用地使用权、宅基地使用权、居住权和地役权[②],它们是本章的主要内容。

一般用益物权主要适用用益物权分编,同时也要适用其他法律规定,比如,《农村土地承包法》对土地承包经营权、土地经营权和"四荒"经营权的规定更详细,物权编第十一章应与它们结合适用,第十二章也应与对国有建设用地使用权有更详细规定的《土地管理法》《城市房地产管理法》结合适用。

2. 特别用益物权

特别用益物权是指未被用益物权分编明确规定,而是由其他法律详加规定的用益物权,主要适用相应法律规定,这些法律没有规定的,可适用物权编第十章的用益物权一般规定。以用益物权分编是否提及权利名称或规定引致条款为标准,该类用益物权可分为三种,以下予以概述。

[①] 参见王泽鉴:《民法物权》(2023年重排版),北京大学出版社2010年版,第391页。

[②] 物权编第十一章名为"土地承包经营权",内容实则还包括土地经营权、"四荒"经营权等物权;第十二章名为"建设用地使用权",内容实际限于国有建设用地使用权。

(1) 用益物权分编提及名称的特别用益物权

用益物权分编特意明确提及某些权利名称,旨在表明它们是特别法调整的用益物权,主要包括:

第一,海域使用权。《民法典》第 328 条规定:"依法取得的海域使用权受法律保护。"海域使用权是指依法对海域进行占有、使用和收益的权利,主要法律依据包括《海域使用管理法》《海域使用权管理规定》等。

第二,探矿权、采矿权。《民法典》第 329 条规定,依法取得的探矿权、采矿权受法律保护。探矿权、采矿权合称矿业权,法律依据主要包括《矿产资源法》《矿产资源法实施细则》《探矿权采矿权转让管理办法》《矿业权解释》等。《矿产资源法实施细则》第 6 条规定,探矿权是指在依法取得的勘查许可证规定的范围内,勘查矿产资源的权利;采矿权是指在依法取得的采矿许可证规定的范围内,开采矿产资源和获得所开采的矿产品的权利。

第三,取水权。《民法典》第 329 条规定,依法取得的取水权受法律保护。取水权是指依法取用水资源的权利,法律根据是《水法》《取水许可和水资源费征收管理条例》等。《水法》第 48 条规定,直接从江河、湖泊或者地下取用水资源的单位和个人,原则上应当按照国家取水许可制度和水资源有偿使用制度的规定,向主管部门申请领取取水许可证,并缴纳水资源费,取得取水权。

第四,养殖、捕捞权。《民法典》第 329 条规定,使用水域、滩涂从事养殖、捕捞的权利受法律保护。养殖、捕捞权通称渔业权,法律依据主要包括《渔业法》《渔业法实施细则》等。根据《渔业法》第 11 条,养殖权是指在依法取得养殖证后,使用国有水域、滩涂从事养殖生产的权利;至于集体所有或国家所有由农民集体使用的水域、滩涂,可由个人或集体承包,从事养殖生产,与此对应的是土地承包经营权或"四荒"经营权。根据《渔业法》第 23 条、《渔业法实施细则》第 15 条,捕捞权是指依法取得捕捞许可证后,使用内水、海域进行捕捞的权利。

提示:"准物权"或"特许物权"

由于行政许可对前述特别用益物权有以下重要作用[①],学理常把它们称为"准物权"或"特许物权":第一,行政许可是它们设立的原因事实,若没有行政许可,它们无法设立;因行政许可产生的纠纷,应依法通过行政诉讼而非民事诉讼解决。[②] 第二,行政许可为这些物权内容设定了明确范围,比如,取水权的核心内容是取用水资源,取水期限、数量、用途、地点等事项均由取水许可证来确定。第三,法律、法规规定这些物权转让需要行政许可的,行政许可是物权转让的必备要件。比如,《探矿权采矿权转让管理办法》第

---

① 《行政许可法》第 2 条规定,行政许可是指行政机关根据公民、法人或者其他组织的申请,经依法审查,准予其从事特定活动的行为;第 12 条规定,有限自然资源开发利用需要赋予特定权利的事项,可以设定行政许可。

② 在最高人民法院发布十起审理矿业权民事纠纷案件典型案例之一"孙素贤等三人与玄正军探矿权权属纠纷案"中,孙素贤等三人委托玄正军办理铁矿勘查许可证,将相关资料及办证资金交付玄正军。后玄正军将办证资料上孙素贤的名字篡改成自己名字,将勘查许可证办至自己名下。孙素贤等三人提起诉讼,请求确认案涉《矿产资源勘查许可证》归孙素贤等三人所有。一审法院支持该诉求。二审法院认为,孙素贤等三人应向主管部门反映情况,由主管部门查清事实后采取措施,也可以依法向人民法院提起行政诉讼,请求撤销玄正军取得的勘查许可证。孙素贤等三人提起的诉讼,不属于民事诉讼范围。二审法院裁定撤销一审判决,驳回孙素贤等三人的起诉。最高人民法院经再审审查认为,探矿权的取得须经主管部门的许可,此种行政许可具有赋权性质,属行政机关管理职能。在探矿权须经行政许可方能设立、变更或者撤销的情况下,孙素贤等三人请求确认《矿产资源勘查许可证》归其所有,不符合法律规定的民事诉讼受案范围,二审法院裁定驳回起诉,并无不当。

10条规定,矿业权转让需向主管部门申请审批,批准转让的,转让合同自批准之日起生效。据此并根据《民法典》第502条、《合同编通则解释》第12条,未经批准的,转让合同未生效[①];为了促成合同生效,法院可根据实际情况和当事人的诉求,裁判转让方办理审批手续,或裁判受让方办理审批手续[②];法院的上述生效裁判并非对矿业权归属的确定,执行法院依此向主管部门发出协助办理转让手续通知书,只具有启动主管部门审批转让手续的作用,能否转让应由主管部门依法决定。[③]

(2)用益物权分编未提及名称、但有引致条款的特别用益物权

集体建设用地使用权是用益物权分编未提及名称,但通过引致条款加以明确的特别用益物权。《民法典》第361条规定:"集体所有的土地作为建设用地的,应当依照土地管理的法律规定办理。"这一引致条款表明,《土地管理法》是集体建设用地使用权的法律根据。集体建设用地使用权包括三类:第一,用于兴办企业的建设用地使用权。《土地管理法》第60条第1款规定,该权利用于农村集体经济组织兴办企业或与其他主体共同举办企业,设立方式是申请审批。该权利没有市场流通性,《民法典》第398条不允许其单独抵押,只能随企业房屋一并抵押。第二,用于乡(镇)村公共设施、公益事业建设的公益性建设用地使用权。《土地管理法》第61条规定,该权利通过申请审批的方式取得。它没有交易市场,《民法典》第399条第2项不允许其抵押。第三,经营性建设用地使用权。《土地管理法》第63条、《土地管理法实施条例》第38—43条规定,满足法定条件的,土地所有权人可以通过出让等方式为他人设立经营性建设用地使用权。它是集体经营性建设用地入市改革的产物,可以转让、抵押等方式流通,并参照适用同类用途的国有建设用地使用权规范。[④]

(3)用益物权分编未提及名称、也未规定引致条款的特别用益物权

其他法律规定了对他人之物占有、使用和收益的权利,而用益物权分编既未提及它们的名称,也未规定引致条款,只要它们符合用益物权的概念,也属于特别用益物权。比如,第一章第二节之"物权的体系"部分提到了国有农用地使用权,它能依据《不动产登记暂行条例实施细则》第52条第1款办理登记,具有对世性和排他性,完全符合用益物权的概念。又如,根据《海岛保护法》第30条,无居民海岛可被依法利用,由此产生无居民海岛使用权,它能依据《不动产登记暂行条例实施细则》第54条第3款办理登记,也有对世性和排他性,同样属于用益物权。由于本种特别用益物权未被用益物权分编涉及,不像前两种特别用益物权那样一目了然,需综合相关法律规定加以确定。

(二)自然资源用益物权和其他用益物权

虽然《民法典》第323条规定不动产和动产均为用益物权的客体,但我国现有的中位层

---

① 参考案例"茅某诉林某及第三人关某等采矿权转让合同纠纷案"的裁判要旨指出,未经主管部门批准的采矿权转让合同,属于未生效的合同。

② 参见最高人民法院发布审理矿业权民事纠纷案件典型案例之三"陈付全与确山县团山矿业开发有限公司采矿权转让合同纠纷案"。

③ 参见指导案例123号"于红岩与锡林郭勒盟隆兴矿业有限责任公司执行监督案"。

④ 自然资源部等部门《关于保障和规范农村一二三产业融合发展用地的通知》指出,对于农村产业融合发展用地,单位或个人既可依法取得用于兴办企业的建设用地使用权,也可依法取得经营性建设用地使用权。

级用益物权均以不动产为客体[1],还没有法律规定动产用益物权。[2] 这种规范现实表明用益物权属于不动产物权。在不动产中,土地、海域、森林、草原等属于自然资源,与生态文明建设密切相关,因此与房屋等其他不动产有所不同。根据这样的客体属性差别,用益物权可分为自然资源用益物权和其他用益物权。

1. 自然资源用益物权

从数量、重要性以及实践运用频率来看,自然资源用益物权在用益物权中占主导地位,不仅《民法典》第 324 条专门规定自然资源可为组织、个人依法占有、使用和收益,学理通常也以其为模本来概括总结用益物权的特性。从整体上看,自然资源用益物权有以下特性:

第一,富有中国特色。自然资源是国计民生的根本,开发利用形态受制于我国的政治、经济、社会、历史诸条件,特别是土地承包经营权、国有建设用地使用权、宅基地使用权等以土地为客体的用益物权是在我国土地公有制基础上,为了解决各类主体用地的实际需求而逐步成型的,中国特色十分明显。要想透彻把握这些物权,除了学习对应的法律规范和法理知识外,还很有必要了解新中国土地制度的发展历史、政府对土地市场发展的作用、城市和农村的关系等关联知识。

提示:土地三大类与用益物权种类

以规划的用途为标准,我国土地分为三大类:农用地、建设用地和未利用地。这是土地同益物权的内在约束要素,不同土地承载不同的用益物权。农用地承载土地承包经营权、土地经营权、"四荒"经营权、国有农用地使用权;建设用地承载国有建设用地使用权、集体建设用地使用权、宅基地使用权;未利用地可承载"四荒"经营权。

第二,公有制的重要实现方式。我国的自然资源归国家所有或农民集体所有,在稳固公有制的基础上,要有效满足国计民生对自然资源的需求,就应允许各类民事主体依法取得自然资源用益物权[3],进而出现国家或农民集体保有自然资源所有权,其他民事主体享有用益物权的"两权分离",这样也能有效防止"公地悲剧"。[4] 而且,不少自然资源用益物权能无限期地存续,有些期限不确定(如划拨方式产生的国有建设用地使用权、宅基地使用权),有些虽有最高期限但到期后自动延续(如土地承包经营权、住宅国有建设用地使用权),这表明它们在实现自然资源公有制方面具有高度的稳定性。

第三,基础的民事财产权。在私有制社会,私有土地等自然资源是基础的民事财产,所有权人既可自用于建造、种植等用途,也能将其投入市场流通,成为买卖、租赁等合同交易的

---

[1] 从字面上看,采矿权意在开采矿石,其客体似乎包括开采后的矿石。这其实是一种误解,采矿权的客体是作为不动产的矿产资源。参考案例"徐某某非法采矿案"的裁判要旨指出:"非法采矿罪的对象矿产资源应系地质作用形成的自然资源。人工开采矿石后的剥离物、废石,并非经地质作用自然形成,不符合自然状态的属性,不属于非法采矿罪的对象。"

[2] 不过,不成文习惯法有动产用益物权,如第三章第三节之"习惯法的物权种类和内容"部分提到的"苏鲁克"。

[3] 参见单平基:《自然资源之上权利的层次性》,载《中国法学》2021 年第 4 期。

[4] 为了解决自然资源等公共物品的"公地悲剧",西方理论界提出三种方案,一是政府通过许可使用等方式进行有效管制,二是通过公地私有化来明晰权属,三是使用人达成协议。由于政府管制成本太高,很容易失灵,而水、空气等难以私有化,即便能私有化,个体保护权利的难度也不小,正因此,包括 Garrett Hardin 在内的不少知名学者主张第三种方案(参见〔美〕贾雷德·戴蒙德:《崩溃:社会如何选择成败兴亡》,江滢、叶臻译,上海译文出版社 2011 年版,第 447—449 页;〔美〕查尔斯·蒂利:《为什么?:社会生活中的理由》,李钧鹏译,上海文化出版社 2020 年版,第 152—156 页)。我国自然资源用益物权变通了上述第一种方案,主要通过有偿使用的方式设立并辅以政府的必要管制。

标的物或其他物权的客体。我国自然资源公有,不能买卖、抵押,无法像私有制社会的所有权那样成为基础的民事财产权,这一地位由自然资源用益物权取而代之,它在特定目的考量下能无限期存续,能为私有房屋或林木提供支撑,能在法定条件和范围内转让或抵押,能为其他物权提供基础①,在民事活动中起着支撑性的基础作用,是基础的民事财产权。既然如此,它就要符合《民法典》的基本规定,如第9条、第326条规定,自然资源用益物权的行使应遵循绿色原则,遵守法律有关保护和合理开发利用资源、保护生态环境的规定。

第四,政府引导与干预的色彩明显。为了确保自然资源的可持续利用和发展,政府依法采用了积极的引导和干预措施,自然资源用益物权因而具有突出的管制色彩。比如,自然资源处于国土空间之中,如何利用的基本根据是国土空间规划,《土地管理法》第18条第2款、《海域使用管理法》第17条、《土地管理法实施条例》第2条第2款等均规定规划先行,自然资源用益物权的设立和行使因此必须与规划协调一致。又如,为了合理平衡当事人双方的利益,同时也为了加强自然资源管理,政府推行合同示范文本,用以规范承包合同、流转合同、出让合同等设立自然资源用益物权的原因行为。② 由此可知,透过民法来掌握自然资源用益物权是必须的,但仅此并不足够,还要叠加必要的行政视角,把民法与行政法有机结合起来。

第五,在改革中发展完善。自然资源是重要的生产要素,其配置方案要想高效合理,必须根据社会发展情况适度调适,与此相应,自然资源用益物权也在改革中发展完善,土地承包经营权、国有建设用地使用权、宅基地使用权等无不如此。在改革过程中,法律和政策在不同角度均起着重要作用,故对于自然资源用益物权,应注重把法律与政策结合起来共同把握。

2. 其他用益物权

本类用益物权包括居住权和地役权,它们在罗马法中即已存在,为后世民法普遍继受。居住权的核心特质是具有人身附属性,只有特定人能享有,不得转让、继承,属于以特定人利益为目的,客体供特定人役使的人役权。③ 与该特性不同,地役权旨在提高需役地的效益,要从属于需役地而存续,是客体供需役地各时权利人——无论是地役权设立时的权利人还是后续的其他权利人(如受让人、继承人)——役使的用益物权。本类用益物权的特性不同于自然资源用益物权,主要表现为:

第一,具有比较法共性。居住权和地役权在比较法上早就存在,虽然《民法典》对它们的制度构造细节与域外法例有区别,但核心特质没有差异,中国特色不明显。

---

① 比如,土地经营权以土地承包经营权为基础,土地承包经营权通过流转使他人取得土地经营权,这把"两权(农民集体的所有权与承包人的土地承包经营权)分离"推向了"三权(农民集体的所有权、承包人的土地承包权、经营人的土地经营权)分置",详见本章第二节。

② 它们主要包括:(1)农业农村部制定的《农村土地(耕地)承包合同(家庭承包方式)》示范文本;(2)农业农村部、国家市场监督管理总局制定的《农村土地经营权入股合同(示范文本)》和《农村土地经营权出租合同(示范文本)》;(3)国家林业和草原局、国家市场监督管理总局制定的《集体林地承包合同(示范文本)》和《集体林权流转合同(示范文本)》;(4)国土资源部、国家工商行政管理总局制定的《国有建设用地使用权出让合同》示范文本;(5)自然资源部、国家市场监督管理总局制定的《集体经营性建设用地使用权出让合同》示范文本(试点试行)和《集体经营性建设用地使用权出让监管协议》示范文本(试点试行)。这些示范文本在实践中对于相关用益物权的设立起着重要作用,有必要结合各自的使用说明认真阅读。

③ See Sjef van Erp & Bram Akkermans (eds), *Cases, Materials and Text on Property Law*, Hart Publishing, 2012, pp. 262-264.

第二，不以实现公有制为目的。居住权和地役权不直接涉及自然资源的公有制，居住权基本上以私有房屋为客体，地役权大多负载于土地承包经营权等用益物权之上，不像自然资源用益物权那样是公有制的重要实现方式。

第三，不是基础的民事财产权。居住权和地役权不能成为支撑房屋或林木所有权的基础权利，不能自由流通[①]，不能为其他物权提供基础，不具备私有制社会的所有权作用。

第四，纯粹的民事权利。居住权、地役权既与自然资源的使用不直接相关，又是在自然资源用益物权基础上衍生出的权利，法律重在调整它们的民事关系，未附加政府的管制措施，属于纯粹的民事权利。

第五，制度构造稳定。居住权、地役权凝结了人类普遍的法律智慧，基本上无需改革即可稳定地适用于各种社会形态，更无需政策的助力，只需明了法律规定和法理知识即可把握。

第二节 土地承包经营权

物权编第十一章的规范布局如下：(1) 第330—338条规定土地承包经营权，涉及其内涵、设立、互换、转让等。(2) 第339—341条规定土地经营权，涉及其产生方式、内容等。土地经营权专指承包地"三权分置"后，从土地承包经营权分离的经营权。(3) 第342条规定"四荒"经营权的流转："通过招标、拍卖、公开协商等方式承包农村土地，经依法登记取得权属证书的，可以依法采取出租、入股、抵押或者其他方式流转土地经营权。""四荒"经营权是指通过招标、拍卖、公开协商等方式承包荒山、荒沟、荒丘、荒滩等荒地产生的经营权。(4) 第343条规定国有农用地承包经营权利的法律适用："国家所有的农用地实行承包经营的，参照适用本编的有关规定。"国有农用地承包经营权利是指未被农民集体使用的国有农用地因承包经营产生的权利。本节按照前述布局依序论述。

一、土地承包经营权

（一）土地承包经营权的概念

《民法典》第330条第1款规定："农村集体经济组织实行家庭承包经营为基础、统分结合的双层经营体制。"第331条规定："土地承包经营权人依法对其承包经营的耕地、林地、草地等享有占有、使用和收益的权利，有权从事种植业、林业、畜牧业等农业生产。"第55条规定："农村集体经济组织的成员，依法取得农村土地承包经营权，从事家庭承包经营的，为农村承包经营户。"综合这些规定可知，土地承包经营权是指农村承包经营户（以下简称承包户）依法使用承包地从事农业生产，取得生产收益的用益物权。

在改革开放前，我国农村的农用地由农民集体统一使用经营并分配收益，这种"大锅饭"造成农业生产力低下，农村发展落后，农民生活困难。在改革开放后，我国农村实施以家庭承包经营为基础、统分结合的双层经营体制，农民以户为单位承包农用地，承包户成为分散经营的主体，在不改变承包地用途的前提下，承包户在法律和政策框架内可自主决定用承包地种什么、怎么种，农民集体仅在必要之处主导统一生产经营，如组织农民兴修水利等基础

[①] 《民法典》第369条禁止居住权转让，第380—381条禁止地役权单独转让或抵押。

设施。① 在这种体制下,承包户是最基本的生产经营单位,其以农业生产为目的对承包地享有的自主经营权就是土地承包经营权。

关联:"承包制"

改革开放的前十年,我国普遍推行"承包制",家庭承包经营是初啼黄莺,之后陆续出现乡镇企业承包改革、国营企业的厂长(经理)承包经营责任制、地方政府财政承包等,它们的共同特点是把公有制财产交由他人经营,以此提升财产效益。② 随着改革开放的深化,除了家庭承包经营,其他承包制陆续退出历史舞台。

(二) 土地承包经营权的基础:家庭承包经营

家庭承包经营是土地承包经营权的基础,它有以下主要功能:

第一,公地私营、利益私有。家庭承包经营使得农村的农用地在量化分割的基础上,由各承包户承包,承包户利用承包地自主经营,在向国家缴纳农业税、交售订购粮食等产品(俗称"交够国家的")、向集体上交公积金等公共提留(俗称"留足集体的")后,剩余收益全部归自己,这种模式通常称为"包干到户"。

第二,内部分享、平均分配。家庭承包经营基于地缘而内外有别,有资格承包的承包户只能在本农民集体内部,外人完全被排除在外。③ 内部承包采用"按户承包,按人分地"的平均分配措施,只要是本集体承包户,就能承包经营,在此基础上,以承包户的人口数为标准分配承包地。

第三,生存保障、心理安慰。在改革开放之初,为了吃饱饭,农民自发开始家庭承包经营的实践,在实效突显后,它逐渐成为国家制度,仍秉持为农民提供最基本生活保障的目的。而且,在承包地按户分配完毕后,为了保持土地承包经营的稳定性,承包户的人口增减不影响已分配的承包地,这被称为"增人不增地、减人不减地"。在法律和中央政策的支撑下,家庭承包经营不因时势变化而有异,为农民吃了"定心丸"。④

家庭承包经营的上述功能是判断某一权利是否为土地承包经营权的重要标准。

例:甲村依法经村民会议 2/3 以上成员表决同意,把本村唯一的果园发包给 A 户村民,A 户取得的不是土地承包经营权,因其并非以家庭承包经营为基础,没有"内部分享、平均分配"的功能。

---

① 参见杜润生:《杜润生自述:中国农村体制变革重大决策纪实》,人民出版社 2005 年版,第 75—145 页。

② 参见渠敬东编著:《改革与变奏:乡镇企业的制度精神》,生活·读书·新知三联书店 2024 年版,第 35—38 页、52—61 页。在土地承包经营权,"承包"一词既有承包户不能取得经营承包地的全部收益之意(参见钱明星:《物权法原理》,北京大学出版社 1994 年版,第 289 页),也有土地所有权人将经营权自上而下地发包分配给承包户,承包户不能讨价还价之意(参见黄宗智:《探寻中国长远的发展道路:从承包与合同的区别谈起》,载《东南学术》2019 年第 6 期)。

③ 之所以如此,主要是因为在新中国成立之初,农民土地私有,是 1953 年开始的集体化运动逐步导致农村土地集体所有,若不顾这段历史,允许外人取得土地利益,会强烈违背农民基本的公平感,家庭承包经营不可能顺利开展。而且,在改革开放之初,我国严格实施城乡二元机制,农民无法转换为城镇居民身份,也不可能离乡到城镇工作,除了经营土地取得收益,别无生存良法,受此约束,农用地只能由本集体内部的农民来承包。

④ 生存保障、心理安慰是在抽象意义上总结的家庭承包经营功能,其在具体情形未必适用,比如,某户农民进城经商,生活完全不依赖于耕作承包地。不过,这种个案不影响该功能的普适性,因为一旦该户农民经商失败,仍能通过耕作承包地得到最基本的生活来源。故而,家庭承包经营及土地承包经营权既是鼓励承包户摆脱农业限制,走向工商业经营的出发点,也是维持承包户基本生存,不至于无饭可吃的着力点,农民因此进退有据。

(三) 土地承包经营权的主体

在土地承包经营权主体的术语表达上，《民法典》称为"土地承包经营权人"，《农村土地承包法》称为"承包方"，它们的实质意义相同。至于代表农民集体发包的集体经济组织、村民委员会或村民小组，《民法典》称为"发包人"，《农村土地承包法》称为"发包方"。

从家庭承包经营的功能可知，土地承包经营权有强烈的身份属性，其主体必须为本集体成员。《农村土地承包法》第5条第1款规定："农村集体经济组织成员有权依法承包由本集体经济组织发包的农村土地。"由于家庭承包经营把承包户作为最基本的生产经营单位，土地承包经营权人因此是由本集体成员组成的承包户[①]，而非某一成员个体。基于此，土地承包经营权归承包户家庭共有，根据《农村土地承包法》第24条第2款，不动产登记簿应记载承包户的全部家庭成员。同时，《农村土地承包法》第16条第2款规定，承包户内家庭成员依法平等享有承包土地的各项权益。

在通常情形，承包户由两人以上成员组成，部分成员死亡的，不影响承包户的存续，不影响土地承包经营权的存续[②]；承包户成员全部死亡的，承包户不复存在，土地承包经营权随之消灭，不会发生土地承包经营权的继承。不过，《农村土地承包法》第32条第1款规定，当季庄稼收成等承包收益是遗产，可以依法继承。[③]

> 例：A户有A1、A2和A3三口人，A1、A2是A3的父母。A户依法承包10亩耕地。A1死亡，A户的土地承包经营权继续存在，应归A1所有的承包地收成属于遗产，由A1的父母、A2、A3等继承人依法继承。A1、A2、A3全部死亡的，土地承包经营权消灭，承包地收成属于遗产，由A1、A2、A3的继承人依法继承。

由于林木生长周期较长，为了合理照料林地承包经营权人的利益，《农村土地承包法》第32条第2款规定，林地承包经营权人死亡，继承人在承包期内继续承包，林地承包经营权因而可以继承。

(四) 土地承包经营权的客体

《民法典》第330条第2款规定："农民集体所有和国家所有由农民集体使用的耕地、林地、草地以及其他用于农业的土地，依法实行土地承包经营制度。"据此，土地承包经营权的客体是农用地，它们既可以归农民集体所有，也可以是由农民集体使用的国有农用地。[④] 一言以蔽之，土地承包经营权的客体不能是建设用地或未利用地，也不能是不归农民集体所有

[①] 不过，根据《农村土地承包法》第27条第2款，取得土地承包经营权后进城落户的承包户即便失去农村集体成员的身份，也仍是土地承包经营权人。

[②] 最高人民法院发布四个继承纠纷典型案例(第一批)之四"农某一、凌某、农某二、农某三、农某四诉农某五法定继承纠纷案"的生效裁判指出，承包户某一成员去世，承包地继续由承包户其他成员继承经营，体现的是国家"增人不增地、减人不减地"的土地承包政策。

[③] 参考案例"游某甲、游某乙诉某村第二村民小组侵害集体经济组织成员权益纠纷案"的裁判要旨指出："1.承包方消亡后其继承人主张征地补偿分款的，应根据征地补偿安置方案确定时继承人是否具有本集体经济组织成员资格予以确定。2.承包方消亡后其继承人主张承包地(非林地)的征地补偿费、安置补助费的不予支持；但青苗补偿费属于承包人所有或应得的承包收益，可以依照继承法的规定予以支持。"

[④] 在实践中，农民集体使用国有农用地的原因很多。比如，《土地管理法》第38条规定，农用地被依法征收归国家所有，但用地单位连续2年未使用的，该农用地能被依法无偿收回，交由原农村集体经济组织恢复耕种。又如，1997年《国家土地管理局对山东省土地管理局有关黄河滩地权属问题的复函》指出，河水冲积形成的滩涂地属于国有，该地由农民集体经济组织开发耕种的，农民集体取得使用权。

也非由农民集体使用的国有农用地。

作为土地承包经营权客体的农用地通称承包地,不包括农民房前屋后的自留地、自留山,它们在实践中一直用于农民家庭副业经营,早于家庭承包经营而存在。[①]

(五)土地承包经营权的设立

《农村土地承包法》第19条规定,土地承包遵循以下原则:(1)按照规定统一组织承包时,本集体成员依法平等地行使承包土地的权利,也可以自愿放弃承包土地的权利;(2)民主协商,公平合理;(3)承包方案应当依法经本集体村民会议2/3以上成员或2/3以上村民代表的同意;(4)承包程序合法。

《农村土地承包法》第20条、第22条规定,土地承包按照以下程序进行:(1)本集体村民会议选举产生承包工作小组;(2)承包工作小组依照法律、法规的规定拟订并公布承包方案;(3)依法召开本集体村民会议,讨论通过承包方案;(4)公开组织实施承包方案;(5)发包人与承包人签订书面承包合同(土地经营权合同)。

《民法典》第333条第1款、《农村土地承包法》第23条规定,土地承包经营权自承包合同生效时设立,承包合同是土地承包经营权的依据,无论是否登记,均能对抗第三人。之所以如此,主要是因为在以下两个条件的限制下,土地承包经营权在其所在的集体区域内广为人知,不用登记就具有对世性:(1)我国大多数农村很少有高频率或大规模的外来人口流入,属于人际关系稳定的乡土熟人社会,本集体的任一承包户可轻易知道其他各户的土地承包经营权归属和内容。(2)法律和政策高度重视土地承包经营权的稳定性,不仅到期自动延续[②],发包人在承包期内还不得无故收回或调整承包地[③],这种超越代际的稳定度很容易就使土地承包经营权在熟人社会的封闭结构内形成长久的信息共享。

根据《农村土地承包解释》第1条,承包合同纠纷、承包经营权侵权纠纷等平等主体之间的纠纷属于民事诉讼的受案范围,但农村集体经济组织成员因未实际取得土地承包经营权提起民事诉讼的,法院应当告知其向有关行政主管部门申请解决。[④]

(六)土地承包经营权的内容

1. 对承包地的占有、使用和收益

土地承包经营权与种植业、林业、畜牧业等农业生产活动紧密相关,权利人有权以农业生产为目的对承包地进行占有、使用和收益,进行自主经营。《农村土地承包法》第18条规

[①] 1956年《高级农业生产合作社示范章程》第16条规定,集体应抽出一定数量土地分配给社员种植蔬菜。1960年《中共中央关于农村人民公社当前政策问题的紧急指示信》再次强调,允许社员经营少量自留地,不得将自留地收归公有。1962年《农村人民公社工作条例修正草案》第40条规定社员可以使用自留地作为家庭副业生产经营,第41条规定家庭副业产品和收入归社员所有和支配。

[②] 《民法典》第332条、《农村土地承包法》第21条规定,耕地的承包期为30年,草地的承包期为30—50年,林地的承包期为30—70年,前述承包期限届满后自动延长。上述期限规定具有强制性,《农村土地承包解释》第7条规定,即便承包合同约定或不动产登记的承包期限短于前述期限,土地承包经营权人也能请求延长。

[③] 在非出于土地承包经营权人的自愿,也没有法律依据的情况下,《民法典》第336—337条、《农村土地承包法》第27条、第28条、第31条规定,发包人在承包期内不得收回或调整承包地。同时,《农村土地承包法》第58条、《农村土地承包解释》第5—6条规定,承包合同有关收回、调整承包地的约定违反上述法律规定的,应当认定约定无效,承包人有权请求返还承包地并赔偿损失。

[④] 参考案例"张某诉某村委会侵害集体经济组织成员权益纠纷案"的裁判要旨指出,农村集体经济组织成员与农村集体经济组织在依法签订土地承包合同之前,土地承包关系尚未建立。当事人向法院提起土地承包经营权取得之诉的,因当事人与农村集体经济组织之间的关系不是平等民事主体之间的关系,其争议不属于法院受理民事案件的范围,当事人可向有关行政主管部门申请解决。

定,权利人在对承包地进行占有、使用和收益时,负有以下消极义务:其一,维持土地的农业用途,未经依法批准不得用于非农建设①;其二,依法保护和合理利用土地,不得给土地造成永久性损害。权利人未尽这些义务的,根据《农村土地承包解释》第8条,发包人有权请求停止侵害、恢复原状或赔偿损失。

2. 保有土地承包经营权

承包户依法取得的土地承包经营权受法律保护,除非依法终止(如承包户成员全部死亡),否则承包户的土地承包经营权不受其他因素的影响。比如,包括原告张某某在内的17户村民属于被告某村某街组的村民,因修建水库政府征收该17户村民的承包地并支付补偿费。原告的土地承包经营权证存在部分涂改,被告召开群众代表大会形成决议认为原告的土地承包经营权证作废,排除原告的分配权。法院生效裁判认为,有涂改的土地承包经营权证能否作废,不能由群众代表大会决定;虽然原告的土地承包经营权证部分内容涂改,但《农村承包土地基本情况登记表》和林权证等相应证据可证明其属于该街组成员,依法对案涉土地享有承包经营权。②

此外,为了保护妇女的合法权益,妇女外嫁、离婚或丧偶均不应影响其业已享有的土地承包经营权。《农村土地承包法》第31条规定:"承包期内,妇女结婚,在新居住地未取得承包地的,发包方不得收回其原承包地;妇女离婚或者丧偶,仍在原居住地生活或者不在原居住地生活但在新居住地未取得承包地的,发包方不得收回其原承包地。"比如,甲镇某村村民周某兰、周某红外嫁至乙镇,户口随迁至该镇。户籍迁出后,甲镇政府将二人的土地承包经营权收回,乙镇政府未向二人分配土地。经检察院发出检察建议并协商,甲镇政府返还周某兰、周某红承包土地。③ 又如,蕙某(女)与蒋某离婚时对土地承包经营权未作约定。法院生效裁判认为,尽管蒋某与蕙某婚姻变化,但蒋某提交的农村土地承包经营权证中载明的家庭成员中含有蕙某及其抚养的孩子,并确认了承包地确权总面积及人均承包地面积,蕙某及其孩子具有农村集体经济组织成员身份,依法应享有土地承包经营权。④

3. 互换、转让土地承包经营权

《民法典》第334条规定,权利人有权依法互换、转让土地承包经营权。

《农村土地承包法》第33条规定:"承包方之间为方便耕种或者各自需要,可以对属于同一集体经济组织的土地的土地承包经营权进行互换,并向发包方备案。"据此,互换以承包地属于同一农民集体为前提,以双方合意为基础,其结果不仅是交换土地承包经营权,还交换承担对方的承包合同义务⑤,实际是物权和债务一并转移,故权利人应将互换事宜告知发包人,即备案。从实践情况来看,在备案后,当事人会在承包合同内容不变的情况下,更改承包人。《不动产登记规程》第7.6.3.3条规定,因互换而申请转移登记的,申请材料包括互换协

---

① 设施农用地(也称为农业设施建设用地)可成为土地承包经营权的客体,能用以建造与农业生产密切相关的房屋,如用于存放农具的仓库、照看鱼塘的看护房等。
② 参见贵州省高级人民法院发布五个涉服务"三农"工作典型民事案例之二"张某某诉某村某街组承包地征收补偿费用分配纠纷案"。
③ 参见最高人民检察院会同中华全国妇女联合会发布十件妇女权益保障检察公益诉讼典型案例之七"新疆维吾尔自治区博尔塔拉蒙古自治州人民检察院督促保护农村妇女土地承包经营权行政公益诉讼案"。
④ 参见甘肃省高级人民法院发布八件依法维护妇女儿童和老年人合法权益典型案例之四"蕙某与蒋某土地承包经营权确认纠纷案"。
⑤ 参见杜涛主编:《中华人民共和国农村土地承包法解读》,中国法制出版社2019年版,第193—194页。

议和变更后的承包合同。

提示：互换与交换种植的区别

土地承包经营权的互换导致物权变动，而权利人交换土地种植产生债的关系，两者不能混淆。在参考案例"路某坡诉茌平县冯屯镇某村村民委员会、第三人路某成承包地征收补偿费用分配纠纷案"中，路某坡、路某成同系茌平县冯屯镇某村村民。为方便大棚种植，路某坡以甲地与路某成经营使用的乙地交换种植，两人仍按原自己承包土地面积履行交纳水费等义务。法院生效裁判认为，土地承包经营权互换的，形式要件上，应当签订书面合同并报发包方备案；实质要件上，双方对互换土地原享有的承包权利和承担的义务也相应互换。路某坡、路某成不符合前述要件，仅系交换种植土地，不构成法律上的互换。

《农村土地承包法》第34条规定："经发包方同意，承包方可以将全部或者部分的土地承包经营权转让给本集体经济组织的其他农户，由该农户同发包方确立新的承包关系，原承包方与发包方在该土地上的承包关系即行终止。"据此，转让双方限于同一集体的承包户，其结果不仅是权利人完全或部分丧失土地承包经营权，承包合同也随之完全或部分终止，为了防止权利人失去或减弱最基本的生活保障，进而加重农民集体的负担，转让需经发包人同意。在同意后，发包人与受让人签订新的承包合同，据此可申请转移登记。《农村土地承包解释》第13条规定，未经发包人同意，转让合同不能产生前述效果；不过，在《农村土地承包法》第27条第3款规定的引导支持进城落户的承包户转让土地承包经营权等情形，权利人已有生活保障，发包人无法定理由不同意或拖延表态的，不影响转让的效果。

《民法典》第335条、《农村土地承包法》第35条对土地承包经营权的互换、转让采用登记对抗力，未经登记，不影响互换、转让的法律效果，但不得对抗善意第三人。之所以如此，是因为土地承包经营权的互换、转让只能在同一集体之内完成，在人际信息高度透明的农村熟人社会，这无异于公开交易，通常没有秘密可言，因而不用登记；不过，《农村土地承包法》第33—34条仅为发包人提供了知悉互换、转让的机会，不像以公开商议的承包方案为基础的承包合同那样能覆盖本集体的全部成员，互换、转让后的土地承包经营权的对世性由此打了折扣，故未经登记的，不能约束不知情的善意第三人。

4. 流转土地经营权

在承包地"三权分置"后，土地承包经营权人可流转土地经营权，以实现承包地的效用，对此详见本节第二部分"土地经营权"。

5. 自愿交回承包地

权利人自愿交回承包地表明放弃土地承包经营权，该行为存在两种制度形态：其一，一般形态。《农村土地承包法》第30条规定，土地承包经营权人在承包期内可自愿将承包地交回发包人，但应提前半年以书面形式通知发包人，在交回后，土地承包经营权消灭，在承包期内权利人不得再要求承包土地；在此情形，发包人可视情况确定是否给予权利人以合理补偿，权利人没有相应的请求权。① 其二，特殊形态。《农村土地承包法》第27条第3—4款规定，在承包期内进城落户的土地承包经营权人可自愿将承包地交回发包人，并有权请求发包

---

① 参见杜涛主编：《中华人民共和国农村土地承包法解读》，中国法制出版社2019年版，第182页。

人对其为提高土地生产能力而对承包地的投入给予补偿。

（七）土地承包经营权的期限

《民法典》第332条、《农村土地承包法》第21条规定，耕地的承包期为30年，草地的承包期为30—50年，林地的承包期为30—70年；承包期限届满后，按照前述期限延长。

二、土地经营权

（一）土地经营权的概念

在集体农用地所有权与土地承包经营权"两权分离"后，有不少进城务工经商的承包户通过出租、入股等方式把承包地交由他人经营，土地承包经营权由此出现了权利再分离，即承包户保留承包权[①]，经营人享有经营权，从而就承包地形成"三权分置"，即农民集体享有所有权，承包户享有承包权，经营人享有经营权。据此，土地经营权是依法以土地承包经营权为基础，与承包权分离的，对承包地进行占有、使用和收益的权利。

> 例：耕地承包经营权人A户进城务工，把承包地出租给外村种植能手B，A户保留承包权，B取得承包地的经营权。

（二）土地经营权的基础："三权分置"

土地经营权是"三权分置"的产物，"三权分置"是土地经营权的基础，其功能主要在于：

第一，增进承包地的效用。"三权分置"使土地承包经营权分解为承包权和经营权，前者稳固在承包户手中，不因他人经营承包地而丧失，承包户因此没有失去土地承包经营权的后顾之忧。在此前提下，完全无需限制经营人的身份，有农业经营能力或资质的任何民事主体均能成为经营人[②]，这远远超出了本集体承包户的范围，使承包地能被更合适的人利用，从而产生更大效用。比如，在家庭承包经营模式下，承包地为承包户提供了基本生活来源，但难以通过专业化、规模化、现代化的生产经营取得高额收益，而把承包地流转给种植能手、产粮大户、农业合作社等专业化的经营人，经营人凭借自身优势能提高承包地的效益，促使承包地的效用最大化。一言以蔽之，"三权分置"使原先仅供承包户利用的承包地可为全民利用，使小农耕作变为规模经营，进而优化了土地资源配置。[③]

第二，活化利用承包地的经济利益。受家庭承包经营功能的约束，土地承包经营权没有商品流通性，不能融资担保，是承包户手中的"死产"。与此不同，土地经营权不再有地缘性和身份性的限制，具有市场流通性，可用于融资担保，使承包地蕴含的经济利益得以活化利用，能拓展承包户或经营人的融资渠道。

（三）土地经营权的流转

根据《民法典》第339条、《农村土地承包法》第36条、《农村土地经营权流转管理办法》

[①] 承包权反映了家庭承包经营的资格，体现了农村集体经济组织的成员权。参见高飞：《乡村振兴战略下承包地三权分置的法实现研究》，中国政法大学出版社2022年版，第223页。

[②] 为了防止工商资本"下乡"后无序扩张，损害农民利益，《农村土地承包法》第45条、《农村土地经营权流转管理办法》第29条规定，工商企业等社会资本通过流转取得土地经营权的，政府要依法进行资格审查和项目审核。

[③] 参见龙卫球：《民法典物权编"三权分置"的体制抉择与物权协同架构模式》，载《东方法学》2020年第4期。

第14条,流转是指作为土地承包经营权人的承包户为他人设立土地经营权的行为[①],主要方式包括出租和入股,它们的共同效果是经营人从承包户处取得土地经营权,但债的效果不同,承包户基于出租享有支付租金的请求权,基于入股享有取得出资人地位的请求权。

《农村土地承包法》第38条规定,土地经营权流转应当遵循以下原则:(1)依法、自愿、有偿,任何组织和个人不得强迫或者阻碍土地经营权流转;(2)不得改变土地所有权的性质和土地的农业用途,不得破坏农业综合生产能力和农业生态环境;(3)流转期限不得超过承包期的剩余期限;(4)受让人须有农业经营能力或者资质;(5)在同等条件下,本集体成员享有优先权。

《农村土地承包法》第40条规定,土地经营权流转合同应为书面形式,但承包户将土地交由他人代耕不超过1年的,可以不签订书面合同。同时,《农村土地承包法》第36条、《农村土地承包解释》第14条规定,土地经营权流转应向发包人备案,使发包人知悉流转,但未经备案,不影响流转的效果。

《民法典》第341条、《农村土地承包法》第41条采用登记对抗力,未经登记,土地经营权的流转不得对抗善意第三人。之所以如此,是因为土地经营权以土地承包经营权为基础,后者不以登记为必要,前者因此无法一概以登记来公示,而经营人对承包地的利用和经营是自然而然的公示形式,再加上向发包人的备案,也使土地经营权能为他人广为知晓,故土地经营权的流转无需登记;但这些机制不足以使不特定人均能知情,其因而不能对抗善意第三人。

(四)土地经营权的种类

1. 承包户的土地经营权和经营人的土地经营权

"三权分置"把土地承包经营权分解为承包权与经营权。承包户是当然的土地经营权人,其把经营权流转后,由经营人取得土地经营权。这两类权利为权利人提供的交易自由度不同,承包户的土地经营权具有原发性、当然性,其流转、融资担保仅向发包人备案即可,而经营人再流转土地经营权或以该权利融资担保,既要承包户的书面同意,还要向发包人备案。

2. 可登记的土地经营权和不可登记的土地经营权

《民法典》第341条、《农村土地承包法》第41条规定,在经营人的土地经营权中,流转期限5年以上的土地经营权有登记能力,是可登记的土地经营权,反之则为不可登记的土地经营权。这两类权利的区别主要在于:其一,权利属性不同。可登记的土地经营权具有物权属性,在登记后能对抗第三人,未经登记不得对抗善意第三人;不可登记的土地经营权具有债的属性,不能记载于不动产登记簿,不能对抗第三人。其二,融资担保方式不同。可登记的土地经营权能抵押,并可办理抵押登记;不可登记的土地经营权可抵押也可质押,但因其无登记能力,在抵押时无法办理抵押登记。

(五)土地经营权的内容

1. 对承包地的占有、使用和收益

经营人有权按照法律规定以及流转合同的约定对承包地进行占有、使用和收益,比如,

[①] 参考案例"郯城县泉源镇后某村诉宋某财、王某明土地承包经营权合同纠纷案"的裁判要旨指出,承包方将土地流转他人时,如协议中未明确约定转让的是土地承包经营权还是土地经营权,在当事人对转让协议内容理解有分歧的情况下,应当根据鼓励交易、维护交易安全及诚实信用原则,认定土地转让行为系土地经营权的流转而非土地承包经营权的转让。

《农村土地承包法》第 43 条规定,经承包户同意,经营人可以依法投资改良土壤,建设农业生产附属、配套设施。

与"三权分置"增进承包地效用的功能一致,《农村土地承包法》第 42 条、第 64 条规定,经营人擅自改变土地的农业用途、弃耕抛荒连续 2 年以上、给土地造成严重损害或者严重破坏土地生态环境的,承包户有权解除流转合同;承包户在合理期限内不解除的,发包人有权要求终止流转合同。而对土地承包经营权,承包户的经营自主度较高,其能根据实际情况弃耕抛荒,发包人不能以此为由解除承包合同。①

2. 再流转土地包经营权

《农村土地承包法》第 46 条规定,在经承包户书面同意,并向发包人备案后,经营人可再流转土地经营权。土地经营权的再流转有助于形成交易市场,从中可发现土地经营权的真实价值。

3. 以土地经营权融资担保

在"三权分置"改革实践中,土地经营权可抵押或质押,《农村土地承包法》第 47 条因此笼统规定土地经营权可向金融机构融资担保,并因土地经营权的种类不同而有不同规则。

(1) 承包户的土地经营权融资担保

在满足向发包人备案的条件下,承包户以土地经营权抵押的,抵押权自抵押合同生效时设立,未经登记不得对抗善意第三人。承包户的土地经营权没有期限限制,即便 5 年以下的土地经营权抵押也能办理抵押登记。比如,A 承包户为了获得贷款,把 10 年的土地经营权依法抵押给 B 商业银行。在办理抵押登记时,A 户应先为自己设立土地经营权并办理登记,否则抵押登记就是无本之木。《土地承包经营权和土地经营权登记操作规范(试行)》规定,不动产登记机构一并办理土地经营权登记和抵押权登记。

(2) 经营人的土地经营权融资担保。

在满足经承包户书面同意并向发包人备案的条件下,经营人以土地经营权抵押的,抵押权在担保合同生效时设立,未经登记不得对抗善意第三人。经营人以流转期限 5 年以上的土地经营权抵押的,在土地经营权登记后,可办理抵押登记。比如,A 承包户依法将其承包地的经营权出租给 B,租期 10 年。B 将该土地经营权抵押给 C 商业银行。在土地经营权于不动产登记簿中登记后,可办理不动产抵押登记。

流转期限 5 年以下的土地经营权不能办理不动产登记,因此无法于不动产登记簿中进行抵押登记;不过,该权利可根据《动产和权利担保统一登记办法》记载于动产融资统一登记公示系统。比如,A 承包户依法将其承包地的经营权出租给 B,租期 4 年。B 将该土地经营权抵押给 C 商业银行,C 可在动产融资统一登记公示系统登记该抵押权。

---

① 与经营人相比,承包户受到的法律保护更多。这不仅体现在《农村土地承包法》,还体现在其他法律领域。比如,《种子法》第 29 条规定,农民自繁自用授权品种的繁殖材料的,可以不经植物新品种权所有人许可,不向其支付使用费。参考案例"江苏某种业科技有限公司诉秦某侵害植物新品种权纠纷案"的生效裁判认为,该条规定适用的主体应是承包户,不包括合作社、种粮大户、家庭农场等新型农业经营主体;适用的土地范围应是承包地,不包括通过各种流转方式获得经营权的土地。

三、"四荒"经营权

(一)"四荒"经营权的概念

集体农用地并非全都适于家庭承包经营,荒地质量差,无人愿意承包,果园、鱼塘等数目少,无法均等分配,为了高效利用这些土地,就出现了不以农户为生产单元的承包经营方式。《农村土地承包法》第3条第2款、第48条规定,不宜采取家庭承包方式的荒山、荒沟、荒丘、荒滩等农村土地,可以采取招标、拍卖、公开协商等方式承包,承包人取得土地经营权。荒山、荒沟、荒丘、荒滩等荒地通称为"四荒"。据此,"四荒"经营权是通过招标、拍卖、公开协商等方式承包经营荒地等农村土地的权利。

在2018年12月29日《农村土地承包法》第二次修正前,通过招标、拍卖、公开协商等方式承包经营荒地等农村土地,产生的是用益物权属性的"四荒"承包经营权,本次修正将其改为经营权,以表明它不同于具有生存保障功能的土地承包经营权。除了名称改变,这种承包经营的制度构造没有实质变化,故"四荒"经营权仍为用益物权。

必须强调的是,土地经营权是承包地"三权分置"的产物,"四荒"经营权则非如此,故而,尽管"四荒"经营权在法律条文中表述为"土地经营权",但它与本节第二部分的土地经营权有质的差异。

(二)"四荒"经营权的功能

"四荒"经营权的功能主要在于:

第一,改善生态环境和农业生产条件。为了提高植被覆盖率,防治水土流失和土地荒漠化,促进农民脱贫致富和农业可持续发展,我国政府向来重视荒地的治理开发,"四荒"经营权是其中的重要环节,其自始负有改善生态环境和农业生产条件的功能。[①]

第二,提升土地效用。"四荒"经营权采用了招标、拍卖、公开协商等市场化手段,权利人通常为"艺高胆大"之人,由其承包经营,可提升土地的经营效益。不仅如此,"四荒"经营权还具有商品流通性,能在市场交易中实现土地经济利益的最大化。

(三)"四荒"经营权的主体

与土地承包经营权不同,"四荒"经营权不为农民提供最基本的生活保障,承包人因此不限于本集体成员[②],也不限于承包户。相应地,《农村土地承包法》第54条规定,承包人死亡的,其继承人在承包期内可以继续承包,也即"四荒"经营权可继承。

(四)"四荒"经营权的客体

"四荒"经营权的客体主要是农村荒地,它们属于农用地和建设用地之外的未利用地;此外也包括小块菜地、果园、养殖水面等农用地,它们数量有限,无法在本集体实施家庭承包经营。显然,"四荒"经营权的客体与土地承包经营权、土地经营权的客体不一致。

[①] 在最高人民法院发布十起森林资源民事纠纷典型案例之六"黑龙江省穆棱市某村民委员会诉常某春黑土区荒山治理承包合同纠纷案",为防治水土流失,加快荒山绿化,改善生态环境,原告黑龙江省穆棱市某村民委员会与被告常某春签订《荒山承包合同》。被告未依约履行果树栽植、改造嫁接、刨鱼鳞坑及造压谷坊等主要合同义务,未能达到防治水土流失、防止山洪水灾的效果。原告提起诉讼,请求解除合同、返还承包地并赔偿经济损失。法院生效裁判认为,被告虽交纳了承包费,但未履行合同主要义务,致使承包地区域大面积水土流失,合同目的不能实现,支持原告诉讼请求。

[②] 不过,本集体成员对于承包地有着天然的乡土联系,为了照料这一心理情感和地缘联结,《农村土地承包法》第51条规定,本集体成员在同等条件下有优先承包权。

(五)"四荒"经营权的设立

本集体成员承包的,由于"四荒"经营权在本集体具有公开性,根据《农村土地承包法》第49条的规定,只要承包合同成立生效,"四荒"经营权就设立。

本集体经济组织以外的单位或个人承包的,根据《农村土地承包法》第52条第1款,承包合同的生效有两个要件:一是经民主议定程序,即应当经本集体村民会议2/3以上成员或2/3以上村民代表的同意,二是报乡(镇)政府批准。根据《合同编通则解释》第20条第1款,若承包合同未经过民主议定程序,在承包人不能提交证据证明其系善意的情况下,合同无效;根据《民法典》第502条第2款,若承包合同经过民主议定程序但未经乡(镇)政府批准,则合同未生效。① 这表明,承包合同在此不足以成为设立"四荒"经营权独立的、全部的原因事实,村民自治的民主议定程序和行政审批还发挥着前置性的决定作用,否则即便有承包合同,"四荒"经营权也不能设立。

《农村土地承包解释》第19条规定,发包人就同一土地签订两个以上承包合同,承包人均主张取得"四荒"经营权的,按照下列情形分别处理:(1)已经依法登记的承包人取得经营权;(2)均未依法登记的,生效在先合同的承包人取得土地经营权;(3)依前两项规定无法确定的,已经根据承包合同合法占有使用承包地的人取得经营权,但争议发生后一方强行先占承包地的行为和事实,不得作为确定经营权的依据。

(六)"四荒"经营权的内容

承包人除了依法对承包地进行占有、使用和收益(如取得种植林木的所有权)②,还能以出租、入股、抵押等方式流转。《民法典》第342条、《农村土地承包法》第53条规定,流转的"四荒"经营权应依法登记取得权属证书。这就不同于土地经营权的流转,后者不以登记为前提。这也表明,"四荒"经营权登记是宣示登记,未经登记,该权利不能通过入股的方式处分。③

(七)"四荒"经营权的期限

法律未限定"四荒"经营权的期限,《农村土地承包法》第49条规定,当事人可根据具体情况在承包合同中约定。与此不同,土地承包经营权有法定期限,土地经营权的流转期限不能超过承包期的剩余期限。

四、国有农用地的承包经营权利

《民法典》第343条规定:"国家所有的农用地实行承包经营的,参照适用本编的有关规定。"国有农用地的承包经营会产生承包经营权和经营权,它们分别参照适用土地承包经营权、土地经营权或"四荒"经营权的有关规定。

(一)国有农用地的承包经营权

国有农用地绝大多数是国有农场等农垦用地。在改革开放初期,农垦与农村土地改革

---

① 参考案例"高某某诉某村民委员会确认合同有效纠纷案"的裁判要旨指出,未经过民主议定程序的承包合同无效,这与《合同编通则解释》第20条第1款的规定不符。

② 参考案例"杨某家诉贵州省安龙县某村民委员会、某村二组林业承包合同纠纷案"的裁判要旨指出,林地承包合同对合同终止时地上林木的处理有明确约定,该约定未违反公益林保护、林木采伐等法律、行政法规的强制性规定,合法有效。合同终止后,林地所有权人应按照约定为相对人申请办理采伐许可证出具相关手续。

③ 入股需办理转移登记,未经宣示登记,"四荒"经营权不能转让。不过,租赁、抵押无需登记,故未经宣示登记,不影响"四荒"经营权的租赁和抵押。

基本同步,打破了农业经营体制的"大锅饭",实行联产承包责任制,兴办职工家庭农场,实施大农场套小农场的双层经营体制。之后,又对农业承包职工全面实行土地承包到户、核算到户、盈亏到户、风险到户,生产费、生活费由家庭农场、承包职工自理,逐渐形成了以职工家庭经营为基础、大农场统筹小农场的农业双层经营体制。① 在这种模式下,农垦的国有农用地普遍实施区分口粮田与责任田的"两田制"。② 口粮田主要由与国有农场有劳动关系的职工承包经营,作为其基本生活保障田,这种承包无需交费或费用很低。责任田的承包人不限于国有农场职工,承包费也远远高于口粮田的承包费。

口粮田承包与家庭承包经营的前述功能相当:(1)职工使用国有农用地进行农业生产经营,其经营利益归职工所有,此即公地私营、利益私有。(2)只要是国有农场中满足条件的职工,人人都能承包口粮田,承包地的数量也人均分配,此即内部分享、平均分配。(3)口粮田是职工的基本生活来源和生存保障,国有农场不负担这些职工的社会保障,此即生存保障、心理安慰。既然如此,口粮田承包应能产生用益物权属性的承包经营权,参照适用《民法典》《农村土地承包法》等有关土地承包经营权的规定。③ 责任田承包等其他经营方式不具备前述功能,不能产生承包经营权。

(二)国有农用地的经营权

1. 基于承包经营权的经营权

承包人依法出租国有农用地的承包经营权,产生土地经营权④,应参照适用《民法典》《农村土地承包法》等有关土地经营权的规定。

2. 基于国有农用地使用权的经营权

在国有农用地使用权的基础上,国有农场等以招标、拍卖、公开协商等方式,以承包合同或租赁合同的名义,由职工或其他人经营责任田,能产生经营权,应参照适用《民法典》《农村土地承包法》等有关"四荒"经营权的规定。

3. 基于所有权的经营权

作为土地所有权的行使主体,政府把国有农用地发包给农民集体和国有农场之外的主体有偿使用,由此产生的权利应界定为经营权⑤,应参照适用《民法典》《农村土地承包法》等有关"四荒"经营权的规定。比如,为了确保国有农用地的经济效用最大化,切实保障国有资

---

① 参见农业农村部农垦局编:《新中国农垦改革开放40周年》,中国农业出版社2020年版,第5—11页。

② 集体农用地不允许这样的"两田制"。《农村土地承包法》第57条第5项规定,发包人以划分"口粮田"和"责任田"等为由收回承包地搞招标承包的,应当承担停止侵害、排除妨碍、消除危险、返还财产、恢复原状、赔偿损失等民事责任。

③ 不过,口粮田承包产生的承包经营权不像土地承包经营权那样具有超强的稳定性,因其与职工的生活基本保障密切挂钩,一旦职工退休有了养老保险等生活保障,或职工虽未退休,但国有农场以其他方式给予基本保障,国有农场就能收回承包地。而且,《民法典》第243条、第338条规定,承包地被征收的,土地承包经营权人可获得土地补偿费、安置补助费等补偿,而根据《国土资源部办公厅、农业部办公厅关于收回国有农场农用地有关补偿问题的复函》以及参考案例"李某诉灵武市人民政府土地收回补偿案",国家收回国有农场农用地时,土地补偿费应当支付给国有农场;长期承包国有农场农用地并将其作为生产生活主要来源的农业职工,失地后自谋职业并与农场解除劳动关系的,安置补助费给予个人,但由国有农场重新安排就业岗位的,安置补助费给予国有农场。

④ 参见厉以宁等:《新形势下农垦改革发展重大战略问题研究》,人民出版社2019年版,第371—372页。

⑤ 《自然资源部关于探索利用市场化方式推进矿山生态修复的意见》指出:"历史遗留矿山废弃国有建设用地修复后拟作为国有农用地的,可由市、县级人民政府或其授权部门以协议形式确定修复主体,双方签订国有农用地承包经营合同,从事种植业、林业、畜牧业或者渔业生产。"

产,参照适用《农村土地承包法》第49条、第52条,承包合同应通过公开竞价、公开协商等方式来达成,承包人还应有相应的资信情况和经营能力。

第三节 国有建设用地使用权

一、国有建设用地使用权的概念

《民法典》第344条规定:"建设用地使用权人依法对国家所有的土地享有占有、使用和收益的权利,有权利用该土地建造建筑物、构筑物及其附属设施。"据此,国有建设用地使用权是指以建造建筑物或构筑物为目的,对国有建设用地进行占有、使用和收益的用益物权。国有建设用地使用权在新中国成立之初就已存在,随着时代发展和社会进步逐渐完善成型[1],在用益物权中经济价值最高。

在土地公有制下,为了实现城镇生活和生产的实际需要,人们必须使用国有建设用地来建造建筑物或构筑物,由此产生国有建设用地使用权,其主体形态非常宽泛,包括各类法人、非法人组织和自然人。

国有建设用地使用权以国有建设用地为客体,为了地尽其用,《民法典》第345条规定国有建设用地使用权可以在地表、地上或地下分别设立。这种分层设立制度对国有建设用地上下空间进行了立体分割,使它们成为不同宗地,能承载不同的建设用地使用权。在宗地的意义上,地表以土地表面为主,以建筑物桩基等占用的地下空间和建筑物高度占用的地上空间为辅;地下或地上则以地下或地上空间为主,以进出口、道路等占用的土地表面为辅。

例:A房地产开发公司、B地铁公司分别依法取得国有建设用地使用权,前者用以建造住宅小区的客体范围包括甲宗地的地表及地下20米、地上30米,后者用以建造运营地铁的客体是乙宗地,范围涵盖了甲宗地地下30—60米的空间。

二、国有建设用地使用权的设立

《土地管理法》第54条、《土地管理法实施条例》第17条规定国有建设用地使用权的设立方式包括划拨、出让、租赁、作价出资或者入股,后三者属于有偿使用。与这四种方式对应的国有建设用地使用权分别简称为划拨建设用地使用权、出让建设用地使用权、租赁建设用地使用权、作价出资或者入股建设用地使用权。根据《民法典》第349条,无论哪种方式,均适用登记设权力,国有建设用地使用权自登记时设立。

(一)划拨

根据《城市房地产管理法》第23条第1款,划拨是指县级以上人民政府依法批准,在土地使用者缴纳补偿、安置等费用后将该幅土地交付其使用,或将土地无偿交付给土地使用者使用的行为。在理解划拨时,应注意以下要点:

第一,目的受限。《城市房地产管理法》第24条、《土地管理法》第54条规定,只有以下

---

[1] 参见王世元主编:《改革记忆——当代中国城镇国有土地使用制度构建历程(1978—1998)》,中国大地出版社2021年版,第1—369页。

四类用地的使用权能以划拨的方式设立：(1)国家机关用地和军事用地；(2)城市基础设施用地和公益事业用地；(3)国家重点扶持的能源、交通、水利等基础设施用地；(4)法律、行政法规规定的其他用地。国土资源部《划拨用地目录》详细列举了这四类用地的具体类型，它为判断某种用地可否采用划拨方式提供了基础标准，在实践中非常重要。

第二，行政审批。《城市房地产管理法》第23条第1款、《土地管理法》第56条规定，划拨采用行政审批制，需由政府依法颁发划拨批准文件。

第三，土地使用者无需向国家支付费用。土地使用者依法取得划拨建设用地使用权，无需向国家支付费用，属于无偿取得。至于土地使用者向失地的原土地权利人支付补偿、安置等费用，该行为旨在弥补原权利人的损失，并非因取得建设用地使用权而向国家负担的对待给付义务。

(二)出让

出让是最主要的有偿使用方式。根据《城市房地产管理法》第8条第1款、《城镇国有土地使用权出让和转让暂行条例》第8条第1款，出让是指国家将建设用地使用权在一定年限内出让给土地使用者(以下简称受让人)，土地使用者向国家支付出让金的行为。[1] 在理解出让时，应注意以下要点：

第一，公开竞价方式和协议方式并存。《民法典》第347条第2款规定，工业、商业、旅游、娱乐和商品住宅等经营性用地以及同一土地有两个以上意向用地者，一律采用公开竞价方式，其他土地可采用协议出让方式。

第二，出让合同是根本。根据《国有土地使用权合同解释》第1条，出让合同是指市、县政府自然资源主管部门作为出让人将国有建设用地使用权在一定年限内出让给受让人，受让人支付出让金的合同。出让是蕴含市场机制的交易行为，出让合同是其根本。出让合同有两个突出特性：(1)要式合同。《民法典》第348条第1款、《城市房地产管理法》第15条规定，出让合同应当采用书面形式。(2)双务、有偿合同。《民法典》第351条、《城市房地产管理法》第16条、《城镇国有土地使用权出让和转让暂行条例》第14条规定，在出让合同签订后的60日内，受让人需支付全部出让金[2]；逾期未支付的，出让人有权解除合同并请求违约赔偿。[3]《城镇国有土地使用权出让和转让暂行条例》第16条规定，受让人只有按照约定支付全部出让金后，才能申请国有建设用地使用权首次登记。同时，《城市房地产管理法》第17条规定，受让人按照约定支付出让金的，出让人必须按照出让合同约定提供出让的土地；未

---

[1] 是否支付出让金，构成划拨和出让之间最主要的区别。参见广西壮族自治区高级人民法院(2020)桂民终1239号民事判决书。

[2] 参考案例"中国某水投资集团有限公司诉某市人民政府行政协议案"的裁判要旨指出，出让金是国家公共财产，是社会全体成员共同享有的利益，并非政府可以随意处分的收益，任何地区、部门和单位都不得减免或变相减免，否则相关约定因违反国家禁止性规定而无效。需要注意的是，其他合同而非出让合同与出让金规定相悖的约定未必无效，《合同编通则解释》第16条第1款第2项规定，强制性规定旨在维护出让金等国家利益而非合同当事人的民事权益，认定合同有效不会影响该规范目的的实现，合同不因违反强制性规定而无效。比如，《城市房地产管理法》第39条第1款第1项把转让方已经支付全部出让金作为房地产转让的条件，该规定旨在确保政府取得出让金，违背该规定，不导致转让合同无效，因为即便合同有效，只要不办理转移登记，通常也能实现规范目的。

[3] 《国务院办公厅关于规范国有土地使用权出让收支管理的通知》第7条规定，受让人不按时足额缴纳出让金的，按日加收违约金额1‰的违约金，违约金随同出让金一并缴入地方国库。参考案例"某县自然资源和规划局诉安徽某房地产公司、南京某房地产公司建设用地使用权出让合同纠纷案"指出：该违约金标准体现了国家维护国有土地交易市场正常秩序的意志，不属于出让合同双方能够任意协商达成的条款；不能简单地以银行同期贷款利率或民间借贷规定的利率标准进行评判。该违约金标准对出让合同双方具有约束力，具有督促守约和惩罚违约的功能。

按照约定提供土地的,受让人有权解除合同,由出让人返还出让金,受让人并可以请求违约赔偿。

争点:出让合同是民事合同还是行政协议?

从《商品房买卖合同解释》以及《民事案由规定》来看,出让合同是民事合同,其纠纷为民事纠纷。不过,出让人普遍把出让作为行政许可,有不少法院把出让合同作为行政协议,当成行政许可的一个环节对待,其纠纷为行政诉讼。

从司法裁判来看,无论把出让合同作为民事合同抑或作为行政协议,结果大体一致。比如,在合同效力认定方面,应通过公开竞价方式而未采用该方式订立的出让合同,没有充分实现土地价值的最大化,减少了土地出让收入,危及正常的土地供应秩序,有损国家利益和社会公共利益,在民事诉讼和行政诉讼中均认定为无效。[1] 又如,在违约责任承担方面,在出让人违约时,只要尚能履行且继续履行有其意义,受让人可根据《民法典》第580条并通过民事诉讼要求出让人继续履行,也可根据《行政诉讼法》第78条第1款、《行政协议规定》第19条第1款并通过行政诉讼要求出让人继续履行。

之所以结果大体一致,是因为《行政协议规定》第12条第2款、第27条第2款明确规定可适用或参照适用民事法律规范。比较法上也有这种现象:德国的行政协议适用BGB有关规定以及在行政法中经常适用的民法原则,只是要有一定的修正[2];我国台湾地区的行政契约法制则直接套用了民法的契约观念。[3]

虽然司法裁判结果趋同,但仍有差别。比如,在受让人违约时,出让人可根据《民法典》第580条并通过民事诉讼要求受让人继续履行。但受制于"民告官"而不能"官告民"的行政诉讼机制,出让人不能通过行政诉讼要求受让人继续履行,只能根据《行政协议规定》第24条第1款催告受让人履行,受让人仍不履行的,出让人可作出要求其履行的书面决定,受让人收到该决定后在法定期限内未申请行政复议或提起行政诉讼,且仍不履行,协议内容具有可执行性的,出让人可向法院申请强制执行。[4] 这个救济机制所涉环节颇多,与民事诉讼相比费时低效。正因此,为了更高效地保护自己利益,出让人在实践中多会既催告受让人并作出要求其履行的书面决定,又提起民事诉讼要求受让人继续履行。

由此可知,把出让合同作为行政协议,会在出让人要求受让人承担继续履行责任方面不利于出让人,这无助于实现土地资源的高效利用、确保土地出让收入的合同目的。明了这样的欠缺,把出让合同作为民事合同,由出让人选择民事诉讼,就能提供自救道路。

归根结底,出让合同深嵌在我国土地出让制度之中,有稳定的制度内涵,既有饱满

---

[1] 参见最高人民法院(2017)最高法民终131号民事判决书、最高人民法院(2020)最高法行申3832号行政裁定书。
[2] 参见〔德〕汉斯·J. 沃尔夫、奥托·巴霍夫、罗尔夫·施托贝尔:《行政法》(第二卷),高家伟译,商务印书馆2002年版,第150页。这种现象的背景是,罗马法的引领使欧陆民法规范和知识起步早,影响到行政法的发展,法律行为和合同制度对单方行政行为和行政协议影响较大(Vgl. Fleiner, Was Sollte das öffentliche Recht vom Privatrecht lernen?, in: Gauchs Welt, 2004, S. 85 ff)。
[3] 参见李惠宗:《行政法要义》(第7版),元照出版有限公司2016年版,第430页。
[4] 参见最高人民法院行政审判庭编著:《最高人民法院关于审理行政协议案件若干问题的规定理解与适用》,人民法院出版社2020年版,第331—346页。

的公益色彩,即对出让人而言,在实现土地资源效益最大化的同时,为经济社会发展奠定了坚实基础[①],又有突出的私益目的,即对受让人而言,通过土地开发建设获取利润。在这种公私合作的模式中,认为出让合同既是民事合同又是行政协议,或者说既包含民事合同的属性又包含行政协议的属性,而不一定非要在二者中取其一,也许更符合现实。

出让合同可通过民事诉讼或行政诉讼审理,法院不能拒绝受理。《行政协议规定》第 8 条规定,民事生效法律文书确认出让合同不属于民事诉讼受案范围,当事人提起行政诉讼的,法院应当依法受理。同时,法院通过民事诉讼审理后作出生效法律文书的,不能再通过行政诉讼重复处理。比如,在参考案例"成都某商贸有限公司诉四川省成都市温江区规划和自然资源局行政征缴案"中,法院生效民事判决驳回了原温江区国土局要求某商贸公司支付因违反出让合同约定而产生的违约金及利息的诉讼请求,该局又以作出行政决定的方式决定对某商贸公司追缴民事诉讼中未予支持的违约金。法院生效裁判认为,原温江区国土局已经就本案违约金争议选择通过民事诉讼方式进行救济,法院作为民事合同纠纷进行受理并已作出生效的驳回民事判决。为避免逻辑和后续救济实现路径的混乱,同时为维护生效裁判的既判力,应当认定原温江区国土局就生效裁判已经驳回的事项作出行政决定,缺乏事实根据和法律依据。

(三) 租赁

租赁是出让的补充。国土资源部《规范国有土地租赁若干意见》第 1 条中规定:"国有土地租赁是指国家将国有土地出租给使用者使用,由使用者与县级以上人民政府土地行政主管部门签订一定年期的土地租赁合同,并支付租金的行为"。

根据《规范国有土地租赁若干意见》第 1 条、第 2 条、第 4 条、第 5 条,租赁和出让主要有以下区别:(1) 租赁不得用于经营性房地产开发用地,出让无此限制。(2) 租赁也有公开竞价和协议两种方式,但不像出让那样要求经营性用地必须采用前一种方式。(3) 租赁的租金按年、季等约定单位支付,出让的出让金则由受让人在取得建设用地使用权前一次性付清。(4) 租赁期限 6 个月以上的签订书面租赁合同,出让合同均应为书面形式。

(四) 作价出资或者入股

作价出资或者入股缘起于 20 世纪 90 年代初的国有企业改革。国家土地管理局《国有企业改革中划拨土地使用权管理暂行规定》第 3 条第 4 款曾把它界定为:"国家以一定年期的国有土地使用权作价,作为出资投入改组后的新设企业,该土地使用权由新设企业持有,可以依照土地管理法律、法规关于出让土地使用权的规定转让、出租、抵押"。后续出台的法律和政策逐步扩大作价出资或者入股的适用范围,将其延伸至政府投资建设的不以营利为目的、具有公益性质的农产品批发市场用地、公共租赁住房用地等项目用地,但仍有具体用途限制。[②] 从整体上看,出让和作价出资或者入股的功能相当,差异仅在于国家通过前者取得了出让金,通过后者取得了出资权益或股权。

---

① 通过出让的市场机制,国家发现了土地价值,使其效益能最大化地发挥出来,既高效利用了土地,又增加了收入,而这些收入用以征地拆迁补偿等事项,促进了我国的城市化、工业化进程。参见兰小欢:《置身事内:中国政府与经济发展》,上海人民出版社 2021 年版,第 62—67 页。

② 参见魏莉华:《新〈土地管理法条例〉释义》,中国大地出版社 2021 年版,第 114—115 页。

提示：规划在国有建设用地权设立中的重要作用

业界把国有建设用地使用权的设立称为土地供应，其必须符合国土空间规划中的详细规划或城乡规划中的控制性详细规划。[①]《城市、镇控制性详细规划编制审批办法》第10条规定，控制性详细规划应包括下列基本内容：(1) 土地使用性质及其兼容性等用地功能控制要求；(2) 容积率[②]、建筑高度、建筑密度[③]、绿地率[④]等用地指标；(3) 基础设施、公共服务设施、公共安全设施的用地规模、范围及具体控制要求，地下管线控制要求；(4) 基础设施用地的控制界线（黄线）、各类绿地范围的控制线（绿线）、历史文化街区和历史建筑的保护范围界线（紫线）、地表水体保护和控制的地域界线（蓝线）等"四线"及控制要求。控制性详细规划既通过确定地块用途、开发建设强度等，量化了建设用地的客体范围和权利边界，又通过划定基础设施、公共服务设施、"四线"等，促进了城市空间要素的和谐有序，构成城市规划和镇规划的主干。[⑤]《城乡规划法》第37条规定，以划拨方式提供国有建设用地使用权的建设项目，需先由规划主管部门依据控制性详细规划核定建设用地的位置、面积、允许建设的范围，核发建设用地规划许可证。《城乡规划法》第38—39条规定，在国有建设用地使用权出让前，规划主管部门应当依据控制性详细规划，提出出让地块的位置、使用性质、开发强度等规划条件，作为出让合同的组成部分；未确定规划条件的地块不得出让；规划条件未纳入出让合同的，该合同无效。

三、国有建设用地使用权的内容

（一）利用国有建设用地

国有建设用地使用权的基本内容是依法利用国有建设用地进行建造活动。《民法典》第350条规定，权利人应当合理利用土地，不得改变土地用途；需要改变土地用途的，应当依法经有关行政主管部门批准。[⑥]

权利人在利用国有建设用地时，必须遵循控制性详细规划、规划条件，为了落实这一要求，《城乡规划法》第38条、第40条以及《自然资源部办公厅关于加强国土空间规划监督管

---

① "国土空间规划意见"把国土空间规划分为总体规划、详细规划和专项规划三类；前者统筹和综合平衡各相关专项领域的空间需求，是详细规划的依据、相关专项规划的基础；中者是对具体地块用途和开发建设强度等作出的实施性安排，是开展国土空间开发保护活动、实施国土空间用途管制、核发城乡建设项目规划许可、进行各项建设等的法定依据，要依据批准的总体规划进行编制和修改；后者是指在特定区域（流域）、领域，为体现特定功能，对空间开发保护利用作出的专门安排，是涉及空间利用的专项规划，要遵循总体规划，不得违背总体规划强制性内容，其主要内容要纳入详细规划。城乡规划中涉及国有建设用地的是城市规划和镇规划，包括总体规划和详细规划，详细规划又分为控制性详细规划和修建性详细规划。《城乡规划法》第19—20条规定，控制性详细规划的编制需符合总体规划的要求。《城乡规划法》第21条规定，修建性详细规划应当符合控制性详细规划。国土空间规划中的详细规划与城乡规划中的控制性详细规划在功能上相同。
② 《建设用地容积率管理办法》第3条第1款规定："容积率是指一定地块内，总建筑面积与建筑用地面积的比值。"
③ 国家标准《民用建筑设计统一标准》第2.0.9条把建筑密度界定为："在一定用地范围内，建筑物基底面积总和与总用地面积的比率（%）。"
④ 《民用建筑设计统一标准》第2.0.11条把绿地率界定为："在一定用地范围内，各类绿地总面积占该用地总面积的比率（%）。"
⑤ 《城市规划编制办法》第42条规定："控制性详细规划确定的各地块的主要用途、建筑密度、建筑高度、容积率、绿地率、基础设施和公共服务设施配套规定应当作为强制性内容。"
⑥ 参考案例"吕某诉王某房屋买卖合同纠纷案"的裁判要旨指出："买卖双方就具有社会公共教育资源属性的校舍改建房屋签订房屋买卖合同，因合同改变了社会公共教育事业的划拨建设用地用途，侵害了社会公共教育资源，损害了社会公共利益，违背公序良俗，应属无效。"

理的通知》要求权利人必须取得建设工程规划许可证等规划许可,否则不得进行建造活动。

(二) 取得建筑物、构筑物和附属设施的所有权

权利人利用土地的目的是建造建筑物、构筑物及其附属设施。根据《民法典》第 231 条、第 352 条的规定,在依法利用土地且合法建造后,权利人能取得建筑物、构筑物和附属设施的所有权,但有相反证据证明的除外。

> 例:A 公司依法取得国有建设用地使用权,按照规划以及出让合同约定,A 公司应在该宗地配建垃圾处理站,它在建成后归国家所有,规划以及出让合同的相应约定属于垃圾处理站不归 A 公司所有的相反证据。

在实践中,独家院落的绿地、围墙是建筑物的附属设施,无法与建筑物分离而单独登记,需要附记于不动产登记簿。一旦建筑物转让,附属设施随之一并转让,当事人的相反约定对这种效果不产生影响。

提示:规划对建筑物所有权的影响

> 法定原则要求物权的种类和内容由法律规定。根据《民法典》第 344 条,国有建设用地使用权的内容是权利人对建设用地占有、使用和收益,并取得建筑物、构筑物和附属设施的所有权。但法律规定的物权内容都是抽象的,它在现实中要具体化为特定的利益形态,在国有建设用地使用权,这样的具体化任务首先由规划来承担。具体而言,国有建设用地使用权人的占有、使用和收益能到什么程度,能建造什么样的建筑物,能取得何种权能的建筑物所有权,是在《城乡规划法》和《土地管理法》的调整和规范下,通过控制性详细规划、规划条件加以具体限定的。就此而言,国有建设用地使用权的内容实际上与前述规划合为一体。
>
> 在实践中,为了实现特定目的,控制性详细规划、规划条件会要求国有建设用地使用权人只能自持而不能自由转让建筑物,这表明基于这样的国有建设用地使用权,权利人取得的是处分权能有缺失的建筑物所有权。相应地,权利人在取得国有建设用地使用权时支付的出让金也较低。由于规划决定了国有建设用地使用权的内容,权利人取得的建筑物所有权虽然缺失处分权能,但所依据的规划只要合法,该所有权就不违背法定原则。建筑物所有权的这种限制属于法定限制,无需记载于登记簿,即便记载也符合建筑物所有权的真实样态。[①] 基于这种限制,权利人不能转让或抵押建筑物,登记机构也不能办理转移登记或抵押登记。

(三) 处分国有建设用地使用权

1. 处分的形态包括转让、抵押和出租

《民法典》第 353—354 条规定,权利人有权依法以转让、抵押等方式处分国有建设用地使用权[②],在处分时应当采用书面形式订立相应的合同;使用期限由当事人约定,但是不得超过国有建设用地使用权的剩余期限。《民法典》第 355 条、第 402 条规定,国有建设用地使用

[①] 参考案例"昆山某某公司诉昆山市国土资源局行政登记案"的生效裁判认为这样的登记违背了法定原则,该见解并不妥当。

[②] 《民法典》第 353—354 条并列规定了转让、互换、出资、赠与,但互换、出资、赠与属于转让的不同原因行为,用转让可概括它们导致的权利易主结果。

权的转让和抵押适用登记设权力。除了转让、抵押,权利人也能出租国有建设用地使用权,这三种处分形态综合起来,通称为土地二级市场。① 国有建设用地使用权的抵押可见第八章第二节之"不动产抵押权"部分,本处主要阐述转让和出租。

2. "房随地走,地随房走"

国有建设用地和建筑物、构筑物及其附属设施在物理状态上紧密结合,具有整体性,但各自的法律地位独立,分属不同的不动产。为了理顺它们的关系,防止出现"反公地悲剧",《民法典》第356—357条规定了"房随地走、地随房走"规范:国有建设用地使用权转让的,附着于该土地的建筑物、构筑物及其附属设施一并转让("房随地走");建筑物、构筑物及其附属设施转让的,它们占用范围内的国有建设用地使用权一并转让("地随房走")。

当事人约定同时转让这两种权利,且一并办理登记的,属于依法律行为的物权变动,自然没有问题。问题在于,当事人约定仅转让一种权利,另一权利归属不变的,应当如何处理?"房随地走,地随房走"适用于国有建设用地使用权和建筑物、构筑物及其附属设施所有权的主体同一的情形。它要求这两种权利一并转让,限制了权利人的意思自治和处分自由,属于强制性规范。前述约定违背了强制规范,不能产生当事人预期的物权变动后果。而且,不动产登记簿要一并记载这两种权利的转让,不可能仅记载一种权利转让、另一权利不转让,前述约定因此不会实现。故而,即便权利人仅转让一种权利,另一权利也要随之一并转让,这是非依法律行为的物权变动,适用登记宣示力。

例:国有建设用地使用权人A公司在工业用地建造厂房,其与B公司约定,仅把厂房所有权转让给B公司,国有建设用地使用权不转让,该约定不能产生当事人预期的物权变动后果,结果是B公司同时受让厂房所有权和国有建设用地使用权。

在国有建设用地使用权和建筑物、构筑物及其附属设施所有权能分别估值时,前述约定在当事人之间产生债的约束力。

例:上例的A公司如此约定的目的,是为了获得土地因区域发展等因素产生的增值。B公司之后把厂房所有权转让给C公司,C公司一并取得该所有权及国有建设用地使用权,但B公司要根据约定把C公司支付的国有建设用地使用权价值款付给A公司。这种约定对B公司也有利:一方面,B公司只需支付房价即可取得厂房所有权及国有建设用地使用权,成本负担得以减轻;另一方面,既然A公司保留了国有建设用地使用权的价值,在该权利到期时,A公司负担办理申请延期手续、补缴出让金等义务,B公司不用为此承担费用成本。

进阶:"房随地走,地随房走"对违法建筑的适用

违法建筑虽与土地不能分离,但其权益形态应为动产所有权,以交付为转让要件,与国有建设用地使用权以登记为转让要件完全不同,因此不能适用"地随房走"。国有建设用地使用权转让的,违法建筑能否适用"房随地走",要区分以下情况而定:(1) 主

---

① 与其对应的土地一级市场是指国有建设用地使用权的前述设立方式(参见自然资源部自然资源开发利用司编:《土地二级市场改革与探索》,中国大地出版社2020年版,第4页)。需要注意土地一级市场和二级市场的用语差异,前者用"出让"和"租赁",后者用"转让"和"出租"。

管部门根据《城乡规划法》第64条要求国有建设用地使用权人限期改正的,说明违法建筑具有成为不动产的资格,有保持其经济效用的必要,它应随国有建设用地使用权一并转让。(2)主管部门根据《城乡规划法》第64条要求国有建设用地使用权人限期拆除,或相关部门根据《城乡规划法》第68条决定强制拆除的,说明违法建筑的存续为法律所不容,再保持其经济效用,已失去法律正当性,不应随国有建设用地使用权一并转让。而且,根据《城市房地产管理法》第42条的规定,出让合同的权利义务随国有建设用地使用权一并转移。据此,国有建设用地使用权受让人有履行出让合同的义务,而应被拆除的违法建筑是其适当履行义务的障碍,在其不愿承受拆除的费用损失时,用"房随地走、地随房走"规范强制其保有违法建筑,无异于强制其为他人的违法建造行为"买单",很不妥当。

争点：如何界定"地随房走"规则的"占用范围"？

《民法典》第357条是"地随房走"规则,它规定建筑物、构筑物及其附属设施转让的,建筑物、构筑物及其附属设施占用范围内的国有建设用地使用权一并转让。如何界定其中的"占用范围",有四种裁判观点,以A公司取得国有建设用地使用权(该宗地10亩,其中规划建筑占地8亩、规划建设总面积15000平方米、规划建两栋房屋),建成甲栋房屋(建筑面积5000平方米、基底占地5亩),修好通道和绿植(占地2亩),乙栋房屋(规划建筑面积10000平方米、基底占地3亩)未建,A公司把甲栋房屋转让给B公司的情形为例,说明如下：(1)占用范围为房屋基底占用的5亩地,此即"实占范围说"。(2)占用范围为建筑占地的8亩地,此即"建筑占地说"。(3)占用范围为整宗10亩地,此即"整宗土地说"。(4)以甲栋房屋面积在宗地规划建设总面积的比例为计算标准,占用范围为10亩地的1/3,此即"地权份额说"。前三种观点均有不足,本书认可"地权份额说"。

"实占范围说"的主要不足在于：B公司受让了甲栋房屋所有权及其基底占用的5亩地,成为这5亩地的使用权人,要想在不动产登记簿记载该国有建设用地使用权,需土地分宗,即把这5亩地从10亩地中分割出来,单独设为宗地,另外设立登记簿。土地分宗涉及规划变更,需由主管部门依法决定;涉及相关人利益的,还需征得该人同意。这些限制使土地分宗在实践中很难实现,B公司难以取得明确稳定的物权。

"建筑占地说"也以宗地的一部分作为甲栋房屋的占用范围,同样存在"实占范围说"的不足,在此不赘。

"整宗土地说"的不足主要在于：(1)建造乙栋房屋是出让合同约定的A公司义务,在B公司通过受让甲栋房屋所有权取得国有建设用地使用权时,B公司根据《城市房地产管理法》第42条承受建设乙栋房屋的义务。这对B公司提出了高要求,其不仅要有购入甲栋房屋的财力,还要有建设乙栋房屋的能力和行动,否则就会违约。(2)剥夺了A公司建造乙栋房屋并取得所有权的机会,而这种机会本来已通过规划、出让合同确定下来,A公司对此有稳定预期,包括B公司在内的其他人也明了该信息,但"整宗土地说"打破了这种预期,显然不妥。

由于宗地上的不同房屋均衡地得到整宗地的支撑,各房屋在国有建设用地使用权中分别有其对应的利益份额,以房屋的建筑面积之比——而非房屋价值或重要性之比——为标尺来划定份额,最为客观、公平、简便。这样一来,各房屋对宗地的支配利益能通过建筑面积之比的份额得以量化,此即"地权份额说"。前述观点的不足在"地权份额说"均不存在:(1) A 公司转让甲栋房屋,与其基底占地或建筑占地面积无关,一并转让的是与甲栋房屋对应的 1/3 国有建设用地使用权利益份额,不涉及土地分宗。(2) 只要规划不依法调整,甲、乙两栋房屋对应的国有建设用地使用权利益份额始终恒定,A 公司建成甲栋房屋,表明其已适当履行与 1/3 国有建设用地使用权利益份额对应的出让合同义务,而 B 公司又未受让乙栋房屋对应的 2/3 利益份额,因此无需负担建造乙栋房屋的义务。

3. 划拨建设用地使用权的转让、出租

根据《二级市场意见》,划拨建设用地使用权的转让主要包括以下要点:其一,政府批准是前提,未经批准,受让人不能取得建设用地使用权,但转让合同的效力不因此受影响。其二,在政府批准的前提下,须甄别土地用途是否符合《划拨用地目录》:符合的,受让人通过转移登记取得划拨建设用地使用权,不补缴出让金;不符合的,在符合规划的前提下,受让人依法通过出让取得国有建设用地使用权,须支付出让金。

例:A 中学把老校区的划拨建设用地使用权转让给 B 小学用于办学,约定后者向前者支付 1000 万元。政府批准不是转让合同的生效要件,但未经批准,B 小学无法通过转移登记取得该使用权;经过批准,由于办学用地符合《划拨用地目录》,B 小学能直接通过转移登记取得该使用权,无需向政府补缴出让金。至于转让合同约定的费用,是 B 小学就校舍等原有设施向 A 中学支付的补偿金。

A 中学把老校区的划拨建设用地使用权转让给 B 公司用于开发建设住宅,约定后者向前者支付 1000 万元。政府批准不是转让合同的生效要件,但未经批准,B 公司无法通过登记取得使用权;经过批准,由于住宅开发建设用地不符合《划拨用地目录》,政府需先收回该宗地,再依法出让,B 公司依法受让并支付出让金后,取得出让建设用地使用权。至于转让合同约定的费用,是 B 公司就校舍等原有设施向 A 中学支付的补偿金。

根据《二级市场意见》,划拨建设用地使用权的出租主要包括以下要点:其一,政府批准不是必备要件,只有在出租人未依法申报并缴纳土地出租收益,政府未取得收益的情形,才需批准;其二,应批准而未经批准的,根据《城镇国有土地使用权出让和转让暂行条例》第 46 条的规定,主管部门有权没收非法收入并罚款,但不影响出租的效力。

例:A 大学把老校区的划拨建设用地使用权部分出租给 B 公司用于经营长租公寓,约定后者每年向前者支付 100 万元租金。A 大学依法向政府申报并缴纳出租收益,无需政府批准。A 大学未申报,政府又未批准,虽然 A 大学和 B 公司的租赁合同效力不受影响,但主管部门有权没收 A 大学的租金收入并罚款。

4. 出让建设用地使用权的转让、出租

出让建设用地使用权的商品流通性很高,其转让、出租无需政府批准,但为了维护管理秩序和交易秩序,法律仍有必要的限制。比如,为了确保出让合同适当履行,防止土地闲置,

《城市房地产管理法》第 39 条第 1 款第 2 项规定,转让房屋建设工程应完成出让合同约定开发投资总额的 25% 以上,否则无法办理转移登记。[1]

租赁建设用地使用权、作价出资或者入股建设用地使用权也有商品流通性,法律规范无特别规定的[2],它们要参照适用出让建设用地使用权的转让、出租规定。

四、国有建设用地使用权的期限

《城镇国有土地使用权出让和转让暂行条例》第 12 条规定,出让建设用地使用权的最长期限因土地用途不同而有差别,即居住用地 70 年,工业用地 50 年,教育、科技、文化、卫生、体育用地 50 年,商业、旅游、娱乐用地 40 年,综合或者其他用地 50 年。这些期限对作价出资或者入股建设用地使用权同样适用。

《规范国有土地租赁若干意见》第 4 条规定,租赁建设用地使用权有短期租赁和长期租赁之分:前者适用于短期使用或修建临时建筑物,期限一般不超过 5 年;后者适用于进行地上建筑物、构筑物建设后长期使用的情形,《自然资源部产业用地政策实施工作指引(2019 年版)》第 16 条规定其期限不得超过 20 年。

根据《民法典》第 359 条、《城市房地产管理法》第 22 条、《规范国有土地租赁若干意见》第 7 条,期限届满的,国有建设用地使用权可依法续期,主要包括以下情形:(1)住宅建设用地使用权自动续期;续期费用的缴纳或减免,依照法律、行政法规的规定办理。[3](2)非住宅建设用地使用权人需要继续使用土地的,应当至迟于届满前 1 年申请续期,除根据社会公共利益需要收回该宗土地的,应当予以批准;经批准准予续期的,应当重新签订出让合同或租赁合同,使用权人依照规定支付出让金、租金等费用;使用权人未申请续期或者虽申请续期但未获批准的,国家无偿收回国有建设用地使用权。

根据《城市房地产管理法》第 23 条第 2 款的规定,划拨建设用地使用权的期限不确定,因而不存在续期问题。

第四节 宅基地使用权

一、宅基地使用权的概念

《民法典》第 362 条规定:"宅基地使用权人依法对集体所有的土地享有占有和使用的权利,有权依法利用该土地建造住宅及其附属设施。"《土地管理法》第 62 条第 1 款规定,农村村民一户只能拥有一处宅基地。据此,宅基地使用权是指农户等特定主体依法利用宅基地建造住宅及其附属设施的用益物权。

宅基地归农民集体所有,为了给本集体成员提供居住保障,宅基地使用权应运而生,它使农户能利用宅基地建造住宅并取得住宅的所有权,体现了宅基地所有权与使用权的"两权

---

[1] 《八民纪要》第 13 条规定,当事人仅以出让建设用地使用权的转让未达到《城市房地产管理法》第 39 条第 1 款第 2 项规定条件为由,请求确认转让合同无效的,不予支持。

[2] 比如,《规范国有土地租赁若干意见》第 6 条强调,租赁国有建设用地使用权转让、出租、抵押的前提是承租人按规定支付土地租金并完成开发建设。

[3] 《国土资源部办公厅关于妥善处理少数住宅建设用地使用权到期问题的复函》对住宅建设用地使用权到期后的续期提出"两不一正常"的具体方案,即不需要提出续期申请、不收取费用、正常办理交易和登记手续。

分离"。这种制度框架最早被1963年《中共中央关于各地对社员宅基地问题作一些补充规定的通知》确认，一直延续至今。在此框架内，宅基地使用权带有强烈的社会福利色彩，由农户无偿取得，是农民基于其集体成员身份而享有的终生居住保障，其期限是不确定的。

2018年中央一号文件《中共中央、国务院关于实施乡村振兴战略的意见》提出："探索宅基地所有权、资格权、使用权'三权分置'，落实宅基地集体所有权，保障宅基地农户资格权和农民房屋财产权，适度放活宅基地和农民房屋使用权。"宅基地"三权分置"改革在试点推行，目前尚未定型。

二、宅基地使用权的主体

宅基地使用权旨在从居住方面保障农民的基本生活，其主体原则上限于集体成员组成的农户[1]，这突显了宅基地使用权主体的身份性。这种主体的身份限制看上去与土地承包经营权完全一样，但《宅基地和集体建设用地使用权确权登记工作问答》第36条表明它们也有明显差异，主要表现在：

第一，身份限制存在例外。在以下两种情形，非本集体成员能成为宅基地使用权主体：（1）因易地扶贫搬迁、地质灾害防治、新农村建设、移民安置等按照政府统一规划和批准使用宅基地的；（2）1999年《国务院办公厅关于加强土地转让管理严禁炒卖土地的通知》印发前，回原籍村庄、集镇落户的职工、退伍军人、离（退）休干部以及回乡定居的华侨、港澳台同胞等。[2] 土地承包经营权的主体不存在例外。

第二，继承人。在宅基地使用权人死亡后，住宅及其附属设施是遗产，继承人（无论是否为本集体成员，也无论作为本集体成员的继承人是否拥有宅基地）在合法继承这些遗产后，势必要占有和使用宅基地。对此，只有认定继承人为宅基地使用权人才符合事实。而当承包户的成员全部死亡后，林地之外的土地承包经营权应被依法收回，继承人无法成为土地承包经营权的主体。

由于农户是最主要的宅基地使用权人，本节主要论述以农户为主体的宅基地使用权。

三、宅基地使用权的客体

宅基地使用权的客体是宅基地，它在我国三大类土地中属于建设用地，且属于农民集体所有的建设用地。就此而言，宅基地使用权理应归为集体建设用地使用权的一种。不过，宅基地和其他集体建设用地在规划上是分开的，某宗地是宅基地还是其他集体建设用地，要根据规划来确定；而且，宅基地使用权和集体建设用地使用权在法律和政策上分别适用不同制度，二者因而分属不同的用益物权。

《土地管理法》第62条第1款规定，宅基地的面积不得超过省、自治区、直辖市规定的标准。从理论上讲，对于超过规定面积部分的宅基地，不应承认使用权，否则前款规定会沦为

---

[1] 自然资源部《宅基地和集体建设用地使用权确权登记工作问答》第34条规定，地方对农户的认定未作规定的，农户原则上应以公安部门户籍登记信息为基础，同时应当符合当地申请宅基地建房的条件；根据户籍登记信息无法认定的，可参考当地承包户情况，结合村民自治方式予以认定。

[2] 1988年修正的《土地管理法》第41条曾允许城镇非农业户口居民经过县级政府批准，参照国家建设征用土地的标准支付补偿费和安置补助费后，可使用集体土地建造住宅，结果出现了集体土地被滥用建造的不良后果，1998年修订的《土地管理法》废除了该规定，城镇居民不能再通过购买等有偿行为取得宅基地使用权，这一立场至今未变。

具文。但实践情况十分复杂,需综合考虑地方、历史等因素而定,不能一概而论。①

四、宅基地使用权的设立

《民法典》第363条规定:"宅基地使用权的取得、行使和转让,适用土地管理的法律和国家有关规定。"据此,宅基地使用权的设立,应适用《土地管理法》及国家有关规定。

《土地管理法》第62条第4款、《土地管理法实施条例》第34条、农业农村部等部门《关于规范农村宅基地审批管理的通知》规定了宅基地使用权的设立程序:(1)申请。没有宅基地的农户向村民小组提出书面申请②;没有村民小组的,向村级组织(村集体经济组织或村民委员会)提出书面申请。(2)公示。村民小组提交村民小组会议讨论,并将申请理由、拟用地位置和面积等情况在本小组范围内公示;直接向村级组织申请的,经村民代表会议讨论通过并在本集体经济组织范围内公示。(3)审查。村民小组的公示无异议或异议不成立的,村民小组将农户申请、村民小组会议记录等材料交村级组织审查。(4)审核批准。审查通过的,由村级组织签署意见,报送乡镇政府审核批准;在本集体经济组织范围内公示的,由村级组织签署意见,报送乡镇政府审核批准;审核通过的,乡镇政府出具《农村宅基地批准书》,以适当方式公开。

上述程序表明,设立宅基地使用权的原因事实首先是农民集体同意把宅基地分配给申请的农户,这体现了土地所有权人的处分意愿,此外还需乡镇政府审核批准。乡镇政府审核批准之所以必要,是因为宅基地使用权具有居住保障功能和福利色彩,为了防止其被滥用,法律有严格限制,如主体身份限制、一户只能拥有一处宅基地、宅基地面积不得超过标准等,这些外在约束只能依靠乡镇政府审核批准来控制。正是在土地所有权人和乡镇政府的合力作用下,农户才能取得宅基地使用权。

上述程序还表明,宅基地使用权的设立过程具有公开性,在农村熟人社会中足以产生公示效果,使该权利具有对世性,故而,在乡镇政府出具《农村宅基地批准书》,以适当方式公开时,宅基地使用权即设立。至于宅基地使用权的首次登记,产生的是宣示力。

五、宅基地使用权的内容

(一)利用宅基地并取得住宅及其附属设施的所有权

宅基地使用权的基本内容是依法利用宅基地,但只能用于建造住宅及其附属设施,不能

---

① 对于宅基地超面积如何登记的问题,《宅基地和集体建设用地使用权确权登记工作问答》第35条答复如下:"农民集体经济组织成员经批准建房占用宅基地的,按照批准面积予以确权登记。未履行批准手续建房占用宅基地的,地方有规定的,按地方规定办理。地方未作规定的,按照《国土资源部关于进一步加快宅基地和集体建设用地使用权登记发证有关问题的通知》(国土资发〔2016〕191号)规定的分阶段处理原则办理:1982年《村镇建房用地管理条例》实施前,农民集体经济组织成员建房占用的宅基地,范围在《村镇建房用地管理条例》实施后至今未扩大的,无论是否超过其后当地规定面积标准,均按实际使用面积予以确权登记。1982年《村镇建房用地管理条例》实施起至1987年《土地管理法》实施时止,农民集体经济组织成员建房占用的宅基地,超过当地规定面积标准的,超过面积按国家和地方有关规定处理的结果予以确权登记。1987年《土地管理法》实施后,农民集体经济组织成员建房占用的宅基地,超过批准面积建设的,不予确权登记。符合规划经依法处理予以保留的,在补办相关用地手续后,只登记批准部分,超出部分在登记簿和证书中注记。历史上接受转让、赠与房屋占用的宅基地超过当地规定面积标准的,按照转让、赠与行为发生时对宅基地超面积标准的政策规定,予以确权登记。"

② 除了自始没有宅基地的农户有权申请,《民法典》第364条还规定,宅基地因自然灾害等原因灭失的农户也有权申请。

用于建造厂房等其他用途,否则根据《土地管理法》第66条第1款第2项,农村集体经济组织报经原批准用地的乡镇政府批准后,可以收回宅基地使用权。在依法利用宅基地且合法建造后,宅基地使用权人能取得住宅及其附属设施的所有权。

(二) 转让宅基地使用权

宅基地使用权的保障功能和福利属性决定了它不能作为商品自由流通,《民法典》第399条第2项规定,宅基地使用权不得抵押。[①] 不过,它能在同一集体内部依法转让,《不动产登记暂行条例实施细则》第42条、《宅基地和集体建设用地使用权确权登记工作问答》第39—40条规定,经宅基地所有权人同意,本集体成员之间能互换住宅,宅基地使用权人也能向符合宅基地申请条件的本集体其他农户通过买卖、赠与等方式转让住宅,结果均导致住宅所有权及宅基地使用权的转让。若非如此,转让无效,《八民纪要》第19条就规定,在非试点地区,农民将其宅基地上的房屋出售给本集体经济组织以外的个人,该房屋买卖合同认定为无效。

宅基地使用权的设立适用登记宣示力,未经登记无法转让。《民法典》第365条规定:"已经登记的宅基地使用权转让或者消灭的,应当及时办理变更登记或者注销登记。"[②]据此,只有首次登记的宅基地使用权才能转让,并在转移登记后完成转让。

> 例:崔某某与刘某某系同村村民,双方签订宅基地互换协议。法院认为,双方均没有提供经过乡镇政府审核批准的宅基地使用权证书,不能证明二人对互换前的宅基地享有使用权。互换宅基地也需经村委会同意,办理转移登记才发生法律效力。[③]

《土地管理法》第62条第5款规定:"农村村民出卖、出租、赠与住宅后,再申请宅基地的,不予批准。"据此,转让宅基地使用权的农户不能再申请宅基地。

(三) 自愿退出宅基地

农户在取得宅基地使用权后,进城落户成为城镇居民的,不再是本集体成员,但并不丧失宅基地使用权。若该农户不在宅基地的住宅中实际居住,既使宅基地使用权的居住保障功能消失殆尽,也导致宅基地的闲置浪费,为了减缓这种负面效用,《土地管理法》第62条第6款、《土地管理法实施条例》第35条、第36条第2款规定,国家允许进城落户的农村村民依法自愿有偿退出宅基地,禁止以退出宅基地作为农村村民进城落户的条件,禁止强迫农村村民搬迁退出宅基地。

---

① 《全国人大常委会关于授权国务院在北京市大兴区等232个试点县(市、区)、天津市蓟县等59个试点县(市、区)行政区域分别暂时调整实施有关法律规定的决定》授权国务院在天津市蓟县等59个试点县(市、区)行政区域暂时调整实施宅基地使用权不得抵押的法律规定。这些试点适用《国务院关于开展农村承包土地的经营权和农民住房财产权抵押贷款试点的指导意见》以及中国人民银行等部门《农民住房财产权抵押贷款试点暂行办法》的规定,包括宅基地使用权在内的农民住房财产权可以抵押。

② 该条的"变更登记"对应着宅基地使用权的转让,应为转移登记。

③ 参见山东省聊城市中级人民法院(2021)鲁15民终3756号民事判决书。

第五节 居 住 权

一、居住权的概念

《民法典》第 366 条规定:"居住权人有权按照合同约定,对他人的住宅享有占有、使用的用益物权,以满足生活居住的需要。"据此,居住权是指以生活居住为目的而使用他人房屋的用益物权。

> 例:年事已高的 A 由保姆 B 照料起居生活。B 来自外地农村,踏实勤恳,A 对 B 很满意。为了让 B 尽心服侍,双方约定 B 无偿住在 A 的一套住宅里,期限至 A 去世后的 10 年。在办理登记后,B 取得居住权,在前述期限内可无偿居住在 A 的该套住宅内。
>
> C 的弟弟 D 终身未娶,生活困难,C 让 D 住在自己的一套住宅里。年事已高的 C 担心在自己去世后,儿子 E 会驱逐 D,就与 D 约定,由 D 住在该套住宅里直至去世。在办理登记后,D 取得居住权,即便 C 死亡,E 继承该住宅,也不影响在世的 D 稳定居住。

居住权之外的其他用益物权由《物权法》等法律规定,《民法典》予以确认并适度完善。与此不同,居住权是《民法典》新设的用益物权,其最突出特性是《民法典》第 369 条第 1 句规定的"不得转让、继承"。该特性既有比较法经验的支持,也符合我国实践经验。[①]

关联:住宅权及其保障手段

人生在世,离不开衣食住行,获得适居之处是人类生存和发展不可缺少的物质条件,住宅权(the right to adequate housing)因此是一项基本人权,《世界人权宣言》第 25 条第 1 款对其核心内容加以规定,即人人有权享有为维持他本人以及家属的健康和福利所必需的住宅。[②]《宪法》第 33 条第 3 款规定:"国家尊重和保障人权。"居住权是国家通过民法来保障住宅权实现的重要手段之一,其独特性是作为专以居住他人房屋为内容的用益物权,因而不同于保障住宅权实现的其他民法手段(如通过买卖取得房屋所有权、农户取得宅基地使用权来建造住宅、通过租赁居住他人房屋、通过受抚养或赡养而居住家庭成员的住宅)、公法手段(如提供公共租赁住房[③]、保障性租赁住房[④]或租赁公

[①] 在《民法典》之前,虽然居住权不是物权,但它在实践中并不乏见,合同或遗嘱往往表明居住权人只能在房屋居住,没有转让、出租等权利。比如,在最高人民法院发布人民法院老年人权益保护十大典型案例之一"唐某三人诉俞某某返还原物纠纷案"中,案涉房屋原系唐某三人的父亲唐某某与母亲韩某某的夫妻共同财产。2007 年,韩某某去世。2008 年,唐某三人通过继承遗产及唐某某的赠与,取得案涉房屋所有权,出具承诺书,承诺:父亲唐某某及其续弦未离世前,有终身无偿居住该房屋的权利,但此房只能由唐某某及其续弦居住,无权处置(出租、出售、出借等),唐某三人无权自行处置该房产。

[②] 《经济、社会、文化权利国际公约》第 11 条第 1 款也规定:"本公约缔约各国承认人人有权为他自己的家庭获得相当的生活水准,包括足够的食物、衣着和住宅,并能不断改进生活条件。各缔约国将采取适当的步骤保证实现这一权利,并承认为此而实现基于自愿同意的国际合作的重要性。"

[③] 《公共租赁住房管理办法》第 3 条第 1 款规定,公共租赁住房是指限定建设标准和租金水平,面向符合规定条件的城镇中等偏下收入住房困难家庭、新就业无房职工和在城镇稳定就业的外来务工人员出租的保障性住房。

[④] 《国务院办公厅关于加快发展保障性租赁住房的意见》指出,保障性租赁住房主要解决符合条件的新市民、青年人等群体的住房困难问题。

有住房①)。这同时意味着,尽管其他手段也会采用"居住权"或"居住的权利"等类似表述,但它们并非物权编的居住权。②

二、居住权的功能

《民法典》之所以新设居住权,是为了贯彻党的十九大提出的加快建立多主体供给、多渠道保障住房制度的要求③,它因此不同于通过买房、租房等方式居住的制度,能为百姓安居提供多一种选择。

在此前提下,居住权人通常是无能力负担适居房屋之人,其与房屋所有权人有紧密的社会关系。为了维持这种关系,房屋所有权人愿意提供稳定居所,由居住权人无偿居住。④ 这样一来,居住权置身于房屋买卖、租赁市场之外,不受居住权人经济能力、房屋市场行情的影响。实际上,这是房屋所有权人在情感、道德、互利等因素的作用下,把自己的房屋居住利益无偿转归无房可居之弱者享有,具有突出的改善弱者居住条件、均衡配置居住利益的保障功能。而且,与赠与房屋不同,居住权不会使房屋所有权人失去所有权,其保障功能在实践中更为可行;与房屋借用合同产生的债权相比,居住权的保障功能更为稳定持续。

与此同时,当事人在从事与房屋相关的交易时,可根据具体情况和实际需求,把居住权当成重要工具,来实现促进房屋建设及流通、提升房屋效用的目的,居住权因此也有相应的市场功能。比如,甲在自己土地上建房,乙为了取得居住权而进行投资,房屋建成后,乙通过登记取得居住权。⑤ 又如,我国老龄化现象突出,为了提高生活品质(如周游世界、保健养生、医疗救治),城镇有住宅但收入不高的老年人可"以房养老",如打折出卖住宅,同时保留对该住宅的居住权,并在自己不住的时段能出租该住宅或出租自己不住的房间,从而既有稳定居所,又能得到充裕货币,这正是借助居住权这一制度工具进行住宅市场流通的结果。

三、居住权的主体

(一)居住权人与实际居住人

居住权旨在满足生活居住需要,其主体因而为自然人。住宅所有权人的主体形态不受限制,可以是法人、非法人组织或自然人。

居住权人与配偶、子女等家庭成员共同生活的,这些成员不是居住权人,而是与居住权人共享居住利益的利害关系人,属于实际居住人;同样地,为居住权人或其共同生活的家庭

---

① 参考案例"重庆市某房地产管理局诉李某租赁合同纠纷案"的裁判要旨指出:"承租人基于工作单位安排入住直管公房,虽然承租人与公房管理部门未签订租赁合同、承租人未交纳租金,但仍属于依照国家福利政策而租赁公有住房的范畴,不属于民事案件的受案范围。"

② 比如,参考案例"钱某某诉钱某、金某某房屋买卖合同纠纷案"的生效裁判提及公房居住权(也即公房租赁权),并分为两类:(1)公房原始受配人的居住权,即权利人基于国家福利而对房屋的财产权益,只有另行获得国家福利替代时,该权利才消灭;(2)因承租人同意而取得居住权,即承租人为了帮助保障其居住而使其迁入户籍并居住房屋的权利,当其通过其他途径获得居住保障时,居住权消灭。这样的公房居住权明显不同于《民法典》物权编的居住权。

③ 参见全国人民代表大会常务委员会副委员长王晨 2020 年 5 月 22 日在第十三届全国人民代表大会第三次会议上的《关于〈中华人民共和国民法典(草案)〉的说明》。

④ 这种"无偿"完全是从法律上讲的,是指居住权人无需为居住而向房屋所有权人负担支付费用等对待给付义务,而在社会交往的意义层面,面对房屋所有权人的这种恩惠激励,居住权人通常会更积极地反馈房屋所有权人,如前例的 B 更贴心地服侍 A,D 更真情地对待 C。

⑤ 参见李永军:《论我国民法典上用益物权的内涵和外延》,载《清华法学》2020 年第 3 期。

成员提供家政、医疗等服务的人有必要居住的,也为实际居住人。

例:A公司的员工B因保护公司资产而半身不遂,为了褒奖B,A公司用一套住宅为B设立终身居住权,在办理登记后,B是居住权人。B有配偶、子女,其生活起居需要住家保姆照料,其配偶、子女、保姆均为实际居住人。

(二) 宅基地的住宅居住权人的身份限制

在通常情况下,居住权人没有身份限制,城镇居民、农村村民和外国人均能成为居住权人。不过,居住权以宅基地的住宅为客体的,与宅基地使用权的法律和政策相应,居住权人应有以下身份限制:(1) 从本章第四节之"宅基地使用权的内容"部分可知,宅基地使用权只能在同一集体成员之间转让,为了防止当事人通过设立超长期限(如200年)来规避前述限制,居住权人应与宅基地使用权人为同一集体成员。(2) 有些宅基地"三权分置"改革试点限制宅基地和房屋使用权人的身份,与此相应,居住权人应与使用权人的身份保持一致。

四、居住权的客体

(一) 居住权客体的判断标准

《民法典》第366条把居住权客体明确为住宅,在实践中判断某一房屋是否为住宅的标准为规划用途,只要房屋的规划用途是住宅,即便现状用于仓储等其他用途,仍不失为居住权客体。该条规定未把住宅限定为城镇住宅,包括宅基地的住宅在内的农村住宅因此也能承载居住权,这也符合居住权旨在满足生活居住需要的制度目的。当然,正如前文所言,以宅基地的住宅为客体的,居住权人有相应的身份限制。

此外,规划用途虽为其他,但法律或政策允许居住的房屋[①],也能成为居住权客体,这与居住权的制度目的是一致的。

(二) 自己房屋应成为居住权客体

在通常情况,所有权人以自己房屋为客体,为自己设立居住权(也即自己居住权),纯属多此一举,《民法典》第366条就把居住权客体明确为他人住宅。但在特定情形,自己居住权是有实益的。

例:A在退休后想轻松自在欢度晚年,决定把仅有的一套住宅出卖后,用房款云游四方,同时又想继续住在该房屋。经协商,A与B达成这样的方案:A以半价把房屋出卖给B,B允许A住到去世;A在房屋上设立自己居住权后,B向A支付房款,A把房屋所有权转移登记给B。这是"以房养老"的理想方案,能确保A实现预期目的,不会出现A转让房屋所有权后,B不配合为A设立居住权的风险隐患。但它无法实施,因为《民法典》未规定自己居住权,不动产登记机构无法为A办理自己居住权登记。在比较法上,这种方案在德国行得通,因其不排斥所有权人对自己房屋的居住权。[②]

(三) 居住权客体与实际起居空间

依据特定原则,结合居住权的制度目的,居住权客体应为以套为单位的房屋,而不能是

---

① 比如,《国务院办公厅关于加快发展保障性租赁住房的意见》规定,闲置和低效利用的商业办公、旅馆、厂房、仓储、科研教育等非居住存量房屋可改建为保障性租赁住房。

② Vgl. Baur/Stürner, Sachenrecht, 18. Aufl., 2009, S. 390.

其中的某个房间或部位。不过,出于实际考虑,当事人会约定能满足居住权人正常生活需要的实际起居空间(如房屋中的某个房间),居住权人因此不能支配整套房屋,其实际支配范围限于该起居空间。

例:A 对 B 的一套三居室住宅(一间南向、两间北向)有居住权。双方约定 A 住在南间,B 及其家人住在北间,共用客厅、厨房、卫生间。B 的这套住宅是居住权客体,但 A 的起居范围不包括北间。

五、居住权的设立

设立居住权的原因事实主要包括合同、遗嘱和法院生效法律文书,它们的规则不同,以下予以分述。

(一)以合同为原因事实

1. 居住权合同的定义

居住权合同是指以设立居住权的债权债务关系为内容的合同,物权编第十四章"居住权"以其为基点而展开。需要注意的是,只要合同产生设立居住权的债权债务关系,无需考虑其用语(如约定居住使用权、居住用益权)或形态(如最高人民法院发布人民法院老年人权益保护十大典型案例之一"唐某三人诉俞某某返还原物纠纷案"中唐某三人接受赠与的承诺),均属于居住权合同。

2. 居住权合同的形式

由当事人共同签署书面居住权合同是实践常态,也是居住权登记的法律要求,否则无法申请登记。《民法典》第 367 条第 1 款也规定,居住权合同应采用书面形式。不过,居住权合同并非要式合同,在意思自治的背景下,当事人也可用口头形式或其他形式来订立居住权合同,只不过它们不符合登记申请的要求。根据《总则编解释》第 18 条,当事人的行为表明居住权合同成立的,可认定为其他形式的居住权合同。近亲属之间往往会采用这种形式,主要表现为:其一,在居住人是房屋所有权人的家庭成员、无其他适居房屋或生活困难的情形,居住人长期住在该房屋的行为通常表明双方有居住权合同,但成年居住人"啃老"的除外。[1] 其二,原为房屋所有权人的居住人将其房屋赠与近亲属后,继续居住,只要居住人没有其他适居房屋,赠与房屋并继续居住的行为可表明双方有居住权合同。[2] 在这两种情形,认定存有其他形式的居住权合同,符合居住权救助弱者的保障功能,也符合扶弱济困、尊老爱幼的家庭道德。

3. 居住权合同的内容

与居住权的保障功能匹配,除非合同约定居住权人应支付费用,否则根据《民法典》第

---

[1] 在最高人民法院发布第二批九起人民法院大力弘扬社会主义核心价值观典型民事案例之二"杨某顺诉杨某洪、吴某春居住权纠纷案"中,杨某洪、吴某春夫妇之子杨某顺成年后,长期沉迷赌博,欠下巨额赌债。后杨某洪、吴某春不再允许杨某顺在二人的房屋内居住。杨某顺以自出生以来一直与父母在一起居住生活,双方形成事实上的共同居住关系,对案涉房屋享有居住权为由,将父母诉至法院,请求判决其对父母另一套用于出租的房屋享有居住的权利。法院生效裁判认为,杨某顺虽然自出生就与杨某洪、吴某春夫妇共同生活,但不因此当然享有案涉房屋的居住权,无权要求继续居住在父母所有的房屋中。

[2] 参见参考案例"吕某诉戴某排除妨害纠纷案"。

368条,居住权无偿设立。在区分是否有偿的前提下,对于法律未规定、当事人也无约定的内容,如房屋维修义务,应根据《民法典》第467条第1款进行法律适用:其一,有偿居住权合同与房屋租赁合同最为类似,可参照适用《民法典》第713条,由房屋所有权人负担维修义务。其二,就无偿属性而言,无偿居住权合同与赠与合同最为类似,参照适用《民法典》第662条有关赠与人原则上不承担瑕疵担保责任的规定,房屋所有权人不负担房屋维修这一持续性的瑕疵担保义务,该义务由居住人负担。

至于居住权期限没有约定或约定不明的情形,不应适用《民法典》第511条第4项有关债务人可以随时履行、债权人可以随时请求履行的规定,也不应参照适用《民法典》第730条有关不定期租赁的规定,因为它们均与居住权的制度目的相悖,应综合合同的订立背景、目的等因素来判断。比如,在原为房屋所有权人的居住人打折卖房的"以房养老"情形,在折扣与租金有对应关系时,可据此估算居住权期限。又如,在前述的近亲属之间以其他形式成立的合同中,居住人年迈,为了保障生活居住需要,其应终身居住。①

4. 居住权合同的效果

通过居住权合同来设立居住权,是依法律行为的物权变动,适用登记设权力,《民法典》第368条规定居住权自登记时设立。据此,在办理登记前,尽管居住人根据合同业已实际居住,实务界也常称这种利益状态为"居住权",但其并非居住权,而是居住人请求房屋所有权人交付房屋供其居住的债权利益。它对房屋所有权人产生约束力,对其所有权形成必要限制,所有权人对占有人不享有排除妨害或返还原物的请求权。在最高人民法院发布第二批九起人民法院大力弘扬社会主义核心价值观典型民事案例之一"何某玮诉杜某妹物权保护纠纷案"中,杜某妹(年逾60岁)将房屋赠与孙子何某玮(4岁),并约定继续在此居住,何某玮取得房屋所有权。此后不足1年,何某玮及其法定代理人伍某向法院起诉,请求判令杜某妹腾空交还房屋,并支付租金损失。法院生效裁判认为,杜某妹对该房屋有居住权益,其居住行为不属于无权占有。

(二) 以遗嘱为原因事实

《民法典》第371条规定:"以遗嘱方式设立居住权的,参照适用本章的有关规定。"这里涉及的主要问题是居住权何时设立,是应参照适用《民法典》第368条,在登记时设立,还是适用《民法典》第230条,在住宅所有权人死亡时设立?本书认为应在登记时设立,主要理由在于:(1) 设立居住权的遗嘱是产生债之效果的死因行为,即在房屋所有权人死亡时,遗嘱指定的居住权人有权请求遗产管理人或依法取得该住宅所有权之人执行遗嘱,为自己设立居住权,这种债权不能适用《民法典》第230条的物权变动规则。(2) 居住权合同和设立居住权的遗嘱均产生债权债务关系,依据同等事物同等对待的自然正义,后者应适用登记设权力。(3) 遗嘱没有公开性,若允许居住权在房屋所有权人死亡时设立,就意味着他人既无法便宜地掌握居住权信息,又要承受被居住权排斥的风险,显失公允。(4) 遗嘱指定的居住权人完全可以不是继承人,在此情形,即便认为遗嘱设立居住权是物权变动,也不能适用仅针对继承的《民法典》第230条。

---

① 《民法典》第370条第1句规定:"居住权期限届满或者居住权人死亡的,居住权消灭。"从居住权为居住权人利益服务的角度来看,居住权期限尚未届满,居住权人死亡的,居住权同样消灭,因而不能参照适用《民法典》第732条有关房屋承租人在租赁期限内死亡,与其生前共同居住之人可按原租赁合同租赁该房屋的规定。

最高人民法院发布十三件人民法院贯彻实施民法典典型案例（第一批）之五"邱某光与董某军居住权执行案"：邱某光与董某峰是夫妻，董某军系董某峰之弟。董某峰的遗嘱将其名下某房遗赠给董某军，邱某光在再婚前有居住权。董某峰离世后，董某军等人与邱某光发生遗嘱继承纠纷并诉至法院。法院判决案涉房屋归董某军所有，邱某光在再婚前享有该房屋的居住使用权。判决生效后，邱某光一直住在该房屋。2021年年初，邱某光发现该房屋被董某军挂在某房产中介出售，其担心房屋出售后自己被赶出家门，遂向法院申请居住权强制执行。执行法院依照《民法典》第368条等关于居住权的规定，裁定将案涉房屋的居住权登记在邱某光名下，并向不动产登记机构发出协助执行通知书，为邱某光办理了居住权登记。

（三）以法院生效法律文书为原因事实

法院判决设立居住权的生效法律文书符合《民法典》第229条、《物权编解释一》第7条的，适用登记宣示力，居住权无需登记即可设立；不符合的，适用登记设权力，居住权在登记时设立。

例：A、B离婚，男方A有住宅，女方B无业、无房可住、无稳定生活来源，A拒不帮助B，B诉诸法院。《民法典》第1090条规定："离婚时，如果一方生活困难，有负担能力的另一方应当给予适当帮助。具体办法由双方协议；协议不成的，由人民法院判决。"据此，法院判决B对A的住宅有居住权。该判决是《民法典》第229条、《物权编解释一》第7条规定的形成性法律文书，一经生效，B就取得居住权。

居住权是《民法典》增设的用益物权，但在《民法典》实施前，不少法院通过裁判为当事人设立居住权，由于彼时居住权并非物权，不宜适用登记宣示力，但不妨适用登记设权力。上海市高级人民法院发布十一起2022年行政审判典型案例之二"马某某诉上海市自然资源确权登记局居住权登记案"的裁判要点就指出："《民法典》对居住权设专章予以规范，明确应当向登记机构申请居住权登记。在居住权登记行为中，对该权利的取得时间不应作限缩解释，应包括《民法典》施行之前生效法律文书中已明确的居住权。行政机关主张因《民法典》施行前对居住权并未有民事立法，申请居住权登记所依据的生效法律文书不包括《民法典》施行前的，不予支持。"

六、居住权的内容

（一）居住房屋

与居住权的制度目的相应，居住权人只能在房屋生活居住，不能用作他途。合同、遗嘱或法院生效法律文书明确居住权人起居空间范围的，居住权人对房屋的利用不能超越该范围。

（二）出租房屋

《民法典》第369条第1句严格禁止居住权的转让、继承，与此相悖的约定无效，但第2句为出租开了例外，允许在当事人有约定时，居住权人可出租承载居住权的房屋，这体现了居住权促进房屋流通、提升房屋效用的市场功能。不过，这个例外口子太窄，以"以房养老"为例，应以居住权人原则上能出租房屋，例外不能出租为妥，否则无法充分实现居住权的市场功能。

需要注意的是,基于居住权合同,居住权人请求所有权人维修房屋等权利是债权请求权,属于与居住权伴生的债之关系,不能将它们与居住权的内容混为一谈。

第六节 地 役 权

一、地役权的概念

《民法典》第372条规定:"地役权人有权按照合同约定,利用他人的不动产,以提高自己的不动产的效益。前款所称他人的不动产为供役地,自己的不动产为需役地。"据此,地役权是指为了提高需役地的效益而利用供役地的用益物权。

例:A为了农田浇水,需用B的土地铺设水渠,双方约定设立铺设水渠的地役权,其中A是地役权人,其农田为需役地,B是供役地权利人,其土地是供役地。

地役权中的"地"不限于土地,还包括海域、无居民海岛、房屋、林木等其他不动产,它甚至会与土地无关,如为了一宗海域(需役地)养殖需要而利用另一宗海域(供役地),故而,"地役权"实为"不动产役权"。

二、地役权的功能

地役权的核心功能在于,为了排水、取水、通行、铺设管线、通风、采光等特定目的,通过供役地的助力来提高需役地的效益,而该效益具有客观性,不以地役权人的个人好恶为标准。在前例,A的农田因灌溉需用B的土地铺设水渠,无论谁是这块农田的所有权人或承包经营权人,均有用B的土地铺设水渠的需求。正因此,地役权必然同时涉及供役地和需役地,缺一不可。供役地是地役权的客体,没有供役地,地役权是无本之木;需役地是地役权的灵魂,没有需役地,地役权无从谈起。

例:甲地(耕地)的承包经营权人A与乙地(荒地)的经营权人B约定,A可在乙地上遛狗,在此不存在需役地,A在乙地遛狗的权利并非地役权。

从地役权的核心功能出发,能看出地役权在一般用益物权中的独特性:(1)正如第一章第三节之"'物权主体为物'的形象说法:物权属性的视角"部分所论,地役权是"客体为物、主体为物"的属物权,其他用益物权则为"客体为物、主体为人"的属人权。(2)地役权登记要分别记载于供役地登记簿和需役地登记簿[①],其他用益物权只需也只能记载于客体登记簿。(3)地役权以各类不动产为客体,其他用益物权的客体均为某一类不动产。(4)地役权旨在提高需役地效用,地役权人无需独占供役地进行占有、使用和收益,其他用益物权人通常需独占客体。

---

① 《不动产登记暂行条例实施细则》第64条第1款规定:"地役权登记,不动产登记机构应当将登记事项分别记载于需役地和供役地登记簿。"第2款规定:"供役地、需役地分属不同不动产登记机构管辖的,当事人应当向供役地所在地的不动产登记机构申请地役权登记。供役地所在地不动产登记机构完成登记后,应当将相关事项通知需役地所在地不动产登记机构,并由其记载于需役地登记簿。"

三、地役权的特性

（一）主体物化

需役地的效益不为地役权人的个人好恶所左右，无论谁是需役地所有权人，只要按照通常方式提高需役地效益，设立地役权就是最佳选择。这样一来，各个时期的任一需役地所有权人均为地役权人，需役地在此遮蔽了地役权人的具体人格和身份，使地役权成为属物权，具有主体物化的特性。

主体物化是一种形象说法，旨在表明地役权人是需役地各个时期的任一所有权人，以弱化其身份。这种界定在私有制社会没有问题，但我国情形有所不同，要根据需役地不同的所有制形态把地役权人（也即需役地权利人）分为所有权人和用益物权人：（1）城市土地、海域、无居民海岛为国家所有，国家作为地役权人没有实际意义，虑及交易效率和实际收益，需役地为这些国有自然资源的，宜把对应的使用权人作为地役权人。（2）需役地为农村土地的，代表集体行使所有权的集体经济组织、村民小组或村民委员会可以成为地役权人，如其为了自己成员通行或取水方便而利用他村土地；而且，《民法典》第378条规定，集体土地所有权人在取得地役权后，为他人设立土地承包经营权、宅基地使用权等用益物权的，用益物权人当然享有地役权。此外，土地承包经营权人、土地经营权人、"四荒"经营权人、宅基地使用权人、集体建设用地使用权人可以通过合同约定成为地役权人。（3）需役地为私有房屋、林木等不动产的，所有权人是地役权人。

受主体物化的约束，以租赁合同、借用合同等债的关系为基础占有需役地的人不能成为地役权人，但可通过利他合同的方式来设定地役权。

> 例：A把房屋出租给B居住，为了通行方便，B与C约定通行C的土地。若无论谁住A的房屋均有通行C的土地需求的，该通行权利就是以A的房屋为需役地的地役权。在此，B、C是地役权合同的当事人，A是地役权人。A、B的租赁关系终止，不影响地役权的存续。

（二）从属性

地役权和需役地权利是不同的物权，但因为主体物化，地役权的设立、处分和消灭均依附于需役地权利，此即从属性。

1. 设立的从属性

没有需役地，就没有地役权；取得地役权者不是需役地权利人的，地役权的设立不合格。

2. 处分的从属性

地役权的处分从属于需役地权利，结果导致"两类权利，一体处分"，地役权既不能与需役地权利分离而单独转让，也不得单独成为其他物权的客体。

《民法典》第380条是处分从属性的一般规定："地役权不得单独转让。土地承包经营权、建设用地使用权等转让的，地役权一并转让，但是合同另有约定的除外。"据此可知：其一，主体物化使地役权不得与需役地权利分离，需役地权利人既不得保留需役地权利，将地役权转让他人；也不得保留地役权，将需役地权利转让他人；还不得把地役权和需役地权利分别转让给不同的人。其二，它是强制规范，当事人有不同约定的，如约定需役地权利人在保留地役权的条件下将需役地权利转让他人，仅在当事人之间产生债的效力，并不影响从属性。

例：A为了给农田浇水，以B的土地为客体设立铺设水渠的地役权。A把土地承包经营权转让给C，约定灌溉取水的地役权仍归A，该约定的效果是C仍能受让该地役权，但对A负担不行使铺设水渠地役权的义务。

此外，《民法典》第381条规定，地役权不得与需役地权利分离而单独抵押。再者，一旦限制物权的形态随着社会发展而扩张，需役地权利的处分也会有新方式，于此同样存在从属性。

3. 消灭的从属性

需役地权利因需役地灭失等事由而消灭的，地役权随之消灭。

（三）不可分性

地役权旨在通过供役地的助力来提高需役地的效益，其概括地存在于供役地的整体，并使需役地整体受益，这种利益格局不因需役地或供役地的权利是独有还是共有而有区别，也不受需役地或供役地分割的影响，此即不可分性。

1. 需役地角度的不可分性

为了提高需役地的效益，地役权使需役地的整体受益，这主要表现为：

第一，需役地权利为共有，部分共有人对供役地取得灌溉取水等地役权的，需役地整体能享受该利益，其他共有人也取得同样的地役权。相应地，部分共有人抛弃前述地役权的，不能产生地役权消灭的后果，需役地整体仍能享有灌溉取水等利益。

第二，需役地分割后的各个部分原则上受惠于地役权，《民法典》第382条表达了这种特性，即需役地权利部分转让，转让部分涉及地役权的，受让人同时享有地役权。我国土地或海域以宗为单位，需役地权利是国有建设用地使用权、海域使用权等用益物权的，其部分转让的前提是分宗，把土地或海域分割成不同的单元，进而使一个用益物权成为数个权利，否则需役地权利部分转让无从谈起。在需役地分割的基础上，需役地权利部分转让，受让人取得地役权，无非是地役权从属性的表现。同样地，在因共有关系破裂而分割需役地，需役地权利因此分别归属不同人时，这些权利仍受益于地役权。

不过，在需役地分割后，若地役权客观上无法惠及分割后的部分，比如，在需役地分割后，某人的土地与供役地之间被他人用以建造猪圈的土地隔开，不能再建造灌溉渠，表明灌溉取水地役权对其土地已无实益，该地役权不复存续。若地役权客观上能惠及分割后的部分，但该部分不在地役权合同约定范围的，地役权对该部分也不复存在，比如，地役权合同约定距离供役地30米的需役地部分有灌溉取水地役权，后需役地分割为两宗地，其中一宗距离供役地30米之内，另一宗在30米之外，后者虽然也有灌溉取水的需求，但因不在合同约定的范围，故不能享受灌溉取水的地役权利益。

2. 供役地角度的不可分性

地役权存在于供役地的整体，供役地任一部分均要承载地役权，这主要表现为：

第一，供役地权利为共有的，供役地的整体用于提高需役地效益。在设立灌溉取水等地役权时，部分共有人不能仅以其份额为标准来设立；在设立地役权后，部分共有人也不能主张以其份额为限来负担地役权。相应地，部分共有人也不能通过抛弃份额来消灭前述地役权。

第二,供役地分割后的各个部分原则上仍承载地役权,其道理同于需役地分割后的各个部分原则上受惠于地役权,以下予以简述。《民法典》第 383 条表达了这种特性,即在供役地分割后,供役地权利部分转让,转让部分涉及地役权的,地役权对受让人有约束力。不过,地役权合同约定供役地某部分不实际负载地役权的,该部分在分割后并非地役权客体。比如,地役权合同约定距离需役地 30 米外的供役地部分不能铺设水渠,在供役地分割后,该部分土地无需承载地役权。

四、地役权的设立

地役权是意定物权,合同是设立地役权的原因行为,并采用登记对抗力。

(一)合同

《民法典》第 373 条第 1 款虽然规定当事人应当采用书面形式订立地役权合同,但不妨当事人以口头形式或其他形式订立地役权合同。

地役权旨在提高需役地的效益,如何提高由当事人自行判断,《民法典》第 373 条第 2 款规定供役地"利用目的和方法"是地役权合同的条款,它是必备条款,一旦缺失且无法通过协商予以补救,地役权合同就不能成立。

《民法典》第 377 条规定,地役权期限由当事人约定。由于地役权人不像其他用益物权人那样需要独占供役地,供役地权利人仍能使用供役地,故而,集体土地所有权人或房屋所有权人能设立无期永久地役权;不过,需役地权利或供役地权利是土地承包经营权等期限确定的用益物权的,地役权的期限不能超过它们的剩余期限。

(二)登记

《民法典》第 374 条来自《物权法》第 158 条,它们规定地役权自地役权合同生效时设立,未经登记,不得对抗善意第三人。之所以如此,原因应是在《物权法》制定时,集体土地所有权、土地承包经营权等农村土地物权缺乏完备的登记机制,这些无法登记的物权为需役地权利或供役地权利的,地役权也无法登记。这样一来,采用登记对抗力实属无奈的最优之举。[①]

《民法典》第 378 条是强化集体土地地役权效力的特殊规则,它规定在集体土地负担地役权后,所有权人为他人设立土地承包经营权、宅基地使用权等用益物权的,该用益物权人当然负担地役权。据此,即便以集体土地为客体的地役权未登记,即便用益物权人善意,地役权也能对抗用益物权人。

《民法典》第 379 条规定,在土地承包经营权等用益物权设立后,又设立地役权的,用益物权人的同意是必备要件。本书认为,该要件应予删除,理由主要为:(1)用益物权和地役权均登记的,根据优先原则,后顺位地役权必须容让先顺位用益物权,不能妨害用益物权的实现,否则地役权是不能行使的,这足以保护用益物权人的利益,无需再以其同意作为地役权的设立要件。(2)用益物权登记,地役权未登记的,前者优先于后者,这同样足以保护用益物权人的利益。(3)用益物权采用登记对抗力(如土地经营权流转未登记),而地役权人为善意的,土地经营权不能对抗地役权人,此时以土地经营权人的同意作为地役权设立要件,会形成规范冲突。

[①] 不动产统一登记为地役权登记提供了稳固基础,地役权登记有无必要改采设权力,就有可议的空间。

五、地役权的内容

(一) 按照合同约定的利用目的和方法利用供役地

如何使用供役地来提高需役地的效益,只有当事人最清楚,故而,法律只能框定地役权的构造,至于明确地役权内容的利用目的和方法只能由当事人约定,它们能载入不动产登记簿。

在此基础上,地役权人的主要权利就是按照合同约定的利用目的和方法利用供役地,其既能以通行、铺设管道等方式积极地利用供役地,由此产生积极地役权,还能以供役地权利人不建高楼、不建工厂等方式消极地利用供役地,由此产生消极地役权。[1]《民法典》第376条规定,地役权人应当按照约定行使权利,尽量减少对供役地权利的限制,以实现当事人双方的利益平衡。相应地,根据《民法典》第375条,供役地权利人应按照约定允许地役权人积极地利用供役地,或者自己在供役地不得为建高楼、建工厂等特定行为,不得妨害地役权人行使权利。

提示:供役地权利人的必要作为义务

供役地权利人通常不负担积极作为义务,否则地役权人就不是利用供役地,而是利用供役地权利人,这与地役权的构造不符。不过,为了最大程度地提高需役地的效益,在必要限度内,应允许当事人约定供役地权利人的作为义务。在比较法上,ZGB第730条第2款规定该义务能以次要地位而附加于地役权,如当事人可约定供役地房屋所有权人在房屋地板上铺设隔音地毯,并可载入不动产登记簿。[2] 同时还要注意,有关供役地利用方法的约定违背处分自由原则的,如约定供役地权利人不能转让该权利,就过度干涉了权利人的本有权利,一旦载入不动产登记簿,会损及供役地权利受让人的利益,这种约定因此不能登记[3],没有对世性,只能产生债的效果,供役地权利人违背该约定的,应承担违约责任。

(二) 实施必要的辅助行为

为了实现地役权的目的,即便当事人未明确约定,地役权人也有权根据实际情况实施修建道路、铺设管道等必要的辅助行为。比如,当事人约定通行供役地,但未提及如何通行的细节,地役权人能根据需役地的实际需要,修建适宜通行的道路。这种辅助行为不能为地役权人按照合同约定利用供役地的权利所包含,学理称其为附随地役权。

地役权人在实施辅助行为时,也应尽量减少对供役地权利的限制,而供役地权利人也应予容忍,允许地役权人实施必要的辅助行为。

(三) 设置并使用必要设施

合同约定供役地权利人设置必要设施(如架设管线)的,地役权人有权使用,与此利益获取一致,地役权人要负担维护费用。没有前述约定的,为了实现地役权的目的,地役权人可

---

[1] 必须强调的是,消极地役权必须与规划协调,否则会因违背规划而承担相应的公法后果。比如,在取得建设工程规划许可证后,供役地权利人向地役权人承诺不按该许可证建设的,会承担《城乡规划法》第64条规定的罚款等行政处罚。

[2] Vgl. Schmid/Hürlimann-Kaup, Sachenrecht, 4. Aufl., 2012, S. 312.

[3] Vgl. Baur/Stürner, Sachenrecht, 18. Aufl., 2009, S. 181.

自行在供役地上设置并使用必要设施。与此相应,地役权人应自负费用来维护这些设施。

为了发挥这些必要设施的最大效用,也为了和睦当事人的关系,供役地权利人在不妨害地役权行使的范围内,有权利用必要设施,相应地也应分摊维护费用。

(四)合理调整供役地的利用位置或方法

能否提高需役地的效益,是地役权正当性的基本标准,而需役地的效益会发生变化,对供役地的利用也应随之调整,如需役房屋用电量增加,需要设置更多的管线,就应扩大供役地的使用范围,反之则要缩小。在此情形下,地役权人应有相应的调整权利,但这种调整不得妨碍供役地权利的正常功能,应在供役地权利人的合理预期范围内[1],如架设更多的高压线路超出了电磁辐射的正常范围,会影响供役地权利人的生活,地役权人就不能调整。若客观上能调整,由此产生的成本应由地役权人承担。上述标准也是保障供役地权利人的基准,在该权利人因客观需要占用供役位置时,在不妨害地役权正常行使的限度内,可将供役的具体位置从甲处调整到乙处,由此产生的成本由供役地权利人承担。

六、地役权的消灭

《民法典》第384条规定了地役权的特殊消灭事由,即地役权人违反法律规定或者合同约定,滥用地役权的,或在约定的使用费付款期间届满后在合理期限内经两次催告未支付费用的,供役地权利人有权解除地役权合同,地役权消灭。

此外,需役地永久灭失或因毁损等原因永久无法利用的,地役权消灭。地役权的主体物化,需役地不可或缺,一旦需役地永久灭失,如需役房屋因大地震坍塌,该地被列为纪念遗址不再重建,地役权即因失去存续根本而消灭。虽然需役地存在,但因其他事由而永久无法利用的,如需役林地因污染变成无法复植的不毛之地,丧失了提高效益的客观需要和可能,也是地役权消灭的事由。

再者,供役地对需役地效益的提高不再有用的,地役权丧失了存续必要性,因此消灭。比如,为需役地提供水源的供役地干枯断水,再承载地役权已无实益。又如,需役房屋因技术革新改采太阳能,不再用供役地输电,铺设输电线路的地役权丧失意义。这些情形不像需役地永久灭失或无法利用那样确定,在当事人双方不能达成一致时,应通过法院诉讼进行确认。

在前述消灭事由发生后,地役权消灭,与此对应的注销登记产生宣示力。

七、地役权与相邻关系的关系

地役权与相邻关系是两类不同的制度,有以下主要差异:(1)前者是用益物权,后者不是一种物权类型,它主要是所有权或土地承包经营权等用益物权内容的扩张或限制。(2)前者遵循意思自治原则,合同是其得以设立的原因行为,利用目的和方法、期限、是否有偿等由合同约定[2],后者采用法定调整机制,当事人的约定对其发生、内容和期限不能产生实

---

[1] 参见孙宪忠、朱广新主编:《民法典评注·物权编》(第3册),中国法制出版社2020年版,第278—279页。

[2] 比如,海育公司与电力公司的用地相邻,由于历史原因,电力公司需穿行海育公司院内的道路通行。海育公司主张其为案涉道路所在土地的使用权人,要求电力公司订立地役权合同并支付对价。法院认为,双方是否设立地役权合同,应当遵循自愿原则,双方并未达成合意,海育公司要求设立地役权合同及电力公司支付对价,缺乏依据。参见北京市第一中级人民法院(2021)京01民终8461号民事判决书。

质影响，利用人仅应补偿因超出必要限度而对邻人造成的损失。

虽有前述差异，地役权和相邻关系的功能仍存有共性，都是以提高某一不动产的效益为目的而利用另一不动产，该效益具有客观性，不因权利人的个人好恶而有别，正因此，二者均有主体物化的特性。基于这种共性，地役权也称为意定相邻关系，相邻关系也称为法定地役权。

正因为地役权与相邻关系是有功能共性的不同制度，它们可组合运用。比如，前者对后者予以细化或补充，因后者采用法定机制，在法律提供的制度方案不细致时，可借助前者细化或补充，如邻人之间有相邻通行权，但法律未规定如何通行，双方可约定设立以此为内容的地役权。又如，前者能排除后者的适用，如为了避免相邻通行权造成的不便，双方可约定设立以通行权人不行使该权利为内容的地役权，更详细的论述和事例见第六章第一节之"相邻关系"部分。

八、特别地役权

（一）自己地役权

在比较法上，ZGB第733条规定了自己地役权，即只要需役地对供役地形成客观依赖，即便两者的权利人为一人，该人也可自设地役权。我国没有规定这类权利。

认可自己地役权的好处，是便于权利人事先规划，并通过物权的方式予以落实，从而能节省交易成本。比如，农民集体出于产业发展的考虑，在发包农用地前，划定各块土地的具体用途，如种养花卉、瓜果、蔬菜，并确定地块间的通行、灌溉、通风、采光等，使不同地块之间具有需役地和供役地的关系，在发包后，承包户要遵照既定的利用目的和方法。若没有这种方式，不仅权利人与后续的权利人之间要协商，如村集体经济组织与承包户约定用地目的和方法，后续权利人之间也要协商，如承包户之间约定通行、灌溉、通风、采光等，从而加大交易费用；而且，由此产生的债不能约束第三人，诸如流转的土地经营权人不受前手约定的约束，仍会继续产生交易成本。

（二）公共地役权

在比较法上，法国、意大利、美国等均有公共役权，它是指为了公益事业、公产安全、公众便利等公共利益的需要，无需供役地权利人同意即可设立的役权。在此前提下，满足地役权构造的就是公共地役权，反之则为公共人役权，无论何者，利用人均应给予供役地权利人相应的补偿。我国法律虽没有公共役权的称谓，但有其实质内容，用以铺设市政管线的地下综合管廊、油气管网工程施工中铺设的地下油气管道、电网工程建设中的电力设施线路走廊等均为适例，它们旨在实现公共利益，无需其他不动产权利人同意即可依法使用这些不动产。[①]

[①] 参见汪洋：《土地空间开发利用的理论框架与实践运用》，载《苏永钦教授七秩华诞祝寿论文集》（第一卷），元照出版有限公司2022年版，第405—415页。立足于地下综合管廊、油气管网工程、电力设施线路等不动产，把它们作为需役地，公共役权就是公共地役权；否则，着眼于市政服务部门、油气管网企业、电力企业等主体，公共役权则为公共人役权。

第八章

担保物权

本章在担保物权的概念、功能、分类等一般性知识的基础上,区分典型担保物权和非典型担保物权,前者是重点,对其采用"总—分"架构,总论包括典型担保物权的特性、分类、主体、客体、担保范围、设立、内容、实现、消灭等知识,分论包括抵押权、质权和留置权。

第一节 担保物权概述

一、担保的含义

"担保"一词的基本意义是担当负责。在日常交往中说"我以人格担保,这话一点不假",就是"如果这是谎话,我来承担责任"之意。"担保"在民法中也有这种意义,在有些语境,"担保"仅表明主体为其行为承担责任的意思。比如,《民法典》第 615 条、第 617 条规定,出卖人有物的瑕疵担保义务,应按约定质量要求交付标的物,未尽该义务的,出卖人应依法承担违约责任。

在没有语境限定时,"担保"在民法中专指担保人对债权实现负责的制度,它有两个分支:(1) 物的担保(物保),也即担保物权,其实质是从担保人责任财产中划出特定的担保财产,由债权人支配其价值。在债权不能获偿时,债权人就担保财产可依法优先受偿。物保的成立往往需要公示,成本相对较高,但债权人专享担保财产的经济价值,能排斥没有物保的一般债权人,债权实现有切实保障。(2) 以保证为典型的人的担保(人保),其运作机理是增加可供债权清偿的责任财产数量,即除了债务人责任财产,担保人的责任财产也要供债权人受偿。人保是债的关系,成立起来简便高效,但没有排他性,被担保的债权人与担保人的其他债权人地位平等。一旦责任财产不够清偿,被担保的债权人就不能如愿受偿。

"担保"在其他法律中会另有含义,不一定能与其民法意义等同。比如,《民事诉讼法》第 103 条规定,法院采取保全措施时,可以责令申请人提供担保;除了物保和人保,《最高人民法院关于人民法院办理财产保全案件若干问题的规定》第 7 条还允许保险人以其与申请保全人签订财产保全责任险合同的方式提供担保;指导性案例 217 号"慈溪市博某塑料制品有限公司诉永康市联某工贸有限公司、浙江天某网络有限公司等侵害实用新型专利权纠纷案"的裁判要旨还指出,法院采取行为保全措施,可以责令被诉侵权人在该案判决生效前不得提取其通过电子商务平台销售的被诉侵权产品的收款账户中的一定数额款项作为担保。

二、担保物权的概念

《民法典》第 386 条规定:"担保物权人在债务人不履行到期债务或者发生当事人约定的实现担保物权的情形,依法享有就担保财产优先受偿的权利,但是法律另有规定的除外。"第 387 条第 1 款规定:"债权人在借贷、买卖等民事活动中,为保障实现其债权,需要担保的,可以依照本法和其他法律的规定设立担保物权。"据此,担保物权是指以担保债权实现为目的,债权人在一定条件下依法就担保财产优先受偿的物权。该概念涉及以下术语:(1)担保物权所担保的债权通称为主债权,其类型很广泛,除了常态的合同等意定之债,也可为无因管理之债、不当得利之债、侵权之债等法定之债;除了常态的金钱之债,也可为非金钱的特定物之债。(2)担保物权人即主债权人。(3)担保财产是供债权优先受偿的客体。(4)提供担保财产的担保人包括债务人和第三人,该第三人通称为物上保证人或物上担保人。

担保物权是上位层级物权,包含了抵押权、质权等构造不同的中位层级物权,各自还有下位层级物权。从整体上看,担保物权有以下内涵:

第一,担保物权是物权。这意味着:其一,担保物权不同于保证等人保,前者由物权法调整,后者由合同法调整。[①] 其二,债的关系(如抵押人在转让抵押财产时应经抵押权人同意的约定)虽然不是担保物权的内容,但对担保物权会产生重要作用,下文在阐述担保物权的效力时,一并加以分析。

第二,担保物权是以担保债权实现为目的的限制物权,通过债权人对担保财产的优先受偿来达到目的,有价值权之称。也就是说,在具备债务人不能清偿等一定条件时,担保财产的经济价值实际归属于债权人,债权人对担保财产通过拍卖、变卖等方式变价后的金钱享有优先受偿权。[②] 由此可知:其一,担保物权不同于所有权,后者是内容全面、存续无期的完全物权。其二,担保物权要想实现目的,需以担保财产能变价为金钱作为必要手段,故担保财产应有市场流通性,这不同于旨在实现物的使用价值的用益物权,后者的客体可以是土地等禁止流通物。其三,与担保物权的目的相适应,担保财产可以是物,也可以是权利,而所有权和用益物权的客体均为物。

第三,担保物权是以他人财产为客体的他物权。这一定位表明:其一,担保物权不同于所有权,后者是以自己之物为客体的自物权。即便在必要之处,担保物权可以自己之物为客体,出现所有权人担保物权(见本章第二节之二),但与其对标的是以他人财产为客体的担保物权,并不对标所有权,因而要适用或参照适用担保物权的相应规范。其二,担保物权以权利人支配担保财产的经济价值为指向,旨在减少交易风险、保障债权实现,权利人对物的情感利益在此无立足之地,在担保财产被损坏时,担保物权人没有精神损害赔偿请求权,而所有权人根据《民法典》第 1183 条第 2 款有该请求权。其三,担保物权有存续期限的约束,与没有期限的所有权明显不同。

[①] 在"物债二分"之下,物保和人保的差异非常明显,当事人可根据实际情况择一而用或混搭使用。不过,它们都旨在担保债权实现,因此存在共性,正如第二章第四节之二"共同适用关系"部分所见,它们共享相关法律规范,下文有关从属性、担保人的资格、公司对外担保等内容对人保亦可适用。

[②] 相应地,在计算担保人实际享有的担保财产经济价值时,要扣除主债权经济价值。参考案例"于某受贿案"的裁判要旨指出,受贿房产有抵押的,抵押权人对房产的权利会影响受贿人所控制房产经济价值的份额和数额,抵押权对应的未偿还贷款本金部分应认定为受贿未遂。

提示：实为担保物权的"所有权"

在所有权保留等非典型担保物权，权利人有担保财产的所有权，但受制于担保债权实现的目的，权利人不仅通常不占有担保财产，也不能转让担保财产，基于此，这种所有权仅有担保功能，实质上与限制物权无异。比如，4S店与购车人约定分期付款买卖，后者交付20%比例的首付款后，前者把汽车交给后者，在后者付清剩余价款前，汽车归4S店所有。4S店保留汽车所有权的目的是担保剩余价款债权，此即所有权保留，4S店虽名为所有权人，但其不占有汽车，无法把汽车转让给他人，实为担保物权人。

三、担保物权的功能

在借贷等交易活动中，债务人的信用因担保的加持而增加，这使债权人敢于放心大胆交易，担保因此具有促成交易、融通资金的根本功能。与人保相比，担保物权的这种功能更为突出，因为保证人的信用不稳定，会因破产等原因缺乏偿债能力，而担保财产能为债务清偿提供稳定保障。

在前述根本功能的基础上，物上保证人、保证人等提供担保的第三人为了避免受损，在担保前会审慎考察债务人的资信状况、融资交易的可行性等因素，并采用一定的反制措施（如要求债务人向自己提供担保），在担保后也会追踪评估债务人的财产和经营，以便及时采取应对措施，所有这些行为都会使交易风险最小化，使可能的纠纷尽量没有生根发芽的机会。在此意义上，担保人发挥着交易监管者的作用，而这种"监管"完全沉浸于市场活动，化身为交易行为，由市场主体根据实际需要和市场规律来实施，相比于旨在事先防范融资风险的行政监管，其成本低、效果好。而且，担保物权还使得债权人无需对债务人的全部财产和经营活动进行监管，只需关注于担保财产本身的清算价值，这就降低了债权人的监管成本，有助于那些尽管整体信用风险较高，但拥有优质财产的债务人取得融资。正因此，从交叉学科的维度上看，担保是市场的根基，私法的核心，是现代生活方式的基石，甚至是全球金融治理技术与政治的核心场域。[1]

四、担保物权的分类

担保物权有以下基础分类，借助它们可以鸟瞰担保物权的整体轮廓。除了这些基础分类，还有层次不同的具体分类，如典型担保物权的分类、抵押权的分类等，对它们将在涉及之处阐述。

（一）典型担保物权和非典型担保物权

典型担保物权是被法律明确命名为或归类为"担保物权"的物权，包括物权编第四分编"担保物权"规定的抵押权、质权和留置权，物权编第十六章"一般规定"概括了这三类中位层级担保物权的共性。典型担保物权是担保物权的主干，没有它们，就不可能有担保物权规范。

在典型担保物权之外，还有与其功能相当，能适用或参照担保物权规范的非典型担保物

---

[1] 参见〔美〕万安黎：《担保论：全球金融市场中的法律推理》，江照信等译，中国民主法制出版社2013年版，第6页、第206页。

权。比如,上例4S店的所有权保留与汽车买卖浑然一体,因其意在担保债权,故属于非典型担保物权,根据《民法典》第642条第2款、《担保制度解释》第64条第1款,4S店在一定条件下可依法对汽车进行变价并就变价款优先受偿。由此可知,非典型担保物权本在"担保物权"之外,本由买卖合同等制度调整,但因有担保功能,故作为担保物权看待。在我国,除了所有权保留,非典型担保物权还有融资租赁和包括保理在内的让与担保。

《民法典》第388条第1款第1句规定:"设立担保物权,应当依照本法和其他法律的规定订立担保合同。"第2句规定:"担保合同包括抵押合同、质押合同和其他具有担保功能的合同"。据此,《民法典》肯定了典型担保物权和非典型担保物权的区分,既把以抵押合同、质押合同为原因行为设立的物权作为担保物权,也把所有权保留、融资租赁、让与担保等作为担保物权。[1] 不过,物权编第四分编的模板是典型担保物权,非典型担保物权对其规定无法照单全收,在适用时需加甄别。

本类区分是担保物权最基础的分类,典型担保物权占主导地位,故本章重点阐述典型担保物权,简要阐述非典型担保物权。

(二)不动产担保物权、动产和权利担保物权

本类区分标准是担保财产形态。不动产担保物权以不动产或用益物权为客体,动产和权利担保物权以动产以及用益物权之外的财产权为客体。本类区分的意义主要在于:

第一,不动产担保物权的种类非常有限,仅包括抵押权和让与担保,而动产和权利担保物权的种类众多。不过,与动产和权利相比,不动产价值大、稳定性强,不动产担保物权在交易中更受业界欢迎,地位更为重要,规范也具有一般性,不动产抵押权和不动产让与担保堪称抵押权和让与担保的样板。

第二,不动产担保物权种类少,采用形式主义立法,既区分典型担保物权与非典型担保物权,也分设担保物权的种类,在详尽规定抵押权的基础上,使让与担保可参照相关规范,从而在理解适用上不会带来不便。

动产和权利担保物权则不然,其种类众多,分门别类地进行形式主义立法,会产生叠床架屋的制度冗余,也会因制度刚性而不能合理对应实践发展需求,鉴于此,UCC第九编等采用功能主义,在担保债权这个统一目的引导下,不区分典型担保物权与非典型担保物权,也不分设担保物权种类,而是统称为担保权以适用相同规范。[2] 受这种经验的启发,我国在形式主义立法底色上,对动产和权利担保物权添加了有限的功能主义色彩,主要表现为:其一,《国务院关于实施动产和权利担保统一登记的决定》第2—3条规定,部分动产抵押权(以生产设备、原材料、半成品、产品为客体的抵押权)、部分权利质权(以应收账款、存款单、仓单、提单为客体的质权)等典型担保物权以及所有权保留、融资租赁、保理等非典型担保物权统一在中国人民银行征信中心动产融资统一登记公示系统登记,共同适用《动产和权利担保统一登记办法》。其二,根据《担保制度解释》第56条等规定,《民法典》第404条等规定的适用于动产抵押的正常经营买受人规则等可适用于所有权保留、融资租赁等非典型担保物权。

第三,《担保制度解释》第53条规定,对于担保财产,动产和权利担保合同无需明确限定,采用能合理识别的概括描述即可,不动产担保合同则无类似规定,需对不动产进行具体

---

[1] 参见王利明:《担保制度的现代化:对〈民法典〉第388条第1款的评析》,载《法学家》2021年第1期。
[2] 参见李运杨:《动产担保立法中的功能主义:缘起、内涵及发展》,载《比较法研究》2023年第6期。

表述。

（三）登记型担保物权和占有型担保物权

本类区分标准是公示形式。以占有为公示形式的为占有型担保物权，主要包括动产质权、有权利凭证的权利质权、留置权和动产让与担保，之外的担保物权为以登记为公示形式的登记型担保物权。

对于本类区分，应特别注意：(1) 占有型担保物权的必备要件是占有标的物，否则物权不能设立，担保物权人自愿丧失占有会导致物权消灭[1]；而登记未必是登记型担保物权的必备要件，适用登记对抗力的动产抵押权等就无需登记，即便在登记后注销登记，只要当事人没有消灭物权的意思，也不会导致担保物权消灭，只是导致登记的担保物权变为未登记的担保物权，其因此不能对抗善意第三人。(2) 作为公示形式的登记相当多元，差别很大。在不动产抵押登记，登记机构有依法审核的职责，它是典型的行政行为；在动产融资统一登记公示系统的登记，《国务院关于实施动产和权利担保统一登记的决定》第3条、《动产和权利担保统一登记办法》第4条规定由当事人自主办理，并对登记内容的真实性、完整性和合法性负责，登记机构不对登记内容进行实质审查，故其不是行政行为；动产融资统一登记公示系统之外的机动车抵押登记、股权质押登记等动产与权利担保物权登记由当事人申请，登记机构依法审核，属于行政行为。

提示：动产和权利担保统一登记的特点

根据《国务院关于实施动产和权利担保统一登记的决定》《动产和权利担保统一登记办法》，动产和权利担保统一登记有以下特点：

第一，登记簿采用人的编成，即登记簿以担保权人、担保人为基础进行编制，在查询时需以担保人为关键词，进而能查询到担保财产。登记内容包括担保权人和担保人的基本信息、担保财产的描述、登记期限；此外，担保权人可以与担保人约定将主债权金额、担保范围、禁止或限制转让的担保财产等项目作为登记内容。

第二，登记程序采用声明登记制，即担保权人在双方合意的基础上，单方自主办理登记，登记机构不对登记内容进行实质审查。这实际表明，动产和权利担保统一登记为担保权人提供了信息披露平台，使其有便捷机会告知世人其对某担保财产有担保物权，但该信息是否属实不得而知，利害关系人（也即希冀在担保财产上设立担保物权之人）还应进一步核实。

第三，登记效力包括设权力和对抗力，没有推定力和公信力。在登记正确的前提下，权利质权登记有设权力，动产抵押权登记有对抗力。但在核实之前，无法准确判断登记是否正确，故其没有推定力，不能据此推定登记的担保物权人确有担保物权，相应地也没有公信力。

第四，有登记期限（最短1个月，最长不超过30年）的限制，在登记期限届满前，担保权人可以申请展期；若不申请展期，在担保权人自主办理登记的情况下，无异于担保权人放弃担保物权。

---

[1] 萨维尼在讲动产质权时，很形象地指出：债权人通过交付取得了自然担保，据此今后可得到支付；如果丧失了占有，也就丧失了担保。参见〔德〕弗里德里希·卡尔·冯·萨维尼：《论占有》，朱虎、刘智慧译，法律出版社2007年版，第233页。

第五，采用广义的变更登记，既适用于登记内容存在遗漏、错误等情形，也适用于登记内容发生变化的情形，前者实为更正登记，后者才是真正的变更登记。担保权人因增加新的担保财产而为的变更登记，不影响原担保物权的顺位，只有新增加的部分视为新的登记。

第六，注销登记有期限限制，即担保权人应当自担保物权消灭事由发生之日起10个工作日内办理注销登记；担保权人迟延办理注销登记，给他人造成损害的，应当承担相应的法律责任。

第七，在担保人或其他利害关系人认为登记内容错误的情况下，为了保全其利益，其可自主办理异议登记，并应当自异议登记办理完毕之日起7日内通知担保权人。担保人或其他利害关系人自异议登记之日起30日内，未就争议起诉或提请仲裁并在动产融资统一登记公示系统提交案件受理通知的，登记机构撤销异议登记。

（四）民事担保物权和商事担保物权

适用于民事交往的担保物权是民事担保物权，如A向熟人B小额借款，把摩托车质押给B，调整它的担保物权规范反映了民事交往规律。商事担保物权适用于商事交易，如C公司因经营需要向D银行借款，以库存原材料等存货抵押，《民法典》第396条的浮动抵押、第404条的正常经营买受人规则等能专门适用，这些担保物权规范对应着商事交易规律。"商人重利轻别离"，商事交易恒定地围绕利润打转，这种内在限定使其不同于民事交往，正因此，民事生活中普通人看重的"别离"才为商人看轻，民事交往规律与商事交易规律因而有差异，民事担保物权与商事担保物权也有必要区别对待。

我国采用"民商合一"，民法担保物权规范中包含了商事担保物权规范，在此背景下，区别对待首先是要把商事担保物权筛选出来，大体而言，除了前述的浮动抵押，存货质押、仓单质押、应收账款质押、商事留置、融资租赁、保理、股权让与担保等均为商事担保物权。在此基础上，要立足商事实践，遵循商业逻辑，从商事交易规律出发来恰当理解商事担保物权规范，追求规范与商业的契合。

在商事担保物权中，要特别注意供应链融资担保。供应链金融[1]整合了以商业银行为代表的金融业、产业链的核心企业及其上下游的供货或销售企业、物流业等其他服务业，以求能有效安排供应链运转的物流、资金流和信息流，供应链融资在其中起着基础作用。以供应链中的货物为例，它既作为担保财产进行融资，又要流动进入生产或销售，而生产或销售的回款要用来还款，这反映了供应链融资还款来源的自偿性。[2] 在这样的商事实践中，再来看浮动抵押、应收账款质押等，逻辑就会非常清晰。

例：A公司是生产啤酒的核心企业，B公司是原料供应商，两者的经营模式是"先货

---

[1] 中国人民银行等部门《关于规范发展供应链金融 支持供应链产业链稳定循环和优化升级的意见》指出："供应链金融是指从供应链产业链整体出发，运用金融科技手段，整合物流、资金流、信息流等信息，在真实交易背景下，构建供应链中占主导地位的核心企业与上下游企业一体化的金融供给体系和风险评估体系，提供系统性的金融解决方案，以快速响应产业链上企业的结算、融资、财务管理等综合需求，降低企业成本，提升产业链各方价值。"

[2] 这是供应链融资与传统融资方式的重要区别，后者的还款来源首先是债务人的现金流，担保财产或债务人的再融资能力是第二还款来源。参见深圳发展银行—中欧国际商学院"供应链金融"课题组：《供应链金融：新经济下的新金融》，上海远东出版社2009年版，第27页。

后款",B公司按月供货,A公司按季结算付款。A公司与C银行有良好的合作关系,通过A公司,C银行全面了解了B公司的经营状况,愿意给它贷款。B公司以其全部的库存原料向C银行提供浮动抵押。抵押期间,B公司向A公司正常供货,A公司的付款既能被B公司用于向C银行还款,也能用于再购置原料,这些新购入原料仍为C银行的抵押财产。A公司对B公司欠付的货款属于应收账款,由于A公司的信用优质,B公司也能将应收账款质押给C银行。

提示:担保物权的实践性

担保物权制度是高度实践性的,只有紧盯交易发展,及时总结稳定成型的交易规律,才能形塑明确统一的规则,为交易顺利进展提供保障。在此方面,UCC第九编堪称适例,其立足于过往的商业实践和交易习惯,对法院裁判进行了系统梳理和整合,以顺应实践发展并给出合理且确定的引导,故交易实践以及过往判例对于准确理解UCC第九编具有深刻意义。正如其主笔人吉尔莫所言:"UCC第九编绝非是与过去的决裂,而是过去的延续,过去的法律在很大程度上决定了它的形式与实质,在未来更长的时间内仍将是继续构建与阐释它的重要力量。"[1]德国的动产让与担保同样如此,为了满足企业亟需融资又需使用设备的实践需求,其在BGB之前成为交易实践并得到法院认可,这种传统一直延续至今。[2] 如下文所见,我国的存货质押等也有着丰厚的本土实践特色。这些例子提醒我们,在学习担保物权制度时,除了把握好法律条文,还要特别重视交易实践和司法实践。

(五)一般担保物权和最高额担保物权

以主债权是否特定为标准,担保分为一般担保和最高额担保,前者的债权特定,如为一笔300万元的借款设立抵押权;后者的债权不特定但有最高限额,如为2025年10月1日至2026年10月1日的借款提供最高债权额300万元的连带责任保证。

《民法典》第439条第2款、第690条第2款分别规定最高额质权、最高额保证参照最高额抵押权规范,这表明最高额抵押权规范在最高额担保中具有一般性。非典型担保物权涉及最高额担保形态的,同样应参照最高额抵押权规范。

《民法典》第420条第1款规定:"为担保债务的履行,债务人或者第三人对一定期间内将要连续发生的债权提供担保财产的,债务人不履行到期债务或者发生当事人约定的实现抵押权的情形,抵押权人有权在最高债权额限度内就该担保财产优先受偿。"据此,最高额担保物权是指担保人对一定期间内将要连续发生的债权提供担保财产,担保物权人在一定条件下依法在最高债权额限度内优先受偿的担保物权。

与一般担保物权相比,最高额担保物权的主要特性为:(1)主债权不特定。主债权是一定期间(称为决算期或债权确定期间)内将要连续发生的债权(如2025年10月1日至2026年10月1日的借款),具有或然性、滚动性、连续性,是否发生、数额多少均不得而知。(2)从属性弱化。决算期内虽然会有某一特定债权(如2025年11月4日有一笔200万元借

---

[1] See Grant Gilmore, *Security Interest in Personal Property*, Little, Brown & Company (Canada) Ltd., 1965, p. vii.

[2] Vgl. Brinkmann, Kreditsicherheiten an bewegelichen Sachen und Forderungen, 2011, S. 88 ff.

款),但之后的债权处于未知状态。最高额担保物权担保的是决算期内发生的全部债权,不从属于该特定债权,不随其一同转让、消灭。(3) 最高债权额确定。因主债权不特定,致使最高额担保物权也不确定,就会让人无所适从,要想使最高额担保物权明确,最高债权额不可或缺,它能使担保物权人知其对担保财产经济价值的支配范围,使担保人、后顺位担保物权人等利害关系人了解担保财产能供担保物权人优先受偿的限度。(4) 需有债权确定机制。为了明确担保物权人的优先受偿额度[①],必须有促成债权特定的确定机制,《民法典》第423条对此有明确规定。

基于前述特性,最高额担保物权在相关之处不同于一般担保物权,故前者规范是优先适用的特别法;不过,最高额担保物权在效力、实现等方面无异于一般担保物权[②],要适用后者规范,《民法典》第424条就规定,最高额抵押权适用一般抵押权的有关规定。

例:A公司与B银行有长期稳定的借贷关系,双方于2025年9月1日约定,就2025年10月1日至2026年10月1日的借款,A公司为B银行设立最高债权额300万元的房屋抵押权。在抵押登记后,B银行于2025年11月4日向A公司借款200万元;2025年12月4日,B银行把这200万元债权转让给C公司,最高额抵押权不随之转让。在决算期届满时(2026年10月1日),A公司应还款500万元,但未偿还。B银行实现最高额抵押权,就房屋变价款能优先受偿300万元,剩余200万元为无担保的一般债权。

最高额担保物权的优势是高效简便,若没有它,上例的A公司与B银行只能每发生或清偿一笔借款就设立或消灭一个抵押权,这样极其低效繁琐,难为业界接受。而且,最高额担保物权能保障担保物权人的顺位利益,如在上例的最高额抵押权设立后,A公司又以同一房屋为D银行设立抵押权,即便A公司与B银行的首笔借款晚于D银行抵押权的设立,B银行也因其抵押权顺位在先而先于D银行受偿。正因此,从法律适用上看,最高额担保物权相比于一般担保物权具有特殊性,但它在银行借贷等商事交易却为担保常态。

最高额抵押权是最高额担保物权的典型形态,详细阐述见本章第三节之四。

第二节 典型担保物权总论

典型担保物权包括抵押权、质权和留置权,它们在特性、种类、主体、客体、担保范围、设立、内容、实现、消灭等方面具有规范共性,本节以一般典型担保物权为对象阐述这些共性,作为典型担保物权的总论。下文在对抵押权、质权和留置权进行分节阐述时,仅有针对性地涉及各自的个性事项,不再重复这些共性。为了简便,下文除了标题,正文一律用"担保权"来指代"典型担保物权"。

一、典型担保物权的特性

担保物权除了物权的一般特质,自身特性包括从属性、不可分性和物上代位性。

[①] 比如,经确定,若2025年10月1日至2026年10月1日的应还款额为500万元,担保物权人在最高额300万元限度内优先受偿;若该期间的应还款额为200万元,担保物权人则就这200万元优先受偿。

[②] 参见武亦文:《〈民法典〉第420条(最高额抵押权的一般规则)评注》,载《南京大学学报(哲学·人文科学·社会科学)》2021年第6期;〔日〕道垣内弘人:《日本典型担保法》,王融擎译,北京大学出版社2022年版,第122—125页。

（一）从属性

担保物权旨在保障主债权实现，以主债权为存续前提，主债权因而是主权利，担保物权是从权利，它受制于主债权，随主债权的变化（变更、处分、消灭）而变化，此即从属性。从属性说明担保物权与主债权形成法律命运共同体，具体形态为设立从属性、变更从属性、处分从属性和消灭从属性。

1. 设立从属性

设立从属性是指担保物权以主债权为设立前提，分为成立从属性和范围从属性。

（1）成立从属性

成立从属性是指主债权是成立担保物权的前提。此处的主债权因不同担保物权的构造而不同，具体形态如下：其一，抵押权和质权可担保现实债权和将来债权，前者是业已发生的债权，如银行向 A 公司借款 300 万元，对 A 公司有按期还款的请求权；后者是尚未发生的债权，如 B 公司与银行签订合同，银行承诺 B 公司在 1 年内成为专精特新"小巨人"企业的，将借款 300 万元，该合同所附条件能否成就不得而知，借款是否会发生并不确定，银行对 B 公司的按期还款请求权是将来债权。其二，《民法典》第 447 条第 1 款把"债务人不履行到期债务"作为留置权的成立要件之一，留置权的主债权因此只能是到期未受偿的现实债权。

成立从属性事关担保物权的成立，其对当事人以及利害关系人影响深远，为了明确起见，法律未设例外，也不允许另行约定。这一立场产生两种法律后果：其一，没有主债权，担保物权没有根基，不能成立。比如，某公司与银行就借款进行洽商，并未签订借款合同，该公司自认为银行会借款 300 万元，这是其单方想法，不会产生债权债务关系，也不是债权发生的原因，即便该公司愿以房屋抵押，登记机构也不能办理抵押登记，因为《不动产登记暂行条例实施细则》第 66 条规定不动产抵押权登记需双方共同申请并提交主债权合同。其二，将来债权确实不能发生的，担保物权不能产生法律效力。比如，在前例的将来债权，B 公司为银行设立房屋抵押权，之后 B 公司破产，借款不可能发生，该抵押权没有意义，应注销登记。

进阶：成立从属性的宽松化

前述指出，没有主债权，担保物权不能成立。这虽能促成担保物权的确定化，但也制约了交易的自由灵活空间。比如，A 公司与 B 银行洽商 300 万元借款，B 银行要求有第一顺位的房屋抵押权，双方虽未签订合同，但成交可能性很大。与此同时，A 公司从 C 处借得 50 万元，C 也要求有房屋抵押权。在此情形，A 公司无法先为 B 银行设立抵押权，但如果先为 C 设立抵押权，则其与 B 银行的交易必将泡汤，因而陷入两难。其实，担保物权的成立之所以要明确主债权，无非是确定担保物权人对担保财产经济价值的支配范围，在这个功能维度衡量下，主债权虽未成立，但只要明确其种类、数额、期限等要素，也能实现相同目的。故而，只要 A 公司明确表述将来从 B 银行借款的数额、利率、期限等要素，据此申请第一顺位房屋抵押权登记的，应予允许。此后登记的 C 的抵押权位于第二顺位。A 公司与 B 银行达成借款合同后，只要其内容符合前述第一顺位抵押权的登记内容，B 银行就取得第一顺位抵押权。这种结果导致成立从属性的宽松化，但既无碍担保物权的确定性，又为交易提供了更大的自由空间，两全其美。在比较法上，BGB 第 881 条、ZGB 第 813 条第 2 款有类似规定，可予借鉴。

(2) 范围从属性

范围从属性是指担保责任范围不得超过债务人的责任范围。所谓担保责任,是指担保人在一定条件下替债务人履行债务或承担担保物权人就担保财产优先受偿的责任。根据《民法典》第389条,没有另行约定的,主债权及利息、违约金等附随债权均在债务人的责任范围,这是担保责任的最大法定范围。根据《担保制度解释》第3条,担保责任范围超过债务人责任范围的,担保人可主张超过部分无效,但法院不能依职权认定无效;物上保证人承担的责任超过债务人责任范围的,就超出部分,物上保证人可请求担保物权人返还,不能请求债务人返还。①

> 例:为了担保A从B处借得的300万元借款,C为B设立房屋抵押权,约定担保主债权400万元。就超过的100万元的约定,只有C可主张无效。C未予主张,并在A到期未还款时替其还款400万元。就超过的100万元,C可请求B返还;就A责任范围内的300万元,C可向A追偿。

2. 变更从属性

变更从属性是指担保物权原则上应随主债权内容变更而变更。在担保物权成立后,约定变更主债权内容不会给担保人、利害关系人带来损害的(如主债权从300万元调低为200万元),以变更后的主债权为准;反之(如主债权从300万元调高为400万元),则应经担保人、利害关系人同意,否则以变更前的主债权为准。

3. 处分从属性

(1) 处分从属性的内涵

处分从属性是指以转让、质押等方式处分债权,担保物权随主债权一并转移。反面而言,在担保物权设立后,担保物权人不能仅处分担保物权而不处分主债权,否则会产生没有主债权的担保物权,与设立从属性不符,《民法典》第407条第1句就规定:"抵押权不得与债权分离而单独转让或者作为其他债权的担保。"比如,A从B处借款300万元,为B设立房屋抵押权;之后B保留主债权,仅把抵押权转让给C的行为无效。

根据主债权处分方式的不同,处分从属性有三种形态:

第一,担保物权人转让主债权,受让人一并取得主债权和担保物权。比如,A从B处借款300万元,为B设立房屋抵押权。B把债权转让给C,C一并取得抵押权。由于该债权是金钱债权,即便约定B不得转让债权,根据《民法典》第545条第2款,该约定也不能对抗第三人,C仍能一并取得债权和抵押权。

第二,主债权因法定事由转移的,担保物权随之转让。比如,上例的A把抵押房屋出租给C,根据《民法典》第524条第2款、《合同编通则解释》第30条第1款,C代为清偿后产生法定债权转让,C同时取得房屋抵押权。

第三,担保物权人质押主债权的,质权人既取得债权质权,同时也受让担保物权。比如,上例的B从D处借款200万元,以对A的300万元债权作为担保财产,为D设立应收账款质权,D一并取得300万元债权质权和房屋抵押权;在B到期未还款时,D应先要求A向自

---

① 参见最高人民法院民事审判第二庭:《最高人民法院民法典担保制度司法解释理解与适用》,人民法院出版社2021年版,第101—105页。

已清偿债务,A 不履行的,D 可实现房屋抵押权。①

主债权处分的结果是通过转移担保物权改变了担保物权人,这不影响既有担保物权的存续,基于此,并为了体现处分从属性,《民法典》第 547 条规定,是否办理担保物权转移登记或交付担保财产,对担保物权转移没有决定作用。比如,A 从 B 处借款 300 万元,为 B 设立房屋抵押权;之后 B 把债权转让给 C,即便未办理抵押权转移登记,C 也可根据债权转让的客观事实来主张房屋抵押权。在同一财产有数个担保物权时,转移的担保物权顺位不变。比如,A 从 B 处借款 300 万元,在 1 月 1 日为 B 设立房屋抵押权,在 2 月 1 日、3 月 1 日于同一房屋上分别为 C、D 设立抵押权,B 在 4 月 1 日把对 A 的债权转让给 E 并办理抵押权转移登记,E 的抵押权仍为第一顺位。

(2) 处分从属性的例外

《民法典》第 407 条第 2 句规定:"债权转让的,担保该债权的抵押权一并转让,但是法律另有规定或者当事人另有约定的除外。"据此,处分从属性并不绝对,而是存在最高额担保物权不随某一特定债权转移的法定例外,同时还有以下约定例外:

第一,担保物权人对主债权和担保物权有处分自由,可自行决定在处分债权时,是否一并处分担保物权。担保物权人与受让人等相对人约定仅处分债权,不一并处分担保物权,意在使被处分的主债权成为无担保的一般债权,这体现了双方的意思自治,无害于利害关系人,应予尊重。

例:A 从 B 处借款 300 万元,为 B 设立房屋抵押权。在此事实基础上分设三种情形:其一,B 把 100 万元债权转让给 C,约定不转让抵押权,抵押权不消灭,仍担保剩余的 200 万元债权。其二,B 把全部债权转让给 C,约定不转让抵押权,抵押权因缺失主债权而消灭。其三,B 把债权质押给 C,约定抵押权不一并担保,C 取得无担保的 300 万元应收账款质权,抵押权仍由 B 享有。

第二,根据《民法典》第 551 条第 1 款,债务人转移债务构成免责的债务承担,实质是处分债权,只有在经债权人同意后,债务才能转移。由于债务承担的目的在于解放债务人,其不再承担债务,故而,在债务人以自己财产提供担保的场合,除非当事人双方有相反的意思表示,否则免责的债务承担应被解释为包含债权人放弃担保物权的内容,担保物权由此而消灭,这更符合债权人和债务人的合意。② 在第三人提供担保物权的场合,若免责的债务承担不影响该担保物权的存续,由于第三人与债务人之间存在信赖关系,而这种信赖关系未必会发生在第三人与承担人之间,且债务人和承担人的财力状况有差别,会实质影响第三人在承担担保责任后的追偿权,故而,除非第三人认可,否则免责的债务承担导致第三人提供的担保物权消灭。

提示:担保物权人与担保人排除处分从属性的约定不应构成例外

担保人承担担保责任的形态主要是通过担保财产变价,使担保物权人优先受偿,而

---

① 参见李运杨:《论担保从属性的类型及其突破》,载《山东大学学报(哲学社会科学版)》2022 年第 6 期。
② 在比较法上,OR 第 178 条第 1 款、我国台湾地区"民法"第 304 条第 1 项规定,由于免责的债务承担不影响债的同一性,故债务人提供的担保物权保持不变。参见陈自强:《民法讲义 II——契约之内容与消灭》,法律出版社 2004 年版,第 274 页。

优先受偿首先是说通过变价款清偿债权,其次是说这种清偿后果能排斥一般债权人,就此而言,可说担保物权人对担保人有能排斥一般债权人受偿的金钱债权。担保物权人与担保人约定担保物权不随主债权的处分而转移的,实质上无异于约定担保物权人对担保人的前述金钱债权不得转让,而《民法典》第 545 条第 2 款规定金钱债权不得转让的约定不能对抗第三人,据此担保物权人与担保人的前述约定不能对抗债权受让人。比如,A 从 B 处借款 300 万元,由 C 为 B 设立房屋抵押权。B、C 约定,B 转让债权,不一并转让抵押权。无论 D 是否知道 B、C 的约定,B 把全部债权转让给 D,D 都能取得抵押权。

概括而言,担保物权人处分主债权的,担保物权是否随之转让,要综合处分从属性及其例外来定,要把《民法典》第 407 条第 2 句、第 547 条结合起来适用,正如参考案例"孙某某诉贾某某债权转让合同纠纷案"的裁判要旨所言,担保合同中未对担保物权人转让债权后担保人的担保责任进行单独约定的,担保物权作为从属性权利应随主债权的转让而一并转让。

提示:债权转让与担保物权善意取得

有担保物权的债权转让会涉及担保物权的善意取得,主要表现为:

第一,债权虚假的,根据《合同编通则解释》第 49 条第 2 款,受让人基于债务人对债权真实存在的确认受让债权的,应受让债权和担保物权,受让人明知或应知债权虚假的除外。比如,B 对 A 的 300 万元虚假债权受房屋抵押权担保,在 B 把债权转让给 C 前,经 C 征询,A 向 C 确认债权真实存在,这形成可信的债权外观,为了保护善意之 C 的利益,应允许债权善意取得,C 取得债权及抵押权。

不过,在上例,债权是不动产抵押登记的必备内容,而这种登记有公信力,它能成为可信的债权外观,只要 C 不知或不应知债权虚假,也就不知抵押登记错误,即便 C 未征询 A,A 也未予确认,也不妨碍 C 善意取得债权及抵押权。这种结论的前提是担保物权的公示形式能显示债权,且具有公信力,否则它不能替代债务人的债权确认,产生善意取得的后果。比如,动产占有无法显示债权,动产质权担保的债权虚假的,受让人不能仅凭债权人占有动产就善意取得。又如,动产融资统一登记公示系统的动产抵押权登记虽显示债权,但它由当事人自主办理,登记机构不对登记内容进行实质审查,没有公信力,一旦担保的债权虚假,受让人不能仅凭该登记就善意取得。

第二,债权真实或债权虚假但发生了善意取得,同时担保物权虚假的,受制于处分从属性,债权转让会导致对担保财产的无权处分,为了恰当平衡受让人和担保人的利益,应区分以下情形:其一,在担保物权公示形式能显示债权,且有公信力时(如不动产抵押登记),受让人不知公示形式错误的,可善意取得。比如,B 对 A 的 300 万元真实债权受房屋抵押权担保,但抵押登记因抵押合同无效而错误,此时 B 把债权转让给 C,善意的 C 通过参照适用《民法典》第 311 条取得抵押权。其二,在担保物权公示形式不能显示债权时(如动产占有),受让人应有征询义务,向担保人了解担保物权的真实情况,未尽该审慎义务即非善意,不能善意取得。[①] 比如,D 对 E 的 10 万元真实债权受机器质权担保,但质押合同无效,在 D 把债权转让给 F 前,F 应向出质人了解质权情况,以进行

---

① 参见苏永钦:《私法自治中的经济理性》,中国人民大学出版社 2004 年版,第 178 页。

审慎判断,否则不能善意取得质权。其三,在担保物权公示形式没有公信力时,受让人的征询辨识义务更重,除非得到担保人确认,否则不能善意取得。比如,G对H的10万元真实债权受机器抵押权担保,但抵押合同无效,在G把债权转让给I时,I应向抵押人了解情况,只要抵押人否定抵押权存在或不置可否,就不能善意取得质权。

4. 消灭从属性

消灭从属性是指担保物权随主债权消灭而消灭。根据《民法典》第393第1项,主债权消灭导致担保物权无所依靠,失去存续意义,随之消灭。此处的主债权消灭是指任何人都不能再取得和享有债权利益的绝对消灭,不包括债权本身存续、但给付内容变化的合同解除,也不包括相对消灭,即债权因免除、混同等事由对债务人消灭,债务人不再承担债务,但对特定第三人不消灭。

例:A从B处借款300万元,为B设立房屋抵押权。在此事实基础上分设两种情形:其一,A按期全部清偿,债权全部绝对消灭,抵押权之消灭;或A清偿100万元,该部分债权绝对消灭,抵押权担保剩余的200万元债权。其二,A未按照约定用途使用借款,B依法解除合同,请求A还本付息,该债权系由借款合同的债权转化而来,两者具有同一性,根据《民法典》第566条第3款,只要A、B未另行约定,房屋抵押权继续存在。

A从B处借款300万元,之后B从C处借款200万元,B以对A的300万元债权为C设立应收账款质权。在此事实基础上分设两种情形:其一,B免除A的债务,债务对A消灭,A无需向B清偿,但对C而言,B对A的债权未消灭[①],C能请求A清偿。其二,B死亡,A继承B的遗产,根据《民法典》第576条,A、B之间的300万元债权债务因混同而对A消灭,但对C不消灭,C能请求A清偿。

主债权消灭的同时导致担保物权事实上消灭,无论是否办理担保物权注销登记或返还担保财产,都不改变这一法律效果。

进阶:"借新还旧"的担保责任

"借新还旧"是指在借款人未按期清偿旧的借款时,贷款人与其签订新的借款合同,以新的借款(新贷)清偿旧的借款(旧贷)。[②] 最高人民法院认为"借新还旧"是通过设立新债的方式消灭旧债的债务更新,基于此在《担保制度解释》第16条规定担保责任如下:其一,旧贷因清偿而消灭,担保随之消灭,旧贷担保人不再承担担保责任。其二,新贷与旧贷的担保人相同的,新贷担保人本就对旧贷承担担保责任,"借新还旧"未加重其责任,因此,其要对新贷承担担保责任。其三,与通常借款合同不同,"借新还旧"旨在清偿旧贷,借款人未实际取得借款,担保人承担担保责任的风险往往更大,故而,在新贷与

[①] 参见孙森焱:《民法债编总论》(下册),法律出版社2006年版,第926页;韩世远:《合同法学》(第二版),高等教育出版社2022年版,第261页。

[②] "借新还旧"的借款人可以不同一。比如,在参考案例"连云港某商业银行诉江某、金某、连云港某餐饮公司等金融借款合同纠纷案"中,连云港某商业银行先与甲公司签订借款合同,向甲公司提供借款220万元;后与江某签订借款合同,约定向江某提供借款220万元,借款用途为"落实原甲公司贷款220万元(清偿甲公司的欠款)",并按照江某的申请及委托将220万元贷款通过江某在该行开立的账户支付至甲公司账户。生效裁判认为,尽管旧贷与新贷的借款人不同,但江某向连云港某商业银行借款用于偿还之前甲公司所欠借款的行为,仍构成"借新还旧"。

旧贷的担保人不同,或旧贷无担保新贷有担保的情形,只有在新贷担保人知道或应当知道"借新还旧"的事实,自愿承受风险时,才承担担保责任。至于新贷担保人的知情情况,要由贷款人承担证明责任。其四,"借新还旧"客观上延长了旧贷的还款期限,新贷和旧贷为同一法律关系,故而,旧贷担保人在担保物权登记未注销时同意继续为新贷提供担保,在订立新贷合同前又以该担保财产为其他债权人设立担保物权,其他债权人主张其担保物权顺位优先于新贷债权人的,法院不予支持。① 相应地,自然资源部等部门《关于进一步提升不动产登记便利度促进营商环境优化的通知》指出,通过旧抵押权注销和新抵押权设立登记合并办理、顺位抵押权设立和旧抵押权注销登记合并办理,或者办理抵押权变更登记等,实现"借新还旧"、抵押登记无缝衔接。

与"借新还旧"不同,参考案例"某农村商业银行股份有限公司诉某制品有限公司等金融借款合同纠纷案"的生效裁判和裁判要旨认为,在"循环借款"(如约定借款期限为 2 年,债务人在 1000 万元额度内可随借随还、循环使用),债务人还款后又再次借款(如债务人在前述期限内还款 1000 万元又再次借款 700 万元),是以同一借款关系为基础,担保物权不受影响;同样地,"借款展期"(如把借款期限从 2 年延展至 3 年)未形成新的借款关系,未加重担保人的担保责任,担保物权也不受影响。

应予强调的是,从属性是担保物权的一般特性,其内涵会因每种中位层级或下位层级担保物权的构造不同而有宽严强弱之分,如就成立从属性,抵押权和质权的主债权很宽泛,可为现实债权和将来债权,但留置权的主债权限于到期的现实债权,故而,在理解从属性时,需根据担保物权的具体情况进行具体分析。

进阶:独立的担保物权

从属性体现了担保物权与主债权的一体观,与此对立的是担保物权独立于主债权的分离观,BGB 第 1191—1198 条规定的土地债务最为典型,它不以主债权的存续为前提。这两种观念及对应的制度差异明显,各有千秋,需根据各法域的历史背景和现实情况来解读,仅通过规范对比分析,难以得出哪个更合理的结论。

(二) 不可分性

担保物权旨在保障主债权实现,要达到该目的,在债权全部受偿前,无论担保财产是否分为数个财产,也无论债权或债务是否分割或部分转让,担保物权人原则上皆能支配担保财产,以担保财产的变价款来优先清偿债权,此即不可分性。不可分性仅事关担保双方的利益,可约定排除;同时,为了提高担保财产的效用、便于担保财产流通,法律也能排除不可分性。

1. 担保财产角度的不可分性

《担保制度解释》第 38 条规定:"主债权未受全部清偿,担保物权人主张就担保财产的全部行使担保物权的,人民法院应予支持,但是留置权人行使留置权的,应当依照民法典第四百五十条的规定处理。担保财产被分割或者部分转让,担保物权人主张就分割或者转让后

---

① 参见最高人民法院民事审判第二庭:《最高人民法院民法典担保制度司法解释理解与适用》,人民法院出版社 2021 年版,第 202—205 页。

的担保财产行使担保物权的,人民法院应予支持,但是法律或者司法解释另有规定的除外。"据此,从担保财产角度来看,不可分性的内涵为:

第一,担保物权辐射到担保财产全部,在主债权未完全受偿时,原则上应以全部担保财产来担保债权实现。

第二,担保财产因分割、部分转让等原因分为数个财产的,它们原则上都应担保债权实现。具体而言:其一,担保财产分割的,分割后的各财产为担保财产,如抵押财产是 A、B 等额共有的建设用地使用权,该宗地分割为两宗地,A、B 各自分得的建设用地使用权为抵押财产。其二,担保财产部分转让的,转让后的各财产为担保财产,如抵押财产是 C 的一层楼(共 10 间房),C 把其中 4 间房转让给 D,C 的 6 间房和 D 的 4 间房为抵押财产。其三,担保财产部分灭失的,剩余财产为担保财产,如上例 D 的 4 间房因地震坍塌 2 间,剩余 2 间为抵押财产。其四,独有的担保财产变为按份共有的,各份额为担保财产,如抵押财产是 E 的 1 间房,E 把房屋转让后,由 F、G 等额按份共有,F、G 各自的份额为抵押财产。

第三,除了排除不可分性的约定例外,法定例外主要为《民法典》第 404 条的正常经营买受人规则:"以动产抵押的,不得对抗正常经营活动中已经支付合理价款并取得抵押财产的买受人。"符合该规则的买受人不受制于抵押权,其取得的部分动产不再是抵押财产。

2. 主债权角度的不可分性

《担保制度解释》第 39 条第 1 款规定:"主债权被分割或者部分转让,各债权人主张就其享有的债权份额行使担保物权的,人民法院应予支持,但是法律另有规定或者当事人另有约定的除外。"据此,从主债权角度来看,不可分性的内涵为:

第一,主债权分割的,担保财产担保分割后的各债权,如 A 以房屋抵押担保 B、C 的共同债权 300 万元,B、C 分割各得 150 万元债权,它们均受房屋抵押权的担保。同样地,债权部分转让的,担保财产担保转让后的各债权,如上例的 B 把 100 万元债权转让给 D,B 剩余的 50 万元债权、D 的 100 万元债权均受房屋抵押权的担保。

第二,担保财产价值低于未受偿的主债权价值的,各债权人应根据各自未受偿的债权份额比例受偿,如上例的房屋价值 200 万元,B、C、D 的债权均未受偿,三者应分别就各自债权数额的 2/3 来主张优先受偿。

第三,前述规则有例外。比如,在上例的房屋价值 200 万元的情形,A、B、D 约定,B、D 各优先受偿 50 万元,即在两者债权数额 150 万元的 2/3 额度内优先受偿,这不损害 C 的利益,自无不可。

3. 主债务角度的不可分性

《担保制度解释》第 39 条第 2 款规定:"主债务被分割或者部分转移,债务人自己提供物的担保,债权人请求以该担保财产担保全部债务履行的,人民法院应予支持;第三人提供物的担保,主张对未经其书面同意转移的债务不再承担担保责任的,人民法院应予支持。"据此,从主债务角度来看,不可分性的内涵为:

第一,债务人提供担保物权的,主债务分割或部分转移不影响担保物权,因为这既保障了债权的实现,在债务人本应清偿债务的情况下,也未降低债务人的法律地位。比如,A、B 从 C 处共同借款 300 万元,A、B 以共有房屋为 C 设立抵押权;之后 A、B 分割各担 150 万元债务,它们均受房屋抵押权的担保。又如,D 从 E 处借款 300 万元,为 E 设立房屋抵押权;之后 D 把 100 万元债务转移给 F,D 剩余的 200 万元债务仍受房屋抵押权的担保。

第二,第三人提供担保物权的,未经其书面同意,债务部分转移直接影响债务人的清偿能力,进而给第三人承担担保责任后的追偿带来不测风险,为了免受这种风险,第三人就移出的债务不再承担担保责任。比如,A从B处借款300万元,C为B设立房屋抵押权;之后经B同意、但未经C同意,A把100万元债务转移给D,A剩余的200万元债务仍得房屋抵押权的担保,但D的100万元债务不再受担保。

至于共同债务人内部分割债务,会产生清偿能力强的债务人承担的债务数额少,清偿能力弱的债务人承担的债务数额多的局面,若承担担保责任后的物上保证人只能分别以各自债务数额为限向债务人追偿,就相当不利。故而,在前述债务分割未经物上保证人书面同意的情形,为了利益平衡,债务人应对物上保证人承担连带清偿责任。比如,A、B从C处共同借款300万元,D为C设立房屋抵押权;之后A、B分割各担150万元债务,它们均受房屋抵押权的担保;在D承担担保责任、清偿C的300万元债权后,应能要求A、B承担连带清偿责任。

(三) 物上代位性

代位即代替原来地位,代替主体地位的典型是《民法典》第535条规定的债权人代位权,代替客体地位的即物上代位,它广泛发生在物权与客体脱离,并存续于代位物的情形[1],担保物权的物上代位性最为典型。

担保物权以担保财产为客体,一旦担保财产因毁损、灭失等原因不复完整存在,或因征收、添附等原因不再是担保财产,担保物权将失去根基,理应消灭才对。不过,担保物权是价值权,权利人支配了担保财产的经济价值,而经济价值是抽象的,不局限于担保财产自身,可延及担保人因前述原因应得的赔偿或补偿。既然如此,担保人应得的赔偿或补偿就成为代位物,代替原担保财产来供担保物权人优先受偿,此即物上代位性。《民法典》第390条规定:"担保期间,担保财产毁损、灭失或者被征收等,担保物权人可以就获得的保险金、赔偿金或者补偿金等优先受偿。被担保债权的履行期限未届满的,也可以提存该保险金、赔偿金或者补偿金等。"

1. 物上代位的构成要件

物上代位的构成要件包括:

第一,担保财产改变或丧失原有地位。其表现形态多样化,如客观不存(抵押房屋沦为废墟)、价值降低(抵押房屋被破坏成危房)、不再承载担保物权(抵押房屋被征收)。若非如此,如A把抵押房屋转让给B,不影响抵押权存续,不存在物上代位。

第二,担保财产地位的改变或丧失因外力所致。所谓外力,是指担保财产自身原因(如自然老化、正常耗损)之外的因素,如意外事件(地震致使抵押房屋坍塌)、担保人行为(抵押人用火不当烧毁抵押房屋)、第三人行为(行政机关违法强拆抵押房屋),但不能是担保物权人的行为,否则会引发道德风险(如抵押权人故意损坏抵押房屋,再就自己应付的赔偿金优先受偿)。担保财产自身原因导致的地位改变或丧失,是担保物权人应预见并应承担的正常风险,担保人也不能因此获得赔偿或补偿,没有物上代位可言。

第三,担保人应得赔偿或补偿。担保人因担保财产地位改变或丧失应得到救济,获得赔偿或补偿,这使得物上代位有所依托,否则就没有代位物,物上代位无从谈起(如抵押人用火

---

[1] 参见张静:《物上代位的体系整合与教义学结构》,载《环球法律评论》2021年第4期。

不当烧毁抵押房屋,没有保险理赔)。赔偿或补偿除了常见的金钱形态,也可是实物形态(如征收时的安置房屋)。

2. 物上代位的法律效果

从担保物权这一上位层级物权种类的角度来看,满足前述要件的,物上代位的法律效果是代位物代替原担保财产,担保物权自动延续。但实践中的担保物权都是下位层级的一般抵押权、动产质权等,各有特定形态的担保财产,在满足前述要件时,担保人首先取得赔偿或补偿请求权,该请求权不能成为抵押权或动产质权的客体,从而导致担保物权无法自动延续。为了防止出现权利中断的说理瑕疵,物上代位的法律效果以产生法定债权质权为佳,即担保物权人自动取得以担保人的赔偿或补偿请求权为客体的质权。

例:A 为 B 设立房屋抵押权后,房屋被 C 强拆,A 对 C 有赔偿请求权。该请求权是债权,不能成为抵押权客体,B 的抵押权无法延续。债权可成为质权客体,为了保障 B,无需 A 同意,也无需办理质权登记,B 能取得以 A 对 C 的赔偿请求权为客体的质权,此即法定债权质权。

基于法定债权质权的立论基础,《担保制度解释》第 42 条进一步明确了物上代位的法律效果:其一,法定债权质权承接原担保物权的法律地位,顺位保持一致。其二,为了使赔偿或补偿的债务人(如上例的 C)清偿有序,担保物权人有通知债务人向自己清偿的义务;未通知,债务人向担保人清偿的,担保物权人不能再请求债务人清偿;已通知,债务人向担保人清偿的,担保物权人仍能请求债务人清偿。[①]

进阶:法定债权质权的实现和转化

法定债权质权会因债务人的赔偿或补偿形态不同而分化为实现和转化两种后果,我国大陆对此尚未明确规定,可参考比较法经验。债务人进行金钱赔偿或补偿的,法定债权质权会因此而实现。比如,上例的 C 赔偿金钱的,参照《日民》第 366 条、我国台湾地区"民法"第 905 条,A 对 C 的债权早于 B 的债权到期的,B 可要求 C 提存,此时质权客体转为提存金请求权[②],进而在债权到期时实现法定债权质权;A 对 C 的债权晚于 B 的债权到期的,在 A 的债权到期时,B 可要求 C 向自己清偿,以实现法定债权质权。债务人以实物进行赔偿或补偿的,法定债权质权会因此而转化。在上例事实基础上分设两种情形:其一,C 赔偿相应价值机器等动产的,参照 BGB 第 1281 条、第 1287 条,A 对 C 的债权早于 B 的债权到期的,B 可要求 C 向 A、B 共同清偿,由 A、B 共同占有动产,此时质权客体转为动产;A 对 C 的债权晚于 B 的债权到期的,在 A 的债权到期时,B 可要求 C 向自己清偿,C 交付后形成动产质权。其二,C 赔偿相应价值房屋等不动产的,参照 BGB 第 1287 条、我国台湾地区"民法"第 906 条之 1,A 对 C 的债权以及 B 的债权均到期的,B 可要求 C 向 A 清偿,在 A 取得房屋所有权等不动产物权时,C 取得法定抵押权。[③]

[①] 参见最高人民法院民事审判第二庭:《最高人民法院民法典担保制度司法解释理解与适用》,人民法院出版社 2021 年版,第 377—384 页。

[②] 参见〔日〕我妻荣:《新订担保物权法》,申政武等译,中国法制出版社 2008 年版,第 181 页。

[③] 参见谢在全:《民法物权论》(修订 8 版下册),新学林出版股份有限公司 2023 年版,第 522 页。

二、典型担保物权的分类

（一）意定担保物权和法定担保物权

意定担保物权是依法律行为产生的担保物权，在没有法定例外时，抵押权和质权是意定担保物权；法定担保物权是依法定事由产生的担保物权，主要有两类：(1) 独立于意定担保物权的担保物权，主要包括留置权和建设工程价款优先受偿权；(2) 法定例外情形的抵押权和质权，如根据处分从属性转移的抵押权、根据物上代位性产生的债权质权。

在《民法典》适用上，这两类担保物权的共性小于个性。共性在于，它们都适用物权编第十六章的担保物权一般规范。个性在于：(1) 意定担保物权适用物权编第十七章的抵押权规范和第十八章的质权规范，法定例外情形的抵押权和质权不能适用其中的设立规范；(2) 留置权适用物权编第十九章；建设工程价款优先受偿权适用位于合同编的第807条、《建设工程施工合同解释一》第35—42条等规定，有相对独立的制度构造。

关联：建设工程价款优先受偿权的制度构造

在建筑物由专业公司承包建造的情形，承包人通过施工，提升了建设单位（发包人）的不动产价值。相应地，承包人对发包人有工程价款请求权，但它是债权，一旦发包人破产或建筑物承载了抵押权，该债权将无从保障。面对这么大的经营风险，若法律不能提供强力保障，使承包人免于后顾之忧，就不会有人愿意从事这样的业务，房地产业也无从发展起来，显然不利于社会整体财富的增加。

为了应对实际需求，建设工程价款优先受偿权应运而生，《民法典》第807条规定，就发包人逾期未付的工程价款，承包人能对建设工程折价或拍卖的价款优先受偿。这为承包人提供了法定担保，其无需担心发包人破产所带来的不测风险。不仅如此，在发包人自持自用建筑物不予出卖的情形，是承包人的劳力、材料、资金等投入产生了建筑物，增加了发包人的责任财产，进而使房屋抵押权成为可能，这也为其他债权实现多提供了一份保障，就此而言，承包人是建筑物价值的根本创造者，没有其投入，房屋抵押权等其他权利会是无本之木。与承包人的这种地位相应，《建设工程施工合同解释一》第36条、《商品房消费者权利保护批复》第1条明确规定工程价款优先受偿权优于抵押权和一般债权，这体现了"物之价值的根本创造者应得最优地位"的法理。

根据《民法典》第807条、《建设工程施工合同解释一》第35—42条、《商品房消费者权利保护批复》第1—2条，建设工程价款优先受偿权的制度构造要点主要包括：(1) 适用范围包括装饰装修工程；(2) 适用前提为工程质量合格；(3) 客体为建设工程[①]，不包括建设用地使用权[②]；(4) 优先受偿范围仅为工程价款，要依照国务院行政主管部门关于建设工程价款范围的规定确定，逾期支付工程价款的利息、违约金、损害赔偿金等不在其中；(5) 行使期间最长不得超过18个月，自发包人应当给付工程价款之日起算；

[①] 根据参考案例"甲公司与乙公司执行复议案"的裁判要旨，一个建设工程由多个承包人施工的，各承包人仅对其施工部分有优先受偿权，对他人施工部分没有优先受偿权；多个建设工程由一个承包人施工的，各优先受偿权彼此独立，依附于各自的建设工程。

[②] 参考案例"某银行芜湖分行、安徽某建设有限公司、芜湖某房地产开发有限公司第三人撤销之诉案"的裁判要旨指出，建设工程价款优先受偿权的客体系扣除土地价值之后的建设工程，不及于建设工程所占用的土地使用权；虽对案涉工程及所占有的土地应一同拍卖，但不影响土地使用权抵押权人的抵押权效力和范围。

(6)效力弱于商品房消费者交房请求权,即在商品房完成销售,购房款全部到账的情形,商品房消费者交房请求权优于建设工程价款优先受偿权;(7)发包人与承包人可约定放弃或限制建设工程价款优先受偿权,但不得损害建筑工人利益。

进阶:裁判担保物权

在意定担保物权和法定担保物权之外,还有裁判担保物权,即依法院裁判产生的担保物权,如通过法院查封,债权人对查封财产取得担保物权。在比较法上,德国、法国、英国、美国均有此类担保物权。[①] 我国没有该类担保物权。[②] 即便将来我国强制执行法采用债权人按照查封顺序清偿,查封债权人的优先受偿权能否等同于担保物权,也尚需更多的理论探讨和实践积累。[③]

(二)他主担保物权和所有权人担保物权

本类以担保财产是否为债权人的财产为区分标准,否定者为他主担保物权,肯定者为所有权人担保物权。他主担保物权是担保物权的主流,所有权人担保物权是例外。

所有权人担保物权的典型情形是同一财产承载多个担保物权,先顺位担保物权人取得担保财产的,其担保物权不消灭,成为所有权人担保物权。[④] 之所以如此,是因为先顺位担保物权人对担保物权的存续存在利益,当先顺位担保物权人的担保债权和后顺位担保物权人的担保债权均未实现时,先顺位担保物权人可以在担保债权的范围内优先于后顺位担保物权人;同时,由于相比于先顺位担保物权,后顺位担保物权的主债权通常更苛刻(如还款期限更短、利率更高),债务人或担保人付出的代价更大,若没有所有权人担保物权,结果就是先顺位担保物权消灭,后顺位担保物权的顺位升进,对债务人或担保人不公允。[⑤]

(三)债务人提供的担保物权与第三人提供的担保物权

本类区分标准是担保人的不同,在债务人提供的担保物权,担保人为债务人;在第三人提供的担保物权,担保人是物上保证人。

在债务人提供的担保物权中,债务人与担保人浑然一体,既要以担保财产价值为限承担担保责任,还应清偿债务。与此不同,在第三人提供的担保物权中,担保人仅以担保财产价值为限承担担保责任;而且,债务人与担保人角色分离,法律必须理顺二者之间以及担保人与担保物权人之间的关系。物权编有关第三人提供的担保物权规定不全面,鉴于它与保证均存在债务人与担保人的角色分离,《担保制度解释》第20条规定它可适用保证合同的相应规定,主要表现为:

---

① 参见刘哲玮:《诉的基础理论与案例研习》,法律出版社2021年版,第202—203页。
② 《最高人民法院关于人民法院执行工作若干问题的规定(试行)》第55条第1款规定:"多份生效法律文书确定金钱给付内容的多个债权人分别对同一被执行人申请执行,各债权人对执行标的物均无担保物权的,按照执行法院采取执行措施的先后顺序受偿。"该条款看似赋予在先查封债权人以优先受偿权,实则不然,正如参考案例"宋某某与临汾市某铸造厂、杜某某、刘某某执行监督案"的生效裁判和裁判要旨指出的,其前提条件系债务人财产能满足所有债权,否则应进入参与分配程序,各债权按比例平均受偿。
③ 参见马强伟:《论查封债权人的优先受偿地位及其效力限制》,载《法学》2023年第1期。
④ 《担保法解释》第77条曾规定所有权人抵押权:"同一财产向两个以上债权人抵押的,顺序在先的抵押权与该财产的所有权归属一人时,该财产的所有权人可以其抵押权对抗顺序在后的抵押权。"
⑤ 在后顺位担保物权的主债权并不更苛刻时,所有权人担保物权对后顺位担保物权人相当不利。作为利益平衡措施,在比较法上,BGB第1179—1179a条通过所有权人抵押权的注销预告登记和法定注销请求权来保护后顺位抵押权人。

第一,物上保证人对债务人的追偿权。债务人清偿债务是其本位义务,但在物上保证人承担担保责任后(如代为清偿债务、担保物权实现),债务人就该责任范围(如代为清偿全部或部分债务)无需再向债权人清偿,结果是债务人得利、物上保证人受损。为了利益平衡,根据《民法典》第 700 条、《担保制度解释》第 18 条,物上保证人在其承担责任范围内[1]有权向债务人追偿[2],并享有债权人对债务人的权利(如债务人提供担保物权的,物上保证人可行使该担保物权)。就该追偿权,根据《民法典》第 387 条第 2 款,物上保证人可与债务人协商设立反担保物权等反担保。

例:A 从 B 处借款 300 万元,由 C 为 B 设立房屋抵押权。A 到期未还款,B 实现抵押权,从房屋变价款中优先受偿 200 万元。就该 200 万元,C 能向 A 追偿。在此事实基础上分设两种情形:(1) 为了担保 300 万元借款,A 还为 B 设立了机器质权,B 未实现质权,质权因 C 承担担保责任而转移给 C,C 有权行使质权;不过,C 原本为物上保证人,其地位不能优于债权人 B,故 C 的质权顺位在 B 的质权之后。[3] (2) C 在设立房屋抵押权时,要求 A 提供反担保。经协商,就 C 的追偿权,既可以 A 的房屋抵押担保,也可以 D 的房屋抵押担保,还可由 E 承担保证责任。[4]

在担保合同无效时,有过错的物上保证人要承担赔偿责任,在赔偿后,物上保证人对债务人也有追偿权,就此详见本节之六"意定担保物权的设立"的"无效担保合同的法律效果"部分。

第二,变更从属性。根据《民法典》第 695 条第 1 款,未经物上保证人书面同意,债权人和债务人协商变更主债权债务内容,减轻债务的,物上保证人对变更后的债务承担担保责任;加重债务的,物上保证人对加重的部分不承担担保责任。

第三,处分从属性。主要表现为:(1) 根据《民法典》第 696 条第 1 款,债权人转让债权,未通知物上保证人的,该转让对物上保证人不发生效力。(2) 根据《民法典》第 407 条并参照第 696 条第 2 款,物上保证人与债权人约定禁止债权转让,债权人未经物上保证人书面同意转让债权的,物上保证人对受让人不再承担相应的担保责任。(3) 根据《民法典》第 391 条、《担保制度解释》第 39 条第 2 款,未经物上保证人书面同意,债权人同意债务人转移债务的,物上保证人不再承担相应的担保责任。(4) 根据《民法典》第 697 条第 2 款,第三人加入债务,与债务人共同承担债务,不会损害物上保证人,其担保责任不受影响。

第四,抗辩从属性。债权与抗辩如影随形,针对债权人的请求,债务人能依法抗辩,物上保证人也有权向担保物权人主张该抗辩,此即抗辩从属性,主要包括:(1) 根据《民法典》第 701 条,即便债务人放弃抗辩,物上保证人仍有权向担保物权人主张抗辩。(2) 债务人对债权人的抵销权或撤销权也为抗辩事由,根据《民法典》第 702 条,物上保证人可以在抵销或撤

---

[1] 参考案例"张某甲诉白某等追偿权纠纷案"的裁判要旨指出,该范围包括代偿资金占用期间的利息。
[2] 不过,物上保证人与债务人之间有赠与关系的,前者在承担担保责任后,对后者无追偿权。
[3] 参见谢在全:《民法物权论》(修订 8 版下册),新学林出版股份有限公司 2023 年版,第 319 页。
[4] 根据参考案例"某担保有限公司诉某粮油工贸有限公司等追偿权纠纷案"的裁判要旨,在债务人向物上保证人提供反担保时,如果还支付了履约保证金,履约保证金是独立于担保责任之外的一种独立担保,与反担保责任范围并列。如债务人清偿债务,保证金应当返还;如物上保证人承担担保责任,保证金应作为承担违约责任的组成部分,而非在反担保责任中冲减。

销的相应范围内拒绝承担担保责任。

三、典型担保物权的主体

担保物权主体即担保物权人,根据担保物权的形态不同分别称为抵押权人、质权人和留置权人。与其他物权一样,担保物权仅反映人与物的关系,其主体仅为担保物权人。不过,担保物权的存续和实现需要担保人的配合,并会涉及取得担保财产的第三人的利益,这些关联主体在担保物权的制度构造中占有一席之地,故在此一并论及。

(一)担保物权人

在担保物权成立后,债权人即担保物权人,包括与债务人成立债权债务关系的初始债权人(如借钱给 A 的 B)以及因债权处分而取得债权的第三人(如从 B 处受让债权的 C)。

1. 初始债权人

初始债权人由成立债权债务关系的原因事实而定,如根据 A、B 的借款合同以及 B 向 A 支付借款的事实,可知 B 为 A 的债权人。

在登记型担保物权,登记的担保物权人原则上应与债权人一致,两者不符的,根据以下情形而定:

第一,在公司债券发行、委托贷款等商事交易中①,为了合规高效,债券持有人、委托贷款人等债权人需与债券受托管理人、金融机构等专业机构建立委托关系,由后者代前者与他人成立债权债务关系并代为登记担保物权,而债务人、担保人对此知悉并认可,业已形成交易习惯并被官方认可。②《担保制度解释》第 4 条规定,担保物权登记在受托人名下,担保人知道债权人与受托人有前述委托关系的,债权人是担保物权人,但根据债权人的授权,登记的担保物权人可行使担保物权。③

第二,登记错误的,要根据具体情形而定。比如,在上一种情形之外,借款人 A 抵押房屋以担保 B 的债权,登记错误时的担保物权人判定有三种情况:其一,债权人、担保物权人均登记为 C,此时 C 不是担保物权人,而 B 未被登记,也不是担保物权人。其二,债权人登记为 B、担保物权人登记为 C,此时 C 不是担保物权人,债权人 B 是担保物权人。其三,债权人登记为 C、担保物权人登记为 B,此时 B 是担保物权人,C 不是担保物权人。

2. 取得债权的第三人

由担保物权的处分从属性可知,在不涉及例外情形时,债权人将债权处分给第三人,无论有无相应的公示形式,第三人均成为担保物权人。

(二)担保人

在意定担保物权,担保人分别称为抵押人、出质人;在留置权,担保人为债务人。担保人

---

① 《公司法》第 205 条规定:"公开发行公司债券的,发行人应当为债券持有人聘请债券受托管理人,由其为债券持有人办理受领清偿、债权保全、与债券相关的诉讼以及参与债务人破产程序等事项。"《贷款通则》第 7 条规定:"委托贷款,系指由政府部门、企事业单位及个人等委托人提供资金,由贷款人(即受托人)根据委托人确定的贷款对象、用途、金额期限、利率等代为发放、监督使用并协助收回的贷款。贷款人(受托人)只收取手续费,不承担贷款风险。"

② 此外,在银团贷款,由代理行登记为担保物权人。《银团贷款业务管理办法》第 2 条第 2 款规定:"本办法所称银团贷款是指两家或两家以上银行依据同一贷款合同,按约定时间和比例,通过代理行向借款人提供的本外币贷款或授信业务。"第 14 条规定,代理行是银团贷款的管理行,履行办理银团贷款担保手续等职责。

③ 参见最高人民法院民事审判第二庭:《最高人民法院民法典担保制度司法解释理解与适用》,人民法院出版社 2021 年版,第 107—114 页。

是提供担保财产来设立担保物权之人,原则上应为担保财产权人,例外可非担保财产权人,两者适用的规范不同。比如,在意定担保物权,担保财产权人设立担保物权的行为是有权处分,遵循有权处分规范;对担保财产无处分权之人设立担保物权构成无权处分,在符合善意取得要件时,主债权人能取得担保物权,担保人对担保财产权人因此产生的损失承担赔偿责任。《担保制度解释》第37条第1款规定,当事人以所有权、使用权不明或有争议的财产抵押,构成无权处分的,法院应当依照善意取得规定处理。

(三)取得担保财产的第三人

在不同情形,取得担保财产的第三人在是否承受担保物权方面有着不同的法律地位,应予区分。

1. 承受担保物权的第三人

在无法定或约定限制的情形,担保人有权在担保物权存续期间转让担保财产,担保物权仍存续,取得担保财产的第三人要承受担保物权。比如,A为B设立房屋抵押权,未约定A不得转让房屋,根据《民法典》第406条第1款,A把房屋转让给C,不影响B的抵押权。

第三人从物上保证人处取得担保财产的,其地位与物上保证人等同,适用第三人提供的担保物权规范,在代为清偿债务或担保物权实现后,可向债务人追偿。比如,上例的A为物上保证人,抵押担保的是D的债务,C为了避免B实现抵押权,代为清偿全部债务,就此损失,C对D有追偿权。

第三人从债务人处取得担保财产的,其地位与物上保证人不能等同,在代为清偿债务或担保物权实现后,要根据不同情形确定法律后果:其一,第三人与债务人约定从买卖价款中扣除主债权额,以代为清偿债权的,构成债务承担或履行承担,第三人清偿后,对债务人没有追偿权。比如,A是债务人,以其房屋抵押担保B的300万元债权。A、C约定C以400万元购买房屋,其中300万由C付给B,以清偿A的债务。C付款300万元给B的约定符合《民法典》第551条免责的债务承担规定或第552条并存的债务承担规定的,构成债务承担,否则构成履行承担。C按照约定向B付款后,是其履行对A的债务,不能就此向A追偿。其二,根据《民法典》第524条、《合同编通则解释》第30条第1款,第三人有权代为履行债务,并因此而法定受让债权,据此可向债务人主张债权。比如,上例的A、C没有债务承担或履行承担的约定,A不清偿债务的,C是有合法利益的第三人,有权向B代为清偿,B不能拒绝受领;在C清偿后,受让B的债权。其三,担保物权人实现担保物权,导致第三人失去担保财产的,第三人可根据不当得利或无因管理规范向债务人主张相应的债权。比如,上例的A不清偿债务,C也不代为清偿,B实现抵押权,导致C失去房屋所有权,而A无需再向B清偿债务,A、C之间构成不当得利,C可依法请求A返还利益并赔偿损失。①

2. 不承受担保物权的第三人

不承受担保物权的第三人主要有两类,上述与承受担保物权的第三人有关的规范在此无法适用:其一,在法律规定的情形,担保人转让担保财产,担保物权不再存续,取得担保财产的第三人不承受担保物权,如符合《民法典》第404条规定的正常经营买受人取得的动产不再承载抵押权。其二,第三人善意取得无担保物权的担保财产的,也无需承受担保物权。比如,在A为B设立房屋抵押权后,抵押权被登记机构错误注销,A把房屋转让给C,满足善

---

① 参见谢在全:《民法物权论》(修订8版下册),新学林出版股份有限公司2023年版,第321页。

意取得要件的 C 所取得的房屋不再承载 B 的抵押权。

四、典型担保物权的客体

担保物权客体即担保财产,根据担保物权的形态不同分别称为抵押财产、质押财产和留置财产。

（一）担保财产的特性

担保财产有以下特性：

第一,法定性。这是物权客体的通常特性,具体到担保财产,是说其形态由法律规定,具体内涵如下：(1)《民法典》第 395 条第 1 款规定,法律、行政法规未禁止抵押的财产均可抵押,这表明抵押财产有法律、行政法规规定的负面清单,不在该清单的财产均可为抵押财产。(2)质押财产包括动产和权利,前者形态不受限,《民法典》第 440 条把后者限定在法律、行政法规规定的范围之内。(3)留置财产只能是动产。

第二,特定性。担保财产的特定性可采属性标准(如用以抵押的房屋),也可采观念标准(如仓库中用以质押的 300 吨钢材)。需特别注意的是,担保财产特定不等于固定,只要符合约定并具备公示形式,即便担保财产的数量或形态发生变化,也不会影响担保物权的存续。[①]

第三,流通性。担保物权主要通过担保财产的变价来保障债权实现,担保财产要有市场流通性,能够转让。《民法典》第 426 条就规定："法律、行政法规禁止转让的动产不得出质。"

（二）担保财产范围的扩张

与担保财产(如抵押的房屋、质押的机器、留置的汽车)密切相关的从物、孳息和代位物也在担保物权客体之列,此即担保财产范围的扩张。

1. 从物

根据第一章第四节之五的"从物随主物规范",担保财产的从物属于担保物权客体范围,对此应注意以下要点：其一,从物随主物担保是常态,但有约定或交易习惯的例外。其二,在没有例外时,当事人就主物达成担保合同,担保人负有同时以主物和从物设立担保物权的义务。其三,从物承载担保物权的,需符合担保物权的设立要求[②],如工厂仓库是生产车间的从物,其在抵押登记后才能承载抵押权,否则不利于交易安全。[③] 其四,由于从物是担保财产,主物在担保物权存续期间灭失的,以从物为客体的担保物权不因此消灭。其五,在担保物权实现时,应把主物和从物一并变价供债权优先受偿。[④]

2. 孳息

担保财产的孳息(如抵押树木的果实、质押机器的租金)也在担保物权客体的范围内[⑤],

---

① 指导案例 54 号"中国农业发展银行安徽省分行诉张大标、安徽长江融资担保集团有限公司执行异议之诉纠纷案"的裁判要点指出："当事人依约为出质的金钱开立保证金专门账户,且质权人取得对该专门账户的占有控制权,符合金钱特定化和移交占有的要求,即使该账户内资金余额发生浮动,也不影响该金钱质权的设立。"

② 参见黄泷一：《〈民法典〉第 320 条（从物随主物转让）评注》,载《南京大学学报（哲学·人文科学·社会科学）》2022 年第 6 期。

③ 《担保制度解释》第 40 条第 1 款规定："从物产生于抵押权依法设立前,抵押权人主张抵押权的效力及于从物的,人民法院应予支持,但是当事人另有约定的除外。"从上述理解来看该条款,应进行限缩解释,即能成为抵押财产的从物不仅应产生于抵押权设立前,还应符合抵押权设立要求（如登记）。

④ 从物虽未承载担保物权（如在担保物权设立后产生）,但为了实现物的最大效用,根据《担保制度解释》第 40 条第 2 款,在担保物权实现时可一并变价。

⑤ 《民法典》第 412 条第 2 款、第 430 条第 2 款、第 452 条第 2 款均规定,孳息应当先充抵收取孳息的费用。

其因担保物权的形态不同而有制度差异：

第一，抵押权不是占有型担保物权，在抵押权实现之前，抵押权人对抵押财产不使用、收益，这阶段的孳息不是担保财产。根据《民法典》第412条第1款，在抵押权实现时，法院扣押抵押财产的，抵押人对抵押财产的使用、收益受到制约，孳息成为担保财产，抵押权人有权收取。① 为了避免不知情的法定孳息给付义务人（如抵押房屋的承租人）向抵押人给付，抵押权人应把抵押财产被法院扣押的事实通知义务人，未通知的，义务人向抵押人给付法定孳息产生清偿效果，抵押权人不能再向义务人收取。故而，在发生《民法典》第412条第1款规定的"抵押权人未通知应当清偿法定孳息义务人"的例外时，不是说法定孳息不再是担保财产，而是说就义务人向抵押人给付的法定孳息，抵押权人不能再向义务人收取。

第二，动产质权是占有型担保物权，质权人占有质押财产，未经出质人同意，质权人虽不能对质押财产进行使用、收益，但根据《民法典》第430条第1款，在没有相反约定时，由质权人收取质押财产的孳息（如A把租给B的机器质押给C，C向B收取租金），既在实质上排斥了出质人对质押财产的占有，督促债务人按时清偿债务，符合质权目的，又因为收取的孳息要用以清偿债务，对出质人或债务人也无不利。

第三，留置权也是占有型担保物权，与孳息属于质押财产的法理一致，孳息也被纳入留置财产的范围，《民法典》第452条第1款规定留置权人有权收取留置财产的孳息。由于留置权是法定担保物权，不像动产质权那样有把孳息排除出担保财产的例外约定。

3. 代位物

根据第一章第四节之四、第四章第六节之二和之三有关添附以及本章第二节之一有关物上代位的论述，并根据《担保制度解释》第41条，担保财产因附合、混合与加工而生成添附物，添附物归第三人所有的，适用物上代位规范，担保物权效力及于补偿金等代位物；添附物归担保人独有或共有的，担保物权效力及于与原担保财产价值对应的代位物，担保物权人就此优先受偿：其一，添附物由担保人独有的，添附物属于担保财产，但添附导致担保财产价值增加的部分不在优先受偿范围，如抵押房屋为毛坯房，抵押人之后进行精装修，在抵押权实现时，应对精装修房屋予以变价，扣除精装修价值后的变价款供抵押权人优先受偿；其二，添附物由担保人与第三人按份共有的，担保人的份额是代位物，为担保财产。

五、典型担保物权的担保范围

担保范围也即担保责任范围。根据《民法典》第389条，没有特别约定的，法定担保范围包括两类：

第一，主债权。其数额须确定，这是能优先受偿的主债权最大范围，如银行给A公司借款300万元，A公司为银行设立房屋抵押权，A公司到期不能还款，银行就房屋变价款可优先清偿的主债权最多就是300万元。

第二，主债权之外的附属债权。（1）利息。约定利息和法定利息均为主债权产生的衍

---

① 参考案例"甲公司与乙银行执行复议案"的裁判要旨指出，抵押权人对孳息的收取不以法院生效判决对被担保债权进行确认和进入执行程序为前提。

生收益,自当在担保范围,法律另有规定的除外。① 至于利率,不得违反国家有关规定。②
(2)违约金。约定违约金和法定违约金是债务人违约时应向债权人支付的金钱,将其纳入担保范围,有助于督促债务人按照约定清偿,有利于实现债权。根据《民法典》第585条、《合同编通则解释》第64—66条,债务人认为约定违约金过高的,可请求法院调减;担保物权在法院调减前实现的,债务人不得径直要求在担保财产变价款中调减。(3)损害赔偿金。把损害赔偿金纳入担保范围,同样有助于督促债务人按照约定清偿,有利于实现债权。(4)保管担保财产的费用。质权人和留置权人占有担保财产,会因保管支出必要费用,这节省了担保人的成本,只有纳入担保范围才能保持利益平衡,否则不利于债权实现。(5)实现担保物权的费用。在实现担保物权过程中,担保物权人会支出担保财产评估费、诉讼费等必要费用,这些费用因债务人不及时清偿而发生,不应由债权人负担,因而在担保范围。

当事人约定的担保范围可大于前述范围(如还包括保全担保物权的费用),可小于前述范围(如仅包括主债权)。在登记型担保物权,约定的担保范围在载入登记簿后具有排他性。

六、意定担保物权的设立

抵押权和质权是意定担保物权,它们的设立有共性,遵循依法律行为的物权变动规范。

(一)担保合同

担保合同(抵押合同和质押合同)是原因行为,无需单独订立,只要主债权债务合同中的担保条款具备《民法典》第400条、第427条规定的担保合同通常内容(被担保债权的数额、履行期限、担保财产的名称及数量、担保范围等),即可认为存在担保合同。③

1. 担保合同的要素

担保合同的成立生效遵循法律行为和合同的相应制度,这些制度是民法总论和合同法的知识,物权法在此重点关注担保人、担保财产和主债权这三个要素,它们对担保合同的成立生效以及担保物权的设立影响深远。

(1)担保人

意定担保物权与保证都是典型的担保交易,担保人以其责任财产来保障债权实现,受此约束,从事公共治理的机关法人、提供公益服务的基层群众性自治组织法人(居民委员会和村民委员会)以及以公益为目的的学校、幼儿园、医疗机构、养老机构等非营利法人和非法人组织,原则上不能成为担保人,因它们不能从事与宗旨无关的民商事交易,同时也没有独立的责任财产,没有担保资格。《担保制度解释》第5—6条规定,这些主体订立的担保合同原则无效;例外在于:其一,机关法人经国务院批准为使用外国政府或国际经济组织贷款进行转贷提供担保;其二,依法代行村集体经济组织职能的村民委员会,依照《村民委员会组织法》规定的讨论决定程序提供担保;其三,非营利法人、非法人组织以教育设施、医疗卫生设

---

① 比如,《企业破产法》第46条第2款规定:"附利息的债权自破产申请受理时起停止计息。"《担保制度解释》第22条规定:"人民法院受理债务人破产案件后,债权人请求担保人承担担保责任,担保人主张担保债务自人民法院受理破产申请之日起停止计息的,人民法院对担保人的主张应予支持。"

② 根据《民间借贷解释》第25条,民间借贷的利率不得超过合同成立时一年期贷款市场报价利率(LPR)的四倍;一年期贷款市场报价利率是指中国人民银行授权全国银行间同业拆借中心自2019年8月20日起每月发布的一年期贷款市场报价利率。参考案例"某银行诉某投资公司、景某某等金融借款合同纠纷案"的裁判要旨指出,约定的利息、复利、罚息、违约金过高,显著背离实际损失的,应当对总计超过年利率24%的部分不予支持。

③ 参见参考案例"某保险公司诉北京某科技公司、杨某勇股权转让纠纷案"。

施、养老服务设施和其他公益设施以外的不动产、动产或者财产权利设立担保物权。①

关联：公司对外担保

作为营利法人的公司有担保资格，《公司法》第15条规定了公司对外担保，内容包括：(1) 关联担保（第2—3款），即公司为其股东或实际控制人提供担保的，应当经股东会决议②；被担保的股东或受被担保的实际控制人支配的股东，不得参加表决；该项表决由出席会议的其他股东所持表决权的过半数通过。(2) 非关联担保（第1款），即公司为他人担保的，按照公司章程规定，由董事会或股东会决议；公司章程对担保总额及单项担保数额有限额规定的，不得超过规定的限额。公司对外担保不符合该条规定的，担保合同是有效、无效还是效力待定，争议很大，为了解决该问题，《担保制度解释》第7—11条专门规定如下：

第一，公司对外担保一般规范（第7—8条）。《公司法》第15条将公司对外担保权限赋予股东会或董事会，法定代表人未经股东会或董事会决议而订立的担保合同原则上为越权代表，应适用《民法典》第61条、第504条，结果是相对人善意（即在订立担保合同时不知道且不应当知道法定代表人超越权限）的③，担保合同对公司发生效力；相对人恶意的，担保合同对公司不发生效力。④ 不过，以下情形无需前述决议：其一，担保公司提供担保，因这类公司专事担保业务，不在《公司法》第15条的适用范围。其二，公司为其全资子公司开展经营活动提供担保，因这种担保无异于公司对内担保，不能适用《公司法》第15条。其三，担保合同由持有公司2/3以上对担保事项有表决权的股东签字同意，因这无异于股东会决议，即便公司章程规定非关联担保由董事会决议，前述股东也能修改公司章程，把决议机关改为股东会。

第二，上市公司对外担保特别规范（第8—9条）。为了保护中小投资者利益，促进证券市场健康发展，在境内注册、在境内全国性证券交易场所上市的公司或其已公开披露的控股子公司对外担保，须公开披露担保事项已经董事会或股东会决议通过的信息，无论披露是否属实，相对人据此订立的担保合同均对上市公司或前述子公司发生效力。反面而言，虽有前述决议，但上市公司未公开披露，或者上市公司仅公开披露同意对外担保，但未披露有前述决议，担保合同对上市公司或前述子公司不发生效力。此外，上市公司为其全资子公司开展经营活动提供担保，以及担保合同系由持有上市公司2/3以上对担保事项有表决权的股东签字同意的，不构成无需公开披露的例外。

---

① 《中共中央、国务院关于分类推进事业单位改革的指导意见》把从事公益服务的事业单位分为两类：承担义务教育、基础性科研、公共文化、公共卫生及基层的基本医疗服务等基本公益服务，不能或不宜由市场配置资源的，划入公益一类；承担高等教育、非营利医疗等公益服务，可部分由市场配置资源的，划入公益二类。划入公益二类的学校、幼儿园、医疗机构、养老机构等事业单位适用前述例外，公益一类受其宗旨所限，不能适用前述例外。参见最高人民法院民事审判第二庭：《最高人民法院民法典担保制度司法解释理解与适用》，人民法院出版社2021年版，第128页。

② 为股东或实际控制人控制的公司提供担保，也属于关联担保。

③ 相对人有证据证明对上述决议进行合理审查的，法院应认定其善意。具体而言，在关联担保，相对人的合理审查主要涉及被担保的股东或受被担保的实际控制人支配的股东是否参加表决；在非关联担保，对外担保权限由公司章程规定，相对人的合理审查首先是查阅章程，再查阅参与决议的股东或董事身份是否属实。不过，虽然相对人证明有前述的合理审查，但公司有证据证明相对人知道或应当知道决议系伪造、变造的，相对人为恶意。

④ 参考案例"某信托公司诉某建筑公司等金融借款合同纠纷案"的裁判要旨指出，担保人未对担保合同效力提出异议的，法院需主动依职权审查债权人对公司对外担保是否尽到合理审查义务。

第三,一人公司对外担保特殊规范(第10条)。一人公司只有一个股东,公司人格难以与股东人格清晰区分,公司为其股东提供担保,相当于为自己债务提供担保,不适用《公司法》第15条。[①]《公司法》第23条第3款规定:"只有一个股东的公司,股东不能证明公司财产独立于股东自己的财产的,应当对公司债务承担连带责任。"据此,一人公司因承担担保责任导致无法清偿其他债务,提供担保时的股东不能证明公司财产独立于自己财产的,其他债权人有权请求股东承担连带责任。

第四,公司分支机构对外担保特殊规范(第11条)。这有三种情形:其一,在一般情形,公司分支机构未经公司股东会或董事会决议以自己名义对外担保的,相对人无权请求公司或其分支机构承担担保责任,但相对人不知道且不应当知道分支机构对外担保未经公司决议程序的除外。其二,金融机构的分支机构在其营业执照记载的经营范围内,或经有权从事担保业务的上级机构授权开立保函的,金融机构或其分支机构应当承担担保责任。金融机构分支机构未经金融机构授权提供保函之外的担保的,金融机构或其分支机构不承担担保责任,但相对人不知道且不应当知道分支机构对外担保未经金融机构授权的除外。其三,担保公司分支机构未经担保公司授权对外担保的,担保公司或其分支机构不承担担保责任,但相对人不知道且不应当知道分支机构对外担保未经担保公司授权的除外。[②]

(2) 担保财产

担保财产是担保物权客体,担保合同必须约定,否则不能成立。为了便于交易,《担保制度解释》第53条规定,动产和权利担保合同无需详细描述担保财产,只要概括描述(如价值300万元的库存货物)能够合理识别担保财产即可。

担保财产要有市场流通性,担保财产为禁止流通物的,担保合同无效。《担保制度解释》第6条第1款就规定,担保人是非营利法人、非法人组织的,担保财产是教育设施[③]、医疗卫生设施、养老服务设施和其他公益设施的担保合同无效。

(3) 主债权

担保物权担保的债权应当确定,对于不动产担保物权,没有约定主债权数额的,担保合同不能成立;对于动产和权利担保物权,为了交易便利,并与担保财产的概括描述相对应,担保债权也可概括描述,如描述为"与债务人的存货购置相关的所有债权"。

2. 有效担保合同的法律效果

根据公示效力的不同,担保合同的成立生效产生两类法律效果。

(1) 公示设权力情形下的法律效果

在公示设权力情形下,担保合同的成立生效产生债的效果,主要表现为债权人对担保人的以下请求权:

第一,协力完成公示形式的请求权。不动产抵押、动产质押等需要担保人配合才能完成

[①] 《企业国有资产法》第30条、第32条规定,国有独资公司对外提供大额担保,由董事会决定。据此,国有独资公司虽为一人公司,但需适用《公司法》第15条的决议程序。

[②] 参见最高人民法院民事审判第二庭:《最高人民法院民法典担保制度司法解释理解与适用》,人民法院出版社2021年版,第132—174页。

[③] 根据参考案例"东莞某公司诉李某某、郑某某借款合同纠纷案"的裁判要旨,用于教育设施建设的土地亦不能作为抵押财产。

不动产登记、动产占有等公示形式的,根据《担保制度解释》第46条第1款,债权人有权请求担保人协力完成公示形式。至于在动产融资统一登记公示系统登记的应收账款质权等动产和权利担保物权,由于债权人可自行办理登记,无需担保人配合,自无这种请求权。

第二,损害赔偿请求权。在物上保证人应协力完成公示形式的情形,因担保财产灭失等原因无法公示的,债权人对担保人有损害赔偿请求权。具体而言:其一,《担保制度解释》第46条第2款规定,担保财产因不可归责于担保人自身的原因灭失或者被征收等导致无法公示的,担保人无过错,债权人不能请求担保人承担责任;但根据物上代位性,债权人有权请求担保人在已经获得的保险金、赔偿金或补偿金等范围内承担赔偿责任。其二,《担保制度解释》第46条第3款、第55条第2款规定,因担保人转让担保财产或其他可归责于担保人自身的原因导致无法公示的,债权人有权请求担保人在约定的担保范围内承担责任,但不得超过担保物权能够设立时担保人应当承担的责任范围。比如,抵押合同约定主债权300万元,抵押财产价值100万元,抵押人在100万元范围内承担责任;抵押合同约定主债权300万元,抵押财产价值500万元,抵押人在300万元范围内承担责任。又如,在股权质押,出质人在股权价值范围内承担责任,至于股权价值的市场变化,属于当事人在订立合同时应当预见的正常风险。①

《民法典》第178条第3款规定,连带责任要么法定要么约定。法律未规定物上保证人的前述责任为连带责任,除非担保合同约定为连带责任,否则该责任不是连带责任,而为补充责任,也即先由债务人清偿,就债务人不能清偿部分,再由担保人按照上述规则承担责任。②

第三,变价获偿请求权。在担保人未配合完成公示形式,担保财产仍由担保人保有的情形,当债务人不履行到期债务或发生其他约定事由时,债权人有权请求担保人以折价或变卖、拍卖方式对担保财产进行变价,就变价款获得清偿,但不能优先受偿。③

(2) 公示对抗力情形下的法律效果

土地经营权抵押和动产抵押适用登记对抗力,抵押合同生效即直接设立抵押权。与此同时,为了对抗善意第三人,在土地经营权抵押、机动车抵押等需要抵押人配合才能办理登记的情形,债权人对抵押人有协力办理登记的请求权;抵押人不予协力给债权人造成损害的,债权人有赔偿请求权。

3. 无效担保合同的法律效果

《民法典》第388条第1款规定,担保合同是主债权债务合同的从合同,主合同无效,担保合同随之无效,法律另有规定的除外。除了主合同无效导致的担保合同无效,在主合同有效的前提下,担保合同也会因自身原因(如担保人没有担保资格)无效。担保人为债务人的,无需专门探究无效担保合同的法律效果,因为无论在主合同和担保合同均无效,还是在主合同有效而担保合同无效的情形,债务人的债务或承担的赔偿损失等责任业已涵盖无效担保

---

① 参见参考案例"某保险公司诉北京某科技公司、杨某勇股权转让纠纷案"。
② 参见最高人民法院民事审判第二庭:《最高人民法院民法典担保制度司法解释理解与适用》,人民法院出版社2021年版,第413—415页。
③ 在参考案例"某银行诉某投资公司、景某某等金融借款合同纠纷案"中,某投资公司以其在某合伙企业中的财产份额向某银行出质,未办理登记,生效裁判认为某银行有权以前述份额的折价、拍卖、变卖价款清偿其债务,但该权利不具有对抗效力和优先性。

合同的后果。只有在担保人为物上保证人时,才需考虑无效担保合同的法律效果。

(1) 担保人的赔偿责任

担保合同无效产生缔约过失责任,要根据担保人有无过错、过错大小来确定赔偿责任。参考案例"某信托公司诉李某平等借款及担保合同纠纷案"的裁判要旨指出,担保合同因担保人欠缺行为能力而被认定无效的,担保人对提供担保行为的性质及后果不具有识别能力,故不存在过错,担保合同无效非因担保人具有过错所致,担保人不应承担赔偿责任。

根据《担保制度解释》第17条第1款,主合同有效而担保合同无效的,担保人的赔偿责任如下:其一,债权人与担保人均有过错的,担保人的赔偿责任不应超过债务人不能清偿部分的1/2,也即把双方责任均分,担保人的责任上限是1/2;其二,担保人有过错而债权人无过错的,担保人对债务人不能清偿的部分承担赔偿责任;其三,债权人有过错而担保人无过错的,担保人不承担赔偿责任。

需要注意的是,他人对担保合同无效有过错的,应依法承担赔偿责任。比如,《存单规定》第8条第2款规定,存单持有人以金融机构开具的、未有实际存款或与实际存款不符的存单进行质押,以骗取或占用他人财产的,质押合同无效。存单持有人对债权人损失承担赔偿责任,有过错的金融机构承担连带赔偿责任。债权人在审查存单的真实性上有重大过失的,金融机构仅对所造成的损失承担补充赔偿责任。明知存单虚假而接受存单质押的,金融机构不承担民事赔偿责任。[①]

根据《担保制度解释》第17条第2款,主合同无效导致担保合同无效的,担保人的赔偿责任如下:其一,担保人无过错(不知或不应知道主合同无效)的,不承担赔偿责任;其二,担保人有过错的,赔偿责任不应超过债务人不能清偿部分的1/3,也即把债权人、债务人、担保人三方责任均分,担保人责任上限是1/3。[②]

(2) 担保人的追偿权

在承担赔偿责任后,根据《担保制度解释》第18条,担保人有权在其承担责任范围内向债务人追偿,债务人提供担保物权的,担保人可行使该担保物权。

(3) 担保人的反担保权利

反担保旨在保障担保人的追偿权,追偿权是反担保的主债权。无论担保合同是否有效,只要担保人对债权人承担了担保责任或赔偿责任,就对债务人有追偿权,根据《担保制度解释》第19条,反担保人应承担担保责任。具体而言,反担保物权设立的,担保人可就担保财产优先受偿;反担保合同有效但反担保物权未设立的,根据《担保制度解释》第46条,担保人有权请求反担保人协力完成登记等公示形式,也有权请求损害赔偿。

上述内容同时意味着,担保合同不是反担保合同的主合同,担保合同无效不会导致反担保合同无效。在反担保合同无效时,根据《担保制度解释》第17条第1款,产生以下后果:其

[①] 在参考案例"甲公司诉丙公司等公司借款合同纠纷案"中,甲公司向乙公司贷款,刘某某将其股票账户及资金账户的股票和资金质押给甲公司。甲公司、刘某某共同委托丙公司某营业部对刘某某在该营业部所开立的股票账户及资金账户进行监控。该营业部就上述质押财产出具证明。刘某某未在该营业部开立过资金账户,证明系营业部负责人沈某某利用其职务便利出具的虚假证明。生效裁判认定质押合同无效,并认为甲公司作为专业金融公司,在向乙公司发放贷款时,仅凭沈某某以丙公司某营业部名义出具的证明就放弃了实质性审查,对质押人身份和质押财产情况没有进行必要的审核即发放贷款,存在明显过错,应承担贷款损失的60%,丙公司及丙公司某营业部应承担40%。

[②] 对主合同无效有过错的担保人未赔偿的,债权人应享有履行抗辩权,如拒绝返还占有的质押财产。

一,担保人与反担保人均有过错的,反担保人的赔偿责任不应超过债务人就担保人的追偿请求不能清偿部分的1/2;其二,反担保人有过错而担保人无过错的,反担保人对债务人不能清偿的部分承担赔偿责任;其三,担保人有过错而反担保人无过错的,反担保人不承担赔偿责任。

例:A从B处借款300万元,由C公司为B设立房屋抵押权,由D公司为C公司设立房屋抵押权以反担保。A、B的借款合同有效,A到期未还款。C公司提供担保时未经股东会或董事会决议,B未合理审查,抵押合同无效,双方均有过错,C公司应在150万元的范围内赔偿B。C公司向B实际赔偿了100万元,向A追偿,A未予偿还。C公司、D公司的抵押合同因D公司未经决议,C公司未合理审查而无效,D公司应在50万元的范围内赔偿C公司。

(二) 公示

1. 法定公示形式

在公示设权力,公示是担保物权设立的必备要件,登记型担保物权和占有型担保物权需满足不同的公示形式,否则担保物权不能设立。针对当事人约定以法律、行政法规尚未规定可以担保的财产权利设立担保的情形,《担保制度解释》第63条规定,未在法定登记机构依法登记的,该担保没有物权效力。

2. 公示信息与担保合同不符

公示信息与担保合同一致,说明担保物权按照当事人的意愿设立;两者如若不符,不同情形有不同后果:

第一,以不动产抵押登记等需双方申请办理的登记为公示形式的,担保合同是必要的申请材料,登记簿记载的担保财产、主债权等信息应与担保合同一致,否则即为登记错误。更正错误记载不损害后顺位担保物权人等利害关系人利益的,如抵押合同约定主债权为30万元,登记簿记成300万元,登记机构应以抵押合同为准依法更正登记。反之,如抵押合同约定主债权为300万元,登记簿记成30万元的,进行更正会损害利害关系人,登记机构不能更正登记,此时根据《担保制度解释》第47条,应以登记为准;不过,有异议登记或利害关系人恶意(如后顺位抵押权人在设立权利时明知前述登记错误)的,不能以登记信息为准。

第二,以动产融资统一登记公示系统为公示形式的,根据《动产和权利担保统一登记办法》第7条、第9条、第18条等规定,由担保物权人单方申请登记,担保合同不是必要的申请材料,登记信息与担保合同不一致的,除非有异议登记或利害关系人恶意,否则以登记信息为准。

第三,动产质权和有权利凭证的权利质权以占有为公示形式,质权人占有的标的物与质押合同约定不一致的,若质权人有意思表示瑕疵,如误把出质人交付的乙物当成质押合同约定的甲物,质权人有权依法撤销设立质权的物权合意,质权因而未设立,出质人仍有交付质押财产的义务;若双方有变更质押财产的合意,如上例的双方均把乙物作为质押财产,则质权设立。

提示:物保中的有因性、无因性与从属性

物保既有主债权债务合同和主债权,还有担保合同和担保物权,其中既涉及物权行为有因性、无因性,还涉及从属性,这些属性的关系应予理清。相比而言,物权行为有因性、无因性的内涵确定,但从属性的内涵维度多元,不同维度的从属性有不同内涵,进而与物权行为有因性、无因性之间有不同关系:

第一,《民法典》第388条第1款在效力上确定了担保合同对主债权债务合同的从属性,这是债权行为维度上的、仅限于合同效力的局部从属性。这种从属性表明,主合同无效,担保合同随之无效,法律另有规定的除外。[①] 在担保合同无效的基点上,根据有因性,设立担保物权的物权合意无效,担保物权不能设立;根据无因性,不影响担保物权的设立。比如,A为担保借款而为B设立房屋抵押权,借款合同无效,抵押合同随之无效,B的抵押权根据无因性可设立,根据有因性不能设立。

第二,担保物权从设立、变更、处分到消灭的全生命周期对主债权有从属性,这是权利维度上的全面从属性。在担保合同无效的基点上,根据有因性,担保物权不能设立,从而无法适用本从属性;根据无因性,不影响担保物权的设立,本从属性可适用。这意味着,在主合同有效、主债权存续的情形下,本维度的从属性在有因性要以担保合同有效为基础,在无因性则无需这样的基础。比如,A为担保借款而为B设立房屋抵押权,借款合同有效,B的抵押权是否从属于债权,在有因性需担保合同有效,在无因性则无这种要求。

第三,担保物权对主债权债务合同有从属性,即主合同无效,担保物权不存在。这种从属性使得有因性和无因性的区别在此没有意义,因为在主合同无效的前提下,债权人无论如何都得不到担保物权的保障。[②]

七、典型担保物权的内容

担保物权人有变价权和优先受偿权。变价权是指在发生债务人不清偿债务等约定或法定情形时,担保物权人可依法通过拍卖、变卖等方式把担保财产变现为金钱的权利,这实际是法律在一定条件下授予担保物权人对担保财产的处分权,只不过这种处分权必须按照法定机制行使,担保物权人不能任意而为。优先受偿权是指担保物权人在担保范围内就担保财产的变价能优先于一般债权人受偿的权利。优先受偿权是担保物权的固有内容,适用公示对抗力的土地经营权抵押权或动产抵押权未登记的,不影响优先受偿权,只不过不得对抗善意第三人。前述权利是担保物权人的共性权利,是担保物权的共通内容,至于各类担保物权的特有内容,放在相应部分阐述。

八、典型担保物权的保护

担保物权与其他物权一样受法律保护,如在他人妨害或过错侵害担保物权时,担保物权

[①] 当事人不能约定排除这种从属性,否则对担保人不公平,还可能导致欺诈、权利滥用、损害其他债权人利益(参见黄薇主编:《中华人民共和国民法典释义》(上册),法律出版社2020年版,第748页)。另外,有关担保人在主合同无效时仍承担担保责任的约定属于结算和清理条款,而《民法典》第507条仅规定合同无效不影响解决争议条款的效力,故前述约定因主合同无效而无效(参见最高人民法院民事审判第二庭:《最高人民法院民法典担保制度司法解释理解与适用》,人民法院出版社2021年版,第92页)。

[②] Vgl. Stürner/Hemler, Akzessorietät und Abstraktheit: zwei Strukturbegriffe des Zivilrechts, Juristische Ausbildung 2021(1), S. 23 ff.

人可依法请求排除妨害或赔偿损失。在此基础上,为了周全保护担保物权,法律专门规定了担保物权人对担保人的保全权。

(一) 抵押权保全权

抵押财产由抵押人实际控制,能正常使用和收益,在此过程中,以抵押的建筑物为例,无论其因随行就市(如房地产市场低迷)而贬值,还是因正常利用而贬值(如老化折旧),都是抵押权人必须承受的常态风险。在此之外,抵押人有可能破坏性地恣意利用抵押财产,进而危及抵押权,为了防止这一点,法律有必要为抵押权人提供专门的救济机制,此即抵押权保全权。《民法典》第408条规定:"抵押人的行为足以使抵押财产价值减少的,抵押权人有权请求抵押人停止其行为;抵押财产价值减少的,抵押权人有权请求恢复抵押财产的价值,或者提供与减少的价值相应的担保。抵押人不恢复抵押财产的价值,也不提供担保的,抵押权人有权请求债务人提前清偿债务。"据此,该权利包括以下两类:

第一,抵押财产价值减少防止权。在抵押人的非正常占有使用行为足以减少抵押财产价值时(如将抵押的建筑物拆除,或放任其破损而不修复),无论可能减少的价值是否会导致抵押财产的变价款不足清偿债权,抵押权人均能请求抵押人停止该行为。在情况紧急,请求停止已不达其用时,ZGB第808条第2款、我国台湾地区"民法"第871条第1项允许抵押权人自力救济,如阻止建筑物拆除机器的开动、在大雨来临时对建筑物进行必要修补,这能有效防止抵押财产价值减少,可予借鉴。

抵押权人因防止抵押财产价值减少支出费用的,是其因抵押人的行为而产生的损失,应由抵押人负担;而且,通过维系抵押财产的价值,客观上不仅惠及抵押权人,还能惠及抵押人的其他债权人。故而,ZGB第808条第3款规定担保物权人就该费用对抵押财产享有法定担保物权,即便未登记也优先于已登记的其他担保物权等权利负担;我国台湾地区"民法"第871条第2项也规定,抵押权人的此笔费用应归为抵押权的担保范围,受偿次序处于优先地位。《民法典》缺乏前述规定,应予借鉴补足。

第二,抵押财产价值恢复或提供担保请求权。按照《民法典》第408条的文义,似乎只要抵押财产价值减少,抵押权人就有前述请求权,但从利益平衡来看,在非因抵押人的过错而致抵押财产价值减少时(如他人拆除抵押的建筑物),若抵押权人仍能无条件地行使前述请求权,会使抵押人陷入担保黑洞,承受难以预测的风险,为了公平起见,此时的抵押权人仅在抵押人因抵押物的损害而得到赔偿的范围内,有前述请求权。ZGB第810条、我国台湾地区"民法"第872条第4项对此有规定,可供参考。当然,即便抵押权人未主张或不能主张前述请求权,其还有两重保障,一是抵押财产的残余物仍供抵押,二是适用物上代位规范,抵押权人就他人给付的赔偿金等优先受偿。

在因抵押人的过错而致抵押财产价值减少时(如抵押人拆除抵押的建筑物),抵押权人有权请求抵押人恢复价值(如修复建筑物),或请求抵押人提供与减少价值相当的保证或担保物权。抵押人不按照抵押权人的请求恢复抵押财产的价值或提供担保的,为了保障抵押权人,债务人失去期限利益,抵押权人有权请求债务人提前清偿债务。

(二) 质权保全权

《民法典》第433条规定:"因不可归责于质权人的事由可能使质押财产毁损或者价值明显减少,足以危害质权人权利的,质权人有权请求出质人提供相应的担保;出质人不提供的,质权人可以拍卖、变卖质押财产,并与出质人协议将拍卖、变卖所得的价款提前清偿债务或者提存。"据此,在质押财产因物理因素有毁损可能(如保质期将届满或可能腐烂),或因市场因素有可能价值明显减少(如市场行情持续下跌),且无其他措施可保护质权人利益(如债务人未提供其他担保)时,质权人在可能受损的范围内,有权请求出质人提供担保。出质人不提供的,为了保全质权,即便债权履行期限尚未届至,质权人也有权通过拍卖、变卖的方式对质押财产进行变价;不过,质押财产可能毁损或价值明显减少的事由通常也不能归责于出质人,为了利益平衡,除非出质人同意用变价款提前清偿,否则质权人只能提存变价款,在债权履行期限届满后再优先受偿。

九、典型担保物权的实现

根据《民法典》第 386 条,在债务人不清偿到期债务或发生当事人约定的实现担保物权的情形,担保物权人有权行使担保物权,以促成债权受偿,进而消灭担保物权,此即担保物权的实现。

(一)实现自由及限度

实现担保物权事关担保物权人的利益,在具备实现条件时,担保物权人可自由决定是否实现,如其完全可以不主张对担保财产进行变价,而是请求债务人先予清偿,此时既不能认为担保物权人放弃担保物权,也不能认为物上保证人像一般保证人那样享有先诉抗辩权。[①]

不过,任何自由均有限度,为了防止担保物权人滥用自由,法律为担保物权实现设置了限制,以免损害担保人或债务人的利益。比如,根据《民法典》第 419 条,抵押权人应在主债权诉讼时效期间行使抵押权,否则法院不予保护。又如,《民法典》第 437 条第 2 款规定:"出质人请求质权人及时行使质权,因质权人怠于行使权利造成出质人损害的,由质权人承担赔偿责任。"

(二)实现条件

担保物权的实现条件主要为:(1)出现债务人不清偿到期债务等约定或法定事由。当事人通常会把债务人不清偿到期债务约定为担保物权的实现条件,但债务人不清偿到期债务在客观上导致债权不能如期实现,是实现担保物权的常态条件,实为典型的法定事由。约定事由取决于当事人意愿,样态很多不一而足(如抵押人未经抵押权人同意即转让抵押财产、债务人不按约定用途使用借款)。(2)没有限制实现的法律障碍。比如,根据《企业破产法》第 75 条第 1 款第 1 句,在破产企业重整期间,担保物权不能实现。

(三)实现方式

担保物权有两种实现方式,即自力实现和司法实现。

1. 自力实现

自力实现是指不通过司法途径,而是通过当事人自行协议折价或拍卖、变卖等方式实现担保物权。自力实现的优势是效率高、成本低,劣势是因为缺乏司法外力的约束,有可能造成利益失衡,对担保人及其他债权人不利。为了扬长避短,法律在肯定自力实现方式的同时,进行了相应规制。

在抵押权等登记型担保物权情形,担保物权人不占有担保财产,要想顺利完成变价,担

[①] 参考案例"杨某某、丁某与兰州某贷款公司执行监督案"的裁判要旨指出,出质人不是一般保证人,对法院执行质押财产的行为没有先诉抗辩权。

保人的协力不可或缺,主要表现为:其一,根据《民法典》第410条,担保财产究竟是折价归担保权人所有,还是拍卖、变卖给他人,以及如何折价、拍卖或变卖,要由双方协议;为了确保协议正当,折价或变卖应当参照市场价格;协议损害其他债权人利益的,其他债权人可以请求法院撤销。至于拍卖,应遵循《拍卖法》等相关规定。其二,根据《担保制度解释》第45条第1款,双方可约定由担保物权人自行拍卖或变卖担保财产,担保人不协助导致担保物权人无法自行拍卖或变卖的,担保物权人有权请求担保人承担因此增加的费用。

在动产质权、留置权等占有型担保物权情形,担保物权人占有担保财产,根据《民法典》第436条、第453条,担保物权人有权自行决定是拍卖还是变卖担保财产,无需担保人协力,但折价需双方协议;同时,为公平起见,折价或变卖应当参照市场价格。拍卖自应遵循《拍卖法》等相关规定。担保人或其他债权人认为变价损害自己利益的,可参照《民法典》第410条,请求法院撤销。[①] 显然,占有型担保物权的自力实现由担保物权人主导,对担保人采用事后救济。

提示:流押协议、流质协议

就抵押权和质权而言,当事人在债务履行期限届满前约定,债务人不履行到期债务时担保财产归债权人所有的协议,称为流押协议、流质协议;它们往往以担保合同条款的形式出现,也称为流押条款、流质条款。与前述的折价协议相比,流押协议、流质协议的特点在于:(1) 约定时间早,即在债务履行期限届满前约定;(2) 缺乏估价机制,即只要债务人不履行到期债务,担保财产直接归属于债权人;(3) 缺乏清算机制,即债权人取得担保财产后不再"多退少补":担保财产价值大于担保范围的,债权人无需退还超额部分,反之债权人也不用补足欠缺部分。这些特点表明流押协议、流质协议具有"赌"的成分,担保人赌的是债务人到期能清偿,债权人赌的是担保财产价值足以涵盖担保范围。为了防止"赌"的不确定性在当事人之间产生实质不公平,《民法典》第401条、第428条未认可流押协议、流质协议的法律效力,而是规定担保物权人只能依法就担保财产优先受偿。而且,根据《民法典时间效力规定》第7条,《民法典》第401条、第428条具有溯及力,可适用于《民法典》施行前的相关约定。

2. 司法实现

司法实现是指通过司法途径实现担保物权,主要有两种机制:

第一,非诉机制。在当事人不愿或无法自力实现(如达不成折价协议),对实现担保物权又无实质性争议时,可适用《民事诉讼法》第十五章第八节"实现担保物权案件"以及《民事诉讼法解释》第359—371条规定的特别程序,主要规范要点为:其一,申请人通常为担保物权人(包括先顺位担保物权尚未实现时的后顺位担保物权人);担保物权人怠于行使权利的,担保人也可申请。其二,受理法院为担保财产所在地或担保物权登记地的基层法院。其三,法

[①] 与此不同,在比较法上,ZGB第1235条、我国台湾地区"民法"第893条采用事先防范,要求应公开拍卖。参考案例"上海某服装公司诉上海某贸易公司、王某质押合同纠纷案"的生效裁判则认为变卖方式应由双方协议,质权人自行变卖质押财产没有依据。

院受理申请后①,应当在5日内向被申请人送达申请书副本、异议权利告知书等文书;被申请人有异议的,应当在收到法院通知后的5日内提出,同时说明理由并提供相应的证据材料。其四,经审查,申请符合法律规定的,法院裁定拍卖、变卖担保财产。其五,申请人依据该裁定向法院申请执行。

法院在强制执行时应遵循《网络司法拍卖规定》《拍卖变卖规定》等规范,以网络司法拍卖方式为主导,不能拍卖的,依法采用司法变卖或以物抵债方式。在前述方式均不能适用时,根据《民事诉讼法解释》第490条,可以交给抵押权人管理。在参考案例"长宁某银行与汪某等执行实施案"中,抵押房屋的司法拍卖、变卖均未成功,执行法院组织当事人磋商,被执行人、承租人和申请执行人达成租赁协议,通过"以租代拍"的形式处置了抵押房屋,收取租金用于偿还被执行人的债务。

第二,仲裁或诉讼机制。当事人对实现担保物权有实质性争议的,根据《担保制度解释》第45条第2款、《民事诉讼法解释》第370条,应通过仲裁或诉讼解决争议,并在取得实现担保物权的生效法律文书后,向法院申请执行。此外,根据《担保制度解释》第45条第3款,债权人通过诉讼实现担保物权的,应以债务人和担保人作为共同被告;参考案例"贾某诉鲍某等民间借贷纠纷案"的裁判要旨指出,债权人仅以担保人为被告,诉请判令担保人承担主债务还款责任的,依法应当追加主债务人为共同被告参加诉讼。

(四)实现后果

针对不同主体,担保物权的实现后果分别如下:

第一,对担保物权人的后果:(1)通过协议折价的,在满足担保财产转移的相关要求(如不动产转移登记、动产交付)后,担保财产归属于担保物权人,与折价对应的债权消灭;通过强制执行以物抵债的,担保物权人在相应裁定送达时取得担保财产,相应债权消灭。(2)担保财产拍卖、变卖的,担保物权人就变价款优先受偿,受偿部分的债权消灭。(3)根据《民法典》第413条、第438条、第455条,担保财产折价或拍卖、变卖后的价款不足以清偿债权的,担保物权人有权要求债务人清偿。参考案例"某小额贷款公司与某投资公司执行监督案"的裁判要旨指出,担保物权人此时属于一般债权人,对于不能受偿的部分债权可执行债务人其他财产,但不享有优先受偿权。

第二,对债务人的后果:(1)债务人是担保人的,担保物权的实现首先导致其丧失担保财产;其次是与变价款对应的债务消灭,对不足清偿部分仍负有清偿责任,可取得变价款超出债权数额部分,此即"多退少补"的清算机制。②(2)债务人不是担保人的,担保物权的实现导致与变价款对应的债务消灭,对不足部分的债务负有清偿责任。

第三,对物上保证人的后果:(1)担保物权的实现导致其丧失担保财产,但因其不是债务人,对不足部分的债务没有清偿责任,可取得变价款超出债权数额部分。(2)就承担的担保责任,对债务人有追偿权。

第四,对取得担保财产的第三人后果:(1)在满足担保财产转移的相关要求后,担保财

---

① 《民事诉讼法解释》第363条规定:"依照民法典第三百九十二条的规定,被担保的债权既有物的担保又有人的担保,当事人对实现担保物权的顺序有约定,实现担保物权的申请违反该约定的,人民法院裁定不予受理;没有约定或者约定不明的,人民法院应当受理。"

② 基于这样的清算机制,可把折价称为归属型变价清算,即担保财产以物抵债,担保物权人取得担保财产的同时要"多退少补";可把拍卖或变卖称为处置型变价清算,即担保物权人就变价款优先受偿的同时要"多退少补"。

产归属于第三人;而且,担保物权因实现而消灭,第三人取得的财产不再承载担保物权。(2)法院拍卖公告对担保财产或第三人权利有限制的,第三人应承受该限制。①

第五,对保证人等其他担保人的后果:(1)同一债权还有保证的,保证人对担保物权实现后的剩余债务承担保证责任。(2)同一债权还有并存的债务承担人的,承担人对担保物权实现后的剩余债务承担清偿责任。(3)同一债权还有其他人保的,担保人按照约定承担责任。比如,在参考案例"某资产管理公司诉某水产公司、某海洋产业公司等金融借款合同纠纷案"中,某银行向某水产公司贷款,有海域使用权抵押权、股权质权和连带保证责任的担保。之后,某海洋产业公司向某银行出具承诺函,承诺在某水产公司未按约履行偿还贷款本息义务时,其将以不低于未获清偿借款本息的价格收购前述海域使用权或股权,收购资金于触发收购条件后10个工作日内支付至某水产公司/股东在某银行开立的还款专户。裁判要旨指出,前述承诺系提高担保财产变现能力的增信措施,具有担保债权实现的作用,其性质应认定为"非典型保证",根据《担保制度解释》第36条第4款,担保人对主债务人、抵押人、出质人、保证人均不能清偿的部分承担补充责任。

十、典型担保物权的消灭

根据《民法典》第393条并结合物权变动规范和法理,担保物权的共同消灭事由可分为法律行为和非法律行为两类,前者的典型为放弃担保物权,后者主要包括主债权消灭(见本节之一"消灭从属性"部分)、担保物权实现(见本节之九)和担保财产灭失(见第四章第六节之二的"物的灭失"部分、本节之一的"物上代位性"部分)。前文已论及这些非法律行为事由,本处不再重复,下文论及放弃担保物权和适用于登记型担保物权的时效期间届满。除了这些共同事由,各类担保物权还有个性消灭事由,下文在对应之处阐述。

(一)放弃担保物权

权利人放弃担保物权是法律行为,必须符合法律行为的成立生效要件,在此基础上还需符合以下要求:

第一,绝对放弃,即权利人有无论如何都不再使债权优先受偿的意思,结果导致债权成为一般债权;若非如此,权利人表示把优先受偿的价款全部或部分转由他人取得,对他人负担支付价款的义务(如第一顺位抵押权人A表示把优先受偿款300万元供第二顺位抵押权人B受偿),不会导致债权成为一般债权,这被称为相对放弃。

第二,确定放弃,即放弃担保物权将导致债权不能优先受偿,为慎重起见,放弃应明示或从相关行为能确定地推定权利人的放弃意思。参考案例"深圳某工程公司与云浮某置业公司建设工程施工合同纠纷执行监督案"的裁判要旨指出,在法院强制执行中,以物抵债是变价措施,担保物权人不接受以物抵债,只是放弃这一变价措施,并不意味着放弃担保物权。

第三,公示形式,即在公示设权力,需具备相应的公示形式(如注销抵押权登记);在公示对抗力,担保物权有公示形式的(如抵押权登记),应消灭这些公示形式(如注销抵押权登记)。

---

① 参考案例"钟某与某某公司执行监督案"的裁判要旨指出:"拍卖公告中明确规定股票办理过户登记手续之前买受人不享受分红、派息权利,买受人明知该公告内容仍参与竞买,则应当受该公告内容的约束,无权主张收取过户登记手续办理完毕之前的股息、红利。"

满足上述要求的放弃会消灭担保物权,在此基础上,根据《民法典》第 409 条、第 435 条,权利人放弃债务人提供的担保物权,其他担保人在担保物权人丧失优先受偿权的范围内免除担保责任,但其他担保人承诺仍提供担保的除外。

(二)时效期间届满

《民法典》第 419 条规定:"抵押权人应当在主债权诉讼时效期间行使抵押权;未行使的,人民法院不予保护。"据此,在实现条件具备时,为了促使抵押权得以及时实现,抵押权人应在主债权诉讼时效期间届满前行使抵押权,否则不能司法实现;不过,抵押权不因此消灭,抵押人自愿承担担保责任的,抵押权仍能实现。① 诉讼时效本来仅为债务人提供了抗辩权,主债权在诉讼时效期间届满前未行使的,债务人可据此抗辩,根据《诉讼时效规定》第 2 条,债务人不主张该抗辩的,法院不能释明,更不能依职权适用诉讼时效。《民法典》第 419 条强化了诉讼时效的效力,只要抵押权在主债权诉讼时效期间届满前未予行使,即便抵押人未提出抗辩,法院也要依职权审查并驳回抵押权人的请求。

根据《民事诉讼法》第 250 条、《民事诉讼法解释》第 481 条,申请执行时效与诉讼时效一样是抗辩事由,被执行人有权据此抗辩。在此基础上,《担保制度解释》第 44 条第 1 款第 2 句规定:"主债权诉讼时效期间届满前,债权人仅对债务人提起诉讼,经人民法院判决或者调解后未在民事诉讼法规定的申请执行时效期间内对债务人申请强制执行,其向抵押人主张行使抵押权的,人民法院不予支持。"

在主债权诉讼时效期间或申请执行时效期间届满后,抵押权虽未消灭,但失去了司法保护的可能性,为了使抵押人彻底摆脱束缚,《九民纪要》第 59 条第 1 款规定,抵押人有权请求注销抵押权登记,从而消灭抵押权。在前述时效期间届满后,抵押人通常不会自愿承担担保责任,前述时效期间届满因此实质化为抵押权的消灭事由。②

根据《担保制度解释》第 44 条第 3 款,以登记作为公示形式的权利质权应参照适用前述规定。这样一来,主债权诉讼时效或申请执行时效构成登记型担保物权的存续期间,担保物权人在此期间未行使担保物权的,担保物权不能司法实现;担保人以此为由请求注销担保物权登记后,担保物权消灭。

至于占有型担保物权,只要主债权未受偿,担保物权人就有权占有担保财产,前述时效期间是否届满对此没有影响,故而,根据《担保制度解释》第 44 条第 2—3 款,在前述时效期间届满后,担保人无权请求返还担保财产,但有权请求实现担保物权。这同时意味着,在第三人提供占有型担保物权的情形下,即便前述时效期间届满,物上保证人也不能以此为由向担保物权人提出抗辩。

十一、共同担保

共同担保是指同一债权由两个以上担保权所担保的情形,包括共同保证、共同物保、保证与物保并存(混合担保)。受本书主题限制,本处不涉及共同保证;至于其他共同担保中的物保,仅限于第三人提供的担保物权,因为债务人提供的担保物权有其专门规范,即在其他

---

① 参见黄薇主编:《中华人民共和国民法典释义》(上册),法律出版社 2020 年版,第 813—814 页。
② 从比较法和制度发展史的角度来看,该事由极富我国特色,正当性还需充分论证。参见邵敏杰、张谷:《民法典时代抵押权存续期间之存废》,载《中外法学》2023 年第 6 期。

担保人承担担保责任后,可向债务人追偿并主张行使担保物权(见本节之二的"债务人提供的担保物权与第三人提供的担保物权"部分)。

保证和物保虽有差别,但《担保制度解释》第 20 条表明保证人和物上保证人的法律地位有诸多共性,基于此,并根据《民法典》第 392 条、《担保制度解释》第 13—14 条,共同物保和混合担保共享相同规范和法理[①],主要表现为:(1) 在具备债务人不清偿到期债务等担保实现条件时,债权人有选择权,可向任一担保人请求承担担保责任。(2) 为了简化法律关系,在没有特别约定时,承担了担保责任(包括受让债权)的担保人只能向债务人追偿,不能要求其他担保人承担担保责任,不能向其他担保人追偿,不能要求其他担保人分担不能追偿的部分。(3) 有特别约定的,尊重意思自治。担保人之间约定相互追偿及分担份额的,承担了担保责任的担保人有权请求其他担保人按照约定分担份额;担保人之间约定承担连带共同担保,或约定相互追偿但是未约定分担份额的,或各担保人在同一份合同书上签字、盖章或按指印的,各担保人按照比例分担向债务人不能追偿的部分。[②]

第三节 抵 押 权

一、抵押权概述

(一) 抵押权的概念

《民法典》第 394 条第 1 款规定:"为担保债务的履行,债务人或者第三人不转移财产的占有,将该财产抵押给债权人的,债务人不履行到期债务或者发生当事人约定的实现抵押权的情形,债权人有权就该财产优先受偿。"据此,抵押权是指债权人对抵押人不转移占有的财产,在一定条件下依法享有优先受偿权的担保物权。抵押权的特性如下:

第一,典型意定担保物权。抵押权充分体现了典型担保物权的特性,对此不再赘述。同时,抵押权是意定担保物权,以抵押合同为原因行为。《民法典》第 400 条规定,抵押合同应采用书面形式,一般包括下列条款:(1) 被担保债权的种类和数额;(2) 债务人履行债务的期限;(3) 抵押财产的名称、数量等情况;(4) 担保的范围。

第二,登记型担保物权。抵押权的设立适用登记设权力或对抗力,无需转移抵押财产的占有,是登记型担保物权。抵押权在担保债权实现的同时,还不影响抵押人占有抵押财产进行用益,可充分实现抵押财产效用,有担保物权之王的美誉。

第三,抵押财产形态宽泛。抵押财产的形态相当宽泛,根据《民法典》第 395 条第 1 款,它可以是建筑物、其他土地附着物、正在建造的建筑物等不动产,可以是建设用地使用权、海域使用权等用益物权,可以是生产设备、原材料、半成品、产品、交通运输工具、正在建造中的船舶或航空器等动产,以及法律、行政法规不禁止抵押的其他财产(如矿业权)。

---

① 参见贺剑:《担保人内部追偿权之向死而生——一个法律和经济分析》,载《中外法学》2021 年第 1 期。
② 参考案例"张某甲诉白某等追偿权纠纷案"的裁判要旨指出,向债务人不能追偿部分是指债务人不能履行债务或者无力偿还债务的部分。

提示：抵押财产负面清单的法律意义

《民法典》第399条第1—5项列出了抵押财产的负面清单[①]，规定了不得抵押的财产，它们在不同意义层面影响着抵押权：(1)影响抵押合同效力。抵押财产需有市场流通性，不能是法律、行政法规禁止流通的财产(如该条第1—3项规定的土地所有权、自留地以及自留山的使用权[②]、以公益为目的的非营利法人的公益设施)，以这种财产为标的物的抵押合同无效。(2)影响抵押权的设立。该条第4项规定，所有权、使用权不明或者有争议的财产不得抵押，这是在强调抵押财产应归属于抵押人，否则根据《担保制度解释》第37条第1款，债权人能否取得抵押权，要看是否构成善意取得。(3)影响抵押权的实现。该条第5项规定，依法被查封、扣押、监管[③]的财产不得抵押，与其衔接的《担保制度解释》第37条第2—3款规定，这些财产能设立抵押权，但抵押权人请求行使抵押权，需以解除查封、扣押或监管为前提，这为抵押权的实现设置了障碍。[④]

(二)抵押权的规范结构

物权编第十七章规定了抵押权，它在形式上分为一般抵押权和最高额抵押权，两者为一般法和特别法的关系，后者未规定的，适用前者有关规定。

从实质上看，物权编第十七章分为不动产抵押权和动产抵押权，前者的抵押财产是不动产或用益物权[⑤]，后者的抵押财产是动产。二者有以下巨大差异：(1)具体形态不同。前者的抵押财产不因抵押人的转让而流通变动，没有浮动抵押形态，后者有这种形态，《民法典》第396条规定，企业、个体工商户、农业生产经营者可以将现有的以及将有的生产设备、原材料、半成品、产品抵押，抵押财产因抵押人的出卖或购入而有差异。(2)公示效力不同，前者为设权力，后者为对抗力。(3)抵押财产转让后果不同。在前者，根据《民法典》第406条第1款、《担保制度解释》第43条，除非当事人另有约定，否则抵押财产转让不影响抵押权；后者有正常经营买受人规则，《民法典》第404条规定："以动产抵押的，不得对抗正常经营活动中已经支付合理价款并取得抵押财产的买受人。"(4)优先原则的适用不同。前者适用优先原则，后者未登记的，排除适用优先原则，根据《民法典》第414—415条，同一财产上未登记的抵押权不得对抗其他担保物权。(5)有无价款优先权不同。前者不存在这种权利，后者则有，《民法典》第416条规定："动产抵押担保的主债权是抵押物的价款，标的物交付后十日内办理抵押登记的，该抵押权人优先于抵押物买受人的其他担保物权人受偿，但是留置权人

[①] 第6项"法律、行政法规规定不得抵押的其他财产"是兜底条款，主要包括：(1)土地所有权以外专有于国家或集体的财产；(2)枪支、弹药、爆炸物、毒品、淫秽书画等违法违禁物；(3)国家机关公文、证件、印章与身份证件；(4)禁止流通的行政许可；(5)宗教活动场所用于宗教活动的房屋、构筑物及附属的宗教教职人员生活用房。参见柯勇敏：《〈民法典〉第399条(禁止抵押的财产)评注》，载《法学家》2024年第3期。

[②] 不过，随着集体林权改革，中共中央办公厅、国务院办公厅印发的《深化集体林权制度改革方案》指出："改革自留山使用制度，赋予农民更加充分的财产权益，探索将其林地长期使用权分为使用权和经营权，赋予经营权流转和融资担保权能，完善其继承和自愿有偿退出政策。"

[③] 《海关法》第2条规定，海关依法监管进出境的运输工具、货物、行李物品、邮递物品和其他物品；第37条规定，未经海关许可，海关监管货物不得抵押、质押或留置。

[④] 不过，根据第四章第一节之三的"处分自由的限制及其法律效果"提示部分和第二节之六的"查封禁止力规范的正当性再议"提示部分，《查扣冻规定》第24条使得司法查封产生对抗力，在查封登记或受让人恶意的情形，以查封财产为客体的抵押权实现不会损害申请查封人的利益。这样一来，查封是否有必要影响抵押权实现就有可议之处。

[⑤] 土地经营权抵押具有特殊性，采用登记对抗力，第七章第二节"土地经营权"部分已予阐述，以下的不动产抵押权均为土地经营权抵押权之外的不动产抵押权。

除外。"

虽然与不动产抵押权人一样,动产抵押权人也未实际控制抵押财产,但后者的交易风险更大,不仅因为动产抵押权采用登记对抗力并在未登记时排除优先原则的适用,未登记不能对抗善意第三人以及其他担保物权人,还因为在正常经营买受人规则、价款优先权的作用下,即便有抵押登记,也不能对抗买受人或优先权人。基于此,动产抵押权在实践中的作用远逊于不动产抵押权。

沿循上述的规范结构逻辑,本节下文先依序阐述作为一般抵押权的不动产抵押权和动产抵押权,最后阐述最高额抵押权。

二、不动产抵押权

(一)不动产抵押权的设立

不动产抵押权的设立须以有效的抵押合同为原因行为,以不动产登记为公示形式。

1. 抵押合同有效

在本章第二节有关担保合同效力的基础上,应特别注意,在厘定有关法律、行政法规的强制规范对抵押合同效力的影响时,需区分以下情形:

第一,强制规范影响合同效力的,与它们相悖的抵押合同无效。这又分为两种情形:其一,强制规范与抵押直接相关,《民法典》第399条第1项禁止土地所有权抵押的规定是适例,土地抵押合同因此无效。其二,强制规范与抵押不直接相关,但违背会影响整体法律秩序的,抵押合同无效。比如,根据《担保制度解释》第49条第1款,抵押财产为违法建筑的,抵押合同无效,但一审法庭辩论终结前已经办理合法手续的除外。[①]

争点:标的物为违法建筑的合同无效?

目前的司法解释规定,以违法建筑为标的物的合同原则上无效。[②] 本书持不同立场,认为不能因标的物为违法建筑就径直认定合同无效,主要理由如下:(1)规划许可涉及建设行为及其事实后果,决定了建筑物是合法建筑还是违法建筑,而合同属于交易流通领域,其效力评价已超出规划许可的射程范围,不能仅因违法建筑不具备或不符合规划许可,就认定合同无效。(2)对违法建筑的管制措施包括限期改正、限期拆除或没收等,它们均指向违法建设行为,只要主管部门依法、及时、正当地管制,就能消除违法行为的不良影响,没有必要径直认定合同无效。而且,即便合同有效,也不影响前述管制措施的实施。(3)抵押权人等非建造人的一方在订立合同时不知标的物为违法建筑的,可以根据不同情况以受欺诈、重大误解等为由撤销合同,以保护自己的权益。即便撤销权人不撤销合同,也不影响前述管制措施的实施,非建造人一方因此遭受的损失,能通过违约责任得以救济。(4)在签订抵押合同或发生诉讼时,建造人没有规划许可或建设行为不符合规划许可的要求,不代表将来仍如此,因为通过依法补办或变更规划

[①] 理由在于,违法建筑是禁止流通物,不能进入市场进行处分收益,若允许抵押,会鼓励违法建造行为;但在违法情节消失后,无效合同转化为有效。参见最高人民法院民事审判第二庭:《最高人民法院民法典担保制度司法解释理解与适用》,人民法院出版社2021年版,第429—430页。

[②] 除了《担保制度解释》第49条第1款,还有《建设工程施工合同解释一》第3条有关建设工程施工合同原则无效的规定、《城镇房屋租赁合同解释》第2条有关租赁合同原则无效的规定。

许可,违法建筑能成为合法建筑。正因如此,《担保制度解释》第49条第1款才有了但书规定,但这种无效合同转为有效在法理上实在突兀,有悖于无效法律行为的确定无效属性。(5)在法院强制执行的实践中,着眼于违法建筑的财产利益,为了最大程度实现申请执行人的权利,法院能通过拍卖、变卖的方式对违法建筑进行"现状处置",由买受人取得违法建筑。① 虽然强制执行是公权力活动,但司法拍卖、变卖与通常买卖的交易规律没有实质差异,前者既然可为,后者当然不应无效,否则真的就是"只许州官放火,不许百姓点灯"。

当然,根据《民法典》第153条,以违法建筑为标的物的合同的确违反法律、行政法规的强制性规定或公序良俗的,自当无效,但这是法律行为判断的一般准则,与标的物是否违法建筑无关,如抵押危及居民人身安全的危险建筑、租赁制作毒品的厂房等,无论这些标的物是否违法建筑,合同均应无效。

第二,强制规范要求抵押合同应办理批准等手续的,根据《民法典》第502条第2款第1句,若未办理会影响社会公共利益,以至于规范目的落空的,抵押合同不能生效,反之则不影响抵押合同效力。

对此应注意,任何制度都是深植于社会而有机成长的,政府审批等手续也不例外,一旦外在约束因素发生变化,这些手续的必要性会随之变化,不能再影响合同效力。比如,《城镇国有土地使用权出让和转让暂行条例》第45条第1款要求划拨建设用地使用权抵押须经主管部门批准,2010年《国务院关于第五批取消和下放管理层级行政审批项目的决定》取消了该项审批。相应地,《担保制度解释》第50条规定,抵押财产为划拨建设用地使用权或其建筑物的,未办理批准手续不影响抵押合同的效力。

第三,强制规范出自地方性法规或规章的,除非与其相悖的抵押合同违背公序良俗,否则不应认为无效。比如,国土资源部部门规章《矿业权出让转让管理暂行规定》第57条第1句规定:"矿业权设定抵押时,矿业权人应持抵押合同和矿业权许可证到原发证机关办理备案手续。"备案旨在使主管部门掌握矿业权抵押的信息,与公共利益无关,况且不备案影响抵押权设立就足以实现规范目的,故而,《矿业权解释》第14条第2款规定:"当事人仅以未经主管部门批准或者登记、备案为由请求确认抵押合同无效的,人民法院不予支持。"

2. 抵押登记

抵押登记应按照不动产登记规范办理。根据《民法典》第402条,在完成登记时,抵押权设立。在实践中,不少地方的矿业权抵押不能办理登记,而是办理备案手续,备案手续同样有公示作用,《矿业权解释》第15条第2款将其视为登记。

3. 抵押合同有效、未登记的法律后果

根据区分原则,未进行抵押登记的,不影响抵押合同的效力。虽然有效的抵押合同对债权人和抵押人有约束力,且抵押登记需双方共同申请,但抵押合同是单务合同,仅抵押人负有通过申请抵押登记来设立抵押权的主给付义务,根据本章第二节之六的"有效担保合同的

---

① 《最高人民法院关于转发住房和城乡建设部〈关于无证房产依据协助执行文书办理产权登记有关问题的函〉的通知》、北京市高级人民法院《北京市法院执行局局长座谈会(第十次会议)纪要》第二点第四小点指出,对未首次登记的建筑物,原则上进行"现状处置",处置过程中应充分披露其物理、权利等现状,并载明买受人或承受人按照权利现状取得建筑物,后续产权登记事项等相关风险由买受人或承受人自行负担。

法律效果"部分的阐述,抵押人不履行申请抵押登记义务的,应承担以下违约责任:其一,继续履行。除非存在《民法典》第580条第1款规定的法律上或者事实上不能履行(如建筑物坍塌)、债权人在合理期限内(如主债权诉讼时效期间届满)未请求履行等情形,否则债权人有权要求抵押人申请抵押登记。其二,损害赔偿。不能办理抵押登记的,作为物上保证人的抵押人应承担相应的损害赔偿责任。其三,变价清偿。抵押人应对担保财产进行变价,就变价款清偿债务。

根据抵押合同,债权人应协助申请登记,这是不真正义务,若债权人不履行该义务,自应承担不能取得抵押权的不利后果。若债权人对未能办理抵押登记有过错的,相应减轻抵押人的赔偿责任。在指导案例168号"中信银行股份有限公司东莞分行诉陈志华等金融借款合同纠纷案"中,在东莞市房产管理局函告辖区各金融机构,房地权属不一致的房屋不能再办理抵押登记后,中信银行东莞分行以无法办理抵押登记的房屋为标的物签订抵押合同。生效裁判认为,中信银行东莞分行作为以信贷业务为主营业务的专业金融机构,应比一般债权人具备更高的判断能力,负有更高的审查义务,其未尽到合理的审查和注意义务,对抵押权不能设立存在过错。同时,中信银行东莞分行在知晓房屋无法办理抵押登记后,没有采取降低授信额度、要求提供补充担保等措施防止损失扩大,可以适当减轻抵押人的赔偿责任。

(二) 不动产抵押权的效力

1. 不动产抵押权的效力范围

(1) 担保范围

在本章第二节之五有关担保范围的基础上,需特别注意抵押合同约定的担保范围和不动产登记簿记载的担保范围之间的关系:

第一,根据《自然资源部关于做好不动产抵押权登记工作的通知》第2条,对于约定的担保范围,当事人自愿申请登记的,登记机构应根据申请在登记簿"担保范围"栏记载。

第二,登记机构未按照申请的担保范围填写,与抵押合同约定不一致的,登记错误,在不损害利害关系人的前提下,当事人有权申请更正登记;在更正登记前,根据《担保制度解释》第47条,以登记簿记载的担保范围为准。

例:A以房屋为B设立抵押权,约定担保主债权200万元并申请登记,登记机构错误记载为20万元;之后A以同一房屋为C设立第二顺位抵押权(或A把房屋出卖给C,办理预告登记),C不知B的抵押权担保范围记载错误。为了保护C的正当利益,B不能更正登记,其抵押权的担保范围为20万元。

第三,当事人未申请登记担保范围的,登记机构不能主动记载,这不表明当事人未约定担保范围,而是表明他人无法凭借登记簿来探知担保范围,应查看抵押合同约定。

(2) 抵押财产范围

除了本章第二节之四有关担保财产范围的论述,有关抵押财产范围的基础知识点还有:其一,不动产抵押权适用登记设权力,能登记的抵押财产需有登记能力;当然,虽然像房屋承租权这样的权利因不能登记而无法承载抵押权,但《担保制度解释》第63条规定抵押合同不因此无效。其二,与上文"担保范围"第二点的道理相同,登记机构未按照申请办理登记,以至于登记簿记载的抵押财产与抵押合同约定不一致的,登记错误,当事人有权申请更正登记,但不得损害利害关系人,否则不能更正登记,此时根据《担保制度解释》第47条,以登记簿记载的抵押财产为准。其三,根据《民法典》第397条,"房随地走,地随房走"于此同样适用,具体内涵详见第七章第三节之"房随地走,地随房走"部分。①

在上述基础上,应特别注意以下几类建筑物:

第一,新增建筑。根据"房随地走"规则,以建设用地使用权抵押的,该土地的建筑物一并抵押。不过,《民法典》第417条规定:"建设用地使用权抵押后,该土地上新增的建筑物不属于抵押财产。该建设用地使用权实现抵押权时,应当将该土地上新增的建筑物与建设用地使用权一并处分。但是,新增建筑物所得的价款,抵押权人无权优先受偿。"据此,在抵押后该土地的新增建筑物不是抵押财产②,否则既对抵押人过分不利,也有违不动产抵押权因登记而设立的规则。

第二,在建建筑。在建建筑抵押登记有现状登记和非现状登记两种模式,前者是指依托于在建建筑的建成部分,就其全部或部分办理在建建筑抵押登记③,后者则把在建建筑的建成部分和未建部分均作为抵押财产。两者有以下主要区别:其一,抵押合同有关抵押财产范围的约定在登记簿中的呈现度不同。在现状登记,抵押财产限于在建建筑的建成部分,未建部分无法记载于登记簿,因而不是抵押财产。比如,A以规划建11层、已建7层的在建建筑为B设立抵押权,约定抵押财产为1—10层,但登记的抵押财产只能是建成的1—7层。在非现状登记,约定的抵押财产(如上例约定的1—10层)能记载于登记簿。其二,债权人的保护机制不同。在现状登记,把在建建筑的未建部分作为抵押财产的约定有债的约束力,在未建部分建成后,根据《担保制度解释》第46条第1款、《不动产登记暂行条例实施细则》第77条,债权人有权根据约定请求抵押人办理变更登记或转为建筑物抵押登记;不登记,抵押财产不能改变。在非现状登记,约定的在建建筑未建部分业已登记为抵押财产,债权人无需再采用前述的变更登记或转化登记,这样一来,在抵押权实现时,只要建筑物完全建成,前例的1—10层自动就是抵押财产。两相对比,非现状登记在意思自治的基础上,更有利于保护债权人,同时又因抵押登记的公示,不会损及他人利益。

在《担保制度解释》施行之前,我国司法实践就在建建筑抵押权的客体范围存在巨大争议,即除了建设用地使用权和在建建筑的建成部分,抵押财产是否包括未建部分,肯定说和否定说皆有。《担保制度解释》第51条第2款立足于现状登记,采用否定说,它规定:"当事人以正在建造的建筑物抵押,抵押权的效力范围限于已办理抵押登记的部分。当事人按照担保合同的约定,主张抵押权的效力及于续建部分、新增建筑物以及规划中尚未建造的建筑物的,人民法院不予支持。"由于现状登记在全国没有统一性,该条款规定忽略了非现状登记,在立论基础上有缺失。

---

① 在不动产统一登记之前,会出现仅为建筑物或建设用地使用权之一办理抵押登记的情形,参考案例"无锡某担保有限公司诉无锡某置业有限公司破产债权确认纠纷案"的裁判要旨指出,就未登记的抵押财产,抵押权人取得了法定抵押权,建筑物和建设用地使用权构成了债权人的共同抵押财产;当事人仅办理建设用地使用权抵押登记,抵押权的效力及于土地上已有的建筑物以及正在建造的建筑物已完成部分。不动产统一登记导致建筑物与建设用地使用权必须一并办理抵押登记,不会出现前述情形。

② 参考案例"常某诉某银行等执行异议之诉案"的裁判要旨指出,建设用地使用权抵押后,案外人在该土地上新建了建筑物。案外人以新增建筑物不属于抵押财产为由主张排除对抵押建设用地使用权及新增建筑物的执行处分的,法院不予支持。但是,应当保障案外人依法参加执行分配程序,抵押权人对新增建筑物所得价款不享有优先受偿权。

③ 参见国土资源部不动产登记中心编:《不动产登记暂行条例实施细则释义》,北京大学出版社2016年版,第209—210页。

不过,该条款的文义非常弹性,完全能对应于非现状登记:其一,登记簿记载的抵押财产包括在建建筑未建部分的,该部分在抵押权的效力范围内。其二,当事人未把在建建筑的未建部分约定为抵押财产的,该部分不在抵押权的效力范围。其三,当事人虽然约定在建建筑的未建部分为抵押财产,但在办理登记时,登记机构未记载于登记簿的,属于登记错误,在依法更正前,该未建部分不在抵押权的效力范围之内。

第三,违法建筑。根据《担保制度解释》第49条第2款,抵押财产为建设用地使用权的,该抵押权不因土地上有违法建筑而受影响。但违法建筑能否成为抵押财产,要区分以下情况而定:其一,主管部门要求限期改正的,说明违法建筑具有受法律保护的财产利益,有保持其经济效用的必要,这与"房随地走,地随房走"的规范目的一致,应属于抵押财产。其二,主管部门要求限期拆除,或相关部门依法决定强制拆除的,说明违法建筑的存续为法律所不容,再保持其经济效用,已失去法律正当性,故不应是抵押财产。而且,在抵押权实现后,受让人有履行出让合同的义务,而应被拆除的违法建筑是其适当履行义务的障碍,在其不愿承受拆除的费用损失时,用"房随地走,地随房走"规范强制其保有违法建筑,无异于强制其为他人的违法建造行为"买单",并不妥当。

第四,乡镇、村企业的房屋。根据《民法典》第398条,以乡镇、村企业的房屋抵押的,其占用范围内的建设用地使用权一并抵押;没有这些房屋,用于兴办企业的建设用地使用权不能单独抵押。与此不同,根据《土地管理法》第63条第4款,集体经营性建设用地使用权可予抵押,能适用"房随地走,地随房走"规范。

2. 债的关系

抵押权人与抵押人因约定而有意定之债,与他人(如侵权行为人)则会产生法定之债,前者的典型是限制抵押财产转让的约定,后者的典型是侵害抵押权,以下分而述之。

(1) 限制抵押财产转让的约定

《物权法》第191条限制了抵押人转让抵押财产的自由,未经抵押权人同意,抵押人不得转让抵押财产;抵押权人同意转让的,抵押权消灭。《民法典》第406条恢复了抵押人的转让自由,第1款第1句规定"抵押期间,抵押人可以转让抵押财产",并配套以抵押权的追及力,第1款第3句规定"抵押财产转让的,抵押权不受影响";但这种恢复并不彻底,第1款第2句规定"当事人另有约定的,按照其约定"。《担保制度解释》第43条进一步规定:其一,限制抵押财产转让的约定符合合同成立生效条件的,对双方有约束力,抵押人违反约定转让抵押财产,不影响买卖合同等原因行为效力。其二,该约定未登记,抵押人违反约定完成抵押财产转让的,受让人取得财产,但知道抵押人违约的恶意受让人除外;受让人取得财产的,抵押人应向抵押权人承担违约责任。其三,该约定已登记,抵押人违反约定完成抵押财产转让的,受让人不得取得财产,但受让人代替债务人清偿债务导致抵押权消灭的除外。

对于限制抵押财产转让的约定,在理解时应把握以下要点:

第一,从限制程度来看,该约定有两种:一是完全否定,如约定"不得转让""禁止转让"等,此为绝对限制,意在使抵押财产无法转让;二是未完全否定,而是设定了限制条件,如"未经抵押权人同意,不得转让"等,此为相对限制,意在增加转让难度,能否转让系于约定条件是否成就。

争点：绝对限制应否无效？

《担保制度解释》第 43 条认可绝对限制的效力，《自然资源部关于做好不动产抵押权登记工作的通知》第 3 条也允许登记绝对限制。不过，本书认为，绝对限制无效，理由为：(1) 在《物权法》第 191 条的背景下，抵押权人同意是抵押财产转让的唯一关卡，即便有绝对限制，但只要抵押权人同意，抵押财产能转让，绝对限制因而没有法律意义。在《民法典》第 406 条更倾向于抵押财产自由转让的导向下，无疑更应否定绝对限制的法律效力，否则，像《担保制度解释》第 43 条第 2 款规定的那样，在绝对限制登记后，只要受让人未代替债务人清偿债务来消灭抵押权，抵押财产就不能转让，这会使《民法典》第 406 条的实际效果反而比《物权法》第 191 条更限制抵押人的转让自由，有违其目的。(2) 在比较法上，为了保持和促进经济活动的自由，与抵押人的转让自由以及抵押财产的持续流通性相比，绝对限制的意思自治价值没有法律意义。比如，BGB 第 1136 条规定，禁止抵押土地转让的约定无效。又如，ZGB 第 27 条第 2 款规定，任何人不得以违反法律或违背道德的方式阻碍他人的自由，第 812 条规定，抵押人放弃在抵押财产上再设立负担的行为无效，综合这两个条文，旨在禁止抵押人设立负担的绝对限制无效[①]，与此相关的违约责任约定也无效。[②]

相对限制是对抵押人转让自由的限制，只有在抵押权设立后才有意义，若抵押权未设立，相对限制不能产生实效。

第二，在抵押财产转让时，《民法典》对抵押权人提供如下保护：其一，承受抵押权的受让人对抵押财产可能或实际造成损害的，抵押权人能行使抵押权保全权，以应对受让人滥用抵押财产的隐患。其二，根据第 406 条第 2 款第 2 句，在有证据证明抵押财产转让可能损害抵押权时，转让款要供抵押权人提前受偿。

不过，这些措施着眼于抵押财产完成转让，在米已成粥时为抵押权人提供救济，而不能未雨绸缪，把危及抵押权的抵押财产转让扼杀在摇篮之中，不让其现实发生。未雨绸缪的保护非常重要。虽然抵押制度将抵押财产的使用价值和交换价值在双方之间进行了分配，抵押人通过控制抵押财产能保有其使用价值，抵押权人则能支配其交换价值，但它们又难以分离。道理很简单，抵押人一把火把抵押房屋烧了，哪儿还有交换价值？反之，抵押人把商场等经营类的抵押房屋盘活了，交换价值自然水涨船高。显然，抵押人不仅控制着抵押财产的使用价值，还实实在在地会影响其交换价值，故而，抵押财产是什么，抵押人是谁，对抵押权人是否成立主债权、是否设立抵押权的交易决策而言都是至关重要的信息。与此同理，在抵押财产转让时，受让人是谁，是否会影响抵押财产将来的交换价值，当然也是抵押权人的关切所在。

《民法典》第 406 条第 2 款第 1 句注意到了这种关切，它要求抵押人在转让抵押财产时，应及时通知抵押权人，但这只是使抵押权人知悉转让事宜，并未赋予其话语权，抵押权人除了被动接受转让的事实，别无回天良法，因为转让遵循不动产物权变动规范，即便抵押人不通知，也不会影响转让。不过，在抵押人有转让抵押财产的动议，尚未实施或完成转让之前，

---

① Vgl. Leemann, Kommentar zum §812, in: Berner Kommentar zum ZGB, Band IV, 2. Aufl., 1925, Rn. 37.
② Vgl. David/Daniel, Kommentar zum §805-823, in: Züricher Kommentar zum Schweizerisches Zivilgesetzbuch, Band/Nr. IV/2b/2, 2. Aufl., 2013, Rn. 47.

抵押权人对受让人不满意，并有证据表明转让可能有害于抵押权的，如受让人向来经营不善，没有能力像抵押人那样经营好被抵押的商场房屋，若抵押权人能行使抵押财产价值减少防止权，及时叫停抵押财产的转让，就能保全自己的利益。问题在于，抵押财产价值减少防止权与抵押权的结构匹配，它以抵押人滥用抵押财产的事实行为为对象，不包括转让抵押财产这一法律行为。而且，受让人经营不善的过去，只说明历史，仅凭此无法确定其未来，谁能说失败者一定不会东山再起？因此，抵押财产价值减少防止权不能为抵押权人事先阻止抵押财产转让提供有力支持。

这样看来，仅凭前述的保护措施，抵押权人无法事先防止会贬损抵押财产交换价值的抵押人变更，正因此，抵押权人不得不自救，相对限制随之产生，它使抵押权人能提前卡位，判断抵押财产能否转让给某一受让人，从而填补前述措施的不足。

第三，未登记的相对限制仅能约束当事人双方。在抵押权设立后，未载入不动产登记簿的相对限制产生债的关系，仅能约束当事人双方，抵押人不经抵押权人同意就转让抵押财产，结果正如《担保制度解释》第43条第1款规定的，转让合同不因此无效，抵押人向抵押权人承担违约责任。

在实践中，当事人会把相对限制与抵押权实现关联起来，如约定"未经抵押权人同意转让抵押财产，抵押权人有权实现抵押权"，这是当事人对抵押权实现条件的约定，据此，在抵押人未经抵押权人同意而转让抵押财产后，无论债务清偿期是否届满，抵押权人都能实现抵押权。把这种约定与《民法典》第406条、《担保制度解释》第43条第1款结合起来，就是在相对限制未登记的情形，抵押人违背约定转让抵押财产的，受让人虽然能取得该财产，但抵押权人同时能实现抵押权。

相对限制创设了债的关系，抵押权人据此享有的请求权旨在保护抵押权，没有抵押权，该请求权失去根本，没有该请求权，抵押权的效用无法最大化，抵押权和该请求权之间形成主权利和从权利的关系。在抵押权人转让主债权时，抵押权随之转让，抵押权人基于相对限制的请求权也随之转让，债权受让人由此受制于相对限制，但这是从权利附随于主权利——抵押权从属于主债权、抵押权人的前述请求权从属于抵押权——的结果，不能因此得出相对限制能约束第三人的结论。

争点：未登记的相对限制能对抗恶意受让人？

在不动产领域，意定之债要想对抗第三人，须载入登记簿，正是借助这种法定的公示形式，债才能为世人周知，进而取得与物权相当的对世性。在比较法上，《德国地上权条例》第2条把债的约定当成地上权内容、ZGB第730条使约定义务对抗需役地或供役地的受让人、我国台湾地区"民法"第826条之1第1项关于共有不动产的管理约定约束份额受让人，无不以登记为依托。至于未登记的约定，因为只能约束当事人双方，即便第三人知道约定，也不受约束。但《担保制度解释》第43条第1款的但书并非如此，即相对限制未登记，受让人知道抵押人违约转让抵押财产的，转让不发生物权效力。该例外用一句话表达，就是未登记的相对限制能对抗恶意受让人。不过，该例外并不合理。

首先，物权编有不少条文对于不适宜一概进行刚性调整的物权内容事项，通过授权机制交由下位规范、相关机构或当事人根据具体情况进行安排[①],但相对限制并非《民法典》第 406 条授权当事人直接限制抵押财产处分权能的表现。原因在于,像《物权法》第 191 条那样的做法,事关抵押财产的市场流通,事关抵押人的处分自由,属于民事基本制度的范畴,根据《立法法》第 11 条第 8 项的"法律保留",只能由法律规定才算正当。若允许当事人通过相对限制打破这种保留,那就表明,受让人要想免受抵押人无权处分抵押财产之害,就必须事先探知有无这样的约定,而在相对限制未登记的情形,受制于约定的隐秘性,受让人的探知难度和代价之大可想而知,抵押财产转让的基本交易秩序由此被扰乱。这意味着,未登记的相对限制局限在债的层面,仅使抵押人对抵押权人负担相应的债务,并未渗透到抵押财产本身来扣减"转让"这一处分权能。既然如此,相对限制不影响抵押人对抵押财产的完整处分权,相对限制未登记,不表明抵押财产登记错误,也不表明抵押权登记错误,抵押人转让抵押财产是有权处分。在这种情形下,无论如何都无法参照善意取得的法理,把受让人是否善意作为抵押财产转让的要件,只要转让合同有效并完成转移登记,无论受让人是否知道相对限制,都不应妨碍其取得抵押财产。

其次,相对限制与土地承包经营权等物权变动有实质差异,不能套用不动产登记的对抗力规范。以土地承包经营权为例,《农村土地承包法》第 35 条规定,土地承包经营权的互换、转让在合同生效时完成,未经登记,不得对抗善意第三人。之所以如此,正如第七章第二节之"互换、转让土地承包经营权"部分所言,土地承包经营权存续于信息高度透明、人员流动低频的农村社会结构中,无需借助登记就众所周知,其绝对性实属农村社会结构的塑造产物,与此相应,无需登记,承包合同成立即产生土地承包经营权。土地承包经营权互换、转让在同一集体经济组织内部进行,并要向发包方备案或经发包方同意,但互换或转让毕竟是小概率的具体事件,不像公开商议的承包方案和承包合同那样能覆盖集体经济组织的全部成员,互换或转让后的土地承包经营权绝对性由此打了折扣,不能约束那些的确不知道的成员。相对限制显然不能套用上述的规范和法理,因其原本仅有相对性,除了登记,没有任何能让其为不特定之人知悉的机制,这使其本来就不能约束他人,受让人知道它的存在,也不会改变它对他人本无约束力的既有属性。

最后,在法律未限制的情况下,财产具有流通性是社会的公共观念,财产流通也是经济运转的常态,当事人通过约定来限制财产自由流通,是用私人安排来打破社会常规,若这种私人安排没有充分的正当理由,法律对其法律效果持非常审慎的保守态度。在比较法上,最典型的如 BGB 第 137 条,它鼓励财产流通,只允许这种约定有债的效力,即便受让人明知该约定,仍能取得财产,其目的是促进交易,谁想取得某项通常可以转让的权利,谁就能直接信赖该权利的流通性不会被意定限制。[②] 与此相比,《担保制度解释》第 43 条第 1 款的例外显得很突兀,它实质背离了当事人约定通常不影响财产流通性的观念,也未考虑抵押财产转让对抵押权有无实质影响,就直接否定受让人取得抵

[①] 比如,第 346 条规定,设立建设用地使用权应当遵守行政法规关于土地用途的规定;又如,第 255 条规定,国家机关对其直接支配的不动产和动产,享有依照国务院的有关规定处分的权利;再如,第 373 条规定,作为地役权核心的对供役地的利用目的和方法,由地役权合同约定。

[②] Vgl. Medicus/Petersen, Allgemeiner Teil des BGB, 11. Aufl., 2016, S. 296.

押财产，正当性并不充分。

第四，未申请办理登记的相对限制不能约束不动产登记机构。抵押合同是办理抵押登记的必备材料，该合同约定相对限制的，登记机构在受理抵押登记申请时，基于审核职责会知悉相对限制，在当事人不申请登记相对限制时，基于申请原则，登记机构应尊重当事人的选择，既不能依职权主动登记相对限制，也不能要求当事人一并申请登记抵押权和相对限制。在这种情形下，抵押权登记信息与抵押合同约定出现偏差，这种偏差是当事人刻意为之的结果，不是登记错误。

在当事人仅申请抵押登记而不申请登记相对限制时，表明当事人不欲相对限制产生对世性，它仅有债的效力，是抵押人对抵押权人负担的债务，不能直接限制抵押财产的流通性，故而，知悉相对限制的登记机构不受其影响，不被其约束。与此相应，登记机构就抵押财产转让办理转移登记，无需抵押权人共同申请，无需查询受让人对相对限制的知悉情况。

第五，登记的相对限制对抵押财产转让的事先限制。在登记后，世人已周知相对限制，这使受让人能事先知悉抵押权人同意是抵押财产转让的约束条件，进而决定是否与抵押人进行交易。根据《担保制度解释》第 43 条第 2 款，在相对限制登记后，未经抵押权人同意，抵押财产转让合同不因此无效，但转让不发生物权效力。这意味着，在相对限制登记后，登记机构要替抵押权人把关，在没有抵押权人共同申请时，登记机构不能办理抵押财产转移登记，从而事先限制抵押财产转让。这样一来，"未经抵押权人同意转让抵押财产，抵押权人有权实现抵押权"的实现条件约定没有意义，因为不经抵押权人同意，抵押财产转让不了，该约定条件无法成就。

在相对限制登记的情形，抵押权人的同意只表明其愿意承受抵押财产转让的法律效果，而不表明愿意承受抵押权消灭的后果，也不表明愿意终止相对限制，故而，在经抵押权人同意的抵押财产转让后，抵押权和相对限制都继续存在。这意味着，抵押财产转移登记的办理，既不以注销抵押登记为前提，也不带来注销相对限制登记的结果。

借助登记的公示作用，相对限制与抵押权都扎根于抵押财产，抵押人、抵押财产受让人均要承受这些负担，受让人想再转让抵押财产，仍要事先取得抵押权人的同意。受法定原则的制约，抵押人和抵押权人就抵押财产享有的支配利益和处分权能由法律规定，而相对限制产生的是债的关系，是当事人双方在法定的物权内容之外所作的安排，既不能纳入抵押财产的权利内容，也不能纳入抵押权的内容，仍在合同之债的范畴。只不过，登记使相对限制突破了合同之债固有的隐秘性和相对性，成为存在于抵押财产上的物上之债，只要没有适格的消灭事由且登记未被依法注销，相对限制将与抵押财产共存亡，具有相当牢固的稳定性。

第六，上述适用于《民法典》施行后发生的相对限制及由其引发的纠纷，对于这些约定出现在《民法典》施行前、纠纷发生在《民法典》施行后的情形，不能适用《民法典》第 406 条、《担保制度解释》第 43 条。具体而言，在《民法典》施行前，《物权法》第 191 条是实施抵押活动的背景，无论有无相对限制，该条规定都深嵌于抵押活动当中，与当事人的具体约定相辅相成，共同为当事人提供明确预期，共同保障当事人的交易信心。如若允许《民法典》第 406 条对《物权法》第 191 条的事后改变溯及既往，那一定会破坏基于《物权法》第 191 条确定的交易秩序。从实践情况来看，金融机构的格式抵押合同中普遍存在相对限制，它们是通过约定方式重复了《物权法》第 191 条对抵押财产转让的限制条件，意在强化抵押权人对抵押财产转让的控制权。如果认为它们只有在登记后,才能产生事先限制抵押财产转让的法律效果,那一定会在业界引发申请登记相对限制的热潮,而这除了徒增成本,实无益处。对此,应参照适用《民法典时间效力规定》第 3 条,以明显减损当事人合法权益、增加当事人法定义务、背离当事人合理预期为由,排除适用《民法典》第 406 条和《担保制度解释》第 43 条,继续适用《物权法》第 191 条。《自然资源部关于做好不动产抵押权登记工作的通知》第 3 条第 2 款也规定:"《民法典》施行前已经办理抵押登记的不动产,抵押期间转让的,未经抵押权人同意,不予办理转移登记。"只有这样,那些既往没有约定相对限制的当事人才无需补充该约定并申请登记。相应地,登记机构在注销抵押登记前,不能办理抵押财产转移登记,这样的不作为不属于违法行政行为。

(2) 侵害抵押权

既非抵押权人、又非抵押人或债务人的第三人因过错而致抵押财产损毁、灭失,符合《民法典》第 1165 条第 1 款过错侵权规范的,构成侵害抵押权,抵押权人有权请求第三人承担损害赔偿责任。

争点:如何判断抵押权人的损害?

学理从抵押权制度构造出发,就抵押财产毁损、灭失是否属于抵押权人的损害,存在不同见解,这不仅决定了造成抵押财产毁损、灭失的行为是否构成对抵押权的侵权行为,还影响对抵押权有关制度的理解,有必要予以辨析。

有学理指出,在物上代位的作用下,抵押权人没有损害。[①] 本书不赞同,因为在抵押财产经济价值实然降低的情况下,尽管物上代位制度通过法定债权质权使抵押权人取得了与抵押财产看似等值的担保,但因受制于第三人的信用,抵押权人能否实际控制代位物的经济价值,并就代位物获得优先受偿,尚属未定之天,这种不确定性表明,抵押权人原来支配抵押财产经济价值的现实利益,因为第三人的过错而蜕变为有可能实现支配代位物经济价值的或然利益,这种利益降等表明损害是客观存在的。

有学理认为,抵押财产的价值余额足以清偿主债权的,就无损害。[②] 本书不认同,理由在于抵押权人实际控制着抵押财产的经济价值,并就此获得优先受偿,该财产的经济价值是抵押权人支配利益的直接体现,在它因第三人过错而减少时,抵押权人的支配利益已然减少,当然有损害。[③] 这同时意味着,应以抵押财产毁损、灭失时点为标准来确定有无损害及损害大小。至于抵押财产的剩余价值是否足以清偿主债权,涉及抵押财产的市值、抵押权实现费用的确定,这些只有在抵押权实现时才能明确下来,若以此为准,就只能在抵押权实现时才能判断第三人是否构成侵权,而这对抵押权人显然不公。[④]

有学理指出,虽然抵押财产的剩余价值低于主债权,但债务人已清偿,或另依其他担保使抵押权人获得满足的,也无损害。[⑤] 本书不苟同,因为:(1) 清偿导致主债权消

[①] 参见苏永钦主编:《民法物权实例问题分析》,清华大学出版社 2004 年版,第 169 页;孙森焱:《民法债编总论》(上册),法律出版社 2006 年版,第 182 页。
[②] 参见〔日〕我妻荣:《新订担保物权法》,申政武等译,中国法制出版社 2008 年版,第 353—356 页;于敏:《日本侵权行为法》(第三版),法律出版社 2015 年版,第 241 页。
[③] Vgl. BGH NJW 1991, 695.
[④] 参见张平华:《侵害抵押权的民事救济:基于物权编内外的体系考察》,载《法学论坛》2022 年第 2 期。
[⑤] 参见郑玉波:《民法债编总论》(修订二版),陈荣隆修订,中国政法大学出版社 2004 年版,第 134 页。

灭,抵押权随之消灭,无需再考虑其受侵害及损害赔偿问题,不能由此说明损害不存在。

(2)依其他担保使抵押人获得满足,主要涉及两种情形,一是物上代位,但前文指出此时仍有损害;另一是在抵押人与有过失时,《民法典》第408条的提供担保请求权规范与侵害抵押权之间是竞合关系,抵押权人选择前者,足以实现原抵押权的,当然无需再请求第三人损害赔偿,否则抵押权人就损害差额部分仍能请求第三人赔偿。

概括而言,在第三人过错导致抵押财产毁损、灭失时,抵押财产的价值业已减损,满足过错侵权的构成要件,至于抵押财产的价值余额是否高于被担保的债权额、债权是否到期、债权到期能否受偿等因素不在考虑范围。

第三人侵害抵押权的情形同时落入《民法典》第390条物上代位的适用范围,由于存在以下差异,后者不能涵盖或替代前者,两者形成规范竞合的关系:

第一,物上代位的目的是在抵押财产毁损、灭失的情况下,尽力使主债权获得不少于此前所得到的保障,它并不关注抵押财产被第三人侵害是否构成侵权,即便不构成侵权,只要因该行为而有补偿金、保险金,仍不失适用空间,它因而没有过错侵权规范的阻吓和赔偿功能。

第二,根据物上代位规范,第三人对抵押人承担损害赔偿责任,其履行结果供抵押权人优先受偿,故而,无论第三人是否知悉抵押权,只要表征履行结果的代位物未与抵押人的其他财产混同而消灭,抵押权在代位物上当然存在。在侵害抵押权时,第三人对抵押权人承担损害赔偿责任,其样态既可以是在抵押权实现前,把特定物形态的代位物为抵押权人设立与原抵押权顺位相当的抵押权,或把金钱形态的代位物进行提存,也可以是在抵押权实现时,把特定物形态的代位物交由抵押权人变价并优先受偿,或把赔偿金直接付给抵押权人。

第三,为了最大程度地保障抵押权人的利益,防止出现第三人向抵押人赔偿的情形,抵押人处分代位物致其灭失或被他人善意取得,导致抵押权人物上代位权落空的情形,抵押权人应通知第三人,把赔偿给付的相对人从抵押人更改为抵押权人。侵害抵押权的法律后果无需这样的制度构造。

3. 不动产抵押权的顺位

同一不动产会承载多个抵押权,也会成为抵押权和其他权利的标的物,由此涉及不动产抵押权的顺位,以下分类阐述。

(1)不动产抵押权之间的顺位

根据优先原则,不动产抵押权之间的顺位以登记先后为序排列,在此基础上,应把握以下规则:

第一,先顺位抵押权优于后顺位抵押权。参照《担保法解释》第78条,有两种情形:其一,先顺位抵押权的主债权先到期的,抵押权实现后的剩余价款应予提存,留待清偿后顺位抵押权。其二,后顺位抵押权的主债权先到期的,抵押权人只能就抵押财产变价款超出先顺位抵押权的主债权部分受偿。

第二,参照《担保法解释》第77条,先顺位抵押权因混同、继承等原因消灭,后顺位抵押权的顺位应保持不变,亦即顺位固定,出现所有权人抵押权。

进阶:空白顺位

与所有权人的抵押权不同,瑞士分离了抵押权和顺位,先顺位抵押权虽消灭,但顺位仍存在,只不过其上没有任何权利,是空白顺位,抵押人可在该顺位上设定主债权金额、期限等不超出原主债权的新抵押权。这样一来,新抵押权占据了先顺位,没有打乱原有顺位下的权利秩序。ZGB 第 815 条规定,如果空白顺位未被新抵押权填补,为实现后顺位抵押权而对抵押财产变价时,空白顺位没有意义,变价金额由后顺位抵押权优先受偿。此外,ZGB 第 814 条第 3 款规定,后顺位抵押权为保全自己权利,可与抵押人约定先顺位抵押权消灭导致后顺位抵押权晋升,以消灭空白顺位。

第三,根据《民法典》第 409 条第 1 款第 1 句,抵押权人可放弃抵押权顺位,分为两类:其一,绝对放弃,即抵押权人在保留抵押权的前提下放弃顺位,使其抵押权位于放弃前已登记的后顺位抵押权之后、放弃后才登记的后顺位抵押权之前,放弃的顺位和因此获益的顺位仍先后有别。比如,A 的房屋承载 B、C、D 三个先后顺位抵押权,B 绝对放弃顺位的结果是其抵押权顺位在 D 的抵押权之后,但在放弃后才设立的 E 的抵押权之前。其二,相对放弃,即先顺位抵押权人放弃自己的顺位利益,使特定后顺位抵押权与自己权利地位相同,继而分享先顺位抵押权的优先受偿权益。如上例抵押房屋变价款为 300 万元,B 的债权 100 万元,C 的债权 150 万元,D 的债权 300 万元,B 对 D 放弃顺位利益,结果是 B、D 按照债权比例共享 B 的顺位利益,即 B、D 分别优先受偿 25 万元、75 万元。

顺位放弃使后顺位抵押权人得益,但未增加抵押财产的负担,因而无需其他抵押权人或抵押人的同意。不过,绝对放弃导致抵押权顺位变更,相对放弃导致抵押权内容变更,须办理变更登记。约定顺位放弃,未办理变更登记的,在当事人之间产生债的约束力,比如,上例 B、D 约定相对放弃,未办理登记,在 B 获偿 100 万元后,应按照约定向 D 给付 75 万元。

在共同担保,根据《民法典》第 409 条第 2 款,抵押权人放弃债务人提供的抵押权顺位的,其他担保人在抵押权人丧失优先受偿权益的范围内免除担保责任,但是其他担保人承诺仍然提供担保的除外。

第四,在不放弃顺位的前提下,先后顺位的抵押权人可协议变更顺位,分为两类:其一,顺位交换,即先后顺位抵押权交换各自顺位,顺位前移者优于顺位后移者。比如,上例的 B、C 交换顺位,这不会损及 D,无需其同意,在完成登记后,C 的抵押权顺位先于 B 的抵押权。不过,若 B、D 交换顺位,就会损及 C,根据《民法典》第 409 条第 1 款第 3 句,应经 C 的书面同意,否则不能完成交换。其二,顺位让与,即先顺位抵押权人将其顺位利益让与特定后顺位抵押权人,在抵押权实现时,在先顺位抵押权的主债权范围内先供后顺位抵押权实现,有余额的再供先顺位抵押权实现。比如,上例的 B 对 D 让与顺位利益,结果是先由 D 享有 B 的顺位利益,即 D 优先受偿 100 万元。

顺位交换对其他抵押权人有不利影响的,应经该抵押权人书面同意,并办理变更登记。顺位让与与其他抵押权人无关,仅当事人达成协议并办理登记即可。在共同担保中,需适用《民法典》第 409 条第 2 款。

第五,先顺位抵押权因混同等原因消灭的,后顺位抵押权本应顺位固定,但根据《民法典》第 409 条第 1 款第 2 句,后顺位抵押权人可与抵押人协议升进顺位,并在办理登记后顺位升进。同时,顺位升进对其他抵押权人有不利影响的,应经其他抵押权人的书面同意。

(2) 不动产抵押权与用益物权的顺位

不动产抵押权与居住权等用益物权之间适用优先原则,先顺位权利应优先实现,但这不是通过消灭后顺位权利来达到的,而是在后顺位权利妨碍先顺位权利的实现时,排除后顺位权利即可达到的结果。换言之,顺位先后只表征了权利实现机会大小的概率,后顺位权利应在不妨害先顺位权利的范围内得以实现。根据《拍卖变卖规定》第28条第2款,不动产抵押权和用益物权的顺位主要表现为:

第一,先顺位权利是用益物权的,后顺位抵押权在实现时,抵押财产要负担用益物权而变价,抵押权的实现不影响用益物权的存续。

第二,先顺位权利是抵押权的,在其实现前,用益物权人对抵押财产的占有、使用和收益不得妨碍抵押权。比如,居住权人准备用推土机推倒抵押住宅时,抵押权人可行使消除危险请求权,也可在情况紧急时自力保全,阻止推土机的开动。在抵押权实现时,视后顺位用益物权是否妨害抵押权实现而有不同选择,不妨害者继续存在,妨害者则被法院除去后再拍卖。比如,A为了担保借款,用甲、乙两套房屋为B设立抵押权,后A在甲套房屋为C设立居住权。A不能按时还款的,若乙套房屋变价款足够B优先受偿,C的居住权就无需除去。这样就在保障抵押权人利益的基础上,兼顾了用益物权人和抵押人的利益,即用益物权人继续用益抵押财产,继续实现本来的用益目的,而抵押人无需承受因用益物权终止所可能产生的债务不履行责任。

(3) 不动产抵押权与租赁的顺位

出于融资和收益的需要,房屋等不动产既抵押又租赁的,抵押权和租赁关系应适用优先原则。根据《民法典》第405条,判断不动产抵押权与租赁顺位先后的时点分别是登记与占有[①],即在先租赁后抵押(在不动产抵押权登记前,抵押财产已经出租并转移占有的)时,原租赁关系不受抵押权的影响;反之,在先抵押后租赁(抵押财产在不动产抵押权登记后出租的)时,租赁关系不得对抗抵押权。

提示:续租时的顺位

在承租人占有租赁物的时点早于抵押权登记,租期届至的时点比抵押权登记晚,租赁双方明示或默示续租的情形,不能认为租赁顺位先于抵押权,因为续租是租赁双方意思自治产物,未经与此利害攸关的抵押权人同意,续租对抵押权人没有约束力,特别是在租期长短成为如何设立抵押权的重要参照因素时,租期会影响抵押权的设计方案(如为了不受先顺位租赁的干扰,抵押权人与债务人约定主债务履行期限在租期届满后才届至),此时若认可续租先于抵押权,就会导致抵押权人的预期落空。故而,续租虽在租赁双方保持了债的同一性[②],但对抵押权人无异于新的租赁关系,其顺位应在抵押权之后。

当然,若续租对抵押权没有实质影响,比如,在抵押权设立时,抵押权人充分考虑了租赁对抵押财产价值的负面效用,仅以扣减该负面效用后的抵押财产价值来担保债权,续租与否与抵押权实现无关,则即便抵押权人不知或不同意续租,租赁早于抵押权的事实仍应得到维持。此外,若抵押权人事先了解并向租赁双方表示认可续租,表明抵押权

---

① 根据参考案例"珠海某银行诉珠海某公司、北京某公司、汕头某公司第三人撤销之诉案"的裁判要旨,承租人对占有使用租赁物起始时间负举证责任,有关事实真伪不明时,承租人承担不利后果;法院不能仅以承租人提交租赁合同、租赁物移交确认书等书面所载内容认定占有使用租赁物的起始时间,而应结合租金支付、水电费缴纳等费用转账记录、租赁物所在小区物业管理人员证言、当初设定抵押时第三方评估机构评估报告等公信力较高、不易事后伪造材料加以认定。

② 参见黄立主编:《民法债编各论》(上册),中国政法大学出版社2003年版,第200页、第328页;韩世远:《合同法学》(第二版),高等教育出版社2022年版,第429页。

人不仅知悉被租赁排斥的风险,还自愿承受该风险,出于意思自治的考虑,续租仍在抵押权之前。

租赁与用益物权都是用益性权利,前述不动产抵押权与用益物权的顺位规范和法理在此可适用,如在先租赁后抵押,抵押权实现不影响租赁[①];在先抵押后租赁,不妨碍抵押权实现的租赁可存续。[②] 此外,在先抵押后租赁,需注意抵押权实现后对承租人的利益保护,包括两种情形:

第一,租赁存续的情形。抵押权的实现需对抵押财产进行变价,直接或间接体现了买卖机制,只要租赁在抵押权实现时未终止,基于《民法典》第725条的买卖不破租赁规则,抵押财产受让人应承受租赁,《拍卖变卖规定》第28条第2款也规定未被法院除去的租赁不因拍卖而终止。不过,这种立场似乎无法体现先顺位抵押权的优势地位,要想突出其优先性,就应像《房屋租赁合同解释》第14条第1项那样,即便租赁在抵押权实现时仍存续,在实现后对抵押财产受让人也无约束力,由此产生买卖破除租赁的结果,从而优待受让人。

本书认为买卖破除租赁的立场并不妥当,原因在于:其一,先抵押后租赁的顺位规范涉及的人的范围应限于抵押权人和承租人,时间标准是在抵押权实现之时,评价标准是租赁是否不利于抵押财产的变价。至于在抵押权实现后,抵押财产受让人应否相对于承租人受优先保护,无论在人的范围、时间标准还是评价标准,都不在先抵押后租赁规范的调整范围,不能据此得出优待受让人的结论。其二,租赁在抵押权实现时未终止,表明租赁的存在并未妨害抵押权的实现,那么抵押权实现的法律效果也就未包含除去租赁的内容,此时,抵押财产是负担租赁而变价的,只要受让人在参与变价时完全知悉该租赁,就说明抵押权实现是受让人在完全信息基础上的自我决定,在不逾越强制性规范和社会公共利益的底线时,应由受让人基于意思自治承受租赁负担。而且,一旦负担租赁的抵押财产变价比抵押财产实际价值低,若允许出低价的受让人不承受租赁,不仅背离意思自治的根本指向,还损害了抵押人和承租人的利益,同时又让受让人获取不当利益,利益明显失衡。其三,在比较法上,根据我国台湾地区"民法"第866条第1项,在租赁不影响抵押权的实现而存续时,抵押财产受让人取得的是有负担的财产,以继受取得的法理,租赁对受让人当然继续存在[③];根据ZGB第812条,在后顺位的租赁不损及先顺位抵押权的实现时,它仍存于抵押物之上,由受让人承受。[④]

综上所述,在抵押权实现后,面对承租人和抵押财产受让人的利益冲突,只要租赁并未因妨害抵押权的实现而被除去,且受让人完全了解抵押财产的权属及其租赁负担,并自愿参与变价,就应受制于买卖不破租赁的规则,承租人的法律地位保持不变,受让人须承受该租赁。

---

① 参考案例"昆明某银行云溪支行诉王甲、王乙申请执行人执行异议之诉案"的裁判要旨指出,在抵押实现时,成立在抵押权之前,并已占有使用的租赁权可以排除移交租赁物的强制执行。

② 在参考案例"某某信托公司与上海某某投资公司、杭州某某房地产公司、舟山某某置业公司执行实施案"中,抵押房产中103套出租给36家租户,租户将房产装修用于开办KTV、餐厅、超市、早教机构、SPA美容馆、健身会所、口腔医院等,其中27户租赁在抵押权设立之后。法院考虑到涉案房屋有较强的商业属性,通过对租赁合同的真实性核查、房屋续租价值评估、带租与不带租拍卖价格对比,确认带租拍卖不会对抵押权的实现造成影响。经法院释明,抵押权人同意对大部分先抵后租房屋的租赁权不予涤除。参考案例"某某农商行与甲公司、明某执行监督案"的裁判要旨指出,抵押权设立后抵押财产出租,对抵押权的实现有影响的,执行法院依法有权将租赁权除去后进行拍卖。

③ 参见谢在全:《民法物权论》(修订8版下册),新学林出版股份有限公司2023年版,第205页。

④ Vgl. Schmid/Huerlimann-Kaup, Sachenrecht, 4. Aufl., 2012, S. 301.

第二,租赁终止的情形。在不动产租赁,由不知抵押财产权属状况的承租人先探知标的物有无抵押权,不仅与通常的交易习惯不符,还会增加交易成本,应由抵押人向承租人承担告知义务,否则,租赁因实现抵押权而终止的,抵押人就要对承租人因抵押权实现而产生的租赁终止损失承担赔偿责任。抵押财产的变价在抵押权实现后没有剩余,承租人请求抵押人赔偿的权利是一般债权。若有剩余,它应供承租人优先受偿,因为先抵押后租赁以保护先顺位抵押权为目的,后顺位租赁产生的利益在不妨碍先顺位抵押权的限度内仍要得到保护,这不仅体现为承租人在抵押权实现前的实际用益应受保护,还体现为在抵押权实现后,抵押财产的变价在供先顺位抵押权实现后有剩余的,应用以弥补承租人的损失。①

此外,在租赁终止后,承租人对抵押财产的占有构成无权占有,受让人可请求承租人返还抵押财产,执行法院也可基于《拍卖变卖规定》第27条,在拍卖成交裁定送达后的15日内,把抵押财产移交受让人。不过,鉴于承租人找到合适的替代租赁物需耗费一定时日,在同种类、同品质的租赁物稀缺时尤其如此,故要求承租人严格履行该义务有相当难度,不切合实际。为了解决这个现实问题,不妨借鉴《日本民法典》第395条的缓期交付制度,即在受让人拍定抵押房屋起6个月内,承租人可缓期交付。当然,承租人在该期限内没有对房屋进行用益的权利,应向受让人支付使用费。若承租人不支付使用费达1个月以上,并在受让人的催告期间内仍不支付的,就失去缓期交付的利益,受让人可要求承租人交付房屋。这样一来,承租人既有充足时间去寻找合适的租赁物,又不会损害抵押财产受让人的正当权益,可谓两全其美。

关联:不动产抵押权与租赁的顺位规范对住房买卖的参照适用

根据最高人民法院的个案裁判观点,《民法典》第405条的先租赁后抵押规范在住房买卖中可参照适用。张某某与华骏公司于2016年6月17日签订车位认购书,约定张某某认购华骏公司开发的某号车位;其后,张某某向华骏公司支付了全部款项,并占有案涉车位。2016年7月4日,某某银行就案涉车位办理抵押登记。生效裁判认为,案涉车位是住房的必要配套设施,具有保障业主基本居住权益的属性。张某某与华骏公司虽是买卖关系,但《民法典》第405条规定精神具有参考价值。依此,张某某占有案涉车位对在后设定的抵押权具有公示力。根据《商业银行法》第36条等规定,商业银行对外贷款设定担保时负有对抵押财产进行审查的义务。某某银行在办理案涉车位抵押登记时,明知它在业主的占有使用之下,以至于抵押权与张某某在先权利产生冲突,某某银行未尽到必要的注意义务。某某银行在发现案涉车位已经被占有使用后,如果不是直接设定抵押权并发放贷款,而是评估风险,就会避免在华骏公司不能偿还贷款时与张某某就案涉车位发生权利冲突产生纠纷。综合考虑上述因素,张某某的权利具有优先保护的必要,其对案涉车位享有排除某某银行抵押权的执行的合法权益。②

进阶:先抵押后租赁规则对抵押权的保护

在先抵押后租赁情形,租赁关系不得对抗抵押权,该规则对抵押权的保护具有重要

---

① Vgl. Riemer, Die beschraenkten dinglichen Rechte, 2. Aufl., Bern 2000, S. 123.
② 参见最高人民法院(2022)最高法民终86号民事判决书。

第八章　担保物权

作用。

在抵押权实现前,承租人对抵押财产的占有、使用、收益不能妨害抵押权,否则为不当租用,主要有以下形态:(1)可能减损抵押财产价值,既可表现为抵押财产可能不当分离,如在厂房和机器共同抵押和出租的情形,承租人准备擅自运走机器;又可表现为抵押财产有毁损、灭失的危险,如承租人准备用推土机推倒抵押房屋;(2)抵押财产不当分离,如前例的承租人把机器运至他处;(3)抵押财产毁损、灭失,如前例的房屋被承租人推倒;(4)承租人对抵押财产的占有本身已影响抵押权实现,如抵押人把抵押财产租给社会强势人物,无人敢在抵押权实现时竞买抵押财产。[①] 第三类形态已损坏抵押财产,尽管物上代位和损害赔偿请求权能提供补救,但终究是亡羊补牢,抵押权人已缺失的利益能否得到弥补,全看承租人的资力及诚意。至于其余三类,只要法律给抵押权人适度的干预权限,就能有效防止抵押财产毁损、灭失,有效提升抵押权实现的机会,有未雨绸缪、防患于未然的积极意义,下文将专门讨论。

就这三类不当租用,物权请求权可予适用,但不完备:(1)不当租用导致抵押财产分离的,抵押权人虽有排除妨害请求权,但没有占有抵押财产的权能,不能请求承租人向自己返还抵押财产。比如,A以林地经营权为客体为B设立抵押权,后依法把林地出租给C,C擅自砍伐并运走树木,B能请求C停止砍伐和运输,并只能请求C把运走的树木归还A。问题随之而来,一旦A怠于接受这些树木,又不委托B接受和保管,此时B虽然能请求A恢复抵押财产价值或提供与减少的价值相应的担保,但这终究不如B能接手这些树木来得直接和及时,故排除妨害请求权的力度有所不足。(2)对于第四类不当租用,抵押权人可行使排除妨害请求权,由抵押人回复抵押财产的占有,但抵押人有用益自由,有权选择用益方式,其一旦再把抵押财产交给强势人物承租,抵押权人的上述努力就付诸流水。而且,在这种情形,租赁合同难言无效,强势人物租用抵押财产并非无权占有,无法适用返还原物请求权。(3)基于物权请求权,抵押权人只能请求承租人相应的作为或不作为,一旦承租人不配合,损害会成为现实或扩大,故物权请求权对抵押权人的保护相对比较消极。

相比而言,先抵押后租赁规则更为好用:(1)该规则旨在抑制后顺位租赁可能产生的不当利益扩张,以最大限度地保护先顺位抵押权,故针对不当租用,抵押权人能在保全抵押权的正当限度内进行干预和排除,直至不当租用对抵押权实现造成的危险或妨害得以消解。(2)该规则专门指向先抵押后租赁的特定情形,构造更为简化,包容力更强,能弥补物权请求权力所不及之处。申言之,只要租赁影响抵押权的实现,就应对抵押权人提供救济,以清除租赁带来的消极影响,这样一来,虽然承租人的占有是有权占有,但抵押权人可清除不当租用,能请求承租人向自己返还抵押财产,从而弥补抵押权人无法向承租人行使返还原物请求权的欠缺。

当然,抵押人毕竟是抵押财产权人,在抵押权人基于先抵押后租赁规则从承租人处取得抵押财产的占有并予管理时,应尽善良管理人的注意义务,以维护抵押人的利益。[②]

[①] 日本有不少暴力团体等黑社会组织承租抵押房屋,妨碍房屋的正常拍卖,从中获取暴利。参见渠涛编译:《最新日本民法》,法律出版社2006年版,第442—443页。

[②] 参见苏永钦主编:《民法物权实例问题分析》,清华大学出版社2004年版,第158页。

（三）不动产抵押权的实现

在不动产抵押权的实现问题上，以划拨建设用地使用权及其建筑物为客体的抵押权以及以集体所有土地的使用权为客体的抵押权在实现上有特殊性。

1. 以划拨建设用地使用权及其建筑物为客体的抵押权实现

根据《民法典》第399条第3项、《担保制度解释》第6条，以公益为目的的非营利性学校、幼儿园、医疗机构、养老机构等的公益设施不能抵押，以这些单位用于公益事业的划拨建设用地使用权为标的物的抵押合同无效。此外的划拨建设用地使用权可以抵押，且无需政府批准。《担保制度解释》第50条第1款规定，抵押人以划拨建设用地上的建筑物抵押，当事人以该建设用地使用权不能抵押或未办理批准手续为由主张抵押合同无效或者不生效的，法院不予支持；第2款规定，当事人以划拨方式取得的建设用地使用权抵押，抵押人以未办理批准手续为由主张抵押合同无效或不生效的，法院不予支持。

根据《担保制度解释》第50条，以划拨建设用地使用权及其建筑物为客体的抵押权依法实现时的变价款，应当优先用于补缴出让金。不过，在抵押权实现后，划拨建设用地使用权的属性保持不变，仍为划拨的，无需补交出让金，故《担保制度解释》第50条只适用于划拨建设用地使用权在抵押权实现后变性为出让建设用地使用权的情形。比如，参考案例"周某与朱某某执行监督案"的生效裁判指出，抵押的划拨土地已办理出让手续并司法拍卖的，买受人竞买的应是办理出让手续的土地，法院应从所得款中扣除出让金，将剩余部分扣除执行费等必要费用后支付给抵押权人；抵押的划拨土地尚未办理出让手续并司法拍卖的，买受人竞买的应是尚未办理出让手续的划拨土地，其支付的价款亦不包含出让金，法院可将所得款扣除执行费等必要费用后直接支付给抵押权人。

2. 以集体所有土地的使用权为客体的抵押权实现

我国土地所有权不能自由转让，集体所有土地需经征收等法定程序才能变性为国有土地。与此同时，我国实行土地用途管制制度，如农用地需经依法审批等法定程序才能变性为建设用地。《民法典》第418条规定："以集体所有土地的使用权依法抵押的，实现抵押权后，未经法定程序，不得改变土地所有权的性质和土地用途。"据此，在以土地经营权、集体经营性建设用地使用权等集体所有土地的使用权为客体的抵押权实现时，必须经过法定程序，才能改变土地所有权性质和土地用途，抵押权实现自身没有这样的效用。

（四）不动产抵押预告登记

预告登记在我国主要适用于商品房预售，对应着买卖预告登记，以买受人基于预售合同请求房地产开发企业等出卖人转让商品房所有权的债权为对象，权利人是买受人，义务人是出卖人。由于房价高企，许多买受人无法全额付清购房款，需先按约定向出卖人支付首付款，再向银行等贷款人借贷余款后付给出卖人，为了确保借贷债权的实现，买受人以预购的商品房为标的物向贷款人提供抵押担保，这就是预购商品房贷款抵押[①]，对应着抵押预告登记，该登记以贷款人基于抵押合同请求买受人以其将来取得的商品房为客体设立抵押权的债权为对象，权利人是贷款人，义务人是买受人。

商品房预售的抵押预告登记是不动产抵押预告登记的典型，下文以其为对象而展开，在

[①] 《城市房地产抵押管理办法》第3条第4款规定："本办法所称预购商品房贷款抵押，是指购房人在支付首期规定的房价款后，由贷款银行代其支付其余的购房款，将所购商品房抵押给贷款银行作为偿还贷款履行担保的行为。"

适用本书第四章第二节之十有关预告登记的规范和法理的基础上,下文主要阐述其法律效力。

1. 视情况而定的优先受偿效力

商品房预售的标的物是在建的、尚未竣工的商品房,单从物理状态来说,它属于在建建筑,在登记后可承载抵押权。不过,抵押预告登记并非在建建筑抵押登记,后者属于本登记,抵押权人有优先受偿权,而抵押预告登记不是本登记,权利人有无优先受偿权,需视情况而定。

(1) 有优先受偿效力

在商品房竣工,出卖人办理建筑物所有权首次登记后,买受人即可按照约定请求出卖人办理所购商品房的转移登记,贷款人也可请求买受人办理抵押登记,一经登记,贷款人就有抵押权。在能办理转移登记和抵押登记的有效期限内,即自权利人知道或应当知道能够进行本登记之日起90日内,虽未办理这些本登记,但已无任何法律障碍,若买受人不能按照约定还款,为了便利起见,可认为抵押预告登记有优先受偿效力。"担保制度解释"第52条第1款第2分句规定,已经办理建筑物所有权首次登记,且不存在预告登记失效等情形,预告登记权利人请求就抵押财产优先受偿的,法院应予支持,并应当认定抵押权自预告登记之日起设立。

(2) 没有优先受偿效力

在商品房竣工前,抵押预告登记没有优先受偿效力。根据《城市房地产管理法》第46条以及《国务院办公厅转发建设部等部门关于做好稳定住房价格工作意见的通知》,买受人不得将购买的未竣工的预售商品房再行转让,也即在商品房竣工前,买受人不得将其对出卖人享有的转让商品房所有权的债权再行转让。既然如此,在买受人不能按照约定还款时,由于前述债权不能转让,无法通过流通来变价,贷款人自然无法优先受偿。

在商品房竣工后,出卖人未办理建筑物所有权首次登记,建筑物还无法转让,或虽办理建筑物所有权首次登记,但其客体与预告登记的不动产不一致,或办理了建筑物所有权首次登记,其客体与预告登记的不动产也一致,但抵押预告登记已经失效的,根据《担保制度解释》第52条第1款第1分句,抵押预告登记没有优先受偿效力。

关联:优先受偿效力与出卖人连带责任保证的关系

在商品房预售的问题上,贷款人为了保障债权,除了要求买受人提供预购商品房贷款抵押,通常还要求出卖人在买受人取得房屋所有权并以该房屋为银行办理抵押权登记之前,提供阶段性连带责任保证。在抵押预告登记本应有优先受偿效力时,因贷款人、买受人原因导致预告登记失效的,出卖人不再承担保证责任。在参考案例"揭阳某银行诉陈某、高某、某房地产公司金融借款合同纠纷案"中,出卖人某房地产公司对案涉房产于2019年10月17日办理建筑物所有权首次登记,于2020年7月20日为买受人办理了不动产权证书,于2020年7月28日将该不动产权证原件交给贷款人揭阳某银行。揭阳某银行没有在预告登记有效期内申请办理抵押登记,造成预告登记失效。生效裁判认为,虽然案涉合同约定,某房地产公司向揭阳某银行提供连带责任保证的保证期间为本合同保证条款生效之日起至抵押登记已办妥且抵押财产的他项权利证书、抵押登记证明文件正本及其他权利证书交由贷款人核对无误、收执之日止,但办理抵押登记手续是揭阳某银行和买受人应当完成的义务,抵押预告登记因揭阳某银行的原因而失效,其应承担相应的法律后果。因此,某房地产公司的保证期间应截至案涉房产抵押预告登记有效期,预告登记失效后,不再承担保证责任。

2. 取得房屋抵押权的效力

预告登记的根本价值是保障债权实现,使权利人取得相应的物权,抵押预告登记相应地有确保贷款人取得房屋抵押权的效力,它因此有两方面的影响:其一,对买受人转让现房行为的影响。买受人既是买卖预告登记的权利人,又是抵押预告登记的义务人,未经贷款人同意,即便在商品房经竣工验收后,买受人通过转移登记取得了现房所有权,也不能转让现房。其二,对出卖人转让现房行为的影响。虽然出卖人与贷款人就抵押预告登记没有直接的法律关系,但买卖预告登记与抵押预告登记紧密相关,抵押预告登记通过限制买受人转让自由,使其无法同意出卖人转让现房,故而,未经贷款人同意,出卖人也不能转让现房。

至于出卖人再向他人转让在建商品房,在实践中行不通。在商品房预售中,交易双方应在主管部门的网签备案系统签订商品房预售合同,主管部门据此在楼盘表上标注该房屋已售出,当事人再据此申请办理买卖预告登记,进而再办理抵押预告登记。换言之,抵押预告登记一定对应着某一确定的网签备案预售合同。而对同一套预售的商品房,只能办理一次网签备案。这意味着,出卖人想把已办理抵押预告登记的在建商品房再出卖给他人,缺乏网签备案通道和楼盘表的记载,无法完成实际转让。既然如此,就无需通过抵押预告登记制度再予把关。

需要注意的是,有关抵押财产转让的相对限制也会与抵押预告登记并存,根据《自然资源部关于做好不动产抵押权登记工作的通知》第3条,它应记载于登记簿的预告登记信息页,只要当事人未申请注销,在预告登记转本登记时,相对限制要一并进行登记。

3. 保全顺位的效力

从理论上讲,抵押预告登记有保全顺位的效力,即贷款人的房屋抵押权顺位回溯至抵押预告登记之时;若非如此,贷款人的房屋抵押权顺位只能按抵押登记时间来定,而彼时买受人已取得现房所有权,且距抵押预告登记的时间不短,一旦买受人在此期间用现房为他人设立抵押权,贷款人的抵押权将位列其后,对贷款人极其不利。根据《担保制度解释》第52条第1款,在贷款人房屋抵押权登记设立后,其顺位的标准就回溯至抵押预告登记之时,从而优先于抵押预告登记后的其他登记。

4. 排除强制执行的效力

从理论上讲,查封登记不应影响商品房预售,因为预售不导致物权变动,与查封的禁止效力不矛盾,而且,因为登记的公示作用,买受人和贷款人均明了查封的存在,在此情况下仍参加预售交易,表明他们愿意承受相应的风险。按照这种应然设计,查封登记不妨碍抵押预告登记的办理,但前者优先于后者。

在抵押预告登记后,预售的商品房能被查封,此时抵押预告登记顺位在先、查封登记顺位在后。根据顺位规范,买受人在查封期间取得现房的,应按照抵押预告登记的指向,为贷款人办理抵押权登记。而且,法院拍卖或变卖买受人的现房的,根据《执行异议复议规定》第30条,买卖预告登记的买受人提出停止处分或排除执行异议的,法院应予支持。抵押预告登记建立在买卖预告登记基础之上,理应有同样效力,即法院强制执行买受人现房的行为不能妨碍抵押预告登记的目的,贷款人仍能取得房屋抵押权。

5. 破产保护的效力

根据《担保制度解释》第52条第2款,在抵押预告登记后,抵押人破产,满足以下条件的,权利人可优先受偿:其一,抵押财产属于破产财产;其二,预告登记不是在法院受理破产申请前一年内,债务人对没有财产担保的债务设立的[①];其三,权利人优先受偿的范围被限定为法院受理破产申请时抵押财产的价值。

三、动产抵押权

与不动产抵押权相比,动产抵押权在制度构造上的特别之处在于有浮动抵押权的形态、采用登记对抗力、有正常经营买受人规则、有优先原则的排除适用和价款优先权,以下分而述之。

(一)浮动抵押权

以抵押财产自抵押权设立到实现是否固定不变为标准,动产抵押权有固定抵押权与浮动抵押权之分,前者的抵押财产保持不变,后者的抵押财产会发生变化,以至于设立时的抵押财产和实现时的抵押财产不尽一致。[②]《民法典》第396条规定了浮动抵押权:"企业、个体工商户、农业生产经营者可以将现有的以及将有的生产设备、原材料、半成品、产品抵押,债务人不履行到期债务或者发生当事人约定的实现抵押权的情形,债权人有权就抵押财产确定时的动产优先受偿。"

1. 浮动抵押权的功能

从事生产经营的中小企业大多亟需融资,但通常没有不动产,原材料等动产又要投入生产或流通,缺乏专供担保的资产。受制于此,仅靠固定抵押权,企业难以获得融资,银行等借贷方也难以通过融资获利。为了摆脱这一困境,在评估企业信用后,着眼于企业未来的经营发展,银行允许企业把原材料等动产投入生产或流通,同时生产所得的半成品、产品以及通过流通所得资金再购置的动产,均自动成为抵押财产,此即浮动抵押权。显然,浮动抵押权通过弹性的抵押财产,在制度构造中加入合理预期范围内的未来时间因素,既顾及了企业需把动产投入生产或流通以赚取利润的正常需求,能维持其常态运转,又为银行提供了稳定的抵押担保,消除了融资风险。

例:A公司为啤酒厂供应大米、玉米等原材料,其为了取得运营资金,从B银行贷款,以库存全部原材料提供浮动抵押。在抵押权设立时,A公司库存原材料为300吨大米。在抵押权设立后,A公司断续地卖出并购入原材料,卖出的原材料不再是抵押财产,新购入的原材料是抵押财产。在A公司到期不能还款时,A公司库存的原材料为200吨大米、200吨玉米,B银行可就这些抵押财产的变价款优先受偿。

2. 浮动抵押权的特性

与固定抵押权相比,浮动抵押权的主要特性如下:

[①] 《企业破产法》第31条第3项规定,法院受理破产申请前一年内,债务人对没有财产担保的债务提供财产担保的,管理人有权请求法院予以撤销。

[②] 不动产抵押权仅限于固定抵押权,即便是非现状登记模式下的在建建筑抵押,其抵押财产在设立时业已固定。

第一,具有特别性。《民法典》的动产抵押权规范以固定抵押权为模板,固定抵押权具有一般性;浮动抵押权具有特别性,《民法典》第 396 条、第 411 条专门加以规定,在此基础上可适用固定抵押权效力、实现等一般规范。

第二,属于商事担保物权。在固定抵押权中,抵押人没有主体形态限制,民事主体之间可设立固定抵押权,且只要是法律、行政法规不禁止抵押的动产均能成为抵押财产。与此不同,浮动抵押权属于商事担保物权,主要表现为:其一,抵押人限于商事主体,即从事生产经营的企业、个体工商户和农业生产经营者,其他主体不能为债权人设立浮动抵押权;其二,抵押财产限于与生产经营紧密相关的生产设备、原材料、半成品、产品,其他动产被排除在外。比如,上例 A 公司的大米、玉米等原材料可用于浮动抵押,但其车辆与 A 公司主业经营无关,不能用于浮动抵押;与此不同,B 公司生产汽车,汽车是其产品,可用于浮动抵押。

第三,抵押财产的变化性。在不适用正常经营买受人规则的情形,固定抵押权的客体在设立时和实现时保持一致,而抵押人在浮动抵押权设立后购入的原材料等动产(也即设立时是将有的动产)属于抵押财产,设立时与实现时的抵押财产会不尽一致。基于浮动抵押权客体的变化性,《民法典》第 396 条将其界定为"现有的以及将有的生产设备、原材料、半成品、产品"。

也就是说,以浮动抵押权的设立时点为准,抵押财产包括现在物与未来物,这与 UCC 第 9-204(a)条的事后获得财产条款(After-acquired Property Clause)功能相同,即节省协商成本,当事人不必就未来物另行约定抵押权。这实际表明,抵押财产虽然可特定,如前例的 A 公司每次购入的原材料均有特定品种、数量、品质,但它们仍要售出,对债权实现的担保意义不大,故抵押财产从整体上看不像固定抵押权的客体那样具有特定性。

第四,宽泛的实现事由。固定抵押权的实现事由为抵押权实现的一般事由,即《民法典》第 410 条规定的"债务人不履行到期债务或者发生当事人约定的实现抵押权的情形"。两相对比,浮动抵押权的实现事由更宽泛。《民法典》第 411 条规定:"依据本法第三百九十六条规定设定抵押的,抵押财产自下列情形之一发生时确定:(一)债务履行期限届满,债权未实现;(二)抵押人被宣告破产或者解散;(三)当事人约定的实现抵押权的情形;(四)严重影响债权实现的其他情形。"据此,在前述事由发生时,浮动抵押权转为固定抵押权,抵押权人可以依法实现抵押权。①

3. 浮动抵押权的甄别

符合《民法典》第 396 条要求的动产抵押权通常应为浮动抵押权,但一旦约定禁止抵押财产转让的绝对限制,就不宜再认定为浮动抵押权,因为浮动抵押权保持了抵押财产的充分流通性,绝对限制与此完全背离,两者无法相融。不过,虽然浮动抵押合同约定了绝对限制,但不能由此认为不存在抵押关系,毕竟在主债权明确的基础上,抵押合同表明了当事人设立抵押关系的清晰意图,不能因为绝对限制就轻易否定抵押关系;同时,也不能断然认为既然是浮动抵押,与此相悖的绝对限制必然无效,因为这种自相矛盾表明当事人是否意在设立浮动抵押权,还有斟酌辨析的空间。在抵押关系确定的基础上,绝对限制清晰表明了当事人双方不欲抵押财产转让流通的意图,这种抵押权应是固定抵押权而非浮动抵押权。

---

① 参见黄薇主编:《中华人民共和国民法典释义》(上册),法律出版社 2020 年版,第 799 页。

提示：固定抵押中的绝对限制无效

固定抵押中的绝对限制应认定无效，其道理如同不动产抵押中的绝对限制无效。不仅如此，与不动产抵押相比，动产抵押规范更侧重于抵押财产的自由转让，所有符合正常经营买受人规则的抵押动产转让后都会产生买受人不负担抵押权的后果，基于举重以明轻的道理，绝对限制在不动产抵押中无效，在更注重抵押财产转让流通性的动产抵押中，更应被认定无效。

4. 浮动抵押权的确定

浮动抵押权的客体在整体上不特定，为了明确起见，需通过特定机制对抵押财产加以确定，以平衡抵押权人、抵押人以及其他利害关系人的利益。《民法典》第411条规定了抵押财产的确定事由，它们同时也是浮动抵押权的实现事由。

在比较法上，浮动抵押权有英国式和美国式之别，前者有结晶制度，即因特定事由发生，浮动抵押权转为固定抵押权，抵押人不能再处分抵押财产，后者无这种制度；后者有登记对抗规则，前者则没有。① 对比而言，在抵押财产的确定问题上，《民法典》第411条更接近英国式，当其规定的事由发生时，浮动抵押权的客体特定，抵押权人可就此优先受偿。比如，前例A公司与B银行设立浮动抵押权，以库存全部原材料为抵押财产。在A公司库存玉米为200吨时，其经营状况显著恶化，属于《民法典》第411条第4项的"严重影响债权实现的其他情形"，此时抵押财产确定，能供B银行优先受偿的是这200吨玉米，即便此后A公司又取得200吨大米，也不再是抵押财产。②

（二）登记对抗力

1. 登记对抗力的一般规范

与不动产抵押权的登记设权力不同，动产抵押权在抵押合同生效时设立，抵押登记具有对抗力。③《民法典》第403条规定："以动产抵押的，抵押权自抵押合同生效时设立；未经登记，不得对抗善意第三人。"在此基础上，结合《担保制度解释》第54条，动产抵押权未经登记，不得对抗的第三人如下：

第一，抵押财产的受让人，其需符合两个条件：其一，占有抵押财产；其二，善意，即不知也不应知道已经订立抵押合同，抵押权人负担证明受让人恶意（知道或应当知道已经订立抵押合同）的举证责任。之所以如此，是因为受让人在作出是否或如何受让的决策时，标的物是否承载抵押权是重要的考虑因素，若其为善意，还要遭受抵押权的排斥，交易风险就过于不可测，会给受让人带来难以承受的信息探知成本，危及正常受让的进行。

例：为了担保对B的欠款，A把汽车抵押给B，之后A把车卖给C。在此事实基础上分设两种情形：其一，B的抵押权完成登记后，A把车交付给C。《民法典》第406条第

---

① 参见李莉：《论浮动抵押财产确定制度》，载《环球法律评论》2021年第2期。
② 按照美国式，在当事人描述的抵押财产是A公司全部库存原材料，并进行登记后，A公司经营状况显著恶化不必然导致抵押权实现，在抵押权实现前，A公司又取得的200吨大米也是抵押财产。
③ 动产抵押登记机构是分散的，《机动车登记规定》第2条规定的机动车登记机构是公安机关交通管理部门车辆管理所，《船舶登记条例》第8条规定的船舶登记机构是港务监督机构，《民用航空器权利登记条例》第3条规定的民用航空器登记机构是民用航空主管部门；与此不同，生产设备、原材料、半成品、产品等普通动产抵押登记机构统一于中国人民银行征信中心。

1款规定,抵押财产转让,抵押权不受影响。据此,A到期不能清偿的,B依法有权就该车的变价款优先受偿。其二,B的抵押权未登记,A把车交付给C,除非C知道或应当知道A、B之间的抵押合同,否则该抵押权不能对抗C。

第二,抵押财产的承租人,其条件同前述的受让人,原因也同上。

第三,申请法院查控抵押财产的其他债权人,对其没有善意条件的限制,原因在于这种债权人与上述两种债权人不同,未处于交易场合,而是申请法院进行公力干预,只要申请满足财产保全或强制执行的要件,法院即应查控,至于债权人是否知悉既有的未登记抵押权,对于法院应否查控不起作用;而且,法院查控的效果由法律规定,债权人乃至法院是否知悉未登记抵押权,对查控效果没有影响。

第四,破产抵押人的其他债权人,对其也没有善意条件的限制,原因与申请法院查控抵押财产的其他债权人大致同理,即破产遵循法定要件,其他债权人是否知悉既有的未登记抵押权,对抵押人是否破产无关紧要;破产的效果由法律规定,债权人乃至破产管理人是否知悉未登记抵押权,不会影响破产的效果。

关联:登记对抗力的风险控制

动产抵押权登记虽有对抗力,但抵押权人毕竟未占有抵押财产,为了降低抵押人随意处置抵押财产的风险,《中国银保监会、中国人民银行关于推动动产和权利融资业务健康发展的指导意见》特别要求银行机构应根据实际情况对抵押财产采取定期巡库、不定期抽查、远程监控等措施,加强监控核验,实践中因而存有监管公司对抵押人经营状态或抵押财产进行监管的做法。①

2. 相对限制登记对抗力的特别规范

在不适用正常经营买受人规则的情形,应注意限制抵押权财产转让的相对限制的登记对抗力特别规范,分为以下两类:

第一,无论动产抵押权是否登记,只要相对限制未登记,它就仅有债的效力,根据《担保制度解释》第43条第1款,未经抵押权人同意的,抵押财产转让合同不因此无效,抵押财产仍因交付而转让,但抵押人要对抵押权人承担违约责任。此外,与对不动产抵押中未登记的相对限制分析同理,受让人是否知道未登记的相对限制,不应影响该动产转让。

第二,动产抵押权及相对限制均登记的,由于动产转让以交付为要件,抵押权人无法像不动产抵押权人那样能通过登记机构事先控制抵押财产转让,会形成受让人占有该动产的事实。根据《担保制度解释》第43条第2款,未经抵押权人同意的,即便受让人未查询登记而不知相对限制,也不能实现其预期的转让目的。需要强调的是,无论抵押动产的转让意在转移所有权还是设立让与担保,都要遵循前述规则,结果就是,只要未经抵押权人同意,受让人因交付而占有抵押动产的,既不能取得所有权,也不能对该动产获得相较于一般债权人的优先受偿权。

---

① 联合国贸易法委员会对此也有相关指引,如债权人或自己或借助第三方公司来监管抵押财产。See UNCITRAL, UNCITRAL Legislative Guide on Secured Transactions, United Nations, 2010, p. 117; UNCITRAL, UNCITRAL Practice Guide on Secured Transactions, United Nations, 2020, pp. 7-9.

提示：相对限制对登记机构的影响

相对限制对不同的动产登记机构的影响有所不同。根据《国务院关于实施动产和权利担保统一登记的决定》第3条、《动产和权利担保统一登记办法》第24条的规定，生产设备、原材料、半成品、产品抵押由抵押权人在中国人民银行征信中心动产融资统一登记公示系统自主办理登记。据此，在抵押权人自主登记相对限制后，抵押人以该动产为标的物设立让与担保等其他担保物权的，其他担保权人也能进行相应的自主登记，登记机构无法制止在后的登记。机动车、船舶、航空器等特殊动产抵押就不一样，它们的登记机制与不动产登记类似，在相对限制登记后，未经抵押权人同意，登记机构不应再办理抵押财产转移登记，否则即为登记错误。

（三）正常经营买受人规则

根据《民法典》第403条、第406条，在抵押登记后，抵押财产的转让不影响抵押权的存续，这固然能保障抵押权人，但抵押财产难以流通，抵押人因而难以获得稳定的现金流和利润源，无法为债权清偿提供稳定保障。为了突破这一困局，抵押权人当然可以明示授权抵押人无负担地自由转让抵押财产，受让人取得的动产不再承载抵押权。在没有明示时，只要抵押人以销售动产为业，而心知肚明的抵押权人仍选择该动产作为抵押财产，即可推断其允许抵押人无负担地自由转让抵押财产。对于买受人而言，根据抵押人销售动产的常态营业，其完全可合理预期取得无抵押负担的动产，至于动产是否抵押登记，根本不在买受人的考虑范围，也即其无需查看登记簿，进而可降低交易成本。[①]

《民法典》第404条规定的正常经营买受人规则体现了前述认识："以动产抵押的，不得对抗正常经营活动中已经支付合理价款并取得抵押财产的买受人。"据此并结合《担保制度解释》第56条，正常经营买受人规则有以下构成要件：（1）抵押人正常经营活动，即抵押人的经营活动属于其营业执照明确记载的经营范围，且抵押人持续销售同类商品。（2）买受人正常交易，若其购买商品的数量明显超过一般买受人，或购买抵押人的生产设备，或订立买卖合同的目的在于担保抵押人或第三人履行债务，或其与抵押人存在直接或者间接的控制关系，那就是异常交易。（3）买受人支付合理价款。（4）买受人通过交付取得了抵押动产。

受制于抵押权人不能实控抵押财产的风险，我国动产抵押实际发生率不高，据此假设买受人普遍不知动产上有抵押权，更符合实际情况，相应地买受人也不应负有查询抵押登记、向抵押权人征询抵押合同信息的义务。《担保制度解释》第56条第1款以此为基础，但不彻底，其第5项把"买受人应当查询抵押登记而未查询的其他情形"作为认定买受人异常交易的标准。UCC第1-201条、第9-320(a)条的正常经营买受人规则对我国影响很大，其要点之一是买受人有不知侵害担保权的善意，若担保权人不允许担保人出卖担保物，知情的买受人就非善意。该规则以买受人通常知悉货物上有担保权为前提，无法以买受人不知担保登记为善意标准，但为了促进货物流通并适度保护担保权人，才有了前述的善意标准。[②] 若遵循这种标准，在有相对限制的情形，买受人应查询抵押登记，否则就是异常交易。但不能采用

[①] See UNCITRAL, UNCITRAL Legislative Guide on Secured Transactions, United Nations, 2010, pp. 201-202.
[②] See James Brook, *Secured Transactions*, 6th ed., Wolters Kluwer Law & Business, 2014, pp. 345-359.

这种标准,因为《担保制度司法解释》第 43 条赋予相对限制对恶意买受人的约束力,银行等抵押权人普遍利用优势地位约定相对限制并办理登记[①],采用这种标准实际会使正常经营买受人规则在我国基本适用不了。鉴于这样的交易实际,我国正常经营买受人规则不应以买受人善意为要件[②],其结果就是无论有无相对限制,无论相对限制是否登记,无论买受人是否查询登记簿,只要满足前述要件,买受人取得的财产均不承载抵押权。

显然,正常经营买受人规则在构成要件上不考虑抵押权登记与否,只要满足前述要件,抵押权就不能对抗买受人,故其为《民法典》第 403 条登记对抗力的例外。

(四) 优先原则的排除适用

《民法典》第 414 条规定,同一财产有两个以上抵押权的,登记的抵押权优先于未登记的抵押权,均未登记的抵押权按照债权比例清偿;这种规则参照适用于其他可登记的担保物权。据此,未登记的抵押权不能对抗其他可登记的担保物权,这排除了优先原则的适用。

换言之,只要在先的抵押权未登记,即便在后的担保物权人知悉在先的抵押权,也不是可被对抗的恶意第三人,原因主要有二:(1) 在先的抵押权人本可轻而易举地自主办理登记,但其如此懈怠,以至于他人捷足先登(先办理登记)或与其并驾齐驱(均未办理登记),那由在先的抵押权人承受抵押权对世性不足的风险,算是咎由自取,同时也有反向激励尽早办理登记的作用。(2) 在先的抵押权对世性不足已经板上钉钉,在此情况下,使其确定不能排斥其他担保物权,是提升交易效率的最优解,否则若登记在后的担保物权会因其权利人的恶意而被排斥,为了保险起见,在后的担保物权人势必在交易中设立"防火墙"(如要求抵押人承诺此前未为他人设立抵押权并对此额外提供担保),这样会抬高交易成本,不利于促成交易。

《民法典》第 415 条规定,同一财产既有抵押权又有质权的,变价款按照登记、交付时间先后确定清偿顺序,这体现了优先原则。在同一财产既有未登记的抵押权又有质权时,与前述同理,即便质权设立时间在后,即便质权人知悉抵押权,未登记的抵押权也不能排斥质权。

概括而言,未登记的抵押权与其他担保物权并存于同一财产的,前者不能对抗后者,这排除了优先原则的适用,属于《民法典》第 403 条登记对抗力的例外。

(五) 价款优先权

在买受人通过赊购或借款方式购买动产,再以该动产为他人设立担保物权时,根据"物之价值的根本创造者应得最优地位"的法理,担保财产的价值源自提供信用支持的出卖人或贷款人,应赋予出卖人或贷款人就动产价值优先于其他担保物权的法律地位,此即价款优先权。[③] 比如,A 从 B 处赊购价值 30 万元的 100 吨大米,或从 B 处借款 30 万元来购买 100 吨大米,在购买后将这些大米抵押给 C,B 是这些大米价值的根本创造者,其理应得到优先于 C 的法律地位。

《民法典》第 416 条规定了价款优先权:"动产抵押担保的主债权是抵押物的价款,标的物交付后十日内办理抵押登记的,该抵押权人优先于抵押物买受人的其他担保物权人受偿,

---

① 参见崔建远:《担保制度司法解释的制度创新与难点释疑》,载《财经法学》2021 年第 4 期。
② 参见高圣平:《民法典担保制度及其配套司法解释理解与适用》(上册),中国法制出版社 2021 年版,第 604 页、第 650—651 页。
③ 价款优先权译自"purchase money security interest"(PMSI),国内译法不一,本书采用《担保制度解释》第 57 条的称谓。

但是留置权人除外。"据此,价款优先权可以抵押权的形态出现,其要件为:(1)担保的主债权是抵押财产的价款,也即抵押人因购买抵押财产所欠的货款或借款。(2)抵押财产是抵押人赊购或通过借款购买的动产,只有这样,担保财产的价值才源自出卖人或贷款人。(3)抵押财产归属于抵押人,也即抵押人通过交付取得动产所有权。(4)在动产交付后10日宽限期内办理抵押登记,以向社会公众表征其存在;未登记或未在宽限期内登记,虽然仍成立抵押权,但不构成价款优先权。

在满足前述要件后,即便价款优先权的登记时间晚于其他意定担保物权,价款优先权仍为优先,构成优先原则的例外。比如,A于1月1日从B处借款30万元用以购买100吨大米,在交付后将这些大米于1月3日抵押登记给C,1月7日抵押登记给B,B的抵押权优先于C的抵押权。同一动产承载多个价款优先权的,根据《担保制度解释》第57条第3款,要适用优先原则。比如,D于1月1日从E处借款20万元、从F处购买价值40万元的大卡车,赊欠F20万元,D在F交付后把车于1月3日抵押登记给G,1月7日抵押登记给F,1月8日抵押登记给E,结果是F的价款优先权优先于E的价款优先权,E的价款优先权优先于G的抵押权。不过,相比于留置权,价款优先权没有优先地位,原因在于抵押财产的价值虽然源自价款优先权人,但其价值得以维持或提升的部分源自提供维修、保管、运输等服务的留置权人,留置权人就该部分应得优先受偿的最优地位。

价款优先权的常态适用场合是浮动抵押。通过价款优先权,抵押人赊购或借款购买的动产对出卖人或贷款人提供了优位担保,能先于先前的浮动抵押权人,进而便于抵押人获得融资和正常经营。《担保制度解释》第57条第1款规定,抵押人在设立动产浮动抵押并办理抵押登记后,又购入新的动产,在该动产上设立抵押权的出卖人,或为价款支付提供融资而在该动产上设立抵押权的债权人,为担保价款债权的实现而订立抵押合同,并在该动产交付后10内办理登记的,其权利优先于在先设立的浮动抵押权。比如,A于1月1日以现有及将有的库存大米为B设立浮动抵押登记,1月3日从C处借款30万元用以购买100吨大米,在交付后将这些大米于1月7日抵押登记给C,C的价款优先权优先于B的浮动抵押权。

固定抵押也在价款优先权的适用范围内。《担保制度解释》第57条第2款规定,买受人取得动产但未付清价款,又标的物为他人设立担保物权,前述权利人为担保价款债权的实现而订立抵押合同,并在该动产交付后10日内办理登记的,其权利优先于买受人为他人设立的担保物权。比如,A于1月1日从B处借款30万元用以购买100吨大米,在交付后将这些大米于1月3日固定抵押登记给C,1月7日抵押登记给B,B的价款优先权优先于C的抵押权。

相比于买受人的其他意定担保物权,价款优先权恒定优先,故而,在其他意定担保物权为未登记的抵押权时,无论价款优先权人是否善意,未登记的抵押权均不得排斥价款优先权,价款优先权因此是《民法典》第403条、第414—415条的例外。

四、最高额抵押权

最高额抵押权是最高额担保物权的一种,在前述最高额担保物权的基础上,下文重点阐述最高额抵押权相比于一般抵押权的独特之处。

(一)最高额抵押权与所担保债权的关系

与一般抵押权相比,最高额抵押权构造的特别之处在于其与所担保债权之间的关系。

一般抵押权担保的债权是特定的、唯一的,前者从属于后者,两者如影随形。与此不同,最高额抵押权受三种既相关又区别的债权约束,有三个"框",一是债权确定前的债权,二是债权确定后的债权,三是最高债权额。①

1. 最高额抵押权与债权确定前的债权的关系

债权确定前的债权是决算期内将要连续发生的债权(如 2023 年 10 月 1 日至 2024 年 10 月 1 日的借款),其是否发生以及数额多少均不特定,它对最高额抵押权起着根本的决定作用,因为与特定债权对应的只能是一般抵押权。受债权确定前的债权不特定的影响,最高额抵押权的从属性在以下方面大为弱化:其一,即便在决算期内债权未实际发生的,也不能说明最高额抵押权未设立。其二,决算期内的债权因清偿等原因而消灭,又无新债权发生的,属于债权不特定的常态表现,最高额抵押权不因此消灭。其三,决算期内的某一债权转让的,最高额抵押权不随之转让。

2. 最高额抵押权与债权确定后的债权的关系

债权确定后的债权是债权确定机制促成的特定债权,如决算期届满时确定的债权。最高额抵押权与该债权的关系主要为:其一,因为债权特定,最高额抵押权要随其转让而转让,随其消灭而消灭,有与一般抵押权一样的从属性。其二,受最高债权额的限制,超出该额度的债权,并不能得到优先受偿,这是一般抵押权所没有的。② 综上,在债权确定后,最高额抵押权虽有一般抵押权的从属性,不同于债权确定前的最高额抵押权,但又不同于一般抵押权,故称为确定最高额抵押权。③

3. 最高额抵押权与最高债权额的关系

最高债权额限制了优先受偿额度,表明抵押权人至多在该额度内优先受偿,不能把它与被担保债权混为一谈。最高额抵押权与最高债权额的关系主要如下:其一,无论在债权确定之前或之后,被担保债权数额高于最高债权额,与最高债权额相当的债权因清偿等原因消灭的,与抵押权的不可分性对应,剩余的债权仍在担保范围,最高额抵押权不消灭。其二,在债权确定后,被担保债权数额低于最高债权额的,抵押权人在该债权额内优先受偿,反之则在最高债权额限度内优先受偿。

(二) 最高额抵押权的设立

从整体上看,最高额抵押权的设立要件与一般抵押权一致,除了有效的抵押合同,以土地经营权之外的不动产为客体的不动产抵押权还应登记。特殊之处在于:其一,最高额抵押权受制于最高债权额,当事人对该额度没有约定或约定不明的,最高额抵押合同不能成立,而一般抵押合同没有这样的限制。相应地,在采用登记设权力的最高额不动产抵押权,最高债权额是必须登记记载的事项,否则抵押权不能成立。其二,为了使主债权特定,当事人可约定决算期,该约定有登记能力,一般抵押权没有这种约定。

(三) 最高额抵押权的效力

相较于一般抵押权,最高额抵押权效力的特别之处主要表现在担保债权的范围和最高债权额,它们影响着抵押权人优先受偿的范围。

---

① 参见〔日〕内田贵、大村敦志编:《民法的争点》,张挺、章程、王浩等译,中国人民大学出版社 2023 年版,第 276 页。
② 而且,如下文"最高额抵押权的确定"部分所讲,在债权数额高于最高债权额时,利害关系人只需清偿最高债权额,就有注销抵押权的请求权,而在一般抵押权,则需清偿全部债权。
③ 参见谢在全:《民法物权论》(修订 8 版下册),新学林出版股份有限公司 2023 年版,第 382 页。

1. 担保债权的范围

《民法典》第 420 条第 2 款规定:"最高额抵押权设立前已经存在的债权,经当事人同意,可以转入最高额抵押担保的债权范围。"据此,除了决算期内将要连续发生的债权,最高额抵押权设立前业已存在的债权也会因当事人的约定而成为主债权,因为最高额抵押权担保的债权不特定,并有最高债权额的限制,把业已存在的债权转入担保范围,既不会导致债权特定,也因有最高债权额的限制,不会损害利害关系人的利益,因而应尊重当事人的意思。在设立最高额不动产抵押权时,登记机构根据申请应把此前已经存在的债权载入担保范围。

2. 最高债权额

在《担保制度解释》施行之前,学理和实务对最高债权额有本金最高额说和债权最高额说的争论,以不动产登记簿记载的最高债权额为 200 万元为例,前者认为最高债权额只是主债权(本金)200 万元,至于应优先受偿的利息等附属债权另外单算,后者则把主债权和附属债权一网打尽,最多就是 200 万元,显然,前者对抵押人、后顺位物权人、抵押人的一般债权人很不友好,后者则反之。《担保制度解释》第 15 条第 1 款以意思自治为基础,采用了调和立场,它规定:"最高额担保中的最高债权额,是指包括主债权及其利息、违约金、损害赔偿金、保管担保财产的费用、实现债权或者实现担保物权的费用等在内的全部债权,但是当事人另有约定的除外。"据此,最高债权额有以下确定标准:其一,当事人约定本金最高额,同时未约定把附属债权排除出担保范围的,采本金最高额说。其二,当事人约定本金最高额,同时约定把附属债权排除出担保范围的,仅主债权在优先受偿范围,并以约定的最高额为限。其三,当事人约定最高债权额包括全部债权,或未明确约定最高债权额范围,同时未约定把附属债权排除出担保范围的,采债权最高额说。[1] 其四,当事人约定最高债权额包括全部债权,或未明确约定最高债权额范围,同时约定把附属债权排除出担保范围的,仅主债权在优先受偿范围,并以约定的最高额为限。

> 例:A 公司从 B 银行借款,以房屋为 B 银行设立最高额抵押权,优先受偿范围因约定不同而有别:(1) 约定最高债权额为借款本金 1000 万元,担保范围包括附属债权的,优先受偿范围除了 1000 万元额度内的借款本金,还有附属债权(本金最高额说)。(2) 约定最高债权额为借款本金 1000 万元,担保范围不包括附属债权的,优先受偿范围限于 1000 万元额度内的借款本金。(3) 约定最高债权额为包括借款本金及附属债权在内的全部债权 1000 万元(或未明确约定最高债权额范围),担保范围包括附属债权的,优先受偿范围限于总值在 1000 万元额度内的借款本金及其附属债权(债权最高额说)。(4) 约定最高债权额为包括全部债权 1000 万元(或未明确约定最高债权额范围),担保范围不包括附属债权的,优先受偿范围限于总值在 1000 万元额度内的借款本金。

---

[1] 参考案例"某合伙企业与某甲公司等执行实施案"的裁判要旨指出,如将最高债权额仅理解为债权本金,那么当债务人逾期时,合同实际产生的利息、违约金、实现债权费用等总额处于不确定状态,使得债权总额冲破最高限额的限制,实际上变成一种无额度担保,不利于保护当事人的预期利益,亦与最高额担保制度设立的本意相悖。故无明确约定时,最高债权额即为包括债权本金、利息、实现债权费用等全部债权。另外,基于债权最高额说,《中国银保监会、中国人民银行关于推动动产和权利融资业务健康发展的指导意见》指出,登记最高债权额时,须预估主债权及利息,以及主债权违约时实现担保权的全部金额。

登记机构在记载时，未按照申请的最高债权额填写，以至于与约定的最高债权额不一致的，构成登记错误，在不损害利害关系人正当利益的前提下，当事人有权申请更正登记。在更正登记前，根据《担保制度解释》第15条第2款，以登记簿记载的最高债权额为准。

(四)最高额抵押权的协议变更

1. 法律规定的变更事项

《民法典》第422条规定："最高额抵押担保的债权确定前，抵押权人与抵押人可以通过协议变更债权确定的期间、债权范围以及最高债权额。但是，变更的内容不得对其他抵押权人产生不利影响。"据此，在最高额抵押权确定前，当事人可协议变更前述事项。在变更时，不同情形有不同后果：

第一，在以土地经营权之外的不动产为客体的最高额抵押权，未经变更登记，变更的约定仅有债的约束力，不能对抗第三人[①]，不会影响利害关系人的正当利益，无需其同意。

> 例：A公司从B银行借款，以房屋设立最高额抵押权，于2023年9月20日办理抵押登记，担保2023年10月1日至2024年10月1日的借款，最高债权额为借款本金1000万元。2023年11月20日，A公司以同一房屋为C银行设立一般抵押权。2023年12月20日，A公司和B银行约定，把A公司此前对B银行的欠款500万元转入最高额抵押权担保的债权范围，把最高债权额提高到1500万元，未办理变更登记。这些约定内容对他人没有约束力，无需C银行的同意。

第二，在以土地经营权之外的不动产为客体的最高额抵押权，办理变更登记的，产生物权效力。抵押权人优先受偿的范围以最高债权额为限，该额度无论是提高还是附属债权最高额调整为本金最高额，均会对利害关系人造成不利影响；在本金最高额说下，延长决算期或扩大担保债权范围，也会增加优先受偿范围，对利害关系人造成不利影响。在前述情形，根据《不动产登记暂行条例实施细则》第72条第2款，需利害关系人书面同意才能办理变更登记。比如，上例最高债权额提高的变更登记会扩大B银行的优先受偿范围，损害C银行的利益，没有C银行的书面同意，不能办理变更登记。

第三，在未登记的最高额土地经营权抵押权和最高额动产抵押权，前述事项变更无法登记，在不同情形有不同后果：其一，不能对抗抵押财产受让人、承租人等善意第三人，比如，动产受让人对最高债权额的提高不知情，其仅受原最高债权额的约束。其二，同一抵押财产承载其他登记抵押权的，后者优先受偿，前述事项变更对其他抵押权人没有意义。其三，同一抵押财产承载其他未登记抵押权的，应按照债权比例受偿，因前述事项变更提高债权范围，影响其他抵押权人利益的，对其他抵押权人不产生影响。其四，同一动产上有质权或留置权的，后者优先，前述事项变更对质权人或留置权人没有意义。

第四，在登记的最高额土地经营权抵押权和最高额动产抵押权，前述事项变更未登记的，不能对抗抵押财产受让人、承租人等善意第三人，不能影响同一抵押财产的其他抵押权人、质权人或留置权人的利益；登记的则能对抗第三人，并会影响后顺位的担保物权人(如登

[①] 指导案例95号"中国工商银行股份有限公司宣城龙首支行诉宣城柏冠贸易有限公司、江苏凯盛置业有限公司等金融借款合同纠纷案"的裁判要点指出："当事人另行达成协议将最高额抵押权设立前已经存在的债权转入该最高额抵押担保的债权范围，只要转入的债权数额仍在该最高额抵押担保的最高债权额限度内，即使未对该最高额抵押权办理变更登记手续，该最高额抵押权的效力仍然及于被转入的债权，但不得对第三人产生不利影响。"

记时间在后的抵押权人或交付时间在后的动产质权人)的利益,为了避免先顺位的最高额抵押权擅自变更而使后顺位担保物权人遭受不测风险,变更登记应以后者的书面同意为必要,否则就是错误,对后者没有法律效力。

2. 其他变更事项

在满足最高额抵押权构造的前提下,其他变更事项也应得到承认,它们主要包括:

第一,债务人变更,即在最高额抵押权确定前,抵押权人和抵押人可协议变更债务人,其形态主要包括:其一,取代型,如原担保对债务人 A 公司的债权,现变更为担保对债务人 B 公司的债权;其二,追加型,如原担保对 A 公司的债权,现增加对 B 公司债权的担保;其三,缩减型,如原担保对 A、B 公司的债权,现缩减为仅担保对 A 公司的债权。[①] 显然,债务人变更不是债务承担(如 A 公司的债务转由 B 公司承担,或 B 公司加入承担 A 公司的债务),也不是债务人法律地位的概括转移(如 A 公司被 B 公司兼并,其债权债务概括转移给 B 公司),具有独立性。

在比较法上,日本和我国台湾地区对最高债权额采用债权最高额说,债务人变更不会影响利害关系人,故《日民》第 398 条之 4、我国台湾地区"民法"第 881 条之 3 规定债务人变更无需利害关系人同意。我国大陆的最高债权额有不同的确定标准,一旦采用本金最高额说,取代型和追加型的债务人变更会增加优先受偿范围,对利害关系人造成不利影响,故此时要完成变更登记,应以利害关系人的书面同意为前提。

第二,债权人变更,即在最高额抵押权确定前,抵押权人和抵押人可协议变更债权人,结果导致最高额抵押权的转让,对此容在下文"最高额抵押权的转让"部分一并阐述。

(五) 最高额抵押权的转让

在最高额抵押权确定前,基于不同事由,最高额抵押权的转让可分为三种不同情形。

1. 随债权人的法律地位概括转让而转让

最高额抵押权担保不特定债权,因而从属于该不特定债权,在债权人的法律地位概括转让时,最高额抵押权随之转让。

> 例:A 公司从 B 银行借款,以房屋设立最高额抵押权,担保 2023 年 10 月 1 日至 2024 年 10 月 1 日的借款,最高债权额为借款本金 1000 万元,担保范围包括附属债权。经 A 公司同意,B 银行把借款合同的权利义务概括转让给 C 公司,最高额抵押权随之转让。

2. 约定随部分债权转让而转让

根据《民法典》第 421 条,在最高额抵押权确定前,除非另有约定,否则最高额抵押权不因部分债权而转让。当事人约定最高额抵押权随部分债权的转让而转让的,主要有以下两种情形:其一,约定部分债权转让,最高额抵押权随之部分转让,实际表明受让人就该特定债权取得一般抵押权,原最高额抵押权的担保范围要扣减转让的债权数额,《不动产登记暂行条例实施细则》第 74 条第 2 款第 2 项对此规定,当事人应申请一般抵押权的首次登记以及最高额抵押权的变更登记,一般抵押权应溯及至最高额抵押权的登记之时成立或具有对抗力。其二,约定部分债权转让,最高额抵押权随之全部转让,实际表明最高额抵押权由此确

[①] 参见谢在全:《民法物权论》(修订 8 版下册),新学林出版股份有限公司 2023 年版,第 358—359 页。

定,受让人就该特定债权取得确定最高额抵押权[①],未转让的部分债权成为无担保的一般债权。

3. 约定最高额抵押权独立转让

与一般抵押权不同,最高额抵押权担保不特定的债权,在决算期届满前,债权生而又灭,起伏不定,最高额抵押权并不随之变动,有相当的独立性。既然如此,经抵押人同意,最高额抵押权在确定前脱离债权而独立转让,应无制度上的羁绊。在比较法上,《日民》第 398 条之 12—14、我国台湾地区"民法"第 881 条之 8 规定了全部转让、分割转让和共有式转让(部分转让)等三种独立转让类型,可供参考。[②]

例:A 公司从 B 银行借款,以房屋设立最高额抵押权,担保 2023 年 10 月 1 日至 2024 年 10 月 1 日的借款,最高债权额为借款本金 1000 万元,担保范围包括附属债权。在此事实基础上分设三种情形:(1) B 银行将最高额抵押权转让给 C 公司,而债权仍留在 B 银行,不再受最高额抵押权的担保,就是全部转让。C 公司在满足原担保债权的条件时,如对 A 公司也有 2023 年 10 月 1 日至 2024 年 10 月 1 日的借款,那就以最高债权额为限享有最高额抵押权。(2) B 银行将最高额抵押权一分为二,最高债权额分别为借款本金 400 万元和 600 万元,将前者转让给 C 公司,自己保留后者,这两个独立的抵押权顺位相同,就是分割转让。C 公司在满足原担保债权的条件时,如对 A 公司也有 2023 年 10 月 1 日至 2024 年 10 月 1 日的借款,那就在最高债权额借款本金 400 万元范围内享有最高额抵押权。(3) C 银行加入 B 银行的最高额抵押权,两者按照 6∶4 的份额比例共有该抵押权,就是共有式转让(部分转让)。[③]

(六) 最高额抵押权的确定

1. 定义

最高额抵押权的确定,是指最高额抵押权的主债权因一定事由而得以特定。最高额抵押权的主债权不特定,其究竟是大于、等于还是小于最高债权额,不得而知,这导致抵押权人的优先受偿范围不明确,而要发挥最高额抵押权的担保功能,使其得以实现,主债权不可能一直处于这种模糊状态,其必然要特定化,就此而言,恰如种类之债的履行需先特定一样,最高额抵押权的实现也以最高额抵押权的确定为前提。

2. 事由

《民法典》第 423 条规定了以下事由,只要发生其中之一,最高额抵押权就得以确定,这意味着,发生在先的事由会使在后的事由失去意义:

第一,约定的决算期届满。为了明确主债权,抵押权人和抵押人可约定决算期,最高额

[①] 根据《不动产登记暂行条例实施细则》第 74 条第 2 款第 3 项,当事人应一并申请最高额抵押权确定登记以及一般抵押权转移登记。该规定中的"一般抵押权转移登记"欠妥,因为受让人取得的是最高额抵押权,其确定后仍受最高债权额的限制,在转让的债权数额高于最高债权额时,受让人仅能在最高债权额限度内优先受偿。

[②] 参见〔日〕我妻荣:《新订担保物权法》,申政武等译,中国法制出版社 2008 年版,第 463—473 页;谢在全:《民法物权论》(修订 8 版下册),新学林出版股份有限公司 2023 年版,第 368—372 页。

[③] 《不动产登记暂行条例实施细则》第 74 条第 2 款第 1 项规定,当事人约定最高额抵押权随部分债权的转让而转移,约定具体内容为原抵押权人与受让人共同享有最高额抵押权的,应当申请最高额抵押权的转移登记。不过,部分债权转让使受让人要么取得一般抵押权,要么取得确定最高额抵押权,不会使受让人成为最高额抵押权的共有人,前述规定因此可再斟酌。参见武腾:《不动产最高额抵押权的变更——兼评指导案例 95 号》,载《政治与法律》2020 年第 4 期。

抵押权因该期间届满而确定。比如,当事人约定,2023年10月1日至2024年10月1日的借款由最高抵押权担保,期间届满后债务人未清偿的借款即为特定债权。至于约定的形式,可由当事人自行决定,可口头,可书面[①];采用书面形式的,可为抵押合同的条款,也可在抵押权设立后单独约定。至于期间的长度,法律不设上限,因为即便约定长久期间(如50年),也不影响最高额抵押权因其他事由发生而确定。在约定后,期间可保持不变,也可由当事人约定变更。

第二,依法行使确定债权请求权。《民法典》第423条第2项规定了本事由:"没有约定债权确定期间或者约定不明确,抵押权人或者抵押人自最高额抵押权设立之日起满二年后请求确定债权"。其要点包括:其一,前提为没有约定决算期或约定不明确,否则应适用前述第一项事由。其二,当事人限于抵押权人或抵押人;抵押人是物上保证人的,债务人没有确定债权请求权,因该权利旨在弥补约定决算期的缺失,而债务人不能参与该项约定。其三,为了与担保债权在决算期内连续发生的构造匹配,抵押权人或抵押人应自最高额抵押权设立之日起满2年后行使确定债权请求权,这"2年"是固定期间,不能中止、中断。[②] 其四,确定债权请求权的行使方式可为对话方式,可为非对话方式,意思表示一经生效,最高额抵押权即确定,就此而言,该项权利属于形成权。

第三,新的债权不可能发生。只要新的债权不可能发生,无论其原因何在(如连续供货合同因债务人死亡而终止、借款合同因债务人违约而解除),最高额抵押权均予确定。

第四,抵押权人知道或应当知道抵押财产被查封、扣押。经抵押人的其他债权人申请,抵押财产被法院查封、扣押的,为了明确最高额抵押权人的优先受偿范围,合理保护查封或扣押抵押人的其他债权人利益,《查扣冻规定》第25条规定,法院查封、扣押最高额抵押权的抵押财产,应通知抵押权人,主债权数额自抵押权人收到法院通知时起不再增加;法院虽未通知抵押权人,但有证据证明抵押权人知道或应当知道查封、扣押事实的,主债权数额从其知道或应当知道该事实时起不再增加。本事由与该规定一致。[③]

在登记的最高额抵押权因本项事由确定后,其优先于一般债权,法院对查封、扣押的抵押财产进行拍卖的,根据《拍卖变卖规定》第28条第1款,拍卖所得价款优先清偿抵押权人;至于未登记的最高额动产抵押权,根据《担保制度解释》第54条第3项,抵押权人不能对抵押权财产优先受偿。

查封、扣押是暂时性的财产查控措施,抵押人向查封、扣押的申请人清偿的,法院要依法解除查封、扣押。与此相应,本项事由导致的确定后果也应具有暂时性,一旦查封、扣押被依法解除,最高额抵押权担保的债权应恢复其不特定性。

第五,债务人、抵押人被宣告破产或解散。《企业破产法》第107条第2款、第109条规定,破产宣告后,债务人的财产为破产财产,抵押权人享有优先受偿权。《民法典》第70条、第107规定,法人、非法人组织解散的,要依法清算。与此相应,债务人或抵押人被宣告破产或解散的,主债权必得确定,否则就无法明确抵押权人的优先受偿范围,也无法进行清算。

第六,法律规定的其他情形。比如,在最高额抵押权实现时,主债权必须特定,因此,《民

---

① 不过,为了使该约定记载于登记簿,当事人需申请,只能采用书面形式。
② 参见黄薇主编:《中华人民共和国民法典释义》(上册),法律出版社2020年版,第819页。
③ 不过,查封、扣押部分抵押财产,剩余财产的价值仍足以担保主债权,不影响最高额抵押权目的实现的,为了维持交易的正常进行,最高额抵押权不宜确定。

法典》第 420 条规定的实现条件——债务人不履行到期债务或发生约定情形——就是最高额抵押权的确定事由。又如,抵押权人转让部分债权,并约定该抵押权人不再享有最高额抵押权的,最高额抵押权确定,根据《不动产登记暂行条例实施细则》第 74 条第 2 款第 3 项,当事人应一并申请最高额抵押权确定登记以及一般抵押权转移登记。

3. 效果

最高额抵押权的确定有以下法律效果:

第一,在确定事由发生时,为了促成主债权的特定,债务人或抵押人有权请求抵押权人对既往发生和清偿的债权进行整理和结算,抵押权人应予协助。此时业已存在的主债权,无论是否附条件或附期限,也无论条件是否成就、期限是否届至,无论清偿期是否届满,均在担保范围;前述债权的利息、违约金等,只要未被约定排除出担保范围,无论是否发生,也在担保范围。在确定后,因连续交易新产生的主债权及其利息、违约金等附属债权,不在担保范围。

确定后的主债权业已特定,之后新产生的债权或不在担保范围的其他债权客观上不能被当事人约定转入最高额抵押权的担保范围,若有这样的约定,实际表明当事人意欲在同一抵押财产上新设抵押权。

例:B 银行在 300 万元的最高债权额限度内对 A 公司的房屋享有抵押权。在约定的债权确定期间届满时,主债权为 200 万元。A 公司此后以房屋为 C 银行设立了抵押权。在 B 银行最高额抵押权确定后,若双方约定最高额抵押权设立前的 100 万元借款转入该抵押权担保范围的,表明 A 公司应以同一房屋为 B 银行设立担保该 100 万元债权的一般抵押权;若双方约定确定后 1 年内发生的借款转入该抵押权担保范围的,表明 A 公司应以同一房屋为 B 银行在此 1 年内的借款设立最高债权额为 300 万元的抵押权。无论如何,新设抵押权的顺位在 C 银行抵押权之后。

第二,为了固定确定事由发生的事实,在最高额不动产抵押权,根据《不动产登记暂行条例实施细则》第 73 条,当事人应申请确定登记,以记载确定事由和债权数额。这种确定登记没有设权力而有宣示力,没有它并不影响最高额抵押权的确定,有它则能证明确定的时点。[①]

第三,确定后被担保的债权多于最高债权额,债务人清偿全部债权的,抵押权消灭;清偿一部分债权的,剩余部分仍在担保范围;剩余部分多于最高债权额的,抵押权人在该额度内优先受偿。

例:B 银行在 300 万元的最高债权额限度内对 A 公司的房屋享有抵押权。在约定的债权确定期间届满时,主债权为 500 万元,A 公司到期全部清偿的,抵押权消灭。若非如此,在债务履行期限届满前,A 公司清偿了 100 万元的,剩余的 400 万元仍有 300 万元在担保范围;债务到期,A 公司未清偿剩余 400 万元的,就房屋的变价款,B 银行在 300 万元的限度内优先受偿。

在债务人未清偿或部分清偿后的剩余部分多于最高债权额时,为了在物上保证人、抵押财产的受让人、后顺位限制物权人等利害关系人与抵押权人之间达成利益平衡,在比较法

[①] 参见武亦文:《〈民法典〉第 423 条(最高额抵押权担保债权的确定)评注》,载《法学家》2023 年第 3 期。

上,《日民》第398条之22、我国台湾地区"民法"第881条之16规定,前述利害关系人有权在清偿最高债权额后,请求注销最高额抵押权。《民法典》虽然没有类似的明文规定,但第524条有关第三人清偿的规定包含相同意旨,可予适用。

（七）最高额抵押权的消灭

最高额抵押权的消灭可适用一般抵押权的有关规定;不过,受制于最高额抵押权的特性,以下两个消灭事由不能适用:(1)债权消灭。在最高额抵押权确定前,即便已发生的债权被完全清偿,最高额抵押权也不消灭,因为主债权不特定,仍会有新债权发生。(2)在约定的债权期间届满前,未发生其他确定事由,而部分主债权诉讼时效期间届满的,由于此时主债权尚不特定,最高额抵押权不应实现,不能适用一般抵押权因前述时效期间届满而不能司法实现,进而实质消灭的规则。

第四节　质　　权

一、质权概述

（一）质权的概念

根据《民法典》第425条、第440条等规定,质权是指债权人对出质人转移占有的动产或符合法律、行政法规规定的财产权,在一定条件下依法享有优先受偿权的担保物权。

质权与抵押权同为典型的意定担保物权,不同之处在于:(1)质押财产限于动产和财产权,不包括不动产,而抵押财产包括不动产;(2)质权包括占有型担保物权和登记型担保物权,抵押权则为登记型物权;(3)质权适用公示设权力,抵押权根据不同种类分别适用登记设权力和对抗力。

（二）质权的规范结构

物权编第十八章"质权"分为动产质权和权利质权两节,这两类权利的差异主要在于:(1)质押财产不同。前者为动产,法律不限定具体形态,后者为财产权,具体形态由法律、行政法规规定。(2)公示形式不同。前者为占有,后者为占有或登记。(3)质权对质押财产流通性的限制不同。在质权存续期间,前者出质人能自由转让质押财产,但《民法典》第443—445条限制后者出质人对质押财产的自由转让。(4)法律地位不同。前者的规范具有一般性,《民法典》第446条规定后者适用前者有关规范。不过,动产质权和权利质权均为一般质权,至于最高额质权,根据《民法典》第439条第2款,要适用一般质权和最高额抵押权的有关规范。沿循这种规范构造逻辑,本节下文依序阐述动产质权和权利质权。

二、动产质权

（一）动产质权概述

1. 动产质权的概念

《民法典》第425条第1款规定:"为担保债务的履行,债务人或者第三人将其动产出质给债权人占有的,债务人不履行到期债务或者发生当事人约定的实现质权的情形,债权人有权就该动产优先受偿。"据此,动产质权是指债权人对担保人转移占有的动产,在一定条件下依法享有优先受偿权的担保物权。比如,A从B处借钱,把一部手机出质给B,由B直接占有,在 A 不能清偿到期债务时,B 有权就手机的变价款优先受偿。

2. 动产质权的功能

除了担保物权均有的优先受偿功能,动产质权还有留置功能,即在依法实现质权之前,质权人有权占有质押财产,无需返还给出质人。《担保制度解释》第 44 条第 2—3 款规定,主债权诉讼时效期间届满后,出质人请求质权人返还质押财产,法院不予支持。举重以明轻,主债权未清偿且诉讼时效期间未届满的,质权人也有权继续占有质押财产。通过动产质权人占有质押财产,出质人不仅无法使用收益,还会有牵挂质押财产在质权人之手是否安全的担忧,在这样的双重逼迫下,作为债务人的出质人及时清偿债务,作为物上保证人的出质人催促或代位债务人及时清偿债务,就成为现实选择,此即留置功能的意义。

3. 动产质权与动产抵押权的区别

动产质权与动产抵押权均为典型的意定动产担保物权,区别主要在于:其一,功能不同。前者有留置功能,后者权利人不占有抵押财产,没有留置功能。其二,公示形式不同。前者是占有,后者是登记。其三,公示效力不同。前者为设权力,后者为对抗力。其四,自力实现方式不同。前者权利人占有质押财产,可自行拍卖、变卖,后者则由双方协议。其五,消灭事由不同。前者包括权利人丧失占有,不包括主债权诉讼时效届满,后者刚好相反。

正因为有前述不同,动产质权与动产抵押权可以互补,故在商事交易实践中,债权人为了得到最大程度的保障,会就同一动产既设立质权也登记抵押权,形成两者并存的局面。比如,A 在 1 月 1 日把库存 100 台手机出质并交付给 B,把这些手机在 1 月 5 日、1 月 10 日分别抵押登记给 C、B,结果是 B 的质权优于 C 的抵押权,C 的抵押权优于 B 的抵押权。不过,UCC 第 9—310(a)条、DCFR 第 IX-3:102 条等功能主义担保法就动产担保物权不再区分质权与抵押权,而是把占有和登记作为动产担保物权的不同公示形式,两者可叠加并存,但仅为一个担保物权,只不过公示形式不同而已。在此基础上,UCC 第 9-308(c)条、第 9-322(a)(1)条、DCFR 第 IX-3:104 条等采用持续公示规则,即动产担保物权的顺位以首次公示时间为准。比如,A 为了担保债权,把库存 100 台手机在 1 月 1 日交付给 B、在 1 月 5 日登记给 C、在 1 月 10 日登记给 B,结果是 B 的担保物权优于 C 的担保物权。

4. 动产质权的种类

国家标准《担保存货第三方管理规范》第 3.1 条界定了担保存货(inventory collateral),即用于担保融资,存入特定仓库的原材料、半成品、产成品等(不含处于生产状态下的机床等设备)。以质押财产是否为存货为标准,动产质权分为存货质权和非存货质权,前者多为供应链融资担保,离不开质押监管,往往采用动态质押的方式,是典型的商事担保物权;后者适用范围更宽泛,无需质押监管,不采动态质押,属于民事担保物权。对比而言,非存货质权是通常的动产质权,其规范具有一般性,物权编的动产质权规范以非存货质权为模板;存货质权具有特殊性,在适用时需适当变通非存货质权规范。

按照先一般后特殊的顺序,下文先阐述非存货质权,再阐述存货质权。

(二)非存货质权

1. 非存货质权的客体

在非存货质权,质押财产是存货之外的动产,只要符合担保财产的一般特性,且数量单一、形态固定,无论是一般动产(如一部手机)、特殊动产(如一部汽车)抑或货币(如一盒封好的纪念币)①,均无不可。

提示:保证金账户

当事人约定用以担保债权的货币属于保证金,当其以专用存款账户②的存款货币形式出现时,称为保证金账户,其可以承载质权,其中的存款货币属于质押财产。根据《担保制度解释》第70条,保证金账户的表现形式多样,立户人可为债务人、物上保证人或债权人,可为专门的保证金账户或银行账户下的保证金分户,账户的资金款项也可以浮动(如补充存入款项、既有款项产生利息、扣划款项来清偿债权),但必须满足"双特定"要求,即通过与其他账户的区分使保证金账户特定,通过专门用以清偿担保的债权而使其中的资金款项特定。

2. 非存货质权的设立

非存货质权的设立需满足意定典型担保物权设立的规范和法理,根据《民法典》第429条,债权人通过交付占有质押财产是必备要件。上述交付可以是现实交付或简易交付,也可以是质权人间接占有、他人直接占有质押财产的指示交付,但不能是质权人间接占有、出质人直接占有质押财产的占有改定。因为动产质权以占有为支撑点,而占有的公示效能较低,若允许通过占有改定来设立质权,会使其隐蔽于出质人和质权人之间,无法突显其绝对性,在此情况下仍赋予其排他性,对出质人的其他债权人相当不利;而且,占有改定无法有效隔离质押财产与出质人的其他财物,第三人很容易善意取得不承载质权的动产所有权,这对质权人显然不利。此外,质权人间接占有、非出质人的债务人直接占有质押财产的占有改定也不构成交付,因其与动产质权的留置功能不符。

提示:作为动产质权公示形式的共同共有

上述分析表明,占有改定在此之所以不在交付之列,实因占有这种低效能的公示形式所限,若这方面有所改观,使出质人既能直接占有质押财产,又不能完全独力控制,而是要受制于质权人,就会在妥当保护质权人以及出质人的其他债权人的同时,满足动产质权的留置功能和优先受偿功能,并节省交易成本。在比较法上,BGB第1206条前半句规定,出质人与质权人共同占有质押财产可替代交付,如E用停在自己车库的车为G设立质权,可采用自己保有汽车钥匙,而将车库钥匙交给G的共同占有方式。③ 瑞士学理和司法也认可这种方式。④ 这样一来,动产质权的设立标准,要从出质人不能直接占有质押财产,转换为出质人不能独力控制质押财产⑤,只要质权人能对出质人独力控制质押财产起到牵制作用,动产质权即可设立,正因此,BGB第1206条后半句规定,出质人与质权人共同间接占有质押财产也可替代交付。

---

① 质押财产为货币的,除非是纪念币等具有市场价值的现金货币,否则质权的实现无需变价。
② 《人民币银行结算账户管理办法》第13条规定,专用存款账户是存款人按照法律、行政法规和规章,对其特定用途资金进行专项管理和使用而开立的银行结算账户。
③ Vgl. Baur/Stürner, Sachenrecht, 18. Aufl., 2009, S. 757.
④ Vgl. Riemer, Die beschränkten dinglichen Rechte, 2. Aufl., 2000, S. 167.
⑤ See Eva-Maria Kieninger (eds), *Security Rights in Movable Property in European Private Law*, Cambridge University, 2004, p. 527; James Brook, *Secured Transactions*, 6th ed., Wolters Kluwer Law & Business, 2014, pp 163-178.

共同占有不同于交付,而《民法典》第429条仅将交付作为设立要件,为了弥补这个不足,宜扩张解释第425条对动产质权定义中的"将其动产出质给债权人占有",把共同占有涵括其中。这样一来,无论质权人是基于现实交付、简易交付或指示交付取得质押财产的直接占有或间接占有,还是与出质人或其他人共同占有质押财产,均能为动产质押提供恰当的公示方式。

保证金账户质权的设立要件与前述一致,根据《担保制度解释》第70条,债权人要实际控制保证金账户,有两种表现方式:其一,债权人开立保证金账户的,债务人或物上保证人把资金存入其中,由债权人占有;其二,债务人或物上保证人开立保证金账户的,债权人需共同占有。[1]

在实践中,出于行业服务和管理的需要,出现了动产质押的其他公示形式,如《机动车登记规定》第34条规定的机动车质押备案,但其并非动产质权的法定公示形式,至多对质权设立起到配合证明的加强证据作用。

非存货质押合同生效后,质押财产未交付或共同占有的,质权未设立。鉴于当事人有就动产为债权人设立担保物权的意思,此时不妨认为债权人在合同生效时取得了动产抵押权。当然,当事人有特别约定的除外,如约定双方仅设立质权,或约定在质权不能设立时,债权人不享有动产抵押权。

3. 非存货质权的效力

(1) 担保范围

从典型担保物权的担保范围可知,没有特别约定的,非存货质权的担保范围包括主债权及其利息、违约金、损害赔偿金、保管质押财产以及实现质权的费用。需注意的是,因质押财产的隐蔽瑕疵给债权人带来的损害(如携有病毒的质押牲畜导致质权人染病),出质人应负的损害赔偿责任属于上述的损害赔偿金,但该瑕疵导致质押财产价值减少的损害(如质押牲畜因有病毒而一文不值)不在其列。[2]

(2) 质押财产范围

从典型担保物权的客体范围可知,非存货质权的客体包括质押财产及其从物、孳息、添附物。需注意的是,质押财产的孳息是否在客体范围,可由当事人约定。

(3) 非存货质权内容

除了典型担保物权均有的变价权、优先受偿权,非存货质权还有以下内容:

第一,留置质押财产。质权人在质权实现前一直有权占有质押财产,可对抗出质人的返还请求权,由此实现留置功能。根据《担保制度解释》第44条第2款第1分句、第3款第2分句,即便债权诉讼时效期间届满,债务人或出质人也不能请求质权人返还质押财产。

第二,收取孳息。质权人占有质押财产,相应地负有妥善保管义务,为了尽到该义务,质权人可收取质押财产的天然孳息及法定孳息,以保有应得利益。只要没有另行约定,尽到妥善管理义务的质权人对如何收取孳息有自由空间,《民法典》第430条第1款将其规定为收

---

[1] 债权人或者与银行签订账户监管协议,约定非依债权人指令不得对账户内资金操作,账户密码由债权人设立并占有预留印鉴,或者设立共管账户,约定共同监管账户。参见最高人民法院民事审判第二庭:《最高人民法院民法典担保制度司法解释理解与适用》,人民法院出版社2021年版,第581页。

[2] 参见谢在全:《民法物权论》(修订8版下册),新学林出版股份有限公司2023年版,第456页。

取孳息的权利。质权人未尽妥善管理义务,以至于应收取的孳息未收取的,就此损失,质权人应予赔偿。

对于收取的孳息,质权人可用来充抵债权,根据《民法典》第430条第2款并参照适用《民法典》第561条,充抵的顺序依次为收取孳息的费用、债权利息、债权。孳息为金钱的,可直接充抵;不是金钱的,在实现质权时通过变价款来充抵。

(4) 债的关系

在质权成立后,质权人与出质人之间存在法定之债,质权人的法定债务主要包括:

第一,保管质押财产。《民法典》第432条第1款规定:"质权人负有妥善保管质押财产的义务;因保管不善致使质押财产毁损、灭失的,应当承担赔偿责任。"该项义务有以下积极内容:其一,在适宜场所保存质押财产,以免降低其效用。其二,以适宜方法管理质押财产。在通常情形,《民法典》第431条禁止质权人使用质押财产,但在防止机器生锈、汽车失灵等必要限度内,质权人能通过短暂开动机器、发动汽车等合理方式有效利用质押财产。其三,以适宜措施收取孳息。同时,该项义务有以下消极内容:其一,不得擅自使用质押财产。因质权人只能占有而不能使用质押财产,动产质权向来有不能充分实现质押财产效用的"骂名"。其二,不得擅自处分质押财产。质权人对质押财产没有处分权,《民法典》第431条、第434条规定,未经出质人同意,质权人擅自转让质押财产或将其转质给他人,给出质人造成损害的,应承担赔偿责任。

提示:承诺转质和责任转质

为了充分发挥质押财产效用,质权人在向他人披露质权的情况下,把质押财产转为他人设立质权,应属理想之举,如A把手机质押给B,B把该质权告知C后,再把该手机质押给C,可活络手机的经济价值,使其能够担保B、C两个债权。B以手机再为C设立质权的行为称为转质,B、C的质权分别称为原质权、转质权。[①] 着眼于转质的上述经济作用,ABGB第454条、《日民》第348条、我国台湾地区"民法"第891条允许质权人无需出质人同意即可转质,转质由此是质权人的权利。[②] 不过,转质有负面效用,即出质人毕竟对转质权人不熟络,转质权人是否会像原质权人那样悉心保管质押财产不得而知,为了防患于未然,ZGB第887条规定未经出质人同意,质权人不得转质,《民法典》第434条与此一致。

经出质人同意的转质是承诺转质。出质人的同意有授予质权人再设立质权之意,看似出质人为转质权人设立后顺位质权,如上例的A同意B为C设立质权,恰似A为担保B的债务,又为C设立质权;其实不然,因为转质权一定优先于原质权,否则转质会丧失意义。这样一来,承诺转质的后果因出质人同意的内容不同而有异。比如,上例原质权、转质权分别担保债权为1000元、1500元,若A仅同意转质权担保的债权以原质

[①] 若非如此,B自称为手机所有权人,把手机质押给C,C只有符合善意取得要件,才能取得质权,这就不是转质。同样地,若B把对A的债权质押给C,C基于处分从属性一并取得手机质权,也不是转质。

[②] 转质权的客体是质押财产还是原质权抑或其他,学理争议很大。奥地利通说为原质权及其担保的债权(Vgl. Iro, Bürgerlichen Recht Band IV: Sachenrecht, 4. Aufl., 2010, S. 191),日本通说为原质权(参见〔日〕近江幸治:《民法讲义 III 担保物权(第3版)》,徐肖天译,上海社会科学院出版社2023年版,第110—111页)。

权担保的债权为限,则 C 只能在 1000 元范围内、在原质权担保的债权到期时优先受偿①;若 A 同意转质权担保 1500 元债权,C 就能在该范围内、在该债权到期时优先受偿。②

未经出质人同意的转质是责任转质。《民法典》第 434 条未把转质作为质权人的权利,故责任转质构成无权处分,而转质权担保的债权人明知质权人没有处分权,不能取得转质权,如上例 A 未同意转质,C 就不是质权人,其对手机的占有没有本权,构成无权占有,A 有权请求返还。

质权人未尽到保管义务承担的赔偿责任应为过错推定责任,只有这样才能与其他过错推定责任规范协调一致,比如,质权人堆放的质押财产因倒塌、滚落或滑落而毁损,并致他人损害,根据《民法典》第 1255 条产生过错推定责任,质押财产本身的损害赔偿责任也应是过错推定责任,否则会产生评价矛盾。在比较法上,ZGB 第 890 条第 1 款把质权人的损害赔偿明确为过错推定责任;德国法虽未如此规定,但在质押财产受损害时,根据 BGB 第 280 条,质权人要证明自己没有过错③,这与过错推定责任如出一辙。

责任转质表明质权人未尽保管义务,也即只要上例的 B 未经 A 同意就转质给 C,C 一经占有手机,B 的保管义务即陷入迟延。参照《民法典》第 590 条第 2 款有关"当事人迟延履行后发生不可抗力的,不免除其违约责任"的规定,即便不可抗力导致质押财产毁损、灭失,也不影响质权人承担损害赔偿责任。在比较法上,无论是否把转质作为质权人的权利,ZGB 第 890 条第 2 款、ABGB 第 460 条、《日民》第 348 条、我国台湾地区"民法"第 891 条均有类似规定。

此外,根据《民法典》第 432 条第 2 款,质权人的行为可能使质押财产毁损、灭失的,出质人可以请求质权人将质押财产提存,或者请求提前清偿债务并返还质押财产。

第二,返还质押财产。根据《民法典》第 436 条第 1 款,在质权消灭后,质权人失去占有质押财产的法律基础,应予返还。质权人不予返还,擅自出卖的,构成侵权,应依法承担侵权责任。④

提示:及时行使质权不应是质权人的义务

《民法典》第 437 条规定,在债务人不履行到期债务时,出质人可请求质权人及时行使质权,质权人不行使的,出质人可以请求法院拍卖、变卖质押财产;因质权人怠于行使

---

① 《担保法解释》第 94 条第 1 款曾规定:"质权人在质权存续期间,为担保自己的债务,经出质人同意,以其所占有的质物为第三人设定质权的,应当在原质权所担保的债权范围之内,超过的部分不具有优先受偿的效力。转质权的效力优于原质权。"

② 这是学理认为的承诺转质,即转质权独立于原质权,不受原质权担保范围和条件的约束(参见史尚宽:《物权法论》,中国政法大学出版社 2000 年版,第 367—369 页;刘保玉:《物权法学》(第二版),中国法制出版社 2022 年版,第 512 页)。这种转质实为顺位变更,即经 A、B、C 合意,在 B 的质权设立后,A 为担保 B 的债务再为 C 设立质权,同时变更质权顺位,结果导致 C 的质权优先于 B 的质权。

③ 参见〔德〕迪克·罗歇尔德斯:《德国债法总论(第 7 版)》,沈小军、张金海译,中国人民大学出版社 2014 年版,第 183 页。

④ 《民法典》第 436 条第 3 款规定,质押财产变卖应参照市场价格;第 1184 条规定,侵害他人财产的,财产损失按照损失发生时的市场价格或者其他合理方式计算。参考案例"上海某服装公司诉上海某贸易公司、王某质押合同纠纷案"的生效裁判认为,侵害质押财产的损失计算应适用《民法典》第 1184 条;市场价格难以确定的,可以在参照委托评估价格、相关行业价格、当事人协商价格、类案价格的基础上,综合考虑具体案情中的实际损失、交易习惯、质押财产属性、当事人过错等因素,依据诚信原则、公平原则合理确定质押财产的市场价格。

权利造成出质人损害的,由质权人承担赔偿责任。据此,质权人有及时行使质权的义务。不过,动产质权有留置功能,凭此可给出质人或债务人带来心理压力,以促使债权清偿,若质权人应出质人请求即要及时行使质权,实则使留置功能化为乌有。而且,出质人本有通过司法途径实现质权的权利,只要质权人不愿行使质权,出质人当即就能申请司法实现,很难讲这会给出质人造成损害。就此而言,及时行使质权不应是质权人的义务。

除了前述的法定之债,质权人与出质人之间会有不同的约定之债,比如,《民法典》第430条允许约定排除质权人的孳息收取权,根据该约定,质权人对出质人负有不能收取孳息的义务。

(5) 非存货质权的顺位

根据优先原则,可知非存货质权的顺位如下:其一,同一动产承载数个质权的,根据交付或共同占有的时间先后来排列顺位。比如,A以指示交付的方式,把交由B保管的一部手机为C设立质权,后以简易交付的方式,以该手机为B设立质权,C的质权顺位先于B的质权。其二,同一动产承载质权和登记的抵押权的,根据《民法典》第415条,根据公示时间先后排列顺位。至于抵押权未登记的,质权顺位恒定优先。

4. 非存货质权的消灭

除了典型担保物权消灭的一般事由(如放弃、标的物灭失)外,非存货质权还有返还质押财产的消灭事由,此外其实现也有特殊之处,本部分加以专述。

(1) 非存货质权的实现

同一动产承载数个质权的,质权实现有以下两种情形:

第一,先顺位的甲质权人A直接占有或与出质人共同占有质押动产的,后顺位的乙质权的设立,要么通过出质人指示A在债务受偿后将质押财产交付给乙质权人B的指示交付方式,要么通过A、B共同占有的方式。

该情形需再分设不同情况:其一,甲质权担保的主债权先到期而未受偿,A与出质人协议折价的,由A取得质押财产,乙质权消灭;拍卖、变卖的,A就变价款优先受偿,质押财产归买受人C所有,无论C是否知道乙质权,由于甲质权顺位在先,乙质权失去存续基础。[①] 其二,乙质权担保的主债权先到期而未受偿,为了保全甲质权的优先顺位,B无权请求A向自己移交质押财产,结果是在甲质权实现前,乙质权无法实现。

第二,B基于与出质人的法律关系(如保管合同)而占有质押财产,甲质权通过指示交付的方式设立,A成为质权人,后出质人又通过简易交付的方式设立乙质权,B成为后顺位的质权人,其占有质物。

该情形需再分设不同情况:其一,甲质权担保的主债权先到期而未受偿,为了保全甲质权的优先顺位,A有权要求B向自己移交质押财产,结果是在甲质权实现前,乙质权无法实现。其二,乙质权担保的主债权先到期而未受偿,由于甲质权尚不具备实现条件,B有权实现其质权。B自力拍卖、变卖后,质押财产归受让人C所有,C在受让时知道甲质权的,不妨

[①] 在通过法院拍卖时,根据《拍卖变卖规定》第28条第1款,乙质权因拍卖而消灭,B就甲质权实现后的剩余价款优先受偿,另有约定的除外。

碍甲质权的存续,在其担保的主债权到期未受偿时,A 仍可实现质权;通过法院拍卖的,为了保全 A 的先顺位利益,其有权就变价款主张优先于 B 受偿。

(2) 质押财产的返还

动产质权是占有型担保物权,质权人把质押财产返还给出质人或债务人的,会丧失留置功能,从公示形式上也辨识不出质权,为了确保交易安全,质权消灭。

5. 典当行营业质权

典当行是常见的非银行金融机构,是专门从事典当业务的营利法人,其借贷担保包括不动产抵押权、动产质权和权利质权,其中的动产质权客体主要包括黄金、手表、字画、汽车等,属于非存货质权。与前述的非存货质权相比,典当行的动产质权优先适用《典当管理办法》,称为营业质权,其最突出之处在于,根据《典当管理办法》第 40 条第 1 款、第 43 条第 2 项,在典当期限或续当期限届满后,出质人(当户)在 5 日内既不清偿也不延期的构成绝当,绝当物(质押财产)估价金额不足 3 万元的,典当行可以自行变卖或者折价处理,损溢自负,也即典当行取得质押财产,其债权随之消灭,无需进行清算。质押财产估价金额在 3 万元以上的,仍要适用典型担保物权的实现机制。

(三) 存货质权

1. 存货质权的客体

存货有两种样态:其一,批量的手机、空调等聚合物,它们能分解为多个单一特定的货物。按照特定的属性标准,它们不能成为单一质权的客体,只能就各部手机、各台空调设立相应的质权。[①] 以这些存货为客体的质权,实际是在各自构成物特定性的基础上,在外观上集合在一起的多个质权。其二,粮食、钢材、矿石等大宗商品,它们的最小构成单元是没有独立经济价值的一粒米、一根钢筋、一块矿石等,只有集合起来才能实现本有功能,无法采用属性标准,只能采用特定的观念标准。在考虑质权经济价值取向的前提下,对于这些大宗商品存货,要着眼于它们集合而成的特点,把它们当作功能特定的标的物,在公示形式的配合下,使其承载单一质权。

就实践情况而言,在设立存货质权时,当事人先要通过约定,以确定的种类、规格、数量、材质等要素为标准,对标的物予以准确的量化,并在专用区域固定储放,从而使其特定化。这同时也确定了存货的市场价值,完全能承载质权来担保主债权。故而,存货的批量货物形态不影响其特定性。

2. 静态质押和动态质押

国内贸易行业标准《动产质押监管服务规范》第 3.9 条将静态质押界定为:"在质押期内,质物不发生变动的业务形态。"若质押财产在存货质权存续期间不发生变动,就是静态质押。

与静态质押对称的是动态质押,即为了便于出质人回笼资金和开展交易,在保持存货处于特定价值标准线的前提下,债权人允许出质人通过特定程序提货,并把补入的新物作为质押财产。比如,A 公司以仓库中的 1 万吨大米质押给 B 银行,约定在库存大米根据市场行情价格不低于 5000 万元时,A 公司可以提走 1000 吨以内的大米,之后补入的粮食也属于质押财产。显然,动态质押是在同一质押合同基础上的持续性交易过程,从中能看到存货质权的

[①] Vgl. Schmid/Huerlimann-Kaup, Sachenrecht, 4. Aufl., 2012, S. 530.

变化,如由无到有(设立)、由有到无(消灭)、由多到少(提取存货)等,这样的担保结构迎合了商事主体高效融资担保的需求,成为存货质押的主导模式。①

3. 存货质权与非存货质权的区别

与非存货质权相比,存货质权有以下差异性特征:

第一,存货的行业性和专业性很强,质权人对存货的估值、鉴定、核验、管理未必擅长,需物流企业等专业监管人协助,以有效降低成本和控制风险,监管人由此深度介入存货质押。实践中,质权人、出质人与监管人会共同签订监管合同,核心内容是质权人和出质人共同认可监管人的法律地位,由其控制存货并监管存货的流动,这样的行为就是质押监管。可以说,在存货质权,质押与监管是并存的,《担保制度解释》第55条第1款中将此表述为:"债权人、出质人与监管人订立三方协议,出质人以通过一定数量、品种等概括描述能够确定范围的货物为债务的履行提供担保"。在非存货质权,无需质押监管。

第二,出质人、质权人和监管人是密切合作的三方主体,它们业务独立,各有所求,互不从属。监管人要对出质人和质权人的利益进行平衡,只能占有后两方共同认可的存货,只能按照后两方的共同意思来放货(即允许出质人提货),形成对存货的共同占有。② 在非存货质权,设立要件是交付或共同占有。

由于交付不同于共同占有,《民法典》第429条以交付为动产质权设立要件的规定不能适用于存货质权。与此不同,《担保制度解释》第55条以"实际控制"为质权设立标准,即"当事人有证据证明监管人系受债权人的委托监管并实际控制该货物的,人民法院应当认定质权于监管人实际控制货物之日起设立",其内涵更有弹性,能把共同占有包括进来。据此,只要出质人和监管人均遵循约定,达到他人能获知存货质押的信息,出质人不能自由处置存货的程度,存货质权即成立;反之,出质人还能不受约束地自由处置存货,存货质权就未成立。③这表明,《担保制度解释》第55条第2款第1句规定"当事人有证据证明监管人系受出质人委托监管该货物,或者虽然受债权人委托但是未实际履行监管职责,导致货物仍由出质人实际控制的,人民法院应当认定质权未设立"中的"仍由出质人实际控制",应理解为"仍能被出质人不受约束地自由处置",而不能理解为"仍由出质人占有"。

第三,在共有占有之下,只要监管人尽到监管义务,即便存货为出质人直接占有,出质人也无法随意调配或处置。既然如此,除非另有约定,否则质权人就摆脱了保管质物的义务,出质人应保管存货并承受相应的风险。这使得存货质权有了近似于抵押权、远离于非存货

---

① 实践中还有先补货再出货的模式,即出质人先补入新物,再提出相同价值的原有存货,新物实为原有存货的代位物,此时应认为存货质权未发生变化。

② 共同占有的基础是监管人占有存货,其典型样态是监管人向质权人出具质押清单,确认收到出质人提供的存货,并在存货存放仓库后采取了围挡、设立标识、钉牌、编号等足以让人知晓该批存货权属状况和设置质权情况的措施。参见参考案例"某资产管理有限公司诉某实业集团有限公司、陈某清等合伙企业财产份额转让纠纷案"。

③ 在参考案例"上海某甲公司诉浙江某乙公司等买卖合同纠纷案"中,监管人实际指派工作人员常驻案涉仓库,每天汇总货物进出库的信息并发送给质权人,还在案涉仓库内悬挂了质押监管铭牌,对外表明其对案涉仓库内的货物进行质押监管等,具有占有案涉仓库内货物的形式外观,但生效文书认为,下列几点事实表明不能排除出质人对质押财产的随意占有、支配和处置,案涉质权未成立:其一,根据监管人与出质人的约定,由出质人安排仓库和装卸,负责案涉场地和仓库货物的日常保管、进出库等事宜,并约定将监管人管领控制质押财产的主要权利转委托给出质人。其二,案涉仓库原属出质人,地理位置上与出质人的生产经营场所毗邻,监管人生产经营所与案涉仓库相距遥远,管领控制存在较大难度。监管人仅派两名工作人员驻在案涉仓库,又未取得或者控制仓库钥匙,且两名工作人员也只是白天到仓库上班,晚上仓库即处于无人看管状态。其三,出质人先后两次对案涉仓库内共计2000余吨的铜材进行了出库并将其对外销售,监管人和债权人对此均未能有效阻止。

质权之处，主要表现为：其一，非因出质人原因导致存货毁损灭失的，可适用《民法典》第390条，由质权人对出质人的赔偿金取得优先受偿权；其二，出质人未尽妥善保管义务的，参照《民法典》第408条，质权人有保全存货价值的请求权；其三，除非约定由质权人保管存货，否则，在监管人实际保管存货的情形，因保管不善致使存货毁损灭失，监管人应对出质人承担违约责任，故而，《担保制度解释》第55条第1款第2句有关监管人因保管不善导致质物毁损灭失，应对质权人承担违约责任的规定，不宜适用于存货质权；与此同理，《民法典》第432条有关质权人保管质押财产的规定也不宜适用于存货质权。

4. 动态质押与浮动抵押的区别

动态质押与浮动抵押非常相似，但实则不同：

第一，动态质押通常由监管人代质权人直接占有存货，占有在此除了表现物权的绝对性，还能确保客体的特定性。存货的特定性不仅取决于当事人对其名称、数量、重量、规格等要素的约定，更重要的是监管人采用划定专门区域、设置标示牌等措施，将存货与其他货物区分开来，以便实际控制。可以说，只要监管人直接占有存货，就表明存货形态明确、价值确定，具有特定性。故而，在动态质押，首次设立质权时存货是特定的，之后每次提取或增加的存货也是特定的。浮动抵押则明显不同，其标的物在确定前并不特定。

第二，动态质押的出质人不能单独控制存货。在监管人尽职尽责监管时，确实能使存货状态与合同约定保持高度一致，并能有效预防存货价值减损。但监管人完全做到这一点并非易事，原因既有客观能力不足，也有自身懈怠，还有牟取非法利益的道德风险。在浮动抵押，抵押人直接支配抵押财产，抵押权人虽然无法有效预防抵押人对抵押财产的价值减损行为，但抵押登记很稳固，能增强浮动抵押的公示性和对抗力。

5. 监管人的义务与责任

(1) 监管人的义务

质押监管的目的是为存货质权的成立和存续提供必要的服务和协助，监管人由此向质权人承担监管义务，其具体内容由监管合同约定，《担保制度解释》第55条第1款指明了两种，一是设立存货质权时的义务，如占有存货，另一是存货质权存续中的义务，如按照约定放货。监管人违背前一义务的结果是未共同占有存货，质权未设立；违背后一义务的结果是失去放货部分存货的共同占有，相应部分的存货质权消灭。此外，监管人通常还有核验存货品质、清点存货数量等其他义务，未尽这些义务，不一定会影响存货质权的设立或存续，如出质人提供的存货品质低劣或数量不够，监管人未按照约定审慎核验就直接占有，存货质权仍能设立，但不符合质押合同约定。监管人违背监管义务的，应对质权人承担违约责任。

质押监管虽然服务于存货动态质押，但没有从属关系，即便应设立的存货质权未设立，不应消灭的存货质权消灭，也不影响质押监管关系的存在，监管人的监管义务因此具有独立性，不从属于借款合同和质押合同。而且，监管义务不包括清偿主债务和提供担保的义务，而这两类义务分别是债权人、出质人在借款合同、质押合同中的主要义务。因为有这样的差别，动态质押和质押监管分属不同的法律关系，不能混为一谈，不能一概地用其中一个的实际运行情况来支撑或否定另一个。比如，质权人接受出质人保证存货没有瑕疵的书面承诺，是贷款所需的手续，监管人不能以此为由主张免除自己鉴定、核验存货等监管义务。也就是说，出质人和质权人正当履行借款合同、质押合同的行为，不影响监管人的违约行为。

(2) 监管人的责任

由于监管义务是监管人受质权人之托而承担的义务,属于委托合同中的受托人义务,当监管人有偿监管时,根据《民法典》第929条第1款,监管人只有在因过错而未履行监管义务造成损害时,才承担赔偿责任。有无过错的判断,要与出质人的行为进行比对。比如,监管人发现存货存在被出质人转移、强行出库及出质人不配合监管、驱赶监管员等情形,采取打电话、发函等形式把上述风险及时通知质权人,并就出质人的前述行为采取向公安机关报警等应急措施的,已穷尽监管能力,没有过错。[1]

质押监管服务于动态质押,是保障质权人实现债权的配套机制,监管人未尽监管义务,虽然会影响存货质权的设立或存续,但不一定会影响债权实现。比如,监管人未尽到保持存货与其他货物区分的职责,导致存货与其他货物混同,部分存货被他人提取,但剩余存货的变价足以清偿主债务,或债务人、出质人足额清偿了主债务,此时质权人没有任何损失,监管人无需承担赔偿责任。

这同时也说明,监管人的违约损害赔偿责任属于补充责任,只有在出质人不能承担担保责任时,监管人才承担赔偿责任。由于监管人对质权人没有清偿主债务和提供担保的义务,再虑及其违约行为与存货损失之间的因果关系,在监管人违约造成的存货损失小于出质人不能承担担保责任的数额时,监管人应以前者为限承担赔偿责任。反之,在监管人违约造成的存货损失大于出质人不能承担担保责任的数额时,由于质押监管只是服务于存货动态质押的配套机制,监管人只是在出质人不能承担担保责任的范围内承担补充赔偿责任,故监管人以后者为限承担赔偿责任。[2]

虽然监管人对动态质押至关重要,但这不表明质权人不再负应有的义务,特别是就作为商业银行的质权人而言,根据《商业银行法》第36条,在放贷前审查担保财产权属、价值以及实现担保物权的可行性,是其法定义务,该义务不因质权人委托监管而免除,故而,在监管人违约导致损害时,质权人对此未尽监督、检查等注意义务的,应根据双方各自的过错程度,承担相应部分的赔偿责任。不过,监管人受质权人所托进行监管,其身处核验、管理存货的第一线,而质权人主要是对监管人是否妥当履职进行监督、检查,就存货动态质押的运行而言,监管人远比质权人承担更重的职责,其违约产生的损害远大于质权人未尽义务的损害,其承担责任的比例因此也远大于质权人(如承担80%的补充赔偿责任)。

三、权利质权

(一) 权利质权概述

1. 权利质权的概念

《民法典》未明确界定权利质权,但根据第386条、第440条等规定可知,权利质权是指债权人对债务人或第三人符合法律、行政法规规定的财产权,在一定条件下依法享有优先受偿权的担保物权。与动产质权相比,权利质权有以下主要特性:

第一,以财产权为客体,这是其与动产质权的根本区别。《民法典》第440条把权利质权

---

[1] 参见最高人民法院(2019)最高法民终330号民事判决书。
[2] 参见最高人民法院民事审判第二庭编著:《〈全国法院民商事审判工作会议纪要〉理解与适用》,人民法院出版社2019年版,第378页。

客体限定为法律、行政法规规定可以出质的财产权,列举了典型六类:其一,汇票、本票、支票;其二,债券、存款单;其三,仓单、提单;其四,可以转让的基金份额、股权;其五,可以转让的注册商标专用权、专利权、著作权等知识产权中的财产权;其六,现有的以及将有的应收账款。据此,法律、行政法规未规定可以出质的财产权,不符合物权客体的法定性,不能承载权利质权。不过,若这样的财产权能物化为动产(如有权利凭证或表现为货币),在具备动产质权的设立要件后,可成立动产质权。① 质押合同约定的财产权超出前述范围的,权利质权不能设立,但根据《担保制度解释》第 63 条,质押合同不因此无效。

第二,客体范围包括从权利。财产权会有担保等从权利,它们也在权利质权的客体范围内。② 动产很少有从权利,在判断动产质权的客体范围时,通常无需考虑质押财产的从权利。

第三,涉及的法律领域多。权利质权客体形态多、种类杂,涉及的法律领域众多,且各自的内涵、特性、转让等均有对应的法律规范加以调整,物权编的权利质权规范对此未予过多着墨,在理解和适用时需一并整体把握这些规范,注重不同法律规范之间的协调。比如,《民法典》第 441 条规定,以有权利凭证的汇票出质的,质权自权利凭证交付质权人时设立;法律另有规定的,依照其规定。仅看前半句,结论是质权在汇票交付时设立,但加上另有规定的《票据法》第 35 条第 2 款、《票据规定》第 54 条,结论就变为即便交付汇票,但未背书记载"质押"字样的,质权也不设立。与此不同,动产质权主要适用物权编的相应规范。

第四,公示形式多样。权利质权分为占有型和登记型,前者客体是有权利凭证(即纸介质)的汇票、本票、支票、债券、存款单、仓单、提单,其与动产质权一样以交付或共同占有为设立要件;后者客体包括无权利凭证(即电子介质)的前述质押财产以及其他财产权,其以登记为设立要件,不同的质押财产由不同登记机构依照不同规定办理登记。

第五,限制质押财产的转让。《民法典》第 443 条第 2 款、第 444 条第 2 款、第 445 条第 2 款规定,在质权设立后,作为质押财产的基金份额、股权、知识产权、应收账款不得转让,出质人与质权人协商同意的除外③;转让价款应当向质权人提前清偿债务或提存。据此,质权会限制上述质押财产的转让。不过,这些是登记型权利质权,质押财产转让不会影响质权存续,受让人取得的是承载质权的财产权,再加上转让价款向质权人提前清偿债务或提存也能保护质权人,因而没有必要再限制质押财产的转让;而且,前述条款也与《民法典》第 406 条第 1 款允许转让抵押财产以及动产质权规范不禁止质押财产转让的立场刚好相反,虑及法律评价的一致性,限制上述质押财产转让的立场正当性需要斟酌。当然,正如 BGB 第 1276 条、我国台湾地区"民法"第 903 条所规定的,出质人无论如何不能实施消灭质押财产或减少

---

① 在参考案例"某农村商业银行股份有限公司诉某制品有限公司等金融借款合同纠纷案"中,某投资公司将其持有的某农村信用合作联社 1000 万股股金出质给该社,并交付股金证原件,未办理质押登记,但办理了冻结止付登记手续,股金不能再流通,无法转让或向他人再出质。生效裁判认为,动产质权在质押财产交付时成立,股金是该社成员投入的资金,并非股权,出质人将股金证原件交给债权人,并办理了冻结止付登记手续,可以认定质权设立。也就是说,案涉股金属于特定货币,在被债权人占有后,可设立动产质权。

② 参考案例"重庆某物流公司诉江苏某幕墙公司、江阴某铝材公司定作合同纠纷案"的裁判要旨指出:"应收账款质权的效力范围及于应收账款上设定的抵押、质押、保证等从权利;应收账款上设有其他担保性权利作为增信措施的,若该担保性权利在出质时已经披露,应收账款质权的效力范围也及于该担保性权利;但法律另有规定或者当事人另有约定的除外。"

③ 未经质权人同意,出质人转让上述质押财产的合同效力不因此无效。参见参考案例"滕州市某置业公司诉连云港某木业公司、石某勇及第三人连云港某房地产开发公司案外人执行异议之诉纠纷案"。

其内容等有害于质权的法律行为①,否则对质权人没有效力。

第六,权利实现时不都需要变价。权利质权客体为数额及债务人均确定的债权的,在实现时无需通过折价或拍卖、变卖的方式变价,由债务人直接向质权人清偿即可。比如,A以对B的100万元债权为C设立质权,C在实现质权时,可依法要求B向自己清偿。权利质权客体为其他财产权的,除非法律另有规定,否则在实现时应先变价,质权人就变价款优先受偿。在动产质权中,除了保证金账户质权,实现时均需变价。

虽然权利质权与动产质权有前述差异,但动产质权规范具有一般性,在物权编的权利质权规范未予规定之处,可适用于权利质权,故而,凡是能适用动产质权规范和法理之处,下文不再论及。

2. 权利质权的种类

(1) 一般权利质权和特别权利质权

一般权利质权是指物权编规定的权利质权;特别权利质权是指其他法律规定的权利质权,既包括物权编和其他法律皆规定的权利质权(如票据质权),也包括物权编未规定,仅其他法律规定的权利质权(如合伙企业财产份额质权)。

特别法对权利质权的规定应优先适用,如根据《合伙企业法》第25条,合伙人以其合伙企业财产份额出质,须经其他合伙人一致同意;特别法对权利质权未规定的,适用或参照适用物权编的权利质权规范,如《合伙企业法》未规定合伙企业财产份额质权的设立要件,在参考案例"某银行诉某投资公司、景某某等金融借款合同纠纷案"中,某投资公司以其合伙企业财产份额出质,未办理登记,生效裁判认为这不符合《民法典》关于权利质权的设立要件,不具有物权效力。②

(2) 占有型权利质权和登记型权利质权

根据公示形式的不同,权利质权分为占有型和登记型,二者的主要区别在于:其一,根据《民法典》第441条等规定,并参照动产质权的设立要件,财产权有权利凭证的,质权自权利凭证交付质权人或出质人与质权人共同占有时设立;没有权利凭证的,质权自办理登记时设立。其二,根据《担保制度解释》第44条第3款,主债权诉讼时效期间届满后,占有型权利质权不消灭,登记型权利质权消灭。

下文根据《民法典》第440条的典型列举,依序加以阐述。

(二) 票据质权

1. 票据质权的客体

票据质权的客体为票据,包括汇票、本票、支票③,常态是汇票质权,以下以它为例展开。

能承载质权的汇票要有流通性,记载"不得转让"的汇票看似没有流通性,但汇票有其自

---

① 参考案例"重庆某物流公司诉江苏某幕墙公司、江阴某铝材公司定作合同纠纷案"的裁判要旨指出:"未经应收账款质权人同意,应收账款出质人不得以法律行为减损或消灭已出质的应收账款。"

② 不过,法律未规定合伙企业财产份额质权登记机构及程序,实践中各地做法不一,如北京市的登记机构是北京股权交易中心,适用《北京股权交易中心有限合伙企业财产份额登记细则(试行)》;上海市的登记机构是上海股权托管交易中心,适用《上海股权托管交易中心私募股权和创业投资份额托管质押登记业务指引(试行)》。

③ 《票据法》第19条规定:"汇票是出票人签发的,委托付款人在见票时或者在指定日期无条件支付确定的金额给收款人或者持票人的票据。汇票分为银行汇票和商业汇票。"第73条规定:"本票是出票人签发的,承诺自己在见票时无条件支付确定的金额给收款人或者持票人的票据。本法所称本票,是指银行本票。"第81条规定:"支票是出票人签发的,委托办理支票存款业务的银行或者其他金融机构在见票时无条件支付确定的金额给收款人或者持票人的票据。"

身规范,切忌望文生义,要根据相关规范分类判断:其一,出票人(即票据债务人)[①]记载"不得转让"的,根据《票据法》第 27 条第 2 款、《票据规定》第 52 条,汇票绝对不得转让,丧失流通性,作为持票人的质权人无权主张票据权利[②],也即这样的汇票不能作为质押财产。其二,背书人[③]记载"不得转让"的,根据《票据法》第 34 条、《票据规定》第 50 条,这样的汇票能成为质押财产,但前述记载表明背书人只对被背书人承担票据责任,在此公开信息下,被背书人把汇票出质的,愿意接受担保的债权人是被背书人的后手,其要承受不能要求背书人承担票据责任的结果,但不影响出票人、承兑人以及原背书人之前手的票据责任。

2. 票据质权的设立

根据《民法典》第 441 条、《票据法》第 35 条第 2 款、《票据规定》第 54 条、《担保制度解释》第 58 条,有权利凭证汇票质权的设立应符合以下要件:其一,出质人背书记载"质押"字样;其二,出质人签章;其三,质权人占有。

根据《票据交易管理办法》第 30 条、《电子商业汇票业务管理办法》第 51 条、第 53 条,无权利凭证商业汇票出质应在票据到期日前在电子商业汇票系统中心办理登记,除了记载出质人名称、质权人名称、质押日期,还应表明"质押"的字样以及出质人签章。

3. 票据质权的实现

票据有兑现日期,也即票据记载的付款人应履行付款义务的日期,在该日期先于主债权到期时,为了保全质权,根据《民法典》第 442 条,质权人可以不经出质人同意,也无需通知出质人就能兑现。不过,此时票据质权尚不具备实现条件,质权人不能就此径直优先受偿,而是要与出质人协商,后者同意以兑现款项提前清偿债务的,质权消灭;出质人不同意的,则应提存,待票据质权实现条件具备后,再就该款项优先受偿。也就是说,就兑现款项的去向,出质人只能在提前清偿和提存中两选一,一旦否定其一,就应实施另一选项。

票据的兑现日期晚于主债权到期的,在质权实现条件具备时,质权人可依法就票据的变价款(如折价或转让款)优先受偿,也可在票据的兑现日期截至时,就兑现款项优先受偿。

上述的票据质权实现规范可一体适用于债券质权、存款单质权,下文相关之处不再赘述。

(三)债券质权

1. 债券质权的客体

债券是指依法发行的在一定期限内还本付息的债权凭证,主要包括:其一,中央政府发行的国债,有凭证式国债[④]、记账式国债[⑤]等种类。其二,地方政府债券。[⑥] 其三,政策性银

[①] 《票据法》第 4 条第 1 款规定:"票据出票人制作票据,应当按照法定条件在票据上签章,并按照所记载的事项承担票据责任。"第 5 款规定:"本法所称票据责任,是指票据债务人向持票人支付票据金额的义务。"

[②] 《票据法》第 4 条第 2 款规定:"持票人行使票据权利,应当按照法定程序在票据上签章,并出示票据。"第 4 款规定:"本法所称票据权利,是指持票人向票据债务人请求支付票据金额的权利,包括付款请求权和追索权。"

[③] 《票据法》第 27 条第 4 款规定:"背书是指在票据背面或者粘单上记载有关事项并签章的票据行为"。

[④] 根据《凭证式国债质押贷款办法》第 2 条,凭证式国债是指财政部发行,各承销银行以"中华人民共和国凭证式国债收款凭证"方式销售的国债。

[⑤] 根据《记账式国债招标发行规则》第 2 条,记账式国债是指财政部通过记账式国债承销团向社会各类投资者发行的以电子方式记录债权的可流通国债。

[⑥] 根据《地方政府债券发行管理办法》第 2 条,地方政府债券是指省、自治区、直辖市和经省级人民政府批准自办债券发行的计划单列市人民政府发行的、约定一定期限内还本付息的政府债券,包括为没有收益的公益性项目发行的一般债券和为有一定收益的公益性项目发行的专项债券。

行、商业银行、企业集团财务公司等金融机构法人发行的金融债券。① 其四,企业债券。② 其五,公司债券。③

2. 债券质权的设立

有权利凭证债券质权的设立应具备质权人占有权利凭证的一般要件,特别法有规定的,尚需满足特别法规定的要件。比如,《凭证式国债质押贷款办法》第 6 条规定,各商业银行之间不得跨系统办理凭证式国债质押贷款,不承办凭证式国债发行业务的商业银行也不得办理这种贷款。又如,《公司法》第 201 条规定纸介质公司债券由债券持有人以背书方式转让,参照该规定,纸介质公司债券质押的,除了质权人占有公司债券,还应由出质人在公司债券上记载"质押"字样。

无权利凭证债券质权在相应的登记机构(如中央国债登记结算有限责任公司、银行间市场清算所股份有限公司、商业银行等)登记时设立,应遵循相应规定,如《储蓄国债(电子式)质押管理暂行办法》第 5 条规定:"以储蓄国债为质押品取得贷款仅限在试点银行开办储蓄国债业务的网点(同一城市内应包括所有网点)办理。各试点银行办理以储蓄国债为质押品的贷款时,其质押品应为本系统售出的储蓄国债。借款人申请办理质押贷款业务时,应向原购买银行提出申请。经审核批准后,由借贷双方签订质押贷款合同,作为质押的储蓄国债的债权由贷款人予以冻结,贷款人同时向借款人出具债权冻结证明。"

(四)存款单质权

1. 存款单质权的客体

存款单又称存单,是指银行等金融机构向存款人开具的到期还本付息的债权凭证,包括个人定期存单、单位定期存单等。

能成为适格质押财产的存款单首先得真实,否则是废纸一张。以此为出发点,根据《存单规定》第 8 条第 1—2 款,无论是存单持有人伪造、变造的虚假存款单,还是金融机构虚开的没有实际存款或与实际存款不符的存款单,均不能成为质押财产,否则质押合同无效。④ 不过,开具存款单的金融机构依法确认存款单具有真实性(即核押)的⑤,无异于对存款单的真实性提供了担保,为了保护债权人的合理信赖,根据《存单规定》第 8 条第 3 款,即便存单系伪造、变造、虚开,也能成为适格的质押财产。

---

① 根据《全国银行间债券市场金融债券发行管理办法》第 2 条,金融债券是指依法在中华人民共和国境内设立的金融机构法人在全国银行间债券市场发行的、按约定还本付息的有价证券。

② 根据《企业债券管理条例》第 5 条,企业债券是指企业依照法定程序发行、约定在一定期限内还本付息的有价证券。

③ 根据《公司法》第 194 条第 1 款,公司债券是指公司发行的约定按期还本付息的有价证券。

④ 《存单规定》第 8 条第 2 款规定,存单持有人以金融机构虚开的没有实际存款或与实际存款不符的存款单质押的,存单持有人对侵犯他人财产权承担赔偿责任,金融机构因其过错致他人财产权受损的,对所造成的损失承担连带赔偿责任;接受存单质押的人在审查存单的真实性上有重大过失的,金融机构仅对所造成的损失承担补充赔偿责任;明知存单虚假而接受存单质押的,金融机构不承担民事赔偿责任。

⑤ 比如,《单位定期存单质押贷款管理规定》第 9 条规定:"存款行在开具单位定期存单的同时,应对单位定期存单进行确认,确认后认为存单内容真实的,应出具单位定期存单确认书。确认书应由存款行的负责人签字并加盖单位公章,与单位定期存单一并递交给贷款人。"第 10 条规定:"存款行对单位定期存单进行确认的内容包括:(一)单位定期存单所载开立机构、户名、账号、存款数额、存单号码、期限、利率等是否真实准确;(二)借款人提供的预留印鉴或密码是否一致;(三)需要确认的其他事项。"

2. 存款单质权的设立

有权利凭证存款单质权的设立应具备质权人占有权利凭证的一般要件,特别法有规定的,尚需满足特别法规定的要件,如根据《个人定期存单质押贷款办法》第12条第1款,出质人须向质权人提供印鉴或密码。

对无权利凭证存款单出质有专门规定的,质权在相应机构办理登记时设立,如大额存单采用电子介质,《大额存单管理暂行办法》第9—10条规定,大额存单质权登记机构在发行人或银行间市场清算所股份有限公司。没有相应规定的,根据《动产和权利担保统一登记办法》第2条,应在动产融资统一登记公示系统办理登记。

(五)仓单质权

1. 仓单质权的客体

仓单是指仓储保管人向存货人开具的提取仓储物的凭证。《期货和衍生品法》第45条第3款把标准仓单界定为"交割库开具并经期货交易场所登记的标准化提货凭证",此外的仓单为非标准仓单。

《民法典》第909条规定:"保管人应当在仓单上签名或者盖章。仓单包括下列事项:(一)存货人的姓名或者名称和住所;(二)仓储物的品种、数量、质量、包装及其件数和标记;(三)仓储物的损耗标准;(四)储存场所;(五)储存期限;(六)仓储费;(七)仓储物已经办理保险的,其保险金额、期间以及保险人的名称;(八)填发人、填发地和填发日期。"仓储保管人向存货人开具的入库单、提货单等单证不符合仓单前述要求的,不是仓单,不能成为质押财产。

仓单是在存货人交付仓储物后由保管人开具的,是与仓储物对应的,因而属于提取仓储物的凭证。保管人在没有仓储物的情况下开具的虚假仓单通称空单,没有对应的货物价值,实属空纸一张,不能成为适格质押财产。

2. 仓单质权的设立

根据《民法典》第441条、《担保制度解释》第59条第1款,有权利凭证仓单质权的设立需符合以下要求:其一,存货人或仓单持有人在仓单上以背书记载"质押"字样;其二,经保管人签章;其三,质权人占有。

对无权利凭证仓单质押有专门规定的,质权在相应机构办理登记时设立。比如,根据《国家粮食电子交易平台仓单管理办法(试行)》第8条,粮食现货仓单经省级交易中心注册登记后,在国家粮食电子交易平台上办理质押融资业务。又如,《上海期货交易所标准仓单管理办法(修订版)》第30条规定,标准仓单在交易所外质押的,先由出质人通过交易所标准仓单管理系统向指定交割仓库提交质押登记申请,并由该仓库审核申请,再由质权人通过该系统确认提交质押登记的标准仓单,最后由指定交割仓库对标准仓单进行登记管理,该仓单不得进行交割、转让、提货、挂失等任何操作。没有相应规定的,根据《动产和权利担保统一登记办法》第2条,应在动产融资统一登记公示系统办理登记。

3. 仓单质权的顺位

从规范和理论上讲,仓单是提取仓储物的凭证,应与仓储物实际情况对应,同一仓储物只能对应一份仓单;而且,仓单的价值源自仓储物,仓单质权之所以能保障债权实现,归根结底源自仓储物的价值担保,故在仓单质权设立后,知悉的保管人应妥善保管对应的仓储物,不能把仓储物通过交由他人占有的方式转让或质押。但现实并非如此,在利益促动下,非标准仓单与仓储物往往难有一一对应性,以至于非标准仓单信用极低,仓单质押在市场中并不受欢迎。

仓单与仓储物未一一对应的情形主要表现为:其一,它们分别为不同债权人设立质权,产生权利竞争,《担保制度解释》第59条第2款为此提供的方案是适用优先原则,按照公示时间先后确定顺位;难以确定先后的,按照债权比例清偿。其二,保管人为同一仓储物签发多份仓单,它们分别为不同债权人设立质权,《担保制度解释》第59条第3款采用与第2款相同的立场。这两种情形往往会给某一或全部质权人造成损失,而出质人和保管人难辞其咎,根据《担保制度解释》第59条第4款,质权人举证证明其损失系由出质人与保管人的共同行为所致,请求后两者承担连带赔偿责任的,法院应予支持。

仓单质权与仓储物抵押权之间也会存在竞争,根据《担保制度解释》第59条第2款并参照《民法典》第414—415条,它们的顺位如下:其一,抵押权登记在先,质权设立在后,抵押权顺位先于质权;其二,抵押权设立在先,但未登记,设立在后的质权顺位先于抵押权;其三,质权设立在先,无论设立在后的抵押权是否登记,质权顺位先于抵押权。

4. 仓单质权的实现

仓单有提货日期,在该日期先于主债权到期时,为了保全质权,根据《民法典》第442条,质权人可以不经出质人同意,也无需通知出质人就能提货。不过,质权人不能就此取得仓储物所有权,而是要与出质人协商,后者同意提前以仓储物变价款清偿债务的,质权消灭;出质人不同意的,则应提存,待仓单质权实现条件具备后,再就仓储物变价款优先受偿。也就是说,就提取的仓储物去向,出质人只能在提前清偿和提存中两选一,一旦否定其一,就应实施另一选项。

仓单的提货日期晚于主债权到期的,在质权实现条件具备时,质权人可依法就仓单的变价款(如折价或转让款)优先受偿,也可在仓单的提货日期截止时,对仓储物进行变价并就变价款优先受偿。

上述的仓单质权实现规范可一体适用于提单质权[①],下文相关之处不再赘述。

(六) 提单质权

1. 提单质权的客体

根据《海商法》第71条、第79条,提单是指用以证明海上货物运输合同和货物已经由承运人接收或者装船,以及承运人保证据以交付货物的单证,包括记名提单、指示提单和不记名提单。记名提单不得转让,不能作为质押财产。

提示:铁路提单

提单通常指《海商法》规定的提单,此外实践中还有铁路提单。参考案例"重庆某汽车销售有限公司诉重庆某物流有限公司物权保护纠纷案"的生效裁判认为:"铁路提单是市场主体在依托中欧班列开展国际货物运输及国际贸易中签发,以满足陆上贸易融资需求,提升陆上贸易交易效率的创新单证,是'一带一路'陆上贸易发展到一定阶段的实践产物。人民法院应当尊重当事人意思自治,依法支持商业实践的创新做法,既应将其置于现行法律之下进行审查,确保其不违反法律、行政法规的强制性规定,不损害社

[①] 参见《担保制度解释》第60条以及指导案例111号"中国建设银行股份有限公司广州荔湾支行诉广东蓝粤能源发展有限公司等信用证开证纠纷案"。

会公共利益,又要注意维护交易安全。"在铁路提单合法有效、可转让的前提下,也能成为适格的质押财产,应遵循提单质权规范。

2. 提单质权的设立

指示提单的特点是经过记名背书或者空白背书转让,不记名提单的特点是无需背书即可转让,与此相应,在两者均有权利凭证时,除了交付或共同占有的共性要件,指示提单质权设立还应背书记载"质押"字样,不记名提单质权设立则无需该要求。[①] 无权利凭证的指示提单、不记名提单质权应在动产融资统一登记公示系统办理登记时设立。

(七) 基金份额质权

1. 基金份额质权的客体

在此的基金仅指《证券投资基金法》规定的证券投资基金,即通过公开或者非公开募集资金设立证券投资基金,由基金管理人管理,基金托管人托管,为基金份额持有人的利益,以资产组合方式进行证券投资活动的信托契约型基金。[②] 基金份额是指投资人对证券投资基金持有的份额。《证券投资基金法》第 46 条规定,基金份额持有人享有分享基金财产收益、参与分配清算后的剩余基金财产等权利,据此,基金份额质权客体实际是份额持有人的这些财产权。

能成为适格质押财产的基金份额必须可以转让,但法律只是限制其受让人的,如《证券投资基金法》第 87 条、第 91 条、第 92 条规定不得向合格投资者之外的单位和个人转让非公开募集基金份额,并不影响其承载质权,但在实现时要受到限制,如非公开募集基金份额的受让人只能是合格投资者。

2. 基金份额质权的设立

根据《民法典》第 443 条第 1 款、《证券投资基金法》第 102 条第 1 款,基金份额质权在证券登记结算机构等基金份额登记机构办理登记时设立。

(八) 股权质权

1. 股权质权的客体

股权是股东基于对公司投资而享有的权利。能成为适格质押财产的股权必须可以转让,但法律只是限制其转让期限的,如《公司法》第 160 条第 2 款规定股份有限公司的董事、监事、高级管理人员所持本公司股份自公司股票上市交易之日起一年内不得转让,不影响其承载质权,但在实现时要受到限制,如前述股份在公司股票上市交易之日起一年后才能转让。与此同时,法律禁止出质的股权不是适格质押财产,如根据《公司法》第 162 条第 5 款,股份有限公司的质权客体不得是本公司股份。

2. 股权质权的设立

根据《民法典》第 443 条第 1 款、《证券法》第 147 条、《证券公司股票质押贷款管理办法》第 4 条、《股权出质登记办法》第 2—3 条等规定,股权质权在证券登记结算机构、市场监督管理部门等登记机构办理登记时设立。

[①] 参见程啸、高圣平、谢鸿飞:《最高人民法院新担保司法解释理解与适用》,法律出版社 2021 年版,第 376 页。

[②] 参见黄薇主编:《中华人民共和国民法典释义》(上册),法律出版社 2020 年版,第 842 页。

（九）知识产权质权

1. 知识产权质权的客体

根据《民法典》第444条第1款,知识产权质权客体限于知识产权中的财产权,主要包括:其一,《商标法》第42—43条规定的转让注册商标、许可他人使用注册商标的权利;其二,《专利法》第9条、第11条规定的转让专利、许可他人使用专利的权利;其三,《著作权法》第10条规定的复制权、发行权等财产权。

2. 知识产权质权的设立

根据《民法典》第444条第1款、《注册商标专用权质押登记程序规定》第1条、《专利权质押登记办法》第2条、《著作权质权登记办法》第2条等规定,知识产权质权在办理登记时设立,登记机构分别为国家知识产权局、国家版权局、中国版权保护中心。

（十）应收账款质权

1. 应收账款质权的客体

（1）应收账款的概念

根据《动产和权利担保统一登记办法》第3条,应收账款是指债权人因提供一定的货物、服务或设施而获得的要求债务人付款的权利以及依法享有的其他付款请求权,包括:其一,销售、出租产生的债权,包括销售货物,供应水、电、气、暖,知识产权的许可使用,出租动产或不动产等;其二,提供医疗、教育、旅游等服务或劳务产生的债权;其三,能源、交通运输、水利、环境保护、市政工程等基础设施和公用事业项目收益权;其四,提供贷款或其他信用活动产生的债权;其五,其他以合同为基础的具有金钱给付内容的债权。

从上述界定可知,应收账款的基础特性为:其一,是金钱债权,不包括特定物债权(如交付货物的请求权);其二,是合同债权,不包括不当得利等法定债权;其三,是其他权利质权客体之外的债权,不包括票据、债券、存款单等其他债权。在此基础上,应收账款需有流通性。根据《民法典》第545条,根据性质不得转让或依照法律规定不得转让的应收账款(如非营利医院收取医疗费的债权)没有流通性,不得成为质押财产;不得转让的约定不得对抗第三人,故约定不得转让的应收账款能成为质押财产。

（2）应收账款的种类

应收账款包括两类:

第一,现有应收账款,即业已发生的应收账款(如在实际借款后,债权人对债务人有按期还款的请求权),它属于现实债权。

现有应收账款是确定债权,成为适格质押财产的基点是真实性,虚假的应收账款没有担保价值。应收账款是金钱债权,不像物权那样有公示形式可予甄别,其真实与否往往离不开应收账款债务人的确认。根据《担保制度解释》第61条第1款并参照《民法典》第763条,该确认足以引起质权人的合理信赖,质权人无需再辨析其内容是否真实,除非质权人明知确认虚假,否则经确认的应收账款都是适格的质押财产。确认可为明示(如出具确认书),可为默示(如应收账款债务人主张债务消灭,从中可推定应收账款的真实性)。不过,应收账款债务人的确认并非甄别应收账款真实性的唯一路径,根据《担保制度解释》第61条第2款,虽未经确认,但质权人有充分证据证明应收账款真实存在的,其同样是适格的质押财产。

例:A公司是生产啤酒的核心企业,B公司是原料供应商,两者的经营模式是"先货后款",B公司按月供货,A公司以半年度为单位结算付款。B公司的关联企业C公司从D银行借款100万元,为担保该债权,B公司以对A公司的300万元货款债权为D银行设立应收账款质权。在此,C公司是债务人,D银行是质权人、债权人,B公司是出质人,A公司是应收账款债务人。在此事实基础上分设四种情形:(1)在设立质权时,经D银行征询,A公司出具确认书,确认欠B公司300万元。(2)在设立质权时,经D银行征询,A公司未出具确认书,但D银行掌握了确认A公司欠B公司300万元货款的法院生效文书以及A公司未还款的确凿证据。(3)在设立质权时,A公司未出具确认书,D银行也没有A公司欠B公司300万元货款的证据;之后A公司向D银行称已还款,对B公司不再负有债务。(4)在设立质权时,经D银行征询,A公司否认欠B公司300万元货款,D银行也无该笔应收账款真实存在的确凿证据。(5)在设立质权时,经D银行征询,A公司出具确认书,确认欠B公司300万元货款,但该确认书虚假,且D银行也知道其虚假。在前三种情形,B公司对A公司的300万元债权都是适格的质押财产;在后两种情形,B公司对A公司的300万元债权不存在,不是适格的质押财产。

正如上例显示的,应收账款质押往往发生在供应链融资中,A公司在交易中占有强势地位,通过"先货后款"等方式把资金压力转移到B公司这样的中小企业。中小企业为了便宜地获取融资(如无需再用原材料提供担保),乐于以其对核心企业的应收账款为担保财产;在核心企业的信用加持下,银行也乐于接受这样的担保财产,并基于此进行放贷。

第二,将有应收账款,即发生原因具备但尚未发生的应收账款(如在借款合同成立但尚未实际借款情形,债权人的还款请求权)或发生原因尚不具备但将来应会具备且应会发生的应收账款(如高速公路运营人对通行车辆的收费权)。前者,它属于将来债权。

将有应收账款不像现有应收账款那样确定,作为担保财产对于债权实现具有一定风险,但这种风险完全可以内化(如借款数额少、期限短、利率高),故只要当事人愿意接受这种担保方式,法律应提供便利。根据《担保制度解释》第53条,只要将有应收账款达到"能够合理识别"的程度(如在某段时间内产生的应收货款)即可,至于其将来能否现实发生,由当事人根据交易主体、底层资产、历史数据等信息进行商业判断。[1] 不过,若将有应收账款质押会影响出质人的经营,如质押将来所有的营业收入,会面临违背公序良俗无效的法律命运。[2]

2. 应收账款质权的设立

应收账款质押合同双方为出质人和债权人,只要符合法律行为和合同成立生效要件,就能产生法律效力。在实践中,现有应收账款债务人的确认书往往是质押合同的附件,但该债务人并非质押合同当事人,除非构成第三人欺诈,否则该确认书的真伪不影响质押合同效力。[3]

在原因行为和物权合意均成立生效的基础上,无论以哪一类应收账款质押,根据《民法典》第445条第1款,质权在动产融资统一登记公示系统办理登记时设立;至于债权人是否

---

[1] 参见赵申豪:《类型区分视角下将来债权担保的私法规制》,载《财经法学》2024年第2期。
[2] 参见陈自强:《民法讲义Ⅱ 契约之内容与消灭》,法律出版社2004年版,第252页。
[3] 根据参考案例"某证券投资有限公司诉某开发总公司、某工程项目管理海安有限公司、海安经济技术开发区管理委员会借款合同纠纷案"的裁判要旨,应收账款债务人出具的应收账款确认函是质押合同的附件,出质人主张其存在涉嫌伪造印章的犯罪事实,因确认函的确认方是应收账款债务人,与质权人无关,故该涉嫌犯罪事实并不影响应收账款质押合同的成立。

通知应收账款债务人,对于质权设立不起作用。

3. 应收账款质权的效力

在现有应收账款质权设立后,为了实现质权人的优先受偿权,出质人负有不得减损或消灭应收账款的义务,不能请求应收账款债务人向自己清偿,不能受领该债务人的清偿,还应根据诚信原则把质权设立的事实通知该债务人。与此同时,质权人应通过核实出质人与应收账款债务人的买卖合同及其履行情况等行为来审查应收账款的真实性,并应把质权设立的事实通知应收账款债务人。

在通知后,参照《民法典》第548条,应收账款债务人对出质人的抗辩,可向质权人主张;参照《民法典》第549条第1项,应收账款债务人对出质人享有的债权先于应收账款到期或者同时到期的,该债务人可以向质权人主张抵销。没有前述抗辩事由的,在应收账款履行期限届至而质权实现条件尚不具备时,为了免除应收账款债务人的违约责任,在质权人和出质人就该债务人的清偿不能达成一致时,清偿款项应予提存,待质权实现条件具备后,再由质权人优先受偿。应收账款债务人之所以不能向出质人清偿,是因为这会损及质权的实现,根据《担保制度解释》第61条第3款,该清偿对质权人没有效力,质权人在实现质权时仍能要求该债务人清偿。应收账款债务人之所以不能径直向质权人清偿,是因为这样无异于迫使主债务人放弃期限利益,对主债务人及出质人均不利;而且,由于出质人与该债务人的其他债权人地位平等,一旦该债务人破产,出质人并无优先受偿的法律地位,连带地导致质权人也不能优先受偿,允许质权人径直受偿,对应收账款债务人的其他债权人不利。

例:在上例的应收账款质权设立后,D银行通知A公司。在B公司的债权于1月1日到期时,D银行的债权尚未到期。在此事实基础上分设四种情形:(1)B公司、D银行达成协议,由A公司向B公司清偿200万元,向D银行清偿100万元,结果导致两者的债权均消灭。(2)B公司、D银行未达成协议,A公司向公证机构提存300万元,B公司的债权消灭,D银行在C公司未清偿到期债务时,可从提存款中优先受偿100万元。(3)B公司、D银行未达成协议,A公司向B公司清偿300万元,D银行在C公司未清偿到期债务时,有权请求A公司清偿100万元;A公司在清偿后有权请求B公司偿还100万元。(4)B公司、D银行未达成协议,A公司向D银行清偿100万元,向B公司清偿200万元,D银行无受领权限,A公司在请求D银行返还100万元予以提存后,B公司的债权消灭;D银行在C公司未清偿到期债务时,可就提存款优先受偿。

未通知的,应收账款债务人向出质人清偿,导致应收账款消灭,质权人无权再主张优先受偿权,参照《民法典》第408条,只能请求出质人增加担保,否则质权人有权请求债务人提前清偿债务。

将有应收账款的债务人确定的,可适用前述规范和法理。

4. 应收账款质权的实现

在现有应收账款质权,质押财产是金钱债权,内容和债务人均确定,受此影响,在把质权设立事实通知应收账款债务人后,质权在实现时,由质权人径行要求应收账款债务人清偿即可,也即直接收取债权,无需再予变价;该债务人仍向出质人清偿的,对质权人没有效力,质权人仍能要求该债务人清偿。未通知的,应收账款债务人向出质人清偿,导致应收账款消灭,质权人不能再要求该债务人清偿。

与现有应收账款不同,将来应收账款的内容或债务人会具有不确定性,根据《担保制度解释》第61条第4款,当事人为应收账款设立特定账户的,该账户使应收账款具有确定性,在质权实现时,质权人有权请求就该账户内的款项优先受偿;未设立特定账户或特定账户内的款项不足以清偿债务的,质权人有权请求对应收账款折价或拍卖、变卖,并以所得的价款优先受偿。此外,正如指导案例53号"福建海峡银行股份有限公司福州五一支行诉长乐亚新污水处理有限公司、福州市政工程有限公司金融借款合同纠纷案"裁判要点指出的,将有应收账款依其性质不宜折价、拍卖或变卖的,法院可以判令应收账款债务人将应收账款优先支付质权人。

第五节 留 置 权

一、留置权概述

(一) 定义

《民法典》第447条第1款规定:"债务人不履行到期债务,债权人可以留置已经合法占有的债务人的动产,并有权就该动产优先受偿。"据此,留置权是指在债务人不履行到期债务时,债权人依法享有拒绝返还其合法占有的留置财产,并就该动产的变价款优先受偿的担保物权。

例:4S店把A的一辆车修理后,A不依约支付修理费,4S店能扣留该车不予返还。后双方约定A应在5日的宽限期内付费,否则4S店能依法对该车进行变价并优先受偿。

关联:留置权的比较法概况

在比较法上,法国、奥地利、德国[①]、荷兰的留置权不是担保物权,瑞士、日本、我国台湾地区的留置权是担保物权,但日本的留置权没有优先受偿功能,留置财产也不限于动产。[②] 就参考价值而言,瑞士和我国台湾地区的留置权规范为首选,日本留置权和德国法定质权规范次之。

(二) 特性

1. 典型的动产担保物权

留置权是以动产为客体的典型担保物权,其从属性和物上代位性没有自身特点[③],至于不可分性,简要阐述如下:留置财产是不可分物的,其整体用以担保全部债权,如4S店用留置的价值50万元的一辆汽车来担保5000元修理费;留置财产是可分物的,根据《民法典》第

[①] 《德国商法典》第369—372条规定的商事留置权(Kaufmännisches Zurückbehaltungsrecht)并非物权,而是物权化的权利(参见〔德〕C. W. 卡纳里斯:《德国商法》,杨继译,法律出版社2006年版,第656页)。《德国商法典》第397条、第441条、第464条、第475b条分别规定了行纪人、货物承运人、运输代理人和仓储营业人对占有动产的法定质权,它们有留置和优先受偿功能,更接近于我国的留置权。

[②] Vgl. Reichenbach, Das Retentionsrecht-Rechtsnatur und kollisionsrechtliche Qualifikation, 2002, S. 83 ff. See also Sjef van Erp & Bram Akkermans (eds), *Cases, Materials and Text on Property Law*, Hart Publishing, 2012, pp. 519-532. 另参见刘保玉:《物权法学》(第二版),中国法制出版社2022年版,第534—536页。

[③] 不过,有学理认为,留置权以占有为成立及存续要件,只有留置财产的占有和债权一同转让给受让人,始有留置权转让,从而不同于意定担保物权的转让从属性。参见史尚宽:《物权法论》,中国政法大学出版社2000年版,第513—514页;姚瑞光:《民法物权论》,中国政法大学出版社2011年版,第240页。

450条,留置财产的价值应与债权金额相当,如 B 承运 C 价值 10 万元的煤,就 C 拖欠的运费 2000 元,B 只能留置价值相当的煤,也即只有这部分煤才是留置财产,其他部分煤并非留置财产,这样既减少留置权人保管过多留置财产之累,对债务人也公允,可充分实现物的效用。留置财产为可分物的,就价值多出债权金额部分之物,债务人可请求留置权人返还,后者不返还的,债务人可根据保管合同等主张违约责任[①];留置权人也可请求债务人取回,债务人不取回的导致留置权人返还未果的,留置权人可根据《民法典》第 570 条进行提存。

关联:留置抗辩权

BGB 第 273 条规定了作为抗辩权而非物权的留置权,称为留置抗辩权或债权性留置权[②],它适用于:(1) 在没有约定或法定的除外情形,双方基于同一法律关系相互享有债权的,对另一方享有到期债权的一方能拒绝给付,如 K 与 V 有长期业务关系,K 向 V 请求给付其在 7 月 1 日购买的货物,V 可以 K 必须为 5 月 2 日购买的货物付款为由拒绝给付。(2) 一方负有交出标的物的义务,其因对物的花费或物引起的损害赔偿而对另一方享有到期债权的,可拒绝交出,如 A 捡到 B 跑丢的牧羊犬并饲养,B 能对 A 主张返还请求权,但就饲养费以及在此过程中手被咬伤的治疗费,A 可向 B 请求赔偿,进而能拒绝交还。[③] 我国没有 BGB 第 273 条这样的留置抗辩权一般规范,学理认为可通过扩张解释《民法典》第 525 条的同时履行抗辩权来构建留置抗辩权。[④] 与留置权不同,留置抗辩权可由当事人约定,标的物不以动产为限,标的物可为债权人所有(如前例 V 的货物),债权人没有变价权和优先受偿权。

2. 法定的优先地位担保物权

留置权是法定担保物权,满足法定条件即可成立。在承揽、运输、保管等交易场合,若债务人先予履行,不仅支付的费用会打水漂,还可能收不回标的物,为了避免这双重风险,债权人先予履行(如 4S 店先修车再收费)成为行业惯例,而借助债权人占有债务人动产的天然优势,在满足法定条件时成立留置权,既符合当事人降低交易风险的通常意愿,又能节省当事人约定担保物权的协商成本,两全其美。

不仅如此,在这些交易中,债权人通过投入人财物增益了留置财产的效用,保全或增加了债务人的责任财产,如 4S 店修车提高了车的性能价值、承运人把货物运至异地提升了货物的经济价值、保管人防范了动产的价值贬损。留置财产效用的增益部分源自债权人的先予履行,债权人是这部分价值的创造者,为了激励交易,鼓励创造社会财富,根据"物之价值的根本创造者应得最优地位"的法理,留置权的法律地位优于抵押权、质权。《民法典》第 456

[①] 参见程啸:《担保物权研究》(第二版),中国人民大学出版社 2019 年版,第 737 页。

[②] 有见解指出,该条是债务人拒绝给付的拒绝履行权(Zurückbehaltungsrecht)的一般规定,将其译为留置权会引起误会(参见陈自强:《契约违反与履行请求》,元照出版有限公司 2015 年版,第 259 页)。这种见解很有道理,但鉴于我国学理通常译为留置权或留置抗辩权,本书从之。

[③] 参见〔德〕迪尔克·罗歇尔德斯:《德国债法总论(第 7 版)》,沈小军、张金海译,中国人民大学出版社 2014 年版,第 120—123 页。此外,日本的留置权没有优先受偿功能,学理认为其属于物权性抗辩权。参见章程:《论我国留置权的规范适用与体系整合——民法典时代的变与不变》,载《法商研究》2020 年第 5 期。

[④] 参见王洪亮:《债法总论》,北京大学出版社 2016 年版,第 111 页;庄加园:《留置抗辩权的体系构建:以牵连关系为中心》,载《法商研究》2022 年第 3 期。

条规定:"同一动产上已经设立抵押权或者质权,该动产又被留置的,留置权人优先受偿。"此外,《民法典》第416条规定,留置权优先于价款优先权。

3. 有留置和优先受偿的双重功能

留置权虽为变价权和优先受偿权,但不以优先受偿为首要功能,而是先通过扣留动产来合法限制物归原主的机会,以督促债务人履行债务,从而为债权依其本旨的实现提供保障。只有在留置功能不能实现,债务人在宽限期内仍不履行债务时,留置权人才能依法通过变价来优先受偿。

(三) 留置权与类似制度的区别

1. 留置权与动产抵押权的区别

留置权与动产抵押权同为典型的动产担保物权,但区别明显:其一,范畴不同,前者是法定担保物权,后者是意定担保物权。其二,功能不同,前者有留置和优先受偿功能,后者的权利人不占有抵押财产,没有留置功能。其三,成立要件不同,前者以债务人不履行到期债务、债权人合法占有债务人的动产等为成立要件,后者以有效的抵押合同为要件。其四,法律效力不同,前者能对抗任一第三人,后者在未登记时不能对抗善意第三人;同一动产承载两者的,前者的效力优于后者。其五,消灭事由不同,前者因权利人丧失占有、另行提供担保和债务延期而消灭,不因主债权诉讼时效期间届满而消灭,并只有在债务人于宽限期届满后仍不履行债务时才具备实现条件;后者不因前述事由而消灭,但因主债权诉讼时效期间届满而消灭,且只要债务人到期不履行债务或发生当事人约定的情形即具备实现条件。

2. 留置权与动产质权的区别

留置权与动产质权同为典型的动产担保物权,均以占有为公示形式,但差异显著:其一,范畴不同,前者是法定担保物权,后者是意定担保物权。其二,功能不同,前者以留置为首要功能,后者以优先受偿为主要功能。其三,成立要件不同,前者如上述,后者遵循意定担保物权的设立要件。其四,法律效力不同,同一动产承载两者的,前者的效力优于后者。其五,消灭事由不同,前者如上述,后者不因另行提供担保和债务延期而消灭,且只要债务人到期不履行债务或发生当事人约定的情形即具备实现条件。

3. 留置权与同时履行抗辩权的区别

留置权与同时履行抗辩权均属于履行拒绝,均源于罗马法的恶意抗辩。[①] 两者的主要区别为:其一,范畴不同,前者是担保物权,后者是能对抗对方请求权的抗辩权。其二,功能不同,前者旨在担保债权实现,后者为当事人一方不积极履行给付义务提供了抗辩权。其三,适用范围不同,前者广泛适用于合同之债和法定之债,后者仅适用于没有先后履行顺序的双务合同。其四,成立要件不同,前者如上述,后者以对方不履行给付义务为要件,至于标的物是否为动产在所不问。其五,法律效力不同,前者的权利人有权占有留置财产并收取孳息,还能对留置财产进行变价并优先受偿,后者的权利人有权拒绝给付。

[①] 该抗辩是指双方互负债务,一方不履行自己对另一方的债务,而要求另一方履行对自己的债务,违反诚实信用原则,另一方有权拒绝该要求。它在后世发展成为两种制度,一为留置权,另一是同时履行抗辩权。参见〔日〕近江幸治:《民法讲义Ⅲ 担保物权(第3版)》,徐肖天译,上海社会科学院出版社2023年版,第19—20页。

4. 留置权与法定抵销的区别

抵销是狭义之债的消灭事由,分为法定抵销①和约定抵销②。虽然留置权和法定抵销均有担保作用,均因法律规定而成立,但二者区别明显:其一,范畴不同,前者为担保物权,后者属于消灭债权的形成权。其二,功能不同,前者旨在担保债权实现,在债务人履行债务前,留置权人有权扣留留置财产,但不能直接消灭债权,后者则直接导致债权消灭。③ 其三,适用范围不同,前者适用的债无需标的物种类、品质相同,后者则仅适用于标的物种类、品质相同的债务。其四,成立要件不同,前者如上述,后者以双方互负均能抵销的债务,标的物种类、品质相同,主张抵销一方的债务到期等为要件。④ 其五,法律效力不同,前者如上述,后者的权利人向对方主张抵销,债权在通知到达对方时消灭。

5. 留置权与自助行为的区别

留置权人通过扣留留置财产来督促债务人履行债务,看上去与扣留动产的自助行为没有差别,实则不同:其一,范畴不同,前者是担保物权,后者是暂时性的权利救济措施,如 A 的羊窜到 B 的麦田里吃草,B 逮住羊属于自助行为,B 对羊没有留置权。其二,功能不同,前者有留置和优先受偿的双重功能,后者仅有暂时扣留功能。其三,适用范围不同,前者适用于债的领域,后者还能用于保全物权请求权,如扣留被偷的自行车。其四,成立要件不同,前者要求留置财产适格,不能是法律禁止留置或扣押的动产,不能是不能变价的动产,民事留置权还要求留置财产与债权属于同一法律关系;后者没有这样的要求,如 A 到餐厅用餐后不付费,餐厅能扣留 A 随身带的手机等物品。其五,法律效力不同,前者如上述,后者只能暂时扣留动产,不能收取孳息,也不能变价并优先受偿,请求权的实现还要通过公力救济的方式解决。

(四)留置权的种类

1. 一般留置权和特别留置权

一般留置权是适用物权编第十九章"留置权"规范的留置权,特别留置权是指由其他法律调整的留置权。这种分类的意义在于,其他法律的留置权规范属于特别法的,应优先适用。比如,《海商法》第 141 条规定,定期租船合同⑤的承租人未向出租人支付租金的,出租人对船上属于承租人的货物有留置权。出租人对船舶虽为间接占有,但对承租人在船上的货物未必是间接占有,即便如此,也不影响留置权的成立,也即该留置权不以出租人占有承租人的货物为要件,这与《民法典》第 447 条第 1 款对留置权的界定明显不同。

> **提示:物权编之外的一般留置权**
>
> 物权编之外有些法律规定了留置权,但它们并无特别之处,应适用物权编第十九章,属于一般留置权,主要包括:(1)《民法典》第 783 条的承揽人对工作成果的留置权、

---

① 《民法典》第 568 条规定:"当事人互负债务,该债务的标的物种类、品质相同的,任何一方可以将自己的债务与对方的到期债务抵销;但是,根据债务性质、按照当事人约定或者依照法律规定不得抵销的除外。当事人主张抵销的,应当通知对方。通知自到达对方时生效。抵销不得附条件或者附期限。"

② 《民法典》第 569 条规定:"当事人互负债务,标的物种类、品质不相同的,经协商一致,也可以抵销。"

③ 留置权有一时的抵销权之称,抵销权则有终局的留置权之称。参见史尚宽:《物权法论》,中国政法大学出版社 2000 年版,第 490 页。

④ 参见王利明:《合同法通则》,北京大学出版社 2022 年版,第 405—407 页。

⑤ 《海商法》第 129 条规定:"定期租船合同,是指船舶出租人向承租人提供约定的由出租人配备船员的船舶,由承租人在约定的期间内按照约定的用途使用,并支付租金的合同。"

第836条的承运人对运输货物的留置权、第903条的保管人对保管物的留置权。(2)《海商法》第25条的船舶留置权、第87条的承运人对货物的留置权、第161条的海上拖航合同承拖方对被拖物的留置权。(3)《信托法》第57条的受托人对信托财产的留置权。

《民法典》第959条规定,委托人逾期不支付报酬的,行纪人对委托物享有留置权。在卖出行纪,只有在行纪人没有卖出委托物,委托人应付而未付报酬时,行纪人对委托物有留置权;在买入行纪,行纪人买入的动产是委托物,它在转交委托人之前归行纪人所有,行纪人留置自己的物没有意义。① 前一情形仍为一般留置权,后一情形不符合留置财产是他人之物的界定,属于留置抗辩权。

2. 民事留置权和商事留置权

《民法典》第448条规定:"债权人留置的动产,应当与债权属于同一法律关系,但是企业之间留置的除外。"据此,企业②之间的留置权为商事留置权,其他主体之间的留置权则为民事留置权。两者区别主要在于:其一,民事留置权源于罗马法的恶意抗辩,商事留置权源于中世纪意大利商人团体的习惯法,即商人为了促进持续交易中的信用交易,会相互抵销债权债务。③ 其二,商事留置权的成立要件比民事留置权宽松,以此来满足企业之间高效的交易需求。其三,民事留置权随债权转让而转让,但商事留置权担保企业持续经营中发生债权的,债权转让不能导致商事留置权转让。④

需要注意的是,适用物权编第十九章的民事留置权和商事留置权均为一般留置权,被《海商法》第141条等特别法调整的民事留置权和商事留置权则为特别留置权。

二、留置权的成立要件

留置权是法定担保物权,因符合法律规定的要件而成立。由于特别留置权的成立要件以一般留置权的成立要件为基础,需根据具体情况有所增减,故本处仅论及一般留置权的成立要件。与一般民事留置权相比,一般商事留置权的成立要件具有特殊性,故下文先阐述一般民事留置权的成立要件,再阐述一般商事留置权的特殊要件。

(一)一般民事留置权的成立要件

1. 留置财产适格

根据《民法典》第447条第1款等规定,适格的留置财产需满足以下要求:

第一,限于特定的动产,可为机器等一般动产,可为机动车等特殊动产,可为特定化的金钱(如有编号的纪念币)。

第二,与留置权的功能匹配。根据《民法典》第449条,法律禁止留置或扣押的动产(如

---

① 参见韩世远:《合同法学》(第二版),高等教育出版社2022年版,第582—583页;郝丽燕:《〈民法典〉第447—452条(一般留置权的成立要件与效力)评注》,载《南大法学》2023年第2期。

② 对比《民法典》第396条把浮动抵押权的主体列举为"企业、个体工商户、农业生产经营者"的规定来看,《民法典》第448条的企业应不包括个体工商户和农业生产经营者。在比较法上,商事留置权的主体为商事主体(商人),其范围远大于企业。

③ 参见〔日〕近江幸治:《民法讲义 III 担保物权(第3版)》,徐肖天译,上海社会科学院出版社2023年版,第22页。

④ 参见史尚宽:《债法总论》,中国政法大学出版社2000年版,第720页。

《海关法》第 37 条第 1 款规定的海关监管货物①、《居民身份证法》第 15 条第 3 款规定的居民身份证）不适格，因其不符合留置权的留置功能；不能市场流通、不能变价的动产也不适格，因其不符合留置权的优先受偿功能。当然，个人老照片、珍贵文物等不可变价的动产虽不能成为适格留置财产，但不妨碍债权人的留置抗辩权。比如，照相馆修补 A 的个人老照片后，A 不支付费用，照相馆可拒绝返还照片。

第三，债务人的动产。从文义上看，"债务人的动产"既可是债务人所有的动产，也可是债务人占有的第三人动产。《担保制度解释》第 62 条第 1 款规定："债务人不履行到期债务，债权人因同一法律关系留置合法占有的第三人的动产，并主张就该留置财产优先受偿的，人民法院应予支持。第三人以该留置财产并非债务人的财产为由请求返还的，人民法院不予支持。"据此，只要是债务人交付的动产，无论归谁所有，均不妨为适格留置财产，这样能减省债权人调查留置财产权属的成本。

争点：留置权能否善意取得？

把第三人的动产——特别是债务人占有的遗失物或盗赃物——作为留置财产，对债务人无法形成心理压力，无法迫使债务人及时履行债务，与留置权的留置功能并不合拍。② 为了避免该弊端，比较法上用留置权善意取得规范来调适。

根据 ZGB 第 895 条第 3 款、第 933 条，在满足留置权其他成立要件的基础上，债权人相信债务人对动产有处分权，且该善意值得法律保护的，就第三人的动产能成立留置权。③ 我国台湾地区也有留置权善意取得规范。④ 与其他善意取得规范一样，遗失物、盗赃物等脱手物被排除在外，只有这样，留置权善意取得规范才能在鼓励债权人从事正常交易，由第三人承受失权的不利后果的同时，有效防止诱发侵占或偷盗他人之物的道德风险，减少第三人保护财产的成本。⑤

问题在于，留置权是法定担保物权，而善意取得适用于依法律行为的物权变动，两者如何能无缝黏合起来？说理机制有二：(1) 留置权符合当事人降低交易风险的通常意愿，也即在留置权所涉及的交易，当事人有设立相应担保物权的通常意思，这种隐含的意思可在留置权与善意取得之间铺设接轨通道。⑥ (2) 在符合其他成立要件时，留置权刚性地存在于承揽、运输、保管等交易，只要有这些交易，就会有留置权，这表明当事

---

① 在参考案例"某港务公司诉某船业公司船舶港口服务合同纠纷案"中，某交建公司为涉案三艘船舶的建造付汇进口船舶配件，配件已安装于三艘船舶上，已建成的三艘船舶系进料加工制成品。生效裁判认为，加工贸易是指经营企业进口全部或部分原辅材料、零部件、元器件等料件，经过加工或者装配后，将制成品复出口的经营活动，包括来料加工和进料加工。对加工贸易自料件进境至制成品复出口出境止的整个过程，海关实施监管。案涉船舶系海关监管货物，未经海关许可，依法不得留置。

② 日本的留置财产包括第三人之物，有学理认为这有违公平原则，应限缩为债务人所有之物。参见〔日〕我妻荣：《新订担保物权法》，申政武等译，中国法制出版社 2008 年版，第 33 页。

③ Vgl. Riemer, Die beschränkten dinglichen Rechte, 2. Aufl., 2000, S. 173; Tuor/Schnyder/Schmid/Rumo-Jungo, Das Schweizerische Zivilgesetzbuch, 13. Aufl., 2009, S. 1165.

④ 参见谢在全：《民法物权论》（修订 8 版上册），新学林出版股份有限公司 2023 年版，第 544 页。

⑤ 参见苏永钦：《私法自治中的经济理性》，中国人民大学出版社 2004 年版，第 209 页；〔德〕汉斯-贝恩德·舍费尔、克劳斯·奥特：《民法的经济分析》，江清云、杜涛译，法律出版社 2009 年版，第 552—554 页。

⑥ 德国法经验可提供佐证：根据《德国商法典》第 366 条第 3 款，法定质权能善意取得，理由在于法律考虑了推定的或理性的当事人约定设立质权的通常愿意。参见〔德〕C. W. 卡纳里斯：《德国商法》，杨继译，法律出版社 2006 年版，第 656 页。

人在计划和从事这些交易时,已经把留置财产的担保价值计算在成本和收益的范围内,留置权因此成为交易的一部分,发挥着促成交易和减少成本的积极作用。也就是说,尽管形式上没有设立留置权的法律行为,但这些交易隐含了留置权交易的行为[1],一旦留置财产的权属会影响留置权的成立,进而影响交易时,就会与善意取得的规范目的若合符节。

债权人的善意是留置权善意取得的核心。我国台湾地区"民法"第928条第2项第2句规定,债权人占有之始明知或因重大过失不知动产非为债务人所有的,为恶意。该标准过于严苛,因为只要债务人向债权人告知动产归第三人所有的信息,就能排除留置权,对债权人相当不利,这同时还不能合理应对债务人把租借的车辆送付修理等常见的引发留置情形。为了避免这些弱项,应扩张善意的判断标准,把债权人不知债务人无处分权的情形纳入进来。这样一来,即便债权人知道动产归第三人所有,但只要相信债务人有处分权,均不妨碍债权人善意取得留置权。瑞士的司法经验表明,债务人基于租赁、借用等合同关系占有第三人交付的动产的,为了修理、保管等合同目的,可将第三人的动产交付给修理人、保管人等债权人。第三人把动产交付给债务人,有授权债务人将动产交给债权人修理、保管的意味,这为债权人留置动产提供了基础。[2] 按照这种经验,只要当事人按照交易惯例从事正常交易,债权人就为善意,这不仅可杜绝债务人单方排除留置权的可能,还与通常的交易情形吻合,修理人、保管人等债权人不会因动产归第三人所有就拒绝成立合同,也无需要求第三人必须亲自将动产交付债权人。

对比而言,在通常的正当交易,只要满足留置权的其他成立要件,《担保制度解释》第62条第1款和留置权善意取得的后果完全一样,债权人对其合法占有的第三人动产享有留置权;但在第三人动产为脱手物时,留置权善意取得能更细致地在债权人和第三人之间达成利益平衡,与留置权的留置功能更为契合。故而,第三人的动产为脱手物的,不宜成为适格留置财产。

2. 债权人合法占有

根据《民法典》第447条第1款,债权人需合法占有债务人的动产,其含义如下:

第一,债权人只有占有动产,达到排除债务人或第三人单独自行控制动产的程度,才能实现留置功能。在此前提下,占有可为直接占用(如4S店占有A的汽车),可为间接占有(如4S店把A的汽车交由另一家仓库保管)[3],可为共同占有(如4S店与另一家修理店共同维修A的汽车,各持一把钥匙)。这同时意味着,债权人对动产是占有辅助的,不能成立留置权。比如,4S店的员工B用着该店的维修工具,B是占有辅助人,在4S店拖欠B工资时,B对维修工具没有留置权。

第二,债权人的占有需合法,构成有权占有,其本权可以是合同(如4S店修理汽车的承

---

[1] 参见苏永钦:《私法自治中的经济理性》,中国人民大学出版社2004年版,第211页。

[2] Vgl. Brückner, Gutgläubiger Erwerb des kaufmännischen Retentionsrechts an Sachen Dritter, Schweizerische Juristen-Zeitung 1997, S. 64 ff.

[3] 需排除以债务人或第三人为占有媒介人的间接占有(如4S店把车交由A保管),这与留置功能不符,会消灭留置权。

揽合同),可以是无因管理等产生的债权(如 4S 店修理门口抛锚的汽车)。① 反言之,债权人的占有不能是因非法原因所致的侵权占有和恶意占有,前者是占有人有过错地通过法律禁止的私力行为或犯罪行为(如盗窃、抢劫)的占有,后者是占有人明知或因重大过失不知缺失本权的占有,若债权人能通过侵权占有或恶意占有而成立留置权,会诱发侵害他人财产的道德风险,为法律所不许。至于债权人善意占有的情形,不会诱发前述道德风险,应不妨留置权的成立。

例:A 盗窃 B 的汽车构成侵权占有,A 对该车加以修整,B 不支付修理费,A 对汽车没有留置权。

C 到 4S 店赊账修车,车修好开走后,C 一直未付修理费,C 的车被 D 借用,4S 店指示雇员 E 盗窃该车,构成侵权占有,4S 店不能以 C 不支付修理费为由主张对汽车的留置权。

F 把车租给 G 使用,G 在租期届满后故意拖延不还,构成恶意占有,G 对该车加以修整,F 不支付修理费,G 对汽车没有留置权。

H 把车借给 I 使用,I 把约定的还车日期记在手机记事本中,因手机故障届期未提示 I 还车,H 也未及时提醒,I 借期届满对车的占有构成善意占有,I 对该车加以修整,H 不支付修理费的,I 对汽车有留置权。

第三,在债务清偿期届满之前或同时,债权人已经合法占有动产,否则留置权不能产生。比如,A 承运 B 的一台机器,约定 B 先付费,A 后运输。B 应在 10 月 1 日前支付运费,但其逾期未付。B 在 10 月 5 日把机器交给 A,A 虽合法占有机器,但时点在债务清偿期届满之后,因而没有留置权。

3. 债务人不履行到期债务

根据《民法典》第 447 条第 1 款,债务人不履行到期债务是留置权的成立要件之一,它有以下含义:

第一,在债务到期前,债务人享有期限利益,有权不予履行,若债权人不顾此就取得留置权,无疑是逼迫债务人提前清偿债务,对债务人殊为不公。比如,A 修理 B 的汽车,约定修理后 B 使用一个星期没有问题方支付修理费。A 在修完后不能即刻以 B 不支付费用为由留置汽车,因 B 支付修理费的债务能否发生尚不确定,即便发生也未到期,A 没有留置权。这是留置权与抵押权、质权的重要区别之处,在后两者,债务人不履行到期债务是它们的实现条件而非成立要件,它们的成立只需有主债权即可。

此外,债权尚未到期,但债权人向债务人返还动产的义务已届履行期,为了等债权到期,债权人故意不返还的,构成侵权占有,在债权到期后也不能成立留置权。②

第二,债务到期的标准主要为:其一,约定的履行期限届满。其二,没有约定履行期限或约定不明的,根据《民法典》第 511 条第 4 项,债权人给债务人的必要准备时间届满。其三,

---

① 在青岛海事法院发布 2021 年海事审判十大典型案例之七"某港集装箱码头有限公司申请实现担保物权案"中,被申请人的轮船受台风影响漂至烟台港港池,申请人对该轮装载的 48 个 40 尺冷藏集装箱完成卸船及拆箱、搬倒等作业,生效裁判认为,申请人依法占有涉案集装箱,基于无因管理与被申请人形成债权债务关系,取得了留置权。

② 参见史尚宽:《物权法论》,中国政法大学出版社 2000 年版,第 501 页。

根据前两项标准债务尚未到期,但债务人进入破产程序的,根据《企业破产法》第46条第1款,在破产申请受理时视为到期。其四,《民法典》第578条规定:"当事人一方明确表示或者以自己的行为表明不履行合同义务的,对方可以在履行期限届满前请求其承担违约责任。"据此,虽根据前两项标准债务尚未到期,债务人也未进入破产程序,但债务人明确表示不履行债务,或其因经营状况恶化等原因而丧失履行债务能力的[①],债务加速到期。

第三,债务人没有正当事由不履行到期债务,已危及债权实现,留置权因此正当其用,能发挥担保作用。若非如此,债务人已适当履行到期债务,但债权人拒绝受领或受领迟延的,表明债权人怠于实现债权,再任由其取得留置权,已背离通过合法扣留财产来督促债务人履行债务的制度功能,不能成立留置权。

第四,债务人因行使同时履行抗辩权等正当事由而不履行到期债务的,并不危及债权实现,不能成立留置权。

4. 债权人占有的动产与债权属于同一法律关系

债权人占有债务人动产的缘由不能尽数,若满足前三个要件就能成立留置权,有可能使债务人动辄得咎,身处不可预测的风险当中,既无助于提升动产效用,也不利于正常社会交往。比如,在 A 借用 B 的汽车期间,B 借了 A 2000 元,若 B 到期未还钱,A 能取得汽车留置权,就不当限制了 B 正常使用汽车的机会和权利,并在债权与汽车效用无关的情形下过分抬高了 A 的法律地位,对 B 的其他债权人也不利。为了防止这种负面效用,《民法典》第448条规定了本要件,即债权人留置的动产,应当与债权属于同一法律关系。

债权人占有的动产与债权属于同一法律关系主要有以下情形:其一,债权由占有的动产引起。比如,A 收留 B 走失的小猫与其因此支出的饲养费是同一法律关系,B 不支付饲养费的,A 对小猫有留置权。其二,债权人的动产返还义务与债权基于同一合同而产生。比如,基于保管合同,货主 B 对保管人 A 有返还请求权,A 对 B 有保管费请求权,B 不支付保管费的,A 对货物有留置权。至于诸如下雨天匆忙间互相拿错雨伞的误占情形,债权人占有的动产与债权属于同一事实关系,不能归为同一法律关系。

提示:牵连关系与同一法律关系

在比较法上,ZGB 第895条、我国台湾地区"民法"第928条要求债权人占有的动产与债权有"牵连关系",《担保法解释》第109条也采用该表述。牵连关系是一个模糊概念,学理对其内涵讼争不休,为了明确起见,《民法典》第448条舍弃"牵连关系"而用"同一法律关系"的表述。[②] 不过,这两个表述都很抽象,后者并不比前者明确多少。说到底,无论采用什么术语来表述,本要件的目的都是为了实现利益平衡,在理解时,需在该目的指引下,结合留置权的特性与功能进行妥当解释。就此而言,把这两个表述等同对待并无不可。[③]

[①] 根据《民法典》第527—528条,债务人存在经营状况严重恶化、为逃避债务而转移财产或抽逃资金、丧失商业信誉等丧失或可能丧失履行能力的情形,在合理期限内未恢复履行能力且未提供适当担保的,视为以自己的行为表明不履行主要债务。

[②] 参见黄薇主编:《中华人民共和国民法典释义》(上册),法律出版社2020年版,第856页。

[③] 参见孙宪忠、朱广新主编:《民法典评注·物权编》(第4册),中国法制出版社2020年版,第428—432页。

5. 不存在法律障碍

虽然符合上述要件，但以下任一法律障碍的，也不能成立留置权：其一，约定排除留置权。留置权旨在担保债权，不涉及公共利益及他人合法利益，当事人可约定排除。①《民法典》第 449 条规定，约定不得留置的动产，不得留置。其二，留置权与债权人的义务相抵触。一旦扣留债务人的动产，债权人的义务无法履行的，留置权不能成立。比如，A 把包裹交给快递小哥 B 后，B 以 A 未付费为由扣留包裹的，就与其承运义务相悖。其三，留置违背善良风俗。比如，承运人对其运输的救灾物品不能取得留置权，否则有悖于公共利益。

(二) 一般商事留置权的成立要件

债权人和债务人均为企业，符合一般民事留置权成立要件的，当然成立留置权。不过，从《民法典》第 448 条的但书可知，为了迎合企业之间高效便捷的交易需求，一般商事留置权不像民事留置权那样要求债权人占有的动产与债权属于同一法律关系。

> 例：A 公司与 B 厂有合作关系，A 公司把一辆轻型卡车送到 B 厂维修，修好后未支付修理费开走，后 A 公司又把一辆重型卡车送来维修，尽管 B 厂占有的重型卡车与轻型卡车的修理费不属于民事留置权要件的同一法律关系，但 B 厂能以 A 公司未支付轻型卡车修理费为由留置重型卡车。②

在债权人占有的动产与债权不是同一法律关系的前提下，一般商事留置权在以下方面更改了一般民事留置权的成立要件，其他要件不变：

第一，动产应归债务人所有。该要件旨在防止给第三人带来不测风险。《担保制度解释》第 62 条第 3 款规定："企业之间留置的动产与债权并非同一法律关系，债权人留置第三人的财产，第三人请求债权人返还留置财产的，人民法院应予支持。"③

第二，债权应为企业持续经营中发生的债权。④ 该要件旨在实现利益平衡并保障交易安全。《担保制度解释》第 62 条第 2 款规定："企业之间留置的动产与债权并非同一法律关系，债务人以该债权不属于企业持续经营中发生的债权为由请求债权人返还留置财产的，人民法院应予支持。"比如，A 公司把汽车送到 B 厂维修，该车已抵押给 C 银行。A 公司对 D 公司负债，D 公司将债权转让给 B 厂，B 厂以此为由留置汽车。若留置权成立，会使 A 公司、C 银行的交易安全无法保障。⑤

---

① 参考案例"江苏某某公司申请海事强制令案"的裁判要旨指出："船舶建造合同履行过程中，双方约定先交付船舶再办理造船款结算，该约定实际排除了船舶留置权的适用，船舶建造方不得以造船款未付清为由留置船舶。"

② 从商业往来角度看，A、B 的合作关系实为同一交易关系；从合同角度看，A、B 的合作合同属于框架合同，A、B 处于同一法律关系。基于此，一般商事留置权仍有同一法律关系，只不过这种关系的内涵和外延宽于民事留置权的同一法律关系，后者为狭义同一法律关系。参见刘俊：《商事留置权的"祛魅"：以牵连关系为中心》，载《华东政法大学学报》2024 年第 6 期。

③ 这是否符合商事留置权鼓励便捷交易的初衷，有待斟酌。如在上例，A 公司和 B 厂合作已久，仅因重型卡车非 A 公司所有，就否定 B 厂的留置权，会导致双方既往合作建立的信任没有法律意义，也有违 B 厂的交易预期，迫使其每修一辆车都不得不审核所有权归属，交易成本因而大为抬升。

④ 在比较法上，瑞士要求债权以及占有的动产需符合双方的营业性质（Vgl. Schmid/Huerlimann-Kaup, Sachenrecht, 4. Aufl., 2012, S. 545），我国台湾地区要求债权和占有的动产需在营业关系存续中取得［谢在全：《民法物权论》（修订 8 版上册），新学林出版股份有限公司 2023 年版，第 548 页］。

⑤ 参见最高人民法院民事审判第二庭：《最高人民法院民法典担保制度司法解释理解与适用》，人民法院出版社 2021 年版，第 528—531 页。

三、留置权的效力

(一) 留置权的效力范围

1. 留置权的客体范围

从典型担保物权的客体范围可知,留置权的客体包括留置财产及其从物、孳息、添附物。需注意的是,留置财产的从物为债权人合法占有的,为了发挥主物的最大效用,即便主物价值与债务数额相当,从物也应纳入客体范围。

2. 留置权的担保范围

从典型担保物权的担保范围可知,没有特别约定的,留置权的担保范围包括主债权及其利息、违约金、损害赔偿金、保管留置财产以及实现留置权的费用;有约定的,在一般民事留置权中,只有与留置财产属于同一法律关系的债权能被担保,其他债权不在担保范围。

(二) 留置权的内容

除了变价权和优先受偿权,留置权人还有扣留留置财产和收取孳息的权利。

1. 扣留留置财产

债权人合法占有是留置权的成立要件之一,在留置权成立后,留置权人有权扣留留置财产不予返还,留置权因此替代债权成为占有的本权,这能加强占有的效力,即便留置财产被其所有权人转让给他人,留置权人的占有仍为有权占有。

> 例:4S店修理自然人A的汽车,4S店对车的占有是基于承揽合同的占有。在此事实基础上分设两种情形:(1) 在修理期间,A支付了本车修理费,并将它转让给B。虽然A未支付另一车修理费,但该债权与本车不是同一法律关系,4S店不能取得本车的留置权,有义务把车返还给B。(2) 在4S店依法取得该车的留置权后,A把车转让给B,B要承受该留置权,不能请求4S店返还。

根据《担保制度解释》第44条第2款第1分句,即便债权诉讼时效期间届满,债务人或留置财产所有权人也不能请求留置权人返还留置财产。

2. 收取孳息

与动产质权人收取孳息的道理相同,《民法典》第452条第1款规定留置权人有权收取留置财产的天然孳息及法定孳息。留置权人可用收取的孳息来充抵债权,根据《民法典》第452条第2款并参照《民法典》第561条,充抵的顺序依次为收取孳息的费用、债权利息、债权。孳息为金钱的,可直接充抵;不是金钱的,只能在实现留置权时通过变价款来充抵。

(三) 债的关系

在留置权成立后,留置权人与留置财产所有权人之间存在法定之债。

1. 留置权人的义务

留置权人主要有以下义务:

第一,保管留置财产。《民法典》第451条规定:"留置权人负有妥善保管留置财产的义务;因保管不善致使留置财产毁损、灭失的,应当承担赔偿责任。"[①]妥善保管没有统一标准,

---

[①] 参考案例"振某公司诉润某公司通海水域财产损害责任纠纷案"的裁判要旨指出:"承运人行使留置权后,对于留置期间发生的货物短少,应当承担赔偿责任。"

需根据具体情况具体判断。比如,在无偿保管,保管人是为了寄存人的利益而占有动产,妥善保管义务的标准相对较低,根据《民法典》第897条,保管人能证明自己对动产的毁损、灭失没有故意或重大过失的,不承担赔偿责任。不过,在动产致保管人损害,寄存人不赔偿时,保管人依法取得留置权的,其占有留置财产是为了自己利益,标准因此相对较高,不能再适用《民法典》第897条。

第二,返还留置财产。在留置权消灭后,留置权人失去占有留置财产的法律基础,应返还留置财产。

2. 留置财产所有权人的义务

留置财产所有权人主要有以下义务:其一,返还必要费用。就留置权人为保管留置财产支出的必要费用,留置财产所有权人应予返还。其二,赔偿损失。就留置财产隐蔽瑕疵导致留置权人的损失,留置财产所有权人应予赔偿。相应地,留置权人的必要费用返还请求权和损害赔偿请求权应在留置权的担保范围。

(四)留置权的顺位

留置权与其他权利会并存于同一动产,其顺位主要表现为:(1)如前所述,留置权优先于抵押权、价款优先权、质权。(2)留置权与留置权并存的,需分情形而论:在留置权成立后,留置权人作为债务人,其债权人就留置财产再取得留置权的,表明先留置权人愿意承受后留置权,后留置权应优先,比如,对A的车有留置权的4S店把车交给B保管,因欠付保管费,B对该车有留置权,B的留置权优于4S店的留置权;在其他情形,成立在先的留置权优先,比如,A租用B的仓库,C把10万吨粮食交由A保管,A在C不依约支付保管费时能取得留置权,B在该批粮食隐蔽瑕疵致仓库其他粮食受损而未获得赔偿时也能取得留置权,A和B的留置权以成立先后决定各自顺位。(3)法律规定的优先权优先于留置权。如《海商法》第25条第1款规定,船舶优先权先于船舶留置权受偿。

四、留置权的消灭

除了适用典型担保物权消灭的一般事由(如标的物灭失),留置权还有丧失占有、另行提供担保、债务延期等特殊的消灭事由,此外其实现有应专门论及的特殊之处,本部分加以专述。

(一)留置权的实现

相比于意定担保物权的实现,留置权实现的特别之处在于必须符合法定条件。根据《民法典》第453条第1款留置权的实现条件是债务人在宽限期届满后仍不履行债务。该条件明显不同于其他担保物权的实现条件,这是因为留置权以留置为首要功能,而要发挥该功能,就必须通过宽限期来督促债务人履行债务,否则留置功能将无从谈起。宽限期的时长和起算取决于当事人约定;没有约定或约定不明的,时长至少为60日[①],但鲜活易腐等不易保管的动产除外。

在实现条件不具备时,留置权人无权实现留置权,否则应对债务人或留置财产所有权人的损失承担赔偿责任。在实现条件具备时,因留置权人不及时实现留置权,而导致留置财产

---

① 至于起算点,该条没有规定。《担保法》第87条第1款第2句规定:"债权人与债务人在合同中未约定的,债权人留置债务人财产后,应当确定两个月以上的期限,通知债务人在该期限内履行债务。"以此为参照,起算点应为留置权人通知债务人之时。为了保护债务人,通知需明确表达"若债务人不在约定或指定期限内履行债务,留置权人将把留置财产变价并优先受偿"的意思。因债务人的原因(如下落不明)而无法通知的,为了保护留置权人,起算点应为债务到期之时。

变价降低的,就降低部分,留置权人应自担损失。①

(二) 丧失占有

《民法典》第457条规定,留置权人对留置财产丧失占有的,留置权消灭。在理解该规定时,应注意以下区分:

第一,留置权是占有型担保物权,留置权人自愿丧失占有的,如A留置B的汽车后,再把车交由B保管,已然没有留置功能,从公示形式也辨识不出留置权,为了确保交易安全,留置权消灭。在此情形下,债权人事后又占有动产的,如B又把车交给A,在留置权成立要件具备时,债权人取得新的留置权。

第二,丧失占有并非出于留置权人意思的,如B把A留置的汽车偷偷开回,B是无权占有人,根据《民法典》第235条,A能请求B返还汽车,在此期间留置权不消灭。在此情形下,留置权人事后恢复占有的,如B把车还给A,不是重新取得留置权。当然,留置财产因灭失或被他人善意取得等原因客观上不能返还,留置权人确定丧失占有的,留置权消灭。

(三) 另行提供担保

《民法典》第457条规定,留置权人接受债务人另行提供担保的,留置权消灭。在理解该规定时,应注意以下要点:

第一,在留置权成立后,当事人愿以其他担保措施保障债权,同样足以担保债权实现的,即便当事人没有消灭留置权的意愿,也能导致留置权消灭,这样不仅无碍债权的实现,还能充分发挥留置财产的自身效用。

第二,留置权消灭使留置财产的占有回归债务人或所有权人,故担保的提供人可以是债务人或留置财产所有权人,提供的担保可以是人保或物保,无论该担保是否足以担保债权,只要留置权人接受并同意消灭留置权的,留置权均消灭;留置权人虽然接受另行提供的担保,但其不足以担保债权,留置权人未同意消灭留置权的,留置权与该担保并存。

第三,对于提供人另行提供的价值相当的担保,留置权人没有接受的义务,因为价值相当不一定表明实现机会相当,如债务人另行提供动产抵押的,由于债权人并不占有抵押财产,一旦债务人自毁抵押财产,债权将难以得到保障。为了切实保障留置权人的利益,留置权人不愿接受另行提供的担保的,法院不得裁判强制缔约并履行。

(四) 债务延期

债务人不履行到期债务是留置权的成立要件之一,一旦当事人约定债务延期,会使该要件不再具备,因而产生消灭留置权的法律效果。不过,在留置权消灭后,债权人未返还动产,债务人在延期债务到期后仍不履行的,债权人取得新的留置权。

第六节 非典型担保物权

一、非典型担保物权概述

如何最大程度降低风险,尽可能实现债权,是交易者最关心的事情,担保物权因此应运而生。不过,典型担保物权离不开专门的担保财产,这致使担保物权运行成本高昂,没有担

---

① 参考案例"智利某轮船有限公司诉某生物科技集团有限公司海上货物运输合同纠纷案"的裁判要旨指出:"承运人明知留置货物系季节性产品而未及时处置,对由此扩大的损失无权要求托运人赔偿。"

保财产者难以进行资金融通的债权交易。与此相比,有些交易无需额外的专门财产,标的物自身就能担保价款债权,运作成本相对低廉,如在分期付款买卖,支付首款的买受人能占有并使用标的物,出卖人为了确保取得余款,可通过所有权保留来督促买受人按期付款。而且,典型担保物权的内容成型,权利人只能在法定框架范围内行使权利,如股权质权人可就股权变价款优先受偿,但这是事后补救机制,一旦担保人行使股权而使公司资产缩水进而使股权贬值,质权人就无计可施,为了弥补这一缺陷,债权人以让与担保的方式从担保人处受让股权,就是常见的应对机制。

无论所有权保留还是让与担保,与典型担保物权一样有担保功能,支撑它们的合同与抵押合同、质押合同一样被《民法典》第388条第1款第2句归为担保合同,但所有权保留和让与担保在典型担保物权之外发展,不能被典型担保物权涵盖,因而归为非典型担保物权。

非典型担保物权包括所有权保留、融资租赁和让与担保三大类。前两类以及让与担保中的有追索权的保理分别被合同编第九章"买卖合同"、第十五章"融资租赁合同"、第十六章"保理合同"所规定,由此可知它们原为合同约定,只是因为有担保功能而被凝练提升为担保物权。这意味着,要想准确理解它们,既应在各自所在的规范语境下进行整体把握,了解各自合同规范的构成和原理,不能仅掌握其担保物权部分内容而不顾其他,否则不能全面认知;还应根据具体交易情形来探知交易目的,以辨析有无担保功能,比如,民事主体之间偶尔通过所有权保留的方式买卖特定物,目的仅在于确保价款实现,一旦买受人不能付款,出卖人就要收回标的物,此时就不宜认为出卖人是担保物权人,不能认为出卖人只能就标的物变价款优先受偿。

非典型担保物权固然不同于典型担保物权,但它们都为担保物权,故前者可参照后者规范,主要表现为:(1)《民法典》第641条第2款、第745条分别规定了出卖人对标的物保留的所有权登记对抗力和融资租赁出租人对租赁物的所有权登记对抗力,在此基础上,《担保制度解释》第67条规定未经登记不得对抗的善意第三人范围,参照动产抵押权的相关规范。(2)根据《担保制度解释》第56—57条,动产抵押权中的正常经营买受人规则和价款优先权规则对前述两种非典型担保物权也可适用。(3)根据《民法典》第414条第2款,在不能适用价款优先权规则之处,非典型担保物权与其他担保物权并存的,参照适用抵押权并存的规则,即均登记的,按照登记先后排列顺位;其中之一未登记的,登记的权利优先;均未登记的,按照债权比例清偿。(4)非典型担保物权效力和实现与典型物权基本一致,权利人有变价权和优先受偿权,可参照典型担保物权的司法实现方式,在实现时有多退少补的清算机制。

二、所有权保留

(一)所有权保留概述

1. 所有权保留的概念

所有权保留是指买卖合同约定在买受人未履行支付价款或其他义务时,标的物所有权属于出卖人,以此保障出卖人利益的法律制度,其主要内涵如下:

第一,所有权保留适用于买卖场合。所有权保留的形态通常为买卖合同条款,根据《民法典》第641条第1款,其以"买受人未履行支付价款或者其他义务的,标的物的所有权属于出卖人"为内容。该条款称为所有权保留条款,与其对应的买卖称为所有权保留买卖。在该条款的作用下,买卖履行顺序为出卖人先交付标的物,买受人后付清价款或履行其他义务。

所有权保留买卖的常态是分期付款买卖,但也可以是一次付款买卖。

第二,所有权保留旨在保障出卖人的正当利益。先交付标的物的出卖人面临双重风险,既不能对标的物进行用益,还未必如愿取得价款或其他给付。所有权保留把买受人能否实现取得并保有标的物所有权的交易目的,系于其能否履行支付价款或其他义务的先决条件,可有效降低前述风险;而且,买受人也无需另行提供担保,这为出卖人正当利益提供了简便可行的保障。

第三,所有权保留会产生物权效果。在买卖合同尚未履行时,所有权保留条款对双方有约束力,但不能影响第三人。比如,B以分期付款方式从4S店A公司购买汽车,约定所有权保留,但在交付前,A公司把汽车转让给C,前述约定对C没有拘束力,B只能向A公司主张违约责任。一旦出卖人履行,把标的物交付买受人,会产生影响第三人的物权效果。比如,上例的A公司以销售汽车为利润来源,所有权保留的目的不在于由A公司保留汽车所有权,而是在B不能按约定付款时,用汽车变价款来优先清偿价款,也即以实际归B所有的汽车来担保其欠付的价款。

第四,所有权保留与不动产买卖无关。前述的物权效果需基于所有权保留条款来配置,而不动产登记的公示效力非常稳定,不会被所有权保留条款改变,根据《买卖合同解释》第25条,所有权保留不适用于不动产买卖。比如,A把房屋转让给B,办理所有权转移登记,双方约定B在付清价款前,房屋所有权归A,该约定仅对A、B有债的约束力,不能改变B的所有权人地位。

提示:所有权保留的形态

所有权保留分为单纯型和延长型两大类,前者通常发生在分期付款的消费性买卖,典型如汽车分期付款买卖中的所有权保留;后者通常发生在商人转卖,典型特征是出卖人允许买受人转卖标的物,同时约定买受人因转卖产生的价款债权预先转让给出卖人(转卖价款债权的预先转让条款),买受人因加工产生的新物所有权归属于出卖人(加工条款)。① 单纯的所有权保留是所有权保留的基础,下文以其为分析对象。

2. 所有权保留的功能

所有权保留是意思自治的产物,功能因当事人意图不同而有别,主要分为对价牵连功能和价款担保功能。② 对价牵连功能是指确保出卖人在未获付款或约定的其他给付时,有权请求买受人返还标的物。比如,A、B都是法科学生,A有收集各国民法典的爱好,B有一本1900年版BGB,两人约定所有权保留买卖,B先把书交给A,A在7日内付款3000元时取得所有权。从双方意思可知,A不能按期付款的,B有权解除合同,以所有权人身份请求A返还该书。价款担保功能是指通过标的物的变价来确保买卖价款的清偿。比如,为促进汽车销售,销售商往往采用通过分期付款方式给予购车人信贷,以减轻其即时支付价款经济压力的商业模式,销售商在此保有汽车所有权没有实质意义,在买受人不能按约定付款时,以汽车的变价款来优先清偿价款才符合销售商的经营目的。

---

① 参见〔日〕近江幸治:《民法讲义 III 担保物权(第3版)》,徐肖天译,上海社会科学院出版社2023年版,第370页;〔德〕欧根·克伦钦格:《德国民法导论:物权法(第十七版)》,安晋城译,中国法制出版社2023年版,第106—111页。
② 参见庄加园:《超越所有权保留的名实之争——选择性救济路径之证成》,载《法学研究》2023年第1期。

这两种功能各有对应情形,从整体上看,对价牵连功能对应民事买卖,价款担保功能对应商事买卖;但也不必然如此,比如,皆非商事主体的当事人双方有通过所有权保留条款实现担保价款目的的(如上例的法科学生 A、B 对此有明确约定,或在动产融资统一登记公示系统办理相应登记),也应认为具有价款担保功能。

3. 所有权保留的种类

基于上述两种不同功能,可把《民法典》的所有权保留规范分为所有型和担保型两类。[1] 所有型所有权保留规范与对价牵连功能相应,核心是买受人只有在按照约定履行支付价款或其他义务时,才能取得标的物所有权,此前的所有权属于出卖人。担保型所有权保留规范与价款担保功能相应,核心是在买受人不按约定履行支付价款或其他义务时,出卖人可依法对标的物变价,并就变价款优先受偿。通过这样的区分,可在意思自治基础上,对不同类型的所有权保留买卖分别适用不同规范,使当事人各得其所。[2] 在这两种类型中,担保型所有权保留是非典型担保物权。

(二)所有型所有权保留

所有权保留条款目的在于实现对价牵连功能的,应适用所有型所有权保留规范,其基础是《民法典》第 158 条等规定的附条件法律行为规范,据此,买受人履行支付价款或其他义务是所有权转让这一物权行为的生效条件,只有条件成就,才能产生所有权转让的结果,故而,买受人虽然占有标的物,但未取得所有权。在此基础上,所有型所有权保留规范的重点是在条件成就之前,出卖人是所有权人,围绕这种法律地位主要有以下制度构造:

第一,出卖人可行使所有权,如通过抵押等方式处分标的物、在他人妨害标的物时可行使物权请求权。

第二,标的物是出卖人的责任财产,债权人有权根据《查扣冻规定》第 14 条请求法院实施查封。

第三,出卖人的所有权人地位不受买受人被强制执行或破产的影响。比如,《企业破产法解释二》第 38 条第 1 款规定,破产买受人的管理人决定解除买卖合同的,出卖人有权依据《企业破产法》第 38 条取回标的物。[3]

第四,在有法定解除事由时,如买受人不按约定支付价款,经催告仍不支付的,出卖人有权根据《民法典》第 563 条或第 634 条解除合同;在有约定解除事由时,出卖人也有权解除合同。在合同解除后,出卖人基于所有权人的法律地位,有权请求买受人返还标的物,此时应适用物权请求权规范。[4] 当然,若不能解除合同,出卖人对买受人的剩余价款请求权是一般债权,没有优先受偿地位。

第五,买受人是直接占有人,可基于占有规范来确保其法律地位,并在出卖人违约时(如

---

[1] 在比较法,德国、法国的所有权保留为所有型(Vgl. Baur/Stürner, Sachenrecht, 18. Aufl., 2009, S. 827; See Sjef van Erp & Bram Akkermans (eds), *Cases, Materials and Text on Property Law*, Hart Publishing, 2012, p. 459),美国的所有权保留为担保型。

[2] 在比较法上,DCFR 分别在第 IX-1:103 条、第 IX-2:101 条规定了这两种规范,由当事人选择适用。

[3] 参考案例"霍山某科技有限公司诉安徽某竹业有限公司破产债权确认纠纷案"的裁判要旨指出,《企业破产法解释二》第 38 条针对的是在破产时,标的物存在且能够取回的情况下,只是进入破产程序后,由于管理人或其他原因导致标的物无法取回的情形,如果破产申请受理时,标的物在事实上已经无法取回,则该条没有适用余地。此时对于原权利人因财产损失形成的债权,应回到破产法中对于共益债务的界定。

[4] 参见周江洪:《典型合同原理》,法律出版社 2023 年版,第 87—88 页。

通过登记向他人设立抵押权而使买受人承受相应负担)可请求其承担违约责任;但买受人并非所有权人,其以转让等方式处分标的物属于无权处分,除非第三人善意取得,否则根据"买卖合同解释"第26条第2款,出卖人有权主张取回标的物。

(三) 担保型所有权保留

所有权保留条款目的在于实现价款担保功能的,应适用担保型所有权保留规范。理解这类规范的基础是突破所有权保留条款的文义,从价款担保功能出发重塑该条款,结果就是虽然约定出卖人保留所有权,但出卖人借此意欲取得担保物权,标的物在交付时所有权已转让至买受人。① 在此认知基点上,除了非典型担保物权的共性制度,担保型所有权保留的主要制度构造如下。

1. 所有权的归属

买受人对标的物的所有权可适用所有权规范,如买受人对标的物能占有、使用和收益,能行使物权请求权来防范外来的不当干预。同时,标的物是供买受人清偿债权的责任财产,债权人有权根据《查扣冻规定》第16条请求法院查封标的物;出卖人破产的,标的物不属于破产财产。

相应地,标的物不是出卖人的责任财产,债权人不能请求法院查封标的物。从理论上讲,出卖人对买受人的价款请求权是出卖人的责任财产,出卖人的债权人有权请求法院查控,但实则难以落实,故根据《查扣冻规定》第14条,法院可转而查封标的物,但在买受人向法院交付全部余款后,法院应裁定解除查控措施。与此同时,在买受人破产时,出卖人不能主张破产取回权,但作为担保物权人可主张别除权。

2. 买受人的处分

买受人的所有权负担了所有权保留,买受人转让标的物的,应适用正常经营买受人规则。买受人与次受让人符合《民法典》第404条、《担保制度解释》第56条要求的,次受让人取得没有权利负担的所有权,也即标的物不再是所有权保留的客体。比如,生产商A公司把中药材出卖给批发销售商B公司,约定了所有权保留,B公司把中药材转卖给零售销售C公司,对于C公司取得中药材,A公司不能再主张所有权保留。不符合前述要求的,如B公司和C公司之间有控制关系,在A公司的所有权保留未登记时,善意的C公司可取得没有权利负担的所有权;在A公司的所有权保留登记时,或虽未登记但C公司恶意时,C公司虽取得所有权,但标的物仍为所有权保留的客体。

买受人抵押标的物的,应先适用价款优先权规则。根据《担保制度解释》第57条第1款第1项,担保人在设立动产浮动抵押并办理抵押登记后又购入新的动产,对该动产保留所有权的出卖人在该动产交付后10日内办理所有权保留登记的,该担保物权优先于在先设立的浮动抵押权。不能适用价款优先权规则的,应适用《民法典》第414条第2款。

3. 出卖人担保物权的实现

与其他担保物权相比,所有权保留出卖人担保物权的实现有以下特殊之处:

第一,以出卖人行使取回标的物的权利为开端。根据《民法典》第642条,在出现买受人迟延支付价款时,经催告仍未支付等损害出卖人的情形,除另有约定外,出卖人有权取回标

---

① 参见王立栋:《〈民法典〉第641条(所有权保留买卖)评注》,载《法学家》2021年第3期;纪海龙:《民法典所有权保留之担保权构成》,载《法学研究》2022年第6期。

的物,以阻断买受人对标的物的占有,进而迫使买受人适当履行义务,保全出卖人的利益。由此可知,出卖人行使取回权既是实现担保物权的开端,还具有保全担保物权的作用。

根据《民法典》第642条第1款,除另有约定外,买受人有损害出卖人的以下法定事由之一的,出卖人有权取回标的物:其一,未按照约定支付价款,经催告后在合理期限内仍未支付。该事由赋予买受人付款宽限期,其意旨非常明确,就是顺应买受人取得和保有所有权的意愿,给其适当缓冲,以尽力促成交易目的。① 其二,未按照约定完成特定条件。只要约定有效,特定条件完全随当事人意愿而定。其三,将标的物出卖、出质或者作出其他不当处分。不过,买受人是所有权人,有权以转让、出质等方式处分标的物,在所有权保留登记的情形还不会损及出卖人,若买受人的处分行为会引发出卖人的取回权,就对买受人的行为自由限制过多。故而,该事由应缩限在不当处分会影响出卖人债权实现的情形。②

第二,在出卖人取回标的物后,本着顺应买受人取得和保有所有权的意愿,尽力促成交易的意旨,《民法典》第643条第1款给了买受人回赎的机会,其在约定或出卖人指定的合理期限内,消除前述法定事由的,可以回赎标的物。回赎是买受人的权利,其可行使,也可在放弃后转而请求出卖人根据《民法典》第643条第2款以合理价格转卖标的物,并把超过买受人欠付价款以及必要费用的剩余部分予以返还,不足部分买受人仍需清偿。出卖人不以合理价格转卖标的物,并把超过买受人欠付价款以及必要费用的剩余部分予以返还的,买受人可参照担保物权的实现程序,向法院申请拍卖、变卖标的物。③

上述的"取回—回赎"规则是所有权保留的特色。不过,《民法典》第642条第1款规定的任一事由均可能构成解除合同的法定事由,出卖人可以此为由行使解除权,在买卖合同解除后,买受人不能保有所有权,不能适用"取回—回赎"规则,但基于所有权保留的担保物权属性,出卖人根据《民法典》第566条第1款对买受人享有的标的物返还请求权和损坏赔偿请求权仍发挥担保作用。④

第三,根据《民法典》第642条第2款,出卖人取回标的物的方式以协商为原则,以避免出现强力夺取等引发或加剧双方争执的行为;协商不成的,可以参照适用担保物权的实现程序。在此出现了两点分歧:其一,协商不成的,出卖人是参照适用担保物权的实现程序,向法院申请取回,还是申请拍卖、变卖标的物以优先受偿?《担保制度解释》第64条第1款采用了后一见解。其二,协商不成的,出卖人是只能参照适用担保物权的实现程序,向法院申请拍卖、变卖标的物,还是可以向法院起诉请求取回标的物?《担保制度解释》第64条第2款采用了后一见解。

这样一来,一旦就出卖人取回标的物协商不成,就会有两种制度选择:其一,出卖人通过诉讼方式请求取回,买受人能以抗辩或反诉的方式主张拍卖、变卖标的物,并在扣除买受人未支付的价款以及必要费用后返还剩余款项的,法院应一并审理,在抗辩或反诉成立时,判

---

① 《买卖合同解释》第26条第1款对该事由规定了例外:"买受人已经支付标的物总价款的百分之七十五以上,出卖人主张取回标的物的,人民法院不予支持。"不过,这种例外与担保型所有权保留的价款担保功能不符,正当性存疑。
② 参考案例"某某公司诉宁夏某机械公司等买卖合同纠纷案"的裁判要旨指出,出卖人主张适用担保物权的实现程序行使优先受偿权时,应符合的条件之一是:买受人出现法定或约定违约情形,对出卖人债权构成实质性损害。
③ 参见最高人民法院民事审判第二庭:《最高人民法院民法典担保制度司法解释理解与适用》,人民法院出版社2021年版,第539页。
④ 参见纪海龙:《所有权保留担保权构成下保留卖主的合同解除权》,载《政治与法律》2023年第4期。

决拍卖、变卖标的物,以变价款清偿买受人的债务;买受人未提出前述抗辩或反诉,或前述抗辩、反诉不成立的,法院应支持出卖人取回标的物的诉讼请求。出卖人取回标的物的诉讼请求得到法院支持的,买受人仍有回赎机会,前述第二点内容在此仍能适用。其二,当事人可参照担保物权的实现程序,向法院申请拍卖、变卖标的物,这样一来,就不能再适用"取回—回赎"规则。

三、融资租赁

(一) 融资租赁概述

1. 融资租赁的概念

融资租赁(financial lease)也称金融租赁,是第二次世界大战后从美国发展起来的非银行金融形式。针对企业需要使用机器设备,但没有充裕资金购买的现实需求,由专业公司为其融资,但并非直接借给企业,而是从企业指定的供货商处购买机器设备,再把它们租给企业。这种交易模式就是典型的三方主体融资租赁,它既解决了企业的燃眉之急,也使专业公司通过收取租金有所获益。

《金融租赁公司管理办法》第4条第1款、《融资租赁公司监督管理暂行办法》第2条第2款将融资租赁界定为:出租人(即前述的专业公司)根据承租人(即前述的企业)对租赁物(即前述的机器设备)和出卖人(即前述的供货商)的选择,向出卖人购买租赁物,提供给承租人使用,承租人支付租金的交易活动。《民法典》第735条把融资租赁合同界定为:"出租人根据承租人对出卖人、租赁物的选择,向出卖人购买租赁物,提供给承租人使用,承租人支付租金的合同。"从整体上看,融资租赁有以下内涵:

第一,"三种角色,两类合同"的结构。前述的三方主体融资租赁涉及出租人、承租人、出卖人三个不同主体,出租人和出卖人之间有买卖合同,出租人和承租人之间为融资租赁合同。这种结构的核心是出租人和承租人,即出租人出资购买承租人选定的标的物并交付承租人使用,承租人为此支付租金,出卖人起到供给标的物的辅助作用。根据《融资租赁解释》第2条,只要有前述核心,即便是出卖人与承租人为同一人的售后回租[1],也不失为融资租赁,此为两方主体融资租赁。不管怎样,融资租赁涉及的主体必有出租人、承租人、出卖人三种角色,存在买卖、融资租赁两类合同。

第二,"融资"的交易目的。在三方主体融资租赁中,出租人的醉翁之意通常不在于取得标的物所有权后依托于租赁市场赚取租金,而在于向承租人提供融资支持来获取利润[2],其因此有买受人、所有权人、出租人之名而无其实[3],主要表现为:其一,其虽为标的物买受人,但订立买卖合同的自由受限,出卖人和标的物均由承租人选定;在买卖合同订立后,其主要

---

[1] 《金融租赁公司管理办法》第4条第2款规定:"本办法所称售后回租业务,是指承租人和出卖人为同一人的融资租赁业务,即承租人将自有资产出卖给出租人,同时与出租人签订融资租赁合同,再将该资产从出租人处租回的融资租赁业务。"

[2] 根据《民法典》第746条,租金要根据购买租赁物的成本以及出租人的合理利润确定,租赁市场价格在此没有参考意义。根据《民法典》第759条,双方约定承租人在租期届满仅需向出租人支付象征性价款的,视为约定的租金义务履行完毕后租赁物的所有权归属于承租人。

[3] 在比较法上,瑞士认为融资租赁出租人是"法律上"的所有权人,承租人是"经济上"的所有权人。参见〔瑞士〕约格·施密特、胡伯特·斯托克里、弗雷德里克·克罗斯科普夫:《瑞士债法分论(原书第二版)》,梁神宝、胡剑译,中国政法大学出版社2024年版,第515页。

负责支付价款,根据《民法典》第739—741条,受领权、拒绝受领权、索赔权等本由买受人行使的权利均由承租人行使;其也没有与出卖人协商变更买卖合同的自由,根据《民法典》第744条,未经承租人同意,出租人不得变更买卖合同中与承租人有关的内容。其二,根据《民法典》第747—751条,其主义务是保证承租人对租赁物的占有和使用,不像租赁合同的出租人那样要承担瑕疵担保责任、致人损害责任、维修保养义务、毁损灭失风险。

第三,"融物"的必备手段。承租人使用标的物是融资租赁的根本,出租人融资意在解决这个根本需求,但实现路径不是直接借款,而是将购得的标的物租给承租人使用,此即"融物"。"融物"的法律形态是租赁,根据《民法典》第745条,出租人为标的物所有权人,其在出卖人向承租人交付时取得所有权;承租人不是所有权人,否则没有"融物"可言。"融物"是融资租赁的必备手段,没有它,出租人和承租人之间无异于借贷关系,《民法典》第737条就规定以虚构租赁物方式订立的融资租赁合同无效。①

2. 融资租赁的功能

前述的融资租赁模式以"融物"为手段达到"融资"目的,在该目的的引导下,出租人所有权的实质功能是担保租金债权的实现,融资租赁因而是特殊的担保交易。换言之,从交易实质来看,只要出租人仅有标的物的买受人、所有权人、出租人之名而无其实,且其除了收取租金,不承受标的物的风险、不享有标的物的其他利益,这类融资租赁就属于担保交易。② 与担保租金债权功能对应的融资租赁称为典型融资租赁,出租人的所有权称为融资租赁担保物权,根据《民法典》第745条,其未经登记,不得对抗善意第三人。

其他融资租赁模式有不同的交易结构,功能随之有所差异。比如,在厂商租赁模式,如A公司欲购买B公司机器设备,由与B公司有合作关系或关联关系的C公司提供融资,A公司与C公司订立融资租赁合同,出租人C公司与出卖人B公司利益一致,B公司的买卖合同违约将直接影响C公司在融资租赁合同中的权利义务,这种模式虽有担保功能,但更类似于分期付款形式的所有权保留买卖,应适用所有权保留规范。又如,在租金计算时未全额摊销租赁物价值而是保留余值的模式,合同约定承租人在租期届满应返还租赁物,而租赁物还有可观的使用寿命的,应属于租赁,出租人所有权没有担保功能。③

由上可知,交易模式来自融资租赁所涉主体通过合同对权利义务的安排,在判断时需根据合同约定进行甄别,具体约定内容可套入售后回租、厂商租赁等稳定模式的,自然可分别适用相应规范,否则需综合合同文义、目的等各项因素妥当解释,辨析是否属于担保交易。④

---

① 参考案例"中国某租赁有限公司诉北京某控股股份有限公司、北京某房地产开发有限公司借款合同纠纷案"的裁判要旨指出,融资租赁交易具有融资和融物的双重属性,缺一不可。融资租赁合同约定售后回租的,只有将标的物的所有权转移至出租人,双方才构成融资租赁合同关系,否则属于借款合同关系。参考案例"上海某某融资租赁有限公司诉讷河市某某医院、讷河市某某投资有限公司融资租赁合同纠纷案"的裁判要旨指出,出租人虽无证据证明租赁物的真实性,但承租人自认部分租赁物真实存在,使得合同并非完全缺乏"融物"属性,不应简单以出租人举证不能否定融资租赁性质,而应进一步结合出租人审核行为考察其真实意思表示,同时考察租赁物低值高估的程度,综合作出判断。

② See Barkley Clark & Barbara Clark, *The Law of Secured Transactions Under the Uniform Commercial Code*, vol. 1, 3rd, Lexis Nexis, 2017, p.86.

③ 参见张家勇:《论融资租赁的担保交易化及其限度》,载《社会科学辑刊》2022年第2期。

④ 参见〔日〕道垣内弘人:《日本非典型担保法》,王融擎译,北京大学出版社2022年版,第226—256页。

关联：典型融资租赁与所有权人抵押权

在机动车的典型融资租赁中，受购车配额等因素的影响，承租人选择机动车后，出租人向出卖人付款，机动车登记在承租人名下并由其占有使用，出租人通过占有改定取得机动车所有权。尽管出卖人在动产融资统一登记公示系统办理融资租赁登记，但承租人在机动车登记簿上记载为所有权人，为了防止承租人擅自处分，保护出租人的利益，往往需承租人将其名下的机动车抵押给出租人，从而形成机动车所有权人抵押权。[①]

（二）融资租赁担保物权的制度构成

在典型融资租赁中，出租人所有权应归为非典型担保物权，在非典型担保物权的共性规范基础上，融资租赁担保物权的主要制度构造如下。

1. 所有权的归属

出租人对标的物的所有权实为担保物权，承租人可对标的物占有、使用、收益和处分，故标的物不应为出租人的责任财产，出租人的债权人不能请求法院查封标的物；在承租人破产时，出租人可主张别除权。[②]

2. 承租人的处分

由于出租人的所有权实为担保物权，在不影响其目的实现的前提下，承租人有权自由处分标的物；若其处分导致合同目的不能实现的，出租人可根据《民法典》第753条解除融资租赁合同。

承租人转让标的物的，应适用正常经营买受人规则。承租人抵押标的物的，应先适用价款优先权规则。根据《担保制度解释》第57条第1款第3项，担保人在设立动产浮动抵押并办理抵押登记后以融资租赁方式承租新的动产，出租人在该动产交付后10日内办理融资租赁登记的，该担保物权优先于在先设立的浮动抵押权。根据《担保制度解释》第57条第2款，承租人以融资租赁方式占有租赁物但是未付清全部租金，又以标的物为他人设立担保物权，出租人在该动产交付后10内办理融资租赁登记的，该担保物权优先于买受人为他人设立的担保物权。[③] 不能适用价款优先权规则的，应适用《民法典》第414条第2款。

3. 融资租赁担保物权的实现

《民法典》第752条、《融资租赁解释》第5条规定了融资租赁合同的解除事由，它们同时是融资租赁担保物权的实现条件：其一，合同约定承租人未按约定支付租金构成解除条件，承租人未支付且经催告后在合理期限内仍不支付租金的；其二，合同没有前述约定，但承租人欠付租金达到两期以上，或者数额达到全部租金百分之十五以上，经出租人催告后在合理期限内仍不支付的；其三，承租人违反合同约定，致使合同目的不能实现的其他情形。[④] 在前述事由发生时，出租人可实现担保物权，也可解除融资租赁合同，两者只能择一而行。[⑤]

[①] 参见柯勇敏：《〈民法典〉第394条（抵押权的定义）评注》，载《南京大学学报（哲学·人文科学·社会科学）》2023年第2期。

[②] 参见高圣平：《民法典担保制度体系研究》，中国人民大学出版社2023年版，第479—486页。

[③] 不过，售后回租的租赁物原属于承租人所有，一直由承租人直接占有和使用，并非利用出租人融资购置之物，与价款优先权的规范目的不合，且若赋予出租人价款优先权，会对租赁物上的既有担保物权人带来不测风险，故应对《担保制度解释》第57条进行限缩，把售后回租从价款优先权的适用范围中排除。参见张家勇：《论融资租赁的担保交易化及其限度》，载《社会科学辑刊》2022年第2期。

[④] 参见高圣平：《民法典担保制度体系研究》，中国人民大学出版社2023年版，第471—473页。

[⑤] 参见吴光荣：《担保法精讲》，中国民主法制出版社2023年版，第534页。

在融资租赁担保物权的公力实现方式上,《担保制度解释》第65条第1款规定了两种:其一,出租人以诉讼方式请求承租人支付全部剩余租金①,并以拍卖、变卖租赁物所得的价款优先受偿的,法院应予支持,既判令承租人支付租金,又判令以租赁物变价款清偿租金债权。其二,当事人以非诉方式申请法院拍卖、变卖租赁物,并就变价优先受偿的,法院应予准许。

根据《民法典》第758条第1款、《担保制度解释》第65条第2款,出租人以诉讼方式请求解除融资租赁合同并收回租赁物②,承租人以抗辩或者反诉的方式主张返还租赁物价值超过欠付租金以及其他费用的,法院应衡量租赁物价值和欠付租金等费用,在清算后多退少补,租赁物价值超出欠付租金等费用部分的,既判令解除融资租赁合同并由出租人收回租赁物,又判令出租人将超出部分返还承租人。这种机制无异于折价。

此外,出卖人也可采用自力实现方式,如收回标的物后进行合理变价。③

四、让与担保

(一) 让与担保概述

1. 让与担保的概念

让与担保是指为了担保债务履行,债务人或第三人把担保财产转让给债权人,债务人不履行到期债务的,债权人有权就担保财产优先受偿的担保物权。其中,债务人或第三人为担保人,债权人为担保权人,担保财产包括物、债权、股权等财产权。比如,为了担保借款1000万元,A把房屋所有权转移登记至B名下,A到期还款的,B再把房屋所有权转移登记至A名下,否则B就房屋变价款优先受偿。

让与担保是在概括总结实践现象的基础上,通过司法发展出来的制度。根据《担保制度解释》第68条,让与担保有以下内涵:其一,担保财产转让给担保权人,担保权人取得担保财产,让与担保中的"让与"表达了这层意思。其二,"让与"的目的是担保债权实现,"让与"的实质是设立担保物权,此即让与担保中的"担保"之意。基于此,担保权人只是暂时取得担保财产,担保财产在到期债务得以清偿时回归担保人;而且,担保权人不能取得超出债权清偿之外的利益,一旦到期债务未清偿,担保权人不能恒定地保有担保财产,而是只能就担保财产的变价款优先受偿。

2. 让与担保的功能

让与担保主要是基于交易者个人偏好的实践产物,不像分期付款的所有权保留买卖、售后回租那样是产业化的交易模式,其制度功能如下:其一,担保权人全数掌控担保财产的价值,可阻挡后顺位物权的成立;其二,担保权人不占有担保的不动产,担保人仍能使用收益,

---

① 《民法典》第752条规定:"承租人应当按照约定支付租金。承租人经催告后在合理期限内仍不支付租金的,出租人可以请求支付全部租金;也可以解除合同,收回租赁物。"其中"出租人可以请求全部支付租金"是合同加速到期之意,至于到期日,参考案例"某尚普惠融资租赁(深圳)有限公司诉王某玲融资租赁合同纠纷案"的生效裁判认为,出租人通知的,到期日为通知到达承租人之日;出租人未经通知直接起诉的,到期日为起诉状送达之日(或视为送达之日)。

② 《融资租赁解释》第10条第2款规定:"出租人请求承租人支付合同约定的全部未付租金,人民法院判决后承租人未予履行,出租人再行起诉请求解除融资租赁合同、收回租赁物的,人民法院应予受理。"

③ 参考案例"某融资租赁(中国)有限公司诉上海某汽车运输有限公司、谷某、朱某融资租赁合同纠纷案"的裁判要旨指出,出租人自行收回并处置租赁物的,应遵循公平原则并提供充分的证据证明处置价格的合理性。在承租人未认可的情况下,出租人未委托有资质的专业机构对租赁物价格进行评估,又不能提供其他证据证明处置价款符合市场价格的,法院不应以出租人处置租赁物价格为依据认定其所受到的损失。

可适应现代商业活动的需要①；其三，担保财产多样化，包括可转让的任一财产形态，可促进财产担保价值的发挥。② 在此基础上，当事人选择让与担保，也许是看重"让与"这一点，也许是不愿设定典型担保物权，不一而足。

3. 让与担保的种类

以担保财产的形态为准，让与担保分为物的让与担保和权利让与担保。在物的让与担保中，不动产让与担保在我国适用颇广，属于主流，动产让与担保则不太常见。权利让与担保以财产权为客体，常见的除了以有追索权的保理为典型的债权让与担保，还有股权让与担保。这四类让与担保各有个性，在概述之后分述。

4. 让与担保的设立

让与担保的设立遵循依法律行为的物权变动规范，既需有效的让与担保合同，还应转让担保财产。

(1) 让与担保合同

让与担保合同的形态不一，只要担保人以担保债权为目的向债权人负有转让担保财产的义务，即为让与担保合同。让与担保合同看上去像"名为转让财产，实为担保债权"的通谋虚伪行为，但其真实目的就是担保，当事人双方对此未予隐瞒，并非虚伪行为。③

《担保制度解释》第 68 条对让与担保合同进行了类型化：其一，标准型让与担保合同（第 1 款），即担保人与债权人约定将财产形式上转让至债权人名下，债务人不履行到期债务的，债权人有权折价或以变价款偿还债务。其二，归属型让与担保合同（第 2 款），即担保人与债权人约定将财产形式上转让至债权人名下，债务人不履行到期债务的，财产归债权人所有。这种归属约定背离了担保物权的清算机制，故为无效，但不影响合同其余内容的效力。其三，回购型让与担保合同（第 3 款），即债务人与债权人约定将财产转让至债权人名下，在一定期间后再由债务人或其指定的第三人以交易本金加上溢价款回购，债务人到期不履行回购义务，财产归债权人所有。④ 这种归属约定同样无效，但不影响合同其余内容效力；不过，回购对象自始不存在的，应按照实际的法律关系处理。

在前述类型之外，实践中更常见的是以订立买卖合同来担保债权，司法常将其归为有效的让与担保。比如，在参考案例"山东倪某房地产开发有限公司诉文登市惠某房地产开发有限公司商品房预售合同案"中，为保障债务履行，债务人同意将其开发建设的某小区项目中的 411 套商品房卖给债权人，在到期不能还款时，债权人有权处置房屋。之后双方签订了商品房预售合同。生效裁判认为，通过签订商品房预售合同来设定让与担保，系双方真实的效果意思，并非虚假。从归属范畴上看，这种约定属于债务履行期限届满前的以物抵债协议，

---

① 参考案例"韩某某诉黄某某确认合同无效纠纷案"的裁判要旨指出，房屋让与担保的担保权人不享有真正所有权，不得在债务到期前妨碍真正所有权人的正常使用，亦不能对外随意处分房屋所有权。

② 参见谢在全：《民法物权论》（修订 8 版下册），新学林出版股份有限公司 2023 年版，第 582—583 页。

③ 参见〔日〕近江幸治：《民法讲义 III 担保物权（第 3 版）》，徐肖天译，上海社会科学院出版社 2023 年版，第 336—337 页；高圣平：《民法典担保制度体系研究》，中国人民大学出版社 2023 年版，第 522 页。

④ 回购型让与担保合同未明确为债务提供担保，但从其内容可知债权人的目的不是取得财产，而是借此担保债务，而约定的回购期间一般对应主债务履行期间，回购价款采用本金加溢价款的方式无异于偿还债务本金及相关费用，故为让与担保合同（参见最高人民法院民事审判第二庭：《最高人民法院民法典担保制度司法解释理解与适用》，人民法院出版社 2021 年版，第 567 页）。在比较法，日本也持这种见解（参见〔日〕内田贵、大村敦志编：《民法的争点》，张挺、章程、王浩等译，中国人民大学出版社 2023 年版，第 287 页）。

具有担保债权目的,根据《合同编通则解释》第 28 条第 2 款,在约定买卖价格以履行期限届满时的市价为准或另行协商的情形,它可构成标准型让与担保合同;在约定买卖价格以债务及其利息为准的情形,可构成归属型让与担保合同。

让与担保合同产生债的约束力,担保人应按照约定向债权人转让担保财产。在债务人未清偿到期债务时,担保财产未移转的,债权人未取得让与担保,根据《担保制度解释》第 68 条、《合同编通则解释》第 28 条、《民间借贷解释》第 23 条,债权人有权请求变价担保财产并以变价款清偿债务,但不能优先受偿。至于债权人的损害赔偿请求权等其他请求权,可参照本章第二节之六的意定担保合同有效但担保物权未设立的内容,如因可归责于担保人的原因导致担保财产不能转让,债权人有权请求担保人在约定担保范围内承担责任,但不得超过让与担保能够设立时担保人应当承担的责任范围。[①]

(2) 转让担保财产

通过转让担保财产来担保债权是让与担保的最独特之处,只有在转让担保财产后,让与担保才能成立,否则仅有债的约束力。转让担保财产要遵循相应要求,如房屋所有权需转移登记、动产所有权需交付。

5. 让与担保的效力

目前我国尚无让与担保效力的详细规范,司法态度是参照最类似的担保物权规范,不动产让与担保参照不动产抵押,动产让与担保参照动产质押。[②] 应注意的是,让与担保取决于约定,担保权人基于约定取得了财产,同时又受约定限制,故有关标的物的占有、用益、返还等具体权利义务应根据约定而定。[③]

(二) 不动产让与担保

不动产让与担保以房屋等不动产为客体,目前不是不动产登记类型,其设立需办理转移登记[④],结果是担保财产转让给担保权人,在登记簿中归属于担保权人。比如,为了担保 B 的借款 1000 万元,A 把房屋所有权转移登记至 B 名下。登记簿的记载只能推定 B 是房屋所有权人,无法推定其为担保权人,对担保权的证明尚需合同约定等其他证据。而且,由于登记无法显示让与担保,其难以具有从属性。比如,上例的 B 把债权转让给 C,除非 C 办理转移登记,从 B 处受让担保财产,否则不能受让让与担保,因为 B 的登记无法显示担保债权和让与担保,无法在债权与担保权之间建立从属关联。

从应然角度讲,不动产让与担保应成为单独的登记类型,可记载于登记簿,由此能推定权利人为担保权人,让与担保也具有从属性。

(三) 动产让与担保

动产让与担保以动产为客体,形态可以是存货,也可以是存货之外的动产,无论何者,担

[①] 参见刘保玉、梁远高:《期前以物抵债协议:性质、效力与规则适用》,载《清华法学》2024 年第 1 期。

[②] 参见最高人民法院民事审判第二庭:《最高人民法院民法典担保制度司法解释理解与适用》,人民法院出版社 2021 年版,第 569 页。参考案例"韩某某诉黄某某确认合同无效纠纷案"的裁判要旨指出,债务到期未能清偿的,担保权人可以在担保人同意的情况下以合理价格出售房屋,但其通过出售款优先受偿的前提是履行对担保人的清算义务,且担保债权范围应以担保合意中的债权本息为限。担保权人未与担保人进行清算,担保人主张担保权人返还超出担保债权范围的剩余出售款项的,法院应予支持。

[③] 参见王洪亮:《让与担保效力论——以〈民法典担保解释〉第 68 条为中心》,载《政法论坛》2021 年第 5 期。

[④] 在参考案例"赣州某房地产公司与杨某某、赣州某开发公司执行复议案"中,赣州某房地产公司与赣州某开发公司就案涉房产签订的买卖合同实为让与担保合同,该合同虽网签备案,但只在当事人双方之间生效,不能对抗其他权利人,不具有优先性。

保权人应占有动产,不能通过占有改定方式设立动产让与担保[①],否则就与动产抵押权没有区别。在此基础上,动产让与担保可在动产融资统一登记公示系统登记,以强化公示,表征担保权的存在。

客观地看,动产质权与动产让与担保的要件(如均不得占有改定)及功能高度重合,业界目前广为适用的是存货动态质押,动产让与担保相对少见。

(四) 债权让与担保

债权让与担保在我国主要表现为有追索权的保理。[②]《民法典》第761条规定:"保理合同是应收账款债权人将现有的或者将有的应收账款转让给保理人,保理人提供资金融通、应收账款管理或者催收、应收账款债务人付款担保等服务的合同。"保理分为有追索权和无追索权两类,前者是保理人不承担为债务人核定信用额度和提供坏账担保的义务,仅提供包括融资在内的其他金融服务,在应收账款到期无法从债务人处收回时,保理人可以向债权人反转让应收账款,或要求债权人回购应收账款、归还融资,又称为回购型保理;后者是指保理人根据债权人提供的债务人核准信用额度,在该额度内承购债权人对债务人的应收账款并提供坏账担保责任,债务人因发生信用风险未按照债权人和债务人的基础合同约定按时足额支付应收账款时,保理人不能向债权人追索,又称为买断型保理。[③]

在有追索权的保理中,应收账款债权人通常从保理人处融资,为了担保债务,应收账款债权人将应收账款转让给保理人,构成债权让与担保。应收账款债权人清偿到期债务的,保理人把应收账款回转给债权人;应收账款债权人未清偿到期债务的,根据《民法典》第766条,保理人有权向应收账款债权人主张返还保理融资款本息或回购应收账款债权,也有权向应收账款债务人主张应收账款债权,在扣除保理融资款本息和相关费用后有剩余的,剩余部分应当返还给应收账款债权人。[④] 根据《担保制度解释》第66条第3款,应收账款债权人向保理人返还保理融资款本息或回购应收账款债权后,有权请求应收账款债务人向其履行应收账款债务。

有追索权的保理虽然不同于应收账款质押,但它们功能相似,应收账款质押的规范和法理对有追索权的保理有参照作用。在供应链融资中,有追索权的保理比应收账款质押更为常见,主要因为核心企业往往会有关联的保理人(如参股的保理公司),中小企业与保理人之间建立保理关系,实质是核心企业一方以受让应收账款为条件,向中小企业提供融资,借此收取利息等费用,结果无异于债务减免,即在清偿自己债务同时还有额外收益。

---

① 在比较法上,瑞士、奥地利采用相同立场(Vgl. Rey, Die Grundlagen des Sachenrechts und das Eigentum, 3. Aufl., 2007, S. 446 f; Iro, Bürgerlichen Recht Band IV: Sachenrecht, 4. Aufl., 2010, S. 242),而德国允许以占有改定方式设立动产让与担保,因其采用"主银行制"(Hausbankprinzip),中小企业有一个长期合作的主银行,主银行对企业的经营情况非常了解,其他银行向企业贷款之前会征询主银行,以了解企业提供的担保财产是否已为主银行设立担保,从而形成事实上的公示机制,债权人能在完全信息下作出决策,不会因占有改定而承受不测风险(Moritz Brinkmann, "The Peculiar Approach of German Law in the Field of Secured Transactions and Why it has Worked (So Far)", Louise Gullifer & Orkun Akseli (eds), Secured Transactions Law Reform: Principles, Policies and Practice, Hart Publishing, 2016, pp. 349-350)。

② 参见李宇:《保理法的再体系化》,载《法学研究》2022年第6期。

③ 参见黄薇主编:《中华人民共和国民法典释义》(中册),法律出版社2020年版,第1495页、第1413页。

④ 参考案例"重庆某保理公司诉杨某等案外人执行异议之诉案"的裁判要旨指出,在应收账款债权人未能足额清偿前,保理人是应收账款的权利人。即便保理人另案向应收账款债权人主张权利并取得生效判决,在应收账款债权人未能足额清偿前,保理人仍有权要求应收账款债务人清偿。

有追索权的保理可在动产融资统一登记公示系统登记,根据《民法典》第768条,同一应收账款有多个有追索权的保理,多个保理人主张权利的,登记的先于未登记的取得应收账款;均登记的,按照登记时间的先后顺序取得应收账款;均未登记的,由最先到达应收账款债务人的转让通知中载明的保理人取得应收账款;既未登记也未通知的,按照保理融资款或者服务报酬的比例取得应收账款。根据《担保制度解释》第66条第1款,同一应收账款同时存在保理、应收账款质押和债权转让的,可参照前述规范。

(五)股权让与担保

股权让与担保以股权转让的形式出现,但两者明显不同。参考案例"伯利兹籍居民张某某诉谢某某、深圳某有限公司等合同纠纷案"的裁判要旨指出:"区分股权让与担保和股权转让,主要应从合同目的以及合同是否具有主从性特征来判断。当事人关于可以在约定的期限内购买股权的约定系相关各方达成的一种商业安排,不同于让与担保中采用的转让方应当在一定期限届满后回购所转让财产的约定。一方当事人的经营权仅在回购期内受到一定限制,并未约定对回购期满后的股东权利进行任何限制,亦不同于股权让与担保常见的对受让方股东权利进行限制的约定。"在这种差异基础上,《担保制度解释》第69条规定:"股东以将其股权转让至债权人名下的方式为债务履行提供担保,公司或者公司的债权人以股东未履行或者未全面履行出资义务、抽逃出资等为由,请求作为名义股东的债权人与股东承担连带责任的,人民法院不予支持。"据此,在没有另行约定的情况下,股权让与担保权人通常并非以成为公司股东、参与管理、获取分红为直接目的,不享有参与决策、获得股东红利等实质性权利[1],因而只是名义股东,没有出资义务,担保人有未出资、抽逃出资等出资瑕疵的,公司或其债权人可要求担保人承担责任,但不能请求担保权人承担责任。[2]

股权质权与股权让与担保的功能重合,但后者更为业界所乐见,原因主要是在有约定时,股权让与担保权人可通过参与股东会,对公司的对外担保、投资等影响股权价值的行为进行有效制约[3],而质权人没有这样的事先防范机会。此外,股权让与担保还有其他优势,比如,股权登记在担保权人名下,不会因担保人负债而被法院查封,实现起来非常便宜,担保权人的自主性强,而在股权质权中,质权设立后的股权查封虽不会影响质权实现,但毕竟还要依法除去查封,或在法院拍卖股权程序中优先受偿,实现成本较高,质权人的自主性较弱。

---

[1] 参见参考案例"吴某诉北京某某公司等公司决议纠纷案"。
[2] 根据参考案例"某石化工贸有限公司诉新疆某(集团)有限责任公司申请财产保全损害责任纠纷案"的生效裁判,虽然担保权人是名义股东,对担保人的出资瑕疵不承担责任,但公司债权人有权以担保权人应承担出资瑕疵责任为由,对担保权人的财产申请诉讼保全。
[3] 参考案例"吴某诉北京某某公司等公司决议纠纷案"的生效裁判认为,股权让与担保权人取得股权,是期待以股权价值担保债权实现,侧重于防范债务人通过行使股东权利对公司资产进行不当处置,从而影响债权实现。

第九章

物上之债

物权之债与物权有融合并存关系，是物权法的调整对象，本章论述其概念、特性、种类和价值。

第一节 物上之债概述

一、物上之债的概念

（一）物上之债的定义

虽然"物债二分"，但无论在体系化的民法规范脉络里，还是在现实交易实践中，物权与债权都关联密切，物权法也要调整债，其中一类是与物权融合并存的物上之债。所谓物上之债（Realobligation/real obligation），是指通常与物权并存，像物权一样依附于特定物，能约束物权受让人的债。比如，根据出让合同约定，国有建设用地使用权人A公司有建菜市场的义务。A公司把国有建设用地使用权转让给B公司，根据《城市房地产管理法》第42条，B公司要承担建菜市场的义务，该义务即物上之债。

物上之债的构造特点在于：(1) 通常与物权并存，债的主体与物权主体重合，如上例的建菜市场义务与国有建设用地使用权并存，国有建设用地使用权人是建菜市场的债务人。(2) 依附于特定物，物权转让同时导致债的移转，如国有建设用地使用权的受让人承担建菜市场的债务。一言以蔽之，谁是物权主体，谁通常就是物上之债主体，两者高度一致。

物上之债不同于普通之债，后者存于有特定人格和身份的主体之间，对第三人没有约束力，即便第三人受让了标的物，也不能自动成为合同当事人。比如，A、B是房屋买卖合同双方，在B通过转移登记取得房屋所有权之前，出卖人A又把房屋卖给C并完成转移登记，基于合同相对性，A、B的买卖合同不能约束C。对比而言，物上之债虽然也因相对性而指向特定主体，但其不注重主体的人格和身份，而是以标的物为媒介，把该物的任一物权人作为债的主体，如对作为出让合同债权人的政府部门而言，只要是国有建设用地使用权人，无论是A公司、B公司还是其他，都是有义务建菜市场的债务人，从而有别于普通之债。

（二）物上之债的内涵

1. 称谓

债包含了债权与债务，物上之债相应地也包括物上债权（Realforderung）和物上债务（Realschuld）。物上债务人通常为物权人，但物上债权人未必是物权人。比如，《民法典》第

939条规定,建设单位依法与物业服务人订立的前期物业服务合同对业主具有法律约束力,据此,房地产开发企业把房屋转让给业主后,业主受前期物业服务合同的约束,物业公司并非物权人,但能请求业主支付物业费,这种请求权是物上之债。① 基于这种差异,不宜把"Realobligation"称为物上债权或物上债务,只宜称为物上之债。②

关联:物上之债不能称为物上负担

负担行为产生债权债务关系,其中的"负担"可被"债权"或"债务"替代,但不能据此把"Realobligation"称为物上负担,因为瑞士民法术语"Realbelastung"的字义即物上负担,是指能对抗特定物的任一所有权人的形成权(如 ZGB 第 959 条第 1 款规定的预告登记的先买权)。③ 此外,BGB 规定的物权"Reallasten"通称为物上负担,若把"Realobligation"称为物上负担,也容易与"Reallasten"混淆。再者,在葡萄牙民法,物上债权和物上负担都是债,都是处于物权和债权之间的中间体,前者的新物权人仅受其物权生效期间所设定之债的约束,后者的新物权人对先前的给付也要负责。④

2. 主体

前文说物上债务人通常是物权人,是说占有人也能成为物上债务人,如《民法典》第 314 条规定遗失物拾得人有通知义务,这种义务是物上债务,占有遗失物的拾得人因此是物上债务人。作为物权人的物上债务人可以是所有权人(如作为建筑物区分所有权人的业主有支付物业费的债务),可以是限制物权人(如国有建设用地使用权人有建菜市场的债务)。

由于非物权人的占有人成为物上之债主体的情形较为少见,而债权人有时也不是物权人,与此相对应,物上之债的精确定义为:与某物的物权并存,在特殊情形下会与占有并存,并像物权或占有一样依附于该物,以至于债务人——以及通常情形下的债权人——与物权人或占有人完全重合的债。⑤ 以下为了简便,主要论及物权人为物上之债主体的情形。

3. 种类

物上之债有法定和意定之分,标准是产生事由不同,前者的产生无需借助当事人意思表示,后者则由当事人通过意思表示在法律规定的范围内来产生,详见第二节。

4. 效力

在物权转让时,物上之债能约束受让人,使受让人自动成为债的主体,在此意义上,物上之债能约束标的物上的任一物权人,这是它区别于普通之债的标志。换言之,在特定物的媒介下,依附于物权的物上之债针对任一物权人,这种因物权客体而设的债与物权绑在一条绳

---

① 参考案例"某物业公司诉某银行青岛分行、某商业公司物业服务合同纠纷案"的生效裁判认为,建设单位依法与物业服务人订立的前期物业服务合同,在合同期内,当区分所有权建筑物的专有权在建设单位和业主之间发生转让时,物业服务合同关系一并转让。

② 由于物上债务人是物权人,其在对特定物享有支配利益的同时,要负担给付义务,为了表明物上之债与物权的区别,也为了表明同一主体这种迥异的法律地位,可把物上之债称为"物务"。参见苏永钦:《寻找新民法》,北京大学出版社 2012 年版,第 163 页。

③ Vgl. Gauch/Schluep/Schmid, Schweizerisches Obligationenrecht Allgemeiner Teil, Bd. I, 9. Aufl., 2008, S. 22.

④ 参见〔葡〕若昂·德·马图斯·安图内斯·瓦雷拉:《债法总论》(第一卷),唐晓晴译,社会科学文献出版社 2020 年版,第 121—125 页。

⑤ Vgl. Gauch/Aepli/Stöckli, Präjudizienbuch zum OR, Rechtsprechung des Bundesgerichts, 6. Aufl., 2006, S. 11; Tuor/Schnyder/Schmid/Rumo-Jungo, Das Schweizerische Zivilgesetzbuch, 13. Aufl., 2009, S. 1013.

上,直接约束物权人。不过,也仅此而已,除了约束物权受让人,物上之债不像物权那样有普遍的对世性。

5. 功能

物上之债不同于普通之债,但其毕竟是债,与给权利人带来积极利益的物权不同,会产生消极利益。若把普通之债和物权作为光谱的两极,物上之债显然处于中间混合阶段,既受债法调整,更受物权法调整。不过,物上之债不是要打破"物债二分",而是旨在填补其中的不周延之处,即这种二分及与其相伴的法定原则有力所不及的地方,导致法律生活的诸多需求无法得到满足,物上之债通过把债务人的积极给付与物权结合的方式,把物权要素和债权要素整合起来,能填充"物债二分"的空隙。[①]

二、物上之债的特性

(一) 双重属性的融合

"物债二分"存在缝隙地带,物上之债是概括这些地带的法学概念[②],它能有机地把债的属性和物权属性融为一体,这是其最主要的特质。

1. 债的属性

债的属性主要表现为:

第一,物上之债具有相对性,其主体通常为物权人及与其有债之关系的相对人,不像物权那样有绝对性。

第二,物上之债是请求权,不像物权那样是支配权。为了实现债权,债务人必须为给付行为,这决定了物上之债不是物权。债务人的给付义务形态不一,可为提供劳务或实物(如建菜市场),可为支付金钱(如支付物业费)。

第三,物上之债遵循债的履行、违约责任等债法规范。比如,国有建设用地使用权受让人应适当履行建菜市场的债务,否则需承担损害赔偿等违约责任。

2. 物权属性

物权属性主要表现为:

第一,物上之债是主体物化的债,特别是在债务人与物权人完全同一的情况下,它不再专门约束 A 公司和 B 公司这样的特定主体,而是如同物权一样依附在特定物上,波及该物的任一物权人,结果就是物上之债随着物权转让而移转,呈现出"债随物走"的继受保护特点。[③] 这样一来,适用于普通之债的债务承担、债权转让规范就无适用余地。比如,A 公司的建菜市场债务依附于土地,在国有建设用地使用权转让给 B 公司时,B 公司承担该债务,无需出让合同债权人的同意。至于 A 公司因迟延履行该债务而产生的损害赔偿,不是物上之债,仍由 A 公司向出让合同债权人承担。也就是说,与普通之债相比,物上之债主体尽管也为特定人,但该特定源自特定物,物上之债主体是特定物的物权人,由此特性出发,物上之债主体可被物化,以表明物上之债是根植于特定物的债。

---

① Vgl. Meier-Hayoz, Berner Kommentar, Kommentar zum schweizerischen Privatrecht, Bd. IV/1/1, 5. Aufl., 1981, S. 113 f; Rey, Die Grundlagen des Sachenrechts und das Eigentum, 3. Aufl., 2007, S. 68.
② 物上之债是德国、瑞士、法国、意大利、荷兰等欧陆民法的学术用语,《美国路易斯安那民法典》则采为法律术语(Real Obligations)。参见夏沁:《物上之债制度研究》,中南大学 2019 年博士学位论文,第 19—27 页。
③ 参见袁野:《"债权物权化"之范畴厘定》,载《法学研究》2022 年第 4 期。

第二,在普通之债,只要有当事人相应的意思表示或符合法律规定的要件,债就能发生,且债务人有无财产,不影响债权存续。与此不同,物权离不开特定物,否则就没有物权。物上之债同样如此,没有特定物,就不可能有物权,当然也就不会有与物权并存的物上之债,故而,物权客体的灭失在消灭物权的同时,对物上之债的存续也有釜底抽薪的作用。而且,物权是物上之债的基础,物上之债不能从根本上影响作为基础的物权,债务人迟延履行等给付障碍不能当然消灭物权。

概括而言,物上之债融合了债的属性和物权属性,既具备债的基本属性,不像物权那样属于支配权和绝对权,并适用债的相关规范,因而不同于物权;同时又有物权属性,依附于物权而存续,特定物的任一物权人都是债的主体,这使其看上去与物权一样根植于特定物,是主体物化的债,具有随物定其命运的属性,这又不同于普通之债。正是在这双重否定中,物上之债交融了债和物权的部分属性,具有填补"物债二分"缝隙的作用。

(二) 以物权法为根基

物上之债虽然是债的一种,要受债法的调整,但其根基在物权法,没有物权法的规定,就不可能有物上之债。既然如此,物上之债就要遵循物权法的基本原则。比如,物上之债的种类由法律规定,当事人只能从中选择,这体现了法定原则。之所以如此,是因为物上之债把任一物权人均作为债务人,这种对抗性和穿透力是普通之债所不能比拟的,为了规避由此给物权受让人可能带来的风险,就需为物上之债设立合理、确定且明显的范围,对此只有通过法律限定才能完成。

虽然物上之债以物权法为根基,但物权是物权法的主要调整对象,物上之债只起到辅助作用。不过,无论如何,物权法所涉及的不只是给主体带来积极利益的物权,在必要之处还有给物权人带来义务的物上之债,在物上之债存在之处,物权人就处在既有权利、又有行为义务的法律关系之中,这种法律地位不是仅用物权就能框定和涵括的,由此可知,在物上之债的介入下,物权法实质上就是物上关系法。

关联:第三种权利

抛开物上之债的债的属性不谈,仅就其效力而言,与同为物权法调整的所有权、限制物权相比,有学理认为租赁合同等物上之债属于物权法的第三种权利。也就是说,所有权是位居第一的权利,是权利人对特定物可享有的最全面权利;限制物权是第二种权利,权利人的权利比所有权要少一些;物上之债是居于债和物权边界地带的第三种权利。[1]

第二节 物上之债的种类

物上之债并非我国的实证法术语,而是通过梳理具体法律规范后,通过提炼共性方式总结出的学理概念。在此意义上,物上之债就像串珠之线,把零散的法律规范条文串在一起,有助于规范及其知识的体系化。既然物上之债针对相关的法律规范而展开,那对它的理解

---

[1] See Sjef van Erp, "Contract and Property Law: Distinct, but not Separate", 2 (3) *European Property Law Journal* 247 (2013).

和认知,就离不开对相关规范的梳理,本节就此进行分类阐述。

一、法定物上之债

(一)例示说明

法定物上之债依法产生,与当事人的意思表示无关,本处以《民法典》第291条规定的相邻关系中的通行权为例来看其基本规律。

相邻的甲、乙两块地分别属于A、B,甲地被乙地围成袋地,A有通行权,需补偿邻人B的损失,补偿请求权无法为物权所容,B也无法通过支配袋地来实现该债权,物权的支配力在此荡然无存。而且,补偿请求权的辐射范围局限于A、B之间,他人不受影响,缺乏物权的绝对性和排他力。

但该请求权不同于普通债权,因其依附于相邻土地,物权转让只是替换了物权人,补偿请求权根本不受影响,即A把甲地转让给C后,C在受让时承担该义务。当然,C的补偿义务从受让甲地时起算,不包括A迟延履行的部分,迟延部分属于B对A的普通债权。相应地,B把乙地转让给D时,D取得补偿请求权。这一请求权恰似物权,是长在袋地上的负担,而非专对特定债务人的负担,这种渗透力显然为普通之债所缺乏。显然,只要有通行权,就有补偿请求权,是相邻不动产为它提供了存续根基,它因此能对抗相邻不动产的受让人,物化特性相当明显。

(二)主要规范

除了前述的补偿请求权,与所有权融合和并存的法定物上之债主要还包括:(1)在共有中,根据《民法典》第300条、第302条,在没有约定或约定不明时,共有人对共有物的必要管理义务、负担管理费用义务。(2)在建筑物区分所有权中,根据《民法典》第273条,业主对共有部分的管理义务。(3)在遗失物拾得中,根据《民法典》第317条,遗失物所有权人对拾得人支付保管费等必要费用的义务。(4)在添附中,根据《民法典》第322条,添附受损人的补偿请求权。[①]

与限制物权融合和并存的法定物上之债主要包括:(1)在土地承包经营权中,根据《农村土地承包法》第18条,土地承包经营权人不得违法用于非农建设的义务、依法保护和合理利用土地的义务;在土地经营权,根据《农村土地承包法》第42条,土地经营权人不得擅自改变土地的农业用途义务、不得弃耕抛荒连续两年以上的义务。(2)在国有建设用地使用权中,根据《民法典》第350条,国有建设用地使用权人不得改变土地用途的义务。(3)在宅基地使用权中,根据《土地管理法》第66条第1款,宅基地使用权人不得改变土地用途的义务。(4)在有偿的居住权中,参照适用《民法典》第713条,房屋所有权人的维修义务。(5)在抵押权中,根据《民法典》第408条,在因抵押人过错导致抵押财产价值减少时,抵押权人的价值恢复或提供担保请求权。(6)在质权中,根据《民法典》第433条,在因不可归责于质权人的事由可能使质押财产毁损或价值明显减少,足以危害质权人权利时,质权人的提供担保请求权。

与占有融合和并存的法定物上之债主要包括:(1)在遗失物拾得中,根据《民法典》第314条,拾得人的保管和通知义务。(2)在所有人—占有人关系中,根据《民法典》第460条,

---

[①] 参见苏永钦:《私法自治中的经济理性》,中国人民大学出版社2004年版,第292—314页。

善意占有人对物权人的必要费用偿还请求权。

（三）规范目的

法定物上之债是物权的重要关联，其目的主要包括：

第一，节省交易成本，平衡物权人与他人之间的利益。比如，通行权是对邻人不动产的刚性约束，邻人除了接受补偿别无选择，这一强制交易的管制好处是节省相邻各方的交涉成本，在防止邻人利用优势抬高身价之余，还能避免通行权人在不能如愿时强力通行的侵权隐患。就此而言，补偿请求权是立法配置通行权规范的控制机制，有协调利益冲突的功能。遗失物所有权人对拾得人支付保管费等必要费用的义务、添附受损人的损害赔偿请求权或补偿请求权、抵押权人的价值恢复或提供担保请求权、质权人的提供担保请求权等无不如此。

第二，把物权人对物的支配框定在合理限度内，为物权的行使设置必要限制，以妥当照料利害攸关方的合理利益，用益物权人的上述物上之债均为适例。

第三，共有和建筑物区分所有是多数权利人因物而聚成的物权形态，为了保持物的效用最大化，必须配置权利人之间的关系规范（如管理义务等），以预防或化解可能的人际冲突，为共有或区分所有的有效持续或合理分解提供必要通道。

（四）规范要点

在理解法定物上之债规范时，应把握以下要点：

第一，法定物上之债源自法律规定，在判断它是否产生时，要先看有无相应的法律规范。不过，即便有相应规范，也不能得出肯定结论，因为相关规范可能是任意规范（如《民法典》第300条、第302条），一旦当事人约定排除或改变，就没有物上之债可言，故还要看当事人有无这种约定。

第二，由于物上之债依托于物权或占有，后者是其存续的实体基础，故只有后者现实发生，物上之债才能产生。物权的现实发生表现为物权取得和转让，它们与公示效力紧密相关，在设权力，公示时点是物权和物上之债产生时点（如国有建设用地使用权人在登记时负担不得改变土地用途的义务）；在对抗力，原因行为生效时点是物权和物上之债产生时点（如土地承包经营权人、土地经营权的物上之债在承包合同或流转合同生效时产生）；在宣示力，原因事实发生或成就时点是物权和物上之债产生时点（如 A、B 共同合法建造房屋，房屋建成时，两人等额按份共有该房屋，并承担管理义务）。占有的现实发生即取得占有，物上之债在取得占有时产生，如拾得人在占有遗失物时负有保管和通知义务。

第三，法定物上之债产生后，应根据相应规范来确定其内容，对此要遵循文义解释、体系解释、目的解释等法律解释方法。

二、意定物上之债

（一）主要种类

意定物上之债遵循法定原则，由法律限定其种类，当事人从法律列明的种类中择一而定，其实存与否完全取决于当事人，从而不同于法定物上之债。

与所有权融合和并存的意定物上之债主要为：(1) 在租赁物所有权，根据《民法典》第725条，租赁物在承租人按照租赁合同占有期限内发生所有权转让的，租赁合同对受让人有约束力。(2) 在建筑物区分所有权，《民法典》第280条第1款规定，业主大会或业主委员会的决定对业主有法律约束力；《民法典》第939条规定，前期物业服务合同或物业服务合同对业主有约束力。这样一来,无论业主从建设单位处还是从其他业主处受让专有权,均受前述决定和合同的约束。另外,《民法典》第273条、第283条规定,业主对共有部分享有权利、承担义务,而建筑物及其附属设施的费用分摊、收益分配等由当事人约定;业主转让专有部分,其对共有部分享有的共有和共同管理的权利一并转让。据此,业主有关共有部分费用分摊的约定应为意定物上之债,随专有部分的转让而转让。

参考案例"朱某华诉张某纲、陈某生等16人共有纠纷案":某小区系老旧小区,未安装电梯。为便利出行,该小区2号楼张某纲等16户业主商定集资加装电梯。该楼栋三楼业主黄某认为加装电梯距离其主卧室过近,对其房屋采光、隐私等权益造成侵害,对加装电梯方案提出异议。后黄某与张某纲等16户业主达成调解协议,约定黄某不承担电梯安装费,享有电梯免费乘用权;黄某对前述加装电梯方案不再持反对意见。在调解协议达成后,张某纲等16户业主在各自出资之外,共同分摊了黄某应承担的加装电梯集资费用人民币1万元,电梯顺利完成安装运行。后黄某将房屋出售给朱某华并办理所有权转移登记,约定房屋买卖价款包括电梯安装费用在内。张某纲等16户业主以朱某华不是调解协议相对方、无权免费乘用电梯为由,要求朱某华补缴该楼栋电梯安装费1万元。裁判要旨指出:"老旧小区业主因加装电梯致房屋采光、隐私等权益受损而协议取得的免费乘用电梯的权利,随房屋所有权一并转移。房屋买受人请求在原使用范围内继续免费乘用电梯并承诺分摊使用电梯产生的维修、保养等日常费用的,人民法院依法予以支持。"

与限制物权融合和并存的意定物上之债主要包括:(1)在土地承包经营权中,根据《民法典》第334条、《农村土地承包法》第33条,土地承包经营权的互换使得双方交换承担对方的承包合同义务,在此情形,承包合同约定的承包人义务是物上之债。(2)在国有建设用地使用权中,根据《城市房地产管理法》第42条,出让合同的约定义务是物上之债。(3)在矿业权中,根据《矿产资源法》第27条第2款,矿业权出让合同约定的权利、义务是物上之债。(4)在不动产抵押权中,根据《民法典》第406条第1款、《担保制度解释》第43条,登记簿记载的限制抵押财产转让的约定是物上之债,无论谁取得抵押财产,在转让时均应取得抵押权人的同意。与此相关,抵押预告登记也是物上之债,如在把房屋抵押预告登记给B后,A把房屋转让给C,B的预告登记权利可约束C,C有义务按照约定协助B办理抵押权登记。

提示:基于不动产登记的意定物上之债

意定物上之债主要发挥着与物权协调并存的效用,就是在确保法定原则带来的权利稳定性的同时,又在法律框定的范围内,交由当事人根据具体情况进行自治,以在权利行使和实现上达到细致而精准的调整。就该效用而言,不动产登记起着重要作用,它使潜在交易者事先了解与物权并存的意定物上之债,进而自主决定是否进行交易,是否承受既有的权利义务布局。总而言之,在法律规定的大框架内,把意定之债纳入登记范围,使其约束受让物权的第三人,既维持了原有的利益格局,不至于因第三人的介入而要重新洗牌,能节省交易成本,又为第三人提供完全信息,能保障其有效地自主决策。

正是着眼于这些益处,我国台湾地区在修订其"民法"物权编时,大幅增加了可登记的意定之债，并明确经登记而对抗第三人，如我国台湾地区"民法"第 826-1 条规定，不动产共有人就共有物使用、管理、分割或禁止分割的约定登记后，对于应有部分的受让人或取得物权之人具有效力；第 836-2 条第 2 项规定，地上权人约定的使用方法，非经登记，不得对抗第三人，该规定可准用不动产役权。

我国大陆情况有所不同，如《民法典》第 300—303 条允许约定共有物的管理、处分、分割等事项，不动产登记簿的"附记"栏目也能予以记载①，但法律未规定这些意定之债在登记后能对抗第三人，无法达到既能节省交易成本，又使第三人在获取完全信息的基础上自主决策的效用。两相对比，法律应明确与不动产物权相关的意定之债在登记后有对抗第三人的法律效力，使它们成为意定物上之债。

（二）规范目的

意定物上之债由法律限定种类，当事人并无自由创设的空间。法律在限定时往往会负载特定目的，如出让合同约定的义务成为物上之债，具有简化法律关系、节约交易成本的作用，进而有助于实现土地利用目的，也即国有建设用地使用权转让不改变权利人建菜市场等合同义务，无论政府部门还是国有建设用地使用权受让人均无需为此再协商，从而能促使国有建设用地使用权人履行相应义务，以实现便利周边居民生活、促进城市社区发展等土地利用目的。

不同的意定物上之债所依附的物权不同，规范目的也随之有变，但因为物上之债能约束物权受让人，故它们都有简化法律关系、节约交易成本的作用。而且，这种作用的实现是当事人意思自治的结果，是当事人在完全了解物上之债的基础上自愿承受相应约束的结果，不会给当事人带来难以预期的不测风险，如出让合同义务随国有建设用地使用权的转让而转让，是行业内交易者均了解的常识，受让人在判断是否进行转让交易时，业已把出让合同义务作为成本收益的重要因素考虑在内。

（三）规范要点

在理解意定物上之债规范时，应把握以下要点：

第一，意定物上之债能否现实产生，取决于当事人的意思表示，故而，当事人只有通过约定在法定的种类中加以选择，才能为意定物上之债提供产生的契机；当事人不能自由创设，否则产生的是普通之债。以限制财产转让的约定为例，这种约定只有在抵押权情形才能成为物上之债，在所有权、用益物权等其他场合只能是普通之债。这种约定还需符合法律行为生效要件，自不待言。

第二，意定物上之债有约束物权受让人的效力，为了使物权受让人知悉，意定物上之债均公开可知，其公示性要么表现为特定行业的交易常识（如物业服务合同随专有权转让而转移、出让合同义务随国有建设用地使用权转让而转移），要么为特定地域的周知信息（如土地承包经营权互换情形的承包合同），要么有不动产登记等公示形式的呈现（如不动产登记簿记载限制抵押财产转让的约定、承租人占有租赁物的租赁合同）。

法律规定意定物上之债采用不动产登记等公示形式的，只有具有相应形式，才能成为物

---

① 在按份共有，根据《民法典》第 301 条，共有人有另行约定的，无需经占份额 2/3 以上的共有人同意即可处分共有物，《不动产登记操作规范（试行）》第 2.1.3 条相应地规定，该约定能记载于不动产登记簿，在处分共有不动产时，由约定的共有人申请办理登记即可。不过，《不动产登记规程》没有这样的规定，实践情况有待观察。

上之债,并依法产生推定力、公信力,如当事人向登记机构申请记载限制抵押财产转让的约定,但登记机构漏登,由此推定没有该约定,善意的抵押财产受让人不受该约定义务的约束。在公示形式的基础上,还能适用优先原则,先公示的意定物上之债占据优先地位,能排斥后公示的物上之债或限制物权,如《民法典》第405条规定,抵押权设立前,抵押财产已出租并由承租人占有的,租赁优先于抵押权。

第三,在法律规定的框架范围内,当事人能自由形成意定物上之债的具体内容(如出让合同义务是建菜市场还是建幼儿园),在理解时应遵循《民法典》第142条第1款等规定的有相对人的意思表示解释规范。

第三节 物上之债的价值

源自德国民法学的债权物权化同样游离于债权和物权之间,但物上之债比它更有学理优势,有不容替代的独特价值,主要表现为:

第一,学理共识度更高。

债权物权化在德国提出之后,学界对其内涵和外延有不同认识,有学理把债权物权化指向有物权特征的债权,并把占有作为债权物权化的基点[1];有学理认为不能把占有作为债权物权化的基点,认为只有当债权效力扩及第三人,也即有物权绝对性时,才构成债权物权化。[2] 与此不同,物上之债的内涵和外延则具有高度共识。虽然共识程度的高低未必是学理成熟度高低的标志,却是信息聚拢程度高低的风向标。学理共识度愈高,在学习和理解时需把握的信息就愈少;反之,就需了解相对分散且不同的信息,并进行合理的评价和分析,这会大幅提升学习成本。就此而言,共识度更高的物上之债更易于学习和理解。

第二,知识传播更便宜。

德国民法学理对债权物权化的展开,除了以物权法为规范基础,还涉及行纪、信托等债法和商法领域。由此可知,债权物权化旨在表明某些债权像物权一样有绝对性,至于这些债权受哪些法律规制,在所不问。故而,债权物权化不一定与物权有关,"物权化"在此更多地起到比喻和象征作用,以表明债权有绝对性,在法律地位和保护上与物权相当,从而不能完全为与物权对立的普通债权所包容。

债权物权化的规范基础甚广,涉及的具体制度各自构造差异较大,不熟知它们及与其关联的制度,难以准确理解债权物权化的基础理论。比如,租赁和预告登记是最典型的债权物权化现象,前者除了债法相关规范,还涉及BGB第823条、第861—864条、第986条第2款、第1007条,后者除了物权法相关规范,还涉及BGB第823条、第869条、第986条第2款、第1007条,两者还都涉及破产法、强制执行法的相关规定,只有准确理解这些规范并能建立体系化联结,才能全面把握债权物权化的意蕴。故而,对于如何界定物权化、债权如何物权化、物权化的债权种类有哪些等问题,无法在教科书中充分展现,只能交由专论来探讨和阐述。教科书在涉及时,往往只能蜻蜓点水,读者因此只知债权物权化的梗概,而不知其详貌和机

---

[1] Vgl. Dulckeit, Die Verdinglichung obligationscher Rechte, 1951, S. 3 ff.

[2] Vgl. Canaris, Die Verdinglichung obligationscher Rechte, in: Festschrift für Werner Flume zum 70. Geburtstag, Bd. I, 1978, S. 372 ff.

理,即知其然而不知其所以然,这显然不利于债权物权化作为体系化的知识进行传播。

与债权物权化不同,物上之债以物权法为根基,它们确定地与物权或占有有关,因而属于物权法的专门知识。通过物上之债,读者可知物权人依据物权不单享有支配利益,还可能享有债权或承受债务,这不仅是实证法布局的真实写照,更与物权人的现实法律地位高度契合。虽然物上之债也涉及租赁等债法制度,但债法的相关规定只起辅助理解作用。凭借这种简约而单纯的特性,物上之债很容易从专论进入物权法教科书,成为便于传播和授受的知识板块。

第三,理论解释力更强。

德国有学理提出债之关系物权化,所及规范有租赁、保险、出版、雇佣等合同,还有物权法允许当事人所为的约定,包括 BGB 第 1010 条的共有人约定、BGB 第 1041 条的土地所有权人与用益权人的约定、《德国地上权条例》第 2 条的地上权约定内容等,这些约定是债的属性,它们借助登记而约束第三人。[①] 在这种债权物权化见解中,上述约定与意定物上之债极其接近,它们均为相对性的债,均与物权并存,均是物权人应为的积极给付义务,均要通过登记来约束取得标的物的任一物权人。

不过,与物上之债不同,德国把可登记的意定之债作为物权内容来看待[②],这在理论解说上存有悖论,因为物权是支配权,除了因实现支配利益而受到应有的消极限制外,物权人不应再承担积极的行为义务,用物权内容来涵盖上述债,无疑自相矛盾。而且,即便认为这些债被物权化,也只是说它们对物权受让人有效,并无其他的物权效力,这也不改其债的本性。故而,在实际效果等同的前提下,对可登记的意定之债的解释力而言,物上之债更胜一筹。

第四,规制机制更简单。

预告登记是债权物权化的典型。根据 BGB 第 883 条、第 888 条,预告登记的对象是引致不动产物权变动的债权,买受人等债权人是预告登记权利人,出卖人等物权人是义务人,双方之间是债的关系。与普通债权相比,预告登记的债权具有特殊性,主要表现为:预告登记不禁止义务人处分不动产物权,但处分导致第三人取得与预告登记的债权相悖的物权的,该处分对预告登记权利人相对不生效,如 A 对 B 的转让土地所有权的债权被预告登记,B 把该土地出卖并转移登记给 C,对 A 而言,B、C 的转让行为不生效,B 仍是土地所有权人,A 有权请求 B 转让所有权。不过,由于第三人 C 已取得所有权,仅凭义务人 B 不足以实现预告登记的债权,为此,在 A 和 B 办理土地所有权转移登记时,A 有权请求 C 同意该登记,从而能实际确保债权实现。

若把预告登记的债权作为意定物上之债,则在上例,B 同样能把土地转让给 C,但 C 同时承担转让土地所有权给 A 的义务,A 能直接对 C 主张实现债权。显然,德国的债权物权化以相对不生效为支点,牢牢地把债的主体局限于预告登记权利人和义务人,再辅以权利人对第三人的登记同意请求权。在这种制度架构中,第三人无论如何不是债的主体,而预告登记权利人要实现其权利,需要义务人和第三人的协助。与此不同,意定物上之债通过主体物化的方式来实现预告登记权利,一旦第三人从义务人处受让物权,就要承受其法律地位,成

[①] 参见〔德〕赫尔曼·魏特瑞尔:《物权化的债之关系》,张双根译,载王洪亮等主编:《中德私法研究》(2006 年第 1 卷),北京大学出版社 2006 年版,第 153—160 页。

[②] Vgl. Baur/Stürner, Sachenrecht, 18. Aufl., 2009, S. 387 f.

为预告登记义务人,这减少了所涉及的主体数量,关系显得更为简单。

当然,我国的买卖预告登记不是物上之债,同时也与德国不同,即未经预告登记权利人同意,义务人无法转让不动产物权。

综上所述,与债权物权化相比,物上之债更有学理优势,不仅因其学理共识度高,属于物权法的专门知识而易于学习和传授,也因其在"物债二分"的基础上,为能约束第三人的债提供了恰当位置,不至于像德国那样把这种债作为物权内容,在理论上更自洽,还因其基于主体物化的特性,把预告登记的关系人限定为权利人和义务人双方,有简化法律关系的益处。

第十章

占 有

占有不是物权,而是事实,也是物权法的调整对象,本章主要依次论述占有的概念、功能、种类和保护。

第一节 占有概述

一、占有的概念

(一) 占有的定义

在日常意义上,占有的意思主要包括"掌握、控制"(如某人占有大量财富)和"处在(某种地位)"(如农业在国民经济中占有重要地位)。[1]《民法典》未明确定义占有,但学理和实践的共识相当确定,即占有在物权法中意为"控制",是指对物进行控制的事实状态。

初学者看到这种界定,脑海中立即浮现出的多为直接占有的画面,如 A 到德国出差,在汉堡旧书店看到萨维尼名著《论占有》,遂购买放入背包,A 对书的控制状态即占有。这样的画面很质感、很有颗粒度,A 获取书的具体细节很清晰,结论因而确定无疑。不过,抛开具体细节不谈,仅就 A 拿着书的客观现象而言,还不能得出 A 是直接占有人的确切结论,因为若 A 是雇员,遵从雇主 B 的指示拿着书,那 A 就是占有辅助人而非占有人。与此同时,若 A 并非雇员,确为直接占有人,也不能就此认为没有其他占有人,在 A 受 C 之托拿着书时,C 是间接占有人,其通过保管合同这种占有媒介关系间接控制书。

显然,像 A 拿着书这样的控制物的现象随处可见,但在判断是否占有、占有人是谁时,仅凭这种现象的表层形态无法得到准确答案,还要深究 A 与他人之间可能存在的法律关系(如雇佣或保管),据此才能厘定 A 的控制是否为占有,或者 A 的占有是否对应着他人的间接占有。这表明,占有的定义看上去极其简单,但内涵相当丰富,故而,在理解占有时,一定要摆脱其日常意义,要跳出前述的质感画面,从直接占有、间接占有等法律名词出发,把握它们的法律逻辑。

(二) 占有的特性

1. 主体宽泛

与所有权人等物权主体一样,占有的主体形态宽泛,包括自然人、法人和非法人组织。

---

[1] 参见中国社会科学院语言研究所词典编辑室编:《现代汉语词典》(第 7 版),商务印书馆 2016 年版,第 1647 页。

自然人占有很容易想见(如 A 占有《论占有》),法人和非法人组织占有也很常见,既可自行占有(如北京大学占有海淀校区的土地和房屋),也可由法定代表人或负责人代表占有(如北京大学校长因公需要乘坐校车),还可以员工为辅助人来占有(如北京大学的司机控制校车,北京大学是占有人)。

自然人通过继承之外的方式取得占有属于事实行为,无需考虑其行为能力,即便无行为能力,也不妨碍成为占有人;但毕竟是事实行为,占有人要有相应的认识能力,知道自己在控制物,否则就是不受意识控制的身体动作,不构成占有,如民间有"抓周"习俗,《红楼梦》里就说宝玉在周岁那天抓了胭脂钗环,但这么大的小孩儿根本不知抓住东西的意义何在,因而并非占有人。自然人通过继承方式概括继受占有的,因为并非事实行为,既无需考虑占有人的行为能力,也不用辨析其有无认识能力,甚至尚未出生的胎儿也能根据《民法典》第 16 条成为占有人。

2. 以物为客体

与所有权、用益物权一样,占有客体仅限于有体物,不包括财产权。不动产和动产均可为占有客体,但动产物权主要以占有为公示形式,占有对动产物权变动影响极大,能产生设权力、推定力、公信力等法律效力,而不动产物权以登记为公示形式,占有对不动产物权变动无法产生前述法律效力。除此之外,不动产占有和动产占有可共用占有保护等规范。

与所有权、用益物权不同,占有客体无需符合特定原则,其既能是集合物(如工厂承包人占有工厂土地、厂房、机器),也能是物的部分(如租赁三居室中的一间居住)或成分(广告公司承租公交汽车外立面打广告),这些是所有权客体或用益物权客体所不能涵盖的。以特定物的整体为客体的占有称为完全占有,它是占有的典型样态;以物的部分或成分为客体的占有称为部分占有,受制于其客体形态,只能适用相应规范,如广告公司对公交汽车外立面的占有不能推定其为公交汽车所有权人,但其可根据《民法典》第 462 条来保护占有。

3. 表现为对物的控制

在阐述占有的内涵时,最常见的表述是像 BGB 第 854 条第 1 款、ZGB 第 919 条第 1 款、我国台湾地区"民法"第 940 条的称谓那样,把占有称为对物事实上的管领(tatsächliche Gewalt)。不过,"管领"一词在当下用的不多,其意思主要是管辖统领(如《水浒传》第 94 回说"副先锋卢俊义辞了宋江、花荣等,管领四十员将佐,军兵五万,望西北进征"),用它来诠释占有,应非最佳选项。此外的常见表述是称占有为对物的支配[①],这对初学者也会带来观念困惑,因为物权是支配权,《民法典》第 114 条第 2 款在定义物权时用了"对特定的物享有直接支配"的表述,再把占有与支配同义对待,会产生不必要的认识混淆。

鉴于前述词语表达的问题,本书把占有表述为对物的控制。控制即掌握、管理、操控、把持之意,其内涵高度弹性,可涵盖直接控制形态的直接占有、通过占有媒介关系间接控制形态的间接占有、多人控制形态的共同占有等。

控制必然有客观表现,或者通过控制人与物之间可为外界察知的物理关联,能让世人知道该人直接控制着物,如 A 在课堂上从背包中掏出《论占有》,同学们由此知道 A 直接控制着这本书;或者通过控制人左右物的状态,能让世人相信该人直接控制着物,如赶着到图书

[①] 如称占有是对物的事实上的支配力,所有权是对物的法律上的支配力。参见〔德〕哈里·韦斯特曼、哈尔姆·彼得·韦斯特曼(修订):《德国民法基本概念(第 16 版)(增订版)》,张定军等译,中国人民大学出版社 2013 年版,第 172 页。

馆占位的 A 把《论占有》落在自己的自行车车筐里，B 想借这本书，A 把自行车的位置、形状告知 B，这足以让人相信 A 还在直接控制着这本书。在直接控制的基础上，再凭借占有媒介关系，间接控制也可为人所知，如上例的 B 在取书后直接控制了书，A、B 的借用关系能表明 A 对书的间接控制。

与此同时，控制是有意识的行为，而非无意识的身体动作，控制人因而需有相应的认识能力，如梦游的 B 从同宿舍 A 的书桌上拿起《论占有》，这是 B 不受意识支配的状态，不能称为控制；而且，控制有特定的目的导向，控制人得有对物实施控制的意思，否则谈不上控制，如 A 和 B 的背包很相似，A 误把《论占有》装到 B 的背包，此时不能说不知情的 B 在控制该书，A 发现后把书掏出来，并未侵害 B 的利益。控制意思既可是为自己控制物的意思，如 A 是《论占有》的所有权人，其没想着是在替别人保管这本书；也可是为他人控制物的意思，如从 A 处借读《论占有》的 B 除了有为自己控制的意思，还想着读完后完璧归赵，有为 A 控制的意思；还可是通过他人控制物的意思，如 A 愿意把《论占有》借给 B 的前提，就是信任 B，相信其读完后会归还书。控制意思既可针对具体物，因而具体明确（如 A 对《论占有》的控制意思），也可不针对具体物，因而概括笼统（如小区垃圾箱表明物业服务人对投放其中的东西"来者不拒"的意思）。

整体看来，在同时具备前述客观的表现和控制意思后，占有即已成型，其中控制的意思也即占有意思。不过，为了顾及社会从属关系，法律把占有辅助人对物控制的状态从占有中去除，占有辅助不能归为占有。但占有辅助的前提是辅助人客观上控制物，主观上需有相应的认识能力和控制意思，否则就不存在占有辅助。比如，A 雇 B 为司机，但 A 现时还没有车，B 不可能实际控制车，没有占有辅助可言；又如，A 购车后，梦游的 B 开着车，其没有认识能力和控制意思，不是占有辅助人。由于占有辅助不是占有，辅助人的控制意思不能称为占有意思。

关联：持有

对物的控制在其他法律领域有不同称谓，刑法的持有（如非法持有毒品罪）就有控制之意。德国的持有相当于直接占有，不能径直与占有划等号。[①] 我国台湾地区有直接占有和间接占有的区分，但持有没有这种分类。[②] 与此不同，我国大陆地区刑法学理一方面认为非法持有毒品罪的持有具体表现为直接占有，另一方面认为行为人可持有他人"占有"的毒品，再一方面认可直接持有和间接持有。[③] 显然，持有与占有的关系究竟如何，尚需跨学科的深入探究。

4. 法律属性为事实

与德国法系一样，我国把占有定性为事实而非权利。这意味着，只要是对物的控制，无论是否正当或合法，均构成占有，故占有具有价值中立性，不受道德非难和法律评价，与权利

---

① 参见〔德〕亚历山大·尤克泽：《持有——一个不易把握的概念》，胡强芝译，载王洪亮等主编：《中德私法研究》（第 11 卷），北京大学出版社 2015 年版，第 206—220 页。
② 参见王泽鉴：《民法物权》（2023 年重排版），北京大学出版社 2010 年版，第 606 页。
③ 参见张明楷：《刑法学》（下册）（第六版），法律出版社 2021 年版，第 1519 页。

有根本之别。① 这样一来,盗贼对被盗物的控制也是占有,原因不是"盗亦有道",而是这种控制是内含着稳定秩序的客观状态,若不确认盗贼为占有人,很容易出现"以暴治盗""以盗治盗"的危及社会和平之举。

民法向来被誉为"权利宣言书",权利是民法的中心,民法规范大多是有关权利的规范。民法对作为事实的占有与权利的认知起点完全不同,后者的规范大都无法适用于前者。除了从权利随主权利、权利担保、权利混同等规范不能适用于占有②,最重要的是权利变动规范与占有截然有别,凸显后者作为事实的独特性。在意思自治框架下,权利变动基于法律行为而来,它有一套规范架构,有成立和生效的区分,要想成立,当事人需表示效果意思;要想生效,行为人要有相应的行为能力,意思表示无瑕疵,内容不违法也不违反公序良俗;即便不满足相关要件,不能产生当事人预期的法律后果,也有不成立、无效、可撤销等不同形态。占有则不同,占有人基于自己意思取得或丧失占有仅产生相应的事实状态,与此对应的是事实行为,它没有成立和生效之分;占有人的行为能力不重要,重要的是有识别能力;占有意思无需表示,是否受欺诈、胁迫也不重要,关键是有这种意思就行;不满足法律要件的(如没有占有取得或丧失意思),结果很明了,占有无法取得或丧失,不用再考虑有无其他形态。

虽然占有不是权利而是事实,但与权利一样均属于受法律保护的利益,占有受到妨害或侵害的,《民法典》第462条等提供了相应的救济机制。③

关联:准占有

财产权不是有体物,对其无法成立占有,但行使财产权的事实状态与控制财产权相似,与占有有异曲同工之处,故借用占有之名,把这种事实状态称为权利占有;更因其能参照占有规范,常称为准占有。

在罗马法上,准占有适用范围很窄,限于用益权或役权,无论是否为权利人,均能行使该权利。④ 与此一脉相承,BGB第1029条规定的权利占有仅为地役权,如D在取得对E的土地的采石地役权后,将土地连同地役权出租给P,只要P在受E或他人妨害的前一年内行使过地役权,就能受占有保护。⑤ 与此不同,我国台湾地区"民法"第966条规定的准占有范围宽泛,只要是不因物的占有而成立的财产权(如债权、知识产权中的财产权),行使人均为准占有人。⑥

上述有关准占有的界定虽然来源权威,但内涵表述并不清晰,从符合常态认知的角度来讲,应该是通过占有财产权的表征文件(如合同、欠条等债权文书)而行使该权利的事实状态⑦,如A并非B的债权人,但持B手书的欠条向B要账,A就是债权的准占

---

① 参考案例"林某盗窃案"的裁判要旨认为,刑法上的占有仅指行为人对财物的事实上的支配和控制,不同于民法上的占有权。这显然有误,因为物权法的占有是事实而非权利。
② 参见谢在全:《民法物权论》(修订8版下册),新学林出版股份有限公司2023年版,第477—478页。
③ 参考案例"廖某彬、郭甲华与郭乙民、邱某芳财产损害赔偿纠纷案"的生效裁判不认可违法建筑所有权,但认为擅自毁损他人占有的违章建筑构成侵权,侵权人应当承担赔偿的民事责任。
④ 参见〔德〕弗里德里希·卡尔·冯·萨维尼:《论占有》,朱虎、刘智慧译,法律出版社2007年版,第137页;〔德〕马克斯·卡泽尔、罗尔夫·克努特尔:《罗马私法》,田士永译,法律出版社2018年版,第213页、第299页。
⑤ Vgl. Baur/Stürner, Sachenrecht, 18. Aufl., 2009, S. 425.
⑥ 参见史尚宽:《物权法论》,中国政法大学出版社2000年版,第604—608页;谢在全:《民法物权论》(修订8版下册),新学林出版股份有限公司2023年版,第582—587页。
⑦ 参见黄茂荣:《债法通则之三:债之保全、移转及消灭》,厦门大学出版社2014年版,第255页。

有人。

《民法典》虽未规定准占有,但学理和实务均予认可。不过,准占有涉及财产权的行使,在可用其他规则解决相应问题时,准占有的实质意义何在,不得不令人深思。比如,债权准占有往往用以解决债务人向持债权文书的虚假债权人清偿问题,但这可通过债法的受领权外观(表见受领)等规则来解决,无需绕道准占有。①

二、占有的功能

占有存身于权利之外,但又与权利密切相关,这使其具有以下功能:

第一,效用功能。占有是对物控制的事实状态,无论其起因何在、是否正当(偷窃或交付),单就这种状态而言,至少表明财产利益配置格局明确,物已在特定人的控制之下,不会因颠沛流离或不知所终而致效用受损,占有人还能通过控制物使用利益;与此同时,非所有权人的占有人还有妥当照料物的义务,一旦物在占有人控制之下效用受损(如毁损),占有人还要承担责任。也就是说,占有能明确与物相关的利益归属和责任承担,由此可维系物的存续、发挥物的效用,这是其值得法律保护的正向价值。

第二,秩序功能。占有具有实然性,占有人对物的控制成为社会实态,即便是偷窃之物,也不容他人再予横夺,否则会破坏业已稳定的财产秩序,产生不可预期的混乱无序,就此而言,法律保护占有实际是在防范可能的失序行为,保护稳定的社会秩序。

第三,保护功能。通过返还原物请求权等物权请求权来保护占有,当然能实现前述的效用功能和秩序功能,但并不周全,一是范围狭窄,物权请求权无法保护以债权等其他财产权为本权的占有,也无法保护没有本权的占有;二是条件严苛,请求权人需证明自己为物权人,否则只能望洋兴叹。占有保护则不存在前述问题,只要有对物控制的事实状态,任何占有人均能主张占有保护,证明起来也相当容易。一言以蔽之,占有是事实,无法套用物权请求权规范来保护,法律应专设保护占有的规范。

第四,公示功能。占有虽然不是权利,却是动产物权的公示形式,有设权力、推定力、公信力等效力,对动产物权起着至关重要的作用。

第五,构造功能。不少物权取得规范(如取得时效、遗失物拾得、先占等)以占有为基础,在这些情形,占有是新物权得以形成的前提,是不可或缺的构造要素,就此而言,占有具有权利构造的功能。

第六,护权功能。在占有人是相关权利人的情形,占有具有促进权利实现的功能,能有效保护权利人。比如,根据《八民纪要》第15条,在一房多卖,数份合同均有效、买受人均要求履行合同且未办理房屋所有权转移登记的,合法占有房屋的买受人优先得到保护。又如,根据《执行异议复议规定》第28条,合法占有不动产的买受人在满足特定要件时,对登记在被执行人名下的不动产提出异议的,法院应予支持。

概括而言,从占有以事实为法律属性的角度出发,占有有效用功能、秩序功能和保护功能;从占有与权利紧密关联的角度来看,占有有公示功能、构造功能和护权功能。

---

① 参见冯洁语:《债权准占有概念之反思》,载《中外法学》2023年第6期。

三、占有的规范布局

在比较法上,BGB 物权法开篇即规定占有,不仅因其普适于不动产和动产,还因其与所有权等物权关联紧密,可为动产物权变动等规范提供铺垫。按照这种立法模式,物权法教科书往往把占有放在总论部分,有了这样的知识铺垫,后续再论及作为动产物权变动要件的交付时,就无需再花大量篇幅论述占有的相关知识,在体系上简洁明了。不过,占有知识点较多,规则较复杂,学习起来难度较大,初学者上来就啃这块硬骨头,不是理想之举。

与 BGB 不同,ZGB、我国台湾地区"民法"以及物权编均把占有置于各类物权之后,作为压轴出场。按照这种体例写教科书,体系割裂现象比较突出,就是要在动产物权变动、物权保护等相关之处先论及必要的占有知识点,再在占有部分专门论述,初学者在最后学习占有时要回顾之前知识。但这样也有明显好处,就是有了前面知识的积累,再学习占有会更容易一些。

物权编第五分编"占有"的内容比较简略,主要包括有权占有(第 458 条)、所有权人—占有人关系(第 459—461 条)和占有的保护(第 462 条),此外还能从第 460 条第 1 分句中解释出在本权不是物权时,占有人基于该本权的返还原物请求权。就这些内容,第五章第二节已在返还原物请求权部分论述了所有权人—占有人关系,本章不再重复;其余将在下文论及。

第二节 占有的种类

"占有"是个概括性术语,在不同的规范语境表现为不同的具体种类,意义各有不同。第四章第四节、第五章第二节之二分别论及不同种类[①],本节不再重复这些内容,仅在此基础上查漏补缺,对它们进行概括总结。

一、直接占有与间接占有

以是否直接控制物为标准,占有有直接占有与间接占有之分,前者是指不借助占有媒介关系而对物的直接控制,后者是指借助占有媒介关系而对物的间接控制。之所以有本类区分,是因为仅凭直接占有不能满足交易需求,如没有间接占有,就不可能有指示交付和占有改定,这样会对交易带来极大不便。

对于直接占有,应在了解概念和构成的基础上,重点把握取得和丧失。取得和丧失的动态过程描述了直接占有从无到有、从有到无的变化轨迹,为静态占有提供了缘起和归宿,一旦缺失这方面的规范,就很难为某人是否占有的问题提供标准答案。换言之,以占有或占有人为要素的法律规范在适用时,应确定谁是占有人,对此无法从"占有人"的字义或从法学之外的语言运用上找到答案,只能依据取得或丧失规范来确定。[②] 可惜的是,物权编缺乏直接占有取得或丧失的明确规范,只能依靠学理和实践来补充。

与直接占有不同,间接占有依托于占有媒介关系和返还请求权,其因而具有抽象性。若把直接占有当成占有的基本形态,间接占有无疑是扩大了占有的内涵。间接占有的知识重

---

① 第四章第四节虽然仅论及动产占有,但其原理对不动产占有有同样适用。
② 参见〔德〕迪特尔·施瓦布:《民法导论》,郑冲译,法律出版社 2006 年版,第 36 页。

点在其构成要件,具备全部要件,就是取得间接占有;之后任一要件缺失,即丧失间接占有。

我国台湾地区的物权法教科书会讲"占有的变更",但直接占有与间接占有之间不存在变更。比如,A把自行车借给B使用,看上去是A从直接占有人变为间接占有人,但实质是A在丧失自行车直接占有的同时,取得间接占有,B则取得直接占有,该过程是占有的取得和丧失,属于"假装占有变更"。[①] 也就是说,占有的取得和丧失规范足以解释前述现象,无需再掌握"占有的变更"知识。

二、自己占有与占有辅助

以有无从属关系为标准,占有有自己占有和占有辅助之分,前者是指占有人自己对物的控制,后者是指基于社会从属关系,受他人指示而对物的控制。之所以有本类区分,是为了满足交易需求,以免对物进行投资并承受风险的占有人得不到占有保护。

本分类的重点是占有辅助。占有辅助的概念表明,占有辅助人虽有控制物的实态,但法律不将其作为占有,故占有辅助限缩了占有的内涵。在了解占有辅助概念的基础上,应重点掌握构成要件,由此可知占有人与占有辅助人的角色具有动态性,若雇员听从雇主的指示对物实施控制,雇员确定是占有辅助人,不仅其对物的控制效果归属于雇主,在雇主以强行取回物的方式终止雇员对物的控制时,雇员还不得主张占有保护;若雇员不听从雇主指示,按照自己意思控制物的,就不是占有辅助人,而径直成为占有人,雇主对其可主张返还原物请求权,或可通过违约责任加以救济。

占有辅助人要为占有人的利益而行事,在占有辅助人对物的实际控制状态被他人侵夺或妨害时,为了及时保全占有人的利益,占有辅助人可自力保护;但其不是占有人,无法自行求助公力保护。与此同时,占有辅助人听命于占有人实际控制物,产生侵夺物权人占有后果的,由于占有辅助人并非占有人,物权人不能向其主张返还原物请求权,如雇主偷配他人的车钥匙,将之交给雇员开走他人汽车,车主只能请求雇主返还汽车。

三、单独占有与共同占有

以占有人的数量多寡为标准,占有有单独占有和共同占有之分,前者是指占有人为一人的占有,后者是指占有人为数人的占有。

就本类区分,应注意与以下两个概念的关系:(1)部分占有。部分占有的客体是物的部分或成分,与物的其他部分或成分有着紧密的物理联结,从物的整体来看,有两个以上的部分占有人。部分占有看上去似乎是共同占有,其实不然。因为部分占有的客体在法律上具有独立性,不同于其他部分占有的客体,只要部分占有人为一人,就是单独占有,如A把两居室公寓的一间租给B,B对该间房是部分占有、单独占有。不过,部分占有人之间对于共用部分往往构成共同占有,如上例的A自住另一间,A、B共同占有客厅、厨房、卫生间等共用部分。(2)共有。C、D等额按份共有一套两居室公寓,若约定各住一间,就各自房间构成部分占有、单独占有,就客厅、厨房、卫生间等共用部分构成共同占有;若约定C居住该套公寓,C每月给D金钱若干,C是单独占有人,D是间接占有人。

本类区分的重点是共同占有,因占有人为数人,关系相较于单独占有更为复杂,主要表

---

① 参见刘智慧:《占有制度原理》,中国人民大学出版社2007年版,第167—168页。

现为：(1) 共同占有人之间的内部关系。借鉴 BGB 第 866 条、我国台湾地区"民法"第 965 条，在因各人的占有时间范围或空间范围发生争议时，占有人之间不得以占有受侵夺或妨害为由，主张占有保护。之所以如此，是因为若共有占有为有权占有，占有的范围争议可根据本权来解决，如 A、B 共有并共同占有公路自行车，约定 A 周一、三、五骑行，B 周二、四、六骑行，但 A 周一、二连续骑行，此时 B 可据共有规范获得保护；若共有占有为无权占有，使用范围全然根据占有人的实然控制状态来定，包括法院在内的其他人很难判断，故不能主张占有保护。① (2) 共同占有人与他人的外部关系。共同占有被他人侵夺的，任一占有人皆可主张占有保护，请求将物返还给共同占有人。共同占有人与他人有合同关系，他人应据此取得占有的，共同占有人负有共同给付义务，如上例的 A、B 把自行车出租给 C，A、B 应配合将自行车交给 C。

单独占有与共同占有之间不存在变更。单独占有会因他人加入而成为共同占有，如 A 把两居室公寓的一间租给 B，他们共同占有厨房，这种状态是 B 取得占有、A 丧失对厨房的单独占有的结果。共同占有会因某一或部分占有人退出而成为单独占有，如上例的 B 不再租住，A 恢复单独占有，这种状态是 B 丧失占有的结果；共同占有也会因某一占有人受共同占有人的委托而单独占有，如公寓由 C、D 共有，经 D 同意，C 单独居住，这表现了 D 丧失直接占有而取得间接占有的过程。

四、自主占有与他主占有

以占有人有无自主意思为标准，占有有自主占有和他主占有之分。自主意思是指占有人主观上不把自己"当外人"而是当成所有权人的意思，所有权人必有自主意思自不待言，对物没有所有权之人也不妨有自主意思，如盗贼对盗赃物、误占者对所控制的他人之物均有自主意思。与自主意思相反的是他主意思，即占有人主观上没有把自己当成所有权人的意思，至于当成什么人在所不问。自主占有是指占有人有自主意思的占有，他主占有是指占有人有他主意思的占有，它们的区分意义主要是先占和取得时效以自主占有为要件。

自主意思或他主意思是占有人的主观意思，而没有人会"读心术"，他人很难知道占有人有何意思，占有人自己也难以证明，在此困境下，为了增加社会交往的确定性，我国台湾地区"民法"第 944 条推定占有皆为自主占有。据此，占有人无需证明自己有自主意思，提出相反主张者承担相应的举证责任，如能证明占有人为质权人、留置权人、承租人、借用人等基于占有媒介关系的直接占有人，且其并未对外表示过自主意思，则占有人就是他主占有人。

在对物控制的客观状态不变的情况下，通过占有人意思的变化，自主占有与他主占有之间可互相变更。为了保持社会交往的确定性，占有人意思的变更必须能让利害关系人知悉。我国台湾地区"民法"第 945 条规定，在他主占有人向所有权人表示自主意思时起（如公路自行车承租人 A 向出租人 B 表示自己是该车所有权人，不再予以返还），或自有买卖、赠与等使他主占有人取得所有权为目的的新事实完成时起（如上例的 B 把自行车出卖并简易交付给 A），他主占有变更为自主占有。在这样的变更中，相应的表示或新事实都是切实可见的客观因素，它们固定并证明了占有人意思的变化，就此而言，自主占有与他主占有的变更规范具有证据法意义，属于证明规范。

---

① 参见姚瑞光：《民法物权论》，中国政法大学出版社 2011 年版，第 255 页。

五、有权占有与无权占有

以占有有无本权为标准,占有有有权占有和无权占有之分。本权也即法律上的原因,范围很广,凡是能为占有提供正当性基础的法律关系皆属于本权,如所有权等物权、买卖合同等债的关系、夫妻关系等身份关系等。有权占有是指有本权的占有,无权占有是指无本权的占有。

在秩序稳定、和谐有序的正常社会,占有通常有其本权,有权占有应是占有的大概率样态;而且,占有人对物的控制会显示出本权,如占有人以所有权人或承租人的身份出现,在没有人对本权提出质疑的公开信息下,相信本权为所有权或租赁合同也是大概率事件。基于此,从便利社会交往的角度出发,ZGB第931条第2款、我国台湾地区"民法"第943条推定占有为有权占有,且推定占有人对占有物行使的权利为本权,对此提出相反主张者应举证证明,如A以所有权人的身份占有使用公路自行车,据此事实可推定A为所有权人,但B提供购车发票、摄像头拍摄A偷车的证据的,可证明B才是所有权人。与此同时,这种推定有两种例外:(1)不动产物权以登记为公示形式,占有无法改变和对抗登记,在不动产物权登记的情形,占有不动产不能推定有相应的本权。(2)占有人从他人处转手取得占有,且行使的权利不是所有权的,对前手占有人不适用前述推定,如C把机器交给D,D以承租人名义占有使用,后C否认双方有租赁关系,要求D返还,D坚持主张有租赁关系,应对此承担证明责任。

提示:有权占有的推定与本权的取得无关

前述推定规范仅事关证明责任的分配,意在减轻占有人对本权的举证责任,属于证明规范,与本权的实际归属无关,不能作为占有人进一步取得本权的依据。[①] 比如,A合法建造房屋,未申请所有权首次登记;趁A出国期间,B占有房屋并以所有权人自居,虽然可推定其为有权占有,且本权为所有权,但B不能据此推定向登记机构申请房屋所有权首次登记,或诉至法院请求确认其为房屋所有权人。若非如此,在没有他人相反主张的情况下,仅凭占有人对占有物行使的权利,就足以使其通过登记、诉讼等方式取得相应权利,会使物权变动等规范失去意义(如上例的合法建造房屋者A不能取得所有权),还会使社会陷入弱肉强食的丛林法则(如尽管上例的A是房屋所有权人,但只要B通过撬锁、霸占等强力占有房屋,就能取得所有权,A的所有权因此消灭)。

没有本权的占有(如盗贼对盗赃物的占有)或本权消灭的占有(如租期届满后承租人对租赁物的占有)为无权占有。不过,本权是债的关系的,占有在相对人之间为有权占有,对第三人则可能构成无权占有。比如,A错误登记为房屋所有权人,其出卖并交付房屋给B,未办理所有权转移登记,B基于有效买卖合同占有房屋,是有权占有;A、B的买卖合同不能对抗真实所有权人C,对C而言,B为无权占有人。

有权占有与无权占有的区分意义主要在于:(1)有权占有以本权为依托,有权占有人受本权规范的保护。《民法典》第458条规定,占有基于合同关系产生的,有关物的使用、收益、违约责任等按照合同约定;合同没有约定或约定不明的,依照有关法律规定。无权占有缺乏

[①] 参见姚瑞光:《民法物权论》,中国政法大学出版社2011年版,第263页;谢在全:《民法物权论》(修订8版下册),新学林出版股份有限公司2023年版,第521—522页。

本权,无权占有人受占有规范的保护,如 A 拾得 B 的手机,A 的占有没有本权,C 偷走该手机,A 根据《民法典》第 462 条可请求 C 返还手机。(2) 有权占有人基于本权而受保护,如以所有权为本权的占有人能排斥任一人的返还请求、以债的关系为本权的占有人能排斥相对人的返还请求。因缺乏本权,无权占有人依法承担返还义务,如物权人能请求其返还原物。(3) 有的制度仅以有权占有为构成要件,如根据《民法典》第 447 条,留置权以债权人合法占有(即有权占有)债务人的动产为要件。

有权占有与无权占有之间会有形态变更,有权占有人因失去本权而成为无权占有人(如承租人在租期届满后对租赁物的占有),无权占有人因取得本权而成为有权占有人(如失主把遗失物赠与拾得人),它们仅事关本权有无的变化,不涉及对物的控制状态变化,与占有的取得或丧失无关。

提示:无权占有的种类

以有无瑕疵为标准,可把无权占有分为两大类,即无瑕疵占有和有瑕疵占有,前者是指善意、和平、公开、持续的占有,后者是指在恶意、强暴、隐秘或不持续中有任一形态的占有。[1] 为了保护占有人,我国台湾地区"民法"第 944 条推定无权占有为无瑕疵占有,提出相反主张者应举反证加以证明,如在占有以买卖合同为本权,而买卖合同无效时,占有标的物的买受人无需证明自己善意,出卖人有确凿证据证明买受人取得占有时明知买卖合同无效的,买受人就构成恶意占有这种有瑕疵占有。

根据有无瑕疵以及瑕疵形态的不同,无权占有还可细分为以下种类:

第一,以无权占有人是否知悉有无本权为标准,分为善意占有和恶意占有,前者是指非因重大过失不知无本权的占有,后者是指明知或因重大过失不知无本权的占有。善意占有和恶意占有的区分意义主要为:(1) 在动产物权善意取得,受让人需善意且无重大过失,这连带地要求其应善意占有。(2) 取得时效以善意占有为要件。(3) 占有人的受保护程度不同,如根据《民法典》第 460 条,在物权人请求无权占有人返还孳息时,善意占有人有权请求物权人支付必要费用,恶意占有人则没有该权利。

善意占有、恶意占有往往会与自主占有、他主占有结合,如明知买卖合同无效的占有人是恶意占有人,其有所有权人意思的,同时是自主占有人。而且,在占有辅助,占有人的善意、恶意或自主意思、他主意思往往要参照代理规范。比如,A 有一批精密仪器寄放在他人仓库,B 租用其中一台,B 的员工 C 误取机型较旧的另外一台,在使用中造成仪器严重损坏。C 是 B 的占有辅助人,B 是旧仪器的无权占有人。B 对 A 的赔偿范围,因 B 是善意占有人或恶意占有人、自主占有人或他主占有人而不同,在判断时要参照代理规范,由 B 承受 C 的善意或恶意、自主意思或他主意思。由于 C 对误取仪器并不知情,故 B 为善意;C 知道 B 租用 A 的仪器,其占有辅助意思包含了以 A 为所有权人的意思,故 B 是他主占有人。[2]

---

[1] 不过,BGB 第 858 条把通过非基于原占有人意思且不法侵夺的方式取得的占有称为瑕疵占有,继承人或明知为瑕疵占有而基于原占有人意思取得者,所取得的也为瑕疵占有。瑕疵占有人是基于占有的返还请求权的相对人。参见李永军主编:《中国民法学:第二卷 物权》,中国民主法制出版社 2022 年版,第 400 页。这种瑕疵占有不同于上文的有瑕疵占有。

[2] 参见苏永钦主编:《民法物权实例问题分析》,清华大学出版社 2004 年版,第 254—255 页。

第二，以占有手段为标准，分为和平占有和强暴占有，前者是指以非暴力手段取得的占有(如通过购买而占有遗失物)，后者是指以法律禁止的暴力手段取得的占有(如抢劫他人手机)。

第三，以占有方式为标准，分为公开占有和隐秘占有，前者是指以非秘密的方式所为的占有(如骑着偷来的自行车招摇过市)，后者是指以秘密方式所为的占有(如把偷来的金银首饰藏于地下)。

第四，以占有时间是否间断为标准，分为持续占有和非持续占有，前者是指无间断的占有，后者反之。

后三类的区分意义在于，取得时效以和平占有、公开占有和持续占有为要件。

各类无权占有之间会发生变更，这与占有的取得或丧失无关。在占有意思变更的情形，即善意占有与恶意占有之间的变更，并不涉及对物控制状态的变化，法律加以规范的主要目的在于解决善意或恶意的证明问题，如我国台湾地区"民法"第 959 条规定，善意占有人，自确知没有占有本权时起变为恶意占有人，或在本权诉讼败诉时，自诉状送达之日起，视为恶意占有人。这种规范如同自主占有与他主占有之间的变更规范一样，属于证明规范。在占有形态变更的情形，如强暴占有变为和平占有、公开占有变为隐秘占有、持续占有变为非持续占有等，仅涉及改变对物控制的具体样态，控制的基本事实并未改变，与占有取得和丧失的差异相当明显。

第三节　占有的保护

占有是对物控制的事实状态，表征着和平的社会秩序，在这种状态遭受不法破坏、难以为继时，法律会介入加以保护，以复原原本的状态和秩序。BGB 第 858 条、ZGB 第 926—928 条把不法破坏称为"禁止的私力"，也即非基于占有人意思地不法侵夺或妨害占有的行为。这样的不法破坏比物权保护所针对的不当干涉在构成上更严格，如后者的返还原物请求权针对的无权占有可基于物权人的意思(如 A 把自己房屋出租给 B，B 基于 A 的意思占有房屋，其租期届满不返还房屋构成无权占有)，但对占有的不法破坏一定不合乎占有人意思或与占有人意思无关(如偷盗、抢劫)。我们知道，占有由对物控制的客观和占有意思的主观两方面构成，而前述的不法破坏影响了控制的现实状态，违逆了占有人的意思，对占有产生了实质性的消极影响，故针对这样的不法破坏进行占有的保护，恰如其分。

在占有遭受不法破坏时，民法、行政法和刑法均会提供保护。比如，A 捡到的手机被 B 偷走，A 能根据《民法典》第 462 条请求 B 返还；同时，B 的盗窃行为若不构成犯罪，应根据《治安管理处罚法》第 49 条处罚，若构成犯罪则应根据《刑法》第 264 条予以刑罚。这三种保护之间的关系，可见第五章第一节之一的论述。本节重点讨论占有的民法保护，基本框架是区分公力保护和自力保护，前者分为物权法保护(包括基于占有的请求权、基于非物权本权的请求权)和债法保护，以下逐次论述。

一、基于占有的请求权

在占有受到不法破坏时，《民法典》第 462 条规定占有人有返还原物请求权、排除妨害请求权和消除危险请求权,这些请求权纯粹基于占有而生,与本权无关,甚至于无权占有人也有这些请求权,它们即基于占有的请求权。

关联:物上请求权

基于占有的请求权的属性与物权请求权相当,我国大陆把它们统称为物上请求权。在日本和我国台湾地区,物权请求权与基于占有的请求权均称为物上请求权,因而有物权的物上请求权、占有的物上请求权之称。

(一) 返还原物请求权

《民法典》第462条第1款第1分句规定:"占有的不动产或者动产被侵占的,占有人有权请求返还原物"。据此,返还原物请求权是指在物被侵占时,占有人能请求侵占人返还原物的权利。

1. 构成要件

(1) 请求权人为丧失占有之人

返还原物请求权旨在回复占有,故请求权人必为占有人,最常见的是直接占有人,可为有权占有人,也可为无权占有人;可为部分占有人(如占有公交车外立面的广告商),也可为完全占有人(如独栋别墅的业主);可为单独占有人(如偷窃手机的盗贼),也可为共同占有人(如分别持有公路自行车钥匙的共有人)。此外,间接占有也是占有,间接占有人也会无权占有,其占有也会被侵夺,理应得到返还原物请求权的保护,如C偷窃了A捡到的、交给B保管的手机,C侵夺了A的间接占有和B的直接占有,A能请求C返还。至于占有辅助人,因其并非占有人,只有在得到占有人授权时,才能代为行使返还原物请求权。

与此同时,占有人需失去原占有状态(如B偷走A的公路自行车,A完全丧失占有;若B偷走A自行车的一把钥匙,虽然A还有一把钥匙,但已从原来的单独占有沦为共同占有),才能成为适格的请求权人。

(2) 相对人是侵夺占有之人

《民法典》第462条第1款第1分句中的"侵占"通常理解为侵夺占有,即非基于占有人意思而不法剥夺占有,其内涵如下:其一,占有剥夺行为具有不法性,不存在征用、无因管理等合法事由;其二,非基于占有人意思,即在诸如偷盗、抢劫等情形,占有人意思未予介入;否则,只要占有人同意,如占有人把物交付给他人,即便占有人受欺诈或受胁迫,他人仍是基于占有人意思取得占有;其三,占有人失去原占有状态;其四,占有剥夺行为与占有丧失之间有因果关系。[①] 侵夺占有重在强调占有因不受占有人意思控制的不法行为而丧失,至于该行为是否构成侵权行为在所不问,故不考虑侵夺人有无责任能力、有无过错,侵夺占有因而不同于侵权占有。

侵夺占有的内涵窄于无权占有,后者可以是基于占有人意思的占有,如承租人在租期届满仍占有租赁物是无权占有但非侵夺占有,因其占有基于出租人的意思;还可以是非剥夺性的占有,如拾得遗失物具有无因管理属性,拾得人对遗失物的占有虽无本权,但不是非法剥夺失主的占有。基于占有人意思的无权占有是占有人意思决定的产物,非剥夺性的无权占

[①] 参见吴香香:《请求权基础:方法、体系与实例》,北京大学出版社2021年版,第124—125页;杨代雄主编:《袖珍民法典评注》,中国民主法制出版社2022年版,第356—357页。

第十章　占有

有未破坏社会和平秩序,故它们不在返还原物请求权的适用范围。

相对人需为侵夺占有之人,其范围和形态如下:

第一,侵夺占有并保持占有的直接占有人,既可为亲自占有人(如 A 抢了 B 的手机),也可为经由占有辅助人的占有人(如 A 指示雇员 C 抢了 B 的手机);既可为无本权的占有人(如上例的 A),也可为有本权的占有人(如租期届满,承租人不返还租赁物,出租人抢回)。

第二,侵夺占有人通过占有媒介关系成为间接占有人的,其仍为相对人,请求权人能请求其转让对直接占有人的返还请求权来返还间接占有,如 A 抢了 B 的手机后借给 C,B 通过请求 A 转让其对 C 的返还请求权,在受让后再请求 C 返还手机。

第三,侵夺占有人有继受人的,参考 BGB 第 858 条第 2 款,继受人是否为相对人需根据不同情形而定:其一,在法人合并或死亡等概括继受场合,侵夺占有的瑕疵在持续,概括继受人是相对人。其二,在侵夺、交付等特定继受场合,继受人知悉前手占有为侵夺占有的,侵夺占有对社会和平秩序的危害状态在延续,继受人是相对人,如 C 知道 A 抢了 B 的手机,决定"黑吃黑",又从 A 处抢了手机,B 能请求 C 返还;继受人不知情的,前手占有的危害状态不再存续,继受人不是相对人,但因为继受人本身是侵夺占有,前手占有人有权请求其返还,如 A 抢了 B 的手机,不知情的 C 又从 A 处抢了手机,B 不能请求 C 返还,但 A 能请求 C 返还,在 C 向 A 返还后,B 能请求 A 返还。其三,继受人的特定继受人是否为相对人,需视继受人的善意或恶意而定,继受人为善意(即对侵夺占有不知情的)的,即便其特定继受人恶意,因前手占有的危害状态已因继受人的善意而消失,其特定继受人不是相对人,如 A 抢了 B 的手机,不知情的 C 又从 A 处抢了手机,将其借给善意的 D,B 不能向 D 主张返还;反之,继受人为恶意(即知悉侵夺占有)的,其恶意的特定继受人为相对人,善意的特定继受人不是相对人,道理同前。

前述的相对人导致物毁损、灭失,无原物可返还的(如 A 不慎把抢得的 B 的手机掉到深水塘),请求权人无法主张返还原物请求权,可主张损害赔偿。

2. 权利行使

《民法典》第 462 条第 2 款规定:"占有人返还原物的请求权,自侵占发生之日起一年内未行使的,该请求权消灭。"据此,请求权人应自侵夺占有之日起一年内行使,否则请求权消灭,这一年期间是除斥期间而非诉讼时效,依法不能中止、中断。[①] 返还原物请求权是公力保护,前述一年期间应如 BGB 第 864 条第 1 款一样,是提起诉讼的期间。这样的制度设计着眼于占有是事实而非权利的法律属性,即经前述期间,侵夺占有业已成为稳定的客观状态,形成新的社会和平秩序,请求权人再予起诉返还,反而导致社会秩序不稳定;而且,即便超过除斥期间,有本权的占有人亦可基于本权有所请求,利益不因此受根本影响。

请求返还原物的诉讼目的很单纯,就是尽快回复占有,恢复和平秩序,至于双方有无本权,不在考虑范围。与此相应,被告为本权人的,ABGB 第 346 条不允许其以本权为由进行抗辩。[②] 比如,租期届满,承租人 A 不返还租赁的机器,出租人 B 抢回,A 诉至法院请求 B 返还,B 不能以其为机器所有人为由抗辩。这样固然在保证请求返还原物诉讼简捷高效的同时,对违法自救的本权人进行了惩戒,但过于绝对,因为若被告提出的本权抗辩有力且明显,

---

① 参见黄薇主编:《中华人民共和国民法典释义》(上册),法律出版社 2020 年版,第 880 页。
② Vgl. Iro, Bürgerlichen Recht Band IV: Sachenrecht, 4. Aufl., 2010, S. 37 ff.

根本不会拖延诉讼进程,仍一概拒绝,其不得不依据本权反诉或另行起诉,本权保护成本就过于高企。为了消解这样的负效用,ZGB 第 927 条为被告能立即证明自己有更优的本权开设了例外,从而可拒绝返还。① 放在上例,只要 B 能即时证明租期届满且自己为出租人,A 就要败诉。

提示:交互侵夺
在占有被侵夺后,原占有人实施反击再予侵夺的,构成交互侵夺。本来法律禁止侵夺占有,因其危害社会和平秩序,但在交互侵夺的情形下,原占有人所侵夺者本身就是侵夺占有,它在原占有人行使返还原物请求权的一年除斥期间内尚未形成稳定秩序,原占有人加以侵夺,不仅未危害社会秩序,反而恢复了原先被破坏的秩序,故 BGB 第 861 条允许这样的交互侵夺,侵夺占有人不能对原占有人主张返还原物请求权。② 这其实也是无奈之举,因为若允许侵夺占有人主张返还原物请求权,在原占有人返还后,侵夺占有危害社会秩序的瑕疵不因此而消除,原占有人在一年除斥期间内还能对侵夺占有人主张返还原物请求权,如此循环显非法律所乐见。当然,在一年除斥期间届满后,新的社会秩序稳定成型,原占有人再予侵夺,侵夺占有人即可主张返还原物请求权。

3. 法律后果

在返还原物请求权依法行使后,相对人应返还原物,使物处于可被请求权人占有的状态。至于相对人返还义务的履行地,参照《民法典》第 511 条第 3 项,返还不动产的,在不动产所在地履行;返还动产的,在相对人所在地履行。同时参照《民法典》第 511 条第 6 项,返还费用由相对人负担,请求权人负担因其原因增加的费用。

(二)排除妨害请求权

《民法典》第 462 条第 1 款第 2 分句规定:"对妨害占有的行为,占有人有权请求排除妨害或者消除危险"。据此,排除妨害请求权是指在占有受到妨害时,占有人能请求除去妨害的权利。

1. 构成要件

(1)请求权人为占有人

请求权人的范围与形态等同于返还原物请求权人,可为妨害前取得占有之人,也可为妨害发生后、消灭前取得占有之人。

(2)存在妨害

占有虽未因侵夺等方式而丧失,但占有人对物的原本控制状态受到阻碍的,即为妨害。《民法典》第 462 条第 1 款第 2 分句仅规定行为妨害,即"妨害占有的行为"(如住在三楼的 A 随手把垃圾扔到一楼租户 B 的院落);此外还应包括状态妨害(如 C 的树被强风刮倒在邻居 D 的地里)。同作为物权请求权的排除妨害请求权一样,妨害还应持续存在,具有非法性。

(3)相对人对妨害排除有管控能力

同作为物权请求权的排除妨害请求权一样,在行为妨害,造成妨害的行为人是相对人(如上例仍垃圾的 A);在状态妨害,相对人对造成妨害之物有控制能力(如上例的树木所有

---

① Vgl. Rey, Die Grundlagen des Sachenrechts und das Eigentum, 3. Aufl., 2007, S. 542.
② 参见郑冠宇:《民法物权》(十四版),新学林出版股份有限公司 2024 年版,第 767 页。

权人C)。

２．法律后果

占有人在依法行使排除妨害请求权后,相对人应自行除去妨害,恢复占有人对物的原本控制状态;至于由此产生的费用,由相对人承担。

(三)消除危险请求权

消除危险请求权是指在有妨害占有的危险时,占有人能请求消除危险的权利。第462条第1款第2分句未规定"可能妨害占有",在适用消除危险请求权时,应把"妨害占有"扩张解释为"可能妨害占有"。

与物权请求权一样,基于占有的消除危险请求权与排除妨害请求权也有同质性:(1)构成要件的同质性。消除危险请求权的构成要件为:请求权人为占有人;危险出自他人行为(如A深挖地基会危及邻居B的房屋安全)或他人之物(C的房屋因地震有巨大裂口,危及邻居D的房屋安全),且具有非法性;相对人对危险的消除有管控能力。(2)法律后果的同质性。占有人在依法行使消除危险请求权后,相对人应自行消除危险,否则占有人有权请求法院消除,费用由相对人承担。(3)除斥期间和诉讼时效的同质性。与返还原物请求权不同,《民法典》未为消除危险请求权与排除妨害物权请求权规定除斥期间[①],它们也不适用诉讼时效制度,这是有利于占有人的制度安排。

提示:物权请求权与基于占有的请求权的区别

这两者包含的具体请求权种类名称完全一样,但区别明显:

第一,物权请求权体现了物权绝对性,旨在保护物权,故请求权人为物权人,权利行使没有除斥期间;无权占有属于不当干涉物权的典型形态,故返还原物请求权的相对人为无权占有人。与此不同,基于占有的请求权意在保护占有,故请求权人为占有人,范围远大于物权人;返还原物请求权有着遏制和防范危及社会和平之举的功能,故其相对人仅为侵夺占有之人,范围远窄于无权占有人,同时还有维护社会稳定秩序的功能,故权利行使有一年的除斥期间。

第二,物权请求权以物权为基础,相关诉讼要查明物权权属,相应地原告要证明自己为物权人,支持原告诉求的法院裁判实际上确认原告是物权人,为慎重起见,与之适配的民事诉讼程序为普通程序。原告基于占有的请求权提起诉讼的,与物权归属无关,原告仅证明自己为原占有人即可,这远低于证明为物权人的难度,支持原告诉求的法院裁判只确认其占有人的地位,除了能对抗被告,不能对抗其他人,与此实体效果相应,相关诉讼贵在高效便捷,如瑞士、奥地利均采用快捷的简易程序。[②] 不仅如此,德国、瑞士、奥地利、法国等不少欧陆国家采用诸如财产保全等非诉机制,在被告后续不再抗辩或另

---

① 在比较法,BGB第864条、ZGB第929条、我国台湾地区"民法"第963条规定基于占有的请求权均要适用同样的期间。

② 参见〔德〕克里斯蒂安·冯·巴尔、〔英〕埃里克·克莱夫主编:《欧洲私法的原则、定义与示范规则:欧洲示范民法典草案(全译本)》(第8卷),朱文龙等译,法律出版社2014年版,第805—806页。我国台湾地区"民事诉讼法"第427条第2项也规定基于占有的请求权诉讼适用简易程序。我国大陆则未必能适用简易程序,因为《民事诉讼法解释》第256条为适用简易程序的简单民事案件限定了以下条件:(1)当事人对争议的事实陈述基本一致,并能提供相应的证据,无需法院调查收集证据即可查明事实;(2)能明确区分谁是责任的承担者,谁是权利的享有者;(3)当事人对案件的是非、责任承担以及诉讼标的争执无原则分歧。

行起诉时即实现占有保护。[1] 正因为有成本上的便宜,只要程序设置得当,基于占有的请求权能分流与占有相关的诉讼,如物权人看中其高效而选择基于占有的请求权诉讼,从而节约司法资源。

第三,在物权请求权的返还诉讼中,胜诉的原告确定是物权人,被告确定是无权占有人,这样的法律地位具有终局性;只要前述诉讼正当,被告不可能通过其他诉讼翻盘为有权占有人。在基于占有的返还原物请求权的诉讼中,胜诉的原告只是占有人,其有无本权、之后能否持续占有,均不得而知,故基于占有的请求权仅在当事人之间确立了暂时的规则[2],一旦原告是无权占有人,被告是物权人,被告就能另诉回复占有。比如,A逾期不归还其承租的机器,B强力取走,A能在基于占有的返还原物请求权诉讼中胜出;但B可另行提起物权请求权的返还诉讼,由于A是无权占有人,应返还机器。这同时意味着,正如BGB第864条第2款所规定的,物权确认之诉或给付之诉能够终结基于占有的返还原物请求权诉讼,只要前者先完结,其原告物权人胜诉,则后者的请求权消灭,其原告占有人败诉,如上例的B提起确认之诉,法院判决确认其为机器所有权人,此时A提起的返还原物诉讼尚未完结,该诉结果已定,即A败诉。

第四,物权标志着物的利益归属,相应地,与作为物权请求权的返还原物请求权配套的制度包括所有权人—占有人关系等规范;而占有就是对物控制的事实,与物的利益归属无关,作为基于占有的请求权的返还原物请求权无需所有权人—占有人关系这样的配套制度。

基于前述区别,在占有人为物权人时,既可提起物权请求权诉讼,也可提起基于占有的请求权诉讼,不存在一事不再理的问题。比如,A的手机被B强占,为简便起见,A可依基于占有的返还原物请求权提起诉讼,但起诉时间在B强占手机一年半后,该诉讼得不到法院支持。在败诉后,A还可依物权请求权提起诉讼,要求B返还手机,该请求权未超出诉讼时效期间,或虽然超过但A未予抗辩,就能得到法院支持。

二、基于非物权本权的请求权

物权请求权和基于占有的请求权的制度功能和构造虽然不同,但它们不能联手解决涉及占有保护的所有问题,下面情形就是它们所无法应对的:A丢了租用的B的卫星手机,C捡到后借给D。A不是手机所有权人,不能行使物权请求权请求D返还;A是手机原占有人,但D未侵夺占有,A不能行使基于占有的请求权请求其返还。这样一来,A对D束手无策,只要B不行使物权请求权请求D返还,A会因不能向B返还手机而承担损害赔偿责任。这明显对A不利,但不应如此,因为A占有手机的本权是租赁合同,在租期届满前B无权请求其返还,而D的占有对B而言是无权占有,B随时都能请求D返还,这意味着A能对抗B的物权请求权,D不能对抗B的物权请求权,比较起来,A的占有人地位应强过D的占有人地位才对,A应能请求D返还手机。

面对这个遗漏问题,源自罗马法的普布利奇之诉(actio publiciana)的BGB第1007条、

---

[1] Vgl. von Bar, Gemeineuropäisches Sachenrecht, Bd. 2, 2019, S. 169 ff.

[2] 参见〔德〕迪特尔·梅迪库斯:《请求权基础》,陈卫佐等译,法律出版社2012年版,第155—156页;李永军:《关于占有三大困惑的法教义学分析》,载《比较法研究》2025年第1期。

ZGB 第 934—936 条、ABGB 第 372—374 条规定了基于非物权本权的请求权,也即本权并非物权的,诸如 A 这样的原占有人能基于本权请求 D 这样的现占有人返还,从而填补本权人无法得到物权请求权保护的漏洞。① 而且,为了解决实际问题,在此的"本权"范围很宽泛,除了物权之外真实存在的本权,还包括善意占有人认为的"本权"。善意占有本来没有本权,但占有人不可归责于自身地认为有本权,则这种客观不存在的"本权"也受保护。比如,E 被盗的手机被 F 善意购买后丢失,G 捡到后借给 H。F 未取得手机所有权,不能行使物权请求权请求 H 返还手机,同时 H 未侵夺占有,F 不能行使基于占有的请求权请求 H 返还手机。但 F 为善意占有人,在受保护程度上与有权占有人相差无几,可以根据基于非物权本权的请求权请求 H 返还。

《民法典》第 460 条第 1 分句规定:"不动产或者动产被占有人占有的,权利人可以请求返还原物及其孳息"。该条位于物权编的"占有"分编,其中的"权利人"既可理解为物权人,也可理解为其他本权人(如承租人)以及自认为有本权的善意占有人,由此可将该规定理解为基于非物权本权的请求权。

在基于非物权本权的请求权中,本权不是物权,原告据此提起的诉讼结果与物权无关,胜诉仅表明原告的地位强于现占有人,至于其能否对抗物权人,不得而知,如上例的 A 在租期内能对抗 B 的返还请求,而 F 不能对抗 E 的返还请求。而在物权请求权诉讼中,请求返还原物的原告胜诉的,其确定无疑就是物权人。除了这样的差异,以返还原物请求权为例,基于非物权本权的请求权与物权请求权实为近亲,都不要求相对人为侵夺占有人,行使都没有除斥期间,都能适用所有权人—占有人关系规范,而基于占有的请求权恰好反之。

关联:返还遗失物的请求权

《民法典》第 314 条规定,拾得人应将遗失物返还权利人,权利人对拾得人有返还遗失物的请求权。在法定之债的视角下,权利人为物权人或其他权利人,该权利为债权请求权;在物权请求权的视角下,权利人为物权人,该权利为物权请求权;在基于非物权本权的请求权的视角下,权利人为物权人之外的权利人或善意占有人,该权利为基于非物权本权的请求权。

三、债权请求权

《民法典》第 462 条第 1 款第 3 分句规定:"因侵占或者妨害造成损害的,占有人有权依法请求损害赔偿。"这是引致条款,意在表明在侵害占有的行为构成侵权行为时,占有人有权请求侵权人损害赔偿。不过,占有是事实状态,仅表明对物的控制状态,物的利益是否归属于占有人,凭占有尚不得而知,还需根据本权加以确定,因而单纯地侵害占有无法构成侵权行为,只有侵害本权才能构成侵权行为。② 比如,A 占有的质押手机被 B 偷走后毁损,B 构成过错侵权,应赔偿 A 的损失;若非如此,A 偷来的手机被 B 偷走后毁损,B 不构成侵权,对 A 不承担损害赔偿责任。

---

① 参见〔德〕克里斯蒂安·冯·巴尔、〔英〕埃里克·克莱夫主编:《欧洲私法的原则、定义与示范规则:欧洲示范民法典草案(全译本)》(第 8 卷),朱文龙等译,法律出版社 2014 年版,第 826—837 页;〔德〕马克斯·卡泽尔、罗尔夫·克努特尔:《罗马私法》,田士永译,法律出版社 2018 年版,第 286—288 页。

② 参见吴香香:《请求权基础:方法、体系与实例》,北京大学出版社 2021 年版,第 141—143 页。

占有不是权利,但是法律保护的利益,在符合《民法典》第 985 条的规定时,占有人有不当得利返还请求权。比如,A 把捡到的手机质押给 B,在质押合同被法院认定无效后,B 对手机的占有构成不当得利,A 能请求 B 返还。又如,C 借用他人的手机被 D 抢走,C 能对 D 主张不当得利返还请求权。

四、自力保护

与物权保护一样,在占有被不法破坏,但公力保护来不及时,私力保护就不可少。在比较法上,BGB 第 895 条、ZGB 第 926 条、我国台湾地区"民法"第 960 条均规定了自力保护:(1) 自力取回,即占有被侵夺的,占有人可即时强力取回物;(2) 自力防御,即对于正在进行的占有妨害,占有人可强力防御。相比于自助和正当防卫,这些自力保护规范是应优先适用的特别法。物权编未规定这样的自力保护,但不妨适用或参照适用自助和正当防卫规范。参照《民法典》第 1177 条,占有被他人侵夺——无论该行为是否构成侵权——后,因情况紧迫且不能及时获得国家机关保护,占有人不立即取回标的物,势必难以保护自身权益的,其有权采用合理措施自力取回,如 A 捡到的自行车停在路边,B 偷摸骑车溜走,A 大跨步追上一把拽下 B,护住自行车,B 逃之夭夭则罢,若还纠缠不休,A 可打 110 报警。根据《民法典》第 181 条、《总则编解释》第 30 条,为了使占有免受妨害,占有人有权在必要限度内进行防卫,如 C 的羊总是窜到 D 租用的牧场吃草,构成妨害,D 能驱赶 C 的羊。

此外,为了及时保全占有人的利益,占有辅助人也可针对占有侵夺或妨害进行自力保护。